RÉPERTOIRE GÉNÉRAL

OU COMPLÉMENT

FAISANT SUITE AU DICTIONNAIRE LÉGISLATIF & RÉGLEMENTAIRE

DES CHEMINS DE FER

ET RÉSUMANT, PAR ORDRE ALPHABÉTIQUE ET CHRONOLOGIQUE

LES MATIÈRES CONTENUES DANS CET OUVRAGE

Par G. PALAA

Conducteur des Ponts et Chaussées, Chef de bureau de l'Ingénieur en chef du Contrôle

des chemins de fer de Paris à Lyon et à Genève

PARIS

COSSE, MARCHAL ET Cie	EUGÈNE LACROIX
IMPRIMEURS-ÉDITEURS	LIBRAIRE-ÉDITEUR
LIBRAIRES DE LA COUR DE CASSATION	DE LA SOCIÉTÉ DES INGÉNIEURS CIVILS
27, place Dauphine, à Paris	15, quai Malaquais, à Paris

1865

SAINT-NICOLAS, PRÈS NANCY. — IMPRIMERIE DE P. TRENEL.

BUT DE CE RÉPERTOIRE

Le bon accueil que les administrations et le public ont bien voulu faire à notre **Dictionnaire législatif et réglementaire des chemins de fer**, nous a engagé à compléter cette publication par un **Répertoire général**, pour lequel nous sollicitons l'attention de tous nos souscripteurs.

Ce Répertoire général n'a pas seulement pour objet de réunir à notre premier travail les documents très-récents et très-intéressants auxquels ont donné naissance les questions d'importance majeure, discutées au sein de la dernière Commission d'enquête sur l'exploitation, et dans les divers Comités fonctionnant sous la haute autorité du Ministre de l'agriculture, du commerce et des travaux publics, nous avons voulu aussi rappeler et résumer dans de courts sommaires explicatifs, en les accompagnant de nouvelles indications, l'ensemble de toutes les matières de nature à prendre une place utile dans le cadre que nous nous sommes tracé.

Malgré tout le soin apporté à cette dernière partie de notre ouvrage, nous avons reconnu que notre Recueil législatif et réglementaire laisserait encore à désirer, s'il n'était pas terminé par une table chronologique très-détaillée, permettant de retrouver instantanément un document, dont on posséderait la date. Aussi, nous sommes-nous empressé de combler cette lacune par l'agencement d'une Table qui comprend depuis les *anciens édits* et *règlements de grande voirie* jusqu'aux *derniers documents* de l'année 1864.

Notre principal mobile dans cette œuvre de patience a été surtout le désir d'arriver à coordonner, avec le plus de clarté possible, des matières extrêmement variées, dont l'accroissement incessant des chemins de fer ne peut encore que développer les conditions complexes.

Il est incontestable, d'ailleurs, que les questions d'établissement et d'exploitation des voies ferrées ont le privilège d'occuper une place importante dans les intérêts publics ; de tout temps aussi, les fonctionnaires et les employés, appelés à apporter leur contingent d'ordre et de soins dans cette immense industrie, n'ont pu que gagner à baser leurs études et leurs travaux sur les vrais principes de la législation et de la jurisprudence. Sous ce double rapport, nous continuons à penser que les recueils de la nature de celui qui nous occupe peuvent rendre quelques services, et nous espérons que nos modestes efforts n'auront pas été stériles.

ABRÉVIATIONS

Tout en nous référant aux indications générales placées en tête du Dictionnaire, nous rappellerons que les principales abréviations employées dans notre travail, et surtout dans le présent Répertoire, sont les suivantes :

1º Nous avons désigné par les mots *arr. minist.*, *circ. minist.*, *déc.* ou *dép. minist.*, les arrêtés, circulaires, décisions ou dépêches de Son Exc. le Ministre de l'agriculture, du commerce et des travaux publics. — Les indications nécessaires ont été données pour les documents analogues émanant des autres ministères.

2º Les abréviations *C. d'État*, *C. de préf.*, *C. C.*, *C. imp.*, *T. civil*, *T. comm.*, s'appliquent à des arrêts, décisions ou jugements prononcés par le conseil d'État, les conseils de préfecture, la cour de cassation, les cours impériales, les tribunaux civils et les tribunaux de commerce.

3º Les mots *inst. spéc.* s'appliquent surtout aux ordres de service *intérieurs* des Compagnies, n'ayant pas un caractère général.

4º Enfin, les mots *cahier des charges*, *règlements*, *tarif* (ou leurs abréviations), doivent s'entendre, à moins d'indication contraire, des modèles applicables à toutes les lignes de chemins de fer.

TABLE GÉNÉRALE CHRONOLOGIQUE

Cette table est placée à la fin du *Répertoire*. Elle comprend l'ensemble des actes de l'autorité supérieure qui peuvent intéresser, soit l'*établissement*, soit l'*exploitation* des voies ferrées.

ADDITION ESSENTIELLE.

La législation des appareils à vapeur ayant été profondément modifiée, dans un sens très-favorable à l'industrie, par un décret du 25 janvier 1865, intervenu en cours d'impression, nous avons la satisfaction d'annoncer que nos articles *Locomotives* et *Machines*, du Rép., contiennent à cet égard tous les renseignements désirables. Il convient, en conséquence, de se reporter à ces deux articles pour toutes les affaires relatives aux appareils à vapeur.

ABANDON DE BESTIAUX, DE COLIS, D'OBJETS, ETC.

ABANDON DU POSTE.

Conducteurs-garde-freins et mécaniciens. — Nous avons reproduit, p. 395, l'art. 20 de la loi du 15 juillet 1845 punissant « d'un emprisonnement de six mois » à deux ans tout mécanicien ou conduc- » teur-garde-frein qui aura abandonné son » poste pendant la marche du convoi. »

Une circ. min. du 3 février 1855, citée p. 115, a rappelé cette disposition et recommandé de réprimer sévèrement les infractions qui pourraient y être commises ; mais on a eu bien rarement à sévir, à cet égard, au moins au point de vue de l'*abandon* volontaire du poste, interprété dans le sens strict de la loi. — Aussi la circulaire précitée a-t-elle entendu parler surtout des conducteurs qui abandonnent momentanément leur frein, non pour se soustraire complétement aux devoirs de leur service, « mais pour aller procéder, » par exemple, pendant la route à l'arran- » gement des bagages et colis dans l'inté- » rieur des fourgons. »

Dans les manœuvres de garage des trains en retard, les conducteurs doivent rester à leurs freins pendant tout le temps de la manœuvre, à l'exception du chef de train, qui est ordinairement autorisé à se tenir sur la voie, au point convenable pour faire les signaux utiles au mécanicien. (Ext. du règlement des conducteurs.)

« Toutes les fois qu'un train est divisé, *qu'une manœuvre de wagons s'exécute à une gare ou à un point quelconque de la ligne*, il convient de prendre toutes les mesures nécessaires pour éviter que des wagons, ou parties de trains, puissent être mis en mouvement, soit par *l'action du vent*, soit par *leur propre poids sur les pentes*, soit enfin pour toute autre cause. »

Cette prescription, qui figure généralement dans les règlements des conducteurs de trains, est suivie des dispositions suivantes, motivées par la nécessité d'assurer les signaux ou de procéder à d'autres opérations qui obligent quelquefois les agents à abandonner momentanément leur vigie :

« 1° On doit serrer les freins ;
» 2° Les freins des wagons à marchan- » dises, après avoir été abattus, devront » être maintenus au moyen de clavettes » dont les wagons sont munis à cet effet ;
» 3° En cas d'insuffisance du nombre de » freins, les voitures ou les wagons seront » calés. »

Il a été décidé, d'ailleurs, par la cour d'appel de Paris (7 janvier 1853), qu'il n'y avait pas lieu à l'application de l'art. 20 de la loi du 15 juillet 1845, dans le fait, constaté à la charge du chef d'un train de marchandises, *tombé en détresse*, de se tenir auprès de la locomotive de ce convoi après avoir pris les mesures nécessitées par l'arrêt accidentel du train (mesures relatives à la protection du convoi à l'arrière, et à la demande d'une machine de renfort). (*C. Paris, 7 janvier 1853.*) — La poursuite judiciaire avait été dirigée contre le chef de train, parce que le mécanicien, en tentant de se remettre en route, avait imprimé au convoi une secousse qui avait déterminé une rupture d'attelage et le départ en dérive de 14 wagons, parmi lesquels se trouvait le fourgon à frein, dont la manœuvre était confiée au chef de train. La cour d'appel n'a pas jugé qu'il y eût, dans l'espèce, *abandon du poste*, et a renvoyé de la poursuite le conducteur chef de train, dont le seul tort était, d'ailleurs, d'avoir omis de serrer son frein avant de descendre (le train se trouvant *sur une partie de voie en pente*).

---

(1) Afin de mieux assurer l'effet des mesures relatives à l'enlèvement des matériaux épars sur les voies, et pouvant faciliter les actes de malveillance, le ministre a recommandé à la Compagnie de Lyon (par une dépêche spéciale du 30 mars 1864) : « 1° de réunir les rails, destinés à l'entretien, » dans un nombre déterminé de dépôts où ils seraient placés entre des poteaux à coulisses et main- » tenus par des boulons cadenassés ; 2° d'enchaîner les traverses qui ne pourraient être enterrées. »

Aiguilleurs. — La loi de 1845 n'a pas édicté de pénalité spéciale pour les aiguilleurs qui abandonneraient leur poste dans l'exercice de leurs fonctions, et cela eût été superflu, en effet, parce qu'un même aiguilleur (ordinairement chargé d'un *groupe* d'appareils) n'a pas son service en quelque sorte concentré sur un point fixe, comme un garde-frein ou un mécanicien. D'un autre côté, les aiguilleurs soumis à une surveillance spéciale, dans les gares et sur la voie, ne se trouvent pas dans la condition d'indépendance relative inhérente au service des conducteurs et des mécaniciens pendant la marche. Enfin, nous ne pensons pas qu'il y ait eu beaucoup d'exemples d'aiguilleurs ayant *abandonné* leur poste, dans la propre acception du mot. Les règlements particuliers ou généraux des Compagnies contiennent, d'ailleurs, pour réprimer les négligences d'aiguilleurs, des dispositions disciplinaires, proportionnées à la gravité de la faute commise ou de l'accident occasionné.

ABONNEMENT.

Cartes temporaires d'abonnement (voyageurs), p. 1.—**Billets à prix réduit**, 1 et 56 (1). — **Perte de billets d'abonnement**, 1.

Tarifs d'abonnement (marchandises), p. 2.

ABRIS.

Abris à voyageurs, p. 2. — Annexes pour les bagages, 2. — **Abris pour les ouvriers**, 3. — Niches de refuge dans les souterrains, 508. — Niches pour serrer les **outils** de la voie, 668.

Halles à marchandises, p. 253.

Remises à machines et à wagons, p. 458.

ACCIDENTS D'EXPLOITATION.

Définition, p. 3. — **Avis et déclarations**, 3.

Rappel des avis et rapports à adresser à l'administration supérieure (suit le texte de la circ. min. du 18 juillet 1864, aux ingénieurs en chef du contrôle) :

« De nombreuses instructions prescrivent aux ingénieurs en chef du contrôle de donner immédiatement avis au ministre de tous les accidents qui se produisent sur les chemins de fer, dont la surveillance leur est confiée (2).

» Le ministre les a priés (de nouveau) de vouloir bien prendre les dispositions nécessaires pour que tout accident, présentant quelque gravité, lui soit annoncé,

---

(1) Outre les billets valables pour un voyage *aller et retour*, on a maintenu, sur quelques lignes de banlieue, l'usage, avantageux pour le public, de délivrer d'avance, par série, à une même personne, un certain nombre de billets dits d'abonnement qui, outre le bénéfice d'une réduction sur le prix ordinaire, dispensent le voyageur d'attendre, *chaque fois*, son tour de distribution au guichet. Les billets d'abonnement délivrés, par exemple, pour la ligne de Paris à Corbeil (exploitée par la Compagnie de Lyon), donnent droit au parcours de Paris aux gares situées jusqu'à Brunoy et Corbeil inclusivement et *vice versâ*. Ces billets sont délivrés pour la 1re et la 2e classe, avec une réduction de 10 0/0 sur le prix ordinaire des billets.

Les conditions principales de ce tarif (approuvé par décision ministérielle du 14 décembre 1863) sont les suivantes :

« Les billets d'abonnement (de la ligne de Corbeil) ne sont délivrés que par série de vingt. Le prix en est payé à l'avance. Ils ne peuvent servir que pour les lieux de départ et de destination qu'ils indiquent ; présentés à toute autre gare, ils ne sont pas admis, et le prix de la place doit être payé conformément au tarif général, à moins que le parcours effectué ne comporte un prix inférieur au prix du billet.

» Ces billets sont nominatifs, la revente en est formellement interdite. On peut en disposer gratuitement.

» Ils ne sont valables que pour l'année dans laquelle ils ont été délivrés ; passé le 31 décembre, ils ne sont plus admis. »

(2) Voir notamment, p. 446, l'extrait de la circ. minist. du 28 avril 1849, relative aux envois *périodiques* à l'administration supérieure, par les fonctionnaires du contrôle, de rapports sur les accidents et autres faits de l'exploitation, « envois *qui ne dispenseront pas les mêmes fonctionnaires* de l'obligation de dresser des rapports spéciaux, *en cas d'accident ou de circonstance particulière méritant d'être signalée sans retard.* »

Une autre circ. minist. du 22 novembre 1854 a invité aussi, d'une part, les différentes Compagnies « à donner des ordres et à prendre les dispositions nécessaires pour que les faits intéressants « qui viendraient à se produire sur leurs lignes, et particulièrement les *accidents qui atteindraient* « *les personnes*, soient toujours portés, *directement et sans délai*, à la connaissance du misans le moindre retard, au moyen d'un avis sommaire, soit *par correspondance* (1), soit *par la voie télégraphique* (2).

» En ce qui concerne les accidents ayant occasionné la *mort ou des blessures*, le ministre tient essentiellement à ce qu'ils fassent l'objet, après l'envoi de cet avis sommaire, d'un rapport circonstancié qui en précise les causes et les résultats. Il recommande, d'ailleurs, aux ingénieurs en chef du contrôle de se tenir au courant de toutes les suites de ces accidents et de vérifier notamment si, parmi les personnes qui figurent d'abord au nombre des blessés, il n'en est pas qui aient plus tard succombé à leurs blessures.

» Il est un autre point sur lequel le ministre a appelé spécialement (dans les termes suivants) l'attention des ingénieurs en chef du contrôle :

» Quand, à l'occasion d'un accident ou d'une contravention quelconque, la justice se trouvera saisie, vous devrez suivre,

avec soin, toutes les phases de l'instruction judiciaire, afin d'être à même de fournir à l'administration des renseignements précis sur les résultats de cette instruction.

» Dans le cas où il interviendrait une ordonnance de non lieu, vous aurez à m'en donner avis sur-le-champ, en reproduisant autant que possible, les motifs de cette ordonnance.

» Dans le cas, au contraire, où l'affaire serait portée devant un tribunal........, vous voudrez bien, soit assister, en personne, aux débats judiciaires, soit vous y faire représenter par un des fonctionnaires du contrôle, suivant l'importance de la question, et vous aurez soin de m'adresser ensuite un rapport dans lequel vous consignerez, non-seulement le résultat de l'affaire, mais encore les incidents qui auront pu se produire dans les débats : à ce rapport devra être jointe la copie textuelle du jugement ou de l'arrêt.

» Afin de vous faciliter l'accomplisse-

» nistre, » et, d'autre part, les ingénieurs en chef du contrôle, « à vouloir bien, de leur côté, dès » qu'un incident de quelque importance leur est signalé, en donner avis au ministre sans aucun re-» tard, et s'occuper activement de réunir les rapports et renseignements qu'ils devront transmettre » ensuite au ministre, pour le mettre à même d'apprécier les circonstances et les causes de » l'accident. »

(1) Ces avis *écrits* sont envoyés au ministre par l'ingénieur en chef du contrôle, indépendamment des avis directs envoyés, lorsqu'il y a lieu, par la compagnie. (*Voir la note précédente.*) — Les commissaires de surveillance administrative n'ont à signaler directement *par écrit*, « les accidents présentant quelque gravité, qui arrivent sur les chemins de fer, dans l'étendue de leur circonscription (ext. de la circ. minist. du 8 déc. 1852), » qu'au préfet, au procureur impérial, aux ingénieurs en chef et ordinaires des ponts et chaussées et des mines (du contrôle), et à l'inspecteur principal ou particulier de l'exploitation commerciale (circ. minist. des 15 avril 1850, 5 nov. 1852 et 8 déc. 1852). — Cette dernière circulaire, dont l'exécution devait, à cette époque, remplir l'office des dépêches télégraphiques actuellement en vigueur, porte « que la transmission » des avis d'accidents doit être immédiate et autorise l'ingénieur en chef du contrôle, pour faciliter » la tâche des commissaires et leur permettre d'expédier les avis dans un bref délai, de faire tirer » (en imputant les frais d'impression sur les fonds de contrôle et de surveillance) une formule (qui » portera le n° 4), dont le ministre a adressé un spécimen, en y joignant un modèle d'avis, dans » lequel on a écrit, en caractères italiques, les indications, variables suivant la nature des accidents, » que les commissaires ont à fournir. »

Ce modèle peut être résumé ainsi qu'il suit : — « N..., le..., M^r....., j'ai l'honneur de vous an-» noncer que *aujourd'hui à 0 heures 1/2 du matin*, il est arrivé un accident près du poteau kilo-» métrique n° 354, *passage à niveau du moulin neuf, commune de Saint-Rambert*. Les détails » parvenus jusqu'ici à ma connaissance sont les suivants : *Voiture à 4 chevaux engagée sur le* » *passage à niveau,* — *déraillement du train,* — *les deux voies interceptées,* — *le chauffeur* » *tué, le mécanicien blessé, 3 voyageurs contusionnés.* — Agréez, etc. »

Dans la pratique actuelle, ces premiers avis *écrits*, dont l'usage a *précédé*, comme nous l'avons expliqué plus haut, l'autorisation accordée aux commissaires d'expédier des dépêches télégraphiques, pour signaler les accidents, ne peuvent plus avoir d'autre but que de confirmer ou de compléter ces dépêches, et ne dispensent nullement les commissaires de fournir les rapports détaillés et procès-verbaux prescrits par les règlements ou par les ordres de service spéciaux, pour les accidents motivant une suite administrative ou judiciaire.

(2) Les règlements autorisent l'envoi de ces avis télégraphiques par les commissaires de surveillance administrative (ou par les ingénieurs du contrôle, lorsque ces derniers se trouvent sur les lieux). — Les commissaires de surveillance sont tenus aussi de porter par voie télégraphique les accidents de toute nature, à la connaissance des autorités administratives et judiciaires, par application de l'article 59 de l'ordonnance du 15 novembre 1846 (v. à ce sujet, au présent article, le texte de la circ. minist. du 15 octobre 1864).

ment de ces instructions, j'invite la Compagnie du chemin de fer, dont le contrôle vous est confié, à vous tenir exactement informé de tous les faits qui auront provoqué l'intervention de la justice et à vous faire connaître, notamment, les jours qui seront désignés pour les débats, lorsque l'affaire sera portée devant les tribunaux. » (Circ. minist., 18 juillet 1864) (1).

Instructions pour l'envoi des avis télégraphiques, par les fonctionnaires du contrôle, p. 4 et 542. — **Dépêches concernant les accidents de toute nature.** — Une circ. minist. adressée, le 15 oct. 1864, aux ingénieurs en chef du contrôle porte ce qui suit : « par une circulaire du 30 janvier 1860, vous avez été informé que, sur la demande de l'administration, M. le ministre de l'intérieur avait bien voulu, par décision du 4 du même mois, autoriser les commiss. de surv. adm. à faire usage du télégraphe électrique pour donner avis aux autorités administratives et judiciaires des accidents suivis de morts ou de blessures graves, qui sont constatés sur les chemins de fer, indépendamment, d'ailleurs, des communications de même nature qui peuvent être directement faites par ces agents au ministre des travaux publics, en vertu d'une décision spéciale du 26 déc. 1854 (2).

» Il m'a paru, que la décision du 4 janvier 1860 avait un caractère trop restrictif et qu'il y aurait intérêt à ce que les accidents de toute nature, quelle qu'en soit l'importance, pussent être immédiatement portés, par voie télégraphique, à la connaissance des autorités désignées dans l'art. 59 de l'ordonn. du 15 nov. 1846 (3).

» J'ai appelé sur ce point l'attention de M. le ministre de l'intérieur ; S. E. fait observer que toutes les dépêches présentées dans les gares par les commissaires de surv. adm. pour être expédiées, sont mises aussitôt en transmission et délivrées par le bureau d'arrivée à leur destination, que le seul contrôle auquel elles soient soumises est concentré à Paris ; qu'ainsi les communic. télégraphiques de ces agents sont parfaitement assurées en dehors de tout contrôle local ; M. le ministre ajoute que les dispositions nécessaires sont prises pour qu'il soit tenu compte, par le service central, de la latitude à donner à cette correspondance qui pourra concerner, désormais, *les accidents de toute nature* (4).

Je vous prie, Monsieur, de vouloir bien

---

(1) A l'occasion de cette circulaire, il a été recommandé de nouveau aux commissaires de surveillance administrative (au moins par quelques chefs de service du contrôle) : 1° d'apporter le plus grand soin et la plus grande célérité dans les avis et les constatations d'accident ; — 2° de faire connaître à l'ingénieur en chef du contrôle les résultats des blessures que ces accidents pourront avoir occasionnées ; — 3° et de lui fournir, enfin, les renseignements demandés par le ministre, relativement aux débats judiciaires et au dispositif des jugements et aux ordonnances de non lieu (en se reportant, à l'égard de la copie des jugements, à la circulaire du garde des sceaux, en date du 10 février 1862, notifiée aux ingénieurs en chef du contrôle par circ. minist. du 27 février 1862, v. p. 583).

(2) Par la dépêche précitée du 26 décembre 1854, S. E. le ministre de l'intérieur a fait connaître à son collègue des travaux publics : « que des ordres ont été donnés, par le directeur général » des lignes télégraphiques, pour que les ingénieurs, commissaires et sous-commissaires de sur- » veillance administrative près les chemins de fer soient admis à correspondre directement avec le » ministre des travaux publics, par le télégraphe, toutes les fois qu'ils auront à signaler des acci- » dents sur les voies ferrées »

En notifiant cette dépêche aux ingénieurs en chef du contrôle de l'exploitation (par circ. du 9 janvier 1855), le ministre des travaux publics les a invités : « à porter cette décision à la connais- » sance des fonctionnaires et agents placés sous leurs ordres et à leur donner des instructions sur » la manière dont ils devront l'exécuter. » Les ordres de service adressés à ce sujet aux commissaires de surveillance administrative ont été généralisés par une instruction ministérielle du 27 février 1855, dont nous avons reproduit les dispositions p. 4 et 542.

(3) « Art. 59. — Toutes les fois qu'il arrivera un accident sur le chemin de fer, il en sera fait immédiatement déclaration à l'autorité locale et au commissaire spécial de police (commissaire de surveillance administrative) à la diligence du chef du convoi. Le préfet du département, l'ingénieur des ponts et chaussées et l'ingénieur des mines, chargés de la surveillance, et le commissaire royal (remplacé aujourd'hui par l'inspecteur principal de l'exploitation commerciale, sous la direction de l'ingénieur en chef du contrôle) en seront immédiatement informés par les soins de la compagnie. »

(4) La circulaire ministérielle du 15 octobre 1864, prescrivant d'aviser par dépêches télégraphiques les autorités administratives et judiciaires des accidents *de toute nature* survenus sur les chemins de fer, doit être considérée « comme n'admettant ni distinction, ni réserve. Toutefois, les simples détresses ou les arrêts de trains (lorsqu'il n'y a pas eu accident pour les personnes), ne

donner à MM. les commis. de surv. sous vos ordres les instructions nécessaires pour qu'à l'avenir, indépendamment des communications directes au ministre des travaux publics, dans les cas prévus par la déc. du 26 décembre 1854, les accidents de toute nature soient portés par voie télégraphique à la connaissance *des autorités administratives et judiciaires, par application de l'art. 59 de l'ordonnance du 15 novembre 1846 (1).*

Constatation des accidents d'exploitation, p. 4 (2). — Pénalité et répression spéciales, 5. — **Responsabilité**, p. 6 (v. aussi *Responsabilité* au Rép.). — **Prescription** de l'action civile, 427. — Assurance contre les accidents, 7. — (V. aussi le mot *Assurances* au Rép.). — **Mesures générales**, 7. — Registre d'inscription des accidents, 453 (v. aussi *Registres* au Rép.).

Mesures particulières, à prendre en cas d'accident, savoir : Collisions, p. 94. — Déraillements, 151. — Détresse, 153 (v. aussi *Ralentissement* au Rép.). — Eboulements, 167. — Explosions, 196. — Incendies, 260. — Inondations, 268. — Ruptures d'appareils, 487. — Secours aux trains, aux voyageurs et aux agents, 490.

Accidents aux passages à niveau, p. 97 et 391 ; — dans les souterrains, 508 ; — dans les manœuvres de gare, 318 (v. aussi

à l'art. *Manœuvres* du Rép. le texte de la nouvelle circ. minist. du 7 juin 1864).

Accidents survenus dans les **travaux d'entretien** (v. plus loin, p. 746).

Accidents de machines (v. au Rép., p. 912).

Commission instituée pour l'examen des règlements et inventions intéressant la sécurité (v. *Commissions* au Rép.).

ACCIDENTS DE TRAVAUX.

Avis et constatations. — Il n'existe aucune indication générale pour la dénonciation à l'autorité judiciaire et la constatation des accidents de *travaux* sur les chemins de fer en construction. — Ces accidents ne rentrent pas, en effet, dans la catégorie des faits d'exploitation prévus par les art. 19 de la loi du 15 juillet 1845 (v. p. 5) et 59 de l'ordonn. du 15 nov. 1846 (p. 3). — Toutefois, les accidents de *personnes* survenus dans les travaux de construction des voies ferrées sont régulièrement dénoncés, soit au maire, soit au commissaire de police, soit à la gendarmerie (force constituée ou fonctionnaires désignés à l'art. 29 du Code d'inst. crim. (v. p. 10), comme chargés d'informer les procureurs impériaux de tous les faits qui peuvent mettre sur la trace d'un crime ou d'un délit). — Les préavis dont il s'agit

---

seront signalés qu'au ministre, au préfet et à l'ingénieur en chef du contrôle, et la voie télégraphique ne doit même être employée (pour les détresses non suivies de blessures) que lorsqu'il s'agit de *trains de voyageurs*. » (Ext. d'une dép. minist. du 16 nov. 1864. Contr. du ch. de Lyon.)

(1) D'après une dépêche ministérielle du 30 novembre 1864 (ch. de Lyon), interprétant la circ. minist. du 15 octobre 1864, les *inspecteurs de l'exploitation commerciale* ne sont pas compris dans la catégorie des fonctionnaires à qui les commissaires de surveillance doivent donner avis, par dépêche télégraphique, des accidents de toute nature constatés sur les chemins de fer. — « Mais, ajoute » la même dépêche, la question de savoir si les avis télégraphiques dont il s'agit doivent être adressés » aux *ingénieurs ordinaires* du contrôle, n'est pas douteuse : toutes les fois qu'un accident arrive, » ces fonctionnaires doivent en recevoir communication par voie télégraphique, à moins qu'il ne » s'agisse d'une simple détresse ou d'un arrêt de train, auquel cas, l'avis à l'ingénieur en chef est » suffisant, pour ce qui concerne du moins le service du contrôle proprement dit. — Le ministre » se réfère sur ce dernier point, à sa dépêche du 16 novembre 1864. » (*Voir la note précédente.*)

(2) Les points principaux à faire ressortir dans les procès-verbaux de constatation, sont les suivants : 1° date du procès-verbal ; 2° date et lieu (*gare, passage à niveau, point kil., commune, etc.*) de l'accident ou de la contravention ; 3° nom et qualité de l'agent verbalisateur ; 4° faits et circonstances des accidents ; noms, âge et dépositions des agents, des témoins et, autant que possible, des victimes ; 5° nature et degré des blessures et contusions, en reproduisant, lorsqu'il est possible, l'appréciation du médecin ; 6° nature et numéros des trains ou machines engagés dans l'accident ; 7° chiffres de retards pour chaque train ; 8° avaries des diverses pièces du matériel, des appareils de la voie, des poteaux et fils télégraphiques, etc. ; 9° faire connaître enfin les heures d'interception et de rétablissement des voies.

Il est utile, dans beaucoup de cas, de joindre aux procès-verbaux un croquis figuratif du théâtre de l'accident (voies, croisements, plaques, aiguilles, tranchées, remblais, courbes, arbres ou maisons gênant la vue, et autres objets ayant pu contribuer à l'accident). On doit indiquer, sur ce croquis, la position des véhicules au moment où les faits constatés sont survenus.

Les appréciations personnelles des commissaires de surveillance administrative ne doivent pas prendre place dans les procès-verbaux qu'ils adressent aux procureurs impériaux, en vertu de la loi du 27 février 1850. — Les appréciations de cette nature sont réservées aux ingénieurs en chef du contrôle (v. p. 454).

sont naturellement envoyés par les soins de l'entrepreneur des travaux, indépendamment, d'ailleurs, des avis ou informations mentionnés dans l'extrait suivant des règlements intérieurs de certaines compagnies de chemins de fer : « Toutes les fois qu'un accident se produira sur une ligne en construction, le chef de section ou chef de service faisant fonctions, devra se transporter sur les lieux, constater les faits par procès-verbal, s'il est assermenté, ou, dans le cas contraire, par rapport spécial ; adresser toutes les pièces, croquis, plans, dépositions, etc., à l'ingénieur ordinaire, qui transmettra les avis à l'ingénieur en chef de la construction, chargé spécialement d'informer le ministre et les autorités, s'il y a lieu. »

Les constatations *légales* d'accidents de personnes, survenus dans les travaux de chemins de fer *en construction*, sont faites ordinairement par les officiers de police de la localité (procureurs impériaux, commissaires de police, maires, adjoints, etc.) dans la limite de leurs attributions. L'autorité administrative doit être avisée, de son côté, par les chefs de service compétents, comme elle est naturellement et régulièrement informée (sans qu'il existe pour cela d'instructions générales) de tous les faits importants qui surviennent dans les chantiers de travaux publics ou dans les ateliers des compagnies.

Procès-verbaux. — Les procès-verbaux de constatation des accidents de travaux, ayant occasionné mort ou blessures, doivent (comme ceux relatifs à l'exploitation) être envoyés au procureur impérial du ressort. — Il convient d'y résumer avec soin les circonstances et faits matériels relatifs à l'accident, d'y consigner les noms, âge et déposition des témoins et, autant que possible, des victimes ; d'y indiquer le degré de gravité des blessures, etc. — L'avis ou rapport écrit de l'ingénieur en chef du service des travaux (lorsqu'il s'agit de chantiers de l'État) ou de l'ingénieur en chef du contrôle de la construction (lorsqu'il s'agit de chantiers de la compagnie ou de ses entrepreneurs) paraît être, d'ailleurs, un élément indispensable de l'instruction.

Accidents de travaux sur les lignes en exploitation. — Certains accidents qui atteignent les ouvriers d'entrepreneurs et autres ouvriers ou agents chargés, soit de la réparation ou du service des bâtiments des gares des lignes exploitées, soit des travaux complémentaires ne se rattachant pas directement aux règlements proprement dits des chemins de fer, ne sont pas considérés, dans la pratique, comme des accidents d'exploitation et ne doivent pas figurer dans les tableaux statistiques rappelés au mot *Registres* du Rép. (1).

Nous devons ajouter que la distinction à faire à ce sujet, résulte plutôt de la pratique que d'une instruction générale. C'est ordinairement l'administration supérieure elle-même qui détermine le classement définitif des divers accidents survenus sur les lignes *exploitées*.

Par un motif analogue, et par suite de l'organisation même du service de surveillance des lignes ouvertes à l'exploitation, les accidents de toute nature survenus sur ces dernières lignes, rentrent, sans distinction, dans les attributions des ingénieurs et des commissaires de surveillance attachés au contrôle administratif, soit au point de vue technique des affaires, soit au point de vue des suites judiciaires que peuvent comporter les accidents ayant occasionné mort ou blessures. L'ordonnance du 15 novembre 1846, l'arrêté ministériel et la circulaire ministérielle du 15 avril 1850, et diverses instructions rappelées au mot *Travaux* du Dict., attribuent, en effet, au contrôle administratif la surveillance des *travaux neufs ou d'entretien*, exécutés sur les lignes comprises dans leur service, aussi bien que la surveillance de l'exploitation de ces lignes.

En ce qui concerne les divers faits ou incidents qui seraient considérés comme ressortissant principalement à la police ordinaire, nous ne pouvons renvoyer à d'autres documents qu'à la circ. minist. du 1er juin 1855, textuellement reproduite au Rép., p. 807.

Pénalité de droit commun *pour les accidents de travaux.* — « Quiconque, » par maladresse, imprudence, inattention, négligence ou inobservation des » règlements, aura commis involontairement un homicide, ou en aura involontairement été la cause, sera puni d'un » emprisonnement de trois mois à deux » ans et d'une amende de cinquante

---

(1) Nous avons cité, p. 627, plusieurs exemples d'accidents considérés comme étrangers à l'exploitation proprement dite des voies ferrées, quoique survenus sur des lignes ouvertes à la circulation. — Nous ferons remarquer, toutefois, que certains accidents, de nature mixte, éprouvés par des *poseurs* ou autres agents soumis, sur les lignes en exploitation, à des règlements participant à la fois du mouvement des convois et de la réparation des voies, croisements, aiguilles, plaques tournantes et autres appareils incessamment parcourus par les trains, sont considérés, dans la pratique, comme des faits *d'exploitation*, dont la constatation est soumise aux règles spéciales du service des chemins de fer.

» francs à six cents francs. » (Art. 319 du Code pénal.)

« S'il n'est résulté du défaut d'adresse » ou de précaution, que des blessures ou » coups, l'emprisonnement sera de six » jours à deux mois et l'amende sera de » seize francs à cent francs. » (Art. 320 du Code pénal.)

Responsabilité civile. — D'après la jurisprudence établie, les questions de responsabilité de droit commun pour la réparation civile des accidents de *personnes* survenus dans les travaux, rentrent dans les attributions de l'autorité judiciaire.

Cette responsabilité est exercée en vertu des art. 1382, 1383 et 1384 ci-après du Code Napoléon :

« ART. 1382. — Tout fait quelconque de l'homme, qui cause à autrui un dommage oblige celui, par la faute duquel il est arrivé, à le réparer.

» 1383. — Chacun est responsable du dommage qu'il a causé, non-seulement par son fait, mais encore par sa négligence ou par son imprudence.

» 1384. — On est responsable, non-seulement du dommage que l'on cause par son propre fait, mais encore de celui qui est causé par le fait des personnes, dont on doit répondre ou des choses que l'on a sous sa garde... Les maîtres et les commettants sont responsables du dommage causé par leurs domestiques et préposés dans les fonctions auxquelles ils les ont employés. » (Ext.)

Applications. — On ne saurait déduire aucune règle générale des nombreuses décisions judiciaires intervenues pour des affaires ayant motivé l'application des dispositions de droit commun, à l'occasion *d'accidents* de travaux imputables, dans certains cas, à des causes fortuites ou à des circonstances de force majeure et quelquefois aussi à l'imprudence des victimes. C'est aux magistrats qu'il appartient, dans ces questions si délicates et si variées, d'apprécier la part de responsabilité civile qu'il convient d'attribuer, soit aux compagnies concessionnaires soit aux entrepreneurs qu'elles se substituent et qui ont la responsabilité, en même temps que le choix, des agents préposés *directement* à l'exécution des ouvrages.

Comme simple renseignement, nous nous bornerons à citer l'affaire suivante, portée d'abord devant le conseil d'Etat et déférée ensuite aux tribunaux judiciaires.

Il s'agissait, dans l'espèce, d'un homme tué en tombant avec sa voiture dans une tranchée assez profonde, creusée au travers d'une route interceptée par les travaux d'établissement du chemin de fer de..... L'entrepreneur de ces travaux,

exécutés à forfait, pour le compte de la compagnie, ayant été condamné correctionnellement, à raison de cet accident, comme coupable d'homicide par imprudence, le conseil d'Etat a décidé que l'action en dommages-intérêts, intentée par la veuve de la victime contre la compagnie du chemin de fer, n'était pas de la compétence des tribunaux administratifs et que cette demande rentrait dans les attributions de l'autorité judiciaire. (C. d'Etat, 22 nov. 1863.)

La cour impériale de Paris a rendu sur cette affaire un arrêt qui peut se résumer ainsi qu'il suit :

« Une compagnie de chemins de fer est civilement responsable des conséquences d'un accident arrivé pendant l'exécution des travaux de la ligne, *lors même que ces travaux auraient été cédés à forfait à un entrepreneur*, si l'accident provient de l'inobservation des précautions générales au sujet desquelles la compagnie a dû conserver une autorité absolue. » (C. imp. Paris, 30 janv. 1864.)

D'après les faits mentionnés dans cette décision, il n'existait aux abords du point dangereux, aucune indication ni obstacle avertissant que la circulation fût interceptée (les travaux n'étaient limités que par une faible barrière non éclairée). — Les éléments de la cause ont montré à la cour que la compagnie, ayant dans l'espèce, conservé sa direction et son autorité absolue sur les travaux, avait le droit et le devoir de prescrire les mesures de précaution motivées par l'excavation creusée au travers d'une route, et qu'elle ne pouvait décliner sa responsabilité sous prétexte que « les articles 6 et 11 des » conditions générales imposées par la » compagnie à ses entrepreneurs, stipu- » laient la garantie au profit de la compa- » gnie pour tous les accidents qui seraient » le résultat des imprudences desdits » entrepreneurs. »

« Sans doute, dit la cour, cette stipu- lation ne constitue pas de la part de la compagnie un engagement direct, dont les tiers puissent se prévaloir, mais elle ex- prime la pensée de la compagnie elle- même qui, se réservant la direction, comprenait qu'elle gardait, par suite, la responsabilité. »

Secours aux ouvriers blessés. — Les premiers secours *médicaux* à donner aux ouvriers blessés dans les chantiers de travaux neufs ou d'entretien, sur les che- mins de fer en exploitation, peuvent être administrés au moyen des médicaments et appareils déposés à demeure dans les gares (v. p. 34). — Les secours *pécuniai- res* sont ordinairement accordés, au moins pour les travaux de l'Etat, d'après les règles fixées par l'arrêté minist. du 15 déc. 1848 (v. p. 384) et par la circ. minist. du 23 juillet 1849 (v. *Ouvriers* au Rép.).

Comptes-rendus des accidents survevenus dans les chantiers. — « Pour l'exécution de l'arrêté minist. du 15 décembre 1848, concernant les secours à accorder aux ouvriers des travaux publics, en cas d'accidents, les ingénieurs des ponts et chaussées, chargés d'un service de travaux, doivent fournir à l'administration, chaque année, un relevé des accidents de toute nature, arrivés dans les travaux de leurs services respectifs Par une circ. minist. du 17 janvier 1853, les préfets ont été priés d'inviter l'ingénieur en chef de leur département à préparer ce travail, conformément au modèle (fourni par le ministre et joint à ladite circulaire), et à le transmettre, avec leurs observations, au ministre de l'agriculture du commerce et des travaux publics (1). »

Nota. — Il n'y a pas de compte-rendu semblable à fournir par les ingénieurs du *contrôle* des travaux ou de l'exploitation des chemins de fer concédés, l'administration supérieure ne paraissant pas être dans l'usage d'intervenir d'*office* pour le règlement ou la répartition des indemnités de secours attribuées aux ouvriers blessés dans les chantiers des compagnies concessionnaires.

Dommages matériels causés par les travaux (v. *Dommages* au Rép.).

ACCROCHAGE.

Mesures de précaution (v. *Manœuvres*, p. 318. — **Rappel des instructions** (v. *Manœuvres* au Rép.)

ACIDES.

Tarifs de transport, p. 628. — *Précau-* tions *à prendre pour le transport des matières dangereuses*, 337.

ACIER.

Emploi obligatoire (pour certains appareils), p. 628. — **Conditions et tarifs de transport**, 628.

ACQUITS A CAUTION.

Marchandises soumises aux droits d'octroi, p. 8, — *acquits et déclarations pour les marchandises soumises aux droits de douane*, 649. — *Renseignements relatifs aux* délais de transport, 126. — **Timbrage** *des acquits à caution*, 8 (2).

ACTES DE MALVEILLANCE.

Tentatives de déraillement, p. 8.—*Outils délaissés sur les voies et pouvant servir à un déraillement*, 668 (v. aussi *Abandon* au Rép.). — **Dérangement de** disques, d'appareils télégraphiques, *dégradations diverses, etc.*, 9 et 141 (v. aussi *Disques* au Rép.).—**Jets de pierres**, 9. — *Dénonciation des actes de malveillance*, 10. — **Constatations**, 11 (v. aussi *Constatations* au Rép.). — **Arrestations**, 11. — *Crimes et délits de droit commun*, 11. — *Attentat à la pudeur*, 11. — **Violences** envers les voyageurs, 11 (v. aussi l'art. *Voyageurs* au Rép.).

ACTION CIVILE ET ACTION PUBLIQUE.

Accidents et contraventions, p. 5, 122, 430 et 581. — *Accidents de travaux* (v. *Accidents* au Rép.). — **Assignations**, 632. *Pénalités*, 393, *Prescription*, 427. **Assistance judiciaire.** (V. le mot *Justice* au Rép.)

---

(1) Suit le modèle de l'état (format 0,21 sur 0,31) annexé à la circ. minist. du 17 janvier 1853 : « *En tête du tableau.* — Département du... Etat des accidents arrivés en 1852 aux ouvriers employés sur les chantiers du service...... 1re colonne, noms des ouvriers ; — 2e col., désignation des travaux (indiquer si les travaux s'exécutent en régie ou à l'entreprise, et, dans ce dernier cas, la date des adjudications) ; — 3e col., date des accidents ou de la cessation de travail par suite de maladie ; — 4e col., nature et cause des accidents ou maladies ; — 5e col., durée de l'incapacité de travail ; — 6e et 7e col., titre principal : *Montant*, sous-titres ; — 6e col., des secours accordés ; — 7e col., des frais de traitement ; — 8e et 9e col., titre principal ; *Dépenses totales*, sous-titres ; — 8e col., à la charge de l'entrepreneur ; — 9e col., à la charge de l'Etat ou du département ; — 10e col., observations. »

(2) Pour les expéditions du *ministère des finances*, « le montant des acquits à caution suivi en *remboursement, après encaissement*, devra être considéré comme une taxe ordinaire, susceptible d'être rectifiée en plus ou en moins ; en conséquence, lorsqu'une gare aura constaté une insuffisance ou un excédant à la vérification d'un acquit, elle fera les rectifications nécessaires sur les écritures, dont elle prendra charge pour le montant rectifié. » (*Ext. d'une inst. spéc.*, mentionnée uniquement pour mémoire.)

ACTIONS ET OBLIGATIONS.

Emission d'actions (v. au mot *Compagnies* du Rép. les art. 8 et suivants de la loi du 15 juillet 1845). — *Appel de fonds*, p. 12. — *Identité des actionnaires, 12* — *Retards dans les versements, 12.* — *Responsabilité des souscripteurs originaires, 12.* — *Cession de titres et négociations, 12.* — *Titres échus dans un lot d'héritage, 13.* — *Intérêts payés aux actionnaires et aux usufruitiers, 13.* — **Garantie de l'État**, etc., 13 (1). — **Perte de titres, vols,** etc., 14. — *Revendication, 14.* — *Duplicata de titres au porteur, 14.* — *Dépôt de titres à la caisse de la compagnie, 14.* — *Impôt et timbre, 259 et 547.* — **Remboursement** *et amortissement des actions,* 14 (v. aussi *Amortissement* au Rép.). — *Mode de tirage, 14.* — **Emission d'obligations et emprunts,** 178 et 370 (v. aussi *Obligations* au Rép.).

ADJUDICATIONS.

I. Publicité et mesures diverses. — L'importance que l'administration supérieure a attachée de tout temps à l'exécution des règlements prescrivant de donner la plus grande publicité aux adjudications de travaux publics, mérite de fixer l'attention des services de construction des chemins de fer exécutés au compte de l'État.

En principe, l'avis des adjudications doit être publié, sauf les cas d'urgence, un mois à l'avance par la voie des affiches et par tous les moyens ordinaires de publicité. Plusieurs circulaires ministérielles ont réglé, ainsi qu'il suit, les détails d'application.

« *Ext. de la circ. minist. du 11 août 1850* (adressée aux préfets et aux ingénieurs en chef) :

» 1° Toute adjudication de travaux publics sera annoncée par la voie des affiches, tant dans le département où les travaux devront être exécutés que dans les départements circonvoisins, et par un avis inséré dans un ou plusieurs journaux du lieu désigné pour l'ouverture du concours.

» 2° Lorsque la mise à prix s'élèvera à plus de 50,000 francs, indépendamment des moyens de publicité mis en usage dans les départements, l'avis de l'adjudication sera inséré dans le *Moniteur*, et, en outre, dans un ou plusieurs journaux de la capitale.

» 3° Les journaux du département dans lesquels les avis d'adjudication devront être insérés seront désignés par le préfet ;

» Les journaux de la capitale dans lesquels devront avoir lieu de semblables insertions seront désignés par le ministre des travaux publics (2).

» 4° Conformément aux cah. des ch., tous les frais d'affiches et d'insertion dans les journaux seront remboursés par l'adjudicataire. »

Ext. de la circ. minist. du 23 avril 1856 (adressée aux préfets et par ampliation aux ingénieurs en chef : Un moyen d'augmenter la publicité des adjudications, pour les travaux d'une évaluation au moins égale à 50,000 fr., tout en réduisant les frais, ayant été offert à l'administration supérieure par le directeur du *Journal des travaux publics*, le ministre a arrêté les dispositions suivantes :

« 1° Les adjudications de travaux d'une évaluation au moins égale à 50,000 fr. continueront à être publiées au *Moniteur* ; mais elles ne le seront plus dans d'autres journaux politiques que tout à fait exceptionnellement et dans le cas où l'importance hors ligne des travaux justifierait cette mesure.

---

(1) Une note très-récente, nous permet de donner exactement, *pour* 1863-1864, les chiffres officiels afférents au revenu net, kilométrique, réservé à l'ancien réseau.

Voici les nouveaux chiffres remplaçant ceux indiqués p. 13 (au § relatif à la garantie de l'État) :

Nord. — 35,500 fr. (décret 6 juillet 1862, bull. 1041), autrefois 38,400 (décret 11 juin 1859).

Est. — 29,000 fr. (décret 11 juin 1863, bull. 1141), autrefois 27.800 (décret 11 juin 1859).

Ouest. — 34,500 fr. (décret 11 juin 1863, bull. 1141), autrefois 27,000 (décret 11 juin 1859).

Orléans. — 26,300 fr. (avec un régime complexe de transition, jusqu'à l'achèvement des lignes de Châteaulin à Landerneau et de Bretigny à Tours (décret 11 juin 1863, bull. 1141), autrefois 27,40 (décret 11 juin 1859).

Paris-Lyon-Méditerrannée. — 33,520 fr. (avec des chiffres de 36,700 et de 34,330 pour la transition, jusqu'à l'achèvement complet) (décret 11 juin 1863, bull. 1141), autrefois 37,400 (décret 1er août 1860).

Midi — 28,900 fr (décret 11 juin 1863, bull. 1141), autrefois 19,500 (décret 11 juin 1859).

(2) Le ministre s'est réservé de faire connaître aux préfets, le cas échéant, les journaux de la capitale qui auront à réclamer auprès de ces magistrats, le prix d'insertions faites sur la demande de l'administration supérieure.

» 2° Les adjudications dont il s'agit seront insérées, en outre, au *Journal des travaux publics* et les frais de ces annonces seront payés au prix de 20 centimes la ligne (1).

» 3° Enfin, conformément à l'offre faite par le directeur du *Journal des travaux publics*, toutes les autres adjudications du service des travaux publics seront publiées gratuitement dans ce journal.

« .... Pour l'exécution de ces dispositions, le préfet continuera d'envoyer au ministre un exemplaire des affiches concernant les travaux d'une évaluation égale ou supérieure à 50,000 fr. et devra faire parvenir directement au *Journal des travaux publics* un exemplaire de toutes les affiches relatives à des adjudications du service du ministère, quel que soit le chiffre d'estimation des travaux.

» Il conviendra que les envois au directeur du *Journal des travaux publics* soient affranchis, afin qu'ils puissent jouir de la réduction de prix accordé par les règlements de la poste pour le transport des imprimés. Les frais d'affranchissement seront naturellement, comme tous ceux qui ont pour objet la publicité des adjudications, remboursés par les adjudicataires.

» Il n'est apporté, d'ailleurs, aucune dérogation aux prescriptions de la circulaire du 11 août 1850, en ce qui touche la publicité à donner *dans les départements* aux adjudications de travaux publics. »

Ext. de la circ. minist. du 8 mars 1862 (adressée aux préfets et par ampliation aux ingénieurs en chef) :

« .... Un journal, qui prend le nom de *Moniteur des travaux publics*, a offert à l'administration d'insérer gratuitement toutes les annonces d'adjudications de travaux publics ; le ministre n'a pas dû refuser cette offre, et, en conséquence, il *suffira qu'à l'avenir*, les préfets veuillent bien envoyer à l'administration quatre ou cinq exemplaires des affiches relatives aux adjudications de travaux dans leurs départements : le ministre transmettra un de ces exemplaires au journal ci-dessus rappelé, et en délivrera également à tous les journaux qui voudront prendre comme lui, l'engagement de les insérer gratuitement.

» Par ce moyen, l'administration obtiendra et au plus bas prix possible, la publicité la plus développée possible et il en résultera pour tous les intérêts de véritables avantages.

« .... Les préfets devront donner des ordres précis pour qu'il soit régulièrement adressé au ministre des affiches de toutes les adjudications de travaux qui devront avoir lieu dans leurs départements, et veiller à ce que ces ordres soient scrupuleusement exécutés..... »

Extr. de la circ. minist. du 14 septembre 1863 (adressée aux ingénieurs en chef) :

« ..... Le ministre a des raisons de croire que, du moins dans un certain nombre de départements, les envois réclamés (par la circ. minist. du 8 mars 1862), ne s'effectuent pas toujours avec l'exactitude désirable et, cependant, il est nécessaire que l'administration soit mise à même de faire publier toutes les annonces d'adjudications concernant ses travaux. Afin que ce résultat soit atteint d'une manière complète, les ingénieurs en chef (chargés d'un service de construction) ont été invités à adresser désormais directement au ministre, cinq exemplaires de toute affiche concernant des adjudications à passer pour le service qui leur est confié. »

Certificats à fournir par les entrepreneurs qui concourent aux adjudications, p. 72. — *Cautionnements*, 71. — *Approbation des adjudications* (décret de décentralisation), 136 et 137.—(V. aussi *Décentralisation* au Rép.)

Clauses et conditions générales *des adjudications de travaux publics*. (V. au Rép. lettre C.)

II. Adjudications des travaux des Compagnies.—Les dispositions, qui viennent d'être rappelées, n'ont été rendues applicables aux travaux des compagnies concessionnaires par aucun article du cahier des charges ni des règlements.

Les compagnies sont libres, soit de traiter de gré à gré pour l'exécution de leurs travaux neufs ou d'entretien, soit d'appeler un certain nombre d'entrepreneurs à prendre connaissance des devis et projets, et à présenter concurremment des soumissions cachetées, dont les conditions plus ou moins favorables déterminent le choix de l'adjudicataire. — C'est ainsi, d'ailleurs, que l'on procède généralement dans la pratique.

Il est bien entendu seulement qu'en traitant à forfait avec un entrepreneur pour les travaux qu'elles sont tenues d'exécuter à leurs risques et périls, les compagnies ne s'affranchissent nullement de la responsabilité qui leur incombe envers

---

(1) Le *Journal des travaux publics* est rentré dans le droit commun des annonces *gratuites*, mentionnées dans la circ. minist. du 8 mars 1862, qui fait suite à celle du 23 avril 1856.

l'Etat ou envers les tiers, pour malfaçons, dommages, accidents, etc. (jurisp. constante. V. notamment, p. 463, l'ext. d'un jugement du trib. de la Seine, du 5 juin 1862. — V. aussi au Rép. les mots *Accidents de travaux* et *Dommages*).

III. Adjudication des concessions de chemins de fer (arrêté ministériel du 19 avril 1862) :

« Vu la loi du 2 juillet 1861 (1) et les décrets du 14 juin précédent, relatifs à l'établissement de différentes lignes de chemins de fer ;

» Vu l'avis du conseil d'Etat, en date du 13 août 1861, sur les questions relatives à la concession de nouvelles lignes de chemins de fer ;

» Vu la loi du 15 juillet 1845 (titre VII, Dispositions générales) (2).

» Le ministre de l'agriculture, du commerce, etc.,

» ARRÊTE :

» ART. 1er. — Il sera formé près du ministère de l'agriculture, du commerce et des travaux publics, en vue de l'adjudication des concessions de chemins de fer, une commission présidée par le ministre et composée de MM. :

• Le président de la section des travaux publics du conseil d'Etat, vice-président de la commission,

» Le gouverneur de la banque de France,

» Le président de la chambre de commerce de Paris,

» Le secrétaire général du ministère des travaux publics,

» Le directeur général des ponts et chaussées et des chemins de fer,

• Le directeur du mouvement général des fonds, au ministère des finances,

» Un inspecteur général des ponts et chaussées,

• Un inspecteur général des mines,

• Le chef de la division des études et travaux de chemins de fer, secrétaire.

» 2. — Un arrêté ministériel, publié sous forme d'avis, désignera les chemins de fer, dont le Gouvernement se propose d'adjuger la concession et fera connaître les conditions de l'adjudication.

» 3. — Nul ne sera admis à concourir à cette adjudication, s'il n'a été préalablement agréé par le ministre.

» A cet effet, les personnes qui voudront concourir seront tenues de déclarer, dans le délai qui aura été fixé par l'arrêté énoncé à l'art. 2 ci-dessus, leur inten-

tion par écrit, et de déposer au secrétariat général du ministère de l'agriculture, du commerce et des travaux publics, les états de souscriptions et autres pièces propres à justifier des ressources nécessaires pour remplir les engagements à contracter vis-à-vis de l'Etat.

» Le montant des sommes souscrites avant l'adjudication devra s'élever au moins au quart du capital total à réaliser par la compagnie ; le surplus du capital social sera ultérieurement l'objet d'une souscription publique, et en cas d'excédant des demandes, la répartition des actions sera faite, sous le contrôle de l'administration, proportionnellement aux souscriptions.

• Les pièces produites par les soumissionnaires seront soumises à l'examen de la commission mentionnée à l'article premier ci-dessus. Cette commission proposera les admissions ou les rejets, sur lesquels il sera statué définitivement par le ministre.

• Il sera donné connaissance à chaque soumissionnaire de la décision prise en ce qui le concerne et, s'il y a lieu, du jour de l'adjudication.

» 4. — Les personnes qui auront été admises à concourir devront faire, à la caisse des dépôts et consignations, le dépôt de garantie, dont le montant aura été fixé par l'arrêté ministériel énoncé à l'art. 2.

» La somme à déposer, à titre de garantie, sera égale, au moins, au trentième de la dépense à faire par la compagnie.

• Le dépôt pourra en être effectué jusqu'à *quatre* heures de la veille du *jour* fixé pour l'adjudication, soit en numéraire, soit en rentes sur l'Etat, calculées conformément à l'ordonnance du 19 juin 1825, en bons du Trésor ou autres effets publics avec transfert, au profit de la caisse des dépôts et consignations, de celles de ces valeurs qui seraient nominatives ou à ordre.

» Le lendemain du jour fixé pour la réception des soumissions, les dépôts de garantie seront rendus aux concurrents dont les offres n'auront pas été acceptées.

• 5. — Les soumissions seront reçues au jour qui aura été indiqué, à l'hôtel du ministère de l'agriculture, du commerce et des travaux publics, en présence de la commission désignée à l'article premier.

---

(1) V. aux observations insérées p. 641, au sujet des *chemins concédés par voie d'adjudication*, le rapppel de cette loi, dont les dispositions sont presqu'exclusivement financières.

(2) V. l'extrait de cette loi au mot *Compagnies* du Rép.

» 6. — Les soumissions seront reçues cachetées des mains des soumissionnaires. Elles seront marquées d'un numéro d'ordre et rangées sur le bureau.

» Toute soumission, pour être valable, devra : 1° être rédigée sur papier timbré ; 2° être conforme au modèle annexé à l'arrêté ; 3° être accompagnée d'un récépissé de la caisse des dépôts et consignations, constatant le dépôt de la somme exigée pour garantie de la soumission.

» Aucune soumission extra-conditionnelle ne sera admise.

» Le ministre procédera à l'ouverture des soumissions dans l'ordre de leur présentation et prononcera sur leur validité et leur acceptation.

» Si deux ou plusieurs soumissions renferment l'offre d'un même rabais, un nouveau concours sera ouvert, immédiatement et séance tenante, entre les signataires de ces soumissions.

» 7. — L'adjudication ne sera valable et définitive qu'après avoir été homologuée par un décret de l'Empereur et par une loi, s'il y a lieu, en ce qui concerne les classes financières. »

ADMINISTRATEURS.

Direction et surveillance des intérêts des compagnies, assemblée générale, etc., p. 15 et 632. — *Responsabilité des administrateurs*, 15. — *Indemnités et votes* (v. au mot *Compagnies* du Rép. les art. 11 et 12 de la loi du 15 juillet 1845).

ADMINISTRATIONS PUBLIQUES.

Organisation des pouvoirs administratif et judiciaire (v. *Organisation* au Rép.).

Attributions du ministre de l'agriculture, du commerce et des travaux publics, p. 15 — Concessions, 111. — Création et construction de lignes, 15. — Entretien des voies, 15. — Délégation aux préfets pour la police et la conservation des voies, des passages à niveau et des cours de gares, 15 et 122 (v. aussi *Cours des gares* au Rép.). — Surveillance du matériel, 15 et 123. — Surveillance générale de l'exploitation, 16. — Rappel des avis d'accidents et des rapports à envoyer au ministre (v. *Accidents d'exploitation* au Rép.). — Surveillance du personnel de la compagnie, 16 et 730. — Organisation du service de contrôle et de surveillance de l'État, 127 et 73.. — Comité consultatif des chemins de fer, 98 et 731. — Direction générale des chemins de fer, 732. — Commission instituée pour l'examen des règlements et inventions (v. *Commissions*

au Rép.). — Exécution des décisions et arrêtés ministériels (v. p. 16 l'indication des articles auxquels il faut se reporter).

Ministères de la guerre et de la marine. — Troupes employées aux travaux, p. 584. — Travaux mixtes dans la zône frontière, 620. — Rayon des servitudes, 620 et 425. — Organisation de la commission mixte, 102. — Rédaction des projets, 621. — Conférences, 116. — Adhésion immédiate aux travaux mixtes, 572. — Exécution, surveillance et réception des travaux, 621. — Transport à prix réduit des militaires et marins, 359 (v. aussi *Militaires* au Rép.). — Usage abusif des feuilles de route, 237. — Cantinières, 68. — Gendarmes, 243. — Troupes voyageant en corps, 584. — Prisonniers militaires, 429. — Transport du matériel militaire, 350 et 735 (v. aussi l'art. *Matériel militaire* au Rép.). — Transport des poudres et munitions de guerre, 419. — Traités divers pour les transports militaires, 565 et 735.

Ministère de l'intérieur. — Organisation d'un service de police spéciale des chemins de fer, p. 732. — Commissaires divisionnaires de police, 102. — Commissaires spéciaux et inspecteurs, 101 et 102. — Commissaires de police communaux, 102. — Attributions mixtes des commissaires de police et des commissaires de surveillance (v. le texte de la circ. minist. du 1er juin 1855 au mot *Commissaires* du Rép. — Rapports à envoyer au ministère de l'intérieur sur les accidents, 102, 103 et 733. — Installation et surveillance du service télégraphique, 533. — Transport d'aliénés et de prisonniers, 24, 428 et 630. — Transport des pompes funèbres, 409.

Ministère de la justice. — Avis d'accidents (écrits ou télégraphiques) à envoyer à l'autorité judiciaire, p. 3 (v. aussi *Accidents* au Rép.). — Dénonciation des crimes, vols, délits, etc., 10 et 610. — Attributions des procureurs généraux et impériaux, 133. — Tribunaux compétents en matière de chemins de fer, 580. — Citation des agents en justice, 281. — Citation des ingénieurs, 434. — Comptes-rendus des débats judiciaires (v. *Accidents d'exploitation* au Rép.). — Comptes-rendus et copie du dispositif de jugements, 277 et 666. — Recours contre les décisions judiciaires, 452 (v. aussi *Recours* au Rép.).

Ministère des finances. — Contribution foncière, 123. — Personnel des domaines, attributions, vérifications, etc., 159 (v. aussi *Terrains* à l'appendice). — Timbre de pétitions, récépissés, lettres de voitures, actes divers, etc., 547 et 680. — Droits d'octroi et droits indirects sur les marchandises, 126. — Acquits à caution, déclarations, etc., 8 et 649. — Marchandises en douane, 164 et 649. — **Impôt** sur les valeurs, sur le prix des places et sur les marchandises à grande vitesse, 259. — Patente des concessionnaires, agents, etc., 391. — **Service des postes,** 414. — Franchise et contre-seings, 221. — Transport de lettres, journaux, imprimés, 568 (v. aussi *Postes* au Rép.). — **Transport de poudres** de mine et de chasse, 419. — Transport de tabacs, 678. — Transport de finances, 298. — Timbre des récépissés d'expéditions du Trésor public, 680. — **Traités exceptionnels** de transport, 565, 569 et 570. — Paiements de mandats par l'administration des finances (v. 385). — **Vérification des recettes et dépenses** des compagnies concessionnaires (v. *Contrôle financier* au Rép.).

Avance de frais de transport pour les administrations publiques. — Nous avons reproduit, p. 569, la disposition *principale* de la circ. minist. du 18 novembre 1857, relative au mode de paiement des frais de transport des expéditions faites pour le compte des administrations publiques. Pour compléter ce document, nous faisons connaître ci-après les conditions relatives à la forme des quittances que les compagnies délivrent à ces administrations.

« ..... Aux termes de la loi du 13 brumaire an VII, les quittances que les compagnies ont à délivrer aux comptables des administrations publiques doivent être revêtues d'un timbre, lorsqu'il s'agit de sommes supérieures à 10 francs.

» A cet égard, une distinction est nécessaire, selon que les lettres de voitures accompagnant les expéditions émanent d'agents de l'Etat ayant qualité à ce sujet, ou d'entrepreneurs chargés des transports.

» Dans la première hypothèse, les lettres de voitures étant exemptes du droit de timbre, aux termes d'une décision de M. le ministre des finances, en date du 1er juillet 1856, la quittance de la somme à payer pour le transport pourrait être portée à la suite de ces écrits ; mais si cette somme s'élevait à plus de 10 francs, les lettres de voiture devraient être présentées au timbre extraordinaire ou au visa pour timbre avant la signature de la partie prenante et acquitter un droit de timbre de 35 centimes (0,50 d'après la nouvelle loi).

» Dans la seconde hypothèse, les lettres de voitures devraient être rédigées sur papier timbré ; mais elles pourraient être revêtues, sans paiement d'aucun droit de timbre, quelle que fût la somme, de l'acquit de la partie prenante en vertu de l'exception résultant, dans ce cas, des dispositions de l'article 23 de la loi du 13 brumaire an VII. » (Dispositions finales de la circ. minist. du 18 novembre 1857, auxquelles les compagnies ont été invitées à se conformer.) (1)

ADRESSES.

Pour toute expédition de marchandises en grande ou petite vitesse, il est indispensable d'indiquer exactement sur les déclarations, lettres de voitures, etc., les noms et *adresses* des expéditeurs et des destinataires. — Cette mention ne doit jamais être omise, même lorsque les colis sont adressés *en gare*, pour être camionnés par les soins des intéressés eux-mêmes. Il convient, en effet, que les agents du chemin de fer puissent faire parvenir utilement les avis de l'arrivée des colis, faute de quoi, les retards de livraison et les frais de magasinage seraient entièrement à la charge de la marchandise (2).

Adresses à mettre sur les colis. — La loi n'oblige à mettre sur les *colis* eux-mêmes, que les marques et numéros indiqués sur les lettres de voiture et les feuilles d'expédition ; mais cette facilité accordée au commerce est souvent payée au prix de retards, et de fausses directions données aux colis. Nous nous réfé-

---

(1) La comptabilité des transports faits sur réquisitions pour le compte des administrations publiques (préfectures, parquets, etc.), a été l'objet d'ordres de service spéciaux adressés par les compagnies à leurs agents. En général, les pièces afférentes à ces transports doivent (après régularisation) être adressées par les gares à leur inspection principale, qui, à son tour, les envoie au service central de la division (bureau du secrétariat des affaires commerciales).

(2) De leur côté, les agents des gares et des trains ont reçu (sur la plupart des lignes) l'instruction suivante :
« Certaines gares ont l'habitude de mettre en abrégé le nom de quelques gares destinataires, soit sur les écritures de petite vitesse ou de messagerie, soit sur les bulletins ou fiches de bagages.
» Cette manière de procéder amène quelquefois des erreurs, et il est prescrit, de la manière la plus absolue, d'écrire toujours, en toutes lettres, le nom des gares destinataires.
» Les gares ne devront pas davantage employer d'abréviations pour la désignation, soit de la qualité, soit de l'adresse du destinataire. » (Inst. spéc. septembre 1864.)

(1) Nous avons rappelé, p. 17, qu'en exécution d'une dép. minist. du 2 déc. 1853, la date de l'affichage des propositions de tarifs de la compagnie de l'Est, est constatée par le visa spécial apposé sur ces affiches, soit par les commissaires de surveillance, soit par les maires des communes intéressées.

Sur d'autres lignes, les commissaires délivrent un certificat d'affichage au chef de gare, qui le transmet à la compagnie. — Ils en avisent l'inspecteur de l'exploitation commerciale par une mention sur le rapport hebdomadaire, n° 3 (v. *Rapports*, p. 445).

Enfin, l'usage suivant, qui paraît très-pratique, est adopté au chemin de Lyon. — Les commissaires de surveillance *préparent*, sur un imprimé spécial (fourni par la compagnie, en même temps que l'affiche qui a été apposée), un certificat de constatation en double expédition. — *Ils font la vérification de l'affichage dans les stations de leurs circonscriptions*, et délivrent ensuite une expédition du certificat à la compagnie — L'autre expédition est envoyée, par leurs soins, à l'inspecteur principal de l'exploitation commerciale.

On a vu, d'ailleurs, p. 17, qu'en postdatant les affiches conformément aux indications de la circ. minist. du 17 avril 1858, il est facile de faire placarder les affiches *le jour même* indiqué par la date du projet ; on simplifie ainsi les moyens de vérification.

(2) La loi du 15 juillet 1845, art. 23, et le cah. des ch., art. 64, confèrent aux agents *assermentés* des compagnies, par assimilation avec les gardes champêtres, le droit de verbaliser sur toute la ligne à laquelle ils sont attachés. — Mais, en dehors de ces constatations qui concernent surtout les délits commis par les particuliers, et pour lesquels les agents jouissent de la protection la plus large de la loi, en cas de résistance ou d'injures (v. p. 20), la jurisprudence ne leur reconnaît pas le caractère propre de fonctionnaires publics ou d'officiers de police judiciaire. — Nous citerons ci-après un nouvel exemple de cette doctrine :

« Un agent de surveillance *assermenté* d'une compagnie de chemin de fer n'est point un officier de police judiciaire et ne peut, par conséquent, invoquer le privilége d'une juridiction exceptionnelle pour les délits commis dans l'exercice de ses fonctions (arrêt de la C. imp. de Rennes, 25 août 1864, mentionnant de nombreux précédents de poursuites exercées dans la forme ordinaire). »

(3) Voir au mot *Procès-verbaux* du Rép., le résumé des principaux renseignements à consigner dans les constatations de délits de grande voirie et autres contraventions à la police des chemins de fer.

— Déplacement d'agents, réquisitions, consignes, rapports avec les fonctionnaires de la surveillance, etc., 101 *et* 398 (v. aussi *Réquisitions* au Rép.). — *Rapports avec le public, réclamations, suites données,* 451. — *Rapports avec la justice, citations en témoignage, etc.,* 281 *et* 629 (v. aussi *Justice* au Rép.).

Responsabilité des agents, p. 465. — *Surveillance de l'administration publique et du contrôle,* 20, 127. 730 *et* 731. — *Punitions* (v. ce mot au Rép.). — *Révocations,* 20. — *Insuffisance du nombre des agents* préposés à l'entretien et à la surveillance de la voie, 186. — *Nombre obligatoire d'agents* pour le service des trains de voyageurs, 108. — *Idem* des gares, 239. — *Idem* des signaux, 498.

Attributions spéciales des agents du service actif (v au Dictionnaire et au Répertoire les articles distincts : *Aiguilleurs, Chauffeurs. Chefs de dépôt, Chefs de gare, Chefs de section, Chefs de trains, Conducteurs de trains, Contrôleurs de route, Facteurs, Garde-barrières Garde-freins, Garde-lignes. Graisseurs, Hommes d'équipe, Mécaniciens, Poseurs, Receveurs, Surveillants, etc.*).

Précautions à prendre dans les manœuvres, p. 318 (v. aussi le mot *Manœuvres* au Rép.).

Dispositions diverses. — Secours aux agents en cas de maladie ou d'accidents, p 21. — Traitements, 21. — Saisies-arrêts, 21. — Oppositions, 376. — Congés, 118 v. aussi *Congés illimités* au Rép). — Retraites, 21 et 474. — Logements d'agents et de troupes, 21 et 302. — **Uniforme,**

588. — *Port d'armes,* 21. — *Dispense du service de la garde nationale,* 236.

Résumé des principales conditions d'admission et de service des agents. — Les employés du service des chemins de fer, recrutés, dans une certaine proportion, parmi les anciens militaires de l'armée de terre et de mer, libérés du service (v. *Militaires* au Rép.), sont choisis et nommés par les compagnies, sous leur propre responsabilité (ext. des art. 27, 64 et 65 du cah. des ch.). — Ils sont soumis au contrôle et à la surveillance de l'administration publique (ext. du cah. des ch., art 27, et du décret du 27 mars 1852). — Les conditions principales relatives à l'admission et au service des agents des gares et des trains ont été résumées, comme il suit, dans un compte-rendu spécial, signalé comme s'appliquant à quelques variantes près, aux diverses compagnies de chemins de fer :

« Les emplois qui touchent à la sécurité publique ne sont donnés qu'après un stage plus ou moins long, et aux candidats ayant satisfait à des conditions déterminées qui varient suivant la fonction.

» Nul n'est admis *mécanicien,* sans avoir rempli pendant dix-huit mois au moins les fonctions de chauffeur. — Le candidat subit des examens sur les diverses parties des professions.

» Il est placé pendant plusieurs mois sous la direction d'un chef mécanicien qui complète son instruction en l'accompagnant sur les machines. — On ne lui confie d'abord que les trains de marchandises (1).

» Les *aiguilleurs* sont choisis parmi

---

(1) Sur la plupart des grands réseaux, il y a trois classes de chauffeurs. Cette intéressante pépinière de mécaniciens est organisée comme il est indiqué ci-après :

Pour être nommé chauffeur, il faut avoir 21 ans accomplis, être de préférence ouvrier *ajusteur-mécanicien,* et présenter, outre l'acte de naissance et le livret, un certificat de bonne santé dressé par le médecin de la compagnie.

Les chauffeurs, à leur début, dans la 3e classe, apprennent de leur mécanicien l'usage des différentes pièces des machines locomotives. — Lorsque leur bonne conduite et leur aptitude au service sont constatées par le mécanicien et par le chef du dépôt, ils peuvent être nommés de 2e classe ; les mécaniciens leur apprennent alors à manœuvrer les machines, sans que pour cela, il soit jamais permis à un chauffeur, de cette catégorie, de manœuvrer les locomotives en l'absence de son mécanicien.

Les chauffeurs peuvent passer de la 2e à la 1re classe, sur la proposition du mécanicien et du chef de dépôt, devant lesquels ils subissent successivement des examens constatant qu'ils sont en état de conduire les machines. — Les chauffeurs, ne sont, toutefois, autorisés a manœuvrer les locomotives que sur les voies du dépôt, et sous la condition réglementaire que toute machine sera accompagnée par deux agents.

Quand un chauffeur de 1re classe est déclaré par son mécanicien apte à faire le service de mécanicien, on lui fait subir deux examens, l'un devant son chef de dépôt, qui lui fait conduire en sa présence trois trains, soit de voyageurs, soit de marchandises ; le second examen est subi devant le sous-chef de traction ; il porte principalement sur la connaissance des règlements ou ordres de service, et sur les mesures à prendre dans les différents cas qui peuvent se produire, tels que *accidents* ou *avaries.* — Après ces épreuves, les chauffeurs peuvent être autorisés, soit à faire

les ouvriers de la voie, âgés au moins de trente ans. Ils ne peuvent rester plus de douze heures en travail. Un service irréprochable pendant la durée de l'année leur donne droit à un supplément d'un mois de traitement (1).

» *Le service d'une station*, si petite qu'elle soit, ne peut être donné qu'à un employé ayant déjà rendu de bons services dans la compagnie. Les candidats sont préparés par des examens et par un apprentissage poursuivi dans plusieurs stations (2).

» *Les chefs de train* sont pris parmi les garde-freins et dans la première classe de cet emploi. Ils sont exercés au télégraphe, et interrogés fréquemment sur les règlements.

» Toutes ces catégories diverses d'employés sont soumises à des prescriptions communes :

» Ils doivent avoir satisfait à la loi du recrutement.

» Une visite médicale constate qu'ils sont propres au service.

» Ils ne sont admis d'abord que dans les emplois inférieurs, et n'avancent qu'en traversant successivement toutes les classes de la hiérarchie, chaque avancement n'est donné qu'après un nouvel examen sur les règlements relatifs à l'emploi, et le procès-verbal est joint à la demande d'avancement.

» L'ivresse est punie de renvoi immédiat.

» Les infractions aux règles qui intéressent la sécurité des agents même (car elles sont nombreuses dans une profession qui, de sa nature, n'est pas exempte de dangers), sont sévèrement punies.

» Après ces mesures, propres à assurer un bon personnel, il en a été pris d'autres, dans le but d'améliorer sa condition et de l'attacher plus intimement à son service.

» Une caisse de retraite (dont l'organisation et les combinaisons diffèrent, sur quelques points, pour les diverses compagnies) assure ordinairement à tout employé, après 25 années de service et 55 années d'âge, une retraite égale à la moitié de son traitement pendant les dix dernières années de son service, et aux

---

les manœuvres dans les gares, soit à conduire des trains sur les lignes livrées à l'exploitation ; ils peuvent enfin être nommés mécaniciens au fur et à mesure des besoins du service.

Toutes les nominations de chauffeurs et de mécaniciens sont faites sur la proposition de l'ingénieur en chef du matériel et de la traction.

Nota. — L'autorisation de conduire des machines, la proposition et la nomination à l'emploi de mécanicien, sont ordinairement libellées sur des formules qui mentionnent les épreuves subies par les candidats, leur connaissance des règlements, leur conduite et leurs bons services. — Nous regrettons que l'absence d'un type uniforme ne nous permette pas de reproduire ces formules.

(1) En général, le service de jour et de nuit d'un poste d'aiguilleur est partagé entre deux agents qui n'ont jamais plus de 12 heures consécutives de présence ; tous les huit jours, un agent supplémentaire est adjoint aux aiguilleurs. Par exception, les aiguilleurs de quelques grandes gares ne changent de service que tous les mois. Dans aucun cas, même dans celui de la transmission du service, la durée du travail des aiguilleurs ne doit être prolongée au-delà de 12 heures.

(2) Les agents du service actif des gares, chefs de gare, chefs, sous-chefs d'équipe et hommes d'équipe, suivent, pour leur service, la même règle que les aiguilleurs.

Il nous reste, pour compléter ces renseignements, qui n'ont, nous nous hâtons de le dire, rien d'absolu, à mentionner quelques détails relatifs aux agents de la voie et notamment aux garde-lignes et garde-barrières.

Les heures de présence des garde-lignes de jour et de nuit varient naturellement suivant la sujétion et l'importance de la circulation ; la durée du service des gardes de nuit ne dépasse pas 9 h.

Les garde-lignes de jour n'ont jamais de service la nuit ; lorsqu'ils sont malades ou en permission, ils sont remplacés par des gardes auxiliaires.

Il est expressément défendu aux garde-lignes de nuit, de se faire remplacer par un garde de jour, ni de remplacer eux-mêmes un autre agent ; ils ne doivent pas non plus travailler pendant la journée, et les piqueurs ont reçu l'ordre formel de veiller à la stricte exécution de ces prescriptions.

Le service des passages à niveau, dont la grande fréquentation motive l'ouverture permanente des barrières, est ordinairement fait le jour par un garde sédentaire secondé par sa femme, la nuit par deux garde-lignes ayant en outre un canton de surveillance. — L'un de ces agents reste à tour de rôle à la barrière, tandis que l'autre fait une tournée.

Pour les autres barrières, il y a un garde-barrière de jour, ayant un canton de surveillance, dont la longueur varie entre 500 et 3000ᵐ, selon l'importance du passage. Pendant que le garde fait sa tournée il est suppléé par sa femme ; la nuit, les barrières sont fermées à clef et le gardien doit se lever pour les ouvrir s'il se présente une voiture.

veuves la moitié de la retraite du mari.

» Les retraites sont constituées au moyen de retenues de 4 0/0 sur le traitement des employés, versées dans la caisse de retraites de la vieillesse, et complétées aux frais de la compagnie.

» Une autre caisse, dite de prévoyance, pourvoit aux dépenses médicales et aux besoins divers des employés et de leurs familles. Elle est ordinairement alimentée par une retenue de 1 0/0 sur le traitement des employés et par une somme équivalente fournie par la compagnie.

» Elle est régie par une commission nommée parmi les employés mêmes, sous le contrôle du conseil d'administration. — L'emploi des fonds est publié chaque mois (au moins sur la plupart des lignes) dans un compte-rendu distribué à tout le personnel. »

AIGUILLES.

Systèmes de changements de voie, p. 22, 73 et 639.— *Entretien et surveillance*, 22 et 23. — *Manœuvres et mouvements*, 22, 23 et 629. — *Dérangement malveillant d'aiguilles*, 8.

Aiguilles de bifurcation (v. *Bifurcations* au Rép.)- *Signaux d'aiguille*, p. 502.

AIGUILLEURS.

Conditions principales d'admission et de service (v. *Agents* au Rép.). — *Choix des agents*, p. 22 et 629. — *Nombre obligatoire d'aiguilleurs, installation*, 23. — *Manœuvres*, 23, 629 et 630. — *Vérification des aiguilles*, 23. — *Manœuvre des disques*, 23. — *Circulation temporaire à voie unique et pilotage*, 24 et 402. — *Consignes*, 24.

Service des bifurcations (v. *Bifurcations* au Rép.).

Abandon du poste, infractions aux règlements d'exploitation, pénalités, punitions, etc., p. 394 et 395 (v. aussi les art. *Abandon du poste* et *Punitions* au Rép.).

ALBATRE.

Conditions de transport, p. 630.

ALCOOLS.

Conditions de transport, p. 292. — Coulage, 293. — Livraison des liquides, 293. — Droits fiscaux, acquits à caution, octroi, 8 et 372.

ALIÉNÉS.

Conditions de transport, p. 24 et 630. — Formalités analogues à celles du transport des *prisonniers* (v. p. 428.).

ALIGNEMENTS DROITS ET COURBES.

Tracé. — Les projets de chemins de fer doivent indiquer, entre autres dispositions (v. p. 707), la longueur des parties droites et le développement des parties courbes du tracé, en faisant connaître le rayon correspondant à chacune de ces dernières. (Art. 5, cah. des ch., ext.)

« Les alignements seront raccordés » entre eux par des courbes dont le rayon » ne pourra être inférieur à 350 mètres. » Une partie droite, de 100 mètres au » moins de longueur, devra être ménagée » entre deux courbes consécutives, lors- » qu'elles seront dirigées en sens con- » traire. » (Art. 8, § 1er, cah. des ch.).

Dans la pratique, le rayon des courbes, bien qu'inférieur à 500 mètres sur quelques points, est maintenu généralement à ce minimum (v. *Courbes*, p. 131).

Modifications. — D'après le dernier paragraphe de l'art. 8 du cah. des ch. (v. p. 708), les compagnies auront la faculté de proposer aux dispositions relatives aux alignements droits et courbes les modifications qui leur paraîtraient utiles ; mais ces modifications ne pourront être exécutées que moyennant l'approbation préalable de l'administration supérieure.

ALIGNEMENTS DE VOIRIE.

Application des anciens règlements, p. 24 (1). — *Attributions des préfets*, 24. — *Intervention ministérielle*, 24. — *Intervention de la compagnie et formalités diverses*, 24. — *Attributions des maires*

---

(1) Nous reproduisons ci-après, en raison de son importance, le texte original de l'arrêt du conseil du 27 février 1765, déterminant les formalités d'alignement de grande voirie (*ext.*) :

« Le roi, étant en son conseil, a ordonné et ordonne que,

» . . . . les alignements pour constructions ou reconstructions de maisons, édifices ou bâtiments généralement quelconques, en tout ou en partie, étant le long et joignant les routes construites par ses ordres, soit dans les traverses des villes, bourgs et villages, soit en pleine campagne, ainsi que les permissions pour toute espèce d'ouvrages aux faces desdites maisons, édifices et bâtiments, et pour établissement d'échoppes ou choses saillantes le long desdites routes, ne

ALIMENTATION DES MACHINES.

ALLUMETTES CHIMIQUES.

ALTÉRATIONS.

---

pourront être donnés en aucun cas par autres que par les trésoriers, commissaires de Sa Majesté pour les ponts et chaussées en chaque généralité ; le tout sans frais, et en se conformant par eux aux plans levés et arrêtés par les ordres de Sa Majesté, qui sont ou seront déposés par la suite au greffe du bureau des finances de leur généralité ; et, dans le cas où les plans ne seraient pas encore déposés audit greffe, veut Sa Majesté qu'avant de donner lesdits alignements ou permissions, lesdits trésoriers de France. commissaires de Sa Majesté, ou autres à leur défaut, se fassent remettre un rapport circonstancié de l'état des lieux par l'ingénieur ou l'un des sous-ingénieurs des ponts et chaussées de ladite généralité, et que dudit alignement ou de ladite permission, il soit déposé minute au greffe dudit bureau des finances, à laquelle ledit rapport sera et demeurera annexé.

» Fait Sa Majesté défenses à tous particuliers, propriétaires ou autres, de construire, reconstruire ou réparer aucuns édifices, poser échoppes ou choses saillantes le long desdites routes, sans en avoir obtenu les alignements ou permissions desdits trésoriers de France, commissaires de Sa Majesté, ... à peine de démolition desdits ouvrages, confiscation des matériaux, et de trois cents livres d'amende, et contre les maçons, charpentiers et ouvriers, de pareille amende. et même de plus grande peine en cas de récidive.

» Fait pareillement Sa Majesté défense à tous autres, sous quelque prétexte et à quelque titre que ce soit, de donner lesdits alignements et permissions, à peine de répondre en leur propre et privé nom des condamnations prononcées contre les particuliers, propriétaires, locataires et ouvriers qui seront, en cas de contravention. poursuivis à la requête des procureurs de Sa Majesté auxdits bureaux des finances, et punis suivant l'exigence du cas. Enjoint Sa Majesté aux sieurs intendants et commissaires départis dans toutes les généralités, *ainsi qu'aux commissaires des ponts et chaussées*, et aux officiers des bureaux des finances, de tenir, chacun en droit soi, la main à l'exécution du présent arrêt. Et sera ledit arrêt lu, publié et affiché partout où besoin sera, et exécuté nonobstant opposition ou appellation quelconques, pour lesquelles ne sera différé, et dont, si aucunes interviennent, Sa Majesté s'est réservé la connaissance, et icelle interdit à toutes ses cours et juges. »

(1) Nous devons rappeler qu'au-delà d'une distance de 2^m de la voie (distance mesurée, comme il est indiqué p. 25, les propriétaires n'ont pas besoin de permission pour l'établissement des constructions riveraines non classées parmi les établissements insalubres ou dangereux.

(2) Les indemnités ou allocations afférentes aux cessions de terrains par voie d'alignement, sont ordinairement réglées (sous réserve des mesures spéciales concernant la cession des terrains sur les chemins de fer commencés par l'État et exploités par les compagnies, v. p. 29, v. aussi l'art. *Terrains* au Rép.), en vertu de la loi du 16 septembre 1807, dont les dispositions applicables aux chemins de fer, en ce qui concerne les cessions et occupations temporaires de terrains, extraction de matériaux, etc., sont reproduites, savoir :

1° Art. 52 (alignements de petite voirie). p. 25 :

2° Art. 49, 50, 51, 53. 54 et 55 (règlement des indemnités administratives), p. 262 et 263 ;

3° Art. 56 et 57 (formalités d'expertise), p. 193.

AMENDES.

Amendes de grande voirie, p. 31. — *Réduction*, 31. — *Répartition*, 31. — *Recouvrement*, 32. — *Parts réservées en cas d'amnistie*, 32. — *Prescription*, 32. *Extinction*, 32.
Agents des compagnies punis d'amende, p. 32. — (v. aussi *Punitions* au Rép.). — *Pénalités pour infractions aux règlements d'exploitation*, 394.

AMORTISSEMENT.

L'extension considérable des valeurs industrielles représentées par les actions et les obligations des chemins de fer, nous paraît, quoique sortant un peu de notre cadre, donner quelque intérêt aux règles générales ci-après, relatives à l'amortissement des capitaux.

L'amortissement d'un capital, en un nombre déterminé d'années, ne peut pas être une fraction *fixe* de ce capital.

La somme à amortir varie chaque année et est une fonction solidaire des intérèts à payer annuellement, *déduction faite des titres remboursés*.

La somme à payer annuellement pour intérèts et pour amortissement est constante. Pour le maintien en équilibre de cette constante, les intérèts diminuent, puisque le nombre des titres diminue, mais le chiffre de l'amortissement augmente.

Le calcul à faire pour résoudre la question est donc le suivant :

Quelle est la somme à payer à la fin de chaque année pour amortir, en un nombre d'années donné n, un capital donné c à un taux donné r pour cent ?

La formule à appliquer est $A = \dfrac{cb^n(b-1)}{b^n-1}$

dans laquelle A représente l'annuité cherchée, c le capital à amortir, $b = 1 + \dfrac{r}{100}$.

Exemple pris en 1856, au chemin de l'Est, pour le calcul des actions :

Le capital à amortir, $c = 250,000,000$ fr. $r = 4$, $n = 94$.

L'annuité fournie est, par suite, 10,256,972 fr. 50, ci,   10,256,972 50

C'est sur cette somme que s'établit l'échelle décroissante ci-après :

Première année.

Intérèts à servir.	10,000,000 »
Reste libre pour l'amortissement	256,972 50

Soit 513 actions (l'action étant de 500 francs).

Deuxième année.

Annuité constante.	10,256,972 50
Intérèts à servir sur 500,000 actions, moins 513, soit 499,487 actions, ci. . .	9,989,740 »
Reste pour l'amortiss^t. . .	267,232 50

Soit 534 actions, portées à 535 à cause des restes de divisions.

Puis, comme vérification, au bout de n' années, on peut calculer la valeur du premier disponible, 256,972 50, au taux voulu ; il en résulte un capital $P = c' b n$ ($c' = 256,972$ 50), lequel divisé par 500 donne le nombre d'actions à amortir dans l'année n'.

On peut également vérifier l'ensemble des amortissements déjà effectués par la question ci-après :

Valeur du disponible, $c' = 256,972$ 50, au commencement de chaque année, après un nombre d'années n', soit :

$$D = \left\{ \frac{c\,(b^n-1)}{b-1} \right\}.$$

Ce nombre D, divisé par 500, donne le total des titres amortis de l'origine à n'.

ANALYSE DE PRIX.

Les *projets définitifs* de chemins de fer, dressés et présentés par les ingénieurs de l'État, sont accompagnés de diverses pièces écrites, parmi lesquelles figurent l'analyse des prix et le détail estimatif des travaux (v. p. 674, l'extrait du programme des projets de travaux publics, adopté par l'administration des ponts et chaussées, le 14 janvier 1850) (1).

La production de ces pièces n'est pas obligatoire pour les projets que les compagnies concessionnaires soumettent à l'approbation du ministre, conformément à l'art. 3 du cahier des charges.

Les éléments qui entrent dans la composition des prix d'évaluation des travaux

---

(1) Les pièces *écrites* à joindre aux projets définitifs des travaux des ponts et chaussées sont établies sur les modèles ordinairement fournis par l'administration.

varient suivant les localités et suivant la nature des ouvrages ; il n'existe aucune base uniforme pour cet objet, et nous avons dû nous borner dans le cours de ce Recueil à ne mentionner certains prix moyens qu'à titre de simple renseignement, ou lorsque les documents officiels statistiques nous ont permis de donner des chiffres approximatifs s'appliquant à plusieurs lignes de chemins de fer (v. l'art. *Prix divers* au Dict. et au Rép.).

ANIMAUX.

Introduction de bestiaux sur les voies, p. 51. (v. aussi *Bestiaux* au Rép.). — *Tarif général* de transport des animaux, 32. — *Animaux de petite taille*, 631. — *Frais accessoires et conditions particulières* 32, 33 et 631. — *Animaux d'une valeur exceptionnelle*, 33. — *Animaux dangereux*, 33. — *Chargement et livraison des animaux*, 33 et 53. — *Tarifs spéciaux ; concours agricoles*, etc., 631.

APPAREILS A VAPEUR.

Chaudières, p. 76. — *Locomotives*, 296. *Locomobiles*, 295. — *Machines fixes*, 306. — *Statistique de l'industrie minérale ;* instructions, 513.

APPAREILS SPÉCIAUX DES MACHINES.

Prescription de l'art 11 de l'ord. du 15 novembre 1846, p. 33. — *Appareils destinés à arrêter les flammèches*, 33. — *Cendriers*, 33. — *Infractions* commises aux prescriptions réglementaires, 34. — *Appareils divers des locomotives*, 296.

APPAREILS DE SECOURS.

Composition des appareils médicaux, p. 34. — Soins à donner par les *médecins* aux agents *malades*, 316 et 345.
Organisation du service de secours aux trains, p. 490.

APPAREILS DIVERS.

Appareils des locomotives, p. 33, 296, *ib.* de la *voie* (v. *Matériel fixe* au Rép.). — *Matériel de la télégraphie*, 535. — *Appareils de chauffage*, 77, — *d'éclairage*, lampes, etc. 168 et 283, — de *pesage*, 400 (v. aussi *Pesage* au Rép.), — de *chargement*, grues, etc., 250 et 251.

APPEL DE JUGEMENTS.

Délais et formalités (v. *Jugements* au Rép.).

APPOINTEMENTS.

Règles générales, p. 21. — *Saisies-arrêts*, 21. — *Oppositions*, 376.

APPROBATIONS.

Établissement et entretien des voies, p. 35. — *Approbation de projets*, 438. — *Affaires d'exploitation*, 35. — *Propositions des compagnies*, 35 et 733. — *Approbation ministérielle, provisoire ou définitive, Homologations*, 257. — *Approbation des arrêtés préfectoraux*, 36 et 37. — *Modifications autorisées*, 361.

APPROVISIONNEMENTS.

Matériaux de la voie, p. 36. — *Abandon d'objets approvisionnés ou déposés sur la voie* (v. *Abandon* au Rép).
Approvisionnement et conservation du matériel roulant, p. 36 et 336. — *Approvisionnements pour la consommation des machines*, 30, 93 et 258. — *Service intérieur des gares*, 239. — *Service du mouvement*, 362. — *Économat*, 170.

AQUEDUCS.

Types à joindre aux projets définitifs, p. 674 (1). — *Mode de construction*, 382. — *Insuffisance des ouvrages*, 382. — *Entretien, conservation, etc.*, 382 et 383.

---

(1) Le mot *aqueduc* qualifie par lui-même l'ouvrage servant à *conduire les eaux*. Cette dénomination a été généralement maintenue dans les travaux des routes, pour désigner les ponteaux avec culées, en maçonnerie, et *recouvrements en dalles*, conduisant les eaux d'une rive à l'autre de la voie. Sur les chemins de fer, on nomme indistinctement aqueducs ou ponteaux les petits ponts dont l'ouverture (ou débouché linéaire) est inférieure ou égale au plus à 5 mètres. Tous les aqueducs de chemins de fer, pour l'établissement desquels nous devons renvoyer aux traités spéciaux, *sont voûtés*, en maçonnerie ou en briques ; cette disposition étant de nature à résister plus efficacement à la pression des remblais et au passage des trains.

Les ouvrages d'art plus importants, établis sur les gros cours d'eau, les rivières, les canaux et les voies ordinaires de communication, sont rangés dans la catégorie des *ponts* ou *viaducs* (v. la définition de ces mots, p. 592).

En général, le moindre débouché des aqueducs de chemins de fer est de 0ᵐ,70. Cette ouverture

Aqueducs établis par les riverains sur les fossés du chemin de fer (v. *Grande voirie* au Rép.).

ARBRES.

Plantations du chemin de fer, p. 404. — *Plantations riveraines*, distances à observer, etc. 28. — Abattage, Élagage, etc. (v. *Plantations* au Rép.).

ARCHITECTES.

Attributions principales. — Les architectes attachés aux grandes lignes de chemins de fer sont généralement chargés des travaux et de la comptabilité du domaine privé des compagnies. Mais en dehors de cette indication spéciale, il ne serait guère possible de résumer dans un sens uniforme, les détails de leur service au point de vue de l'établissement des gares de chemins de fer et de leurs dépendances.

Sur quelques lignes, les architectes, fonctionnant, soit comme chefs de service, soit comme adjoints aux ingénieurs, comprennent dans leurs attributions tous les détails de construction des bâtiments des gares et de leurs accessoires, y compris les halles, quais et fondations de divers ouvrages du matériel fixe, tels que grues, ponts à bascule, etc. Les projets de travaux et règlements de comptabilité, dressés par les architectes, chefs de service, sont néanmoins soumis au contrôle et au visa de l'ingénieur en chef de la construction. Dès que les travaux sont reçus et liquidés, il en est fait remise au service de la voie, qui reste chargé de l'entretien.

Les maisons de garde seules, sont toujours construites d'après les projets et sous la direction des ingénieurs des travaux. Ces bâtiments, dont l'installation est subordonnée à certaines règles spéciales (v. p. 315) sont établis bien longtemps avant qu'on ne songe à avoir recours aux architectes, pour l'édification des gares définitives et de leurs dépendances. Les règlements prescrivent, en effet, de *maintenir*, en tout temps, les communications locales ; cela oblige naturellement, dès qu'un passage à niveau est terminé, à y construire une maison de garde et à y installer un gardien chargé du service des barrières en même temps que de la surveillance de la ligne. (Trains de matériaux, etc.)

Sur la généralité des réseaux, les attributions du service d'architecture consistent principalement à ordonner, surveiller et faire exécuter les distributions et changements que l'on fait dans les bâtiments des gares, ateliers, dépôts, en ce qui concerne l'habitation seulement.

La construction et l'entretien des fosses à piquer le feu, réservoirs, *fondations* de ponts à bascule, quais, grues hydrauliques, conduites d'eau, maisons de garde, guérites d'aiguilleurs, de surveillants, etc., sont ordinairement compris dans les attributions des chefs de section et des ingénieurs du service de la voie.

Droit de patente des architectes, p. 391.

ARDOISES.

Conditions générales de transport, p. 631. — *Tarifs d'application*, 324. — *Tarifs spéciaux*, 332, note.

ARGENT.

Conditions de transport, ad valorem, p. 209. — *Formalités d'envoi*, 210. — *Retours d'argent*, 211. — Perte ou *soustraction d'argent*, 212. — *Boîtes à finances*, 57 et 212.

ARGILES.

Conditions de transport des terres argileuses, p. 547.

ARMES.

Prix maximum de transport, p. 632. — *Armes chargées à exclure des bagages*, 46. — *Agents, porteurs d'armes*, 21.

---

est portée, lorsqu'il y a lieu, à 1ᵐ,00, 1ᵐ,50, 2ᵐ,00, 2ᵐ,50, 3ᵐ,00. — Les hauteurs correspondantes (depuis le dessus du radier jusqu'au-dessus du sommet de la voûte) varient proportionnellement de 1ᵐ,00 à 2ᵐ,50.

Sur presque toutes les lignes, les ouvrages d'art sont construits, comme on le sait, pour deux voies. La dépense moyenne qui en résulte pour les aqueducs et ponceaux de dimensions déterminées, ne saurait être fixée d'une manière générale ; cette dépense variant suivant la cherté relative de la main-d'œuvre et des matériaux dans les diverses localités, et suivant la hauteur du remblai qui influe naturellement sur la longueur de l'aqueduc. On ne saurait évaluer, toutefois, à moins de 1000 à 1500 fr., y compris la dépense des murs en aile ou en retour, le prix d'établissement des aqueducs de 0ᵐ,70 à 1ᵐ,00 d'ouverture. — Pour les ponceaux de 1ᵐ,50, 2ᵐ,00 et 3ᵐ,00 de débouché, établis dans les meilleures conditions de simplicité et d'économie, la dépense moyenne correspondante s'est élevée, sur quelques chemins de fer, aux chiffres de 2000, 3000, 4000 et même 4500 francs.

— *Gendarmes munis de leurs mousque-*
tons dans les voitures, 244.

ARRANGEMENTS PARTI-
CULIERS.

Les conventions et traités passés entre
les compagnies de chemins de fer et les
entrepreneurs de transport des routes de
terre et des voies de navigation, sont soumis aux dispositions de l'art. 53, ci-après,
du cahier des charges :

« 53 — A moins d'une autorisation spéciale de l'administration, il est interdit à
la compagnie, conformément à l'article
14 de la loi du 15 juillet 1845, de faire
directement ou indirectement, avec des
entreprises de transport de voyageurs ou
de marchandises par terre ou par eau,
sous quelque dénomination ou forme que
ce puisse être, des arrangements qui ne
seraient pas consentis en faveur de toutes
les entreprises desservant les mêmes voies
de communication (1).

» L'administration, agissant en vertu de
l'art. 33 (cah. de ch.), prescrira les mesures à prendre pour assurer la plus complète égalité entre les diverses entreprises
de transport dans leurs rapports avec le
chemin de fer. »

Conditions d'application pour les ser-
vices de réexpédition de marchandises,
p. 453 et 566 (v. aussi *Enquêtes* au Rép.).

Services de correspondances de voya-
geurs (v. *Correspondances* et *Cours des*
gares au Rép.).

ARRESTATIONS.

Droit d'arrestation attribué aux com-
missaires de surv. et aux agents des com-
pagnies, p. 11. — Intervention des gendarmes, 243. — Intervention des sergents
de ville, 493.

Arrestation de voyageurs vagabonds,
sans billet ni argent, 617.

A l'occasion d'une réclamation présentée
par un voyageur qui avait dépassé le point
de destination indiqué par son billet et qui,
a été retenu dans une salle d'attente, parce
qu'il refusait de payer le supplément de
parcours, le principe suivant a été posé
par dép. minist. du 8 août 1864 (ch. de
Lyon).

« La compagnie était dans son droit en
retenant ce voyageur dans la gare jusqu'au passage du premier train qui devait
le conduire à sa destination. »

ARRÊTÉS MINISTÉRIELS.

Arrêtés organiques. — Les principaux
arr. minist. intervenus en matière de chemins de fer, sont les suivants :

15 avril 1850. — Organisation du service du contrôle, p. 698.

26 juillet 1852. — *Ib.* Inspecteurs de
l'expl. commerciale, 270.

30 novembre 1852. — Création du comité consultatif des chemins de fer, 731.

1er août 1857. — Machines locomotives,
appareils destinés à arrêter les flammèches, etc., 33.

15 avril 1859. — Délais de transport et
de livraison des marchandises, 143.

31 décembre 1859. — Transport de militaires et marins, 351.

25 janvier 1860. — Suppression des tarifs d'abonnement, 2.

28 janvier 1861. — (Ch. de Lyon.) Passages à niveau. Réglementation, 389.

1er mars 1861. — Police des compartiments réservés, 106.

5 novembre 1861. — Organisation d'une
commission d'enquête sur la construction
et l'exploitation des voies ferrées (v. *En-*
quêtes au Rép.).

19 avril 1862 — Adjudications de concessions de chemins de fer (v. *Adjudica-*
tions au Rép.).

28 avril 1862. — Transport d'étalons. —
Réduction de prix, 84.

30 avril 1862. — Fixation pour 1862 du
tarif des *frais accessoires.* 218

30 mai 1862. — *Idem.* Tarif exceptionnel
(art. 47 du cah. des ch.), 525 (2).

15 avril 1863. — Transport de poudres
(modifi. de l'art. 7 du règl. du 15 février 1861), 420.

20 avril 1863. — Magasinage d'objets
remis aux domaines, 312.

15 juillet 1863. — Matières dangereuses.
— Conditions de transport, 338.

28 juin 1864. — Institution d'une commission pour l'examen des inventions et
règlements (v. *Commissions* au Rép.).

Publicité des arrêtés dans chaque dé-
partement, p. 37.

Infractions aux arrêtés ministériels et
pénalité, p. 393.

ARRÊTÉS PRÉFECTORAUX.

Légalité, publicité, etc., p. 423.—*Grande*
voirie, 37 et 423. (v. aussi *Grande voirie*
au Rép.).—*Autorisation de travaux,* 423.
— *Entretien de la voie et mesures lo-*

---

(1) V. au mot *Compagnies* du Rép., la loi précitée du 15 juillet 1845.

(2) Cet arrêté du 30 mai 1862 et le précédent, ont été successivement prorogés pour les années
1863 et 1864.

ARRÊTS DES TRAINS OU MACHINES.

ARRIMAGE.

ARRIVÉE.

ASSEMBLÉE GÉNÉRALE.

ASSERMENTATION.

ASSIGNATION.

En principe, et en cas de réclamation en justice contre les services de chemins de fer, l'assignation doit être remise au siége social de la compagnie (ext. des *Statuts*, p. 515) ; mais la jurisprudence a admis à cet égard diverses exceptions, en attribuant, d'ailleurs, la connaissance de certaines affaires aux tribunaux du lieu de départ ou d'arrivée des voyageurs ou des marchandises (v. les exemples rappelés, p. 40 et 632).

---

(1) Le service des barrières des passages à niveau est réglé en principe par le ministre des travaux publics (art. 4, ord. 15 novembre 1846, v. p. 688). — Mais l'exécution des mesures d'intérêt local, concernant le mode de construction et de fermeture des barrières, la chaussée et les abords des passages à niveau, rentrent dans les attributions des préfets des départements traversés (arr. minist. du 19 avril 1850 et circ. de même date, v. p. 424). — Les arrêtés préfectoraux intervenus pour cet objet n'ont force de règlement qu'après avoir été revêtus de l'approbation du ministre des travaux publics (v. p. 424).

(2) Nous rappellerons que « les voyageurs ne doivent sortir des voitures qu'aux stations et lorsque « le train est complétement *arrêté*. » (Art. 63, ord. du 15 novembre 1846, ext., v. p. 614.) Outre les accidents auxquels ils s'exposent en contrevenant à cette sage prescription, les voyageurs encourent aussi des poursuites correctionnelles et l'application d'une amende, en vertu de l'art. 21 de la loi du 15 juillet 1845 (v. p. 686).

(3) L'inspecteur général des chemins de fer, chargé par le ministre de contrôler les opérations financières des compagnies, a le droit d'assister à toutes les séances de l'assemblée générale des actionnaires de la compagnie (v. *Contrôle financier* au Rép.).

(4) Pour compléter les indications relatives à l'assermentation des garde-mines attachés au contrôle administratif, nous rappellerons que ces agents prêtent serment, sur la simple présentation de leur commission, devant le tribunal civil du chef-lieu d'arrondissement de leur résidence (application de l'art. 12 de la loi du 13 brumaire, an VII). — L'enregistrement de cet acte de prestation de serment est soumis au droit fixe de 3 francs (application d'une décision du ministre des finances du 2 août 1808).

Litiges pour un parcours commun à plusieurs lignes (v. fin de la p. 43) (1).

ASSIMILATION.

Agents des compagnies assimilés aux agents de l'autorité, p. 40 (v. aussi *Agents* au Rép.). — *Assimilation de classes de marchandises*, 40 (v. aussi *Tarifs spéciaux* au Rép.).

ASSISTANCE.

Réquisitions. — Les agents des compagnies, assermentés ou non assermentés, peuvent requérir l'assistance des agents de l'administration publique, lorsqu'ils éprouvent quelque résistance dans l'exécution des règlements (application de l'art. 68 de l'ordonnance du 15 novembre 1846, v. p. 20). Ils doivent, d'ailleurs, dans les mêmes circonstances, ou lorsqu'il s'agit d'accidents, se prêter aide réciproque, à moins qu'ils n'en soient absolument empêchés par les exigences de leur propre service (*ext. des inst. spéc.*) (v. aussi *Réquisitions* au Rép.).

Assistance publique. — Le transport de certaines personnes, autorisées à voyager aux frais de l'administration de l'assistance publique est effectué à prix réduits, au moins sur la plupart des lignes de chemins de fer (v. *Billets* au Rép., note).

Assistance judiciaire (v. au mot *Justice* du Rép.).

ASSURANCES.

Voyageurs et agents assurés contre les accidents. — Les questions d'assurances, en général (incendies, marchandises, voyageurs, etc.), étant à peu près étrangères à la réglementation des chemins de fer, nous n'en avons parlé que pour mémoire (v. p. 40 et 633). Nous ferons de même en ce qui concerne les dispositions concertées vers 1856, entre la société anglaise *the Traveller* et la compagnie française d'assurances sur la vie, la *Caisse paternelle*, dans le but d'offrir aux voyageurs le moyen de s'assurer contre les accidents de chemins de fer. Nous rappellerons seulement, à ce sujet, que la *Caisse paternelle* a été autorisée par un décret impérial, intervenu à l'époque précitée, *à joindre à ses opérations d'assurances sur la vie, celles*

contre les accidents de chemins de fer.

L'art. 3 du décret d'autorisation a interdit expressément à la société « la » *Caisse paternelle*, sous peine de retrait » de l'autorisation relative aux assurances » contre les accidents de chemins de fer, » de contracter avec des concessionnaires » de chemins de fer aucun traité ou con- » vention ayant pour objet de les dé- » charger ou de les couvrir, directement » ou indirectement, de tout ou partie des » responsabilités pécuniaires ou autres » qu'ils peuvent encourir en cas d'acci- » dents. »

Les statuts de la Société contenaient, d'ailleurs, des dispositions détaillées sur les primes à payer par les voyageurs, pour un parcours d'un certain nombre de kilomètres ou pour une période de temps ne dépassant pas une année, et indiquaient le chiffre de l'indemnité allouée, soit en cas de blessures ayant entraîné décès immédiat ou dans les trois mois, soit pour incapacité de travail temporaire ou pour la vie, soit enfin, en cas de perte d'un ou de plusieurs organes (avec maximum en cas de mort de 12,000 fr., 16,000 fr. et 25,000 fr., suivant les diverses catégories de primes).

Pour les agents des chemins de fer, l'abonnement était d'un an, la prime variait, suivant les emplois, de 2 fr. 50 à 10 fr. par 1,000 fr. assurés. (Le maximum de l'assurance et, par suite, de l'indemnité, en cas de mort, ne pouvait dépasser 10,000 fr. pour les cantonniers, aiguilleurs, mécaniciens, chauffeurs, conducteurs, garde-freins, homme d'équipe, ouvriers dans les gares et sur la voie ; et 20,000 fr. pour les ingénieurs, chefs de service, inspecteurs et pour les agents de l'Etat).

Après avoir donné ce simple aperçu du mécanisme et des conditions de la société d'assurance contre les accidents, nous devons ajouter que l'œuvre n'a pu fonctionner, en France, sans doute pour les motifs suivants :

1° Il n'a pas paru possible d'admettre l'établissement, dans les gares, de bureaux d'assurances à proximité du guichet de distribution des billets de place ;

2° D'un autre côté, les compagnies de chemins de fer sont organisées de manière à pouvoir réparer elles-mêmes les dommages occasionnés par leur service ;

3° Enfin, et ce n'est pas ici le moindre motif, les accidents suivis de mort ou blessures, sont heureusement des faits exceptionnels sur les chemins de fer fran-

---

(1) C'est la compagnie chargée de livrer la marchandise qui paraît devoir être mise en cause, sauf son recours contre qui de droit.

çais, où les voyageurs jouissent relativement de la plus grande sécurité.

Aussi, le conseil d'administration de la *Caisse paternelle*, a-t-il décidé, il y a quelque temps déjà, que la société restreindrait ses opérations aux assurances sur la vie, dont les combinaisons s'appliquent indistinctement à toutes les existences qui peuvent être naturellement ou prématurément abrégées sur les chemins de fer comme ailleurs.

ATELIERS.

Construction des voies, p. 597. — Ouvriers blessés dans les chantiers (v. *Accidents de travaux* au Rép.). — Réparation des voies sur les chemins exploités, 41 et 459.

Ateliers du matériel, p. 41. — Attributions de l'ingénieur en chef et affaires diverses, 334. — Accidents des ateliers, police, etc., 41. — Travaux dans les *ateliers étrangers*, 334.

ATTELAGES.

Trains de *voyageurs*, p. 41. — Convois de *marchandises* et *trains mixtes*, 41. — Ruptures de barres d'attelage, 42. — Amélioration des chaines d'attelage, 42.

Attelage en double traction, p. 42. — *Manœuvres d'attelage*, 42 (v. aussi *Manœuvres* au Rép.).

ATTENTATS.

Tentatives malveillantes contre les trains en marche, p. 8, — contre les agents, 20, — contre les voyageurs, 11 et 615 (v. aussi *Voyageurs* au Rép.).

ATTRIBUTIONS.

Ministres (v. *administrations* au Rép.). — *Préfets*, p. 423, 670 et 733. — *Contrôle administratif*, 127 et 730 — *Contrôle financier* (v. *Contrôle financier* au Rép.). — *Compétence* des tribunaux administratifs, 106. — Conseils de préfecture, 119 et 646. — Conseils divers, 121. — Tribunaux judiciaires, 580. — *Attributions principales des agents des compagnies* (v. *Agents* au Rép.). — *Maires*, 313 et 666. — *Officiers de police judiciaire*, 374. — *Fonctionnaires divers*, de la compagnie et de l'Etat (v. *Personnel* au Rép.).

Organisation des pouvoirs administratif et judiciaire (v. *Organisation* au Rép.).

AUTORISATIONS.

Approbations diverses (v. au mot *Approbations* du Rép., l'indication des articles auxquels il faut se reporter).

Autorisations de grande voirie. Nouveau règlement (v. l'art. *Grande voirie* du Rép.).

AVANT-PROJETS.

Rédaction et présentation des avant-projets à soumettre aux enquêtes d'utilité publique (v. p. 673, le programme général officiel des projets). — *Communication aux chambres de commerce et aux chambres consultatives* des arts et manufactures (v. au Rép. l'art. *Chambres de commerce.*) — *Formalités d'enquête*, avis des ingénieurs, etc. 179.

AVARIES.

Matériel et voie, p. 43. — *Situations annuelles* à fournir par l'ingénieur des mines attaché au service du contrôle, 43. — *Indication des avaries*, dans les procès-verbaux et les registres d'accidents (v. *Accidents d'exploitation* au Rép. et *Registres*, 455).

Avaries de bagages, p. 46, — *de marchandises*, 43. — Clause de non garantie pour avaries de route, 43. — Avaries dans un parcours commun à plusieurs lignes, 43. — Avarie simulée ou détournement frauduleux, 43.

Emballage défectueux, *négligences*, *insuffisance de matériel*, etc., p. 326 et 327. — Incendies, 261.

Constatation d'avaries de marchandises. — Aux termes de la loi (art. 100 du Code de commerce), les marchandises voyagent aux risques du destinataire, sauf son recours contre l'entrepreneur du transport.

C'est donc aux destinataires, auxquels il serait présenté un colis avarié, qu'il appartient de faire constater immédiatement l'avarie ou le dommage. Ils pourront requérir à cet effet l'intervention du juge de paix ou du commissaire de police, ou le ministère de l'huissier, et à leur défaut, l'assistance de simples témoins. (v. l'art. *Vérification*, p. 591).

Intervention du commissaire de surveillance administrative (v. *Constatations* au Rép.).

AVENUES DE GARE.

Etablissement, p. 484 et 638. — *Remise aux communes*, 484. — *Entretien*

B

(1) A moins d'indication contraire, tous les billets, cartes et permis, à place entière ou à demi-place, donnent droit, comme les billets ordinaires, à la quotité réglementaire des bagages. — Mais quelques compagnies ont apporté la restriction suivante à l'admission *directe* de ces bagages dans les fourgons :

« Il arrive fréquemment que des employés de la compagnie, voyageant avec des cartes ou des permis, croient pouvoir déposer dans les fourgons, sans les faire enregistrer, les bagages ou menus objets qu'ils emportent avec eux. — C'est là un abus qu'il importe de faire cesser, et, par suite, il est formellement interdit aux conducteurs-chefs de laisser placer dans les fourgons aucun objet n'ayant pas été soumis à l'enregistrement. » (*Inst. spéc.* 1864.)

(2) « Dans toutes les gares où les trains de voyageurs s'arrêtent plus de cinq minutes, le personnel sera organisé de manière a ce que la distribution des bagages ait lieu aussitôt après leur déchargement et sans attendre le départ du train. » (Circ. minist., 23 février 1857.)

(3) Nous mentionnons de nouveau, pour mémoire, le droit accordé aux voyageurs, moyennant une faible taxe, de laisser leurs bagages en dépôt dans les gares, soit avant le départ, soit après l'arrivée du train (v. p. 45 et 218).

— Passages pour piétons, 49 et 390 (1).
— Barrières et passages particuliers, 49 et 391 (2). — *Accidents aux barrières de passages à niveau* (v. l'exemple 9, cité p. 627.)

BATIMENTS.

Constructions dépendant du chemin de fer, p. 49 (v. aussi *Architectes* au Rép.).

Bâtiments riverains : 1° expropriation, p. 658 ; 2° dommages, 50 ; 3° alignements, 24 et 630 (v. aussi *Grande voirie* au Rép.); 4° établissements insalubres, 50 et 190 ; 5° dépôts inflammables des fabriques, 149 ; 6° *couvertures en chaume*, 134.

Démolitions d'office (v. p. 684, l'art. 10, annoté de la loi du 15 juillet 1845. — En dehors des cas d'urgence, cet article est applicable, notamment lorsqu'il s'agit de faire disparaître des bâtiments ou plantations qui gêneraient la vue des signaux du chemin de fer). — *Règlement d'indemnités* (*ibid.*)

Démolitions d'urgence. — Comme il a été dit, p. 49 et 684, la loi de 1790 donne le droit à l'administration de faire démolir d'urgence les bâtiments menaçant ruine aux abords des voies publiques Malgré la rareté de leur application sur les chemins de fer, nous rappellerons que les disposi tions des anciens règlements prescrivant la visite des lieux, l'assignation devant le tribunal de police et l'expertise, ont été maintenus et généralisés par un arrêt de la Cour de cassation du 30 août 1833. Les conseils de préfecture sont compétents pour en faire l'application aux maisons menaçant ruine, qui se trouvent dans les traverses faisant partie des routes. (C. d'Éta', 19 mars 1823.)

Le péril des constructions se reconnaît aux indices énumérées au mot *Bâtiments*, p. 49.

Les préfets peuvent, ainsi que les maires, en vertu des pouvoirs qui leur sont conférés par les lois des 6, 7 et 11 septembre 1790 et 28 pluviose an VIII, enjoindre aux propriétaires d'édifices menaçant

ruine et situés le long des routes, soit de les étayer, en attendant le résultat d'une expertise contradictoire, soit, en cas de péril imminent, de les démolir, si les réparations ne peuvent y être autorisées, et faire exécuter leurs arrêtés d'office, si les propriétaires ne s'y conforment pas. (Ext. d'une note du Recueil des lois et règlements du service des *ponts et chaussées*, par A. Potiquet.)

BAZARS DES CHEMINS DE FER.

Etablissement, autorisation, p. 50. — *Conditions principales*, 50.

BERGES.

Conservation, p. 51. — *Enlèvement des herbes des talus*, 51, 255 et 522.

BESTIAUX.

Introduction sur la voie, p. 51. — Responsabilité civile des propriétaires, 51. — Repression pénale, 52. — Obligations préventives des riverains, 53.

Nouvelles dispositions. — « Un particulier prévenu d'avoir laissé des bestiaux s'introduire sur un chemin de fer, doit être renvoyé de la poursuite, s'il est prouvé que ces animaux n'ont franchi la clôture qu'à raison de sa vétusté. Le conseil de préfecture a le droit de faire vérifier par des experts quel était l'état des clôtures au point indiqué par le procès-verbal. » C d'Etat, 24 déc. 1863. — (Affaire Royer.) (3).

Absence de dégâts matériels ou d'accidents. — « L'administration, consultée sur la question d'introduction des bestiaux sur les voies, a décidé qu'il y avait lieu de s'abstenir de poursuivre toutes les fois qu'il n'y a aucun dégât matériel à la voie et que la volonté du propriétaire des bestiaux ne peut pas être incriminée. » (Note de M. l'ingénieur Degrand, *Annales des ponts et chaussées.* — Mars-avril, 1864. — Mém. et doc., p. 261.)

---

(1) Aucun règlement général ne prescrit, à notre connaissance, de fermer *à clef*, au moment du passage des trains, les portillons à l'usage des piétons.—La fermeture au verrou paraît même être facultative. — A défaut de la présence d'un garde pour donner les avertissements nécessaires, c'est donc à ses risques et périls qu'un piéton franchit le portillon et traverse la voie.

(2) Les passages à niveau particuliers ne se concèdent pas à prix d'argent . Ils sont ordinairement autorisés au moment de la construction du chemin de fer, ou lorsqu'il est reconnu que ces passages sont absolument nécessaires pour la desserte des propriétés, et ne peuvent être une cause de gêne pour l'exploitation.

(3) Cet arrêt, pas plus que la décision du C. d'État du 26 mai 1863, relative à une espèce analogue (aff. Hervieu), ne paraît pas avoir tranché la question d'application de l'arrêt du 27 déc. 1859, cité p. 52, au sujet de l'introduction des bestiaux sur les chemins de fer *bordés de haies vives.*

Conditions de transport des bestiaux, p. 53 (v. aussi les articles rappelés au mot *Animaux* du Rép.). — *Quais à bestiaux,* 440. — Chargement et déchargement, 53 — Admission des bestiaux dans les trains mixtes, fin de la p. 559. — Place à occuper par les toucheurs, 550. — *Responsabilité pour retards,* 54.

Tarifs spéciaux, concours agricoles, etc., p. 631.

Changements de vitesse en cours de transport. — Sur quelques lignes de chemins de fer, les chefs de gare ont été autorisés à laisser aux expéditeurs d'animaux la faculté de changer en cours de route le mode de transport des bestiaux ou des chevaux, c'est-à-dire, de faire achever en grande vitesse une expédition remise à la petite vitesse. — Cette tolérance n'est ordinairement accordée que pour les expéditions de bestiaux ou de chevaux, parce que ces envois sont ordinairement accompagnés des expéditeurs ou de leurs représentants, et que leur taxe ne s'applique pas au moyen de prix faits, mais bien d'après des bases kilométriques. Il convient également de préciser que cette autorisation ne peut être donnée que pour le passage d'une expédition de la petite à la grande vitesse.

Nous nous dispenserons de détailler les écritures et formalités usitées notamment : 1º lorsque l'expédition emprunte des réseaux différents et que le changement de vitesse a lieu au point de jonction ; — 2º lorsque le changement de vitesse d'une expédition, en provenance d'une gare de jonction ou d'une gare du réseau, a lieu sur le parcours des lignes d'une même compagnie ; — 3º enfin, en ce qui concerne la distinction à faire pour les expéditions en port dû ou en port payé. — Nous avons seulement rappelé le principe, en raison des avantages que les expéditeurs peuvent en retirer pour les éventualités du transport.

BEURRE.

Conditions de transport (v. *Denrées,* p. 146).

BIBLIOTHÈQUES.

Monopole de la vente des livres dans les gares, p. 362 et 590. — *Conditions de transport des produits de librairie,* 289. — Transport de publications non périodiques, 568. — Transport de prospectus (v. *Imprimeurs* au Rép.).

BIÈRE.

Conditions générales de transport, p. 634. — Tarifs et formalités d'application, 634.

BIFURCATIONS.

Définition et affaires générales, p. 54. — Mesures diverses de précautions ; aiguilleurs, disques, etc., 634 et 635. — Prix moyen d'installation des disques signaux (v. *Disques* au Rép.).

Système proposé par la Commission d'enquête. — On a vu, p. 329, que la commission d'enquête instituée par le ministre de l'agriculture, du commerce et des travaux publics, pour l'examen de diverses questions relatives à la construction et à l'exploitation des chemins de fer, a proposé d'appliquer pour la protection des bifurcations, un système d'appareils, analogue à celui récemment adopté par la compagnie du Nord (1).

Par les motifs indiqués à la circulaire minist. générale du 1er février 1864 (reproduite au mot *Enquêtes* du Rép.), l'administration supérieure n'a pu adresser une injonction formelle aux compagnies au sujet de la proposition de la commission d'enquête ; mais, d'accord avec cette commission, le ministre leur a recommandé l'usage des appareils dont il s'agit.

Il nous paraît donc y avoir un véritable intérêt à faire connaître le règlement en vigueur *sur le chemin du Nord* pour l'installation et la manœuvre des signaux de bifurcation. — Nous y joignons un dessin indiquant la position respective des disques et les autres dispositions nécessaires pour l'intelligence de l'ordre de service ci-après :

Ordre de service (ch. du Nord). — « A l'avenir, les signaux destinés à assurer la sécurité des trains, à leur passage dans les bifurcations, seront établis de la manière suivante :

» Chacune des trois directions composant une bifurcation simple est protégée par trois signaux :

» 1º Un signal fixe (B), **indicateur de la bifurcation,** placé à 800 mètres environ de la pointe des aiguilles ;

» 2º **Un disque d'arrêt** (E), placé dans chaque direction, à 60 mètres au moins du point à couvrir (2) ;

---

(1) **V.** la planche ci-contre.

(2) « Le point à couvrir est celui où l'entrevoie est réduite à 1ᵐ,75 ; il est situé comme suit dans chacune des trois directions :

» Pour le tronc commun, entre les aiguilles et la traversée, de 10 à 25 mètres au-delà du der-

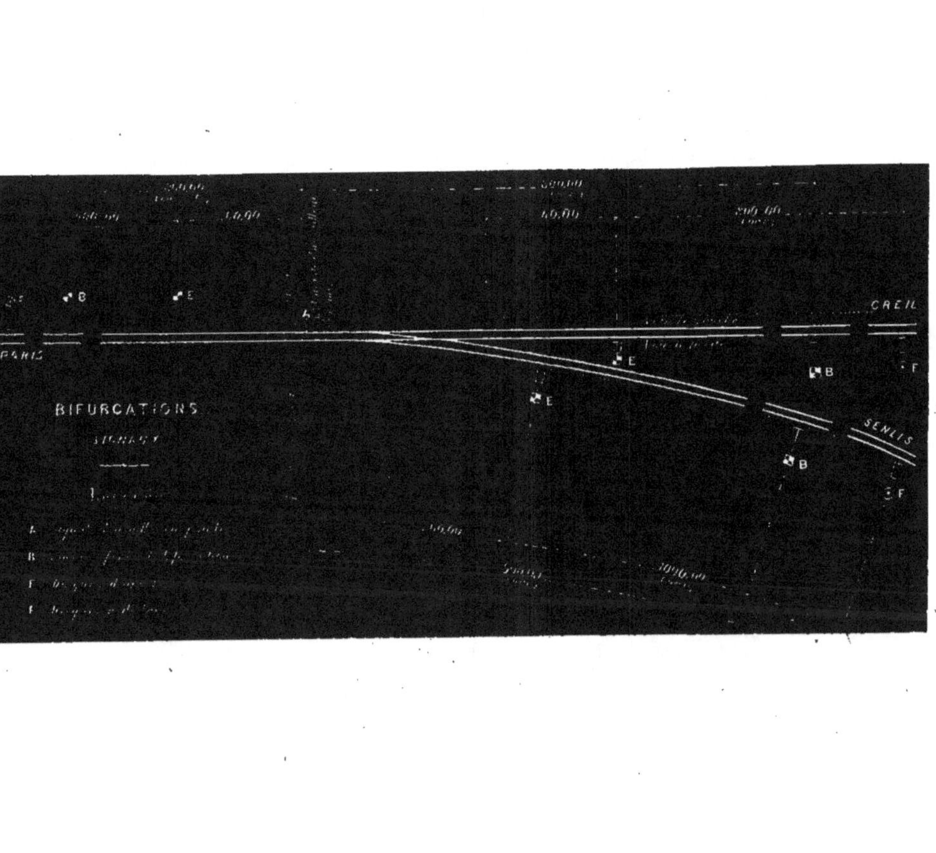

PARIS
CREIL
SENLIS
BIFURCATIONS

» 3° **Un disque à distance** (F), assez éloigné du disque d'arrêt pour couvrir un train arrêté à ce signal. (Cette distance varie, suivant les pentes ou rampes, et les circonstances locales, entre 700 et 1,000 mètres.)

» Ces signaux sont, d'ailleurs. indépendants des **signaux de bifurcation** (A), destinés à indiquer le sens dans lequel les aiguilles sont placées.

» En passant devant le signal, **indicateur de la bifurcation** (B). les mécaniciens doivent aussitôt commencer à ralentir, de manière à être arrêtés complétement au disque d'arrêt, s'il est fermé.

» Lorsque ce disque sera ouvert, la vitesse avec laquelle ils arriveront ne devra jamais dépasser :

» 20 kilomètres à l'heure pour les trains de voyageurs ;

» 10 kilomètres à l'heure pour les trains de marchandises.

» Deux poteaux serviront à contrôler cette vitesse ; l'un de ces poteaux sera contigu **au disque d'arrêt** ; le second sera placé à (100ᵐ) cent mètres en deçà.

» L'espace qui sépare ces deux poteaux ne devra jamais être parcouru en moins de :

» 18 secondes par les trains de voyageurs ;

» 36 secondes par les trains de marchandises, ce qui correspond aux vitesses ci-dessus.

» Quand, en vertu des indications du disque d'arrêt, un train aura dû s'arrêter près d'une bifurcation, il devra, au repos, être placé de telle sorte que l'avant de sa machine ne dépasse pas ce disque.

» Les aiguilleurs devront faire reculer les trains qui l'auraient dépassé, et signaleront l'infraction dans leur rapport.

» Les prescriptions du règlement pour la surveillance de la voie, art. 3, § 4, en ce qui concerne les signaux des bifurcations, seront dorénavant applicables seulement **aux trois disques d'arrêt.**

» En conséquence, ces trois disques devront être maintenus constamment à l'arrêt.

» Quand un train se présentera pour passer à la bifurcation, et lors même que rien ne s'opposerait à ce qu'il lui fût livré passage, l'agent chargé du disque attendra, pour faire cesser l'arrêt sur la voie que ce train parcourra, l'instant où il sera arrivé à 100 ou 150 mètres du disque.

» S'il y a plusieurs trains en vue, il fera cesser l'arrêt pour chacun d'eux successivement, en ayant soin de ne laisser qu'une voie ouverte à la fois

» Quand il se présentera un train auquel l'aiguilleur ne pourra donner passage, il fermera le disque à distance aussitôt qu'il aura connaissance du passage de ce train. Ce disque ne sera effacé qu'après le passage du train aux aiguilles de bifurcation

» Les ingénieurs de traction, les chefs de mouvements, les chefs de section et les Inspecteurs des différents services, devront prendre leurs dispositions pour que le personnel sous leurs ordres soit pénétré des dispositions adoptées.

> » *L'Ingénieur du Matériel,*   » *L'Ingénieur en Chef des*
> » *Chef de l'Exploitation.* »   » *travaux et de la sur-*
>   » *veillance...* »

BILLETS DE BANQUE.

Conditions de transport, p. 209. — Valeurs gardées par les voyageurs, 47 et 210.

BILLETS DE PLACE.

Entrée dans les voitures, sans billet, p. 55 (1). — *Distribution des billets,* 55. — Devoirs des receveurs, échanges de monnaie, etc., 677. — **Contrôle de route,** 55, 614 et 646. — Changement de classe, supplément de prix, 56 (2). — Changement de train, 56. — *Billets simples à prix réduit,* communautés religieuses, orphéons, etc., 56, note. (3). — **Billets**

---

nier croisement, pour la direction qui va vers la gauche. (Cette distance varie avec l'angle de croisement.)

» Un peu avant le centre de la traversée, pour la direction qui va vers la droite. »

(1) La circulation, sans billet ou non autorisée, dans l'enceinte du chemin de fer, peut donner lieu à une poursuite correctionnelle, ou au moins à une expulsion (v. p. 400).

(2) La perception supplémentaire est ordinairement opérée par la première gare où le train a un arrêt suffisant et, au plus tard, à une gare formant limite de sections. (*Inst. spéc.*)

(3) Les réductions officieuses de prix faites par les compagnies (sans qu'elles aient besoin de se pourvoir de l'autorisation administrative) aux corporations, orphéons, communautés et ordres religieux, etc. (v. p. 56, note), s'appliquent également aux nourrices et enfants voyageant aux frais de *l'administration de l'assistance publique* de la ville de Paris, ainsi qu'aux surveillantes qui les accompagnent. — Ces personnes sont ordinairement admises à voyager à demi-tarif dans les

d'aller et retour, 56 (1). — Billets d'a-
bonnement (v. *Abonnement* au Rép.).

Billets perdus, périmés ou falsifiés,
p. 56. — *Voyageurs sans billet et sans
argent,* 56 et 617 — Militaires sans billet
et sans argent, 357.

BITUMES.

Emploi sur les chemins de fer. — Nous
n'avons à mentionner aucune règle *générale* ou uniforme, en ce qui concerne
l'emploi assez fréquent des bitumes et
asphaltes dans les gares, quais et ouvrages d'art des chemins de fer.
Tarif maximum de transport, p. 635.
— Tarifs spéciaux, 635.

BLÉS.

Conditions des tarifs de transport, p.
635. — Clause relative aux *Céréales,*
inscrite à l'art. 42 du cah. des ch., 72 et
639 (v. aussi *Enquêtes* au Rép.).

BLESSURES.

Définition, p. 57. — *Blessures volontaires,* 57 (2). — *Blessures involontaires,*
57. — *Pénalités, pour les accidents de
chemins de fer,* art. 19 de la loi du 15
juillet 1845, v. p. 5. — Pénalités de droit
commun, pour *imprudence, inattention,*
etc. (v. le texte des art. 319 et 320 du
Code pénal, au mot *Accidents de travaux*
du Rép.).

---

voitures de 2e ou 3e classe, quel que soit leur nombre, sur la présentation d'une feuille de route en
double, signée, soit par le directeur général de l'*assistance publique,* soit par tout autre chef de
service compétent, conformément aux ordres de service spéciaux des compagnies.

(1) Les difficultés incessantes relatives aux *billets d'aller et retour,* nous paraissent donner un
certain intérêt aux indications suivantes qui ont leur application à peu près sur tous les chemins de
fer :

1° Les billets d'aller et retour ne sont valables ni pour les *trains express,* ni pour certains trains
omnibus qui ne prennent pas, dans une partie de leur parcours, des voyageurs de 2e ou de 3e classe ;
toutefois, les voyageurs porteurs de billets d'aller et retour, de 1re classe, sont transportés par les
trains omnibus dans toutes les parties de leur parcours.

2° Les billets d'aller et retour sont valables seulement pour les gares de *départ* et de *destination,* et le voyageur ne peut exiger, par exemple, que ses bagages soient enregistrés pour une
autre destination, même plus rapprochée. — Nous ajouterons que lorsqu'un voyageur, porteur d'un
billet d'aller et retour, désire, soit changer de classe, soit descendre du train à une destination
autre que celle indiquée sur son billet, il doit se pourvoir de l'autorisation du chef de gare ou du
chef de train, sous peine de se trouver en contravention, faute d'un billet valable. — En aucun cas,
le billet d'aller ou de retour ne peut être compté que pour sa valeur réelle, dans l'établissement de
la nouvelle taxe calculée suivant le tarif général. — Il est prudent, d'ailleurs, pour éviter toute difficulté, de ne pas trop compter sur ces arrangements qui troublent plus ou moins le mécanisme
du service, et pour lesquels les voyageurs ne peuvent légalement revendiquer aucun droit.

3° La durée de 24 ou 48 heures, attribuée aux billets, s'applique seulement aux trains dont les
heures *réglementaires* de départ ou de passage aux gares se trouvent comprises dans ce délai. —
(Elle ne saurait s'appliquer, par exemple, aux heures de service des voitures de correspondance
des routes de terre.)

4° Quelques compagnies, et notamment celle de Paris à la Méditerranée, ont été autorisées à
ajouter la clause suivante aux conditions générales de leurs tarifs de billets d'aller et retour :

« Les deux coupons d'aller et de retour doivent être présentés à la fois, adhérents ou détachés,
» tant au départ qu'au contrôle à l'arrivée. Le voyageur qui ne présenterait que le coupon d'aller,
» sans produire en même temps le coupon de retour, devra payer le prix intégral de sa place. »
(Déc. minist. spéc. 27 août 1863.)

5° Il nous parait utile, enfin, de mentionner la décision spéciale ci-après, sur l'usage suivi par
quelques gares de retirer les *billets périmés* présentés par les voyageurs.

« Les agents de la compagnie doivent se borner à refuser le coupon de retour *périmé* qui leur
» est présenté ; mais ils n'ont pas le droit de retenir ce coupon que le voyageur peut avoir intérêt à
» conserver, s'il veut, en cas de contestation, exercer son recours contre la compagnie. » (Déc.
minist. 8 août 1864, aff. Coquard, ch. de Lyon.)

(2) V. p. 8, la pénalité *spéciale* édictée pour les actes de malveillance commis sur les chemins
de fer.

La pénalité *de droit commun* pour les blessures *volontaires* résulte des art. 309, 310 et 311
du Code pénal, et peut être résumée comme suit : 1° blessures ou coups ayant occasionné une maladie ou une incapacité de travail personnel pendant plus de vingt jours (réclusion) ; — 2° blessures ou coups ayant occasionné la mort sans intention de la donner (travaux forcés à temps). (Ext.
de l'art. 309).

BOIS.

Tarifs de transport, p. 636. — Longues pièces de bois, 57. — Bois de charpente pour la marine, etc., 57.

Préparation de bois, pour traverses de chemins de fer, p. 577.

BOISSONS.

Tarif maximum de transport, p. 636. — Conditions diverses d'application (v. les art. cités au mot *Boissons*, p. 636). — *Coulage de liquides*, responsabilité, 131.

BOITES A FINANCES.

Expéditions de la recette du trafic, p. 57. — Boîtes en retour, 57. — Vérification des boîtes à finances, 212.

BOITES A GRAISSE.

Système de graissage, p. 243. — *Service des agents spéciaux*, 245. — Surveillance, 245.

BOITES DE SECOURS.

Installation, p. 57 (1). — Nomenclature des appareils, 34. — *Surveillance de l'Etat*, 346 (v. aussi *Médecins* au Rép.).

BORNAGE.

Prescription générale, de l'art. 29 du cah. des ch., p. 58.

Opérations. — Par une circ. minist. du 31 décembre 1853, citée p. 58, l'administration supérieure a appelé l'attention des ingénieurs en chef du contrôle « sur les mesures à prendre pour assurer, dans le moindre délai possible, le bornage des chemins de fer. »

L'ensemble de la circ. minist. du 31 décembre 1853, peut être reconstitué ainsi qu'il suit :

1° *Parties comprises dans le bornage*, p. 58 ; 2° *parties à retrancher*, 58 ; 3° *fixation des lignes de délimitation et opérations diverses*, 59. « Si, pour quelques parties de l'opération, l'ingénieur du contrôle ne tombait pas d'accord avec les ingénieurs de la compagnie, il rendrait compte de la difficulté au ministre, en produisant les renseignements propres à la faire apprécier. » (Paragraphe additionnel de la décision de 1853) ; 4° *chemins commencés par l'Etat*, p. 58 (note 1, résumant le texte original ci-après) : « Pour
» les chemins exécutés en vertu de la loi
» du 11 juin 1842, le bornage, le plan
» cadastral et l'état descriptif des ouvra-
» ges d'art, doivent être faits aux frais de
» l'Etat et communiqués aux compagnies,
» pour qu'elles les acceptent ou fassent
» leurs observations Ces opérations in-
» combent, au contraire, aux compagnies,
» lorsque les chemins qu'elles exploitent
» ont été construits à leurs frais ; et dans
» ce cas, les ingénieurs du service du
» contrôle , au lieu de faire le travail,
» se bornent à le surveiller, à s'assurer
» que les formalités légales sont remplies
» et que le bornage s'est bien réellement
» appliqué à tous les terrains qu'il con-

En cas de préméditation ou guet-apens, les peines correspondantes sont les travaux forcés à temps et les travaux forcés à perpétuité. (Ext de l'art. 310.)

« 311. Lorsque les blessures ou les coups n'auront occasionné aucune maladie ni incapacité de travail personnel de l'espèce mentionnée en l'art. 309, le coupable sera puni d'un emprisonnement d'un mois à deux ans, et d'une amende de seize francs à deux cents francs.

« S'il y a eu préméditation ou guet apens, l'emprisonnement sera de deux ans à cinq ans, et l'amende de cinquante francs à cinq cents francs. »

(1) Les appareils médicaux de secours nécessaires en cas d'*accident*, sont réglementairement déposés *dans les gares un peu importantes* (désignées, pour chaque ligne. par le ministre) ; mais aucune instruction générale ne paraît indiquer si les appareils doivent être placés dans le bureau du chef de gare ou dans le cabinet du médecin Dans l'un et l'autre cas, les boîtes doivent être tenues en parfait état d'entretien. Il ne paraît exister non plus aucune décision générale pour prescrire de placer une boîte de secours *dans chaque train de voyageurs*. L'obligation existe, toutefois, pour la compagnie de l'Est (déc. minist. spéc. 13 février 1854), et sans doute aussi pour d'autres lignes. L'enquête sur l'exploitation (recueil administratif 1858) a fait ressortir. d'ailleurs, la convenance de placer une boîte de secours dans les trains de voyageurs. Enfin, le projet de règlement préparé à la suite de cette enquête, a compris cette mesure dans les prescriptions générales à observer sur toutes les lignes. — Quelques compagnies, en présence du nombre considérable de trains circulant sur leur réseau et de l'extrême rareté des accidents atteignant les voyageurs, n'ont pas pensé qu'il fût nécessaire de donner cette extension à l'application de l'art. 75 de l'ordonnance du 15 novembre 1846 (v. cet art., p. 34).

» vient d'y comprendre. » (Circ. précitée de 1853) (1).

5° *Disposition des bornes*, p. 59 ; 6° *procès-verbaux et plans*, 59 ; 7° *Etat descriptif et atlas*, 59 ; 8° *archives ministérielles*, 59 ; 9° *délais d'exécution*, 60. — Le dernier paragraphe de la circ. minist. du 31 décembre 1853, porte que « l'ingénieur en chef du contrôle est prié » de rendre très-prochainement compte » au ministre, des mesures prises par l... » compagnie... concessionnaire..., pour » se conformer à la circulaire précitée. » — S'il s'agit d'un chemin exécuté, en » vertu de la loi du 11 juin 1842, l'ingé- » nieur en chef du contrôle devra pro- » poser (en temps utile) au ministre, » les moyens qui lui paraîtront les meil- » leurs pour remplir les obligations de » l'État (2). »

Dispositions pratiques, p. 60. — Conservation des bornes, 60. — Réclamations, 61.

BORNES.

Disposition des bornes de délimitation, p. 59. — *Conservation des bornes*, 60.

BOURRAGE.

Définition de l'opération, p. 61.— *Précautions à prendre*, 61.

BOUTEILLES.

Transport de bouteilles vides, cruchons, touries vides, etc., p. 292. — *Conditions diverses des tarifs de la verrerie*, 591.

BRIQUES.

Emploi. — Les briques réfractaires pleines ou creuses sont d'un usage assez fréquent sur la plupart des lignes de chemins de fer pour la construction des ponts, pontceaux, aqueducs, bâtiments des gares, remises, magasins, abris, pavillons d'aisances, réservoirs, etc. — Mais il n'existe à cet égard aucune indication réglementaire dans les documents généraux qui font l'objet principal de ce Recueil.

Conditions de transport, p. 636. — Tarifs spéciaux, 332, note.

BRONZES D'ART.

Conditions de transport (v. *Finances*, p. 208).

BROUILLARDS.

Emploi de signaux détonants en temps de brouillard (v. p. 500, le règlement ministériel du 15 mars 1856).

Sifflet du mécanicien. — La sécurité commande absolument que sur les points où le brouillard serait assez intense pour empêcher les mécaniciens d'apercevoir à 1 kilom au moins devant eux, la voie parfaitement libre et découverte, ces agents fassent jouer le sifflet à vapeur comme signal d'avertissement (application des dispositions rappelées, p. 497). — En pareille circonstance, l'abus ne saurait présenter d'inconvénient.

Éclairage des trains — Dans le cas de brouillard très-épais, les règlements recommandent d'employer et d'allumer, *pendant le jour*, les signaux de nuit, v. p. 168.

Disques-signaux. — L'importance qui s'attache à la manœuvre des disques-signaux, en temps de brouillard, donne un intérêt majeur aux prescriptions suivantes, extraites d'une *inst. spéc.*, dont le fond, sinon la forme, ne varie guère pour les diverses compagnies

• En cas de brouillard assez épais pour que les signaux fixes ne soient pas visibles à une distance d'au moins 100 mètres, on placera, en avant du disque, un homme (garde ou poseur) qui sera chargé d'en répéter les signaux aux trains arrivants, et qui devra se tenir aussi loin du disque qu'il le pourra, sans le perdre de vue.

• Outre qu'il répétera les signaux, cet agent devra encore les assurer en posant sur les rails, après le passage de chaque train, deux pétards qu'il retirera dès que le disque sera effacé.

• Ces mesures seront exécutées sur toutes les lignes du réseau, soit le jour, soit la nuit ; mais, bien entendu, seulement pendant la durée du service des

---

(1) Cette disposition est uniquement reproduite, pour ordre, tous les cahiers de charges (postérieurs à la circ. minist. du 31 décembre 1853) ayant mis (art. 29) les frais et l'accomplissement des formalités du bornage, a la charge des compagnies, que les lignes aient été construites par elles, ou que l'exécution des terrassements et des ouvrages d'art ait eu lieu à la diligence de l'Etat, conformément aux dispositions de la loi du 11 juin 1842, citée à l'art. *Compagnies* du Rép.

(2) Voir la note précédente ; v. aussi, p. 60, l'indication des principaux motifs qui ont généralement retardé, pour toutes les lignes construites, soit par l'Etat, soit par les compagnies, l'opération si longue et si détaillée du bornage.

gares qui manœuvrent les disques (1). — Dans les gares qui sont fermées pendant la nuit, et où il ne se trouve qu'un agent chargé de manœuvrer les disques ou les sémaphores pour maintenir l'écartement des trains, il suffira que cet agent, après avoir manœuvré les signaux, pose, en outre, des pétards sur les rails au droit de la gare, pendant les délais réglementaires. La même précaution devra être prise par les gardes chargés de manœuvrer les sémaphores établis en pleine voie.

» Les employés du télégraphe Tyer (v. p. 502) devront, pendant la nuit, comme les agents chargés de manœuvrer la nuit les signaux des gares, poser en temps de brouillard des pétards sur les rails, au droit de leur poste, pendant les délais réglementaires ; en outre, ceux dont les postes sont situés en dehors des gares devront prendre la même précaution pendant le jour. » (Inst. spéc., février 1864.)

BUDGETS.

Dispositions diverses, p. 61. — *Comptes moraux mensuels* (v. *Comptes* au Rép.) — *Statistique annuelle des dépenses*, 511. — Situations financières (v. *Contrôle financier* au Rép.).

BUFFETS ET BUVETTES.

Autorisation, p. 61. — Tarifs, 62. —

Affaires diverses, 62. — *Réclamations* (v. ce mot au Rép.).

BUREAUX.

Bureaux de grande et petite vitesse, p. 62. — Heures de service, 255. — Bureaux de ville, 62 (2). Bureaux du chemin de Ceinture, 81 et 82.

Bureaux des commissaires, etc., 62 (3). — Tenue des bureaux, 63.

Bureaux télégraphiques (art. 58 du cah. des ch., v. p. 535).

Bureaux affectés au service des postes (art. 13 et suivants du cah. des ch., v. p. 415).

Bureaux ambulants des postes.— Nous avons reproduit, p. 416 et 417, les indications relatives d'une part, au service spécial et à la surveillance des bureaux ambulants des trains postes, et d'autre part, à la facilité offerte aux voyageurs, aux agents et à d'autres personnes de remettre leurs lettres à ces bureaux sur tous les points de stationnement de leurs parcours.

Cette mesure a été confirmée, avec une heureuse modification relative à l'*installation de boîtes à lettres*, par un nouvel avis en date du 15 avril 1864, émanant de la direction générale des postes, et conçu comme suit :

« Le public est prévenu que des boîtes

---

(1) Nous avons parlé, p. 157 (à l'occasion de l'*observation* des signaux), des poteaux-limites de protection placés en deçà des disques-signaux d'arrêt, pour indiquer la limite de l'espace où les trains, manœuvrant dans les gares, peuvent se considérer comme couverts. — Nous croyons utile de mentionner à cet égard la prescription suivante :

« En temps de brouillard, il ne doit pas être tenu compte des poteaux-limites de protection, et les trains, stationnant ou manœuvrant entre ces poteaux, doivent être couverts aux distances indiquées par les règlements. » (Ext. d'une *inst. spéc.*)

(2) En général, les bureaux de ville (établis ordinairement dans les grands centres de population) sont considérés comme *gares* pour les opérations de *grande vitesse*.

Les expéditions émanant de ces bureaux sont taxées d'après les mêmes tarifs et aux mêmes conditions que les expéditions faites par la gare (titulaire), avec addition des frais de *factage* au départ.

Les bureaux de ville ne fonctionnent pas comme gares destinataires ; à cette exception près, toutefois, que les avis d'encaissement de remboursements ayant suivi sur leurs propres expéditions devront leur être adressés directement et taxés jusqu'à la gare titulaire sans frais de *factage* à destination.

Les marchandises de *petite vitesse* sont également reçues par les bureaux de ville qui, après avis préalable de l'expéditeur, envoient les camionneurs à *domicile*, pour enlever ces marchandises ; l'expéditeur remet en même temps au camionneur une note indiquant les adresses, numéros et poids des colis, etc. Mais les bureaux succursales n'opèrent alors que comme intermédiaires, bien qu'ils aient l'autorisation de *recevoir* les colis, c'est-à-dire, de reconnaître leur poids, leur bon conditionnement, etc.

(3) A la suite d'une circ. du 10 août 1858 qui prescrivait aux compagnies de déposer des registres de réclamation dans les principales gares à marchandises, les compagnies ont été invitées à affecter un bureau au service de la surveillance administrative dans chacune des gares de marchandises de la banlieue de Paris. (Circ. minist. du 18 novembre 1858, aux ingénieurs en chef de contrôle.)

» aux lettres sont adaptées à la portière » des wagons dans lesquels s'effectuent » les opérations des bureaux de poste » ambulants. Ces boîtes sont destinées à » recevoir, sur tous les points de station- » nement des trains postes, les lettres que » les voyageurs et les agents des compa- » gnies de chemins de fer, ou même les » personnes admises à un titre quelcon- » que dans l'intérieur des gares, peuvent » avoir à expédier. Il est, par suite, for- » mellement interdit aux agents des bu- » reaux ambulants de recevoir aucune » lettre à la main (1). »

Nous rappellerons que la décision prise par le directeur général des postes ne

peut être invoquée par une personne étrangère au service du chemin de fer, comme lui donnant le droit de pénétrer sur la voie ; mais les agents auront à user de tolérance et à accorder aux personnes qui se présenteraient pour user de la faculté nouvelle offerte par la poste, les facilités qui ne seraient pas de nature à troubler le service, ni à porter atteinte à la police intérieure des gares. (*Inst. spéc.*)

BUTOIRS.

Disposition des *heurtoirs d'arrêt* qui ferment certaines voies, p. 256.

C

CAFÉ.

Tarif maximum de transport, p. 636.

CAHIER DES CHARGES.

Modèle général des cahiers de char-ges, p. 706 (2). — *Analyse, par article, des clauses et conditions*, 64. — *Carac-tère législatif* du cah. des ch., 63. — **Modifications**, 65 et 361. — *Infractions*, 65. — *Contestations* administratives 65.

Clauses et conditions générales des entreprises de travaux (v. *Clauses* au Rép.).

CAISSES DE RETRAITES.

Fixation et liquidation des pensions (v. *Retraites*, p. 471) — **Personnel de l'Etat**, 471 (v. aussi *Retraites* au Rép.). — **Personnel des compagnies**, 474 (v. aussi *Agents* au Rép.).

CAISSES DE SECOURS.

Organisation, p. 65. — *Réclamations*,

65. — *Secours aux ouvriers blessés* sur les chantiers (v. *Accidents de travaux* au Rép.).

CALAGE DES WAGONS.

Moyens de calage, p. 65. — *Manœu-vres*, 65.

CAMIONNAGE.

Zones à desservir, p. 66. — **Faculté laissée au public**, 66 (v. aussi *Bureaux* au Rép.). — *Marchandises en provenance de l'étranger :*

« Bien que le cah. des ch. d'une com-pagnie de chemins de fer étrangers soit muet sur la faculté pour les destinataires de se livrer eux-mêmes en gare des mar-chandises expédiées, et d'éviter ainsi le factage et le camionnage par la compa-gnie, un destinataire a le droit, malgré la mention livrable à *domicile*, contenue sur la feuille d'expédition, de se livrer *en gare*, surtout si l'expéditeur a traité avec un chemin de fer français dont le cah. des ch. réservait cette faculté au destinataire,

---

(1) Une décision du ministre des finances, du 30 janvier 1864, a exceptionnellement autorisé les commissaires de surveillance administrative à remettre directement, en cas d'urgence, leurs dépê-ches contre-signées aux bureaux ambulants des postes, au moment du passage et du stationnement de ces bureaux dans les gares.

« Quant aux autres agents chargés du contrôle des chemins de fer, mais qui ne résident pas dans » les gares, le ministre des finances pense qu'il y aurait un inconvénient réel, au point de vue du » service des postes, à étendre la même exception à leur correspondance administrative. » (Ext. d'une circ. du ministre des travaux publics du 1er mars 1864, citée à l'art. *Franchises* du Rép.)

(2) Le modèle général du cah. des ch. de concession d'un chemin de fer, que nous avons re-produit textuellement p. 706 et suivantes, présente les grandes subdivisions ci-après : — *Titre* 1er, TRACÉ ET CONSTRUCTION, 706. — *Titre* 2, ENTRETIEN ET EXPLOITATION, 713. — *Titre* 3, DURÉE, RACHAT ET DÉCHÉANCE DE LA CONCESSION, 714. — *Titre* 4, TAXES ET CONDITIONS RELATIVES AU TRANSPORT DES VOYAGEURS ET DES MARCHANDISES, 716. — *Titre* 5, STIPULATIONS RELATIVES A DIVERS SERVICES PUBLICS, 723. — *Titre* 6, CLAUSES DIVERSES, 726.

et qui n'a fait qu'emprunter pour une partie du parcours le chemin de fer étranger. Le commissionnaire intermédiaire, en effet, est substitué aux obligations du commissionnaire principal. (C. C., 18 août 1864.)

Heures de réception en gare, monopole, p. 67 et 637. — **Privilége des camionneurs des compagnies.** L'arrêt de la Cour de cassation du 30 mars 1863, que nous avons cité p. 67, peut se résumer comme il suit : « Le cahier des charges d'une compagnie de chemin de fer qui l'autorise à un service de camionnage particulier, implique bien la nécessité d'accorder à son camionneur particulier des facilités exceptionnelles pour l'entrée et le stationnement dans les gares ; mais il n'en résulte pas qu'elle puisse accorder un privilége spécial au détriment des camionneurs libres. L'appréciation de ces diverses questions appartient à l'autorité judiciaire, qui peut, à raison du préjudice causé aux camionneurs libres, condamner la compagnie du chemin de fer à des dommages-intérêts envers eux. » (*Aff. Desplas.* — C. C., 30 mars 1863. — Ce dernier arrêt, et celui du 21 août 1862, sont d'accord pour reconnaître que les compagnies peuvent être légalement autorisées par l'administration à laisser libres à toute heure à leurs propres camionneurs, l'entrée et la sortie de leurs gares. La question de *privilége* est beaucoup plus compliquée et se rattache aux considérations exposées sous la rubrique *factage et camionnage* dans la circ. minist. du 1er février 1864, relative à l'enquête générale sur l'exploitation des chemins de fer (v. *Enquêtes* au Rép.).

Tarifs d'application du camionnage, p. 67. — Conditions diverses, 67. — *Entreprises intermédiaires, traités*, etc., 67 et 566. — *Délais de livraison*, 68. — *Responsabilité et surveillance*, 68. — *Réexpédition de marchandises*, 452.

CANAUX.

Maintien de la navigation (v. l'art. *Navigation* au Rép.). — Ponts tournants sur les canaux, p. 637.

CANTINIÈRES.

Conditions de transport, p. 68. — Matériel, 68 (v. aussi, p. 355, l'art. 19 de l'arr. minist. du 31 décembre 1859). — Feuilles de route, 353 (v. aussi *Feuilles de route* au Rép.).

CARRIÈRES.

Application des anciens règlements, p. 68. — *Définition des carrières*, 69. — **Distance à observer**, 69. — *Carrières préexistantes*, 69. — **Excavations** pratiquées aux abords des chemins de fer (art 6, loi du 15 juillet 1845, p. 69). *Extraction de matériaux*, nécessaires aux travaux publics, 201 (v. aussi au Rép. l'art. *Clauses et Conditions générales*).

Nouveaux règlements. — Nous avons mentionné pour mémoire, p. 69, les nouveaux décrets, autorisant *pour certains départements désignés*, l'exploitation des carrières jusqu'à la distance de dix mètres, *des voies publiques*. — Ces décrets étant généralement calqués sur un modèle uniforme, nous croyons utile de reproduire ci-après, *en ce qui concerne les points pouvant se rapporter au service des chemins de fer*, quelques-unes des dispositions du règlement promulgué le 22 juin 1863, pour le département **du Doubs.**

Section Ire. — *Des carrières exploitées à ciel ouvert* — « Art. 10. — L'exploitation de la masse ne peut être poursuivie que jusqu'à la distance horizontale de dix mètres des chemins à voiture, édifices et constructions, augmentée d'un mètre par chaque mètre d'épaisseur des terres de recouvrement. — Le paragraphe précédent n'est pas applicable aux murs de clôture autres que ceux qui enceignent des cimetières ou des cours attenant à des habitations. — La distance prescrite par le premier paragraphe peut être augmentée ou diminuée par le préfet du département, sur le rapport de l'ingénieur des mines, selon la nature des terres de recouvrement ou toute autre circonstance particulière.

» 13. — Dans le tirage à la poudre, l'exploitant se conformera à toutes les mesures de précaution et de sûreté qui lui seront prescrites par l'autorité.

Section II. — *Des carrières souterraines.* — » Art. 15. — Aucune excavation souterraine ne peut être ouverte ou poursuivie, sans une autorisation spéciale du préfet du département, que jusqu'à une distance horizontale de dix mètres des habitations, chemins, rivières, etc. La distance ci-dessus fixée est augmentée d'un mètre par chaque mètre de hauteur de l'excavation.

» 16. — Pour tout ce qui concerne la sûreté des ouvriers *et du public*, notamment pour les moyens de consolidation des puits, galeries et autres excavations, la disposition et les dimensions des piliers de masse, les précautions à prendre pour prévenir les accidents dans le tirage à la poudre, les exploitants se conformeront aux mesures qui leur sont prescrites par le préfet, sur le rapport de l'ingénieur des mines.

De la surveillance administrative. — Art. 21. — Dans le cas où, par une cause quelconque, *la sûreté publique*, la conservation des puits, la solidité des travaux et, par suite, la sûreté des ouvriers, celle du sol, ou des habitations de la surface, se trouvent compromises, le propriétaire ou l'entrepreneur doit en donner immédiatement avis au maire de la commune où la carrière est située et au préfet du département.

» 22. — L'ingénieur des mines, aussitôt qu'il est prévenu par le préfet, et à son défaut, le garde-mines se rend sur les lieux, dresse procès-verbal de leur état et envoie ce procès-verbal au préfet, en y joignant l'indication des mesures qu'il juge convenables pour faire cesser le danger. — Le maire peut aussi adresser au préfet ses observations et propositions en ce qui concerne la sûreté des personnes et des propriétés. — Le préfet statue, après avoir entendu l'exploitant.

» En cas d'urgence, l'ingénieur en fait mention dans son rapport, et le préfet peut ordonner que son arrêté soit provisoirement exécuté.

» 23. — Si le propriétaire ou l'entrepreneur, sur la notification qui lui est faite de l'arrêté du préfet, ne se conforme pas aux mesures prescrites dans le délai qui aura été fixé, il y est pourvu d'office et à ses frais, par les soins de l'administration.

» 24. — En cas de péril imminent reconnu par l'ingénieur des mines, dans la visite d'une carrière, cet ingénieur fait, sous sa responsabilité, les réquisitions nécessaires aux autorités locales, pour qu'il y soit pourvu sur-le-champ, conformément à l'art. 5 du décret du 3 janvier 1813 (1). — Le maire peut, d'ailleurs, toujours, dans le cas prévu au présent article, et en l'absence de l'ingénieur, prendre toutes les mesures que lui paraît commander l'intérêt de la sûreté publique.

» 30. — Les dispositions des articles 22, 23 et 24 ci-dessus sont applicables, à toute époque, aux carrières souterraines abandonnées dont l'existence compro-

mettrait la sûreté publique. — Les travaux prescrits sont, dans ce cas, à la charge du propriétaire du fonds dans lequel la carrière est située, sauf son recours contre l'ancien exploitant.

TITRE V. — *De la constatation, de la poursuite et de la répression des contraventions.* » — Art. 31. — Les contraventions aux dispositions du présent règlement, ou aux arrêtés préfectoraux rendus en exécution de ce règlement, par les propriétaires, entrepreneurs ou exploitants de carrières sont constatées par les maires et adjoints, par les commissaires de police, gardes champêtres et autres officiers de police judiciaire, et concurremment par les ingénieurs des mines et les garde-mines ou agents sous leurs ordres et ayant qualité pour verbaliser.

» 32. — Les procès-verbaux sont visés pour timbre et enregistrés en débet. Ils sont affirmés dans les formes et délais prescrits par la loi pour ceux de ces procès-verbaux qui ont besoin de l'affirmation.

» 33. — Lesdits procès-verbaux sont transmis en originaux à qui de droit, et les contrevenants poursuivis d'office devant la juridiction compétente sans préjudice des dommages-intérêts des parties. — Copies des procès-verbaux sont transmises au préfet du département.

» 34. — Les contraventions aux dispositions du présent règlement qui auraient pour effet de porter atteinte à la conservation des routes impériales ou départementales, des canaux, rivières, ponts ou autres ouvrages dépendant du domaine public, sont constatées et poursuivies par voie administrative, conformément à ce qui est prescrit par la loi du 29 floréal an x et les décrets des 18 août 1810 et 16 décembre 1811 (2). — Les procès-verbaux dressés par les ingénieurs et conducteurs des ponts et chaussées, par les ingénieurs des mines et garde-mines, et par les autres fonctionnaires et agents désignés en l'art. 2 de la loi du 29 floréal an x, sont visés pour timbre et enregistrés en débet. Ils sont, après l'affirmation, s'il y a lieu, transmis sans délai au sous-préfet, qui ordonne, par provision et sauf recours au préfet, ce que de droit pour

---

(1) « Art. 5. — Lorsqu'un ingénieur, en visitant une exploitation, reconnaîtra une cause de » danger imminent, il fera, sous sa responsabilité, les réquisitions nécessaires aux autorités locales, » pour qu'il y soit pourvu sur-le-champ, d'après les dispositions qu'il jugera convenables, ainsi » qu'il est pratiqué en matière de voirie lors du péril imminent de la chute d'un édifice. » (V. *Bâtiments* au Rép.)

(2) V. p. 247, le texte de la loi du 29 floréal an x, et à l'art. *Contraventions* du Rép. les ext. des décrets des 18 août 1810 et 16 décembre 1811.

faire cesser le dommage (1). — Il est statué définitivement par le conseil de préfecture, conformément aux lois et règlements.............. »

CARTES DE CIRCULATION.

Délivrance, visa et usage des cartes, permis, etc. (v. *Circulation gratuite*, p. 86 et 290).

CARTES ET PLANS.

Cartes d'études, p. 70. — *Avant-projets*, 70 (v. p. 673 le programme général officiel des projets de travaux publics). — *Projets d'ensemble*, 70, 436 et 673. — **Plan des gares**, 70 et 237 (2). — *Plans parcellaires*, 70. — *Plan cadastral* du chemin de fer, 71. — *Cartes et plans relatifs aux* **travaux mixtes** (art. 13 et 40 du décret du 16 août 1853, v. p. 620 et 622).

CAUTIONNEMENTS.

Bases posées par l'art. 68 du cahier des charges, p. 71 et 638. — *Remboursement*, 71. — *Perte du cautionnement* en cas de déchéance des compagnies, 71. — Forme et nature du *cautionnement civil*, 71. — *Cautionnements commerciaux*, 71. — *Cautionnement* **des agents des compagnies**, 71.

CENDRIERS.

Système de cendriers des locomotives, p. 33. — *Prescriptions diverses*, 33 et 34.

CENTRALISATION.

Anciennes attributions des *préfets centralisateurs*, p. 71. — Extrait des décrets sur la décentralisation administrative (v. *Décentralisation* au Rép.).

CERCUEILS.

Transport des voitures des pompes funèbres, p. 409. — *Transport des cercueils isolés*, 409. — *Pièces dont les compagnies exigent la présentation pour accepter les cercueils :* autorisation du maire, du sous-préfet ou du préfet, suivant les cas (v. *Pompes funèbres* au Rép.).

CÉRÉALES.

Tarif maximum, p. 72. — Tarif d'application du transport des *blés, farines, etc.*, 205 et 635. — **Clause relative aux céréales**, inscrite à l'art. 42 du cah. des ch., 72 et 639 (v. aussi au mot *Enquêtes* du Rép. la circ. minist. du 1er février 1864, indiquant la suite donnée à la proposition de la commission d'enquête). — *Statistique des transports de céréales*, 72.

CERTIFICATS.

D'entrepreneurs, p. 72. — *De Mécaniciens*, 72. — *De chauffeurs*, 72. — *Certificats de comptabilité*, 72. — *Certificats de bonne conduite ou autres*, 639. — *Certificats de médecin*, 72 (v. aussi *Congés* au Rép.).

CHAINES D'ATTELAGE.

Système adopté, p. 41 et 42. — *Manœuvres d'attelage*, 318 (v. aussi *Manœuvres* au Rép.).

CHAMBRES DE COMMERCE ET CHAMBRES CONSULTATIVES.

Communication des avant-projets de chemin de fer. — Il est à peine besoin de rappeler, qu'en général, les avant-projets annexés aux demandes de concession de chemin de fer adressées à l'administration supérieure, sont, avant toute autre formalité, communiqués aux préfets pour être soumis aux enquêtes d'utilité publique prescrites par l'ordonnance du 18 février 1834.

Préalablement au renvoi du dossier à l'administration, « les chambres de commerce, et au besoin les chambres consultatives des arts et manufactures des villes intéressées à l'exécution des travaux, seront appelées à délibérer et à exprimer leur opinion sur l'utilité et la convenance de l'opération. » (Art 8, ordonnance du 18 février 1834.)

« Les procès-verbaux de leurs délibérations devront être remis au préfet avant l'expiration du délai fixé dans l'art. 6 (même ordonnance, p 179 et 180.) »

C'est ordinairement le préfet qui provoque ces délibérations en communiquant

---

(1) Les ingénieurs, conducteurs des ponts et chaussées, garde-mines, attachés au service des chemins de fer, et les commissaires de surveillance administrative sont dispensés de l'affirmation (v. p. 18).

(2) Ordinairement, les compagnies présentent leurs projets *définitifs* de gares dès que l'administration supérieure a statué, après les enquêtes mentionnées p. 180, sur le nombre et l'emplacement de ces gares (application du dernier paragraphe de l'art. 5 du cah. des ch., p. 707).

aux chambres intéressées les dossiers d'avant-projets avec une copie des procès-verbaux des opérations des commissions d'enquête (1).

Tarifs. — « Lorsque des propositions de tarifs seront adressées aux préfets par des compagnies de chemins de fer, ces magistrats devront les communiquer aux chambres de commerce de leur département, mais seulement dans le cas où ces propositions intéresseront les industriels ou négociants des localités situées dans le ressort desdites chambres.

« En outre, lorsqu'un tarif aura été homologué, le ministre désire que le préfet adresse également aux chambres de commerce un exemplaire de l'arrêté pris par lui pour rendre la décision ministérielle exécutoire ; elles pourront ainsi, en rapprochant cette décision du projet soumis à l'homologation ministérielle, se rendre compte des modifications que l'administration aura pu apporter aux propositions des compagnies. » (Circ. minist. du 15 février 1862.)

Adresses à mettre sur les colis. — Nous avons résumé, p. 94, une circ. minist. de mai 1861, adressée aux chambres de commerce pour recommander l'application d'une mesure ayant pour objet, afin de prévenir les pertes, retards et fausses directions des marchandises, d'engager les expéditeurs à indiquer *sur les colis mêmes*, les points d'expédition et de destination.

Affaires diverses et générales (v. *Colis*, *Marchandises*, *Messagerie*, *Tarifs* et les divers articles de ce Recueil intéressant l'exploitation commerciale).

CHAMBRES D'EMPRUNT.

Établissement. — Les terrains achetés pour l'établissement des chambres d'emprunt ne font pas partie des dépendances des chemins de fer et ne doivent pas être compris dans le bornage, p. 58. — *Amodiation ou location des parcelles restées disponibles*, 294.

Dommages causés par la stagnation des eaux, p. 161 et 178. — **Obligations générales des compagnies** pour l'écoulement des eaux (v. *Emprunts* au Rép.).

CHANGEMENTS DE VOIE.

Systèmes adoptés, p. 73. — *Composition des appareils*, 639. — *Pose et entretien*, 73. — *Manœuvre et surveil-*

lance, etc., 73.—**Mouvements aux bifurcations**, 74 (v. aussi *Bifurcations* au Rép.).

CHARBONS.

Tarif maximum de transport. — Le charbon de bois est rangé (v. p. 717) dans la 2ᵉ classe des marchandises, transportés au prix maximum de 0ᶠ,14 par tonne et par kil., non compris frais accessoires.

Précautions à prendre dans le transport (art. 3 et 5 de l'arr. minist. du 15 juillet 1863, v. p. 338 et 339). — *Charbons de terre, cokes, houilles, etc.*, 93 et 258. — *Nouvelle classification de la houille*, 643.

Vente de combustibles dans les gares, p. 98 (v. aussi *Vente* au Rép.).

CHARGEMENTS.

Trains de voyageurs, p. 74. — *Marchandises*, 74. — *Trains mixtes*, 75. — *Chargement maxima des locomotives*, 640. — *Feuilles de chargement et d'expédition*, 206. — *Appareils de chargement, grues, etc.*, 250.

Chargement de matières dangereuses. — Outre les dispositions relatives aux matières explosibles exclues des trains de voyageurs (v. p 338), il est important de rappeler, que les wagons chargés de matières simplement inflammables, comme le coton, la paille, etc., alors même que le chargement aurait été fait dans des wagons couverts, devront toujours être placés et maintenus, pendant toute la durée du parcours, le plus loin possible de la machine à l'arrière du train, ainsi que cela est prescrit par l'arr. minist du 15 juillet 1863 (v. cet arrêté, p. 338).

Arrimage. — La sécurité de la circulation exige également que les gares surveillent avec le plus grand soin la manière dont elles établissent le chargement des wagons.

Il est arrivé quelquefois que les objets formant les chargements n'ont pas été suffisamment assujétis sur les wagons et qu'ils se sont déplacés en cours de transport. Dans d'autres cas, lorsqu'il s'agissait de masses lourdes, elles ont été posées sur les wagons de manière à charger un des deux essieux beaucoup plus que l'autre.

Une instruction récente d'une des grandes compagnies (mars 1864) a rappelé aux chefs de gare et aux employés sous leurs

---

(1) On doit entendre aussi dans les enquêtes « les ingénieurs des ponts et chaussées et des mines « employés dans le département. » (Ext. de l'art 6 de l'ordonnance précitée, v. p. 179.)

ordres : 1° que les objets qui composent les chargements doivent être fixés au moyen de cales ou de prolonges , de manière à ne pouvoir tomber des wagons sur la voie ou même se déplacer sur les wagons en cours de transport ; 2° que les masses lourdes doivent être placées sur les wagons de manière à charger les essieux le plus également possible. (Inst. spéc.).

CHASSE.

Interdiction de la chasse dans l'enceinte du chemin de fer, 75. — Transport et colportage de gibier, 76 et 245.

CHAUDIÈRES A VAPEUR.

Epaisseur, p. 76. — **Chaudières en tôle d'acier fondu,** 307. — *Epreuves des chaudières,* 308. — *Appareils spéciaux de sûreté,* 77. — *Explosions,* 77 et 196, Ruptures de tubes calorifères, 585.

CHAUFFAGE.

Bureaux, salles d'attente, etc., p. 77 et 489 — *Chauffage des machines,* 77. — *Chauffage des voitures,* 77 et 557 (v. aussi au Rép. l'art. *Enquêtes sur l'exploitation*).

CHAUFFEURS.

Recrutement, p. 77. — *Attributions,* 78. — *Conduite des machines,* 78. — *Admission au poste de mécanicien* (v. *Agents* au Rép.). — *Infractions commises par les chauffeurs* (v. *Pénalités,* p. 395) (1).

CHAUME.

Interdiction des couvertures en chaume, p. 134. — *Suppression d'office,* 135. — *Réparations,* 135.

CHAUX.

Conditions de transport, p. 640. — *Tarifs spéciaux,* 640.

CHEFS DU CONTENTIEUX.

Attributions et affaires diverses (v. *Contentieux* au Rép.).

CHEFS DE DÉPOT.

Attributions, p. 78. — *Travail des machines,* 79. — *Epreuves à faire subir aux candidats mécaniciens* (v. *Agents* au Rép.).

CHEFS D'EXPLOITATION.

Attributions et affaires diverses (v. le mot *Exploitation* au Rép. et tous les articles qui s'y rapportent).

CHEFS DE GARE.

Attributions générales, p. 79. — *Service spécial des gares,* 237. — *Sous-chefs de gare,* 79. — *Manœuvres et service des trains,* 79 et 80. — *Rapports avec le public,* 80. — *Rapports avec les commissaires de surveillance administrative* (v. *Commissaires* au Rép.). **Avis à donner aux commissaires** pour les accidents, p. 4, les actes de malveillance et délits, p. 10, les transports de poudres (art. 8 du règl. du 15 avril 1863 , v. p. 420). — *Prescription générale* pour le service des gares, 80. — *Responsabilité,* 80. — *Affaires diverses* (v. au Rép. l'art. *Agents des compagnies*).

---

(1) Nous avons reproduit, p. 78, la circ. du 24 juin 1856, par laquelle le ministre a adopté, sur la proposition des compagnies, les conditions moyennant lesquelles les chauffeurs peuvent être appelés à suppléer les mécaniciens pour la conduite des locomotives dans les manœuvres de gare.

Les paragraphes 5 et 6 du *projet d'ordre de service,* formulé par cette circulaire, contenaient les dispositions suivantes :

« Art. 5. — Les contraventions au présent ordre de service seront punies d'une amende de 20 francs. Dans le cas où ces contraventions auraient occasionné des blessures peu graves, l'amende sera portée au double. Lorsqu'il en sera résulté des blessures graves ou la mort de quelque agent de la compagnie, le contrevenant sera révoqué, sans préjudice, bien entendu, des poursuites qui pourraient être requises contre lui à la diligence des fonctionnaires du contrôle. »

« Art. 6. — Le présent ordre de service sera constamment affiché dans l'intérieur de toutes les gares de dépôt. Il sera distribué aux divers agents de la compagnie chargés de l'exécuter ou de tenir la main à son exécution. »

Enfin, par le dernier alinéa de cette circulaire, « le ministre priait les compagnies de lui faire connaître si elles avaient quelques objections à élever contre la réglementation dont il s'agit, et dans le cas de la négative, les articles du projet d'ordre de service devaient figurer dans le règlement des mécaniciens et chauffeurs. » — Nous ne pensons pas qu'il ait été pris de mesure générale à la suite de cette recommandation.

CHEFS DE SECTION.

Attributions, p. 80 (1). — *Travaux neufs,* 81 et 571 (v. aussi au Rép. *Clauses et Conditions générales des entreprises*). — *Entretien, réparation et surveillance,* 81, 459 et 518. — *Alignements, police,* 81 (v. aussi **Grande voirie** au Rép.). — *Accidents,* 81 (v. aussi *Accidents de travaux* au Rép.). — *Précautions à prendre en temps de neige, verglas, etc.,* 364. — *Affaires diverses et générales* (v. au Rép. les art. *Agents des compagnies* et *Personnel*).

CHEFS DE TRACTION.

Attributions, hiérarchie, etc., p. 551. — *Service des mécaniciens* (v. *Agents* au Rép.).

CHEFS DE TRAIN.

Attributions générales des conducteurs chefs de trains, p. 114 (v. aussi les divers art. rappelés au mot *Conducteurs de trains* du Rép.).

Chefs de trains principaux. — Outre les conducteurs chefs de trains et les conducteurs garde-freins, il a été créé, sur quelques grands réseaux, des *chefs de trains principaux* ayant autorité sur ces derniers agents, et dont les fonctions et attributions ont été fixées ainsi qu'il suit :

« Les chefs de trains principaux sont chargés de la surveillance du personnel des trains ; ils relèvent directement des inspecteurs principaux, mais ils peuvent recevoir des ordres des inspecteurs et sous-inspecteurs qui sont appelés à seconder les inspecteurs principaux.

» Ils ont autorité sur les conducteurs-chefs et conducteurs de trains.

» Ils peuvent être chargés de communiquer les ordres à ces agents, et ils devront transmettre à l'inspecteur principal leurs réclamations et leurs demandes. Enfin, ils peuvent faire des propositions de récompenses et de punitions pour tout le personnel des trains.

» Les chefs de trains principaux, lorsqu'ils sont en service, doivent voyager dans les fourgons de tête ou avec les conducteurs garde-freins pour surveiller et instruire le personnel des trains. Ils doivent se porter de préférence sur les points où ils présument qu'il y a des irrégularités dans le service. Ainsi, pour les trains de voyageurs, ils doivent aller sur les parties de ligne où il peut y avoir affluence de voyageurs ou de colis, et pour les trains de marchandises sur les parties de ligne où il peut y avoir encombrement des voies par suite du grand nombre de trains, ou par suite de difficultés de marche résultant du profil de la ligne ou de circonstances atmosphériques.

» Ils doivent surveiller, d'une manière toute spéciale, le service des chefs de transport chargés de la conduite des trains de ballast et autres trains faits pour le service de la voie.

» S'ils apprennent qu'un accident ou un encombrement s'est produit, ils doivent se rendre sur les lieux, afin d'aider de leurs conseils et de leur expérience les agents qui pourraient se trouver embarrassés ; néanmoins, ils n'ont pas autorité sur les agents des gares.

» En route, ils doivent surveiller, non-seulement les agents du train qu'ils accompagnent, mais ils doivent s'assurer si les agents des trains qu'ils croisent en marche ou rencontrent dans les gares sont à leurs postes et font leur service.

» Dans les dépôts de conducteurs, les chefs de trains principaux font l'instruction théorique des nouveaux conducteurs et s'assurent que les anciens n'oublient pas leurs règlements. Ils doivent aussi vérifier si tous les conducteurs ont reçu les ordres de service, circulaires et avis qui les concernent, et s'ils en ont compris le sens.

» Les chefs de trains principaux adressent chaque jour à leur inspecteur principal un rapport indiquant le parcours qu'ils ont fait dans les trains et les observations auxquelles a donné lieu le service des conducteurs et celui des autres agents en ce qu'il a de commun avec le service des trains et la sécurité de la circulation. »

CHEMIN DE FER DE CEINTURE.

Administration, p. 81. — *Marchan-*

---

(1) Nous rappellerons que les chefs de section sont ordinairement recrutés parmi les conducteurs et autres fonctionnaires de l'administration des ponts et chaussées ou des mines, auxquels les décrets organiques accordent le bénéfice des congés illimités, notamment pour entrer au service des compagnies (v. à ce sujet, l'art. *Congés* du Rép.). Les chefs de section portent sur quelques lignes le titre de *Conducteurs des travaux.* Ils ont sous leurs ordres, outre les agents de la voie échelonnés sur la ligne, les piqueurs de jour et de nuit, agents connus, sur quelques lignes, sous le nom de *chefs de district* (v. *Piqueurs* au Rép.).

dises et matériel, 81. — *Transport de troupes*, 82. — *Voyageurs*, 83. — *Trafic commun entre les diverses compagnies* (v. *Tarifs* au Rép.).

Constatations diverses. — Une décision ministérielle, en date du 8 mai 1862, attachant spécialement un commissaire de surveillance administrative au contrôle du chemin de Ceinture et de l'embranchement de la gare d'eau de Saint-Ouen, porte ce qui suit :

« Les commissaires des gares de têtes des lignes aboutissant audit chemin, pourront être chargés de recueillir les renseignements utiles au service du chemin de Ceinture, mais sous la réserve expresse que les communications à établir entre ce service et les services de contrôle, avec lesquels il devra se mettre en rapport, auront lieu par l'intermédiaire des ingénieurs en chef respectifs (1). »

CHEMINS DE FER D'EMBRANCHEMENT.

Nouveaux embranchements ordonnés ou autorisés par l'État. — Art. 59 et 60 du cah. des ch., p. 726.

Concession de nouvelles lignes se bifurquant aux lignes déjà concédées. — Art. 61 du cah. des ch., p. 726.

Embranchements industriels, p. 172.

Chemins de fer vicinaux (v. l'art. ci-après).

CHEMINS DE FER VICINAUX.

Conditions d'établissement. — Nous avons reproduit, p. 641, les conclusions de l'enquête générale sur les chemins de fer (Recueil adm. 1863) en ce qui concerne l'établissement et l'exploitation des lignes d'intérêt secondaire destinées à former ce que l'on pourrait appeler le *réseau vicinal* des voies ferrées.

Le dernier paragraphe de ces conclusions est ainsi conçu :

« Le bénéfice de la loi du 21 mai 1836, relative aux chemins vicinaux, pourrait être étendu aux chemins de fer d'intérêt local, notamment dans celles de ses dispo-sitions qui concernent principalement les enquêtes et l'acquisition des terrains. »

Ce système, inauguré principalement dans le département du Bas-Rhin, consistait à créer, avec les mêmes forces qui étaient parvenues à terminer promptement le premier réseau des chemins vicinaux de grande communication, c'est-à-dire, avec les ressources des départements et des communes, un nouveau réseau de chemins de la même catégorie, réunissant chaque chef-lieu de canton aux lignes ferrées existantes, et exécutés pour une seule voie, dans des conditions telles qu'on pût les livrer aux compagnies déjà organisées, ou, à leur défaut, à l'industrie locale, *pour y poser des rails* et les exploiter au moyen de locomotives.

On lit à ce sujet, dans l'exposé de la situation de l'Empire, de novembre 1863, le passage suivant :

« *Une expérience que le Gouvernement suit avec un vif intérêt se pratique actuellement dans le département du Bas-Rhin. L'administration y procède à la création de chemins vicinaux à voies ferrées, au moyen de subventions départementales et des contingents communaux, par application de la loi du 21 mai 1836. Ce système, qui peut être une des solutions du problème des chemins de fer à bon marché, est mis à l'étude dans d'autres départements.* »

Nous avons sous les yeux un rapport très-détaillé et très-intéressant de M. *Coumes*, ingénieur en chef des ponts et chaussées, directeur des chemins vicinaux du département du Bas-Rhin, résumant les phases diverses de l'établissement, dans ce département, des voies vicinales de communication destinées à être transformées en chemins de fer.

Ce rapport, qui porte la date du 25 juillet 1864 et qui a été dressé pour la cession de 1864 du Conseil général du département, embrasse la période entière de préparation et d'exécution, et fait connaître les conditions fondamentales du système, la marche suivie et les résultats économiques obtenus.

« Comme toutes les innovations, dit

---

(1) A la suite de cette circulaire, les commissaires des gares de têtes de lignes ont été chargés (au moins dans la plupart des services de contrôle) de recueillir, tant à Paris qu'aux grandes gares à marchandises annexes, les renseignements qui intéressent le chemin de fer de Ceinture, et à les adresser immédiatement à leur ingénieur en chef, pour que ce dernier puisse les transmettre à l'ingénieur en chef du contrôle du chemin de Ceinture. — De plus, pour les constatations de crimes et délits, de contraventions et d'accidents se rapportant audit chemin, et dont la déclaration leur serait faite aux gares de raccordement, les commissaires des gares de têtes de lignes ont été autorisés à procéder à l'instruction sommaire et préparatoire et à transmettre sans retard, les notes et documents obtenus, à leur collègue du chemin de Ceinture, en avisant de cet envoi l'ingénieur en chef sous les ordres duquel ils sont placés.

M. Coumes, cette entreprise a rencontré des obstacles, qui n'ont été heureusement aplanis que parce qu'elle a été encouragée par de hautes sympathies, soutenue à diverses reprises par le conseil d'État et le Corps législatif, et que, selon les désirs vivement exprimés par le Conseil général et par les communes, elle a été énergiquement poursuivie par l'autorité départementale. »

Nous voudrions pouvoir citer en entier les longs développements et éclaircissements contenus dans le rapport de M. Coumes, au sujet des démarches et formalités auxquelles ont donné lieu, d'une part, la réalisation des ressources départementales, communales et particulières nécessaires à l'établissement du nouveau système de voies de communication, et d'autre part aux tentatives infructueuses faites pour l'organisation d'une société spéciale qui a dû être dissoute après l'incorporation de ses tronçons les plus productifs dans les concessions des grandes compagnies.

Mais ces détails économiques et financiers, *de nature à varier, d'ailleurs, pour chacune des entreprises de la même espèce,* ne rentrent pas précisément dans notre cadre, et nous devons nous borner à mentionner les points généraux qui ressortent du rapport de M. l'ingénieur en chef Coumes, et notamment les principales mesures antérieures ou postérieures à la loi du 16 juin 1859, qui a autorisé pour le département du Bas-Rhin, une imposition de 16 1/2 centimes extraordinaire dont le produit serait affecté aux travaux de construction de chemins classés comme lignes vicinales de grande communication, pour être ultérieurement, s'il y a lieu, convertis en embranchements des chemins de fer.

Programme des tracés à étudier. — Après l'adoption du système par le Conseil général, un programme de tracés reliant tous les cantons fut préparé, de concert avec M. le préfet, et le personnel vicinal fut chargé de dresser, à bref délai, les projets de neuf chemins ayant ensemble une longueur de 202 kilomètres...

Conditions techniques des projets. — Les conditions d'établissement étaient conformes aux cahiers des charges des chemins de fer déjà construits à une voie, pour les largeurs en couronne, les inclinaisons longitudinales, les rayons des courbes et les dimensions des ouvrages d'art. Les emplacements des stations se trouvaient marqués aux endroits convenant le mieux aux communes appelées à en profiter. Les travaux de toute espèce, exempts de luxe, mais solides, étaient estimés avec soin (1).

Désignation des communes intéressées et fixation de leurs contingents. — Les communes intéressées à la construction avaient été rangées en trois classes : celles traversées, celles non traversées dans

---

(1) « Les conditions pour le minimum de rayon de courbure, le maximum d'inclinaison des pentes et rampes, les dimensions des profils en travers des terrassements, les largeurs et hauteurs des ouvrages d'art, sont en harmonie avec la loi du 11 juin 1863, modifiant la concession de la compagnie des chemins de l'Est, dans laquelle les trois chemins du Bas-Rhin déjà construits ont été incorporés. » (V. au Dict., p. 706, le cah. des ch. modèle, joint à la loi précitée du 11 juin 1863.)

D'un autre côté, les chemins de fer vicinaux étant généralement destinés, après leur achèvement, à être exploités par les grandes compagnies, dans les conditions normales du service des autres lignes, on voit qu'en dehors des renseignements résumés au présent article, nous n'avons à faire ressortir, pour l'établissement et la construction des chemins de fer vicinaux, aucune indication contraire à celles qui figurent déjà dans notre Recueil.

Comme simple renseignement, nous ferons connaître en moyenne le prix kilométrique de revient des trois chemins de fer vicinaux du Bas-Rhin :

1° *Frais généraux*, études, projets, surveillance des travaux, etc. (*pour mémoire* : les frais ayant été imputés sur le fonds commun du service vicinal) ;

2° *Terrains* (y compris les voies de garage, les emplacements des stations et des maisons des gardes assimilés aux espaces occupés sur les chemins vicinaux par les paliers de dépôt des matériaux et les pépinières) ; chiffres de 19,700 francs, 11,000 fr. et 12,700 fr. par kilom. pour les trois chemins dont les longueurs, en nombres ronds, sont de 49 kil., 20 kil., 10 kil. ;

3° *Terrassements et ballast* (le ballast destiné à la voie ferrée est assimilé à la chaussée des chemins vicinaux) ; ibid. 21,200 fr., 10,200 fr. et 12,400 fr. ;

4° *Ouvrages d'art* (à la rencontre de toutes les voies de communication, des cours d'eau, fossés, etc.) ; ibid. 4,109 fr., 3,549 fr. et 2,819 fr ;

5° *Dépense de transformation des chemins vicinaux en voies ferrées.* Subvention à la charge du département et des communes, payée à la compagnie, 6,000 fr. par kilomètre, pour les deux premiers chemins. (Le chiffre afférent au troisième chemin, dont le parcours emprunte aussi le département du *Haut-Rhin*, ne paraît pas avoir été fixé.)

une zone de 5 kilomètres, puis enfin, celles situées de 5 à 10 kilomètres de distance, mais ayant besoin des nouveaux chemins pour leurs approvisionnements ou le transport de leurs produits.

Les degrés respectifs d'intérêt exprimés en millièmes de la dépense avaient été calculés selon les méthodes usitées dans la vicinalité du Bas-Rhin, en faisant entrer en ligne de compte les éléments que voici : la population, les ressources vicinales ordinaires, la longueur susceptible d'être habituellement fréquentée sur les chemins projetés, le trafic probable afférent à chaque commune, et, enfin, par exception, les sujétions locales du tracé influant sur la dépense. De là l'on avait déduit la quotité de la contribution de chaque commune. Puis le mode d'acquittement avait été indiqué selon la possibilité des ressources communales, de manière à composer les contingents : en premier lieu, avec les terrains empruntés pour l'assiette des chemins ; en second lieu, avec les revenus ordinaires ; et à défaut de terrains et de revenus, avec des prestations et des centimes spéciaux, distraits temporairement de la vicinalité ; le tout réparti sur une période de quatre à huit ans.

Évaluation du trafic. — Le trafic des chemins projetés, dans l'hypothèse de leur transformation en voies ferrées exploitées avec des locomotives, avait été l'objet de relevés de la circulation des voyageurs et des marchandises sur toutes les voies de terre susceptibles de transmettre leur mouvement commercial aux nouveaux chemins. Dans ce recensement, les agents de la vicinalité, connaissant, d'ailleurs, parfaitement les hommes et les choses, avaient été secondés par les personnes capables de procurer des renseignements exacts. Aux tableaux divisés en quatre catégories, comprenant les voyageurs, les bagages et accessoires de la grande vitesse, les marchandises ordinaires et celles encombrantes, l'on avait appliqué des tarifs moyens inférieurs à ceux de la compagnie de l'Est, afin d'obtenir le produit brut présumé de l'exploitation. En supputant ensuite pour les

frais une proportion analogue à celle observée sur les lignes déjà exploitées, le revenu net avait été mis en évidence.

Choix de chemins à entreprendre parmi les neuf étudiés. — Le travail ainsi préparé pour les neuf chemins étudiés, l'on était en mesure de discerner ceux d'un rendement assez rémunérateur pour qu'ils pussent être entrepris avec quelques chances de succès...... (1).

Votes des contingents par les communes intéressées.........

Délibération des conseils d'arrondissement..........

Classement des trois chemins (désignés) dans la grande vicinalité.........

Enquête d'utilité publique.... (suivant les formes d'usage pour les ch. vic.).....

Avis du conseil général des ponts et chaussées. — Avant d'obtenir la loi autorisant l'imposition par le conseil départemental, le préfet demanda à Son Excellence le ministre de l'intérieur, de vouloir bien soumettre les projets à son collègue des travaux publics, afin qu'ils fussent examinés au point de vue technique, et le conseil général des ponts et chaussées, après une assez vive délibération sur la question de compétence et de légalité relativement au mode d'exécution, déclara que les chemins vicinaux projetés étaient susceptibles d'être transformés en chemins de fer.

Opinion du conseil d'État. — L'affaire portée au conseil d'État, y trouva un appui sympathique ; l'exposé des motifs du projet de loi qui devait assurer la réalisation des ressources départementales, tout en faisant ressortir l'utilité du but poursuivi dans le Bas Rhin, et en réduisant l'impôt à la somme strictement nécessaire pour les seuls chemins déjà classés par le conseil général, sauf à doter ensuite les autres, fit remarquer que les questions spéciales de transformation et d'exploitation de ces chemins seraient examinées ultérieurement avec maturité, et qu'il ne s'agissait pour le moment que de la construction de la partie ayant un caractère vicinal.

Négociations pour la transformation des chemins........ (2).

---

(1) Trois chemins ont été définitivement désignés. Deux étaient compris en entier dans le département du Bas-Rhin, le troisième se rattachait à une ligne s'étendant aussi sur le département du Haut-Rhin.

(2) Après de nombreux pourparlers, et en fin de compte, les trois chemins en question ont été englobés en 1863 dans la concession de la compagnie de l'Est, « sous la réserve qu'ils seraient « livrés à cette compagnie *dans les conditions résultant des engagements contractés par les* « *départements du Bas-Rhin et du Haut-Rhin.* »
Une convention a été conclue avec la compagnie de l'Est dans le but de définir les engagements

Refus de la garantie d'intérêt par l'Etat......... (allocation d'une subvention kilométrique variant pour les divers chemins).

Formalités spéciales aux divers chemins..........

Résumé de la marche suivie. — En résumé, les phases de la marche administrative suivie pour aboutir à l'exécution des trois chemins de fer, aujourd'hui à peu près achevés, sont caractérisées comme il suit :

1º Au point de vue légal, le système mis en pratique dans le département du Bas-Rhin, a été sanctionné par quatre lois, l'une accordant une subvention de l'Etat, et les trois autres autorisant la création de ressources départementales extraordinaires ;

2º Sous le rapport de la régularité des formes, l'on a observé toutes celles prescrites pour les grands travaux publics, savoir : délibérations des conseils municipaux, des conseils d'arrondissement, du conseil général du département, enquêtes réglementaires, déclaration d'utilité publique, appuyée non-seulement sur des vœux, mais sur des votes de ressources, délibérations du conseil général des ponts et chaussées, autorisations ministérielles ;

3º Enfin, les seules difficultés à sur-monter et heureusement résolues, provenaient de ce qu'avant de mettre la main à l'œuvre, l'on avait voulu acquérir la certitude de la transformation en voies ferrées et de l'exploitation des chemins projetés, afin de ne point compromettre les sacrifices librement consentis par le département et les communes.

CHEMINS DÉVIÉS OU MODIFIÉS, CHEMINS LATÉRAUX, ETC.

L'exécution des prescriptions relatives au maintien des communications locales, modifiées ou interrompues par l'établissement des chemins de fer, étant l'une des

---

(concernant le département du Bas-Rhin), sans excéder les ressources disponibles. Cette convention, à laquelle le ministre des travaux publics a donné son adhésion, stipule que « *le département livrera à la compagnie de l'Est les terrains avec les emplacements des stations, les ouvrages d'art, les terrassements et le ballast, le tout pour une seule voie, sur les trois chemins, et qu'en outre, il payera une subvention de 6,000 fr. par kilomètre pour chacun des deux premiers chemins.* »

Enfin, les projets *définitifs* des deux premiers chemins, projets acceptés et signés par les représentants de la compagnie, ont été soumis par le préfet à l'administration supérieure, et après une délibération du conseil des ponts et chaussées, une décision ministérelle du 26 décembre 1863, les a approuvés en entier, sous diverses réserves de détail concernant l'aménagement des stations ; de sorte que, aussitôt après leur achèvement, les lignes dont il s'agit ont pu être reçues et livrées à l'exploitation dans les formes ordinaires.

(1) Nous avons cité, p. 486, un arrêt du conseil d'Etat du 27 décembre 1860, qui laisse, dans certains cas, l'entretien des chemins latéraux à la charge des intéressés. Cet arrêté a été notifié aux ingénieurs en chef de chemins de fer par la circ. minist. suivante du 21 mars 1861 : « Un arrêt rendu au contentieux par le conseil d'Etat, le 27 décembre dernier, sur un pourvoi formé par l'administration contre un arrêté du conseil de préfecture de la Seine du 16 juillet 1859, a consacré, à l'occasion du chemin de fer du Centre, exécuté suivant le système de la loi du 11 juin 1842, le principe que les frais de réparation et d'entretien des ouvrages que l'Etat s'est engagé, lors du règlement des indemnités, à établir dans l'intérêt des propriétés particulières, ne sont point à la charge de la compagnie, lorsqu'ils n'ont pas figuré au nombre des travaux livrés par lui à cette dernière.

» Il peut y avoir intérêt, dans certains cas, pour éviter des indemnités considérables, à exécuter des ouvrages ne se rattachant pas directement à l'établissement du chemin de fer. Je ne crois donc pas devoir, d'une manière générale, interdire ces sortes d'engagements ; mais je viens vous recommander, pour les cas exceptionnels où vous jugerez utile de les admettre, de stipuler expressément que l'entretien de ces ouvrages restera à la charge du particulier ou de la commune pour qui ils auront été exécutés. • (Circ. minist., 21 mars 1861.)

sources les plus fécondes de difficultés et de réclamations, soit pendant la durée des travaux, soit en cours d'exploitation, nous croyons devoir ajouter aux indications déjà données, quelques documents généraux ou particuliers, qui nous paraissent présenter un certain intérêt, pour le service de l'Etat, comme pour celui des compagnies.

Examen et approbation de projets relatifs aux chemins modifiés. — D'après les dispositions de quelques anciens cahiers de charges et conformément à l'usage établi, à peu près, pour toutes les lignes de chemins de fer, « les travaux de » déplacement, ou de construction de » ponts sur les chemins vicinaux, pourront » être autorisés par le préfet, sur l'avis » de l'ingénieur en chef. » (Ext. de l'art. 20 du cah. des ch., ligne de Genève.)

Par *ingénieur en chef*, on entend évidemment celui des travaux, quand il s'agit de chemins de fer commencés par l'État, et celui du contrôle, quand il s'agit de travaux de concession. Tel est du moins le sens de l'interprétation suivante résultant de la dép. minist. adressée le 17 octobre 1853 à l'ingénieur en chef du contrôle des travaux de la ligne de Genève : « En ce qui touche les pro- » jets d'ouvrages d'art, il vous appar- » tient d'examiner s'ils satisfont aux pres- » criptions du cahier des charges qui con- » cernent cette nature de travaux, et, en » outre, vous devez ouvrir des confé- » rences, conformément à la circ. minist. » du 12 juin 1850, avec les ingénieurs ou » agents des services dont dépendraient » les voies de communication, soit de » terre, soit d'eau, qu'il s'agirait de mo- » difier (1).

Réception, alignements, etc., de chemins déviés ou modifiés par les travaux de l'Etat. — (Ext. d'une dép. minist. du 24 février 1864.) — « A l'occasion d'une demande présentée par le sieur Vau-

geois, à l'effet d'obtenir alignement le long d'un chemin latéral au chemin de fer de Paris à Lyon, le préfet de Seine-et-Marne a informé le ministre, qu'après avoir examiné la question de savoir s'il ne devrait pas être procédé à une remise officielle aux communes intéressées des chemins de fer qui ont été ouverts, pour rétablir les communications supprimées par la construction de la ligne de Paris à Lyon, il a reconnu, d'accord avec les ingénieurs du contrôle, que cette opération ne présentait pas un intérêt bien sérieux, mais qu'il lui semblait du moins nécessaire qu'une décision de l'administration supérieure fixât définitivement la situation respective des communes, et de la compagnie, à l'égard des chemins établis dans un intérêt communal, afin que l'autorité municipale fût désormais seule chargée des mesures à prendre pour la conservation de ces voies, et notamment, de délivrer les alignements aux propriétaires riverains ; le préfet a demandé, en conséquence, au ministre, de décider que les chemins et les autres ouvrages exécutés pour les communications locales, modifiées par la construction du chemin de fer, seront considérés comme définitivement remis au service municipal, et que, par suite, les demandes d'alignement devront être renvoyées aux maires, qui statueront.

« Après examen de l'affaire, le ministre a reconnu qu'une *remise officielle aux communes* des chemins qui ont été déviés ou modifiés par suite de l'établissement du chemin de fer de Paris à Châlon, n'est pas nécessaire, s'agissant de voies de communication dont lesdites communes ont depuis longtemps déjà la jouissance (2).

« Quant aux *demandes d'alignement* pour construire le long des chemins ouverts pour assurer le rétablissement des communications interceptées par le chemin de fer, c'est aux maires des commu-

---

(1) L'obligation de provoquer l'avis des agents-voyers sur les projets concernant les chemins vicinaux a été formellement rappelée dans une déc. minist. du 28 novembre 1854, relative aux enquêtes parcellaires de l'arrondissement de Trévoux. — La circ. minist. du 12 juin 1850, v p. 116, relative aux conférences à ouvrir pour les travaux intéressant plusieurs services, a prescrit formellement au préfet de *consulter* l'agent-voyer, dont il transmettra l'avis à l'administration supérieure avec ses propres observations. — Cette dernière disposition, qui rend obligatoire l'avis du service vicinal, sans spécifier que cet avis devra être formulé *dans un procès-verbal de conférence*, ne doit pas dispenser le préfet de demander aux ingénieurs du contrôle leur avis spécial au point de vue du service du chemin de fer.

Il est bien entendu qu'en cas de désaccord, de difficultés ou de réclamations, il doit en être référé au ministre (ext. de diverses instructions).

(2) Cette disposition, intervenue à l'occasion d'un chemin dont la construction a été commencée par l'Etat dans les conditions de la loi du 11 juin 1842, nous paraît constituer un précédent utile à consulter pour toutes les affaires de la même nature.

nes qu'elles doivent être renvoyées, pour qu'ils statuent, sauf en cas de réclamation de la part, soit du maire, soit de la compagnie, à soumettre la difficulté à l'appréciation de l'administration supérieure. (Déc. minist., 24 février 1864.)

Chemins déviés ou modifiés par les compagnies. — *Réception, entretien, Réclamations, etc.* (Ext. d'une dép. minist. adressée, le 20 février 1856, au préfet de l'Eure et le 11 mars 1856, à la compagnie (de l'Ouest) concessionnaire du chemin de fer de Caen à Cherbourg).

» D'après ce qui a été convenu dernièrement entre mon département et celui de l'intérieur, la réception des parties déviées ou modifiées des chemins vicinaux doit être faite par les maires, assistés des agents-voyers, d'une part, et de l'autre, par les délégués de la compagnie concessionnaire en présence de l'ingénieur en chef du service du contrôle des travaux de la compagnie, et les procès-verbaux de réception desdits chemins doivent être rédigés en triple expédition, dont l'une pour le maire de la commune intéressée, l'autre pour la compagnie, et la troisième pour l'ingénieur en chef du service du contrôle.

« Tant qu'il n'a pas été procédé à la réception des chemins vicinaux modifiés ou déviés, c'est aux ingénieurs du service du contrôle seuls qu'il appartient à l'exclusion des agents du service vicinal, de déterminer, sauf son approbation, bien entendu, et le recours, s'il y a lieu, des parties intéressées à l'administration supérieure, les ouvrages à exécuter sur lesdits chemins en conformité, soit des prescriptions du cahier des charges, soit des décisions émanant de l'autorité administrative.

» Dans le cas où les travaux exécutés par la compagnie seraient de la part des communes l'objet de réclamations dont la compagnie contesterait le fondement, ces réclamations devraient être examinées par l'ingénieur en chef du service du contrôle et transmises, ensuite, avec le rapport de cet ingénieur et les observations du préfet, à l'administration supérieure qui décidera, s'il y a lieu, d'y avoir égard ou de déclarer la livraison définitive » (1).

Chemins d'accès, et chaussées des passages inférieurs, *accolés aux passages à niveau.* — Une réclamation de l'ingénieur en chef de l'Yonne, ayant pour objet de faire mettre à la charge de la compagnie de Lyon les frais d'entretien des passages auxiliaires sous-rails établis aux abords des routes impériales et départementales, a motivé la décision ministérielle du 3 avril 1861, résumée p. 486. L'importance de cette décision, pour l'étude de toutes les affaires analogues, nous engage à en reproduire ci-après le texte original :

« Le conseil général des ponts et chaussées, sous les yeux duquel j'ai placé le dossier de l'affaire, après avoir pris connaissance des rapports des ingénieurs du contrôle et des observations de la compagnie et en avoir délibéré, a émis l'avis :

» 1° Que l'entretien des passages sous-
» rails accolés aux passages à niveau et

---

(1) Les dispositions que nous venons de reproduire au présent art., et celles déjà rappelées p. 83, 449 et 485, relativement à la réception et à l'entretien des chemins modifiés ou déviés, peuvent être résumées ainsi qu'il suit :

1° *Travaux commencés par l'État.* — En principe, et à moins d'une stipulation expresse dans les procès-verbaux de livraison à une compagnie des travaux exécutés par l'État, l'entretien des chemins modifiés ou déviés, des chemins latéraux, des ponts établis sur ces divers chemins et, en général, de tous les ouvrages non compris dans les dépendances du chemin de fer, est à la charge des services ou des particuliers pour qui les travaux ont été exécutés, surtout lorsque, par le fait, il en a déjà été pris posssession

2° *Travaux des compagnies.* — La même observation s'applique : 1° aux ouvrages des compagnies ayant fait l'objet d'une réception préalable et d'une remise aux services intéressés ; — 2° aux ponts et chemins (situés en dehors de l'enceinte du chemin de fer), auxquels on ne peut reprocher des vices d'exécution, ou qui présentent des conditions de viabilité au moins équivalentes à celles des anciennes voies modifiées, ou enfin, lorsqu'il s'agit de chemins latéraux particuliers, formant comme une sorte de complément de l'indemnité d'expropriation.

Sur quelques lignes construites par les compagnies et notamment sur la ligne de Genève (arrêté préfectoral du 30 mars 1855), les compagnies sont demeurées chargées de l'entretien des ponts qu'elles ont établis sur les chemins latéraux. A défaut d'une stipulation de cette espèce, ou de conventions particulières, il nous paraît convenable de se reporter aux règles ci-dessus indiquées.

Nous rappellerons enfin que les chemins d'accès aux gares, construits par les compagnies pour le service des chemins de fer, doivent être entretenus par elles, lorsqu'ils n'ont pas été l'objet d'une remise régulière à un autre service (v. p. 484).

» de leurs chemins d'accès n'est point à
» la charge de la compagnie, mais après
» réception des travaux et remise aux
» administrations dont dépendent les rou-
» tes et chemins qu'ils desservent, à la
» charge de ces administrations ;

» 2° Qu'à défaut de réception régulière
» des travaux, et eu égard aux circons-
» tances propres au chemin de fer de
» Paris à Lyon, la prise de possession par
» les services intéressés a eu lieu et doit
» être considérée comme impliquant cette
» réception ;

» Qu'en conséquence, la réclamation de
» M. l'ingénieur en chef du département
» de l'Yonne n'est pas fondée et qu'il y a
» lieu de l'inviter à prendre les mesures
» nécessaires pour ramener, le plus tôt
» possible à l'état normal d'entretien les
» passages auxiliaires sous-rails corres-
» pondant aux routes impériales et dépar-
» tementales de ce département, dont il
» signale le mauvais état.

» Cet avis du conseil général des ponts
et chaussées m'a paru devoir être adopté,
et j'y ai donné mon approbation par décision en date de ce jour. » (Déc. minist.,
3 avril 1861, ch. de Lyon.)

CHEMINS VICINAUX.

*Mode de prestation des agents de che-
mins de fer* (v. au mot *Prestation*, p. 428,
l'interprétation des articles de la loi du
21 mai 1836, relatifs aux prestations).

Maintien des communications vicinales
(v. l'art. *Routes*, p. 481, et au Rép. l'art.
chemins déviés, modifiés, etc.). — Une
décision récente du C. d'État (8 fév. 1864)
a décidé en principe (conformément à la
jurisprudence déjà établie, d'ailleurs), que,
« lorsque sans égard aux réclamations
d'une commune, les autorités compé-
tentes ont autorisé et accepté une voie
nouvelle en remplacement de portion
d'un chemin vicinal, occupé par un chemin de fer, la commune ne peut former
devant le conseil de préfecture une demande d'indemnité contre la compagnie
concessionnaire de la voie ferrée, en se
fondant sur ce que le parcours du chemin
vicinal nouveau est plus étendu et son
entretien plus dispendieux que celui de
l'ancien. » (C. d'État, 8 fév. 1864.)

Dégradations. — Les dommages causés aux chemins vicinaux, par les travaux
des entrepreneurs et des compagnies concessionnaires, nous paraissent motiver
dans certains cas, l'application de l'art 14
ci-après de la loi du 21 mai 1836 :

14. — « Toutes les fois qu'un chemin vicinal, entretenu à l'état de viabilité par une
commune, sera habituellement ou temporairement dégradé par des exploitations
de mines, de carrières, de forêts ou de
toute entreprise industrielle appartenant
à des particuliers, à des établissements
publics, à la couronne ou à l'État, il pourra
y avoir lieu à imposer aux entrepreneurs
ou propriétaires, suivant que l'exploitation ou les transports auront eu lieu pour
les uns ou les autres, des subventions
spéciales, dont la quotité sera proportionnée à la dégradation extraordinaire
qui devra être attribuée aux exploitations.

» Ces subventions pourront, au choix
des subventionnaires, être acquittées en
argent ou en prestations en nature, et seront exclusivement affectées à ceux des
chemins qui y auront donné lieu.

» Elles seront réglées annuellement, sur
la demande des communes, par les conseils de préfecture, après des expertises
contradictoires, et recouvrées comme en
matière de contributions directes.

» Les experts seront nommés suivant le
mode déterminé par l'art. 17 ci-après.

» Ces subventions pourront aussi être
déterminées par abonnement; elles sont
réglées, dans ce cas, par le préfet, en conseil de préfecture. »

Règlement d'indemnités. (Ext. de l'art.
17 de la même loi.)

..... « Si l'indemnité ne peut être fixée
à l'amiable, elle sera réglée par le conseil
de préfecture, sur le rapport d'experts
nommés, l'un par le sous-préfet, l'autre
par le propriétaire.

» En cas de discord, le tiers-expert sera
nommé par le conseil de préfecture. »

**Terrains restés libres par suite de dé-
viations.** — Les portions de chemins vicinaux restées libres par suite de déviations,
et non occupées par les dépendances des
chemins de fer, appartiennent, sans doute,
aux départements ou aux communes,
suivant leur classement et peuvent être,
selon nous, aliénées dans les formes indiquées à l'art. 19 ci-après de la loi du
21 mai 1836.

19. — « En cas de changement de direction ou d'abandon d'un chemin vicinal, en
tout ou partie, les propriétaires riverains
de la partie de ce chemin, qui cessera de
servir de voie de communication, pourront faire leur soumission de s'en rendre
acquéreurs, et d'en payer la valeur, qui
sera fixée par des experts nommés, dans
la forme déterminée, par l'art. 17. »

Action civile, litiges. (Ext. de l'art. 30
de la loi du 21 mai 1836.)

« Les actions civiles intentées par les
communes ou dirigées contre elles, relativement à leurs chemins, seront jugées
comme affaires sommaires et urgentes,

conformément à l'art. 405 du Code de procédure civile (1). »

Transformation de chemins vicinaux en voies ferrées (v. l'art. *Chemins de fer vicinaux* au Rép.).

CHEVAUX.

Classement, p. 84. — *Transport d'étalons*, 84. — *Nombre de chevaux attribués aux militaires* voyageant sur les chemins de fer (v. *Militaires* au Rép.).
Accidents, affaires générales, etc. (v. les art. rappelés au mot *Animaux* du Rép.).

CHIENS.

Mode de transport, p. 84. — *Tarifs*, 85. — *Mesures d'ordre*, 85 (2).

CIMENT.

Conditions de transport des ciments, chaux, etc., p. 640. — *Tarifs spéciaux*, p. 640.

CIRCONSTANCES ATTÉNUANTES

Extrait de la loi du 15 *juillet* 1845 *sur* la police des chemins de fer (v. p. 687), art. 26 :
26. — « L'art. 463 du Code pénal est applicable aux condamnations qui seront prononcées en exécution de la présente loi (3). »

CIRCULAIRES.

Principales circulaires ministérielles :
1° 31 déc. 1846. — Exécution de l'ordonnance réglementaire du 15 nov. 1846 (v. *Ordonnances* au Rép.) ;
2° 15 avril 1850. — Organisation du service du contrôle, p. 85 et 699 ;
3° 1er juin 1855. — Attributions distinctes des commissaires de surveillance et des commissaires spéciaux de police (v. *Commissaires* au Rép.) ;
4° 31 déc. 1859. — Exécution du règlement concernant le transport des militaires et marins (v. *Militaires* au Rép.) ;
5° 1er février 1864. — Enquête générale sur l'exploitation des ch. de fer (v. *Enquêtes* au Rép.).
Notification *des circ. minist. aux compagnies* et aux fonctionnaires de la surveillance, p. 368. — *Sanction pénale*, 86. — *Circulaires et ordres de service des compagnies*, 378.

CIRCULATION.

Prescriptions relatives à la circulation des trains, p 86, 128, 555. — *Circulation sur* la voie unique, 599. — *Circulation des trains de service sur la double voie* (v. *Trains* au Rép.).
Parcours gratuit des fonctionnaires et agents, p. 86. — *Cartes de circulation*, 86. — *Fonctionnaires en congé ou nouvellement institués*, 290. — **Réquisitions** (cir. 10 nov. 1847), p. 87 (4). —**Per-**

---

(1) « 405. Les matières sommaires seront jugées à l'audience, après les délais de la citation échus, sur un simple acte, sans autres procédures ni formalités. »

(2) L'art 67 de l'ordonn. du 15 novembre 1846, ne dit pas formellement que les chiens placés dans les niches des fourgons *doivent être muselés*. — Mais tous les tarifs portent expressément cette prescription, et ne font pas de distinction pour les chiens placés dans des niches isolées ou pour ceux transportés exceptionnellement en commun dans les niches, ou dans les compartiments de voyageurs.

(3) Partant de ce principe, qu'il y a rarement lieu à l'application de circonstances atténuantes pour les crimes de chemins de fer, nous nous bornons à citer seulement, en ce qui concerne les délits, l'ext. de l'art. 463 du Code pénal, révisé par la loi du 13 mai 1863 :
.... « Dans tous les cas où la peine de l'emprisonnement et celle de l'amende sont prononcées par le Code pénal, si les circonstances paraissent atténuantes, les tribunaux correctionnels sont autorisés, même en cas de récidive, à réduire ces deux peines comme suit : si la peine prononcée par la loi, soit à raison de la nature du délit, soit à raison de l'état de récidive du prévenu, est un emprisonnement dont le minimum ne soit pas inférieur à un an, ou une amende dont le minimum ne soit pas inférieur à cinq cents francs, les tribunaux pourront réduire l'emprisonnement jusqu'à six jours et l'amende jusqu'à seize francs. Dans tous les autres cas, ils pourront réduire l'emprisonnement même au-dessous de six jours et l'amende même au-dessous de seize francs. Ils pourront aussi prononcer séparément l'une ou l'autre de ces peines et même substituer l'amende à l'emprisonnement, sans qu'en aucun cas, elle puisse être au-dessous des peines de simple police. »

(4) Les commissaires de surveillance administrative ayant en principe le droit de circuler sur toute la ligne à laquelle ils sont attachés, lorsqu'ils sont munis d'une pièce régulière (avis de nomination, carte de circulation, congé, avis de changement, etc.), ils n'ont à faire usage des *réquisitions* prévues par la circ. minist. du 10 novembre 1847, que dans des circonstances extrêmement rares. Sur le vu

sonnel de la compagnie et agents divers, 88 et 290 (1).

Circulation interdite sur la voie, p. 88. — *Expulsion des personnes étrangères*, 400. — *Voyageurs non munis de billets* (v. au Rép. *Police des voitures*).

CLASSIFICATION.

Extrait du cah. des ch. — Classification des marchandises de grande vitesse, p. 89 et 716. — *Petite vitesse*, 89 et 716. — *Établissement d'une 4ᵉ classe de marchandises*, 717, note. — *Assimilation de classes*, 89. — *Classification détaillée*, 89. — *Classification par séries*, 89.

CLAUSES ET CONDITIONS GÉNÉRALES DES ENTREPRISES.

Nous avons résumé, au *dict.*, divers extraits des clauses et conditions générales imposées aux entrepreneurs des travaux des ponts et chaussées, par un règlement ministériel du 25 août 1833. Il nous paraît utile de reproduire en entier ce document, qui est fréquemment invoqué et consulté dans les questions de travaux (2).

« Art. 1 et 2. — *Certificat de capacité et cautionnement......* (Art. déjà résumés, p. 71 et 72).

Changements aux projets. 3. — » Si, en homologuant l'adjudication, l'adminis-

---

de ces réquisitions, ils doivent être admis à voyager gratuitement, *sans qu'il leur soit délivré de billets.*

Il n'en est pas ainsi des fonctionnaires de la police relevant du ministère de l'intérieur pour lesquels aucune instruction *générale* ne règle, à notre connaissance, le droit de circulation sur les voies ferrées, notamment en dehors les limites de leurs circonscriptions. Nous n'avons à citer que l'extrait suivant *d'une instruction spéciale*, relative aux réquisitions qu'ils peuvent avoir à adresser, à cet égard, aux agents du chemin de fer

.... « Lorsqu'il s'agit de fonctionnaires de la police, les gares doivent, sur le vu des réquisitions, délivrer des billets ordinaires sans en percevoir le prix et transmettre ces réquisitions au contrôle, à l'appui de leur liquidation journalière, comme justification de la délivrance du billet dont le prix sera ultérieurement réclamé par la compagnie à la préfecture de police. » (Inst. spéc., mars 1864.)

» Enfin, le commissaire de police d'une localité où il n'y a pas de commissaire spécial, et s'il existe plusieurs commissaires de police, le commissaire central devant, aux termes du décret du 15 avril 1863 (v p. 103), exercer les fonctions de commissaire spécial de police, ces fonctionnaires, quoiqu'ils n'aient pas de carte de circulation, devront être admis, sur leur réquisition écrite constatant qu'ils voyagent pour le service, à voyager, dans les limites de leur circonscription, sans payer le prix de leur place ; prix qui, comme pour les voyages des commissaires spéciaux, sera ultérieurement réclamé par la compagnie au ministère de l'intérieur. » (Ext. d'une inst. spéc., décembre 1863.)

(1) Dans quelques cas exceptionnels, les facteurs de l'administration des postes et les garde-pêches ont été autorisés également, par des dépêches ministérielles spéciales, prises sur l'avis des ingénieurs du contrôle et sur le vu des observations de la compagnie, à circuler sur des portions déterminées des voies de fer pour faire leurs tournées de service ; mais ces autorisations ont été données « sous la condition expresse que cette circulation n'aura lieu que dans les limites indiquées et aux risques et périls des permissionnaires, lesquels devront se conformer exactement aux mesures de précaution qui pourront leur être prescrites par les agents de la voie, et sans que, d'ailleurs, la compagnie puisse être rendue responsable des accidents quelconques que pourrait entraîner la circulation anormale des facteurs ou gardes autorisés. »

Nous rappellerons enfin que les instructions intérieures des compagnies autorisent généralement les chefs de section à délivrer, dans certains cas, à des tâcherons ou ouvriers de la voie, des cartes de circulation ou des autorisations spéciales de parcours sur la voie et dans les trains. Ces autorisations, valables pour un voyage aller et retour, ou pour un temps déterminé n'excédant pas un mois, doivent toujours, soit au moyen de la carte, soit au moyen des annotations du carnet auquel elle est annexée, indiquer : 1° le nom et la qualité du ou des porteurs autorisés à circuler ; — 2° les limites du parcours (gares de départ et d'arrivée, et arrêts intermédiaires, s'il y a lieu) ; — 3° le motif pour lequel l'autorisation est donnée, le travail à exécuter, etc., le tout en quelques mots ; — 4° la durée pendant laquelle l'autorisation est valable (ext. d'une *inst. spéc.*, mai 1864).

(2) La circulaire d'envoi (du 25 août 1833) porte ce qui suit :

« Il convient que les devis ne renferment que les conditions particulières à chaque entreprise, et, » pour le surplus, ils doivent renvoyer au cahier des clauses et conditions générales adopté par l'ad- » ministration. »

Service des compagnies. — La règle qui vient d'être rappelée est également suivie dans les services des compagnies concessionnaires ; mais leurs cahiers de clauses et conditions générales, tout en se rapprochant plus ou moins du modèle de l'État, sont loin d'être uniformes. — Nous insérons, à titre de renseignement, les clauses et conditions générales en vigueur sur l'un de nos grands réseaux, en nous

tration ordonne quelques changements au projet ou au devis, l'entrepreneur devra s'y conformer, et il lui sera fait état de la valeur de ces changements, soit en plus, soit en moins, au prorata des prix de l'adjudication, sans qu'il puisse, en cas de réduction, réclamer aucune indemnité à raison des prétendus bénéfices qu il aurait pu faire sur les fournitures et la main-d'œuvre.

» Néanmoins, lorsque ces changements dénatureront fortement le projet, en opérant sur le prix total une différence de plus d'un sixième en plus ou en moins, l'entrepreneur sera libre de retirer sa soumission.

» Il ne pourra prétendre à aucune indemnité dans le cas où l'adjudication ne serait pas approuvée.

Cession de l'entreprise. 4. — » Pour que les travaux ne soient pas abandonnés à des spéculateurs inconnus ou inhabiles, l'entrepreneur ne pourra céder tout ou partie de son entreprise : si l'on venait à découvrir que cette clause a été éludée, l'adjudication pourrait être résiliée, et dans ce cas, il serait procédé à une nouvelle adjudication à la folle-enchère de l'entrepreneur.

Surveillance des travaux. 5.—»Pendant la durée entière de l'entreprise, l'adjudicataire ne pourra s'éloigner du lieu des

---

bornant à indiquer, par une simple annotation, les passages communs avec le modèle de l'État.

Art. 1 et 2. — Production : 1° d'un acte de cautionnement ; 2° d'un certificat de capacité, excepté pour les fournitures de matériaux destinés à l'entretien des chaussées d'empierrement, et pour les travaux de terrassements dont l'estimation ne dépassera pas 20,000 francs. — (Sur le modèle de l'État, le chiffre correspondant est de 15,000 francs.)

3. — *Cautionnement.* — La compagnie déterminera, dans chaque marché, s'il y a lieu d'exiger un cautionnement de l'entrepreneur ; elle en réglera la nature et la quotité.

Le cautionnement ne sera restitué qu'après l'expiration des délais de garantie, dont il sera parlé plus loin, et sur la production des quittances justifiant du paiement de toutes les indemnités retombant à la charge de l'entrepreneur.

4. — *Approbation de l'adjudication.* — L'adjudication n'est valable qu'après l'approbation de la compagnie. L'entrepreneur ne peut prétendre à aucune indemnité dans le cas où l'adjudication ne serait pas approuvée.

5. — *Pièces du marché à délivrer à l'entrepreneur* et à accepter par lui : soumission, devis, etc. (analogue au dernier paragraphe, art. 6, modèle de l'État)... .

6. — *Frais d'adjudication* et de copies de pièces du marché (à la charge de la compagnie)....

7. — *Élection de domicile de l'entrepreneur* (à proximité des travaux).

Exécution des travaux. 8. — *Défense de sous-traiter sans autorisation* (correspondant à l'art. 4 du modèle de l'État). — L'entrepreneur ne peut céder à des sous-traitants une ou plusieurs parties de son entreprise sans le consentement préalable et écrit de la compagnie ; et, dans tous les cas, il demeure personnellement responsable, tant envers la compagnie, qu'envers les ouvriers et les tiers.

Dans le cas où un sous-traité aurait été passé sans autorisation écrite, la compagnie pourra exiger le renvoi des tâcherons, sous-traitants, etc., sans que l'entrepreneur soit admis à élever contre la compagnie aucune réclamation en raison des indemnités auxquelles il pourra être condamné envers ses sous-traitants. En outre, le marché sera de plein droit, sans sommation ni mise en demeure préalable, résilié purement et simplement, pour la portion faisant l'objet du sous-traité, à la volonté de la compagnie et sans réciprocité, si mieux n'aime la compagnie procéder par voie de régie aux risques et périls de l'entrepreneur, pour tous les travaux qui auront fait l'objet du sous-traité.

L'acceptation par la compagnie d'un sous-traitant proposé par l'entrepreneur est révocable à toute époque. Cette acceptation n'apporte, d'ailleurs, aucun changement aux rapports de la compagnie et de l'entrepreneur, et c'est à ce dernier que les ordres de service, pièces comptables et tous autres documents relatifs à l'exécution du marché, sont transmis.

9. — *Ordres de service pour l'exécution des travaux* (analogue aux art. 6, § 1 et 7 du modèle de l'État)....

10. — *Mesures d'ordre et de police.* — L'entrepreneur sera tenu d'observer tous les règlements qui seront faits par l'ingénieur pour le bon ordre des travaux et la police des chantiers. Il sera responsable directement, vis-à-vis des particuliers, des communes et de l'État, de tous les dommages qui pourraient résulter du fait de ses travaux.

Il devra, par conséquent, se conformer aux mesures de police qui seront prescrites, soit par l'autorité locale, soit par l'administration supérieure.

Quand l'entrepreneur devra toucher aux routes, chemins ou cours d'eau, pour l'exécution des travaux, il ne devra pas le faire avant d'avoir obtenu l'autorisation préfectorale ou celle du maire, suivant le cas ; et il sera tenu de disposer ses ateliers, et de faire et d'entretenir, au besoin, des instal-

travaux que pour affaires relatives à son marché, et qu'après en avoir obtenu l'autorisation. Dans ce cas, il choisira et fera agréer un représentant capable de le remplacer, et auquel il aura donné pouvoir d'agir pour lui et de faire des paiements aux ouvriers, de manière qu'aucune opération ne puisse être retardée ou suspendue pour raison de l'absence de l'entrepreneur.

» 6.—A l'époque fixée par l'adjudication, l'entrepreneur mettra la main à l'œuvre ; il entretiendra constamment un nombre suffisant d'ouvriers ; il exécutera tous les ouvrages, en se conformant strictement aux plans, profils, tracés, instructions et ordres de service qui lui seront donnés par les ingénieurs ou leurs préposés.

» Il lui sera préalablement délivré par le préfet des expéditions en bonne forme du procès-verbal d'adjudication, du devis et du détail estimatif.

» 7. — Il se conformera, pendant le cours du travail, aux changements qui lui seront ordonnés par écrit, et sous la responsabilité de l'ingénieur, pour des motifs de convenance, d'utilité ou d'économie, et il lui en sera fait compte suivant les dispositions de l'art. 3 ; mais il ne pourra de lui-même, et sous aucun prétexte, apporter le plus léger changement au projet ou au devis.

---

lations provisoires, de manière à maintenir les communications publiques et les écoulements d'eau.

Il fera tous les frais nécessaires pour la sûreté du public, y compris ceux de défense, de clôture et d'éclairage.

Quand les travaux seront exécutés dans l'enceinte ou à côté de sections de chemin de fer en exploitation, l'entrepreneur sera tenu de prendre, à ses frais, toutes les mesures nécessaires pour ne gêner en rien le service d'exploitation. Il devra se conformer, en outre, aux ordres qui lui seront donnés par les agents de la compagnie, dans l'intérêt de ce service.

L'entrepreneur ne pourra pas faire de manœuvres dans les gares ou au travers des voies en exploitation avec des chevaux, à moins d'autorisation spéciale. L'agent de l'entrepreneur, préposé à la conduite des chevaux, devra se tenir à leur tête, de manière à être toujours maître d'eux, au repos comme en marche, surtout à l'approche des trains.

L'entrepreneur devra veiller à ce que les propriétés particulières, aussi bien que celles de la compagnie, soient respectées par ses agents et ses ouvriers.

Tous les frais qui résulteront du présent article seront, y compris les indemnités à payer pour l'occupation des superficies nécessaires à l'établissement des routes, chemins ou écoulements d'eau provisoires, à la charge de l'entrepreneur, et, pour ce, aussi bien que pour toute autre conséquence de ses travaux, il demeurera soumis aux dispositions du premier paragraphe de l'art. 17 et à celles de l'art. 35.

11. — *Interdiction du travail les dimanches et jours fériés.....*

12. — *Présence de l'entrepreneur*, ou d'un représentant capable, sur le lieu des travaux (analogue à l'art. 5 du modèle de l'Etat)....

13. — *Choix des commis*, chefs d'atelier et ouvriers. Droit de renvoi (analogue aux art. 18 et 19 du modèle de l'Etat).

14. — *Liste nominative des ouvriers* (analogue à l'art. 20 du modèle de l'Etat)....

15. — *Emploi des soldats dans les travaux.* — Lorsque l'Etat y consentira, des soldats pourront être employés aux travaux. Autant que possible, les soldats seront séparés des ouvriers civils. Les travaux qu'ils exécuteront seront payés à des prix particuliers déduits de ceux de l'entreprise, en tenant compte de la différence entre le prix des journées accordé aux soldats et celui fixé à la série pour les ouvriers civils.

Ces dispositions ne concernent pas les militaires qui, avec le consentement de leur chef, s'arrangeraient directement avec l'entrepreneur pour travailler sur ses chantiers.

16. — *Paiement des ouvriers.* — L'entrepreneur paiera ses ouvriers tous les mois, ou à des époques plus rapprochées, si la compagnie le juge nécessaire. En cas de retard, régulièrement constaté, la compagnie se réserve la faculté de faire payer d'office les salaires arriérés, sur les sommes dues à l'entrepreneur, sans préjudice de l'art. 1798 du Code Napoléon.

17. — *Accidents, responsabilité, secours aux ouvriers.* — L'entrepreneur sera seul responsable des conséquences quelconques de tout accident résultant de ses travaux ; il sera tenu de garantir la compagnie des suites de toute action dirigée contre elle pour des faits de cette nature, à moins que ces faits ne soient le résultat d'une imprudence directement imputable à elle ou à ses propres agents. L'entrepreneur devra se conformer, dans le cas d'accidents à ses ouvriers, aux règles établies par l'administration des travaux publics pour les chantiers de l'Etat.

Une retenue d'un centième sera exercée sur le montant des sommes dues à l'entrepreneur, à l'effet d'assurer, sous le contrôle de la compagnie, des secours aux ouvriers malades ou blessés dans le cours des travaux, ainsi qu'aux veuves et enfants des ouvriers décédés, et de subvenir aux dépenses du service médical.

Continuation d'ouvrages. 8. — » Dans le cas d'adjudication en continuation d'ouvrages, si l'entrepreneur sortant juge à propos de garder pour son compte les matériaux par lui approvisionnés, en vertu d'ordres des ingénieurs et non soldés par l'administration, ainsi que ses propres outils et équipages, il sera tenu d'évacuer, dans le délai qui aura été fixé par le devis, tous les chantiers, magasins et emplacements publics. Si, au contraire, il a déclaré vouloir céder tout ou partie des objets ci-dessus indiqués, l'entrepreneur entrant sera tenu d'accepter les matériaux au prix de la nouvelle adjudication, et sur un état dressé contradictoirement entre les deux entrepreneurs, et en supposant toutefois qu'on ait reconnu à ces matériaux les qualités requises.

» Les outils et équipages seront payés de gré à gré ou à dire d'experts.

Extraction de matériaux. 9 — «Lorsque le devis n'indiquera pas de carrières ou sablières appartenant à l'État, l'entrepreneur en ouvrira à ses frais dans les lieux indiqués par le devis ; il sera tenu de prévenir les propriétaires avant de commencer les extractions, et de les dédommager de gré à gré ou à dire d'experts, conformément aux lois et règlements sur la matière ; il devra représenter, toutes

---

La partie de cette retenue qui resterait sans emploi à la fin des travaux sera remise à l'entrepreneur.

18. — Travaux en régie (correspondant aux art. 24 et 25 du modèle de l'État). — S'il y a lieu de faire des épuisements, ou autres travaux qui n'aient pas été mis, par le devis ou les présentes clauses et conditions générales, à la charge de l'entrepreneur, celui-ci devra, s'il en est requis, fournir les outils et machines nécessaires pour l'exécution de ces travaux.

Le loyer et l'entretien de ce matériel lui seront payés au prix fixé par le marché, ou à prix débattu.

L'entrepreneur sera tenu, si l'ingénieur le requiert, de mettre à la disposition de la compagnie tous les ouvriers qui lui seront demandés pour les travaux en régie exécutés sur les chantiers dépendant de son entreprise ; il sera tenu également, si la demande lui en est faite, de payer ces ouvriers sur le vu des rôles qui auront été dressés par l'ingénieur.

Ces dépenses lui seront payées comme il suit :

1° *Ouvriers fournis par l'entrepreneur.* Lorsqu'il s'agira d'ouvriers fournis par l'entrepreneur, leurs journées seront comptées aux prix du bordereau, diminuées (sauf stipulations contraires dans le devis) du rabais de l'entreprise, ou à prix débattu entre l'ingénieur et l'entrepreneur, en prenant pour base les prix du pays, pour les journées non prévues au bordereau. Il n'y aura aucune allocation supplémentaire à accorder à l'entrepreneur pour avance de fonds, outils et ustensiles, conduite des travaux et faux frais.

2° *Ouvriers employés directement par la compagnie.* Lorsqu'il s'agira d'ouvriers employés directement par la compagnie, que l'entrepreneur paiera sur les feuilles dressées par l'ingénieur, le montant lui en sera remboursé avec un quarantième en sus, pour le dédommager de ses avances de fonds et de ses peines et soins. A ce montant, on ajoutera un autre quarantième, lorsque l'entrepreneur aura fourni les outils des ouvriers ou les machines : total deux quarantièmes, pour avances de fonds et fournitures d'outils. Enfin, on ajoutera un autre quarantième lorsque, sur la demande de l'ingénieur, l'entrepreneur aura fait la surveillance des travaux en régie : total trois quarantièmes, pour avances de fonds, fourniture d'outils et frais de surveillance.

19. — *Outils, équipages et faux frais de l'entreprise* (correspondant à l'art. 10 du modèle de l'État). — L'entrepreneur est tenu de fournir à ses frais les magasins, équipages, voitures, ustensiles et outils de toute espèce, nécessaires à l'exécution des travaux, sauf les exceptions stipulées au devis. Il paiera les indemnités dues pour l'établissement de ses chantiers, magasins, chemins de service, et de tous les dépôts de matériaux qu'il aurait à exécuter, ainsi que les subventions qui pourraient lui être imposées pour la réparation ou l'entretien des chemins publics.

Après l'achèvement de ses travaux, il enlèvera les matériaux non employés et les détritus de ses approvisionnements ; il réglera et nivellera soigneusement l'emplacement de ses chantiers, magasins et dépôts, et remettra, s'il en est requis, les terrains occupés par lui dans l'état de culture où il les aura trouvés.

Il supportera les frais de clôture, de barrières, d'éclairage et de gardiennage et prendra, sans recours contre la compagnie, toutes les mesures nécessaires pour garantir de toute dégradation les approvisionnements et les ouvrages, jusqu'à réception définitive.

Sont également à sa charge les modèles pour ouvrages en fonte ou autres, les frais de tracé des ouvrages, les aires pour les tracés d'épures, les cordeaux, cerces, jalons, tous les instruments tels que : niveaux d'eau et à bulle d'air, graphomètres et équerres, ainsi que les agents et aides nécessaires à l'exécution, à la vérification des tracés et des attachements, et généralement toutes les menues dépenses et faux frais relatifs à l'entreprise.

les fois qu'il en sera requis, le traité qu'il aura fait avec eux.

» Il paiera, sans recours contre l'administration, tous les dommages que pourront occasionner la prise, le transport ou le dépôt des matériaux.

» Il en sera de même des dommages pour établissement de chantiers, chemins de service, et autres indemnités temporaires qui font partie des charges et faux frais de l'entreprise.

» L'entrepreneur ne sera entièrement soldé, et ne pourra recevoir le montant de la retenue pour garantie dont il est parlé dans l'art. 35, qu'après avoir justifié, par des quittances en forme, qu'il a payé les indemnités et dommages mis à sa charge.

» Dans le cas où le devis prescrirait d'extraire les matériaux dans les bois soumis au régime forestier, l'entrepreneur devra se conformer, sans recours en indemnité contre l'administration des ponts et chaussées, aux obligations résultant pour lui de l'art. 145 du Code forestier, ainsi que des articles 172, 173 et 175 de l'ordonnance royale du 1er août 1827, concernant l'exécution de ce Code

» Si, pendant la durée de l'entreprise, il était reconnu indispensable de prescrire à l'entrepreneur d'extraire des matériaux dans des lieux autres que ceux qui au-

Il devra se conformer, à cet égard, aux ordres qui lui seront donnés par les ingénieurs, à défaut de quoi, il y sera pourvu de suite à ses frais.

20. — *Carrières désignées aux devis, et occupations temporaires.* — Les matériaux seront de la provenance indiquée au marché. L'entrepreneur sera tenu, au besoin, d'ouvrir des carrières pour les matériaux qu'il ne pourrait pas se procurer autrement, ou de les fabriquer à ses frais. A défaut d'indication absolue, quant à la provenance, l'entrepreneur, avant de commencer ses approvisionnements, sera tenu de fournir des échantillons qui demeureront sur le chantier, comme types, pendant toute la durée de la construction.

Quand il aura, par suite des dispositions qui précèdent, à faire des extractions dans des propriétés particulières, il sera tenu de procéder, vis-à-vis des propriétaires, suivant les formes déterminées par les lois et règlements.

Il en sera de même à l'égard des terrains nécessaires pour chantiers, dépôts de matériaux, magasins, chemins et autres installations provisoires. Mais il ne devra jamais occuper ces terrains qu'après en avoir obtenu l'autorisation écrite de la part du propriétaire, ou qu'après avoir obtenu l'arrêté préfectoral autorisant l'occupation temporaire de ces terrains

Il paiera, sans recours contre la compagnie, tous les dommages qu'auront pu occasionner la prise ou l'extraction, le transport, le dépôt des matériaux et l'occupation des terrains.

Extractions dans les bois forestiers (analogue à l'art. 9, § 5, du modèle de l'Etat).....

Interdiction de livrer des matériaux au commerce (analogue à l'art 9, *idem* dernier paragraphe), avec l'addition suivante : « l'entrepreneur ne pourra, par conséquent, extraire des quantités en excédant de celles nécessitées par ses travaux. »

Justifications. — L'entrepreneur devra justifier, toutes les fois qu'il en sera requis, de l'accomplissement des obligations énoncées dans le présent article, ainsi que du paiement des indemnités pour établissement de chantiers, dépôts de matériaux et chemins de service, à défaut de quoi, la compagnie pourra procéder, d'office, pour le compte de l'entrepreneur, au règlement de toutes les indemnités exigibles, telles que celles dues aux fermiers ou locataires pour privation de récoltes, pertes de fumiers, locations ou fermages.

21. — *Carrières proposées par l'entrepreneur* (analogue à l'avant-dernier paragraphe de l'art. 9, modèle de l'Etat).....

22. — *Qualité des matériaux* (§ 1, analogue à l'art. 12 du modèle de l'Etat).....

Epreuves. — L'examen des matériaux et les épreuves que les ingénieurs croiraient devoir leur faire subir, auront lieu, soit sur les chantiers, soit dans les usines ou ateliers spéciaux dont l'entrepreneur devra assurer l'entrée aux ingénieurs et à leurs agents. Les matériaux et objets qui seraient rebutés recevront une marque particulière qui en rendra la représentation impossible ; ils resteront, d'ailleurs, en vue du chantier jusqu'à l'achèvement des travaux. Si l'entrepreneur essayait de les transformer ou de les employer en fraude, les ingénieurs auraient le droit de les faire détruire, sans que l'entrepreneur puisse réclamer aucune indemnité.

L'entrepreneur sera tenu de produire, à toute réquisition, les lettres de voiture, factures et autres documents qui seront jugés utiles pour reconnaître l'origine des matériaux.

23. — *Dimensions et dispositions des matériaux et des ouvrages* (analogue au dernier alinéa de l'art. 7 et à l'art. 14 du modèle de l'Etat)......

24. — *Modèles d'ouvrages.* — Lorsque la compagnie jugera convenable de faire préparer des modèles pour certains ouvrages, l'entrepreneur devra prendre connaissance de ces modèles et s'y conformer exactement.

25. — *Vices de construction* (analogue à l'art. 13 du modèle de l'État). — Avec la finale sui-

raient été prévus au devis, les ingénieurs établiront de nouveaux prix d'extraction et de transport d'après les éléments de l'adjudication. Ces changements, après avoir été soumis à l'approbation du préfet, seront signifiés à l'entrepreneur, qui, en cas de refus, devra déduire ses motifs dans le délai de dix jours, et il sera statué ensuite par l'administration ce qu'il appartiendra. Dans ce même cas de refus, l'administration aura le droit de considérer l'extraction et le transport desdits matériaux comme ne faisant pas partie de l'entreprise.

» Si l'entrepreneur parvenait à découvrir de nouvelles carrières plus rapprochées que celles qui auraient été indiquées au devis, et offrant des matériaux d'une qualité au moins égale, il recevra l'autorisation de les exploiter, et il ne subira sur les prix de l'adjudication aucune déduction pour cause de diminution de frais d'extraction, de transport et de taille des matériaux.

» L'entrepreneur ne pourra, en aucun cas, livrer au commerce les matériaux qu'il aura fait extraire dans une carrière qui ne lui appartiendrait pas, attendu que le droit d'exploitation ne lui a été conféré qu'en sa qualité d'entrepreneur de travaux publics et pour un objet déterminé.

Appareils. 10. — » L'entrepreneur sera

---

vante : les ordres donnés par l'ingénieur devront être exécutés par l'entrepreneur, sans retard ni délai, sauf à lui à se pourvoir, ainsi qu'il y avisera, dans les 24 heures de l'avis qui lui sera donné du résultat des opérations faites. Son silence, pendant ce délai, emportera reconnaissance des vices de construction.

En cas de refus d'exécution des ordres donnés, en conséquence du présent article et du précédent, il sera procédé comme en matière de travaux urgents (art 36), sauf à mettre provisoirement la dépense à la charge de l'entrepreneur.

26. — *Responsabilité concernant la bonne exécution des ouvrages.* — Indépendamment de l'article précédent, l'entrepreneur sera responsable des travaux qu'il aura faits, conformément aux dispositions de l'art. 1792 du Code Napoléon.

Toutes les autres dispositions dudit Code, auxquelles il n'est pas dérogé par les présentes clauses et conditions générales, ou par le devis de l'entreprise, sont applicables à l'entrepreneur.

27. — *Démolition d'anciens ouvrages* (analogue au premier alinéa de l'art. 16 de l'État)......

28. — *Objets trouvés dans les fouilles.* — La compagnie se réserve la propriété des matériaux et objets d'art ou de prix qui se trouveraient dans les fouilles et démolitions, sauf à indemniser l'entrepreneur de ses soins particuliers.

L'entrepreneur sera tenu de veiller à la conservation des fossiles, antiques, monnaies, médailles et autres objets d'art que l'on pourra rencontrer dans les déblais.

La remise de ces objets sera faite immédiatement, par l'entrepreneur ou ses agents, au conducteur des travaux, qui les adressera à l'ingénieur, chez lequel ils resteront provisoirement déposés jusqu'à ce que la compagnie leur ait donné une destination définitive.

Les arbres, arbustes et plantes arrachés du sol, ainsi que les souches et racines d'arbres et les bois quelconques, trouvés dans les fouilles, appartiendront à la compagnie.

Les arbres, arbustes et plantes seront, s'il y a lieu, mis en jauge et les souches, racines et bois seront rangés convenablement, jusqu'à ce que l'ingénieur ait fixé la destination de ces objets.

29. — *Emploi de matières neuves ou de démolition appartenant à la compagnie.* — Les matériaux trouvés dans les fouilles, tels que : gravier, sable, moellons, meulière ou pierre de taille, etc., appartiendront à la compagnie. L'entrepreneur n'aura droit qu'à un prix de triage, de chargement, de transport et de rangement.

Toutes les fois que l'on croira devoir employer ces matériaux aussi bien que des matières neuves ou de démolition appartenant à la compagnie, l'entrepreneur ne sera payé que des frais de main-d'œuvre et d'emploi, tels qu'ils résulteront de l'application de la série des prix, sauf l'indemnité à laquelle il pourra avoir droit, s'il se trouve dans le cas prévu par les paragraphes 2 et 4 de l'article 32.

30. — *Pertes et avaries en cas de force majeure* (analogue à l'art. 26 du modèle de l'Etat).

31. — *Règlement des prix des ouvrages non prévus* (analogue à l'art. 22 du modèle de l'Etat).

32. — *Augmentations, diminutions ou modifications des projets, changements.* — En cours d'exécution, la compagnie aura le droit de changer, modifier, augmenter ou diminuer la nature, les formes et dimensions des travaux prévus ; s'il en résulte une augmentation dans la masse des travaux prévus au marché, l'entrepreneur est tenu d'en continuer l'exécution jusqu'à concurrence d'un sixième en sus du montant de l'entreprise. Au-delà de cette limite, il peut se refuser à continuer les travaux.

S'il en résulte une diminution dans la masse des ouvrages prévus au marché, l'entrepreneur ne peut élever aucune réclamation, tant que la diminution n'excède pas le sixième du montant de l'entreprise. Si la diminution est de plus du sixième, il a le droit, à titre de dédommagement, à une indemnité proportionnée à la perte ou à la privation de bénéfice dont il justifiera, et sans que cette indemnité puisse dépasser dix pour cent des quantités retranchées au-delà des limites de tolérance.

tenu, indépendamment des indemnités mentionnées à l'article précédent, de fournir à ses frais les magasins, équipages, voitures, ustensiles et outils de toute espèce, sauf les exceptions qui seront stipulées au devis.

» Seront également à sa charge les frais de tracé d'ouvrages, les cordeaux, piquets et jalons, et généralement tout ce qui constitue les faux frais et menues dépenses dont un entrepreneur n'est pas admis à compter.

Prix d'ouvrages, salaires, etc. 11. — » Au moyen des prix consentis et approuvés, l'entrepreneur fera l'achat, la fourniture, le transport à pied-d'œuvre, la façon, la pose et l'emploi de tous les matériaux.

» Il soldera les salaires et peines d'ouvriers, les commis et autres agents dont il pourra avoir besoin pour assurer la bonne et solide exécution des ouvrages.

» Il ne pourra, sous aucun prétexte d'erreur ou d'omission dans la composition des prix de sous-détail, revenir sur les prix par lui consentis, attendu qu'il a dû s'en rendre préalablement un compte exact, et qu'il est censé avoir refait et vérifié tous les calculs d'appréciation.

» Mais il pourra réclamer, s'il y a lieu, contre les erreurs de métrés ou de dimensions d'ouvrages.

Les travaux faits en régie pour le compte de l'entrepreneur, ceux qui auraient été l'objet d'une résiliation partielle ou totale ; les travaux faits en régie pour le compte de la compagnie, dans le cas prévu par l'art. 36, ne pourront pas entrer dans le compte de la diminution ; ils seront considérés, sous ce rapport, comme exécutés par l'entrepreneur.

Lorsque les changements ordonnés auront pour résultat de modifier les proportions relatives de certains ouvrages d'art, de telle sorte que l'application des prix de l'adjudication aux nouvelles quantités prescrites diffère de plus d'un tiers, en plus ou en moins, de l'application des mêmes prix aux quantités prescrites par le devis, l'entrepreneur pourra, s'il s'y croit fondé, présenter immédiatement une demande en indemnité, basée sur le préjudice que lui causerait la modification apportée dans les proportions prévues.

Il est bien entendu que, dans ces divers cas, l'indemnité ne pourra être appliquée que pour les quantités excédant les limites de tolérance fixées. Les changements ne seront appréciés que par rapport aux indications formelles du marché, de telle sorte que le présent article serait sans effet, si le marché ne stipulait pas de quantités, comme cela se présente dans les entreprises sur séries de prix.

33. — *Variations brusques et notables dans les prix* (augmentation ou diminution d'un *sixième* au moins dans la dépense totale des ouvrages restant à exécuter d'après le devis) (analogue à l'art. 59 du modèle de l'État).....

34. — *Cessation ou ajournement des travaux.* — La compagnie venant à ordonner la cessation absolue des travaux ou leur ajournement pour plus d'une année, soit avant, soit après un commencement d'exécution, l'entrepreneur aura le droit de demander la résiliation de son marché.

Commencement d'exécution (disposition analogue à l'art. 56 de l'État).....

Suspension momentanée des travaux. — L'ingénieur en chef aura toujours le droit de prescrire la suspension momentanée, partielle ou totale des travaux pour moins d'une année, notamment dans la saison d'hiver.

En cas d'ordre de sa part, l'entrepreneur devra immédiatement arrêter les travaux et prendre les mesures de conservation qui lui seront prescrites.

Les frais à faire pour garantir les maçonneries de la gelée par une couche de paille de dix centimètres d'épaisseur, en saillie sur les parements, recouverte d'une couche de terre, damée sur quinze centimètres, sont à la charge de l'entrepreneur. Restent aussi à sa charge les frais de dérasement, de grattage et de nettoyage nécessaires au moment de la reprise des travaux, pour obtenir une bonne liaison entre les nouvelles et les anciennes maçonneries.

L'entrepreneur sera tenu d'observer le repos du dimanche et des jours de fête, quand la compagnie le prescrira. Il devra, dans tous les cas, diriger le travail pour que les chômages habituels pour la paie, etc., aient lieu précisément ces jours-là.

35. — *Mesures coercitives. Régie au compte de l'entrepreneur. Résiliation* (dispositions analogues à celles de l'art. 21 du modèle de l'État) avec les stipulations suivantes : la compagnie aura le droit d'employer, pour les travaux en régie, tout ou partie du matériel de l'entrepreneur. Si elle use de cette faculté, il sera procédé immédiatement, en présence de l'entrepreneur, dûment appelé, à l'inventaire descriptif et estimatif du matériel retenu par la compagnie.

Pendant la durée de la régie, l'entrepreneur sera autorisé à en suivre les opérations, sans qu'il puisse toutefois en entraver la marche.

Les excédants de dépense qui résulteront de la régie pourront être prélevés sur les sommes qui pourraient être dues à l'entrepreneur, sans préjudice des droits à exercer contre lui en cas d'insuffisance.

Qualités des matériaux, vices d'exécution, etc. 12. — » Les matériaux proviendront des lieux indiqués au devis ; ils seront de la meilleure qualité, parfaitement travaillés et mis en œuvre conformément aux règles de l'art. On ne pourra les employer qu'après qu'ils auront été visités par l'ingénieur. En cas de surprise, de mauvaise qualité ou de malfaçon, il seront rebutés et remplacés aux frais de l'entrepreneur. Toutefois, si l'entrepreneur conteste les faits, l'ingénieur dressera immédiatement procès-verbal des circonstances de cette contestation : l'entrepreneur pourra consigner à la suite du procès-verbal, qui devra lui être communiqué, les observations qu'il se croira en droit de présenter. Il sera statué ensuite par l'administration ce qu'il appartiendra.

» 13. — Lorsque les ingénieurs présumeront qu'il existe dans les ouvrages des vices d'exécution, ils ordonneront, soit en cours d'exécution, soit avant la réception finale, la démolition et la reconstruction des ouvrages présumés vicieux.

» Les dépenses résultant de cette vérification seront à la charge de l'adjudicataire, lorsque les vices de construction auront été constatés et reconnus.

» En cas de contestation de l'entrepreneur sur les vices d'exécution, il sera

---

Si la régie amenait, au contraire, une diminution dans les dépenses, l'entrepreneur ne pourrait réclamer aucune part de ce bénéfice, qui resterait acquis à la compagnie.

Résiliation (disposition finale rappelant le droit de résiliation que la compagnie pourra exercer, sans réciprocité, dans les circonstances motivant une régie).

36. — *Régie au compte de la compagnie pour les travaux urgents.* — Quand il s'agira de travaux urgents, si les ordres donnés par l'ingénieur à l'entrepreneur, avec déclaration d'urgence, ne sont pas suivis d'exécution dans les vingt-quatre heures, l'ingénieur pourra exécuter les travaux en régie pour le compte de la compagnie, sans autre formalité. Ces travaux feront l'objet d'un métré immédiat, certifié par l'ingénieur et visé par l'ingénieur en chef, lequel métré sera signifié sans retard à l'entrepreneur. Ces travaux se trouveront ainsi distraits de l'entreprise, mais ne pourront être comptés néanmoins dans l'état des diminutions prévues à l'art. 32.

37. — *Décès ou faillite de l'entrepreneur.* — En cas de décès ou de faillite de l'entrepreneur, le contrat sera résilié de droit, sauf à la compagnie à accepter, s'il y a lieu, les offres qui pourraient lui être faites par les héritiers ou les créanciers, pour la continuation des travaux.

38. — *Bases du règlement des comptes.* — Les comptes seront réglés d'après les quantités résultant des métrés et des attachements authentiques, auxquelles on appliquera les prix fixés par le marché.

Les ouvrages seront évalués conformément aux règles de la géométrie, en suivant la valeur légale des poids et mesures, d'après leur nature, leurs formes, leurs dimensions ou leurs poids réels en œuvre, en n'admettant toutefois que les dimensions, quantités et poids prescrits par les dessins et les ordres écrits des ingénieurs, sans avoir égard aux excédants que l'entrepreneur pourrait avoir donnés de son chef, aux diverses parties des ouvrages, mais en tenant compte des dimensions.

L'entrepreneur ne pourra, dans aucun cas, pour les métrés et pesage, invoquer en sa faveur les us et coutumes.

39. — *Attachements.* — Les attachements, qui constituent l'une des bases essentielles des métrages et des règlements de compte, seront tenus conformément aux indications imprimées qui se trouvent en tête des carnets d'attachements.

Ils auront surtout pour objet de recueillir toutes les données propres à déterminer les journées d'ouvriers et fournitures faites pour travaux en régie ; les ouvrages imprévus, ou qui, par leur nature, ne sont pas susceptibles de recevoir, par avance, des dispositions invariables ; les changements en plus ou en moins apportés au projet, et, généralement, tout ce que ne comportent pas les dessins d'exécution.

Les attachements seront pris en temps opportun par les employés de la compagnie, soit de leur propre mouvement, soit, s'il y a lieu, sur la demande de l'entrepreneur ou de son commis.

Ils seront relevés immédiatement sur des carnets spéciaux et accompagnés de plans, profils et croquis cotés, toutes les fois que cela sera nécessaire.

Ces carnets resteront, autant que possible, dans le bureau du conducteur des travaux, à la disposition de l'entrepreneur ou de l'agent spécialement commis par lui auprès de chaque conducteur, pendant deux heures par jour et plus au besoin, quand ce sera possible, sans entraver le travail, à l'exception des jours où ces carnets seront transmis à l'ingénieur.

Les jours où il n'aura pas été possible de donner communication des carnets à l'entrepreneur y seront mentionnés.

Ainsi, l'entrepreneur sera toujours censé au courant de la manière dont les attachements seront tenus et en mesure de noter les omissions, constater les retards et faire toutes les diligences nécessaires pour assurer la régularité des opérations.

procédé comme il a été dit ci-dessus, article 12.

» 14. — En général, tous les matériaux auront les dimensions prescrites par le devis.

• Si l'entrepreneur leur donne des dimensions plus fortes, il ne pourra réclamer aucune augmentation de prix ; les métrages et les pesées seront basés sur les dimensions du devis, et néanmoins les pièces qui seraient jugées nuisibles ou difformes seraient enlevées et remplacées aux frais de l'entrepreneur.

» Dans le cas de dimensions plus faibles, les prix seront réduits en proportion, et néanmoins les pièces dont l'emploi serait reconnu contraire au goût et à la solidité seraient également enlevées et remplacées aux frais de l'entrepreneur.

» Dans tous les cas, l'entrepreneur ne pourra employer aucune pièce ni aucune matière qui ne serait pas des dimensions ou du poids prescrit par les devis, sans l'autorisation écrite de l'ingénieur.

A-comptes. 15. — » Il pourra être accordé des à-comptes sur les prix des matériaux approvisionnés, jusqu'à concurrence des quatre cinquièmes de leur valeur. On ne regardera comme approvisionnés que les matériaux déposés sur l'atelier, et dès ce moment l'entrepreneur ne pourra les détourner pour un

---

En conséquence, l'entrepreneur est déclaré responsable des attachements.

Il est, dès à présent, mis en demeure, de par lui-même ou par ses commis ayant titre :

1° Accepter et signer, avec ou sans réserve, les attachements qui seront tenus par les employés de la compagnie ;

2° En cas de réserve ou de contestation, en référer à l'ingénieur pendant que les ouvrages en litige resteront apparents, et que leurs dimensions pourront être vérifiées sans faire de déblais ni opérer de démolitions, et en tous cas, dans le délai de dix jours au plus à peine de déchéance ;

3° Poursuivre auprès de l'ingénieur, en cas de négligence de la part des employés de la compagnie, l'exécution des mesures nécessaires pour compléter les attachements.

A défaut des formalités ci-dessus régulièrement accomplies, en temps opportun, par pièces dûment écrites, les attachements seront censés acceptés par l'entrepreneur, quand bien même il ne les aurait pas signés, soit personnellement, soit par l'intermédiaire de ses commis, et il sera procédé, en cas d'insuffisance des carnets, sur les bases qui seront arrêtées, en dernier ressort, par l'ingénieur en chef de la compagnie.

Les attachements qui figurent sur les carnets ne sont portés en compte qu'autant qu'ils sont ensuite admis par les ingénieurs et reconnus dus d'après le marché.

L'inscription sur le carnet ne constitue pas titre pour l'entrepreneur, mais aucune réclamation de fait ne sera admise que tout autant qu'elle aura été l'objet d'une constatation sur le carnet, à l'époque où la vérification pouvait en être faite sans difficulté. Si l'entrepreneur se croit en droit de réclamer une constatation qui lui serait refusée par le conducteur, il devra s'adresser, par écrit, à l'ingénieur chef de service. Au surplus, l'entrepreneur ne sera reçu à réclamer le paiement d'aucun ouvrage ni d'aucune fourniture à l'égard desquels il ne pourrait justifier d'un ordre écrit, soit de l'ingénieur, soit d'un agent de la compagnie, ayant pouvoir à cet effet.

40 — *Rôles de régie* — Les dépenses de journées en régie, dont l'avance serait faite par l'entrepreneur, conformément à l'art. 18, seront acquittées sur les rôles arrêtés par l'ingénieur ; ces rôles, pour être admis en compte, devront être rapportés par l'entrepreneur avec l'émargement des parties prenantes.

41. — *Mémoires de fournitures diverses.* — Les fournitures diverses seront justifiées par des mémoires dûment réglés par l'ingénieur et quittancés par les fournisseurs.

42. — *Décomptes mensuels des ouvrages exécutés et des dépenses faites.* — A la fin de chaque mois, il sera dressé un décompte sommaire et provisoire des ouvrages exécutés et des dépenses faites, pour servir de base aux paiements à faire.

A moins de stipulations contraires, ce décompte comprendra les trois cinquièmes des approvisionnements déposés sur l'atelier et reçus provisoirement.

Les dépenses en régie et les dépenses de fournitures diverses, justifiées par des quittances en règle, y figureront ainsi que les allocations supplémentaires stipulées à l'art. 18.

L'entrepreneur pourra fournir lui-même des décomptes de cette nature, quand il jugera, par l'importance des à-comptes, qu'il y a des lacunes dans le travail des agents de la compagnie.

43. — *Décomptes annuels et décomptes définitifs* (correspondant à l'art. 32 de l'Etat). — Dès qu'un ouvrage ou portion d'ouvrage pourra être définitivement réglé, les ingénieurs devront en faire le décompte.

Ce décompte, auquel seront joints les attachements et autres pièces qui auront servi de base à sa rédaction, sera présenté, sans déplacement, à l'acceptation de l'entrepreneur par le dépositaire des pièces.

L'entrepreneur, indépendamment de la communication qui lui sera faite de ces pièces, est, en outre,

autre service sans une autorisation par écrit.

Démolition d'anciens ouvrages, 16. — » Si, aux termes du devis, l'entrepreneur est tenu de démolir d'anciens ouvrages, les matériaux seront déplacés avec attention, pour pouvoir être réparés et remis en place, s'il y a lieu, avec les mêmes précautions que les matériaux neufs. Dans le cas où les démolitions n'auraient pas été prévues, il en sera tenu compte à l'entrepreneur dans les formes prescrites ci-après, art. 22.

» 17. — Toutes les fois que, par des motifs d'économie ou de célérité, on croira devoir employer des matières neu-ves ou de démolition appartenant à l'Etat, l'entrepreneur ne sera payé que des frais de main-d'œuvre et d'emploi, sans pouvoir répéter de dommages pour manque de gain sur les fournitures supprimées.

Personnel de l'entreprise. 18. — » L'entrepreneur aura soin de ne choisir pour commis, maîtres et chefs d'ateliers, que des gens probes et intelligents, capables de l'aider et même de le remplacer au besoin dans la conduite et le métrage des travaux.

» Il choisira également les ouvriers les plus habiles et les plus expérimentés, et néanmoins, il demeurera responsable en son propre et privé nom, comme en celui autorisé à faire transcrire, par ses commis, dans les bureaux de l'ingénieur, celles dont il voudra se procurer des expéditions.

L'acceptation de l'entrepreneur sera définitive, tant pour l'application des prix, que pour les quantités d'ouvrages.

S'il refuse d'accepter, ou s'il ne veut signer qu'avec réserve, il déduira ses motifs et fera connaître ses prétentions, par écrit, dans les vingt jours qui suivront la présentation des pièces.

Il est expressément stipulé que l'entrepreneur ne sera jamais admis à élever de réclamations au sujet des pièces ci-dessus indiquées, après le délai de vingt jours, et que, passe ce délai, le décompte sera censé accepté par lui, quand bien même il ne l'aurait pas signé ou l'aurait signé avec des réserves, mais sans spécifier le motif de ces réserves ou formuler le chiffre de ses prétentions.

Les stipulations qui précèdent s'appliquent également au décompte final.

Les décomptes partiels ou final, après l'accomplissement de ces formalités, l'acceptation ou le refus de l'entrepreneur, seront adressés à l'ingénieur en chef, qui aura le droit d'y faire toutes les rectifications qu'il jugera convenable. Ces rectifications seront présentées à l'acceptation de l'entrepreneur, qui devra produire ses observations, s'il y a lieu, dans les formes et détails stipulés plus haut et sans pouvoir opposer à la compagnie une fin de non-recevoir, fondée sur les indications du premier travail.

44. — *L'entrepreneur ne peut revenir sur les prix du marché* (dispositions analogues à celles de l'art. 11 de l'Etat) avec l'addition ou plutôt l'extension suivante :

. . . .

En conséquence, moyennant les prix consentis par lui, appliqués dans les conditions du devis, l'entrepreneur soldera les salaires et peines d'ouvriers, les commis ou autres agents dont il aura besoin pour assurer la bonne exécution des travaux ; il fera l'achat, la fourniture, le transport, le hardage, la préparation, l'emploi, la pose de tous les matériaux et la façon de tous les ouvrages ; il fournira les repères, piquets, tringles, jalons, cordeaux, règles, mesures linéaires ou de capacité, cerces, panneaux, modèles, menus objets, ustensiles, outils et instruments de toute espèce, ainsi que les paillassons, sacs, fûts, brouettes, tombereaux, barquettes, équipages, agrès, appareils, machines et objets matériels de toute nature ; il établira les puits, pompes d'alimentation, aires de toute espèce, planchers, barrières, clôtures, abris, magasins, hangars, ateliers, bureaux, échafauds ponts de service et ouvrages provisoires quelconques, le tout, sauf les exceptions formellement stipulées au devis, et, généralement, il soldera, fera, fournira ou établira à ses frais tout ce qui est nécessaire à l'exécution complète et parfaite des travaux compris dans son entreprise, dans les conditions rigoureuses de son marché.

Seront encore à la charge de l'entrepreneur les indemnités à payer pour établissement de chantiers et de chemins d'accès ou de service, tous les droits de douane et d'octroi sur les matériaux, les frais de pilote, s'il y a lieu, et les contributions qui pourraient être exigées pour la réparation des chemins vicinaux ou autres, dégradés par le passage des voitures et équipages de toute espèce.

Enfin, il est expressément entendu que toutes les dépenses, dont le paiement n'est pas formellement stipulé, quelle que soit leur importance, font partie des faux frais à la charge de l'entrepreneur, et que celui-ci n'aura droit, dans aucun cas et sous aucun prétexte, à aucune allocation ou indemnité, ni à aucun supplément ou remboursement en dehors des prix fixés pour les ouvrages de toute espèce, attendu que ces prix ont été déterminés en conséquence, et comprennent intégralement tous les frais que la compagnie entend allouer pour l'exécution rigoureuse des ouvrages, dans les conditions qu'elle impose et par les procédés et moyens qu'elle prescrit, sauf les exceptions prévues et explicitement formulées dans les pièces constituant le marché.

Il est, du reste, entendu que tous les travaux devront être exécutés, sans exception, dans les conditions du devis, moyennant les prix de la série. Il ne sera jamais donné à l'entrepreneur, à moins de

de sa caution, des fraudes ou malfaçons que ses agents pourront commettre sur les fournitures, la qualité et l'emploi des matériaux, sous les peines indiquées à l'art 12.

» 19. — L'ingénieur aura le droit d'exiger le changement ou le renvoi des agents et ouvriers de l'entrepreneur, pour cause d'insubordination, d'incapacité ou de défaut de probité.

» 20. — Le nombre des ouvriers, de quelque espèce qu'ils soient, sera toujours proportionné à la quantité d'ouvrages à faire; et pour mettre l'ingénieur à même d'assurer l'accomplissement de cette condition et de reconnaître les in-

dividus, il lui en sera remis périodiquement, et aux époques qu'il aura fixées, une liste nominative.

Régie. — « 21. Lorsqu'un ouvrage languira faute de matériaux, ouvriers, etc., de manière à faire craindre qu'il ne soit pas achevé aux époques prescrites, ou que les fonds crédités ne puissent pas être consommés dans l'année, le préfet, dans un arrêté qu'il notifiera à l'entrepreneur, ordonnera l'établissement d'une régie aux frais dudit entrepreneur, si, à une époque fixée, il n'a pas satisfait aux dispositions qui lui seront prescrites.

» A l'expiration du délai, si l'entrepreneur n'a pas satisfait à ces dispositions,

---

mention contraire, bien expresse et par écrit, aucun ordre qui ne soit renfermé dans ces conditions. Si l'entrepreneur pense qu'il lui est demandé plus que ne comporte le devis, il doit immédiatement en faire l'observation pour que la question soit examinée de suite et réglée définitivement. Plus tard, aucune réclamation de ce genre ne serait admise, parce que, à moins de stipulations contraires, précises et écrites à l'avance, le devis est la règle absolue.

45. — *Reprise du matériel en cas de résiliation* (correspondant à l'art. 8 de l'Etat). — Dans le cas de résiliation, prévu par l'article 34, les outils et équipages nécessaires à l'achèvement des travaux et existant sur les chantiers, seront acquis par la compagnie, si l'entrepreneur en fait la demande, et le prix en sera réglé de gré à gré ou à dire d'experts.

Ne sont pas comprises dans cette mesure les bêtes de trait ou de somme qui auraient été employées dans les travaux.

La reprise du matériel sera facultative, par la compagnie, dans les cas prévus par les articles 8, 32, 33, 35 et 37.

Dans tous les cas de résiliation, l'entrepreneur sera tenu d'évacuer les chantiers, magasins et emplacements utiles à l'entreprise, dans le délai qui sera fixé par la compagnie.

Les matériaux qui seront approvisionnés par ordre et déposés sur les chantiers, s'ils remplissent les conditions du devis, seront acquis par la compagnie, au prix de l'entreprise.

Les matériaux qui ne seraient pas déposés sur les chantiers, ne seront pas portés en compte à l'entrepreneur.

46. — *Paiement d'à-comptes* (correspondant à l'art. 15 de l'Etat). — Les paiements d'à-comptes s'effectueront tous les mois, en raison de la situation des travaux, sauf les retenues d'un dixième pour la garantie, et d'un centième pour la caisse de secours.

Ces retenues ne s'exerceront pas sur les dépenses en régie, mais elles s'exerceront sur la valeur des trois cinquièmes des approvisionnements portés dans les situations.

Les approvisionnements compris dans les états d'à-comptes, ne pourront être détournés par l'entrepreneur de leur destination, sans une autorisation écrite de l'ingénieur.

47. — *Maximum de la retenue.* — Si la retenue du dixième est jugée devoir excéder la proportion nécessaire pour la garantie de l'entreprise, il pourra être stipulé au devis, ou décidé en cours d'exécution, qu'elle cessera de croître lorsqu'elle aura atteint un maximum déterminé.

48. — *Réception provisoire.* — Immédiatement après l'achèvement des travaux, il sera procédé à une réception provisoire par l'ingénieur, chef de service, ou la personne par lui déléguée, en présence de l'entrepreneur ou lui dûment appelé par écrit; en cas d'absence de l'entrepreneur, il en sera fait mention au procès-verbal, qu'on devra dresser de cette opération.

La compagnie pourra procéder à des réceptions partielles, si elle le juge convenable ou possible.

Aussitôt après l'achèvement de chaque ouvrage, l'entrepreneur devra démolir, à ses frais, les échafauds, ponts de service et autres ouvrages temporaires; faire enlever tous les matériaux, rebutés ou en excès, et tous les décombres qui seraient déposés sur les voies de communication et entraveraient la circulation ou obstrueraient les cours d'eau.

Il devra, en outre, dans le délai de trois mois, compté de la réception provisoire, faire place nette sur les terrains de la compagnie et sur ceux qu'il aurait été autorisé à occuper temporairement, à la diligence de la compagnie, à défaut de quoi, il y sera pourvu d'office et à ses frais.

Jusqu'au moment de la réception définitive, l'entrepreneur restera garant envers la compagnie de la parfaite exécution des ouvrages et de la bonne qualité des matériaux, sans préjudice de la responsabilité indiquée à l'art. 26.

Il aura des cantonniers en nombre suffisant et des matériaux autant que de besoin pour entretenir

la régie sera organisée immédiatement et sans autre formalité. Il en sera aussitôt rendu compte au directeur général, qui, selon les circonstances de l'affaire, pourra ordonner la continuation de la régie aux frais de l'entrepreneur, ou prononcer la résiliation du marché et ordonner une nouvelle adjudication sur folle-enchère.

» Dans ces divers cas, les excédants de prix et de dépenses seront prélevés sur les sommes qui pourront être dues à l'entrepreneur, sans préjudice des droits à exercer contre lui et sa caution, en cas d'insuffisance.

» Si la régie ou l'adjudication sur folle-enchère amenait, au contraire, une diminution dans les prix et les frais des ouvrages, l'entrepreneur ou sa caution ne pourront réclamer aucune part de ce bénéfice, qui resterait acquis à l'administration.

Ouvrages non prévus. 22. — » Lorsqu'il sera jugé nécessaire d'exécuter des parties d'ouvrages non prévues par le devis, les prix en seront réglés d'après ceux de l'adjudication, par assimilation aux ouvrages les plus analogues. Dans le cas d'une impossibilité absolue d'assimilation, les prix seront réglés sur estimation contradictoire, en prenant pour termes de comparaison les prix courants du pays.

» Lorsque ces travaux devront être de quelque importance, il en sera fait un

---

convenablement les terrassements, les pavages et les empierrements, pour en maintenir les profils et renouveler les matériaux usés par le roulage.

Il remplacera tous les matériaux et refera tous les ouvrages qui seraient reconnus défectueux ou qui viendraient à s'altérer sous l'influence des variations atmosphériques ou pour une cause quelconque.

Il entretiendra tous-les travaux en bon état et fera disparaître toutes les dégradations qui pourraient survenir.

49. — *Réception définitive.* — Il sera procédé de la même manière à la réception définitive, après l'expiration du délai de garantie.

Ce délai court à dater de la réception provisoire.

A moins de stipulation contraire dans le devis, ce délai sera de douze mois pour les travaux d'entretien, les terrassements, les chaussées d'empierrement et les voies de fer, et de dix-huit mois pour les travaux d'art ; la compagnie aura toujours le droit de réduire ce délai, pendant lequel l'entrepreneur demeurera responsable de ses ouvrages et sera tenu de les entretenir à ses frais.

Si, au moment de la réception définitive, il est reconnu que certains travaux et ouvrages ne sont pas en état, la compagnie pourra, ou prolonger le délai de garantie jusqu'à ce que les travaux nécessaires aient été exécutés par l'entrepreneur, ou faire exécuter elle-même ces travaux d'office, aux frais et pour le compte de l'entrepreneur.

La réception définitive ne sera prononcée, à l'égard des travaux sujets à réception de la part de l'administration publique, tels que routes, chemins ou cours d'eau ouverts, déviés ou modifiés, par suite de l'exécution du chemin de fer, qu'après la réception de ces travaux par les fonctionnaires qui sont chargés de leur service.

Les procès-verbaux de réception définitive seront soumis par l'ingénieur, à l'acceptation de l'ingénieur en chef.

Après l'expiration du délai de garantie, l'entrepreneur ne pourra plus se prévaloir des autorisations administratives qui lui auraient été données pour l'occupation temporaire des terrains sur lesquels il aurait établi ses chantiers, magasins, etc.

50. — *Paiement de solde et remboursement du cautionnement.* — Le dernier dixième ne sera payé à l'entrepreneur qu'après la réception définitive, et lorsqu'il aura justifié par des pièces authentiques et en forme :

1° Qu'il est libéré envers les particuliers, les communes et l'État, des indemnités en dommages causés à des routes, chemins et cours d'eau pour l'exécution de ses travaux (art. 10) ;

2° Qu'il n'est pas sous le coup d'action en indemnité dirigée contre lui par suite d'accidents survenus dans les chantiers et qu'il a satisfait aux condamnations qui auraient pu être prononcées contre lui (art. 17) ;

3° Qu'il a fait place nette sur tous les terrains occupés temporairement pour l'exécution de ses travaux et qu'il a payé les loyers, dégradations et indemnités retombant à sa charge (art. 19) ;

4° Qu'il a payé tous les dommages occasionnés par les extractions de matériaux (art. 20).

A cet effet, l'entrepreneur fournira, à l'appui de sa demande en remboursement de garantie, les quittances de tous les propriétaires des terrains qu'il aura occupés pour une cause quelconque, ainsi que le certificat du maire de la commune où sont situés ces terrains, constatant sa libération complète.

Ces pièces seront soumises au visa de l'ingénieur de la compagnie.

Le cautionnement, s'il en a été fourni un, ne sera rendu à l'entrepreneur qu'après la réception définitive et les justifications prescrites ci-dessus.

51. — *Juridiction.....* (Tribunal de commerce). — 52. — *Élection de domicile.....* —
53. — *Enregistrement.....* (Pour mémoire)

avant-métré, que l'entrepreneur acceptera, tant pour les prix proposés que pour l'indication des ouvrages, par une soumission particulière qui sera présentée à l'approbation de l'administration.

• 23. — S'il y a lieu de faire des épuisements qui n'auraient pas été mis par le devis à la charge de l'entrepreneur, les dépenses y relatives seront constatées par attachement et sur des contrôles tenus sous la surveillance de l'ingénieur. Elles seront acquittées régulièrement par l'entrepreneur, à la fin de chaque semaine, aux conditions portées en l'article suivant.

Paiements sur la somme à valoir, dommages, etc. 24. — • Tous les paiements pour épuisements, ouvrages par attachement, indemnités et autres articles imputés sur la somme à valoir, seront remboursés à l'entrepreneur avec un quarantième en sus pour le dédommager de ses avances de fonds. A cet effet, il sera tenu de payer à vue, en présence d'un employé désigné par l'ingénieur, les rôles ou états qui seront dressés pour le compte des travaux, et de les faire quittancer par les parties prenantes, avant de pouvoir en demander le remboursement.

• Deux quarantièmes lui seront en outre alloués pour ceux desdits articles qui nécessiteront de sa part des outils, soins, frais de conduite des travaux, fournitures et entretien de machines.

• 25. — Sont exceptés des dispositions ci-dessus les paiements qu'on pourrait être obligé de faire par l'intermédiaire de l'entrepreneur, mais qui n'exigeraient réellement de sa part aucune avance de fonds, et pour lesquels conséquemment il ne sera alloué aucune rétribution.

• 26. Il ne sera alloué à l'entrepreneur aucune indemnité à raison des pertes, avaries ou dommages occasionnés par négligence, imprévoyance, défaut de moyens ou fausses manœuvres. Ne sont pas compris toutefois dans la disposition précédente les cas de force majeure qui, dans le délai de dix jours au plus après l'événement, auraient été signalés par l'entrepreneur : dans ces cas, néanmoins, il ne pourra être rien alloué qu'avec l'approbation de l'administration. Passé le délai de dix jours, l'entrepreneur ne sera plus admis à réclamer.

• 27. — L'entrepreneur, soit par lui-même, soit par ses commis, visitera les travaux aussi souvent que pourra le réclamer le bien du service. Il justifiera de ces visites, et accompagnera les ingénieurs dans leurs tournées toutes les fois qu'il en sera requis.

• 28. — Il surveillera, dans l'étendue de son entreprise, les propriétaires rive-rains et les cultivateurs qui se permettraient de labourer et de planter trop près des routes, canaux et autres propriétés publiques, ou qui détérioreraient les bornes, talus, fossés et plantations. Il avertira sur-le-champ les ingénieurs des contraventions qu'il apercevrait à cet égard, comme aussi de celles qui consisteraient en des dépôts de bois et de fumier, ou autres encombrements quelconques, ainsi que des anticipations qui seraient faites sur le domaine de la voie publique.

» 29. — L'ingénieur en chef fera tous les règlements nécessaires pour le bon ordre des travaux ou pour l'exécution des clauses du devis. Ces règlements seront visés par le préfet, lorsqu'il aura été reconnu par ce magistrat qu'ils n'imposent pas de nouvelles charges à l'entrepreneur, pour lequel dès-lors ils seront obligatoires.

Métrés et liquidations. 30. — » S'il survient quelque difficulté entre l'ingénieur ordinaire et l'entrepreneur, au sujet de l'application des prix ou des métrages, il en sera référé à l'ingénieur en chef, qui appliquera les règles admises dans le service des ponts et chaussées. Dans aucun cas, l'entrepreneur ne pourra invoquer en sa faveur les us et coutumes, auxquels il est formellement dérogé par le présent article.

• 31. — Toutes les dimensions d'ouvrages, tous les prix, salaires et dépenses, seront calculés d'après le système légal des poids et mesures.

» 32. — Les métrages généraux et partiels, les états d'attachement, les états de dépense, les états de situation et les procès-verbaux de réception, devront être communiqués à l'entrepreneur et acceptés par lui. En cas de refus, il déduira par écrit ses motifs dans les dix jours qui suivront la présentation desdites pièces, et, dans ce cas seulement, il sera dressé procès-verbal de l'acte de présentation et des circonstances qui l'auront accompagné. Un plus long délai mettrait souvent dans l'impossibilité de rechercher et de constater les causes d'erreurs qui auraient pu donner lieu à quelques réclamations. En conséquence, il est expressément stipulé que l'entrepreneur ne sera jamais admis à élever de réclamations au sujet des pièces ci-dessus indiquées, après le délai de dix jours, et que, passé ce délai, lesdites pièces seront censées acceptées par lui, quand bien même il ne les aurait pas signées. Le procès-verbal de présentation devra toujours être joint à l'appui des pièces qui n'auront pas été acceptées.

» 33. — Indépendamment de la communication des pièces énoncées dans l'article précédent, l'entrepreneur sera autorisé à s'en procurer des expéditions, qu'il pourra faire transcrire par ses propres commis, dans les bureaux de l'ingénieur en chef ou dans ceux de la préfecture.

» 34. — Les paiements d'à-compte pour ouvrages faits s'effectueront en raison de l'avancement des travaux.......... jusqu'à concurrence des neuf dixièmes de la dépense, et déduction faite des à-comptes qui auront pu être délivrés sur les approvisionnements avant leur emploi.

» Les paiements ne pouvant être faits qu'au fur et à mesure des ordonnances et des fonds disponibles, il ne sera jamais alloué d'indemnité, sous aucune dénomination, pour retard de payement pendant l'exécution des travaux.

» Toutefois, si les travaux étant définitivement reçus, l'entrepreneur ne pouvait pas être entièrement soldé à l'expiration du délai de garantie, il pourra prétendre à des intérêts pour cause de retard de paiement de la somme qui lui restera due à dater de cette époque.

» 35. — *Retenue et délai de garantie...* (Art. déjà reproduit, p. 471).

Interruption des travaux. 36. — » Dans le cas où l'administration ordonnerait la cessation absolue ou l'ajournement indéfini des travaux adjugés, l'entrepreneur pourra requérir qu'il soit procédé de suite à la réception provisoire des ouvrages exécutés, et à leur réception définitive, après l'expiration du délai de garantie. Après la réception définitive, il sera, ainsi que sa caution, déchargé de toute garantie pour raison de son entreprise.

» 37. — Si le dixième des dépenses est jugé devoir excéder la proportion nécessaire pour la garantie de l'entreprise, il pourra être stipulé au devis que la retenue cessera de croître lorsqu'elle aura atteint un maximum déterminé.

Réceptions. 38. — » Toutes les réceptions d'ouvrages seront faites par l'ingénieur, en présence de l'entrepreneur, ou lui dûment appelé par écrit ; en cas d'absence, il en sera fait mention au procès-verbal.

Variations de prix. 39. — » Si, pendant le cours de l'entreprise, les prix subissaient une augmentation notable, le marché pourra être résilié sur la demande qui en sera faite par l'entrepreneur ; en cas de diminution notable, la résiliation du marché pourra être également prononcée, à moins que l'entrepreneur n'accepte les modifications qui lui seraient prescrites par l'administration.

» Et dans le cas où, pendant le cours de l'entreprise, et sans changer les charges et les prix, il serait ordonné par l'administration d'augmenter ou de diminuer la masse des travaux, l'entrepreneur sera tenu d'exécuter les nouveaux ordres, sans réclamation, à moins qu'il n'ait été autorisé à faire des approvisionnements de matériaux qui demeureraient sans emploi, et pourvu que les changements en plus ou en moins n'excèdent pas le sixième du montant de l'entreprise, auquel cas il pourra demander la résiliation de son marché.

» 40. — Dans le cas prévu par l'article 36, et dans celui où, conformément à l'article 39 et, par suite d'une diminution notable dans le prix des ouvrages, l'administration aura prononcé la résiliation du marché, les outils et ustensiles indispensables à l'entreprise que l'entrepreneur ne voudra pas garder pour son compte seront acquis par l'État, sur l'estimation qui en sera réglée de gré à gré, ou à dire d'experts, d'après la valeur première desdits outils et ustensiles, et déduction faite de leur degré d'usure ; le tout au taux du commerce, et sans augmentation de dixième ou de toute autre plus-value, sous prétexte de bénéfice présumé.

» Les matériaux approvisionnés par ordre et déposés sur les travaux, s'ils sont de bonne qualité, seront également acquis par l'État, au prix de l'adjudication.

» Les matériaux qui ne seraient pas déposés sur les travaux resteront au compte de l'entrepreneur ; mais, tant pour cet objet que pour toutes autres réclamations, il pourra lui être alloué une indemnité qui sera fixée par l'administration, et qui, dans aucun cas, ne devra excéder le cinquantième du montant des dépenses restant à faire en vertu de l'adjudication.

Frais d'adjudication. 41. — » L'entrepreneur payera comptant les frais relatifs à son adjudication, sur un état arrêté par le préfet. Ces frais ne pourront être autres que ceux d'affiches et de publications, ceux de timbre et d'expédition du devis, du détail estimatif et du procès-verbal d'adjudication ; enfin le droit d'enregistrement......

Contestations. 42. — » .... toutes les difficultés qui pourraient s'élever entre les entrepreneurs de travaux publics et l'administration, concernant le sens ou l'exécution des clauses de leur marché, seront portées devant le conseil de préfecture, qui statuera sauf recours au conseil d'État. » (25 août 1833).

CLOTURES.

Etablissement, p. 90. — *Entretien*, 91. *dégradation*, 91 (v. aussi *Bestiaux* au Rép.). — *Escalade*, 91. — *Murs de clôture*, 92 (v. aussi *Grande voirie* au Rép.).

CODE.

Principaux articles cités au Dictionnaire, p. 92. — *Ibid. au Répertoire:* 1° autorisation de compagnies anonymes (v. au mot *Compagnies* du Rép. l'art. 37 du Code de commerce rappelé par la loi du 15 juillet 1845); — 2° concurrence commerciale (v. au même article); — 3° révision du Code de commerce (v. à l'art. *Commissionnaires* du Rép. l'ext. de la loi du 23 mai 1863); — 4° pénalité et responsabilité de droit commun pour les accidents de travaux (v. *Accidents de travaux* au Rép.); — 5° circonstances atténuantes (v. au Rép. l'art. 463 du Code pénal, revisé par la loi du 13 mai 1863); — 6° jugements des matières sommaires (v. *Chemins vicinaux* au Rép.); — 7° appel de jugements, pourvois, recours, etc. (v. *Jugements* et *Pourvois* au Rép.); — 8° répartition des dépens en matière administrative (v. *Conseil d'Etat* au Rép.); — 9° affaires diverses (v. les articles rappelés au mot *Tribunaux* du Rép.).

COINS.

Emploi et pose, p. 92.

COKE.

Mode et conditions de transport, p. 93. — *Droit d'octroi*, 373. — *Grilles fumivores*, 93 (v. aussi à l'art. *Enquêtes* du Rép. la circ. minist. générale du 1er février 1864). — *Affaires diverses* (v. les articles rappelés au mot *Combustibles* du Rép.).

COLIS.

Définition, p. 93. — *Articles de grande vitesse ou messagerie*, 346 — *Marchandises à petite vitesse*, 323 (v. aussi *Expéditions* au Rép.).

Colis exceptionnels, p. 93. — *Tarification des petits colis*, 94. — **Réduction des coupures** (v. p. 643, les vœux exprimés par la commission d'enquête générale sur l'exploitation, et à l'art *Enquêtes* du Rép. la suite donnée par l'administration) (1).

Pertes, retards et fausse direction des colis, p 94 (v. aussi les mots *Avaries* et *Constatations* au Rép.).

Transport de petits colis par les trains express. — Par une circ. minist. du 1er février 1864, relative à l'enquête générale sur l'exploitation (v. *Enquêtes au Rép.*), l'attention des compagnies a été appelée sur l'utilité d'une mesure consistant à « expédier par les trains express certaines marchandises à certaines conditions. »

Les propositions présentées par les diverses compagnies, à la suite de cette communication, ont fait l'objet de décisions ministérielles approbatives, conçues dans le sens ci-après :

Extrait d'une décis. minist. (1864). « Jusqu'à nouvel ordre, les envois d'articles de messagerie faits à *grande vitesse*, par expéditions isolées ne dépassant pas 5 kilogrammes chacune, seront admis dans les **trains express** aux conditions actuelles des tarifs, quant aux délais d'expédition et aux prix de transport, prix qui, conséquemment, continueront d'être perçus :

» De 0 à 2 kilogrammes, comme pour 2 kilogrammes ; et au-dessus de 2 jusqu'à 5 kilogrammes, comme pour 5 kilogrammes. » (Ch. de Lyon, v. la première note du présent article.)

» Le contenu de cette circulaire sera porté à la connaissance du public au moyen d'affiches que les gares auront le soin, dès qu'elles leur parviendront, de faire placarder dans un endroit apparent. » (Inst. spéc., ch. de Lyon, septembre 1864.) (2).

Délais d'expédition. — L'art. 2 de l'arrêté minist. du 15 avril 1859, cité p. 143, est ainsi conçu :

« Les animaux, denrées, marchandises » et objets que conques, à *grande vitesse*, » seront expédiées par le premier train

---

(1) Le système des coupures pour la GRANDE VITESSE est établi ainsi qu'il suit : (année 1864) Ch de *Lyon*, de 0 à 2 kilog. (comme pour 2 kil.), de 2 à 5 kil. (comme pour 5 kil.). — Ch. de l'*Est*, de 0 à 3 kil. (comme pour 3 kil.), de 3 à 5 kil. (comme pour 5 kil.). — Ch. du *Nord*, d'*Orléans*, du *Midi* et de l'*Ouest*, de 0 à 5 kil. (comme pour 5 kil.), de 5 à 10 kil., la taxe est établie (sur toutes les lignes) comme pour 10 kil., et au-dessus de 10 kil. par fraction indivisible de 10 kil.

Pour la PETITE VITESSE, les taxes sont établies, sur toutes les lignes, par fraction indivisible de 10 kil. et la première coupure est de 10 kil.

(2) Lors même que l'expéditeur omettrait d'en faire la demande, les compagnies (du moins celle de Lyon-Méditerranée) ont donné l'ordre d'expédier par les trains express, lorsqu'elles sont présentées en temps utile, toutes les expéditions isolées ne dépassant pas 5 kilog. chacune.

» de voyageurs comprenant des voitures » de toutes classes et correspondant avec » leur destination, pourvu qu'ils aient été » présentés à l'enregistrement *trois heu-* « *res* au moins avant l'heure réglemen- » taire du départ de ce train ; faute de » quoi, ils seront remis au départ sui- » vant. »

Par dérogation aux dispositions de l'article 2 relaté ci-dessus, quelques compagnies (et notamment celle de Paris à la Méditerranée) ont été autorisées à réduire l'intervalle, entre la remise aux gares des expéditions de messagerie et de finances et l'heure réglementaire du départ du train auquel ces expéditions sont destinées, à deux heures pour les expéditions composées d'un seul colis et pesant 10 kilogrammes au plus.

Cet intervalle est un délai maximum ; mais partout où le service le permet, on devra continuer à recevoir, jusqu'à la limite de délai d'expédition la plus réduite possible, **toutes** les expéditions de messagerie et de finances, pour les faire partir par le premier train utile. (Inst. spéc. sept. 1864.)

COLLISIONS.

Erreurs d'aiguilles et de disques-signaux, p. 94. — *Manœuvre spéciale des disques-signaux*, 95. — *Manœuvres dans les grandes gares*, 95. — *Refoulements*, 95. — *Manquement ou inobservation des signaux d'arrêt*, 96. — *Intervalle à observer entre les trains*, 96. — *Installation des gardes-lignes*, 97. — **Collisions par suite du ralentissement des trains** (v. *Ralentissement* au Rép.). — *Passages à niveau, courbes, tranchées, etc.*, 97. — *Composition défectueuse des trains*, 97. — *Service de nuit, insuffisance d'éclairage*, 98. — *Collisions sur la voie unique*, 98. — *Brouillards* (v. ce mot au Rép.).

Affaires générales (v. au Rép. l'article *Accidents d'exploitation*).

COMBUSTIBLES.

Tarifs, conditions de transport et consommation : 1° des bois, p. 636 ; — 2° des charbons de bois (v. *Charbons* au Rép.) ; — 3° de la houille, 258 (v. aussi à

la p. 717, la nouvelle classification de la *houille*, à la 4ᵉ catégorie, taxée au maximum à 0 f. 08, 0 f. 05 ou 0 f. 04 par tonne et par kilom., suivant les parcours).

Précautions à prendre pour le transport des matières inflammables (v. p. 338 et 339 les art. 3 et 5 de l'arr. minist. du 15 juillet 1863).

Vente de combustibles dans les gares, p. 98 (v. aussi l'art. *Vente*, au Rép.).

COMESTIBLES.

Conditions de transport (v. *Denrées*, p 146. — *Petite vitesse*, 643. — *Colis et objets non retirés et susceptibles d'une prompte altération*, 370.

Vente dans les buffets, p. 61. — *Vente de comestibles aux ouvriers* (v. le mot *Vente* au Rép.).

COMITÉ CONSULTATIF.

Attributions (v. p. 731, l'arr. minist. du 30 nov. 1852). — *Examen spécial des demandes de concessions*, 111.

COMMISSAIRES.

I. — **Commissaires royaux.** — *Attributions des anciens commissaires royaux*, p. 98.

II. — **Commissaires de surveillance administrative** (relevant du ministère de l'agriculture, du commerce et des travaux publics).

Organisation établie par la loi du 27 février 1850, p. 99 (1). — *Nomination*, 99. — *Circonscriptions*. (Les résidences des commissaires de surveillance administrative sont fixées par le ministre ; mais les circonscriptions, heures de service, tournées, etc., sont déterminées par des ordres de service spéciaux de l'ingénieur en chef du contrôle.) — *Serment judiciaire*, 39. — *Visite aux magistrats*, 101. — **Bureaux et fournitures diverses**, 02. — *Frais de déplacement, de missions, etc.*, 221. — *Uniforme*, 586. — *Echarpes*, 168. — *Timbres-cachets*, 549. — **Droit de circulation**, 86 et 290 (v. aussi *Circulation* au Rép.). — *Demande de permis de faveur* (v. plus loin). — **Congés** *de plus de*

---

(1) L'art. 2 de la loi du 27 février 1850 portait ce qui suit : « Un règlement d'administration publique déterminera les conditions et le mode de nomination des commissaires de surveillance. » — Ce règlement, qui fixait à 3000, 2500, 2000 et 1500 francs les traitements afférents aux quatre classes de commissaires (art 1ᵉʳ) et qui déterminait les épreuves écrites et les examens oraux à subir préalablement par ces fonctionnaires, ainsi que le mode de recrutement et les conditions d'avancement et de révocation des mêmes agents (art. 2 à 12), a été abrogé par décret du 22 mars 1852. L'art. 1ᵉʳ de ce règlement (daté du 27 mars 1851) est resté par le fait en vigueur, en ce qui concerne le taux des appointements qui a été maintenu aux mêmes chiffres.

---

(1) Les demandes de congé doivent indiquer d'une manière précise, les motifs de l'absence et sa durée, ainsi que le point de destination. Elles sont adressées à l'ingénieur en chef du contrôle, pour les congés de 10 jours *au plus*, et au ministre, par l'intermédiaire de l'ingénieur en chef du contrôle et du préfet, pour les congés de plus de dix jours. Les demandes doivent parvenir à l'ingénieur en chef du contrôle 5 jours à l'avance, dans le premier cas, et 15 jours au moins à l'avance dans le second cas, afin qu'il soit possible de les examiner en temps utile. Dans le cas où la demande de congé est accueillie, le commissaire autorisé doit faire connaître exactement aux ingénieurs et inspecteurs, le jour de son départ et celui de la reprise de son service. Le commissaire intérimaire doit se rendre le plus fréquemment possible dans les gares de la circonscription de son collègue absent, afin qu'aucune affaire ne reste en souffrance (inst. spéc. en vigueur sur plusieurs lignes). Nous rappellerons qu'un congé régulier tient lieu de permis de circulation pour tout le parcours indiqué sur la ligne à laquelle l'agent est attaché (v. au Rép. l'art. *Congés temporaires*).

(2) V. spécialement au Rép. l'art. *Accidents d'exploitation*, au sujet des avis à adresser à l'administration et aux chefs de service, et des indications à consigner sur les procès-verbaux d'accidents ayant occasionné mort ou blessures. En ce qui concerne les avis d'accident, « les instructions de l'administration supérieure n'autorisent la correspondance directe des commissaires de surveillance avec le ministre que par voie télégraphique. » (Disposition rappelée par une dép. minist. spéc., 27 décembre 1864, ch. de Lyon.)

(3) La mise sous séquestre (de locomotives ou de wagons), à l'occasion d'accidents, ayant occasionné mort ou blessures, est une mesure rarement motivée sur les chemins de fer, où les premières constatations, lorsqu'elles sont convenablement faites, conformément aux ordres de service, présentent généralement une précision suffisante. (V. *Accidents* au Rép.) Il est toujours facile, d'ailleurs, de retrouver, au moins pendant la période de l'instruction, les wagons, machines et engins qu'il peut être nécessaire de soumettre à une vérification spéciale. Les compagnies sont intéressées, en effet, à remiser ces objets pour étudier, lorsqu'il y a lieu, par devers elles, les causes des avaries. (V. *Séquestre* au Rép.)

(4) Des ordres de service *spéciaux* règlent ordinairement, pour chaque service de contrôle, les formalités à remplir par les commissaires de surveillance dans les cas très-rares où ils doivent enfreindre une consigne générale de la compagnie, pour un motif d'ordre ou de sûreté, en usant, au besoin, de leurs pouvoirs d'officiers de police judiciaire. Les réquisitions adressées par eux au chef présent (chef de gare, chef de train, etc.) doivent être écrites et motivées. Un procès-verbal constatera les circonstances qui auront paru motiver la réquisition, et les suites de l'affaire. Dans ces circonstances exceptionnelles, les commissaires de surveillance devront agir avec beaucoup de modération et de circonspection, et ne devront enfin recourir à la force publique qu'en cas d'urgence et de nécessité absolue.

(5) La circulaire précitée du 9 septembre 1863, qui interdit formellemment aux agents de la sur-

Affaires générales et diverses (v. *Personnel* au Rép.). — *Franchise télégraphique*, 4,541 et 542. — **Franchise postale**, 221. — *Envoi de paquets de service :* 1° par les bureaux ambulants (v. *Bureaux* au Rép.) ; — 2° par les trains, 100 et 147 ; — 3° par un planton de la compagnie, 100 et 147.

III. — Commissaires spéciaux et inspecteurs de police (relevant du ministère de l'intérieur).

Organisation établie par le décret du 22 février 1855, p. 732. — Bureaux des commissaires spéciaux. — Sur la demande du ministre de l'intérieur, transmise par son collègue des travaux publics (à l'occasion de l'envoi du décret du 22 février 1855), les compagnies ont mis à la disposition des commissaires de police, dans chacune des gares où ont été établies leur résidence, sur les lignes qu'elles exploitent, un local suffisant pour leur bureau.

Rapports de police à fournir sur les accidents (circ. du min. de l'intérieur, du 21 mai 1856, p. 733) — *Accidents de travaux* (v. à la lettre A du Rép.).

Constatation des crimes et délits communs, p. 102 (v. aussi § 4 ci-après, le texte de la circ. minist. du 1ᵉʳ juin 1855). — *Dénonciation et constatation des vols*, 610. — *Réquisitions aux agents* (v. *Réquisitions* au Rép.).

Police des compartiments réservés, p. 106 — *Police d'ordre, sergents de ville, etc.*, 493 (v. aussi l'art. *Lieu public* au Rép.).

Circulation gratuite (v. la première note de l'art. *Circulation* du Rép.). — *Franchise télégraphique.* — Aux termes d'une décision du ministre de l'intérieur, la franchise télégraphique a été accordée aux commissaires spéciaux de police sur les chemins de fer pour leur correspondance : 1° avec lui ; — 2° avec leurs collègues résidant sur une même ligne de chemin de fer ; — 3° avec les inspecteurs de police placés sous leurs ordres (circ. adressée le 10 mai 1856 par le directeur général des lignes télégraphiques aux directeurs et chefs de station).

Commissaires divisionnaires, p. 102.

Commissaires communaux, 103. — *Commissariats centraux*, 732 (pour mémoire).

IV. — *Attributions respectives des commissaires administratifs et des commissaires spéciaux de police* (circulaire du 1ᵉʳ juin 1855, concertée entre les ministres de l'intérieur et des travaux publics et adressée, par ce dernier, aux ingénieurs en chef du contrôle) :

« .... Pour donner au ministre de l'intérieur l'action qui lui appartient, au point de vue de la police générale et de la sûreté de l'État, dans la surveillance des chemins de fer, il a paru utile d'attacher à cette surveillance des commissaires de police spéciaux, investis des pouvoirs et des attributions conférés par les lois actuelles aux commissaires de police locaux. La police générale à exercer sur les chemins de fer a, d'ailleurs, une importance suffisante pour que les agents qui en seront chargés s'y consacrent entièrement, et il y a lieu de laisser intactes les attributions confiées au ministre des travaux publics par la loi du 27 février 1850 (1).

Le service de surveillance administrative conserve donc les attributions spéciales qui lui ont été conférées par les lois et règlements actuellement en vigueur et qui se trouvent résumées d'une manière complète dans l'instruction du 15 avril 1850 (2). Ce sont les commissaires administratifs qui recueillent les plaintes et les réclamations du public ayant pour objet des faits d'exploitation, qui prennent les mesures nécessaires pour assurer le maintien du bon ordre dans les gares et à leurs abords, dans les salles d'attente et sur les quais d'embarquement, qui surveillent l'exécution des mesures relatives à la composition, au départ et à l'arrivée des convois, et qui constatent les irrégularités de l'exploitation. En cas d'accident ayant causé la mort ou des blessures, ils se transportent immédiatement sur les lieux, dressent procès-verbal des circonstances et des résultats de l'accident, et s'assurent que les autorités locales et l'autorité judiciaire ont été prévenues. Ils sont enfin chargés de la constatation des crimes et délits spéciaux à l'exploitation des che-

---

veillance administrative de demander directement des permis de circulation aux compagnies, concerne spécialement les commissaires. Elle ne parle même pas de leur famille. Nous avons rappelé, d'ailleurs, au mot *Congés temporaires*, du Rép., qu'un agent de surveillance, *porteur d'un congé régulier*, jouit du libre parcours sur la ligne à laquelle il est attaché jusqu'au point le plus rapproché du lieu de sa destination.

(1) V. cette loi, p. 99. L'art. 2 (abrogé) concernait les dispositions rappelées à la première note du § II ci-dessus, relative aux commissaires de surveillance administrative.

(2) V. cette instruction, p. 699.

mins de fer, ainsi que des contraventions qui ne sont pas spécialement de la compétence des conducteurs des ponts et chaussées et des garde-mines.

» Les commissaires spéciaux de police ont dans leurs attributions tout ce qui regarde les mesures de sûreté et de police générale et les mesures de police ordinaire qui ne se rattachent pas au service de l'exploitation des chemins de fer. Il y a lieu d'y ajouter la constatation et la poursuite des délits communs.

• Ce partage d'attributions ne paraît pas offrir jusqu'ici de difficultés sérieuses d'application. Tous les faits relatifs à l'exploitation des chemins de fer sont du domaine des commissaires de surveillance administrative; tout ce qui se trouve en dehors de l'exploitation appartient aux commissaires de police. On n'aperçoit aucune cause de conflit pour les affaires qui rentrent nettement dans l'une ou dans l'autre catégorie ; les dissentiments ne peuvent arriver que pour les affaires qui, par leur nature mixte, se rattacheraient également aux deux services. Mais il semble difficile de résoudre à l'avance les questions qui pourront surgir à ce sujet et d'en déduire des règles générales. Ces règles s'établiront peu à peu, au moyen des solutions données à un certain nombre d'espèces particulières; c'est une œuvre à laquelle chacun devra concourir, en apportant dans l'examen des questions amenées par les circonstances diverses, de la bonne volonté et un sage esprit de conciliation.

• Bien que, dans un intérêt d'ordre et de partage équitable des attributions, il ait paru convenable de réserver particulièrement aux commissaires de police la constatation des crimes et délits communs, et aux commissaires administratifs celle des crimes et délits spéciaux à l'exploitation, on ne saurait enlever ni aux uns ni aux autres le droit que leur donne leur qualité d'officiers de police judiciaire, de concourir à la répression des crimes et délits de toute nature commis dans l'enceinte des chemins de fer. Ils pourront donc, pour cette partie de leurs fonctions, se prêter un mutuel secours et se suppléer en cas d'absence ou d'empêchement. Il ne vous échappera pas toutefois que, si cette immixtion réciproque de chaque service dans les attributions spéciales de l'autre, a l'avantage de rendre plus sûre et plus prompte la répression des crimes et délits, elle pourrait avoir, d'un autre côté, surtout si elle devenait trop fréquente, l'inconvénient de jeter de l'incertitude dans la distinction des attributions, et d'augmenter ainsi les causes de conflit. Vous devrez donc, en ce qui

vous concerne, prendre les dispositions nécessaires pour rendre aussi assidue que possible la présence des commissaires de surveillance administrative dans les gares dont le service leur est confié. Vous leur recommanderez, d'un autre côté, de ne procéder aux constatations réservées aux commissaires de police qu'après s'être bien assurés que ceux-ci se trouvent absents ou empêchés, et il me paraît convenable qu'ils en fassent mention dans leurs procès-verbaux. Ils devront, en outre, donner immédiatement avis à leurs collègues et les mettre ainsi à même de continuer, s'il y a lieu, l'instruction commencée. La réserve qui leur est recommandée à cet égard ne saurait, d'ailleurs, devenir pour eux un motif d'abstention préjudiciable à l'ordre public; ils ne doivent perdre de vue aucune des obligations qu'ils peuvent avoir accessoirement à remplir en leur qualité d'officiers de police judiciaire, et, dans le cas même où la présence des commissaires de police les dispense d'intervenir officiellement, leur surveillance peut encore avoir un résultat utile, en leur permettant de signaler à leurs collègues, à charge de réciprocité, des faits répréhensibles dont ceux-ci n'auraient pas eu connaissance. Les commissaires administratifs et les commissaires de police n'oublieront jamais que, s'ils appartiennent à deux administrations distinctes, ils sont tous également les serviteurs de l'État et remplissent une même mission d'ordre public et de protection pour les intérêts privés. C'est le sentiment bien compris de cette communauté de devoirs qui doit surtout aplanir les difficultés résultant de la nouvelle organisation.» (Circ. minist. 1er juin 1855.)

COMMISSIONNAIRES VOITURIERS.

Définition de l'entreprise (v. *Retards*, p. 470). — *Groupage de colis*, 249 (v. aussi *Groupage* au Rép.). — Services de correspondance et de réexpédition, 452 (v. aussi *Correspondances* au Rép.). — *Responsabilité*, 463.

Articles du code de commerce compris dans la loi de révision du 23 mai 1863:
Section III. — Des commissionnaires pour les transports par terre et par eau. — « 96. Le commissionnaire qui se charge d'un transport par terre ou par eau est tenu d'inscrire sur son livre-journal la déclaration de la nature et de la quantité des marchandises, et, s'il en est requis, de leur valeur.

« 97. — Il est garant de l'arrivée des marchandises et effets dans le délai déterminé par la lettre de voiture, hors les cas de la force majeure légalement constatée.

» 98. — Il est garant des avaries ou pertes de marchandises et effets, s'il n'y a stipulation contraire dans la lettre de voiture, ou force majeure.

» 99. — Il est garant des faits du commissionnaire intermédiaire auquel il adresse les marchandises.

» 100. — La marchandise sortie du magasin du vendeur ou de l'expéditeur voyage, s'il n'y a convention contraire, aux risques et périls de celui à qui elle appartient, sauf son recours contre le commissionnaire et le voiturier chargés du transport.

» 101. — La lettre de voiture forme un contrat entre l'expéditeur et le voiturier, ou entre l'expéditeur, le commissionnaire et le voiturier.

» 102. — La lettre de voiture doit être datée.

» Elle doit exprimer la nature et le poids ou la contenance des objets à transporter, le délai dans lequel le transport doit être effectué.

» Elle indique le nom et le domicile du commissionnaire par l'entremise duquel le transport s'opère, s'il y en a un, le nom de celui à qui la marchandise est adressée, le nom et le domicile du voiturier.

» Elle énonce le prix de la voiture, l'indemnité due pour cause de retard.

» Elle est signée par l'expéditeur ou le commissionnaire.

» Elle présente en marge les marques et numéros des objets à transporter.

» La lettre de voiture est copiée par le commissionnaire sur un registre coté et paraphé, sans intervalle et de suite.

Section IV. — Du voiturier. — » 103. — Le voiturier est garant de la perte des objets à transporter, hors les cas de la force majeure.

» Il est garant des avaries autres que celles qui proviennent du vice propre de la chose ou de la force majeure.

» 104. — Si, par l'effet de la force majeure, le transport n'est pas effectué dans le délai convenu, il n'y a pas lieu à indemnité contre le voiturier pour cause de retard.

» 105. — La réception des objets transportés et le paiement du prix de la voiture éteignent toute action contre le voiturier.

» 106. — En cas de refus ou contestation pour la réception des objets transportés, leur état est vérifié et constaté par des experts nommés par le président du tribunal de commerce, ou, à son défaut, par le juge de paix, et par ordonnance au pied d'une requête.

» Le dépôt ou séquestre, et ensuite le transport dans un dépôt public, peut en être ordonné.

» La vente peut en être ordonnée en faveur du voiturier, jusqu'à concurrence du prix de la voiture.

» 107. — Les dispositions contenues dans le présent titre sont communes aux maîtres de bateaux, entrepreneurs de diligences et voitures publiques.

» 108. — Toutes actions contre le commissionnaire et le voiturier, à raison de la perte ou de l'avarie des marchandises, sont prescrites, après six mois, pour les expéditions faites dans l'intérieur de la France, et après un an, pour celles faites à l'étranger ; le tout à compter, pour les cas de perte, du jour où le transport des marchandises aurait dû être effectué, et pour les cas d'avarie, du jour où la remise des marchandises aura été faite ; sans préjudice des cas de fraude ou d'infidélité. »

COMMISSIONS DIVERSES.

Commissions d'enquêtes d'utilité publique, p. 179. — *D'expropriation de terrains,* 198.

Commission mixte des travaux publics, p. 103.

Comité consultatif des chemins de fer : Attributions (v. p. 731, l'arr. minist. du 30 novembre 1852). — Examen spécial des demandes de concession, 111.

Commission pour l'examen des questions commerciales et financières. Une commission permanente, chargée de toutes les questions concernant l'exploitation commerciale ou la gestion financière des compagnies de chemins de fer, est instituée au ministère de l'agriculture, du commerce et des travaux publics.

Cette commission est présidée par le ministre, et à son défaut, par le directeur général des ponts et chaussées et des chemins de fer.

Les membres de la commission sont les inspecteurs généraux des chemins de fer et un auditeur au conseil d'Etat, secrétaire (1864).

Commission formée en vue de l'adjudication des concessions de chemin de fer (v. au mot *Adjudications* du Rép., l'arr. minist. du 19 avril 1862).

Commission pour l'examen des règlements et inventions (instituée par arr. minist. du 28 juin 1864) (1).

---

(1) La lettre d'envoi du 6 juillet 1864, aux ingénieurs en chef du contrôle, est ainsi conçue :
» L'administration des travaux publics reçoit incessamment des projets d'inventions diverses ayant

« Le ministre....... des travaux publics, considérant que, d'une part, les nombreuses inventions qui sont soumises à l'administration au sujet du service des chemins de fer, et de l'autre, les règlements d'exploitation sur lesquels l'administration est appelée à statuer, en vertu de l'ordonnance du 15 novembre 1846, doivent être examinés dans des vues d'ensemble et par des personnes qui, par la nature de leurs études et de leurs fonctions, présentent toutes les garanties, voulues pour apprécier en pleine connaissance de cause les mesures concernant la sécurité de la circulation sur les voies ferrées.

Arrête :

« Art. 1. — Il est institué une commission spéciale et permanente qui sera chargée d'examiner les inventions ayant pour but de prévenir les accidents sur ces voies de communication, ainsi que les règlements d'exploitation et les diverses questions techniques qui lui seront déférées par l'administration supérieure.

» 2. — Sont nommés membres de cette commission :

« M. *Combes*, inspecteur général des mines, président.

« M. *Busche*, inspecteur général des ponts et chaussées, vice-président.

» M. *Couche*, ingénieur en chef des mines (1).

« M. *Lefebure de Fourcy*, ingénieur en chef des mines.

« M. *Duparc*, ingénieur en chef des ponts et chaussées.

« M. *Thoyot*,   *id.*

« M. *Dufresne*,   *id.*

» M. *Hachette*,   *id.*

« Deux membres qui seront désignés par le syndicat du chemin de fer de Ceinture.

« M. *Edouard Collignon*, ingénieur des ponts et chaussées, secrétaire.

« 3. — Le président aura le droit de former des sous-commissions auxquelles il pourra attacher comme rapporteurs les ingénieurs ordinaires des ponts et chaussées ou des mines, appartenant au service du contrôle des chemins de fer et ayant leur résidence à Paris, lorsque l'ingénieur en chef du contrôle reconnaîtra qu'il n'en peut résulter aucun inconvénient pour le service.

» 4. — Les ingénieurs en chef du contrôle résidant dans les départements feront partie de la commission, lorsqu'ils seront invités ou autorisés par le ministre à se rendre à Paris.

« 5. — Les ingénieurs ordinaires rapporteurs auront voix consultative dans les affaires qu'ils auront rapportées.

« Le secrétaire de la commission pourra être également chargé par le président ou les sous-commissions de remplir les fonctions de rapporteur et aura voix consultative dans toutes les affaires soumises à l'examen de la commission. » (Arr. minist., 28 juin 1864).

COMMUNAUTÉS RELIGIEUSES.

Délivrance de billets à prix réduits, p. 56, note.

COMMUNICATIONS.

Maintien des communications locales (art 17, cah. des ch. v. p., 711; v. aussi *Routes*, p. 481 et *Chemins* au Rep.).

Changements de voies, traversées, etc. (v. p. 639).

Communication des conducteurs de train avec le mécanicien, p. 501 (v. aussi à l'art. *Enquêtes d'exploitation* du Rép., la circ. minist. générale du 1er février 1864).

COMPAGNIES.

Organisation primitive, statuts, etc., p. 104 et 514 (v. aussi plus loin, au présent art.). — *Personnel* (v. au Rép. les art. *Agents* et *Personnel*). — *Election de domicile*, 105. — *Assignation*, 632. — *Droits et devoirs des compagnies*, 105. — *Responsabilité* (v. au Rép.).

Autorisation d'études, p. 191. — *Présen-*

pour objet de prévenir ou de rendre moins graves les accidents sur les chemins de fer. Beaucoup de ces inventions n'offrent, sans doute, que très-peu ou point d'intérêt ; mais il est néanmoins du devoir de l'administration de les examiner, et il m'a paru utile de charger de cet examen une commission spéciale et permanente dont je vous ai appelé à faire partie.

« Cette commission sera chargée, en outre, de donner des avis sur les règlements particuliers d'exploitation qui seraient soumis au ministre par les compagnies et sur toutes les autres questions techniques qui lui seraient déférées par l'administration supérieure.

« Je vous adresse ci-joint ampliation de l'arrêté qui a institué ladite commission. »

(1) Cet ingénieur en chef et les cinq suivants sont chargés, chacun pour un des grands réseaux, de la direction du service de contrôle des diverses lignes de chemin de fer.

tation et signature de projets, 105 (1). — Propositions de *tarifs, règlements, ordres de service* (v. ces divers mots). — *Approbations et modifications*, 35 et 361. — *Affaires de grande voirie* (v. *Grande voirie* au Rép.) (2).

Compagnies et sociétés étrangères, p. 504.

Droit de transmission sur les valeurs : impôt créé par la loi du 23-27 juin 1857, p. 259 — Valeurs étrangères (v. *Sociétés* au Rép.).

Justifications financières des compagnies (recettes et dépenses) (v. *Contrôle financier* au Rép).

Travaux commencés par l'Etat. — Nous avons rappelé à l'art. *Compagnies*, p. 104, que le concours réciproque de l'Etat et des compagnies, dans l'établissement des chemins de fer, avait été érigé en système par la loi du 11 *juin* 1842. Cette loi qui forme comme le premier anneau des dispositions successives relatives aux voies ferrées, contient les dispositions suivantes :

*Loi du 11 juin 1842 : « Titre Ier. — Dispositions générales. — Art. 1er. — Il sera établi un système de chemins de fer se dirigeant :

» 1° De Paris :

» Sur la ligne de Belgique, par Lille et Valenciennes ;

» Sur l'Angleterre, par un ou plusieurs points du littoral de la Manche, qui seront ultérieurement déterminés ;

» Sur la frontière d'Allemagne, par Nancy et Strasbourg ;

» Sur la Méditerranée, par Lyon, Marseille et Cette ;

» Sur la frontière d'Espagne, par Tours, Poitiers, Angoulème, Bordeaux et Bayonne ;

» Sur l'Océan, par Tours et Nantes ;

» Sur le centre de la France, par Bourges ;

» 2° De la Méditerranée sur le Rhin, par Lyon, Dijon et Mulhouse ;

» De l'Océan sur la Méditerranée, par Bordeaux, Toulouse et Marseille.

» 2. — L'exécution des grandes lignes de chemins de fer définies par l'article précédent aura lieu par le concours,

» De l'Etat ;

» Des départements traversés et des communes intéressées ;

» De l'industrie privée ;

» Dans les proportions et suivant les formes établies par les articles ci-après ;

» Néanmoins, ces lignes pourront être concédées en totalité ou en partie à l'industrie privée, en vertu des lois spéciales et aux conditions qui seront alors déterminées (3).

» 3. — Les indemnités dues pour les terrains et bâtiments dont l'occupation sera nécessaire à l'établissement des chemins de fer et de leurs dépendances, seront avancées par l'Etat, et remboursées à l'Etat, jusqu'à concurrence des deux tiers, par les départements et les communes (4).

---

(1) Voici le texte original de la circ. minist. adressée le 20 mai 1856, aux *préfets*, et par ampliation aux ingénieurs en chef du service du contrôle et aux compagnies :

« J'ai déjà eu plusieurs fois l'occasion de remarquer que des projets concernant la construction de chemins de fer concédés à des compagnies, ainsi que des demandes ayant pour objet l'occupation d'urgence de terrains destinés à l'établissement de voies de fer, sont transmis à l'administration supérieure, revêtus seulement de la signature des ingénieurs desdites compagnies.

» Je crois devoir vous rappeler, qu'à moins d'une délégation spéciale qui doit vous être notifiée par les soins de l'administration, tous les projets et propositions intéressant l'établissement, la conservation ou l'exploitation d'un chemin de fer, doivent, d'après les dispositions mêmes des statuts des compagnies, être signés par une personne ayant qualité pour engager la compagnie concessionnaire, c'est-à-dire, soit par le directeur du chemin, soit, lorsqu'il n'y a pas de directeur, par un ou plusieurs membres du comité de direction, chargé de la gestion ordinaire des affaires de la compagnie et de l'exécution des décisions du conseil d'administration. »

(2) Il est de règle générale que les compagnies doivent être entendues, sauf le cas d'urgence, pour toutes les modifications apportées à leurs projets et propositions. Cette obligation est inscrite en termes formels, au moins en ce qui concerne l'exploitation, à l'art. 69 de l'ordon. du 15 novembre 1846, p. 35. Elles sont de même entendues pour les affaires relatives à l'entrée des voitures dans les cours des gares, pour les diverses questions concernant la création et la révision des règlements, et enfin, par analogie, pour toutes les affaires de grande voirie.

(3) Voir à titre de renseignement, l'une des notes ci-après, indiquant les dispositions ordinairement annexées aux cah. des ch. de concession des chemins de fer commencés par l'Etat (ligne de *Rennes* à *Brest*, conventions de 1859).

(4) *Loi du 19 juillet* 1845. Article unique. — « Est, et demeure abrogée la disposition de l'art. 3 de la loi du 11 juin 1842, aux termes de laquelle les départements et les communes devaient rembourser à l'Etat les deux tiers du prix des indemnités dues pour les terrains et bâtiments dont l'occupation sera nécessaire à l'établissement des chemins de fer et de leurs dépendances. »

« Il n'y aura pas lieu à indemnité pour l'occupation des terrains ou bâtiments appartenant à l'Etat.

Le gouvernement pourra accepter les subventions qui lui seraient offertes par les localités ou les particuliers, soit en terrains, soit en argent.

« 4. — Dans chaque département traversé, le conseil général délibérera :

« 1° Sur la part qui sera mise à la charge du département dans les deux tiers des indemnités, et sur les ressources extraordinaires au moyen desquelles elle sera remboursée en cas d'insuffisance des centimes facultatifs ;

« 2° Sur la désignation des communes intéressées, sur la part à supporter par chacune d'elles, en raison de son intérêt et des ressources financières.

« Cette délibération sera soumise à l'approbation du roi.

« 5. — Le tiers restant des indemnités de terrains et bâtiments,

« Les terrassements,

« Les ouvrages d'art et stations,

« Seront payés sur les fonds de l'Etat (1).

« 6. — La voie de fer, y compris la fourniture du sable,

« Le matériel et les frais d'exploitation,

« Les frais d'entretien et de réparation du chemin, de ses dépendances et de son matériel,

« Resteront à la charge des compagnies auxquelles l'exploitation du chemin sera donnée à bail ;

« Ce bail réglera la durée et les conditions de l'exploitation, ainsi que le tarif des droits à percevoir sur le parcours ; il sera passé provisoirement par le ministre des travaux publics, et définitivement approuvé par une loi (2).

« 7. — A l'expiration du bail, la valeur

---

(1) Les conventions récentes, passées avec certaines compagnies, ont compris les maisons de garde des passages à niveau parmi les travaux à la charge de l'Etat et en ont distrait certains travaux relatifs aux stations. Voir, à cet égard, comme exemple, la note ci-après, indiquant les dispositions complémentaires annexées, pour quelques lignes, au cah. des ch. général de concession, et aux conventions du 11 juin 1859.

(2) Voici le modèle des dispositions complémentaires, annexées (pour les lignes de Rennes à Brest, *ch. de l'Ouest*, et de Toulouse à Bayonne, avec embranchements, s'il y a lieu, de Bagnères-de-Bigorre et de Perpignan à Port-Vendres, *ch. du Midi*.) au cahier de charges général de concession, dont le texte a déjà été reproduit, p. 706.

TITRE 1 *bis*.

« A. — L'Etat livrera à la compagnie les terrains, terrassements et ouvrages d'art du chemin de fer de Rennes à Brest et des stations dudit chemin, ainsi que les maisons de gardes des passages à niveau.

« Les projets relatifs à l'emplacement et à l'étendue des stations seront communiqués à la compagnie avant d'être définitivement arrêtés par le ministre.

B. — La compagnie sera tenue de prendre livraison des terrassements et des ouvrages d'art, à mesure qu'ils seront achevés entre deux stations principales, par sections contiguës, et sur la notification qui lui sera faite de leur achèvement. Il sera dressé procès-verbal de cette livraison, et la compagnie devra commencer immédiatement les travaux à sa charge.

« Un an après la date du procès-verbal, il sera procédé à une reconnaissance définitive des travaux qui auront été livrés en vertu du paragraphe précédent, et cette reconnaissance sera constatée par un nouveau procès-verbal contradictoire, qui aura pour effet d'affranchir l'Etat de toute garantie pour les terrassements. Cette garantie, d'ailleurs, ne s'appliquera à aucune époque aux tassements qui pourraient se produire dans la plate-forme du chemin.

« La garantie pour les ouvrages d'art et les maisons de gardes ne cessera qu'un an après le procès-verbal de reconnaissance définitive.

« En aucun cas, la responsabilité de l'Etat, telle qu'elle est réglée par le présent article et pour les diverses natures d'ouvrages, ne pourra s'étendre au delà de la garantie matérielle des travaux.

« C. — A dater de l'entrée en possession définie au paragraphe 1er de l'article précédent, la compagnie restera seule chargée de l'entretien des parties du chemin dont elle aura pris livraison sans préjudice de la garantie stipulée audit article.

« D. — Immédiatement après la prise de possession définitive, par la compagnie, de tout ou partie des travaux à la charge de l'Etat, il sera dressé, contradictoirement entre l'administration et ladite compagnie, un état des lieux.

« Cet état comprendra :

« 1° La description de tous les travaux qui serviront d'emplacement au chemin de fer et à ses dépendances ;

« 2° L'état des travaux d'art et de terrassement comprenant les ponts, ponceaux, aqueducs, maisons de garde et tous autres ouvrages construits en vertu des projets approuvés par l'administration supérieure.

de la voie de fer et du matériel sera remboursée, à dire d'experts, à la compagnie par celle qui lui succédera, ou par l'État.

» 8. — Des ordonnances royales régleront les mesures à prendre pour concilier l'exploitation des chemins de fer avec l'exécution des lois et règlements sur les douanes.

» 9. — Des règlements d'administration publique détermineront les mesures et les dispositions nécessaires pour garantir la police, la sûreté, l'usage et la conservation des chemins de fer et de leurs dépendances.

» *Titre II.—Dispositions particulières.* — (Art. 10 à 15..... Crédits ouverts pour les lignes désignées à l'art. 1er.)

» 16. — Une somme de un million cinq cent mille francs (1,500,000 fr.) est affectée à la continuation et à l'achèvement des études des grandes lignes de chemins de fer.

» 17. — Sur les allocations mentionnées aux articles précédents et s'élevant à la somme de cent vingt-six millions de francs (126,000,000 fr.), il est ouvert au ministre des travaux publics, sur l'exercice 1842, un crédit de, savoir :..................

» *Titre III. — Voies et moyens.* — Art. 18. — Il sera pourvu provisoirement, au moyen des ressources de la dette flottante, à la portion des dépenses autorisées par la présente loi, qui doivent demeurer à la charge de l'État ; les avances du trésor seront définitivement couvertes par la consolidation des fonds de réserve de l'amortissement, qui deviendront libres après l'extinction des découverts des budgets des exercices 1840, 1841, 1842.

» *Titre IV. — Disposition finale.* — Art. 19. — Chaque année, il sera rendu aux chambres, par le ministre des travaux publics, un compte spécial des travaux exécutés en vertu de la présente loi.

» Fait au palais de, etc., le 11 juin 1842. »

Dispositions générales applicables à tous les chemins de fer. — *Loi du 15 juillet 1845, relative au chemin de fer de Paris à la frontière de Belgique.* — Nous croyons devoir compléter les indications qui précèdent, par la reproduction d'un ext. de la loi du 15 juillet 1845, relative au chemin de fer de Paris à la frontière de Belgique, dont le titre vii (*Dispositions générales*), s'applique à toutes les lignes de chemins de fer :

« Titre VII. — **Dispositions générales.** — Art. 7.— Nul ne sera admis à concourir à l'adjudication d'un chemin de fer si,

---

» E. — La compagnie exécutera à ses frais les travaux de toute nature relatifs à l'établissement des gares, stations et ateliers, sauf toutefois les terrassements et les ouvrages d'art qui lui sont livrés par l'État, ainsi qu'il est dit ci-dessus.

» Elle fournira et posera à ses frais le ballast, la voie de fer et tous ses accessoires. Elle fournira les machines locomotives, les voitures de voyageurs, les wagons de marchandises, les grues et engins nécessaires pour le mouvement des marchandises, les pompes et réservoirs d'eau pour l'alimentation des machines, l'outillage des ateliers de réparation et, en général, tout le matériel de transport, de chargement et de déchargement nécessaire à l'exploitation.

» Elle établira à ses frais les clôtures nécessaires pour séparer le chemin de fer des propriétés riveraines et pour assurer la sûreté de la circulation.

» Ne sont pas comprises dans les clôtures mises à la charge de la compagnie les barrières des passages à niveau, lesquelles seront exécutées par l'État et à ses frais.

» A l'égard du ballast, il pourra, du consentement mutuel de l'État et de la compagnie, être fourni et posé par l'administration, et, dans ce cas, la compagnie tiendra compte à l'État de la différence entre la dépense réelle faite par lui et celle que lui aurait imposée le simple établissement des terrassements sans le ballast.

» F. — La compagnie sera tenue de commencer l'exploitation sur les sections qui lui auront été livrées par l'État, à l'expiration du délai d'un an, mentionné au premier paragraphe de l'article B ci-dessus. »

Les dispositions qui précèdent s'appliquent, il est vrai, à des lignes non comprises dans les prévisions de la loi de 1842, mais elles forment comme une espèce de résumé général des conditions relatives à la remise aux compagnies des travaux commencés par l'État.

Les conventions concernant les grandes lignes dénommées dans la loi du 11 juin 1842, n'ont pas été formulées sur un modèle uniforme. — La seule disposition qu'il nous paraisse utile de faire ressortir, indépendamment des indications déjà données, p. 571, est la suivante :

« Art. 10 (du cah. des ch. de concession du chemin de Lyon, 1852). — La première section, actuellement ouverte à la circulation, sera remise à la compagnie, au plus tard le 1er mars prochain, le matériel fixe et mobile, existant sur la ligne à cette époque, lui sera également remis. *La compagnie prendra livraison des ouvrages et du matériel dans l'état où ils se trouveront et sans pouvoir élever aucune réclamation au sujet des défectuosités qu'ils lui paraîtraient présenter.* »

préalablement, il n'a été agréé par le ministre des travaux publics (1) ;

» Et s'il n'a déposé :

» A la caisse des dépôts et consignations, la somme indiquée au cahier des charges ;

» Au secrétariat général du ministère du commerce, en double exemplaire, le projet des statuts de la compagnie ;

» Au secrétariat général du ministère des travaux publics, le registre à souche d'où auront été détachés les titres délivrés aux souscripteurs, ou pour les compagnies dont les souscriptions auraient été ouvertes antérieurement à la présente loi, l'état appuyé de pièces justificatives constatant les engagements réciproques des fondateurs et des souscripteurs, les versements reçus et la répartition définitive du montant du capital social.

» A dater de la remise des registres ou états ci-dessus, entre les mains du ministre des travaux publics, toute stipulation par laquelle les fondateurs se seraient réservé la faculté de réduire le nombre des actions souscrites sera nulle et sans effet.

» 8. — Les récépissés de souscription ne sont point négociables.

» Les souscripteurs seront responsables, jusqu'à concurrence des cinq dixièmes, du versement du montant des actions qu'ils auront souscrites.

» Chaque souscripteur aura le droit d'exiger de la compagnie adjudicataire la remise de toutes les actions pour lesquelles il aura été porté sur l'état définitif de répartition déposé au secrétariat général du ministère des travaux publics.

» Ces conditions seront mentionnées sur les registres ouverts et sur les récépissés émis postérieurement à la promulgation de la présente loi.

» 9. — Les adjudications ne seront valables et définitives qu'après avoir été homologuées par une ordonnance royale.

» 10. — La compagnie adjudicataire ne pourra émettre d'actions ou promesses d'actions négociables avant de s'être constituée en société anonyme dûment autorisée, conformément à l'article 37 du code de commerce (2).

» 11. — Les fondateurs de la compagnie n'auront droit qu'au remboursement de leurs avances, dont le compte, appuyé des pièces justificatives, aura été accepté par l'assemblée générale des actionnaires.

» L'indemnité qui pourra être attribuée aux administrateurs, à raison de leurs fonctions, sera réglée par l'assemblée générale des actionnaires.

» 12. — Nul ne pourra voter par procuration dans le conseil d'administration de la compagnie.

» Dans le cas où deux membres dissidents sur une question, demanderaient qu'elle fût ajournée jusqu'à ce que l'opinion d'un ou plusieurs administrateurs absents fût connue, il pourra être envoyé à tous les absents une copie ou extrait du procès-verbal, avec invitation de venir voter dans une prochaine réunion à jour fixe, ou d'adresser par écrit leur opinion au président. Celui-ci en donnera lecture au conseil, après quoi la décision sera prise à la majorité des membres présents.

» 13. — Toute publication quelconque de la valeur des actions, avant l'homologation de l'adjudication, sera punie d'une amende de cinq cents francs à trois mille francs.

» Sera puni de la même peine tout agent de change qui, avant la constitution de la société anonyme, se serait prêté à la négociation de récépissés ou promesses d'actions.

» 14. — A moins d'une autorisation spéciale de l'administration supérieure, il est interdit à la compagnie, sous les peines portées par l'art. 419 du code pénal (3),

---

(1) V. au mot *Adjudications* du Rép. l'arrêté ministériel du 19 avril 1862.

(2) « 37. — La société anonyme ne peut exister qu'avec l'autorisation du roi, et avec son approbation pour l'acte qui la constitue ; cette approbation doit être donnée dans la forme prescrite pour les règlements d'administration publique. »

(3) « 419. — Tous ceux qui, par des faits faux ou calomnieux, semés à dessein dans le public, par des sur-offres faites aux prix que demandaient les vendeurs eux-mêmes, par réunion ou coalition entre les principaux détenteurs d'une même marchandise ou denrée, tendant à ne la pas vendre ou à ne la vendre qu'à un certain prix, ou qui, par des voies ou moyens frauduleux quelconques, auront opéré la hausse ou la baisse du prix des denrées ou marchandises ou des papiers et effets publics au-dessus ou au-dessous des prix qu'aurait déterminés la concurrence naturelle et libre du commerce, seront punis d'un emprisonnement d'un mois au moins, d'un an au plus, et d'une amende de cinq cents francs à dix mille francs. Les coupables pourront, de plus, être mis, par l'arrêt ou le jugement, sous la surveillance de la haute police pendant deux ans au moins et cinq ans au plus. »

Voir, pour l'exécution de l'art. 14 de la loi du 15 juillet 1845, l'art. *Correspondances* du Rép. et la circ. minist. générale du 1er février 1864, citée au mot *Enquêtes d'exploitation*.

de faire directement ou indirectement, avec des entreprises de transport de voyageurs ou de marchandises, par terre ou par eau, sous quelque dénomination ou forme que ce puisse être, des arrangements qui ne seraient pas également consentis en faveur de toutes les autres entreprises desservant les mêmes routes.

»Des ordonnances royales, portant règlement d'administration publique, prescriront toutes les mesures nécessaires pour assurer la plus complète égalité entre les diverses entreprises de transports, dans leurs rapports avec le service des chemins de fer et de leurs embranchements. »

COMPARTIMENTS RÉSERVÉS.

Prescription générale, p. 105. — **Compartiments obligatoires**, *réservés dans les 1re et 2e classe*, 105. — *Compartiments à réserver dans les 3e classes*, 643. — **Affiches**, faisant connaître au public, les trains dans lesquels on a réservé des compartiments pour les dames voyageant seules, 105 et 106. — **Coupés et places de luxe** (v. *Coupés* au Rép.).

Police et contrôle des compartiments réservés, 106 et 644.

COMPÉTENCE.

. *Travaux*, p. 106 (1). *Grande voirie*, 107 (v. aussi *Conseils*, p. 119 et au Rép). — *Questions relatives à l'établissement des gares*, 239. — **Exploitation**, 107. — **Questions mixtes**, 107. — *Co.pétence spéciale des tribunaux civils et correctionnels*, 580. — *Id. des tribunaux de commerce*, 582 2).

Anciens règlements, sur l'organisation administrative et judiciaire (v. *Organisation* au Rép.).

COMPOSITION DE CONVOIS.

Trains de voyageurs, 108. — *Insuffisance de places, choix des compartiments, etc.* (v. *Voyageurs*, § 2 et 3, p. 613). — *Compartiments réservés*, 105 et 643. — *Voitures des messageries*, transportées sur trukcs, 109 et 608. — *Trains de troupes*, 358. — *Ordres de service*, 378. — **Trains mixtes**, 110. — *Trains de marchandises*, 110. — *Chargements*, 74 et 640. — **Trains de service**, 560 (v. aussi *Trains* au Rép.).

Prescriptions générales, 110 (v. aussi au Rép. le sommaire des art. *Convois* et *Trains* (3).

COMPTABILITÉ.

Observations générales, p. 110 et 644. — *Budgets*, 61. — *Crédits*, 135. — *Dépenses*, 148. — *Exercices* (clôture), 192. — *Mandats*, 317. — **Oppositions**, 376. — *Paiements*, 385. — *Quittances* (v. au Rép.). — *Retraites* (retenues), 471. — *Traitements*, 563.

Les indications consignées aux articles que nous venons de rappeler, se rapportent notamment à la comptabilité du personnel. Elles sont généralement empruntées aux ordonnances et règlements de comptabilité du ministère des travaux publics, en date du 31 mai 1838 (ord.), 16 sept. 1843 et 28 sept. 1849 (règl.), et au décret du 31 mai 1862; nous avons tenu compte aussi, lorsqu'il y avait lieu, des dispositions de l'instruction ministérielle du 16 mars 1850, concernant spécialement l'application du règlement du 28 septembre 1849, pour les travaux de l'administration des ponts et chaussées.

Ces divers documents, qui n'intéressent, d'ailleurs, que très-indirectement la comptabilité des compagnies concessionnaires

---

(1) Lorsqu'une compagnie de chemins de fer est actionnée pour l'exécution de travaux à faire en dehors de la voie (dans l'espèce, travaux se rapportant à l'exploitation d'un parc) et ne rentrant pas dans ceux prévus par les clauses de sa concession, les tribunaux ordinaires sont compétents pour statuer sur les difficultés relatives à cette exécution. (C. Imp. *Paris*, 8 avril 1864.)

(2) L'art. 2 de la loi du 25 mai 1838, relative à la compétence des juges de paix (v. p. 278) n'est, comme l'art 1er de la même loi, applicable qu'aux actions civiles, et non à celles qui, se se rattachant à des transactions commerciales, sont exclusivement de la compétence des tribunaux de commerce ; spécialement, c'est au tribunal de commerce et non au juge de paix, qu'il appartient de connaître des contestations entre un voyageur *commerçant* et une compagnie de chemin de fer, pour perte d'effets qui accompagnent ce voyageur. (C. C, 4 novembre 1863). — Dans l'espèce, relative au chemin d'Orléans, il a été reconnu que la contestation du voyageur commerçant, vis-à-vis de la compagnie, avait un caractère commercial.

(3) Les wagons non munis de ressorts de suspension, utilisés quelquefois pour le transport des matériaux du service de la voie, ne devront *jamais* être admis dans les trains de voyageurs ou de marchandises. (Ext. d'une *inst. spéc.*, v. au Rép. l'art. *Ressorts*.)

et dont nous n'avons pu reproduire que de simples extraits, contiennent les passages suivants, spécialement applicables au service des chemins de fer (1).

Ord. 31 *mai* 1838. — Règlement général sur la comptabilité publique.... TITRE Ier, Comptabilité législative... *Chapitre III*, § 6, *services à autoriser par des lois spéciales*.... les chemins de fer ne peuvent être exécutés qu'en vertu d'une loi, après enquête ; une ordonnance suffit pour les chemins de fer de moins de 20 kilomètres (1er sem. 1838, sér. 9, Bull. 579, p. 829).

Décr. 31 *mai* 1862. TITRE II. — Comptabilité législative, *art.* 39 *et* 40. Les travaux publics et chemins de fer sont autorisés par décrets de l'Empereur (2e sem, 1862, sér. 11, Bull 1045, p. 897).

COMPTES MORAUX ET SITUATIONS.

Travaux de chemins de fer exécutés par l'Etat (circ. minist. du 6 août 1861, adressée aux ingénieurs en chef) :

« Diverses instructions ministérielles ont prescrit la production de comptes moraux mensuels indiquant la situation des travaux qui ressortissent à la direction générale des ponts et chaussées et des chemins de fer.

» Je viens vous prier de vouloir bien, en ce qui concerne les chemins de fer entrepris par l'Etat, vous conformer exactement au modèle ci-joint, tant pour le format que pour la disposition des colonnes, en ayant, d'ailleurs, égard aux prescriptions suivantes (2) :

» On indiquera, dans la première colonne, le chemin de fer et dans la deuxième les sections de ce chemin, en y portant celles mêmes qui ne sont pas en cours d'exécution, de telle sorte que les totaux de chacune des colonnes 3 et 4, représen-

tent, d'une part, l'ensemble de la longueur, de l'autre l'évaluation totale des dépenses de la ligne qui vous est confiée (3).

• Vous devrez consigner dans la colonne d'observations des renseignements précis et suffisamment détaillés sur la situation de chaque entreprise, la marche générale des travaux, les incidents qui peuvent les entraver, ainsi que les mesures que l'administration aurait à prendre à ce sujet. Vous devrez indiquer, dans la même colonne, le nombre moyen des ouvriers et des colliers occupés par jour sur les chantiers, les résultats obtenus et ceux à obtenir dans la campagne, en un mot tous les documents qui vous paraîtront de nature à éclairer l'administration sur la situation des entreprises et sur l'époque probable de leur achèvement.

• Pour les sections non commencées, la colonne d'observations fera connaître la situation des études ou l'état d'instruction des projets présentés.

• L'administration étant obligée, après avoir reçu tous les comptes moraux, de les analyser dans un travail d'ensemble, je vous recommande, de la manière la plus expresse, de me faire parvenir les tableaux dont il s'agit dans les dix premiers jours de chaque mois, au plus tard. Je n'ai pas besoin de vous faire remarquer qu'il ne s'agit pas de comptes financiers, mais de simples situations morales pour lesquelles l'exactitude rigoureuse du chiffre des dépenses n'est pas nécessaire. Je vous engage même, afin d'abréger autant que possible les écritures, non-seulement à négliger les centimes, mais à arrondir les sommes par centaines de francs, en forçant ou négligeant les dizaines, selon qu'elles seront au-dessus ou au-dessous de cinq. » (Circ. minist., 6 août 1861).

Contrôle des travaux exécutés par les compagnies (circ. minist. du 26 avril 1860,

---

(1) Quelques-unes des règles générales, relatives à la comptabilité des travaux des compagnies, à l'établissement des métrés, décomptes, etc., au paiement des dépenses en régie et autres détails concernant les entreprises, se trouvent consignées dans la note développée de l'art. *Clauses et conditions générales* du Répertoire (art. 18 et suivants).

(2) Le format de l'état est 0^m,21 sur 0^m,31. — Outre le titre désignant le service, le mois, etc., le modèle envoyé comprenait un tableau dont il nous paraît suffisant d'analyser les colonnes, savoir : col. 1, désignation des chemins de fer ; col. 2, indications des sections ; col. 3, longueurs ; col. 4, montant des adjudications et dépenses autorisées ou évaluations ; col 5, dépenses au 31 décembre 186....; col. 6, crédits alloués en 186. ; col. 7 à 9, dépenses en 186., sous-titres : col. 7, dans les mois antérieurs ; col. 8, dans le mois de ..... ; col. 9, totales ; col. 10, observations.

(3) Par une dép. minist. spéciale à l'une des lignes en construction, le ministre a rappelé que les comptes moraux fournis par les ingénieurs en chef de la construction, pour les travaux dont ils sont chargés, doivent mentionner (dans la colonne spéciale à ce destinée) les crédits qui leur ont déjà été ouverts.

aux ingénieurs en chef du contrôle des travaux) :

« L'Empereur, Monsieur, ayant ordonné qu'il lui soit rendu compte tous les mois de l'état d'avancement des lignes en cours d'exécution, il est plus que jamais nécessaire que l'administration soit à cet égard renseignée de la manière la plus précise et la plus régulière par les fonctionnaires préposés à la surveillance des travaux, et je crois devoir, à cet effet, vous renouveler mes précédentes instructions.

» Quelques ingénieurs présentent leurs comptes moraux sous forme de tableau ; ce mode ne permet pas d'apprécier d'une manière complète l'ensemble de la situation ; un rapport le fait mieux saisir, et c'est dans cette forme que vos comptes mensuels devront à l'avenir être rédigés.

« Chacune des lignes de chemins de fer comprises dans votre service devra faire l'objet d'un rapport spécial. En tête de ce rapport on mentionnera :........ (v. au mot *Situations*, p. 504, l'ext. de la circ. minist. du 26 avril 1860, indiquant les renseignements à fournir dans les rapports ou comptes moraux, que le ministre a, d'ailleurs, recommandé « de lui » envoyer le 10 de chaque mois, au plus » tard, en insistant de la manière la plus » formelle, pour que cette époque ne soit » jamais dépassée). »

La circulaire ministérielle précitée se termine comme il suit :

« J'ajouterai que vous devrez continuer à m'envoyer, comme par le passé, des états distincts pour les approvisionnements de matériaux destinés à la voie, en y indiquant la situation des travaux de pose (1).

« Je vous prie, Monsieur, de considérer la production du compte moral comme une des parties les plus importantes du service qui vous est confié. » (Circ. minist., 26 avril 1860).

Situations statistiques, p. 511.

CONCESSIONS.

CONCESSIONNAIRES.

---

(1) Voir à ce sujet l'art. *Approvisionnements*, p. 36.

(2) Ces trente exemplaires sont destinés au bureau de statistique du ministère et ne comprennent pas les exemplaires spéciaux que les compagnies sont dans l'usage d'envoyer aux chefs de service. (Ext. des circ. minist. rappelées, p. 111.)

(3) Voir p. 706 et suivantes, le modèle de cahier des charges général des concessions, ainsi que la disposition additionnelle reproduite au mot *Compagnies* du Rép., en ce qui concerne la remise aux compagnies des travaux commencés par l'Etat.

(4) Un document récent de la statistique officielle, a fait connaître que la longueur totale des voies ferrées du réseau Français, concédées ou décrétées au 31 décembre 1863, s'élevait à 20,620 kilomètres, savoir :

1° Lignes livrées à l'exploitation, 12,021 kilom. ; — 2° lignes en construction ou à construire, 7,094 kilom. ; — 3° concessions faites à *titre éventuel*, 1,226 kilom. ; — 4° chemins décrétés et non concédés, 62 kilom. ; — 5° chemins industriels (desservant les mines, usines, etc.), 217 kilom. ; — total général, 20,620 kilomètres.

travaux publics, p. 669. — *Droits et devoirs des concessionnaires* (v. les art. rappelés au mot *Compagnies* du Rép.).

CONCOURS AGRICOLES.

Billets de voyageurs, à prix réduit, p. 56 note. — *Objets divers, instruments, etc.*, 273 (1). — *Transport d'animaux*, 631.

CONCURRENCE ILLICITE.

Transports réservés à l'administration des postes, p 417 et 568.

Transports de voyageurs et de marchandises (v. l'art. 419 du Code pénal et la loi du 15 juillet 1845, à l'art. *Compagnies du Rép.*). — *Monopole de la vente dans les gares, privilèges divers*, etc. p. 362. — *Vente de combustibles* (v. l'art. *Vente* au Rép.). — *Vente d'aliments aux ouvriers* (*ibid*).

CONDAMNATIONS.

Suites données aux procès-verbaux, dressés en matière de chemins de fer (v.

l'art. *Procès-verbaux*, p. 430 et les références qui y sont indiquées). — *Comptes-rendus des décisions :* 1° grande voirie (v. *Contraventions* au Rép.) ; — 2° police judiciaire 583 (v. aussi *Accidents d'exploitation et jugements* au Rép.) (2).

CONDITIONNEMENT DE COLIS.

Emballage des marchandises, p. 644. — *Conditionnement des finances*, 210.

CONDUCTEURS DES PONTS ET CHAUSSÉES.

Construction de lignes au compte de l'Etat (v. p. 264, les renseignements donnés pour les *ingénieurs*). — *Contrôle des travaux des compagnies* (*ibid.*). — *Contrôle de l'exploitation*, 113. — **Service des compagnies** (v. *Chefs de section* et *Congés illimités* au Rép.) (3). — *Renseignements à fournir sur les conducteurs en congé illimité au service des compagnies* (v. *Inspecteurs généraux* au Rép.). — *Conducteurs devenus concessionnaires ou entrepreneurs* (v. *Personnel*, 669).

---

(1) En général, les compagnies de chemins de fer n'appliquent pas les tarifs réduits (établis en vue des concours agricoles) au transport des plantes, arbres et arbustes vivants, des tableaux, statues et tous objets qui, en raison de leur poids ou de leurs dimensions, exigeraient des précautions spéciales. Ces objets sont soumis aux tarifs ordinaires.

Pour bénéficier des tarifs réduits, relatifs aux concours agricoles, les expéditeurs devront présenter pour chaque expédition : à l'*aller*, une lettre d'admission signée par le secrétaire général de l'exposition : — au *retour*, un certificat du secrétaire général de l'exposition, attestant que les objets proviennent de cette exposition et n'ont pas cessé d'appartenir aux personnes qui les ont exposés ; la réduction de taxe n'étant applicable, d'ailleurs, au *retour*, qu'autant que les objets sont expédiés sur les Gares de *provenance primitive*. (Inst. spéc. 1864.)

(2) Les principales circulaires ministérielles relatives aux comptes-rendus des jugements, sont les suivantes : 1° 17 juillet 1860, tableaux à fournir par les parquets, v. *Jugements*, p. 277 ; 2° 10-27 février 1862, communication des dispositifs de jugement, 583 ; 3° 18 juillet 1864, comptes-rendus des débats judiciaires (v. *Accidents d'exploitation* au Rép.).

(3) Il ne nous paraît pas sans intérêt de faire connaître, au moins d'une manière succincte, les épreuves d'examens que doivent subir les conducteurs auxiliaires des ponts et chaussées, parmi lesquels se recrutent les conducteurs embrigadés appelés à jouir du bénéfice des congés illimités, pour entrer au service des compagnies.

Extrait du programme d'examen, notifié par dép. minist. du 17 novembre 1864. — « Nul n'est admis à prendre part aux examens, s'il n'est français ou naturalisé français, et s'il n'est âgé de plus de 21 ans et de moins de 30 ans au 1er janvier de l'année dans laquelle aura lieu le concours. Toutefois, les militaires porteurs d'un congé obtenu après sept ans de services et les employés secondaires qui, à l'âge de 30 ans, comptaient plus de deux ans de services, pourront concourir jusqu'à 35 ans.

» Les demandes d'admission aux examens seront adressées au ministre deux mois avant l'époque qui sera fixée pour le concours et qui sera annoncée par un avis inséré au *Moniteur*.

» Elles seront accompagnées : 1° de l'acte de naissance du candidat ; 2° d'une note faisant connaître ses antécédents et les études auxquelles il s'est livré. A cette note doivent être joints les diplômes, certificats, etc., qui auraient pu lui être délivrés.

» Si les candidats sont déjà au service de l'administration, les demandes seront, en outre, appuyées par leurs chefs hiérarchiques ; les candidats étrangers à l'administration devront les adresser par l'intermédiaire de l'un des ingénieurs du département dans lequel ils résident.....

CONDUCTEURS DE TRAINS.

Chefs de trains principaux (v. *Chefs de trains* au Rép.). — *Conducteurs chefs de trains*, p. 114. — *Conducteurs garde-freins*, 114 et 232. — **Affaires générales** (v. *Agents* au Rép.).

Principales attributions des agents des trains (1) : — 1° composition des convois, p. 108 (v. aussi les art. *Eclairage, Fanaux, Freins* et *Manœuvres*); — 2° départ des trains, 114 ; — 3° marche des trains et incidents de route, 328 ; — 4° accidents, collisions, déraillements, détresse, retards, secours et signaux (v. ces mots au Dict. et au Rép.) ; — 5° **ralentissements** (v. au Rép.) ; — 6° garages, 228 ; — 7° arrivée des trains, 115 ; — 8° service des bagages et des colis, 115 ; — 9° transport de poudres, 115 ; — 10° *idem* de matières dangereuses, 337 ; — 11° police des convois, 115 (v. aussi *Voyageurs*, 614, et *Rebellion* au Rép.) ; — 12° compartiments réservés (v. les art. rappelés p. 115 et l'art. *Coupés* au Rép.) ; — 13° rapports avec le public, 115 ; — 14° dispositions diverses, 115 ; — 15° avis d'accidents, de crimes, etc., 116.

Circulation temporaire sur une voie, pilotage, p. 402. — *Service de la voie unique,* 599. — **Service des trains de matériaux** (v. *Trains* au Rép). — *Surveillance générale*, 115. — *Précautions à prendre aux disques-signaux* (v. *Disques* au Dict. et au Rép.). *Signaux détonants*, 500. — **Communication avec le mécanicien**, 501 (v. aussi au Rép. l'art. *Enquêtes d'exploitation*). — *Abandon du poste*, 115 (v. aussi *Abandon* au Rép.). — *Infractions diverses*, *pénalités*, 394 et 395.

CONDUITES D'EAU ET DE GAZ.

Alimentation des réservoirs hydrauliques des gares. — V. Prises d'eau, p. 670, Réservoirs, 462 et Tuyaux, 586.

Conduites d'eau à l'usage des riverains. — Formalités générales pour les autorisations de conduites d'eau traversant les voies publiques (v. *Grande voirie* au Rép.) (2).

Conditions particulières, appliquées sur la plupart des chemins concédés, pour les conduites d'eau, et avec quelques variantes, pour les conduites de gaz (3) :

1° La conduite en fonte dans toute l'étendue du chemin de fer, sera enveloppée

---

Les connaissances exigées des candidats et la valeur relative assignée à chacune des parties de l'examen, à raison de son étendue ou de son importance au point de vue du service des conducteurs, peuvent être resumées ainsi qu'il suit : *1° écriture courante*, nette et très-lisible, valeur relative 2 ; — *2° principes de la langue française*, 3 ; — *3° arithmétique*, 5 ; — *4° logarithmes*, 2 ; — *5° algèbre*, 1 ; — *6° géométrie*, 5 ; — *7° statique*, 1 ; — *8° trigonométrie rectiligne*, 2 ; — *9° géométrie descriptive*, 2 ; — *10° dessin graphique et lavis*, 4 ; — *11° lever des plans*, 5 ; — *12° nivellement*, 5 ; — *13° cubature des terrasses et mouvements des terres*, 4 ; — *14° pratique des travaux*, 5 ; — ....

« Nul ne pourra être déclaré admissible s'il n'a obtenu au moins la moitié du maximum pour chacun des articles 1, 2, 3, 6, 10, 11 et 12, et pour les autres articles réunis ; et les deux tiers de ce maximum pour l'ensemble de son examen.

» Les procès-verbaux d'examen sont transmis à l'administration avec un rapport général sur l'ensemble des examens, dans lequel les candidats sont classés suivant l'ordre de mérite que leur assigne le résultat du concours dans chaque département.

» L'admissibilité des candidats à l'emploi de conducteur auxiliaire est déclarée par le ministre, sur le vu des procès-verbaux d'examen. Cette déclaration d'admissibilité ne confère, d'ailleurs, aux candidats aucun droit à une nomination immédiate ; elle les met seulement en position de concourir, à l'exclusion de tous autres candidats, pour les emplois de conducteur vacants ou à créer, soit dans les départements où ils ont été examinés, soit dans tout autre département. » (Ext. du programme d'examen des conducteurs auxiliaires des ponts et chaussées.)

(1) Nous devons rappeler ici qu'à défaut d'un règlement général et uniforme pour les conducteurs de trains, nous avons dû nous borner à reproduire, en ce qui concerne le service de ces agents, divers extraits de documents officiels ou particuliers que nous prions de vouloir bien considérer comme de simples renseignements comparatifs.

(2) Les demandes d'établissement de conduites d'eau ou de gaz, traversant les chemins concédés sont instruites comme toutes les autres affaires de voirie, par les ingénieurs du contrôle qui entendent la Compagnie intéressée.

(3) Ces indications particulières sont extraites textuellement des dispositions combinées de deux arrêtés préfectoraux relatifs à des conduites posées, l'une pour diriger les eaux d'une source d'un côté à l'autre du chemin de fer, et la seconde pour l'alimentation d'une usine ayant sa prise d'eau située du côté opposé de la voie ferrée.

d'un tube également en fonte, de 0^m,30 au moins de diamètre (1), de telle sorte qu'en cas de réparations, cette conduite puisse être enlevée et reposée, par glissement, sans qu'il soit nécessaire d'ouvrir de tranchée ;

2° Le tube sera posé normalement aux voies (perpendiculaire à leur direction) et au milieu du vide compris entre deux traverses consécutives (au point kil.....) ; il reposera sur un corroi destiné à prévenir l'infiltration des eaux dans le remblai, et sera placé, sous la haie de..... (2) à 0^m,70 en contre-bas du rail (3), de manière à présenter, à partir de ce point vers l'autre rive, une pente de 0^m,01 par mètre ;

3° Tout travail est interdit et restera interdit au pétitionnaire dans l'intérieur du chemin de fer ; en conséquence, les ouvrages, de quelque nature qu'ils soient, occasionnés par la pose de ladite conduite, seront exécutés, aux frais du pétitionnaire, par les soins des agents de la compagnie. Il en sera de même des ouvrages dont la compagnie reconnaitrait ultérieurement la nécessité, par suite de ruptures de tuyaux, de fuite dans les joints ou de toute autre cause ; mais tout travail, sauf le cas d'urgence, ne sera entrepris qu'après qu'il en aura été donné avis au pétitionnaire ;

4° Le pétitionnaire rétablira, à droite et à gauche du chemin de fer et d'après les indications qui lui seront données, les clôtures sèche et vive au-dessus de la conduite (4);

5° Si, dans l'avenir, un accident à la conduite ou les besoins de l'exploitation motivaient la modification ou la suppression de ladite conduite, entre les limites du chemin de fer, cette modification ou cette suppression serait opérée par la compagnie, après décision préfectorale et aux frais du pétitionnaire qui n'aurait aucune réclamation à élever et qui supporterait même les frais résultant de l'exécution de cette décision ;

6° La compagnie ne sera pas responsable des dommages qui pourraient être causés à la conduite ou à son enveloppe par le fait de l'exploitation normale du chemin de fer ;

7° Les droits des tiers sont réservés.

8° Les travaux ne seront commencés sur le terrain du chemin de fer qu'après la remise, par le pétitionnaire à la compagnie, d'un écrit constatant l'acceptation des conditions imposées à l'établissement de la conduite sur ledit terrain ;

9° Après l'achèvement des travaux, procès-verbal de récolement sera dressé, dans la forme ordinaire, par les soins du service du contrôle ;

10° L'arrêté ne sera valable que pour une année, comptée à partir de sa notification ;

11° Disposition relative à l'envoi d'une ampliation de l'arrêté : à l'ingénieur en chef du contrôle chargé d'en surveiller l'exécution, à la compagnie (en le lui faisant notifier par voie administrative à l'un de ses représentants, soit à Paris, soit sur la ligne), au pétitionnaire.

CONFÉRENCES.

Travaux intéressant plusieurs services, p. 116 (5). — *Travaux mixtes, dans*

---

(1) Le diamètre du premier tube varie suivant l'importance du débit ; il ne dépasse pas ordinairement 0^m,16.

(2) De droite ou de gauche.

(3) 0^m,60 au *minimum*, de manière que la conduite n'empiète jamais sur le niveau du dessous du ballast.

(4) Art. à supprimer, dans le cas où la Compagnie se réserverait de rétablir elle-même les clôtures aux frais du pétitionnaire.

(5) Les conférences prévues par les documents reproduits, p. 116, ont notamment pour objet la viabilité des routes, chemins, etc., et le maintien de la navigation et de l'écoulement des eaux. Ces conférences ont généralement lieu à l'époque de la présentation des projets *spéciaux* d'ouvrages d'art, de gares, etc., mentionnés au dernier paragraphe de l'art. 5 du cah. des charges (v. p. 707). Les projets d'*ensemble* présentés à la suite de la déclaration d'utilité publique et de la loi de concession, ne sont ordinairement approuvés que sous la réserve de l'accomplissement des conférences et formalités auxquelles devront donner lieu, d'un côté, les projets spéciaux d'ouvrages d'art, de déviations, de gares, etc., et d'un autre côté, les parties de tracé soumises aux servitudes militaires, ou qui sont situées dans la zone de défense (v. *Zones*, p. 620).
Les conférences précitées ne sont pas obligatoires pour l'examen des avant-projets, soumis aux enquêtes d'utilité publique. — Les commissions d'enquête sont tenues seulement d'entendre les ingénieurs des ponts et chaussées et des mines employés dans le département. » (Art. 6. ordonnance du 18 février 1834, p. 179). Cette ordonnance ne parle pas de l'intervention des ingénieurs militaires.

la zone de défense, 116. — *Adhésion immédiate aux travaux mixtes*, 572.

Conférences générales sur l'exploitation, p. 118.

CONFLITS D'ATTRIBUTIONS.

Formalités prescrites par l'art. 6 de l'ordonnance du 1er juin 1828, p. 581.

CONGÉS ILLIMITÉS.

Fonctionnaires des ponts et chaussées et des mines. — Le décret d'organisation du corps des ponts et chaussées, du 13 octobre 1851, cité en ext. p. 119, et le décret analogue du 24 décembre 1851, relatif au service des mines, confèrent aux ingénieurs, aux conducteurs embrigadés et aux garde-mines, la faculté d'obtenir des congés illimités, notamment pour s'attacher au service des compagnies.

Le bénéfice des congés illimités n'est pas attribué aux ingénieurs *ayant moins de cinq années de services effectifs*, ni aux conducteurs *auxiliaires*, et employés secondaires des ponts et chaussées; ces fonctionnaires et agents sont tenus, par conséquent, de se démettre préalablement de leur emploi officiel, lorsqu'ils entrent, à un titre quelconque, au service des compagnies concessionnaires

Enfin, l'usage de semblables congés ne paraît pas avoir été établi en faveur des commissaires de surveillance administrative et des inspecteurs de l'exploitation commerciale, relevant du ministère des travaux publics.

Retenues à exercer sur les traitements des fonctionnaires et agents en congé illimité, p. 474 (1).

Renseignements à fournir sur les ingénieurs et conducteurs en congé illimité (v. l'art. *Inspecteurs généraux* au Rép.).

CONGÉS TEMPORAIRES.

Agents des compagnies, p. 118. — *Fonctionnaires des ponts et chaussées* (extrait du décret d'organisation du 13 octobre 1851) :

« *Art.* 22, § 1er. — Les congés temporaires ne dépassent pas trois mois. Ils sont accordés par le ministre, sur l'avis des préfets, pour les ingénieurs en chef, et sur l'avis des ingénieurs en chef et des préfets, pour les ingénieurs ordinaires.

» § 2. — Toutefois, les préfets peuvent accorder aux ingénieurs en chef et aux ingénieurs ordinaires des permissions d'absence dont la durée n'excède pas dix jours.

» *Art.* 23, § 1er. — Les ingénieurs qui excèdent les limites de leurs permissions ou congés, ou qui ne se rendent pas à leur poste aux époques assignées, sont privés de leurs appointements pour tout le temps de leur absence de ce même poste, sans préjudice des mesures disciplinaires qui pourraient leur être appliquées.

» § 2. — Si le retard excède trois mois, l'ingénieur peut être déclaré démissionnaire. »

L'application de ces dispositions (textuellement reproduites dans le décret d'organisation du corps des *mines*, 24 décembre 1851) a été réglée par une circ. minist. du 20 novembre 1851, dont l'extrait suit (2) :

« La demande devra indiquer et la décision déterminera l'époque précise à laquelle commencera le congé. . . . . . .

. . . .

» L'ingénieur en congé ou déplacé

---

(1) Les ingénieurs, conducteurs et garde-mines, en congé illimité, conservent certains avantages administratifs, parmi lesquels figure celui de prolonger de 5 années le temps à compter pour leur retraite, moyennant le versement des retenues mentionnées p. 474. Mais en quittant le service de l'Etat pour devenir ingénieurs, ou chefs de sections des compagnies, ils cessent, par le fait, d'être considérés comme *fonctionnaires publics*, en ce qui touche notamment les effets de leur assermentation professionnelle, qui doit être renouvelée dans les conditions propres aux agents des compagnies, lorsque leur nouveau service motive l'accomplissement de cette formalité (v. *Assermentation*, p. 39, et *Agents des compagnies* au Rép.

Les retenues exercées sur les traitements des ingénieurs, conducteurs et garde-mines, en congé illimité, sont ordinairement versées dans les formes et aux époques indiquées en temps et lieu aux intéressés, par les soins de l'administration. Dans le cas, *bien rare sans doute*, où les fonctionnaires et agents n'effectuent pas, soit d'office, soit sur l'invitation de l'administration, les versements dont nous venons de parler, ils ne sont pas exclus des cadres et ils peuvent, à toute époque, être admis à se remettre légalement à la disposition du ministre, mais ils sont déchus du droit ou plutôt de la faveur qui leur a été accordée d'augmenter de cinq années le temps qui doit ou devra leur être compté pour la liquidation de la retraite administrative à laquelle ils pourraient avoir ultérieurement droit, en rentrant au service de l'Etat.

(2) Les prescriptions de cette circ. du 20 nov. 1851, sont de tout point applicables au corps des mines. (Circ. minist. du 10 janv. 1852, ext.).

devra, dans les vingt-quatre heures de son départ et de son arrivée, en donner avis au chef de service ou au préfet, par une lettre qui sera immédiatement transmise à l'administration centrale.....

« Les dispositions qui précèdent ne concernent que les congés dont la durée excède dix jours..... Pour les absences ne dépassant pas dix jours, il devra être donné avis au ministre de la décision qui aura accordé le congé, de ses motifs et de l'époque du départ et du retour de l'ingénieur...

« ... Ces permissions d'absence ne donneront lieu à aucune retenue sur le traitement. Mais le délai de dix jours est une limite rigoureuse qui ne peut être dépassée. L'ingénieur, dont l'absence se prolongerait au-delà, tomberait sous l'application des dispositions relatives aux congés ordinaires (1).....

« De semblables permissions ne seront accordées que pour des motifs sérieux, et dans le cas seulement où le service des ingénieurs ne peut avoir à souffrir de leur absence.....

« Les dispositions relatives aux congés des ingénieurs s'appliqueront également aux *conducteurs*. Il paraît, toutefois, inutile d'informer l'administration supérieure des permissions d'absence de dix jours au plus accordées à ces agents, à moins qu'ils ne viennent à Paris; dans ce cas, l'administration devra être prévenue. Ces permissions pourront être accordées directement par le chef de service, à la charge d'en donner avis au préfet et de lui faire connaître le jour du départ et du retour du conducteur en congé.

« Pour les *agents inférieurs*, les permissions d'absence n'excédant pas dix jours pourront être accordées par les ingénieurs ordinaires, à la charge d'en informer immédiatement l'ingénieur en chef. Les congés de dix jours à un mois seront accordés par le préfet, sur la proposition de l'ingénieur en chef. L'administration supérieure n'aura à intervenir que pour les congés excédant un mois. » (Circ. minist. du 20 novembre 1851. Ext.)

Application aux commissaires de surveillance administrative des règles concernant les conducteurs, avec obligation pour le chef de service, de donner avis au préfet et au ministre des congés ne dépassant pas dix jours (v. circ. minist., 24 octobre 1863, p. 645).

Inspecteurs de l'exploitation commerciale. — Par analogie, il paraît y avoir lieu d'appliquer aux inspecteurs de l'exploitation commerciale, en ce qui concerne les congés, les prescriptions relatives aux ingénieurs.

Circulation gratuite des fonctionnaires en congé ou déplacés. — Sous aucun prétexte, les commissaires de surveillance administrative, ne doivent jamais sortir sans congé et sans une autorisation régulière des limites de leur circonscription (v. p. 290, la circ. minist. du 9 sept. 1863), mais « les agents de la surveillance administrative des chemins de fer, *porteurs* » *d'un congé régulier*, jouiront du libre » parcours sur la ligne à laquelle ils sont » attachés, jusqu'au point le plus rapproché du lieu de leur destination, et la » même faculté sera étendue aux agents » nouvellement institués ou déplacés. » « (Circ. minist., 17 - 21 janvier 1853 Ext.) »

Congés pour cause de maladie. (Ext. du décret du 9 novembre 1853, sur les pensions civiles, p. 118 et 119). — *Certificats médicaux à joindre aux demandes*, 119, note (2).

Mise en disponibilité, p. 473.

---

(1) V. p. 118, l'ext. du décret du 9 nov. 1853, sur les pensions civiles, contenant les *dispositions générales* relatives aux congés, avec ou sans retenue, accordés aux fonctionnaires et agents des divers services publics.

(2) La circ. minist. adressée le 30 mars 1857, aux préfets, relativement aux certificats médicaux, porte ce qui suit :

« Lorsqu'un fonctionnaire ou employé demande son admission à la retraite pour cause d'invalidité ou d'infirmités....., son état de santé doit être constaté, suivant les prescriptions des art. 30 et 35 du règlement d'administration publique, du 9 novembre 1853, par un médecin désigné par l'administration et assermenté.

« L'art. 16 du même règlement, relatif aux congés que peuvent obtenir les fonctionnaires et employés, les dispense, dans certains cas de maladie, de toute retenue sur leur traitement et suppose également, dans ces divers cas, la production d'un certificat de médecin comme base de la décision à prendre par l'autorité supérieure.

« Jusqu'ici aucune règle précise n'a été prescrite par l'administration pour la délivrance des certificats à produire..... — J'ai pensé qu'il y avait utilité à combler cette lacune, et je viens vous faire connaître les dispositions auxquelles il m'a paru convenable de s'arrêter.

« En principe, c'est au préfet qu'il appartient de choisir les médecins appelés à délivrer les certificats dont il s'agit ; mais au lieu de les désigner dans chaque cas particulier, il y aurait avantage

CONGRÉGATIONS RELIGIEUSES.

Délivrance de billets à prix réduits, p. 56 note.

CONSEILS ADMINISTRATIFS.

Organisation des pouvoirs administratif et judiciaire (v. *Organisation* au Rép.).

Conseil de préfecture. — *Attributions, compétence,* p. 106 et 119 (1). — *Contestations entre les compagnies et l'Etat,* 120. — *Réclamations des communes,* au sujet des travaux acceptés ou approuvés par l'autorité compétente : « Le conseil de préfecture se déclare avec raison incompétent pour statuer sur les conclusions d'une commune, tendant à faire modifier des travaux de chemins de fer, dont les projets ont été régulièrement approuvés. — Une commune qui a introduit devant le conseil de préfecture une instance ayant pour objet de faire condamner une compagnie de chemins de fer, à exécuter certains travaux, ne peut conclure pour la première fois en appel devant le conseil d'Etat à l'allocation d'une indemnité. Cette demande nouvelle doit subir l'épreuve du premier degré de juridiction. » (C. d'Etat, 30 juillet 1863. — Commune de Saint-Cyr.) (v. aussi la décision du C. d'Etat du 8 février 1864, citée à l'art. *Chemins vicinaux* du Rép.). — *Affaires d'expropriation de terrains* (elles sont de la compétence des tribunaux judiciaires, 580). « Le conseil de préfecture est incompétent pour connaître de la demande d'un propriétaire exproprié, à l'effet d'obtenir la rétrocession de parcelles de terrains qui n'ont pas reçu la destination, en vue de laquelle l'expropriation a été prononcée. » (C. d'Etat, 30 juillet 1863.) — *Notification des arrêtés.* — Une ancienne circulaire ministérielle (du 12 sept. 1816) a recommandé aux préfets « de faire signifier les » décisions du conseil de préfecture, re-» latives à la grande voirie, ou à tout ce » qui ressort de l'administration des ponts » et chaussées par le ministère d'huissier. » — Quant aux décisions ministérielles, » elles doivent être notifiées au domicile » de la partie, par le maire, qui doit s'en » faire délivrer un reçu. » — Ce système a été modifié, sur le premier point, par la jurisprudence qui admet comme valable la notification administrative, si l'on peut produire un récépissé de cette notification ou en donner tout autre preuve. — *Oppositions,* 120. — *Recours au conseil d'Etat,* 121 (v. aussi *Conseil d'Etat* au Rép.). — *Exécution d'office des arrêtés,* 120. — *Compte-rendu des condamnations de grande voirie* (v *Contraventions* au Rép.).

Publicité des audiences des conseils de préfecture, p. 646. — *Défense des intérêts des compagnies* (v. *Contentieux* au Rép.). — *Défense des intérêts de l'Etat.* « Le ministre des travaux publics, après s'être concerté avec le ministre de l'intérieur, a décidé que pour toutes les affaires dépendant du ministère des travaux publics, et que les lois et règlements défèrent au jugement du conseil de préfecture, le préfet se concertera avec les ingénieurs en chef du service intéressé pour déterminer celles des affaires pour lesquelles à raison, soit de leur nature, soit de leur importance, ce chef de service devrait assister aux séances publiques du conseil de préfecture, pour donner toutes les explications, de fait et de droit, que la discussion pourrait rendre nécessaires. — L'ingénieur en chef se ferait suppléer par un des ingénieurs sous ses ordres, dans le

à faire choix immédiatement d'un médecin spécial qui seroit appelé à faire, dans chaque circonstance, les constatations qui pourraient être nécessaires.....

« Quant aux honoraires des médecins.... ils pourraient être réglés à raison de 2 francs par certificat, avec addition d'une somme de 25 centimes par kilomètre, lorsque les médecins seraient obligés de se déplacer en dehors de la commune de leur résidence.

» Ces frais seront payés sur les mémoires présentés par les médecins et approuvés par l'administration supérieure. Ils seront imputés sur le même chapitre du budget que le traitement du fonctionnaire ou de l'agent intéressé. « (Circ. minist. du 30 mars 1857, ext.).

(1) Les conseils de préfecture compétents pour connaître des difficultés qui peuvent s'élever entre les entrepreneurs des travaux publics et *l'administration*, n'ont pas à statuer sur les affaires de même nature, lorsqu'il s'agit de l'appréciation des marchés et arrangements passés entre les *compagnies concessionnaires* et les entrepreneurs qu'elles se substituent pour l'exécution des travaux. Ces conventions, auxquelles l'administration reste généralement étrangère, ont un caractère particulier et commercial qui les fait rentrer dans les attributions des tribunaux ordinaires. Mais toutes les questions litigieuses relatives aux dommages causés aux riverains par les travaux concédés et régulièrement autorisés, sont du ressort des tribunaux administratifs, par application de la loi du 28 pluviôse, an VIII (v l'extrait de cette loi, p. 119 et 120, v. aussi l'art. *Dommages*, p 160 et l'art. *Accidents de travaux* au Rép).

cas où, pour une cause quelconque, il ne pourrait être présent. L'intervention des ingénieurs rendra presque toujours inutile la présence d'un avocat; néanmoins, le ministre admet que le préfet pourra recourir au ministère d'un avocat, lorsque, d'accord avec l'ingénieur en chef, il en reconnaîtra la nécessité. » (Cette circulaire, qui intéresse surtout les services de construction, au compte de l'État, a été notifiée aux préfets et aux ingénieurs en chef, le 10 déc. 1864.)

Conseil d'État. — *Examen des demandes de concessions*, p. 111. — *Instruction des affaires administratives*, p. 121.

Nouvelles formalités de procédure (extrait du décret impérial du 2 nov. 1864) :

• Art. 1er. Seront jugés sans autres frais que les droits de timbre et d'enregistrement :

• Les recours portés devant le conseil d'État, en vertu de la loi des 7-14 octobre 1790, contre les actes des autorités administratives, pour incompétence ou excès de pouvoirs (1) ;

• Les recours contre les décisions portant refus de liquidation ou contre les liquidations de pension.

• Le pourvoi peut être formé sans l'intervention d'un avocat au conseil d'État, en se conformant, d'ailleurs, aux prescriptions de l'art. 1er du décret du 22 juillet 1806 (2).

• 2. — Les art. 130 et 131 du code de procédure civile (3) sont applicables dans les contestations où l'administration agit comme représentant le domaine de l'État, et dans celles qui sont relatives, soit aux marchés de fournitures, soit à l'exécution des travaux publics, aux cas prévus par l'art. 4 de la loi du 28 pluviôse an VIII (4).

• 3.— Les ordonnances de *soit communiqué*, rendues sur des pourvois au conseil d'État doivent être notifiées dans le délai de deux mois, sous peine de déchéance.

» 4. — Doivent être formés dans le même délai :

• L'opposition aux décisions rendues par défaut, autorisée par l'art. 29 du décret du 22 juillet 1806 (5) ;

» Les recours autorisés par l'art. 32 du même décret et par l'art. 20 du décret du 30 janvier 1852 (6).

• 5. — Les ministres font délivrer aux parties intéressées qui le demandent un récépissé constatant la date de la réception et de l'enregistrement au ministère de leur réclamation.

• 6. — Les ministres statuent par des décisions spéciales sur les affaires qui peuvent être l'objet d'un recours par la voie contentieuse.

• Ces décisions sont notifiées administrativement aux parties intéressées.

» 7.— Lorsque les ministres statuent sur des recours contre les décisions d'autorités qui leur sont subordonnées, leur décision doit intervenir dans le délai de quatre mois, à dater de la réception de la réclamation au ministère. Si des pièces sont produites ultérieurement par le réclamant, le délai ne court qu'à dater de la réception de ces pièces.

» Après l'expiration de ce délai, s'il n'est intervenu aucune décision, les parties peuvent considérer leur réclamation comme rejetée et se pourvoir devant le conseil d'État.

» 8.—Lorsque les ministres sont appelés à produire des défenses ou à présenter des observations sur des pourvois introduits devant le conseil d'État, la section du contentieux fixe, eu égard aux circonstances de l'affaire, les délais dans lesquels les réponses et observations doivent être produites. »

Conseil des ponts et chaussées. — *Examen des demandes de concessions,*

---

(1) V. l'extrait de cette loi à l'art. *Organisation* du Rép.

(2) *Ext. de l'art.* 1er : « la requête contiendra l'exposé sommaire des faits et des moyens, les
• conclusions, les noms et demeure des parties, l'énonciation des pièces dont on entend se servir
• et qui y seront jointes. »

(3) • 130. — Toute partie qui succombera sera condamnée aux dépens.
• 131. — Pourront néanmoins les dépens être compensés en tout ou en partie, entre conjoints,
ascendants, descendants, frères et sœurs, ou alliés au même degré ; les juges pourront aussi compenser les dépens en tout ou en partie, si les parties succombent respectivement sur quelques chefs. •

(4) V. l'extrait de cette loi à l'art. *Conseil·de préfecture* du Dict., p. 119.

(5) V. p. 121 cet art. 29 *indiqué, à tort, comme portant le* n° 30.

(6) Il s'agit dans ces décrets, et notamment dans l'art. 32 du décret du 22 juillet 1806, de l'interdiction de présenter requête en recours contre une décision contradictoire, si ce n'est en deux cas : si elle a été rendue sur pièces fausses ; si la partie a été condamnée, faute de représenter une pièce décisive qui était retenue par son adversaire.

p. 111. — *Examen des affaires relatives aux travaux*, 121 (v aussi les divers articles se rapportant aux projets, travaux, etc.).

Conseils d'administration des compagnies. — Attributions et responsabilité des administrateurs, p. 15 et 632 (v. aussi *Compagnies* au Dict. et au Rép.).

Conseils d'arrondissement. — Les préfets de certains départements traversés par les lignes ferrées, sont dans l'usage de demander chaque année aux ingénieurs en chef du contrôle, vers l'époque fixée pour la session des conseils généraux, une note donnant le résumé succinct des renseignements sur les questions de chemins de fer qui peuvent intéresser ces assemblées (v. p. 121.).

Par extension, quelques préfets ont cru devoir soumettre des renseignements analogues à l'appréciation des conseils d'arrondissement.

Nous rappellerons à cet égard, qu'en se reportant aux lois et décrets qui fixent les attributions de ces derniers conseils, en ce qui touche les chemins de fer, il n'y a que les affaires relatives aux chemins d'accès des gares qui puissent intéresser les membres des conseils d'arrondissement.

Le service de la voie et de ses dépendances étant placé, d'ailleurs, dans les attributions des ingénieurs des ponts et chaussées, c'est à ces fonctionnaires qu'il appartient de fournir, lorsqu'il y a lieu, à l'ingénieur en chef du contrôle, pour être transmis au préfet, les renseignements dont nous venons de parler.

Conseils généraux. — *Renseignements demandés par les préfets pour être soumis à ces conseils,* p. 121. — *Délibérations* relatives : 1° aux questions de répartition des indemnités de terrains acquis pour l'établissement des chemins de fer (ext. de l'art. 4 de la loi du 11 juin 1842. V. cette loi au mot *Compagnies* du Rép.) ; — 2° à la fixation des ressources locales à affecter à l'établissement des chemins vicinaux, susceptibles d'être transformés en voies ferrées (v. *Chemins de fer vicinaux* au Rép.).

Comités et commissions (v. ces mots au Dict. et au Rép.).

CONSIGNES.

Aiguilleurs relevés de service, p. 24. — *Consignes enfreintes* (v. au Rép. l'art. *Commissaires de surveillance administrative* p. 806, note 4.).

CONSTATATIONS DIVERSES.

Accidents d'exploitation et accidents de travaux (v. **Accidents** au Rép.). — *Contraventions* (v. ce mot au Rép.). — **Procès-verbaux** (*ibid*). — *Crimes et délits* (v. *Actes de malveillance,* p. 8 et suivantes). — *Crimes et délits communs* (v. *Commissaires* au Rép.). — *Rupture des plombs de douane,* 166. — *Matériel militaire* (v. au Rép.). — **Avaries** (v. à la fin du présent art.). Fausses déclarations, 139.

Constatations dans les gares de jonction. — D'après la pratique en usage depuis longtemps déjà dans la plupart des gares communes à deux compagnies différentes, et à défaut d'un ordre de service général sur cet objet, c'est au commissaire de surveillance administrative dans le service duquel se trouve placée la gare de jonction, qu'il appartient, en principe, de procéder à la constatation des divers faits d'exploitation nés ou relevés dans cette gare, soit qu'ils concernent la compagnie chargée du service de la gare commune, soit qu'ils concernent celle dont la ligne vient aboutir à cette gare. Ce commissaire a le devoir, en effet, de surveiller le personnel et le service de la gare de jonction, et il ne paraît y avoir aucun inconvénient à ce qu'il procède ainsi à toutes les constatations et aux relevés d'accidents, contraventions, réclamations, retards, etc., pourvu qu'il remette à son collègue de l'autre ligne une copie des procès-verbaux et renseignements qui pourront concerner le service de ce dernier.

Constatations sur le chemin de Ceinture (v. *Chemin de Ceinture* au Rép.).

Constatations relatives au personnel. — En dehors des dépositions d'agents, des renseignements ou des réquisitions se rattachant aux affaires d'accidents ou de contraventions, les commissaires de surveillance ne doivent pas s'immiscer, de leur chef, dans les questions relatives au personnel de la compagnie. — Il leur est interdit, notamment, par une circulaire ministérielle citée à l'art. *Timbres-cachets,* p. 639, de délivrer aux agents des certificats de bonne conduite ou de toute autre nature.

Constatations sur réquisitions du public ou des compagnies. AVARIES, ETC. — D'après la circ. min. du 15 avril 1850 (v. p. 699 et suivantes), les commissaires de surveillance administrative « stationneront d'une manière à peu près permanente dans les gares, pour recueillir les plaintes et les réclamations du public. » Des instructions leur ont été données sur les diverses lignes, en ce qui concerne les avis et rapports à envoyer à leurs chefs au sujet de ces plaintes, que les commissaires de surveillance administrative doivent se contenter de recevoir et de transmettre par la voie hiérarchique, sans les provoquer, les encourager ou les appuyer. — Il ne paraît exister d'ailleurs aucun document réglementaire en ce qui concerne la remise aux particuliers ou aux compagnies, d'une copie des constatations que les commissaires de surveillance peuvent être requis de faire, par exemple, à l'ocasion *d'avaries*, de *manquants*, ou d'autres faits purement matériels. — Toutefois certains commissaires ne refusent pas, lorsqu'ils en sont formellement requis, de remettre ces simples attestations aux intéressés, mais ils ont le soin de dresser leurs procès-verbaux de constatation, en évitant d'y ajouter aucune appréciation, aucune observation personnelle, de citer aucun article de règlement, d'indiquer d'autres faits que ceux représentés par les requérants, et de s'abstenir de toute constatation en dehors de l'enceinte du chemin de fer ou de la gare (les règlements des chemins de fer ne leur donnant pas qualité pour ces constatations de droit commun, qui ressortissent principalement aux officiers de police locaux).

Dans aucun cas et sous aucun prétexte, les commissaires de surveillance administrative ne doivent délivrer de leur chef des constatations écrites aux tiers, sur des faits qui concernent l'exploitation technique (accidents, contraventions, etc.) dont la constatation et l'appréciation n'appartiennent qu'au service du contrôle administratif ou à l'autorité judiciaire.

CONSTRUCTIONS.

Constructions antérieures à l'établissement du chemin de fer, p 28 (v. aussi *Bâtiments* au Rép.).

Affaires diverses, se rattachant à la grande voirie ou aux constructions dépendant du service des chemins de fer (v. *Bâtiments* au Rép., *Travaux*, p. 570).

CONTENTIEUX ADMINISTRATIF.

Défense des intérêts de l'Etat devant les conseils de préfecture (v. **Conseils**, au Rép.).

Défense des intérêts des compagnies (Ext. d'une inst. spéc.) (1) :

« Jusqu'à ces derniers temps, les affaires contentieuses ressortissant des tribunaux administratifs étaient jugées sur pièces écrites, et étaient traitées et présentées aux conseils de préfecture par le service des ingénieurs ; mais aujourd'hui la loi du 30 décembre 1862 a rendu publiques les audiences des conseils de préfecture statuant sur les affaires contentieuses, et les parties peuvent présenter leurs observations, soit en personne, soit par mandataire.

» Il en résulte que, dans les affaires d'une certaine importance, on aura recours au ministère des avoués ou des avocats

» Dans ce nouvel état de choses, il paraît convenable que ce soit le service du contentieux qui soit chargé de suivre les affaires devant le conseil de préfecture, comme il les suit déjà, d'ailleurs, devant le conseil d'Etat.

» En conséquence, l'ingénieur en chef de la voie transmettra désormais les affaires dont il s'agit, à mesure qu'elles lui parviendront, aux chefs du contentieux de la construction ou de l'exploitation.

» L'instruction de ces affaires devra néanmoins être faite par les ingénieurs, comme par le passé. Aucune forme n'est prescrite pour la production de cette instruction, qui ne servira au contentieux que pour préparer ses notes ; chaque ingénieur la produira donc dans la forme qui lui paraîtra la plus convenable.

» En cas d'urgence, l'ingénieur en chef de la voie autorise les chefs du contentieux à s'adresser directement aux ingénieurs pour avoir les renseignements dont ils auront besoin. Mais, dans tous les cas, les réponses des ingénieurs passeront par l'intermédiaire de l'ingénieur en chef, afin que ce dernier, en les transmettant aux services du contentieux, puisse, s'il y a lieu, y joindre ses propres observations ou appréciations, et que, dans tous les cas, il soit tenu au courant de l'affaire.

» La présente instruction sera adressée aux ingénieurs et chefs de section de la voie, ainsi qu'aux chefs du contentieux de la construction et de l'exploitation. » (*Inst. spéc.*)

---

(1) Le contentieux *administratif* des Compagnies, comprend dans ses attributions, outre les affaires d'expropriation de terrains, toutes les questions déférées aux conseils de préfecture et au conseil d'État, relativement à l'établissement et à l'entretien des voies (indemnités de dommages, extraction de matériaux, occupation de terrains, questions de terrains, de bornage, etc. etc.). — Ce service est distinct du *contentieux de l'exploitation* qui fait l'objet de l'article suivant.

CONTENTIEUX DE L'EXPLOITATION.

Service des compagnies. (Ext. d'une inst. spéc., en vigueur sur l'un des grands réseaux) :

Le service du contentieux de l'exploitation dépend de la direction de l'exploitation.

Il est dirigé par un chef du contentieux et un sous-chef.

Le travail est réparti entre plusieurs bureaux, qui ont dans leurs attributions l'instruction et la surveillance de tous les procès portés devant les tribunaux des localités desservies par les lignes du réseau.

(L'un de ces bureaux s'occupe exclusivement des affaires portées devant les tribunaux *de la Seine*).

Le contentieux de l'exploitation des grandes compagnies comporte de plus les services distincts, ci-après :

Bureau des affaires diverses.

Ce bureau est dirigé par un agent ayant pour titre : « *Chef du bureau des affaires diverses.* » Il a, dans ses attributions, l'instruction et la surveillance de tous les procès d'accidents, le règlement des indemnités d'accidents, les contributions et les réclamations s'y rattachant, toutes les affaires dépendant du domaine de l'exploitation (1).

Bureau des oppositions.

Ce bureau est dirigé par un agent ayant pour titre : « *Employé principal chargé des oppositions.* » Il a, dans ses attributions, la réception et le classement de toutes les oppositions, leur dénonciation aux différents services, l'examen des mainlevées fournies.

Bureau de la comptabilité et de la caisse.

Ce bureau est dirigé par un agent ayant pour titre : « *Chef de la comptabilité du contentieux.* » Il a, dans ses attributions, la direction de la comptabilité du contentieux avec le bureau des litiges et du contrôle, le paiement des frais, des indemnités commerciales, des pensions, des indemnités pour cause d'accidents, et les recettes diverses du contentieux.

Bureau succursale à X... (ordin. à la gare tête de ligne, de province).

Ce bureau est dirigé par un agent ayant pour titre : « *Chef du bureau de X...* » Il est spécialement en rapport avec le service du trafic qui passe à son débit tous les titres à recouvrer. Il a, dans ses attributions, l'instruction de tous les procès se rattachant au recouvrement de ces titres. A ce bureau est attaché un comptable chargé de la comptabilité du bureau avec le trafic et le contrôle.

Le contentieux est saisi des affaires qui rentrent dans ses attributions, soit par les assignations signifiées à la compagnie, soit par les titres à recouvrer qui lui sont passés par le trafic, soit par les communications qui lui sont faites par les différents services.

Les renseignements et documents qui peuvent être utiles à la défense de la compagnie, lui sont fournis par les différents chefs de service que l'affaire concerne..............................

Le contentieux est débité de tous les titres qui lui sont passés par le trafic et de toutes les sommes qu'il touche pour liquider les indemnités et les frais.

Lorsqu'un titre lui est passé par le trafic avec débit, ce débit est incrit sur un livre d'entrée, et reçu en est donné au bureau du trafic. Ce titre est mis en portefeuille ou représenté au portefeuille par un duplicata.

Un bordereau journalier envoyé au contrôle régularise la comptabilité du contentieux avec celle du trafic.

Aussitôt qu'une affaire reçoit une solution, soit par jugement, soit par transaction, le contentieux, suivant les circonstances :

Encaisse la lettre de voiture en tout ou partie ;

Paie les indemnités et les frais.

Pour solder les indemnités et les frais, le chef du contentieux envoie à la gare de la localité où le paiement doit s'effectuer un bon signé par lui, payable à l'avoué ou à l'avocat de la compagnie titulaire du bon, en invitant le chef de gare à en faire verser les fonds contre acquit.

L'avoué ou l'avocat de la compagnie

---

(1) Les demandes de secours ou d'indemnités sont instruites par les chefs de service qu'elles concernent. — Les décisions accordant des secours ou des indemnités sont transmises aux chefs de service qui ont présenté la réclamation. — S'il s'agit d'un secours à titre purement gracieux, la décision est adressée au chef de la comptabilité centrale de l'exploitation, par le chef de service qui, en lui faisant connaître la nature du secours, lui demande de pourvoir au paiement. — Lorsqu'il s'agit d'indemnités pour accidents pouvant engager la responsabilité de la Compagnie, ou de secours dans une circonstance où cette responsabilité semble pouvoir être atteinte dans une certaine mesure, le chef de service transmet la décision, avec un rapport détaillé sur les causes de l'accident, au chef du contentieux, qui pourvoit au règlement et au paiement dans les conditions de sécurité nécessaire. (Ext. d'une inst. spéc.).

paie alors aux parties intéressées les frais et indemnités et envoie les quittances au contentieux de Paris.

Les bons ainsi acquittés sont versés au contrôle qui débite le contentieux.

Le contentieux procède enfin à la liquidation de son débit de la manière indiquée par les instructions en vigueur pour chaque partie du réseau (1).

CONTRAVENTIONS.

Infractions de voirie, commises soit par les particuliers, soit par les compagnies, p. 122, 123 et 124. — *Délits de grande voirie*, se rattachant : 1° à l'exploitation des carrières (v. *Carrières* au Rép.); — 2° à la police du roulage (v. *Roulage* au Rép.); — 3° à la conservation des lignes télégraphiques, p. 543.

Constatation et poursuite des contraventions de grande voirie (v. à la p. 247 et au mot *Procès-verbaux*, p. 430, les règles à suivre, en vertu des lois des 29 floréal an x (19 mai 1802), 23 mars 1842 et 15 juillet 1845, pour la constatation, la poursuite et la répression des délits de grande voirie) (2).

Aux documents que nous venons de citer, se rattachent aussi les deux décrets suivants, dont la plupart des dispositions sont encore en vigueur et peuvent trouver leur application sur les lignes de chemins de fer ou sur leurs dépendances :

Décret du 18 août 1810 (Ext). — Art. 1er. — Les préposés aux droits réunis et aux octrois seront à l'avenir appelés, concurremment avec les fonctionnaires publics désignés en l'art. 2 de la loi du 29 floréal an x, à constater les contraventions en matière de grande voirie, de poids des voitures et de police sur le roulage.

» 2. — Les préposés ci-dessus désignés, ainsi que les fonctionnaires publics désignés en l'art. 2 de la loi du 29 floréal an x, seront tenus d'affirmer devant le juge de paix les procès-verbaux qu'ils seront dans le cas de rédiger, lesquels ne pourront autremeht faire foi et motiver une condamnation (3). »

. . . .

Décret du 16 décembre 1811 (Ext.). — TITRE IX. — *Répression des délits de grande voirie.* — « Art. 112. — A dater de la publication du présent décret, les cantonniers, gendarmes, gardes-champêtres, conducteurs des ponts et chaussées, et autres agents appelés à la surveillance de la police des routes, pourront affirmer leurs procès-verbaux de contravention ou de délits devant le maire ou l'adjoint du lieu (4).

» 113. — Ces procès-verbaux seront adressés au sous-préfet (5), qui ordonnera sur le champ, aux termes des articles 3 et 4 de la loi du 29 floréal an x, la réparation des délits par les délinquants, ou à leur charge, s'il s'agit de dégradations, dépôts de fumiers, immondices ou autres substances, et en rendra compte au préfet, en lui adressant les procès-verbaux.

» 114. — Il sera statué sans délai par les conseils de préfecture, tant sur les oppo-

---

(1) Ces instructions tout à fait intérieures, et qu'il serait sans intérêt de reproduire ici déterminent d'ailleurs les règles à observer par le *bureau succursale*, soit pour les affaires qu'il doit traiter directement, soit pour celles qu'il doit renvoyer au contentieux de Paris.

(2) Pour les chemins de fer *concédés*, les procès-verbaux dressés par les fonctionnaires des ponts et chaussées, soit contre les particuliers, *soit contre les compagnies*, sont adressés, par la voie hiérarchique, à l'ingénieur en chef du contrôle, qui les transmet, lorsqu'il y a lieu, au préfet, avec son avis ; il en est de même des procès-verbaux de grande voirie que les commissaires de surveillance administrative peuvent, d'après les lois et règlements, dresser *contre les particuliers*. Enfin l'ingénieur en chef du contrôle fournit également son avis sur les suites à donner aux procès-verbaux dressés par les agents des compagnies, soit d'office, soit sur l'invitation du préfet, à qui les compagnies sont dans l'usage d'envoyer directement un double de ces procès-verbaux, en même temps qu'à l'ingénieur en chef du contrôle.

» Mais les *concessionnaires* de chemins de fer, routes ou canaux n'ont pas qualité pour poursuivre devant le conseil de préfecture, et par voie d'appel, devant le conseil d'État, la répression des contraventions de grande voirie. Ils ne peuvent être admis à intervenir pour réclamer la réparation des dégradations et des dommages résultant des contraventions, qu'autant que la juridiction compétente a été appelée par les représentants de l'autorité publique à prononcer sur les procès-verbaux de contravention. » (Conseil d'État, 14 mars 1863. Chemin de Ceinture.) Voir aussi les arrêts cités p. 123, sous la rubrique : *Pourvois*.

(3) Certains fonctionnaires et agents, chargés du service de surveillance des chemins de fer sont dispensés de l'affirmation (v. p. 18).

(4) V. la note précédente.

(5) V. p. 248, l'observation qui accompagne l'art. 3 de la loi du 29 floréal, an X.

sitions qui auraient été formées par les délinquants, que sur les amendes encourues par eux, nonobstant la réparation du dommage.

« Seront, en outre, renvoyés à la connaissance des tribunaux les violences, vols de matériaux, voies de faits, ou réparations de dommages réclamés par les particuliers.

» 115. — Un tiers des amendes de grande voirie appartiendra à l'agent qui aura constaté le délit, le deuxième tiers à la commune du lieu du délit, et le troisième tiers sera versé comme fonds spécial à notre trésor impérial, et affecté au service des ponts et chaussées (1).

« 116. — La rentrée des amendes prononcées par les conseils de préfecture en matière de grande voirie, sera poursuivie à la diligence du receveur général du département, et dans la forme établie pour la rentrée des contributions publiques (2).

. . . .

Principaux renseignements à consigner dans les procès-verbaux de grande voirie. — Les constatations de grande voirie faites par les fonctionnaires administratifs, comme celles des agents assermentés des compagnies, doivent toujours mentionner exactement la date du procès-verbal, les noms, qualité et résidence de l'agent rapporteur. les noms, âge et domicile du contrevenant, la date, le lieu et la nature de la contravention, l'indication des avaries et dommages, et autant que possible leur évaluation. On rapportera, s'il y a lieu, les noms et dépositions des témoins, ainsi que les dates et extraits des décisions auxquels il a été contrevenu. On se conformera enfin, pour les formalités d'*affirmation*, de *timbre*, d'*enregistrement*, d'envoi et de notification des procès-verbaux aux règles spéciales déjà résumées dans le présent recueil, ou aux instructions particulières données par les chefs de service.

Relevés mensuels et trimestriels des décisions des conseils de préfecture : 1° relevés trimestriels. — « Aux termes d'une circulaire, en date du 8 août 1816, les préfets ont à adresser au ministre un *état trimestriel* des décisions prononcées par les conseils de préfecture sur les contraventions en matière de grande voirie. — D'après les art. 1 et 2 de la loi du 15 juillet 1845 sur la police des chemins de fer, les lignes construites ou concédées par l'Etat faisant partie de la grande voirie, la circulaire précitée doit s'appliquer également aux contraventions commises en cette matière. — Le ministre a invité, en conséquence, les préfets à lui transmettre (dans la première quinzaine qui suivra l'expiration de chaque trimestre) des *états trimestriels* des décisions prises, par le conseil de préfecture de leur département, sur les contraventions de cette nature, lesdits états dressés conformément au modèle joint à la circulaire. (Analyse du modèle d'état, 1re col., noms des agents rapporteurs ; — 2e col., date des procès-verbaux ; — 3e col., noms et domicile des contrevenants ; — 4e col., nature des contraventions ; — 5e col., autorité qui a jugé ; — 6e col., dates des jugements ; — 7e col., précis des jugements ; — 8e col., observations.) (Ext. d'une circ. minist adressée le 18 fév. 1854 aux préfets.)

2° *Relevés mensuels des décisions* ; — « L'administration a souvent eu l'occasion de reconnaître que les états trimestriels... (voir ci-dessus) ne remplissaient qu'imparfaitement le but que l'on se propose, à savoir : d'apprécier dans chaque cas particulier les décisions rendues afin d'en poursuivre, lorsqu'il y a lieu, la réformation devant le conseil d'Etat. — En effet, telle décision rendue au commencement du trimestre peut n'être portée à sa connaissance qu'après l'expiration du délai de pourvoi............ — Pour obvier à cet inconvénient, les préfets devront faire parvenir mensuellement aux ingénieurs en chef du contrôle, chacun pour ce qui le concerne, un état *dans la forme des états trimestriels* et faisant connaître les arrêtés intervenus pendant le mois, en matière de contraventions de grande voirie sur les chemins de fer (3).

---

(1) Le mode de répartition et de recouvrement des amendes est actuellement établi, comme il est dit p. 31.

(2) V. la note précédente.

(3) La Circ. minist. adressée pour cet objet aux préfets, également à la date du 8 juillet 1862, est ainsi conçue : « aux termes d'une circulaire du 18 février 1854, vous avez à transmettre à l'administration, à l'expiration de chaque trimestre, un état des arrêtés rendus par le conseil de préfecture de votre département, en matière de contraventions de grande voirie sur les chemins de fer.

« Indépendamment de cet état, dont la production devra être continuée, et pour mettre l'administration à même de déférer, en temps utile, au conseil d'État, les décisions contre lesquelles il lui paraîtrait nécessaire de se pourvoir, je vous serai obligé de vouloir bien faire parvenir, à l'ingénieur en

« Lorsque ces états relateront des décisions contre lesquelles l'ingénieur en chef du contrôle jugera qu'il y a lieu de se pourvoir, il aura à provoquer, de la part des ingénieurs sous ses ordres, des rapports dans lesquels seront discutés les motifs de pourvoi et il transmettra ces rapports avec ses observations et son avis, au préfet compétent, en demandant à ce magistrat de compléter le dossier et de l'adresser sans retard à l'administration supérieure. — L'ingénieur en chef du contrôle donnera avis au ministre de ce renvoi le jour même où il aura été effectué et lui fera connaître la date du jour où il aura eu connaissance de la décision dont il lui paraît y avoir lieu d'appeler.

« Aux termes du décret de 1806, le délai de pourvoi est de trois mois et d'après la jurisprudence du conseil d'Etat, ce délai court du jour où l'arrêté du conseil de préfecture parvient à la connaissance de l'administration, représentée par ses agents à tous les degrés (1). L'examen des ingénieurs... est donc toujours *urgent* en ces sortes d'affaires, car il importe qu'un temps moral d'examen soit réservé à l'administration préfectorale pour discuter les propositions de l'ingénieur en chef du contrôle et à l'administration supérieure, pour apprécier l'opportunité des pourvois et les présenter en temps utile. » (Ext. d'une circ. min. du 8 juillet 1862, adressée aux ingénieurs en chef du contrôle.)

Police de l'exploitation : 1º Accidents d'exploitation et de travaux (v. *Accidents*, au Rép.); 2º Machines à vapeur, *v. au Rép.* — 3º Actes de malveillance et tentatives de déraillement, 8 ; — 4º Dégradations diverses, 141 (v. aussi *Disques-signaux*, au Rép.) ; — 5º Police des cours des gares (v. *Cours des gares*, au Rép.) ; — 6º Id. des passages à niveau, 391 ; — 7º Id. des voyageurs, 614 et 615 (v. aussi *Voyageurs*, au Rép.) ; — 8º Salles d'attente, 489 ; — 9º Compartiments réservés, 106 ; — 10º Application des tarifs, p. 534 ; — 11º Affaires diverses, 534 (v. aussi *Procès verbaux*, 430).

Fonctionnaires chargés des constatations, prévues par la loi du 15 juillet 1845, p. 124 (2).

Pénalités encourues par les contrevenants, p. 394.

Compte-rendu des décisions judiciaires, p. 583 v. aussi *jugements au Rép.* — *Pourvois et recours* (v. ces mots au Rép.)

Contraventions douteuses. — « Dans le cas où un commissaire de surveillance administrative, en présence d'un fait qui le laisserait indécis sur la nécessité de verbaliser, soumettrait lui-même la question à l'ingénieur en chef du contrôle, en lui demandant de la résoudre, rien ne paraît s'opposer à ce que ce chef de service intervienne pour indiquer au commissaire qui le consulterait, la détermination qu'il doit prendre »

Cette règle, extraite de diverses instructions, est basée sur l'extrait suivant de la circulaire ministérielle organique du 15 avril 1850 :

« Les commissaires signalent aux ingénieurs et à l'inspecteur de l'exploitation les faits qui paraissent constituer des infractions aux règlements, aux décisions ministérielles ou aux arrêtés des préfets. »

Contraventions mixtes, p. 107 (v. aussi plus haut l'ext. du décret du 16 décembre 1811 ; voir enfin l'art. *Organisation* au Rép.).

Constatation et poursuite des délits communs (v. *Commissaires* au Rép.).

Contraventions de simple police, p. 407.

CONTREBANDE.

Saisies en douane, p. 165. — *Poursuite des contrevenants,* 165 (v. aussi p. 124 et 654).

---

chef du contrôle de chacun des réseaux de chemins de fer dont votre département est traversé, un état mensuel des arrêtés intervenus : cet état, dont la forme pourrait être empruntée à l'état trimestriel, serait transmis aux ingénieurs en chef, dans les dix premiers jours de chaque mois, et lorsque aucune affaire n'aurait été engagée, l'état à transmettre serait négatif

» Je vous serai très-obligé, de vouloir bien effectuer cette transmission très-exactement chaque mois. » (Ext. de la circ. min. du 8 juillet 1862.)

(1) Voir au mot *Conseils* du Rép., le décret du 2 nov. 1864, sur les nouveaux délais des pourvois déférés au conseil d'Etat.

(2) Les constatations dévolues aux *officiers de police judiciaire*, mentionnés à l'art. 23 de la loi du 15 juillet 1845, rentrent surtout dans les attributions des commissaires de surveillance administrative institués par la loi plus récente du 27 février 1850 et qui ont « pour la constatation des » crimes, délits et contraventions commis dans l'enceinte des chemins de fer et de leurs dépendances, » les pouvoirs d'officiers de police judiciaire. » (Art. 5, loi du 27 fév. 1850, citée p. 99.)

CONTRE-RAILS.

Prescription règlementaire. pour l'établissement de contre-rails aux points dangereux, p. 125. — *Application*, 125 (1).

CONTRE-SEINGS.

Franchise postale, p. 221.— Remise de paquets de service aux bureaux ambulants (v. *Franchises* au Rép.).

CONTRE-VOIE.

Marche de trains et machines à contre-voie, p. 125. — *Refoulements*, 453.

CONTRIBUTIONS.

Répartition des dépenses d'établissement des chemins de fer, p. 125 (v. aussi *Chemins de fer vicinaux* au Rép.). — *Droits fiscaux*, 125 et suivantes. — *Circulation des agents* chargés de la perception des droits fiscaux, 86.

CONTROLE ADMINISTRATIF.

Surveillance générale exercée par le ministre des travaux publics (v. les articles rappelés au mot *Administrations* du Rép.). — **Contrôle des travaux** *des chemins concédés* (v. *Ingénieurs*, p. 264). —

Contrôle de l'exploitation, 127. — *Ingénieurs, Conducteurs et Garde-mines, Inspecteurs* (de l'exploitation commerciale), *Commissaires* (de surv. adm), *Employés secondaires* (v. ces divers mots au Dict. et au Rép.). **Mode et résultats de la surveillance administrative ,** 127. *Surveillance au-delà de la frontière française* (v. *Frontière* au Rép.)

Contrôle financier. — Justifications à faire par les compagnies (v. *Contrôle financier* au Rép.).

CONTROLE DE ROUTE.

Contrôle des billets par les agents des compagnies, p. 55 et 614.— *Contrôle des trains en route*, au point de vue de la sûreté des voyageurs, 646. — *Contrôle des compartiments réservés*, 644.

CONTROLE FINANCIER.

Situation financière annuelle (production d'une formule S mentionnée au mot *Statistique* du Rép.). — *Inventaires financiers*, p. 514, note.

Justifications à faire par les compagnies (extrait du décret impérial du 2 mai 1863, ayant pour objet l'exécution de l'article 10 des conventions passées le 11 juin 1859, entre le ministre de l'agriculture, du commerce et des travaux publics

---

(1) Les renseignements donnés à la p. 125 résument la décision ministérielle du 2 mars 1859, reproduite ci-après. — Cette décision adressée aux ingénieurs en chef du contrôle, a été prise sur le vu des rapports fournis par ces fonctionnaires, en exécution d'une circ. min. du 26 janvier 1858 qui prescrivait l'étude de la question du maintien ou de la suppression des contre-rails établis tant à la traversée des viaducs et des grands ouvrages d'art, qu'à la traversée des passages à niveau :

« Le conseil général, après avoir attentivement examiné le dossier de cette affaire, fait observer qu'en ce qui concerne la traversée des grands viaducs et des grands remblais, les ingénieurs du contrôle sont à peu près unanimes pour reconnaître, d'une part, que l'emploi des contre-rails constitue une mesure préventive d'une efficacité au moins douteuse contre l'effet des déraillements, et, d'un autre côté, que cette mesure présente plus de danger que de sécurité lorsqu'elle s'applique à des points sur lesquels la voie n'est pas l'objet d'une surveillance spéciale.

« Quant à la traversée des passages à niveau, le conseil général ajoute que l'emploi des contre-rails, sur ces points, est commandé dans l'intérêt même de la conservation de la voie et abstraction faite de toute considération relative à la sécurité de la circulation des trains ; les inconvénients que les contre-rails peuvent présenter sous ce rapport, s'effaçant devant la surveillance incessante des garde-barrières.

« En conséquence, le conseil général des ponts et chaussées exprime l'avis que l'emploi des contre-rails demeurera obligatoire dans la traversée des passages à niveau, et qu'à moins de circonstances dont il devra être justifié par les ingénieurs du contrôle, cette obligation ne s'étendra pas à la traversée des grands viaducs et des grands remblais.

« Dans tous les cas, les parties de la voie sur lesquelles il sera établi des contre-rails devront être l'objet d'une surveillance spéciale.

« L'avis du conseil général me paraissant devoir être adopté de tout point, j'ai l'honneur de vous informer, que, par décision de ce jour, je viens de l'approuver et de rendre les dispositions précitées exécutoires en ce qui concerne le maintien des contre-rails à la traversée de tous les passages à niveau..... » (Circ. min., 2 mars 1859.)

et diverses compagnies de chemins de fer) (1).

« TITRE Ier. — *Justification des frais de premier établissement.*

» Art. 1er. — Le capital affecté au rachat ou à la construction des lignes tant de l'ancien que du nouveau réseau désignées en l'art. 5 de la convention du 11 juin 1859, est établi, tant pour l'application de la garantie d'intérêt que pour l'exercice du droit de partage des bénéfices, par un compte qui comprend : 1° toutes les sommes que la compagnie justifie avoir dépensées dans un but d'utilité pour le rachat, la construction et la mise en service de chaque ligne et de ses dépendances , jusqu'au 1er janvier qui a suivi l'ouverture de la ligne ; — 2° la dépense d'entretien et d'exploitation, jusqu'à la même époque, des parties du chemin successivement mises en service ; — 3° les trois cinquièmes de la dépense d'entretien de la voie et des terrassements pendant une année à dater de la même époque, pour les parties du chemin qui n'auraient été mises en service que dans le cours de l'année précédente ; — 4° les sommes employées au payement de l'intérêt et de l'amortissement des titres émis pour le rachat ou la construction des lignes du nouveau réseau, jusqu'à l'époque où commence pour ces lignes l'application de la garantie d'intérêt, et seulement pour la portion de cet intérêt et de cet amortissement qui ne serait pas couverte par les produits nets des lignes ou sections successivement mises en exploitation.

» 2. — Sont déduits du compte des frais de premier établissement : 1° les produits bruts de toute nature afférents aux parties du chemin, successivement mises en service, et réalisés jusqu'au 1er janvier qui a suivi l'ouverture de chaque ligne; — 2° Le produit des propriétés immobilières à aliéner, ainsi qu'il est prescrit ci-après, art. 6 ; — 3° le produit des capitaux affectés à l'établissement de chaque ligne jusqu'au moment de leur emploi en travaux.

» 3. — Le compte général par ligne est arrêté provisoirement, d'après les écritures de la compagnie, au 1er janvier qui a suivi la mise en exploitation de chaque ligne. — A ce compte est joint l'état des dépenses faites et constatées jusque-là, mais qui n'auraient pu être payées. Ces dépenses, ainsi que les frais extraordinaires d'entretien et de terrassement de la voie mentionnés au § 3 de l'art. 1er sont l'objet d'un compte supplémentaire arrêté trois mois après la fin de l'année révolue qui suit la date fixée pour l'achèvement complet des travaux.

» 4. — Le compte général devient définitif cinq ans après le 1er janvier qui a suivi l'ouverture de chaque ligne. Jusqu'à cette époque, la compagnie peut porter au compte des frais de premier établissement les dépenses nécessaires pour compléter la construction et la mise en service de la ligne.

» 5. — Après l'expiration de ce délai de cinq ans, la compagnie peut être autorisée, par décrets délibérés en conseil d'Etat, à ajouter audit compte, mais seulement pour l'exercice du droit de partage des bénéfices, les dépenses faites pour l'exécution des travaux qui sont reconnus de premier établissement. — Dans ce cas, la compagnie n'a droit qu'au prélèvement, sur les produits nets , des intérêts de l'amortissement desdites dépenses.

» 6. — La compagnie doit procéder, dans le délai de deux années après l'achèvement complet des travaux de la ligne, à l'aliénation de toutes les propriétés immobilières qu'elle a acquises et qui ne sont pas affectées au service du chemin de fer. — Dans le cas où l'aliénation n'a pas lieu avant la clôture du compte général définitif, la valeur d'acquisition desdites propriétés immobilières est déduite du compte de premier établissement. —

---

(1) Le décret précité du 2 mai 1863, identique pour les cinq compagnies d'*Orléans*, de l'*Ouest*, du *Midi*, de *Paris à Lyon-Méditerranée* et de *Victor-Emmanuel*, et applicable spécialement aux lignes de l'ancien et du nouveau réseau désignées dans les conventions auxquelles était annexé le modèle de cah. des ch. reproduit, p. 706, nous paraît pouvoir être considéré comme un document général et uniforme, servant ou devant servir de base pour le contrôle administratif financier de toutes les lignes construites sous le régime de la garantie d'intérêt de l'Etat et de la stipulation du partage des bénéfices dans une limite déterminée (v. *Actions* au Rép.).

L'art. 10 des conventions du 11 juin 1859, rappelé dans ce décret, est ainsi conçu :

« Un règlement d'administration publique déterminera , en ce qui concerne la garantie d'intérêt » accordée par la présente convention, les formes suivant lesquelles la compagnie sera tenue de » justifier, vis-à-vis de l'Etat, et sous le contrôle de l'administration supérieure : 1° des frais de » construction ; 2° des frais annuels d'entretien et d'exploitation ; 3° des recettes.

« Le même règlement d'administration publique déterminera les dispositions destinées à régler » l'exercice du droit de partage des bénéfices. »

Le produit des aliénations est porté, à mesure qu'elles s'opèrent, à un compte spécial, qui reste ouvert jusqu'à la clôture du compte général et qui vient en déduction de ce dernier compte.

• 7. — Le compte général, tant provisoire que définitif, présente, pour chaque ligne, le développement des dépenses, conformément aux tableaux dont les modèles sont déterminés par le ministre de l'agriculture, du commerce et des travaux publics, la compagnie entendue.

• 8. — Le compte général définitif sera produit, avec les pièces à l'appui, dans les six mois de la date du présent décret, pour celles des lignes qui ont été mises en exploitation depuis plus de cinq ans. — Pour les autres lignes, le même compte sera fourni cinq ans après le 1er janvier qui aura suivi l'ouverture de chacune d'elles. — Le compte provisoire et l'état des dépenses restant à payer seront fournis avec les pièces à l'appui, savoir : — Pour les lignes ouvertes depuis moins de cinq ans, dans les six mois de la date du présent décret, et, pour les lignes encore en construction, le 1er janvier qui suivra la mise en exploitation de chacune d'elles.

» 9. — Les comptes de premier établissement sont soumis à l'examen d'une commission instituée par notre ministre de l'agriculture, du commerce et des travaux publics. La commission est composée d'un conseiller d'État, président, et de six membres, dont trois au choix de notre ministre des finances. La compagnie est tenue de représenter les registres, pièces comptables, correspondances et tous autres documents que la commission juge nécessaires à la vérification des comptes. — La commission peut se transporter au besoin, par elle-même ou par ses délégués, soit au siége de la compagnie, soit dans les gares, ateliers et bureaux de toutes les lignes. — Elle adresse son rapport, avec les comptes et les pièces justificatives, à notre ministre de l'agriculture, du commerce et des travaux publics, qui, après communication à notre ministre des finances, arrête, sauf le recours au conseil d'État, le montant des sommes dépensées qu'il reconnaît devoir faire partie du capital auquel est applicable la garantie d'intérêt.

» TITRE II. — *Justification annuelle des dépenses d'exploitation et des recettes.*

» 10. — La compagnie est tenue de remettre, dans les trois premiers mois de chaque année, à notre ministre de l'agriculture du commerce et des travaux publics, le budget de ses dépenses et de ses recettes pour l'exercice commençant au 1er janvier suivant, et de lui communiquer, dans le cours de l'exercice, les modifications qu'il y aurait lieu d'apporter à ce budget.

» 11. — Le compte des dépenses et le compte des recettes de chaque exercice sont établis d'après les registres de la compagnie, distinctement pour l'ancien et pour le nouveau réseau, dans les quatre premiers mois de l'exercice suivant. — Les dépenses et les recettes propres à chacune des sections du nouveau réseau, successivement mises en exploitation sont séparément établies jusqu'à l'époque où commence pour ces sections l'application de la garantie d'intérêt.

» 12. — Sont compris dans les frais annuels d'entretien et d'exploitation : — 1° toutes les dépenses qui, à partir du 1er janvier qui a suivi la mise en service de chaque ligne, ont été faites dans un but d'utilité pour les réparations ordinaires et extraordinaires, l'exploitation et l'administration du chemin de fer et de ses dépendances, à l'exclusion des dépenses à porter au compte de premier établissement ; — 2° les contributions de toute nature, payées par la compagnie ; — 3° les frais d'entretien et d'exploitation des propriétés immobilières jusqu'à leur aliénation ; — 4° le prélèvement opéré pour la réserve, conformément aux statuts ; — 5° Les prélèvements ou versements faits au profit des employés de la compagnie. — N'y sont pas compris : — 1° l'intérêt et l'amortissement des emprunts, notamment de ceux que la compagnie aurait contractés pour l'achèvement des travaux en cas d'insuffisance du capital garanti par l'État, aux termes de l'article 10 de la convention du 11 juin 1859 ; — 2° les frais concernant des établissements qui ne servent pas directement à l'exploitation du chemin de fer.

» 13. — Le compte des recettes comprend, distinctement pour l'ancien et le nouveau réseau, les produits bruts de toute nature autres que ceux provenant d'établissements qui ne servent pas directement à l'exploitation du chemin de fer. — Les produits des immeubles à aliéner y sont portés jusqu'au jour de l'aliénation.

• 14. — A dater de l'exercice 1864, les comptes annuels font ressortir : — 1° le produit net kilométrique de l'exploitation des lignes terminées de l'ancien réseau ; — 2° la portion de ce produit net qui doit, s'il y a lieu, couvrir, concurremment avec les produits nets de l'exploitation du nouveau réseau, l'intérêt et l'amortissement garantis par l'État ; — 3° Le montant du capital employé en dépenses de premier établissement du nouveau réseau, ainsi que le montant des intérêts et de l'amortissement garantis ; — 4° le montant des produits nets de l'exploitation du nouveau réseau à affecter au service des intérêts et de l'amortissement concurremment avec l'excédant des produits nets de l'ancien réseau.

» 15 — A dater de l'exercice 1872 inclusivement, les comptes d'exercice font ressortir, d'après les bases déterminées par l'article 9 de la convention du 11 juin 1859, l'excédant des produits nets à partager par moitié entre l'Etat et la compagnie.

» 16. — Le ministre de l'agriculture, du commerce et des travaux publics détermine, la compagnie entendue, les justifications à produire à l'appui des comptes dont les développements par articles sont présentés conformément aux modèles arrêtés par lui.

» 17. — Les comptes des recettes et des dépenses de chaque exercice sont adressés, dans les quatre premiers mois de l'année suivante, à notre ministre de l'agriculture, du commerce et des travaux publics.

• Titre III. — *Application de la garantie d'intérêt et partage des bénéfices.*

» 18. — A dater de l'exercice 1864, s'il paraît résulter des comptes des recettes et des dépenses d'un exercice qu'il y a lieu de réclamer la garantie de l'intérêt et de l'amortissement, notre ministre de l'agriculture, du commerce et des travaux publics soumet lesdits comptes à l'examen de la commission mentionnée dans l'article 9. — A dater de l'exercice 1872, les comptes sont, dans tous les cas, soumis à l'examen de la commission.

» 19 — Notre ministre de l'agriculture, du commerce et des travaux publics, après avoir communiqué à notre ministre des finances les comptes portant liquidation, soit d'avances à la charge du trésor, soit de bénéfices à partager entre l'Etat et la compagnie, en arrête le règlement définitif sur le rapport de la commission.

» 20. — Immédiatement après la fin de chaque année et avant le règlement définitif des comptes des recettes et des dépenses, arrêté conformément aux articles 17 et 18, si les produits nets de l'exercice affectés au paiement de l'intérêt et de l'amortissement garantis par l'état paraissent insuffisants, notre ministre de l'agriculture, du commerce et des travaux publics peut, sur la demande de la compagnie, sur le rapport de la commission et après communication à notre ministre des finances, arrêter le montant de l'avance à faire à la compagnie. — Dans le cas où le règlement définitif des comptes de l'exercice ferait reconnoître que l'avance a été trop considérable, la compagnie sera tenue de rembourser immédia-

tement l'excédant au trésor avec les intérêts à quatre pour cent.

» 21. — Lorsque l'Etat a payé, à titre de garant, tout ou partie d'une annuité, il en est remboursé avec les intérêts à quatre pour cent par an, conformément aux dispositions de l'article 8 de la convention du 11 juin 1859. — A cet effet, le règlement de compte arrêté par notre ministre de l'agriculture, du commerce et des travaux publics ainsi qu'il est dit en l'article 18 qui précède, contient, s'il y a lieu, la liquidation et le prélèvement des avances du trésor.

» Titre IV. — *Contrôle et surveillance.*

» 22. — Un inspecteur général des chemins de fer, désigné chaque année par notre ministre de l'agriculture, du commerce et des travaux publics, est chargé, sous son autorité, de surveiller, dans l'intérêt de l'Etat, tous les actes de la gestion financière de la compagnie.

» 23. — La compagnie lui communique, à toute époque, les registres de ses délibérations, ses livres-journaux, ses écritures, sa correspondance et tous documents qu'il juge nécessaires pour constater la situation active et passive de la compagnie.

» 24. — L'inspecteur général des chemins de fer désigné par notre ministre de l'agriculture, du commerce et des travaux publics, ainsi qu'il vient d'être dit, a le droit d'assister à toutes les séances de l'assemblée générale de la compagnie.

» 25. — Il reçoit de la compagnie, pour les transmettre avec son avis à notre ministre de l'agriculture, du commerce et des travaux publics, tous les comptes et documents qu'est tenue de fournir la compagnie aux termes du présent décret.

» 26. — La comptabilité de la compagnie est soumise à la vérification périodique de l'inspection générale des finances, qui a, pour l'accomplissement de cette mission, tous les droits dévolus à l'inspecteur général des chemins de fer par l'art. 22 du présent décret.

» Titre V. — *Dispositions générales et transitoires.*

• 27. — La forme des obligations à émettre par la compagnie, la quotité, le mode de négociation et les conditions de chaque émission partielle, doivent être préalablement approuvés, par notre ministre de l'agriculture, du commerce et des travaux publics.

» 28. — Dans le cas où la compagnie se croit lésée par les règlements de compte arrêtés ainsi qu'il est prescrit ci-dessus, elle conserve son recours au conseil d'Etat par la voie contentieuse.

• 29. — Sont abrogées les dispositions des décrets et ordonnances antérieurs en ce qu'elles auraient de contraire aux dispositions du présent décret.

» 30. — Notre ministre secrétaire d'Etat au département de l'agriculture, du commerce et des travaux publics, et notre ministre secrétaire d'Etat au département des finances sont chargés, etc.

(Décret impérial du 2 mai 1863).

CONTROLE INTÉRIEUR DU TRAFIC.

Le service intérieur de comptabilité et de contrôle des recettes, *des compagnies*, service qu'il ne faut pas confondre avec le contrôle administratif et le contrôle financier (de l'Etat), a ordinairement dans ses attributions les opérations mentionnées à l'art. *Exploitation*, p. 195.

CONTUSIONS.

Distinction à faire entre les blessures et les contusions causées par les accidents, p. 57.

CONVENTIONS.

Extrait des lois approbatives, p. 514, note. — *Questions relatives à la garantie d'intérêt de l'Etat et au partage des bénéfices* (v. *Contrôle financier* au Rép.). — **Modèle général de cahier des charges**, 706. — *Réduction conventionnelle des distances* (v. *Distances* au Rép.).

CONVOIS.

Formation, p. 128. — *Départ*, 128. — *Incidents de route*, 129. — *Ralentissements accidentels* (v. *Ralentissements* au Rép.). — *Arrivée*, 129. — *Garages*, 228. — *Manœuvres*, 318 (v. aussi ce mot au Rép.). — *Trains dédoublés*, 129. — *Trains extraordinaires*, 129. — *Trains de service* (v. au Rép.). — *Affaires spéciales aux divers trains*, 555.

CORNES D'APPEL.

Emploi pour les signaux, p. 129.

CORRESPONDANCE DE TRAINS.

Régularité de la correspondance des trains (v. à l'art. *Enquêtes d'exploitation* du Rép., la circ. minist. générale du 1er février 1864). — *Durée de l'attente des trains en retard*, p. 130. — **Correspondances manquées aux gares de bifurcation** (voir pour les mesures à prendre, la circ. minist. du 15 avril 1859, reproduite, p. 130) (1). — *Constatations*. Les correspondances manquées aux gares d'embranchement de deux lignes doivent être spécialement mentionnées, avec les annotations nécessaires, sur les tableaux hebdomadaires de retards (circ. minist. du 19 octobre 1859, citée p. 130) et dans le rapport mensuel de l'ingénieur des mines attaché au service du contrôle (Exécution de la circ. minist. du 9 avril 1856, citée p. 446, et de diverses instructions particulières de l'administration). — **Responsabilité des compagnies en cas de retards** (v. *Retards* au Dict. et au Rép.).

CORRESPONDANCES DE VOITURES PUBLIQUES.

Organisation des services d'omnibus et de correspondance. — Nous avons rappelé, p. 375, qu'à défaut, et quelquefois comme complément des services libres de voitures publiques desservant les gares, les compagnies sont dans l'usage, au moins pour les stations d'une certaine importance, de passer des traités avec des entrepreneurs spéciaux pour organiser et assurer le transport des voyageurs de la gare à la ville (ou à diverses localités) et *vice versâ*.

Ces entreprises sont soumises aux prescriptions de l'art. 53, ci-après, du cahier

---

(1) L'ordre de service en vigueur, sur le réseau de Lyon, pour l'exécution de la circ. précitée du 15 avril 1859, a été sanctionné par déc. minist. du 26 mai 1859. Cet ordre de service est ainsi conçu :

« Lorsque les trains arriveront en retard dans les stations de bifurcation ou de raccordement et que les voyageurs de ces trains ne pourront pas jouir des correspondances annoncées par les affiches et sur lesquelles ils avaient droit de compter, on les dirigera à destination par le train le plus prochain quittant la station de départ et desservant la station de destination, quelles que soient d'ailleurs et la composition de ce train et la classe ou les classes de voitures qu'il contiendra.

» Toutefois, lorsque ce train ne comprendra que des voitures de première classe, il conviendra de placer les voyageurs porteurs de billets de 2e et de 3e classe, autant que possible dans un compartiment spécial.

» Les dispositions qui précèdent s'appliqueront tout aussi bien aux stations où aboutissent les lignes des compagnies voisines, qu'à celles où viennent se raccorder les lignes de notre réseau. »
(Ordre de service du chemin de Lyon.)

des charges général des compagnies concessionnaires :

» 53. — A moins d'une autorisation spéciale de l'administration, il est interdit à la compagnie, conformément à l'article 14 de la loi du 15 juillet 1845, de faire directement ou indirectement, avec des entreprises de transport de voyageurs ou de marchandises par terre ou par eau, sous quelque dénomination ou forme que ce puisse être, des arrangements qui ne seraient pas consentis en faveur de toutes les entreprises desservant les mêmes voies de communication (1).

» L'administration, agissant en vertu de l'article 33 (du cah. des ch. v. p. 714), prescrira les mesures à prendre pour assurer la plus complète égalité entre les diverses entreprises de transport dans leurs rapports avec le chemin de fer. »

En général, tous les traités relatifs aux services d'omnibus et de correspondance, attitrés par les compagnies, sont régulièrement soumis à l'approbation ministérielle en vertu de l'art. 53 précité du cahier des charges. — D'après la jurisprudence de la Cour de cassation (9 avril 1863), les compagnies de chemins de fer peuvent passer des traités avec les entreprises de messageries, sans autorisation de l'autorité supérieure, lorsqu'il n'y a qu'un seul entrepreneur pour faire le service d'une route ; mais dès qu'un second service s'établit, la compagnie doit faire profiter l'entrepreneur nouveau des mêmes avantages, ou bien se pourvoir d'une autorisation ; les conventions, licites quand il n'y a qu'un entrepreneur, cessent de l'être quand il en survient d'autres. » (Affaire *Gibial*. — C. C. 9 avril 1863.)

Un autre arrêt de la Cour de cassation, du 14 août 1863, a confirmé la condamnation à des dommages-intérêts en écartant la pénalité, l'action publique étant éteinte) prononcée contre une compagnie qui avait refusé à un entrepreneur de correspondance les avantages (garantie d'un minimum de recettes) qu'elle avait accordés à un autre entrepreneur par un traité, non encore revêtu de l'approbation de l'administration supérieure à l'époque où le refus avait été formulé.

Enfin, le conseil d'État, par un arrêt qui porte la date du 31 mars 1864, a établi le principe suivant, sur l'étendue du pouvoir administratif en matière d'autorisation de services de correspondance des gares :

« La clause contenue à l'art. 53 du cahier des charges, d'une concession de chemin de fer, ne doit pas être entendue en ce sens que quand, *avec l'approbation de l'administration*, la compagnie concessionnaire a accordé à une entreprise certains avantages, elle soit obligée et que l'administration doive elle-même lui imposer l'obligation, si une autre entreprise réclame ces avantages, ou de les lui accorder ou de les retirer à la première entreprise. — Il appartient au ministre d'autoriser le traité fait avec la première entreprise (dans l'espèce traité accordant une subvention) et il n'excède pas ses pouvoirs en refusant ensuite soit d'imposer à la compagnie concessionnaire l'obligation d'accorder à la seconde entreprise les avantages assurés à la première, soit de révoquer l'approbation donnée par lui au traité consenti en faveur de la première entreprise. » (C. d'Etat, 31 mars 1864, affaire *Gibial*.)

Responsabilité pour les services de correspondances (v. p. 465, l'ext. de la dép. minist. du 21 octobre 1857, qui ne s'applique bien entendu qu'à la responsabilité attribuée à la compagnie pour les entreprises de correspondances organisées ou attitrées par elle).

Admission des voitures dans les cours des gares (v. au Rép. l'article *Cours des gares*, v. également au Rép., l'art. *Enquêtes d'exploitation*)

Entreprises attitrées par les compagnies. — Approbation des traités (v. p. 566, v. aussi à l'art. *Enquêtes d'exploitation* du Rép. les explications relatives à la demande ayant pour objet de remplacer par un droit de suspension, applicable à toute époque, le droit d'approbation préalable des traités de correspondance attribué jusqu'ici à l'administration.)

Nous devons ajouter que l'approbation ministérielle d'un traité passé entre une compagnie de chemin de fer et un entrepreneur de voitures, pour un service de correspondance, ne comprend ni l'autorisation pour le voiturier de pénétrer dans la cour de la gare *à l'arrivée des trains*, ni l'approbation expresse ou implicite de l'itinéraire à suivre. L'entrepreneur doit donc adresser au préfet compétent pour ces questions une demande spéciale d'autorisation, à laquelle il est donné suite dans les formes générales relatées à l'art. *Cours des gares* du Rép.

---

(1) V. à l'art. *Compagnies* du Rép., la loi du 15 juillet 1845 et l'art. 419 du Code pénal cité dans cette loi.

COSTUME OFFICIEL.

Prescriptions diverses, p. 586.

COTONS.

Conditions de transport, p. 647,

COULAGE.

Avaries survenues aux fûts de liquides, p. 293.

COUPÉS ET PLACES DE LUXE.

Prescriptions réglementaires. — Les coupés, fauteuils, wagons-lits, et autres places de luxe, font partie des *comparti-ments spéciaur* que les compagnies sont autorisées, par l'art. 43, § 2, de leur ca-hier des charges, à placer dans les trains dans une limite déterminée. — Mais ces places de luxe, *qui sont ordinairement retenues à l'avance*, ne sont pas com-prises dans les compartiments *obliga-toires*, à mettre à la disposition des voya-geurs, en vertu du même art. 43, § 1er, du cahier des charges (v. p. 719) et de l'art. 17 de l'ordonn. du 15 nov. 1846, relatif à la composition des convois (v. l'ext de cet art. p. 108). — C'est-à-dire que les voyageurs ne peuvent exiger des coupés ou autres compartiments de luxe, si le train auquel ils se présentent ne contient pas des voitures de cette espèce ou si les places des voitures qui s'y trouvent ne sont pas disponibles.

L'art. 63 de l'ordonn. du 15 nov. 1846, qui défend aux voyageurs (sous peine d'a-mende) « d'entrer dans les voitures sans avoir pris un billet, et de se placer dans une voiture d'une autre classe que celle qui est indiquée par le billet » est appli-cable évidemment à toute personne qui monterait dans un coupé par exemple, sans billet, ou avec un billet de l'une des trois classes tarifées à l'art. 42 du cah. des ch. — En admettant que cette per-sonne n'ait pas agi sciemment, elle ne saurait échapper à la taxe supplémentaire des places de coupé, taxe que les agents des compagnies négligent rarement de réclamer, surtout lorsque le tarif des cou-pés et places de luxe a été l'objet, comme cela doit toujours avoir lieu, d'une appro-bation ministérielle. Les agents des com-pagnies ne *dressent ordinairement pro-cès-verbal* contre le voyageur qui occupe indûment ou par mégarde une place de luxe que lorsque ce voyageur oppose une résistance aux injonctions de l'agent et notamment lorsqu'il *refuse absolu-ment* d'acquitter le supplément qui lui est réclamé. — Nous ajouterons que

pour ces questions délicates de *procès-verbaux* dressés par les agents des che-mins de fer, les lois et règlements ont at-tribué à l'ingénieur en chef du contrôle le droit et le devoir de faire connaître à la justice, les suites que ces affaires lui pa-raissent comporter (v. p. 432).

Tarif des places de luxe. Il n'existe aucun tarif uniforme pour le prix des pla-ces de coupé. Ce prix est ordinairement celui de la 1re classe augmenté d'un sup-plément variable suivant les compagnies et suivant le parcours. A titre de sim-ple indication nous rappellerons que sur les lignes d'Orléans et du Midi, il est perçu pour les places de coupé 1/10 en sus des places de 1re classe. Sur le chemin de Lyon, le *supplément* en sus du tarif de la première classe est fixé à 2f,50, 5f, 7f,50, 10f, et 15f par place, pour les parcours de 200 kilomètres et au-des-sous ; de 200 à 500 kilomètres inclus ; de 500 à 700 kilomètres inclus ; de 700 à 1000 kilomètres inclus ; et enfin pour un parcours excédant 1000 kilomètres (sans toutefois que le supplément de prix puisse dépasser une certaine limite pour des par-cours désignés).

Le supplément de prix pour les places de coupé est intégralement exigible des militaires et marins et de toute personne voyageant à prix réduit.

Coupés-lits. — (Chemins d'Orléans, du Midi et de Lyon). La taxe est équivalente au prix de 4 places de coupé ordinaire (avec le droit pour le voyageur de faire monter avec lui, une ou deux personnes ; jusqu'à *trois*, sur le chemin de Lyon).

En général, il n'est fait aux militaires ou marins voyageant en coupés-lits que la remise à laquelle ils peuvent avoir régu-lièrement et individuellement droit, quand ils prennent place en voiture de première classe.

Fauteuils-lits (ch. d'Orléans et du Midi), 1/3 en sus des places de 1re classe.

Wagons-lits (ch. de l'Est). — Il est perçu pour un compartiment de wagon conte-nant 2 lits, un prix égal à celui de 5 billets de 1re classe ; 5 personnes pourront pren-dre place dans ce compartiment.

Wagons-salons (ch. d'Orléans et du Midi). — Il est perçu 1/10 en sus du prix de 1re classe. — Il n'est pas délivré moins de 10 places (8 places sur le chemin du Midi) à la fois pour un wagon-salon et les parcours ne peuvent être inférieurs à 200 kilom., à moins de payer pour 10 places (8 places sur le chemin du Midi) et pour 200 kilom. (1).

---

(1) Enfin, lorsque des exigences exceptionnelles de service ne s'y opposent pas, un compartiment de 1re classe est accordé sur tout le réseau (de certaines compagnies), moyennant le paiement de

COUPS ET BLESSURES.

Pénalité de droit commun (v. les articles 309, 310 et 311 du Code pénal, résumés au mot *Blessures* du Rép., p. 771, note 2). — *Blessures aux agents* (v. l'article 230 du Code pénal, et l'art. 25 de la loi du 15 juillet 1845, p. 687).

COUPURES DE POIDS DES COLIS.

Minimum pour la grande et la petite vitesse (v. au Rép. les articles *Colis* et *Enquêtes*).

COURBES.

Rayon minimum. p. 131. — *Modifications* (v. au Rép. l'article *Alignements droits et courbes*). — *Relèvement du rail extérieur*, 131 et 443. — *Dispositions diverses* 131.

COURS D'EAU.

Maintien de l'écoulement des eaux, p. 170. — **Maintien de la navigation** (v. *Navigation* au Rép.) — *Prises d'eau*, 670. (v. aussi à la fin du présent article). — *Question de propriété* (v. ci-après).

Cours d'eau non navigables ni flottables. — Dommages, etc. — D'après le dernier état de la jurisprudence, les cours d'eau non navigables ni flottables, sont considérés comme des choses communes, qui appartiennent à tous et ne sont la propriété de personne. L'art. 644 du Code Napoléon détermine les droits des propriétaires riverains dont la propriété borde une eau courante autre que celle qui est déclarée dépendance du domaine public; et il leur confère le droit de *s'en servir à* son pas·age, pour l'irrigation de leurs propriétés. Le même article ajoute : celui dont cette eau traverse l'héritage peut même *en user* dans l'intervalle qu'elle y parcourt, *mais à la charge de la rendre à la sortie de ses fonds, à son cours ordinaire.*

La Cour de cassation a jugé, d'après les termes de cet article, que le droit du pro-

---

priétaire riverain, ainsi spécifié et limité, est exclusif d'un droit de propriété sur un cours d'eau non navigable ni flottable (arrêt du 10 mai ou juin 1846).

Cette dernière décision a été rappelée et confirmée par un arrêt du 6 mai 1861, résumé comme suit :

« Aucune loi n'attribue aux riverains d'une rivière, non navigable ni flottable. la propriété du lit de ce cours d'eau, laquelle leur est au contraire refusée par la jurisprudence de la Cour de cassation (arrêt de cassation, 1846). — En conséquence, lorsque l'établissement d'un chemin de fer exige l'expropriation d'une prairie, le propriétaire n'a droit à aucune indemnité pour le lit du cours d'eau contigu qui vient à être comblé. » (C. C. 6 mai 1861, ch. de fer des Ardennes.) (1).

Questions de dommages. — Usines, etc. — D'après les arrêts qui viennent d'être cités, les entreprises faites par les compagnies, sur les cours d'eau non navigables ni flottables, avec l'autorisation administrative ne constitueraient donc pas une atteinte au droit de propriété des riverains, mais tout au plus, dans le cas bien entendu de revendication, une simple question de dommage résultant de l'exécution de travaux publics, question dont l'examen et l'appréciation paraissent ressortir au conseil de préfecture suivant la règle de compétence établie par la loi de pluviose an VIII.

Une exception est faite, toutefois, par la jurisprudence, en ce qui concerne, par exemple, les prises d'eau qui diminuent la force motrice *des usines*. — Un arrêt récent a décidé, à cet égard, ce qui suit :

« Lorsqu'une compagnie de chemin de fer a, pour l'alimentation des trains, obtenu du préfet l'autorisation d'établir une prise d'eau sur une rivière non navigable ni flottable, la demande en indemnité formée par l'usinier inférieur, dont la prise d'eau diminue la force motrice, doit être portée devant l'autorité judiciaire et non devant les tribunaux administratifs. — En pareil cas, le préfet a exercé le droit qui lui appartient de réglementer les entre-

---

six places de première classe seulement, délivrées pour un même parcours à une réunion de personnes voyageant ensemble. Toutes les fois qu'un compartiment de 1re classe aura été accordé dans ces conditions, un écriteau « Réservé » devra être placé sur ce compartiment (*inst. spec*).

(1) On sait d'un autre côté que la jurisprudence considère les compagnies comme étant aux lieu et place de l'Etat, pour l'occupation gratuite des terrains dépendant du domaine public fluvial ; l'arrêt suivant nous parait consacrer très-explicitement cette importante question de principe.

« Une compagnie de chemin de fer qui a établi ses travaux sur une parcelle dépendant du lit d'un fleuve, ne peut être condamnée à une indemnité d'expropriation envers l'Etat. Les chemins de fer font partie du domaine public, la parcelle qu'un chemin de fer emprunte au domaine public fluvial change d'affectation sans qu'il y ait mutation de propriété, et sans qu'il y ait lieu dès lors à une indemnité d'expropriation. » (C. C., 5 janvier 1864. Chemin de fer de Lyon.)

prises sur les cours d'eau, réserve faite des droits des tiers, toujours admissibles à se faire valoir devant les tribunaux ordinaires. » (C. C., 10 août 1864, ch. de fer *du Nord*.)

COURS DES GARES.

Délimitation, p. 648. — *Heures d'ouverture*. — Les cours des gares sont ordinairement ouvertes une demi-heure avant le départ du premier train du matin. — *Vente d'objets* (dans les cours des gares), 590. — Mesures diverses, 132.

Admission des voitures dans les cours des gares. — *Prescription générale* (art. 1er, ordonn. 15 nov. 1846), p. 132. — *Arrêtés pris pour chaque département* (extraits divers), 132. — *Autorisations particulières pour les voitures publiques* (mode d'instruction des affaires, avis du contrôle, observations de la compagnie, approbation ministérielle, etc.), v. p. 133, la circ. minist. du 18 mai 1861.

Principales conditions imposées aux voituriers. — D'après la jurisprudence du conseil d'Etat, le droit attribué aux préfets par l'ord. de 1846, de régler (sous l'approbation ministérielle) l'entrée, le stationnement et la circulation des voitures publiques ou particulières dans les cours dépendant des stations des chemins de fer, *ne doit s'exercer que dans un intérêt de police et de service public.* (C. d'Etat, 25 février 1864. — Annulation d'un arrêté préfectoral qui avait établi en faveur d'un entrepreneur de voitures publiques, le droit d'être admis, à l'exclusion de tout autre entrepreneur de transport, dans la cour d'une gare pour y recevoir et déposer les voyageurs.)

L'administration ne paraît pas avoir prescrit d'autres conditions générales que celles relatives au bon ordre, en ce qui concerne l'admission, *dans les cours* de départ, des voitures de toute nature amenant des voyageurs au chemin de fer. — Mais les autorisations spéciales, dont les entreprises de correspondances sont tenues de se pourvoir pour pénétrer et stationner dans les gares, notamment du côté de l'arrivée, contiennent ordinairement diverses dispositions qu'il nous paraît intéressant de résumer.

Ainsi, pour certaines voitures publiques, l'une des mesures que l'administration supérieure ait cru devoir prescrire est celle qui oblige ces entreprises à desservir, *tant au départ qu'à l'arrivée*, tous les trains de voyageurs du service régulier, qui s'arrêtent à la gare désignée dans la demande d'autorisation. — En cas d'infraction à cette disposition (comme aux autres prescriptions énoncées dans l'arrêté), « le permissionnaire sera poursuivi » conformément aux lois et l'autorisation » pourra en outre être suspendue ou révoquée » (1).

« Le droit, pour l'administration, de réglementer, dans un intérêt public, les entreprises de transport, dans leurs relations avec les chemins de fer, n'est plus contestable depuis l'arrêt récent de la cour de Cassation dans l'affaire Lesbats (25 août 1864 et opposition rejetée......, décembre 1864). — Cet arrêt reconnaît qu'un entrepreneur de voitures publiques tenu aux termes d'un arrêté préfectoral

---

(1) Il est bien entendu que dans l'intérêt du service et à défaut d'un entrepreneur s'engageant à desservir tous les trains, il est d'usage d'accepter les conditions des pétitionnaires qui offriraient les conditions les plus favorables, et d'exclure les autres concurrents qui se présenteraient ultérieurement et qui ne prendraient pas les mêmes engagements. Par conséquent, lorsqu'il existe déjà à une gare un entrepreneur de correspondance, et qu'il se présente un nouveau demandeur pour le même service, l'administration autorise (la compagnie entendue, comme pour toutes les affaires de la même nature) le second entrepreneur à pénétrer dans la cour de la gare, s'il propose d'accepter des charges au moins égales à celles que supporte le premier entrepreneur.

Dans ce cas, l'article de l'arrêté préfectoral fixant les trains à desservir, est formulé comme il suit :

« L'entrepreneur sera tenu de desservir régulièrement, tous les jours, X... trains à l'arrivée » comme au départ; dans le service actuel, ces trains portent les nos.....

» Toutes les fois que la compagnie modifiera son service, l'entrepreneur devra nous faire connaître (au préfet, ainsi qu'au commissaire de surveillance administrative, en résidence à...), les » numéros des trains qu'il se proposera de desservir, sans que le nombre de ces trains puisse être » inférieur à celui qui est fixé par le paragraphe 1er du présent article.

» Il ne pourra, d'ailleurs, sauf le cas ci-dessus prévu, modifier son service que huit jours écoulés, » après qu'il en aura été donné avis, par ses soins à nous (préfet) et au commissaire de surveillance » administrative de le gare de..... » — (Ext. d'une déc. min. du 12 déc. 1864, approuvant, sauf modification, un arrêté préfectoral relatif à la demande du sieur Nicolas. — Ch. de Lyon à Genève).

Par le motif inverse, il a été stipulé dans quelques arrêtés, que si les concurrents ultérieurs du premier entrepreneur admis, offraient des conditions plus favorables, ce dernier pourrait être astreint à faire le même service sous peine du retrait de l'autorisation.

dûment approuvé, de desservir tous les trains, et qui se soustrait à cette obligation, commet une contravention susceptible d'une répression judiciaire, sans préjudice des mesures administratives qui peuvent être prises contre le contrevenant. » (Ext. d'une dép. minist. du 20 septembre 1864, relative à une plainte portée contre un entrepreneur de voitures autorisé à pénétrer dans la gare de..., à la condition de desservir tous les trains, par un voyageur qui n'avait trouvé à la station aucun omnibus pour le transporter en ville avec ses bagages). — Une autre dép. minist. du 27 juillet 1864, relative à une contravention commise par un entrepreneur de voitures, qui avait négligé de desservir un train contrairement aux prescriptions de l'arrêté préfectoral approuvé par décision ministérielle, qui lui en faisait l'obligation, a approuvé, dans les termes suivants, le procès-verbal dressé contre cet entrepreneur :

« Le Sieur......... qui fait le service de la ville de........, aux termes de l'art..... de l'arrêté du ...... approuvé le ......, est tenu de desservir tous les trains; or, en ne desservant pas le train nº ......, il a commis une contravention audit arrêté, et c'est à bon droit que procès-verbal a été dressé contre lui pour ce fait. » (Ext. d'une dép. minist. du 27 juillet 1864, ch. de Lyon.)

*Fixation du prix du transport. (**Voitures à volonté**.)* — Une autre condition d'intérêt général intimement liée à l'autorisation d'entrée des voitures publiques dans les cours des gares, a été rappelée par une dép. minist. du 26 septembre 1864, relative à la demande formée par un entrepreneur de voitures à volonté pour desservir l'une des gares du réseau de Lyon. — Suit l'extrait de cette dépêche adressée au préfet :

« En l'absence des dispositions réglementaires obligeant les entrepreneurs de services à volonté à s'astreindre à des prix fixes, il vous paraît y avoir lieu d'approuver purement et simplement l'arrêté d'autorisation, nonobstant les conséquences fâcheuses que cette décision doit entraîner pour les voyageurs.

» L'administration ne peut accepter une semblable solution : en effet, l'existence d'un tarif, librement fixé, d'ailleurs, par le permissionnaire, et reproduit dans l'arrêté, constituant seul, pour le public, une garantie efficace contre une taxation arbitraire est, avant tout, une condition d'intérêt général, à défaut de laquelle toute autorisation d'entrée dans les gares me paraît devoir être refusée.

» Faisant application de ce principe au sieur L..., j'ai décidé que l'accès de la cour de la station de M.... serait interdit à la voiture de cet entrepreneur, sauf le cas où cette voiture y amènerait des voyageurs au départ, ou serait expressément mandée pour aller prendre des voyageurs à l'arrivée. » (Dép. minist. du 26 septembre 1864. ch. de Lyon) (1).

Places réservées à certaines voitures. — Enfin, l'administration a usé, à plusieurs reprises, du droit incontestable qui lui est attribué, au point de vue de l'ordre et de l'intérêt public, d'assigner, lorsqu'il y avait lieu, des places distinctes aux voitures de correspondance, aux omnibus d'hôtel, dont il va être question ci-après, et aux voitures particulières (v. à ce sujet p. 375) (2).

Omnibus des maîtres d'hôtel. — Nous avons rappelé, p. 375, que les maîtres d'hôtel qui demanderaient à faire un service de voitures publiques, sont soumis aux règles ordinaires applicables aux entrepreneurs *appelés à desservir tous les trains* (voir plus haut au présent art.). — Mais lorsqu'il s'agit du service privé de l'hôtel, cette dernière obligation ne saurait être imposée, ainsi qu'il résulte du principe rappelé dans la dép. minist. du 7 juillet 1864, intervenue à l'occasion de la demande d'un sieur Marsoudet, maître d'hôtel, ayant pour objet l'entrée d'un omnibus d'hôtel, dans la cour de la gare de Salins (réseau de Lyon) :

« La clause obligeant l'entrepreneur à desservir tous les trains sera supprimée, attendu que le sieur Marsoudet, faisant un service privé (celui de son hôtel), ne doit pas être astreint à un service régulier. »

La même observation ministérielle a été faite dans les termes ci-après, par dépêche du 27 juillet 1864, relative au service d'un sieur Piguet (gare de Chagny, ch. de Lyon) :

« Le sieur Piguet a été autorisé à péné-

---

(1) Dans la pratique, pour les entreprises régulières comme pour les services à volonté, on exige de chaque correspondant la déclaration du tarif qu'il compte appliquer, en lui laissant toute liberté, quant à sa fixation; mais ce tarif figure dans l'arrêté, et il ne peut être changé sans une nouvelle autorisation.

(2) Cela veut dire naturellement qu'il est équitable d'attribuer dans certains cas, la meilleure place à l'entrepreneur qui dessert le plus grand nombre de trains, et dont le service est le plus important et le mieux fait.

trer dans la station seulement pour le service de son établissement; il n'est donc pas tenu et *il doit même lui être interdit* de prendre des voyageurs pour toute autre destination. »

Une clause spéciale est ordinairement insérée à ce sujet dans les arrêtés d'autorisation, afin d'assurer une pénalité en cas d'infractions commises par les maîtres d'hôtel ou par leurs cochers (1).

Entreprises subventionnées par les compagnies. — Les services d'omnibus et de correspondance, organisés ou subventionnés par les compagnies et au sujet desquels ces dernières ont passé avec des entrepreneurs spéciaux des traités approuvés par l'administration (v. *Correspondances* au Rép), sont soumis, comme les entreprises libres, à la formalité de l'autorisation préalable pour l'entrée dans les cours des gares. — Nous ne connaissons à cet égard aucune règle dérogeant, soit aux conditions générales ayant pour objet la fixation du nombre des trains à desservir, soit aux prescriptions de la circulaire ministérielle du 18 mai 1861, reproduite p. 133.

Itinéraire des omnibus. — Intervention de l'autorité municipale. — Indépendamment de l'indication des trains à desservir et du tarif que l'entrepreneur se propose d'appliquer au transport des voyageurs, des bagages et de la messagerie, la demande d'autorisation d'entrée en gare doit faire connaître l'itinéraire à suivre par les voitures, et afin de prévenir des réclamations ultérieures, cet itinéraire est ordinairement communiqué par le préfet au maire de la localité, pour que ce magistrat soit à même de faire préalablement à son sujet toutes les observations qu'il jugera convenables.

Placement des voitures. — Voir p. 375. Voir aussi, plus haut, au présent article.

Police. — Surveillance. — Infractions. — Mesures de sécurité. — Voir les paragraphes 1, 3 et 4 de l'art. *Cours des gares*, p. 132, 133 et 134. — Voir aussi au mot *Roulage* du Rép. l'extrait de la loi du 30 mai 1851 et du règlement du 10 août 1852, sur la police du roulage et des voitures publiques.

Abandon des chevaux. — Le fait de quitter les chevaux ou de les débrider dans la cour d'une gare, constitue l'une des infractions prévues par l'arrêté préfectoral réglant d'une manière générale pour chaque département (sous l'approbation du ministre) la police des cours des gares.

Ce fait, lors même qu'il n'aurait pas occasionné d'accidents, est ordinairement constaté par procès-verbal (dressé s'il y a lieu contre les cochers, les maîtres civilement responsables) et réprimé, comme toutes les autres infractions au même arrêté général ou aux arrêtés spéciaux d'autorisation d'entrée en gare, en vertu de l'art. 21 de la loi du 15 juillet 1845 (v. *Pénalités*, p. 394).

Contraventions des omnibus d'hôtels. — Nous avons indiqué ci-dessus, au présent article, les conditions auxquelles sont soumises les entreprises d'omnibus faisant le service privé des hôtels. — Toute infraction à ces dispositions (comme aux autres prescriptions insérées dans les arrêtés spéciaux d'autorisation approuvés par le ministre est poursuivie d'après les règles ordinaires. — V. spécialement au sujet des infractions commises par les maîtres d'hôtel qui prendraient des voyageurs pour la ville, l'arrêt de la cour de Cassation du 19 août 1859, cité p. 375.

La constatation des infractions commises par les maîtres d'hôtel est facilitée, d'ailleurs, soit dans l'intérieur de la gare, soit au dehors, par le concours du service de la gendarmerie, qui est généralement chargé, concurremment avec les fonctionnaires de la surveillance administrative, d'assurer l'exécution des règlements sur la police des cours des gares.

Cours des gares à marchandises. — Il n'existe pas, à notre connaissance, d'autre restriction pour l'entrée des voitures dans les cours des gares à marchandises, que celles relatives au maintien du bon ordre et à l'observation des heures d'ouverture et de fermeture des gares dont il s'agit. (V. *Heures de service*, p. 255, et *Camionnage* au Rép.)

COUSSINETS.

Système adopté, p. 134. — *Coussinets spéciaux*, 134. — *Sabotage*, 578.

---

(1) Il paraît être admis, d'ailleurs, qu'un maître d'hôtel qui demande à entrer et à stationner dans une gare non desservie, à l'arrivée, par aucune voiture publique, peut être autorisé à faire le service de ville, quand bien même il ne prendrait par l'engagement de desservir tous les trains. — Mais si un maître d'hôtel ou un entrepreneur quelconque de transport se présentent dans une gare déjà pourvue d'un service régulier, il n'est d'usage de les autoriser qu'autant qu'ils prendront l'engagement de desservir au moins le même nombre de trains que leur concurrent (v. p. 839, note).

COUVERTURES EN CHAUME.

Prescriptions de la loi du 15 juillet 1845, p. 134.— Suppression d'office, 135.— Réparations, 135.

CRIMES.

Actes de malveillance et tentatives de déraillement, p. 8 et suivantes. — *Incendies,* 260. — *Vols,* 610. — *Crimes et délits contre les personnes.* (V. les art. 309 et suivants du Code pénal, résumés au mot *Blessures* du Rép., p. 771, note 2.) — *Blessures aux agents* (v. l'art. 230 du Code pénal, et l'art. 25 de la loi du 15 juillet 1845, p. 687). *Rébellion* (v. ce mot au Rép.). — *Crimes commis dans les wagons* (v. l'art. *Voyageurs* au Rép.). **Crimes et délits communs** (v. *Commissaires* au Rép.). — *Circonstances atténuantes* (v. au Rép.).

CROISEMENTS.

Appareils, p. 135 et 639.— *Pose, entretien,* etc., 135. — *Croisement de routes et chemins de fer* (v. *Passages* au Rép.).

D

DAMES.

Compartiments réservés dans les trains, p. 643. — *Dispositions diverses,* concernant les voyageurs en général, 612.

DÉBLAIS.

Profils en long, en travers (ext. du programme général des projets des ponts et chaussées), p. 435 et 675. — *Exécution des terrassements,* 546.

DÉBOURSÉS.

Application du tarif général des marchandises : avance au départ des frais ou déboursés, p. 328 — Paiement du prix de transport, 385.

DÉCENTRALISATION ADMINISTRATIVE.

Il n'existe dans les décrets de décentralisation administrative des 25 mars 852 et 13 avril 1861 (mentionnés p. 136) aucune disposition *directement* applicable à l'établissement et à l'exploitation des *chemins de fer concédés.* On peut y trouver, toutefois, des indications utiles à consulter comme terme de comparaison pour le service des voies ferrées, notamment pour les travaux exécutés au compte de l'Etat. A ce point de vue, nous croyons utile de résumer, ci-après, les principales dispositions originales des décrets précités.

Extrait du décret du 25 mars 1852 : — Art. 1er. — « Les préfets continueront de soumettre à la décision du ministre de l'intérieur les affaires départementales et communales qui affectent directement l'intérêt général de l'Etat, telles que l'approbation des budgets départementaux, les impositions extraordinaires et les délimitations territoriales ; mais ils statueront désormais sur toutes les autres affaires départementales et communales qui, jusqu'à ce jour, exigeaient la décision du chef de l'Etat ou du ministre de l'intérieur, et dont la nomenclature est fixée par le tableau A ci-annexé (1).

» 3. — Les préfets statueront en conseil de préfecture, sans l'autorisation du ministre des finances, mais sur l'avis ou la proposition des chefs de service, en matière de contributions indirectes, en matières domaniales et forestières, sur les objets déterminés par le tableau C ci-annexé 2).

» 4 — Les préfets statueront également sans l'autorisation du ministre des tra-

---

(1) Ext. du tableau A (affaires départementales).

» Acceptation des offres faites par des communes, des associations ou des particuliers pour concourir à la dépense des travaux à la charge des départements ;

» Concession a des associations, à des compagnies ou à des particuliers, des travaux d'intérêt départemental ;

» Aliénations, acquisitions, échanges, partages de biens de toute nature, quelle qu'en soit la valeur;

» Tarif des droits de voirie dans les villes ;

» Etablissement de droits de voirie dans les villes. »

(2) Ext. du tableau C (ressortissant au ministère des finances).

» Location amiable, après estimation contradictoire, de la valeur locative des biens de l'Etat, lorsque le prix annuel n'excède pas 500 francs.

» Concessions de servitudes à titre de tolérance temporaire et révocables à volonté;

vaux publics, mais sur l'avis ou la proposition des ingénieurs en chef, et conformément aux règlements ou instructions ministérielles, sur tous les objets mentionnés dans le tableau D, ci-annexé (1).

» 5. — Ils nomment directement, sans l'intervention du Gouvernement et sur la présentation des divers chefs de service, aux fonctions et emplois suivants :

» *Les piqueurs des ponts et chaussées.*

» 6. — Les préfets rendront compte de leurs actes aux ministres compétents dans les formes et pour les objets déterminés par les instructions que ces ministres leur adresseront.

Ceux de ces actes qui seraient contraires aux lois et règlements, ou qui donneraient lieu aux réclamations des parties intéressées, pourront être annulés ou réformés par les ministres compétents (2).

Extrait du décret du 13 avril 1861.

» Art. 2.— Les préfets statueront aussi, sans l'autorisation du ministre de l'agriculture, du commerce et des travaux publics, mais sur l'avis et la proposition des ingénieurs en chef, en ce qui concerne les nᵒˢ 1, 2 et 3, sur divers objets dont suit la nomenclature, par addition au tableau D, annexé au décret du 25 mars 1852.......... (3)

» Cessions de terrains domaniaux compris dans le tracé des routes nationales, départementales et des chemins vicinaux ;

» Echanges de terrains provenant de déclassement de routes, dans le cas prévu par l'art. 4 de la loi du 20 mai 1836 : »

(1) Ext. du tableau D (travaux publics) y compris les additions (indiquées en italique) faites par le décret du 13 avril 1861.

« Autorisation de prises d'eau sur les cours d'eau navigables et flottables (voir p. 672 (fin) et 673.

» Autorisation de prises d'eau sur les cours d'eau non navigables ni flottables, 671.

» Dispositions pour assurer le curage et le bon entretien des cours d'eau non navigables ni flottables, 671.

» *Fixation de la durée des enquêtes prescrites par l'ord. du 18 fév. 1834, p. 137.*

» *Approbation des adjudications autorisées par le ministre, p. 137.*

» *Approbation de prix supplémentaires d'ouvrages, 137.*

» Approbations d'acquisitions de terrains d'immeubles, etc., dont le prix ne dépasse pas 25,000 fr. p. 136.

» Id. d'indemnités, mobilières, de dommages, loyers, frais accessoires, etc. 136.

» Secours aux ouvriers réformés, blessés, etc., 136. »

(2) Les instructions du ministre des travaux publics pour l'exécution du décret du 27 mars 1852, sont contenues dans une circ. adressée aux préfets, le 27 juillet 1852, citée en extrait p. 672 (note) et qui se termine ainsi :

Recours des intéressés contre les arrêtés préfectoraux. Le recours contre les décisions préfectorales peut s'exercer au moyen de requêtes adressées au ministre des travaux publics, soit directement, soit par votre intermédiaire. Dans le premier cas, vous voudrez bien, sur la communication qui vous sera donnée de la réclamation dont j'aurai été saisi, me transmettre toutes les pièces de l'instruction, en y joignant les avis de MM. les ingénieurs et vos observations personnelles sur la réclamation des intéressés.

« Lorsque le recours vous aura été adressé pour être transmis par vous à l'administration supérieure, il conviendra, afin d'éviter un double renvoi, de le communiquer immédiatement à MM. les ingénieurs, et de m'adresser ensuite, ainsi que je l'ai dit ci-dessus, le dossier complet avec votre avis particulier.

» Dans l'un et l'autre cas, dès que vous aurez été saisi d'une requête présentée au ministre contre un arrêté préfectoral, vous voudrez bien surseoir à l'exécution de cet arrêté, à moins que quelque circonstance spéciale ou quelque motif d'urgence n'en exige l'exécution immédiate. . . . .

» . . . . vous ne perdrez pas de vue que la grande mesure de la décentralisation doit avoir surtout pour résultat, de satisfaire aux besoins et aux vœux des populations, en accélérant la marche des affaires. Je vous recommande donc instamment d'abréger, autant qu'il est en vous, le délai qu'entraîne leur instruction préliminaire, et de prendre vos décisions le plus promptement possible.

» Pour me mettre à même de suivre la marche des affaires dont il est question dans la présente circulaire, et d'exercer facilement le contrôle dont je suis chargé par l'article 6 du décret de décentralisation, je vous prie de m'adresser une copie de vos arrêtés, au fur et à mesure qu'ils auront été pris. — Vous ne joindrez à ces pièces une lettre d'envoi, qu'autant que vous auriez quelques observations particulières à me communiquer. » (Circ. min., 27 juillet 1852, ext.)

(3) Une circ. min. aux préfets, du 5 août 1861 (trav. publ.) ayant pour objet l'exécution du décret du 13 avril 1861, porte ce qui suit :

» 6. — Les sous-préfets statueront désormais, soit directement, soit par délégation du préfet, sur les affaires qui, jusqu'à ce jour, exigeaient la décision préfectorale et dont la nomenclature suit :

. . . .

» *Autorisation de mise en circulation des voitures publiques.*

. . . .

» 7. — Les sous-préfets rendront compte de leurs actes aux préfets qui pourront les annuler ou les réformer, soit pour violation des lois et règlements, soit sur la réclamation des parties intéressées, sauf recours devant l'autorité compétente. »

DÉCHARGEMENT.

Vérification de marchandises à l'arrivée, p. 137. — *Manutention,* avaries, 137. — *Négligence,* 137.

DÉCHÉANCE DES CONCESSIONS.

Prescription des articles 38 à 41 du cahier des charges. — Interruption des travaux, p. 138. — Nouvelle adjudication, 138. — Interruption de l'exploitation, 138. — Service provisoire, 138. — Force majeure, 138.

DÉCHETS.

Conditions de transport (v. les art. cités, p. 138). Coulage des liquides et déchets de route, 293. Voir aussi p. 327.

DÉCISIONS.

Propositions des compagnies (v. *compagnies,* au Rép.). — Modifications, p. 364 v. aussi *Modifications* au Rép.). *Publication, par les préfets,* des décisions concernant le public, 438. — Dispositions

---

» Les §§ 1, 2 et 3 au sujet desquels je crois devoir vous adresser quelques instructions sommaires, placent dans vos attributions, savoir :

» Le numéro 1, l'approbation des adjudications autorisées par le ministre pour travaux imputables sur les fonds du trésor ou des départements, dans tous les cas où les soumissions ne renferment aucune clause extraconditionnelle et où il n'aurait été présenté aucune réclamation ou protestation ;

» Le numéro 2, l'approbation des prix supplémentaires pour des parties d'ouvrages non prévues au devis, dans le cas où il ne doit résulter de l'exécution de ces ouvrages aucune augmentation dans la dépense ;

» Le numéro 3, la fixation de la durée des enquêtes à ouvrir dans les formes déterminées par l'ordonnance du 18 février 1834, lorsque ces enquêtes auront été autorisées en principe par le ministre, et sauf le cas où les enquêtes doivent être ouvertes dans plusieurs départements sur un même projet.

» Il résulte en premier lieu de ces dispositions, monsieur le préfet, que toutes les adjudications, quel qu'en soit le montant, deviennent définitives par votre seule approbation. Vous aurez seulement à m'en faire connaître immédiatement le résultat ; c'est un soin auquel je vous prie de ne pas manquer. Je n'ai pas besoin de vous faire remarquer que l'autorisation de procéder aux adjudications demeure, comme par le passé, dans mes attributions.

» Vous aurez d'ailleurs à me soumettre les offres extraconditionnelles que vous seriez d'avis d'accepter, c'est-à-dire les soumissions qui s'écarteraient des conditions du marché, notamment celles qui stipuleraient des augmentations de prix.

» C'est également à l'administration supérieure qu'il appartiendra de statuer sur les adjudications qui auront donné lieu à des réclamations ou protestations. Vous voudrez bien, dans ce cas, m'adresser toutes les pièces de l'affaire, avec votre avis et celui de M. l'ingénieur en chef, sur les incidents qui se seraient produits.

» J'ajoute que, lorsqu'à raison de la nature de certains travaux, ou de leur urgence, vous reconnaîtrez, d'accord avec M. l'ingénieur en chef, la nécessité de traiter de gré à gré avec un entrepreneur en dehors du mode de publicité et de concurrence voulu par les règlements, la soumission ne pourra être acceptée qu'avec mon autorisation.

» La faculté qui vous est conférée par le décret précité, de régler des prix supplémentaires, laisse intact le principe en vertu duquel toute augmentation de dépense sur les prévisions du projet doit faire l'objet d'une autorisation préalable de l'administration supérieure. Vous ne pouvez donc approuver directement de nouveaux prix que pour des parties d'ouvrages non prévues au devis et pour le cas seulement où il n'en doit résulter aucun excédent de dépense sur le montant de l'adjudication. En tout autre hypothèse, vous devez continuer à soumettre les nouveaux prix à mon approbation. C'est une distinction qu'il importe de ne pas perdre de vue.

» Quant au droit qui vous est maintenant dévolu, de fixer la durée des enquêtes à ouvrir dans les formes déterminées par l'ordonnance réglementaire du 18 février 1834, il me suffira de vous recommander de rester dans les limites fixées par les art. 5 et 10 de l'ordonnance précitée. Il ne faut pas, d'ailleurs, que le désir d'arriver à une prompte solution fasse adopter, dans tous les cas indistinctement, le minimum du délai, alors que l'importance des entreprises comportera un délai plus long. Vous ferez, j'en suis convaincu, une sage appréciation des exigences de chaque affaire. » (circ. minist., 8 août 1861.)

spéciales pour les tarifs, 438. — Lieux d'affichage et affaires diverses (v. *Publications*, au Rép.).

Notifications et formalités générales. (voir les articles cités p. 138). — *Pénalités* (Art. 79, ordonn. 15 nov. 1846, v. p. 394).

Décisions judiciaires (v. *jugements* au Rép.).

DÉCLARATIONS.

Effet de la déclaration d'utilité publique, p. 589. — **Déclaration de marchandises.** 1° Grande et petite vitesse, 139. — 2° Animaux d'une valeur excédant cinq mille francs, 139. — 3° Bagages, 140. — 4° *Poudres et matières dangereuses*, 419. — **Fausses déclarations**, 139. — *Soustraction d'argent et d'objets précieux non déclarés*, 212.

DÉCLIVITÉS.

Limite fixée par l'art. 8 du cahier des charges, p. 708. — **Modifications** proposées, s'il y a lieu, par les compagnies (v. le même article), — *Dispositions diverses*, p. 140.

DÉCORATIONS.

Mention sur les feuilles signalétiques, p. 141. — Autorisations relatives aux décorations étrangères, 141.

DÉCRETS.

Les principaux décrets se rattachant au service des chemins de fer sont reproduits aux pages indiquées ci-après :

13 août 1810. — Remise aux domaines et vente d'objets abandonnés et non réclamés, p. 159.

27 décembre 1851. — Dégradation des lignes télégraphiques. p. 542.

25 mars 1852. — Décentralisation administrative. — Nouvelles attributions des préfets (v. *Décentralisation* au Rép.).

27 mars 1852. — Personnel actif des compagnies soumis à la surveillance de l'administration publique, p. 730.

26 juillet 1852. — Inspecteurs de l'exploitation commerciale. — Organisation, p. 270.

10 Août 1852. — Police du roulage (v. *Roulage* au Rép.).

16 août 1853. — Travaux mixtes. — Délimitation de la zone frontière, p. 620.

17 juin 1854. — Inspecteurs généraux des chemins de fer. — Création, p. 269.

22 février 1855. — Création d'un service

spécial de police des chemins de fer, p. 732, note.

13 avril 1861. — Décentralisation administrative. — Extension des attributions des préfets (v. *Décentralisation* au Rép.):

26 avril 1862. — Tarifs de transit et d'exportation. — Dérogation aux règlements ordinaires, p. 533.

30 déc. 1862. — Conseils de préfecture. — Séances publiques, 646.

2 mai 1863. — Justifications à faire par les compagnies (v. *Contrôle financier* au Rép. p. 831.)

22 juin 1863 et 23 janvier 1864. — Limite d'âge de mise à la retraite des inspecteurs et commissaires de surveillance (v. *Retraites* au Rép.).

1er août 1864. — Tarifs de transit et d'exportation. — Modification de l'art. 3. du décret du 26 avril 1862 (v. *Tarifs* au Rép.).

2 novembre 1864. — Nouvelles formalités de procédure devant le conseil d'Etat, p. 824, *Rép*.

25 janvier 1865. — Nouvelle réglementation des machines à vapeur (v. *Machines* au Rép.).

Nota. — Pour les autres décrets non indiqués ci-dessus, nous renvoyons à la table générale placée à la fin du volume.

DÉCROCHAGE.

Précautions à prendre (v. *Manœuvres*, p. 318 et au Rép.).

DÉGRADATIONS.

Grande voirie ; Application des anciens règlements, p. 141. — Dégradations de routes, 481. — Id. de chemins vicinaux (v. *chemins vicinaux* au Rép.). — Id. de lignes télégraphiques, 542. — Dommages divers (v. *Dommages* au Rép).

Dégâts provenant d'inondations ou d'incendies, p. 141.

Dérangement ou destruction d'appareils divers : rails, aiguilles, disques-signaux, etc. (application de l'art. 16 de la loi du 15 juillet 1845, voir p. 8, et subsidiairement de l'art. 257 du Code pénal, v. p. 141, voir aussi *Disques-signaux* au Rép.).

DÉLAIS D'EXPÉDITION ET DE LIVRAISON.

Prescription générale (art. 50 du cah. des ch.), p. 142. — *Dispositions en vigueur* (arr. min. du 15 avril 1859), p.

143. — Grande vitesse, 143 (1). — Petite vitesse, 143. — Conditions communes à la grande et à la petite vitesse, 144. — Délais pour les denrées, 146. — *Application des tarifs de magasinage, 309.*
Vœux de la commission d'enquête pour la réduction des délais d'expédition et de livraison des marchandises, p. 648 (v. aussi *Enquêtes d'exploitation*, au Rép.)

DÉLIMITATION.

Alignements, 24. — *Bornage*, 58 (v. aussi les mêmes articles au Rép.). — *Clôtures*, 90. — *Délimitation des cours des gares*, 648.

DÉLINQUANTS.

Conditions de transport (v. *Prisonniers*, p. 429). — *Affaires diverses*, se rattachant aux délits, p. 144. (v. aussi *contraventions*, au Rép.).

DÉLITS.

Contraventions et délits, commis 1° par les particuliers, 144. — 2° par les agents, 145 (v. aussi *Agents* au Rép.). — 3° par les fonctionnaires publics, 145.
Délits communs, p. 145 (v. aussi *commissaires*, au Rép.). — *Désordres, cris et clameurs.* — À l'occasion de cris bruyants proférés, vers le mois d'août 1864, dans les trains et les gares de chemins de fer, après avoir eu leur origine sur les voies publiques, le préfet de police a fait placarder l'avis suivant :

» Le préfet de police informe le public que, dans l'intérêt de la sûreté de la circulation sur les chemins de fer, il importe de ne proférer, soit dans l'intérieur des gares, soit dans les compartiments des trains en marche, aucuns cris ni clameurs dont le bruit serait de nature à entraver le service des agents des compagnies en interceptant notamment la transmission des signaux, et que les personnes qui troubleraient ainsi le bon ordre s'exposeraient à être poursuivies pour inobservation des dispositions de la loi du 15 juillet 1845 sur la police des chemins de fer. » (août 1864) (2).

DÉMARRAGE.

Définition, p. 145. — *Précautions à prendre*, p. 145.

DÉMOLITIONS.

Travaux présentant des vices d'exécution (v. au Rép. l'art. *Clauses et Conditions*). *Ouvrages riverains construits sans autorisation*, p. 146. — *Constructions antérieures*, à l'établissement du chemin de fer, 28 (v. aussi *Bâtiments*, au Rép.).

DENRÉES.

Conditions de transport (art. 42 et 50 du cah. des ch.), p. 146. **Tarif d'application** : 1° pour la grande vitesse, p. 146 ; 2° pour la petite vitesse, p. 649. — *Délais de livraison*, 146. — *Objets susceptibles d'une prompte altération*, 370.

---

(1) L'art. 2 de l'arr. min. précité du 15 avril 1859 est ainsi conçu :
« Les animaux, denrées, marchandises et objets quelconques, à *grande vitesse*, seront expédiés » par le premier train de voyageurs comprenant des voitures de toutes classes et correspondant avec » leur destination, pourvu qu'ils aient été présentés à l'enregistrement *trois heures* au moins avant » l'heure réglementaire du départ de ce train ; faute de quoi, ils seront remis au départ suivant. »
Par dérogation aux dispositions de l'article 2 relaté ci-dessus, (dérogation approuvée par une décision min spéciale), l'intervalle entre la remise aux gares, (du réseau de Lyon), des expéditions de *messagerie* et de *finances* et l'heure réglementaire du départ du train auquel ces expéditions sont destinées, devra être réduit à *deux heures* pour les expéditions composées d'un *seul colis* et *pesant 10 kilogr. au plus*.
Ce délai est un *délai maximum*, mais partout où le service le permet, on devra continuer à recevoir, jusqu'à la limite de délai d'expédition la plus réduite possible, **toutes** les expéditions de *messagerie* et de *finances*, pour les faire partir par le premier train utile. (Ext. d'une inst. spéc., sept. 1864, ch. de Lyon).

(2) Le préfet de police a prié en même temps les ingénieurs en chef du contrôle, d'inviter les commissaires de surv. admin. placés sous leurs ordres, à prêter leur concours aux mesures qui pourraient être prises par la Compagnie pour la répression des désordres dont il s'agit, mais l'effet produit par la publication précitée du préfet de police a généralement rendu cette intervention inutile.
Nous devons ajouter que les cris ou clameurs, bruits d'instruments et autres manifestations de nature à troubler l'ordre, lorsqu'ils ne se rattachent pas formellement à des contraventions ou à des accidents de chemins de fer, rentrent surtout dans les attributions de la police ordinaire, et sont passibles des peines portées par le code pénal, la loi spéciale du 15 juillet 1845, n'ayant pas explicitement prévu ce genre de délits.

DENTELLES.

Conditions de transport (assimilation au transport d'objets précieux et *finances*), p. 209 et suivantes.

DÉPART.

Mesures diverses. — Départ des trains et des machines, p. 147. — Délais d'expédition et de livraison de marchandises, p. 142.

DÉPÊCHES.

Expédition de dépêches postales et télégraphiques, p. 147. (v. aussi au Rép. les mots *Franchises, Postes et Télégraphie*). — **Transport par les trains**, 1° des dépêches des compagnies, 147 ; — 2° *id.* du service du contrôle (circ. minist., 8 mars 1853, 147) (1). — *Emploi d'un piéton de la compagnie*, pour le transport en ville des plis urgents du service du contrôle, 147.

DÉPENDANCES.

Ouvrages compris dans les dépendances des chemins de fer, p. 148 (v. aussi *Drainage* au Rép.). — *Entretien de ces ouvrages* (art 30 du cahier des ch.), 186.

DÉPENSES.

Travaux de l'Etat, p. 148. — *Dépenses des compagnies*, 148. — *Dépenses en régie* (v. au Rép. l'art. *Clauses et conditions*). — **Frais de la surveillance administrative**, 127. — *Frais divers* (v. *Frais*, p. 221 et au Rép.).

DÉPLACEMENTS.

Frais de voyage et de missions, p. 221 (v. aussi *frais* au Rép.) — **Frais de découchers et de déplacements** : 1° des conducteurs, garde-mines et employés secondaires du service du contrôle, 148 (2), 2° des agents des compagnies, p. 149. *Déplacement et translation des gares*, p. 242 (v. aussi *Gares* au Rép.).

DÉPOTS.

Dépôts interdits aux riverains : 1° sur la voie (application des anciens règlements), p. 149. — 2° aux abords des voies (art. 8 et suivants de la loi du 15 juillet 1845), 150. — 3° Dépôts inflammables (art. 7, loi 15 juillet 1845), 149. — 4° Dépôts non inflammables (art. 8, loi du 15 juillet 1845), 150. — *Dépôts faits par les compagnies*, 150. — Outils et matériaux délaissés sur les voies (voir *Outils*, p. 380 et *Abandon* au Rép.)

Dépôts de marchandises et de bagages, p. 151.

Dépôts de machines locomotives, 151. — *Dépôts de conducteurs de trains* (voir *Chefs de trains* au Rép.).

DÉRAILLEMENTS.

Précautions diverses. — Déraillements aux aiguilles, p. 151. — Rupture des voies, 151. — Ruptures d'essieux, 151. — Déraillements de wagons vides, 152. — Déraillements dans les courbes, 152. — Déraillements dus aux oscillations de la machine, 152. — Déraillements sans cause apparente ou connue, 152. — Devoirs des

---

(1) Le dernier paragraphe de la circ. min., adressée le 8 mars 1853, aux ingénieurs en chef du contrôle, et citée p. 147, porte ce qui suit :

« Veuillez notifier cette décision aux agents sous vos ordres, en les invitant, d'ailleurs, à n'user de cette autorisation que dans les cas d'absolue nécessité et exclusivement pour les affaires du service. »

(2) Aux indications reproduites p. 148, en ce qui concerne l'application de la circ. min. du 28 août 1862, au point de vue du service du contrôle, il faut ajouter les suivantes également contenues dans cette décision, et qui peuvent recevoir leur application dans les services de chemins de fer en construction.

« Lorsque les agents devront, sur l'ordre de leurs chefs, recourir à des moyens de transport rapides, pour se rendre à une distance d'au moins 4 kilomètres, il leur sera alloué des frais de voyage réglés comme il suit, par kilomètre : 1° sur chemins de fer : conducteurs, 0^f,10 ; — employés secondaires, 0^f,08... . (v. p. 149, la réduction faite pour les agents circulant en vertu de permis délivrés par l'administration)... ; 2° sur *routes de terre* : conducteurs, 0^f,20, employés secondaires, 0^f,15..... »

Pour les allocations excédant les chiffres maxima (indiqués dans la circ. min. du 28 août 1862, v. p. 149) il en sera référé à l'administration supérieure. (Ext. de la même décision).

Enfin diverses instructions spéciales ont rappelé ce qui suit : « Les chiffres du tarif ne sont que des maxima, et l'on ne doit faire aucune difficulté d'admettre que les ingénieurs aient tout pouvoir d'arbitrer le montant des indemnités pour les proportionner aux dépenses réelles des agents et de rejeter même toute allocation que ne justifieraient pas absolument les exigences du service. »

agents, 152. — Avis et constatations (v. au Rép. *Accidents d'exploitation*).

Tentatives de déraillement — actes de malveillance — (Art. 16 et suivants de la loi du 15 juillet 1845, p. 8 — Abandon sur la voie d'outils et de matériaux pouvant faciliter les tentatives de malveillance (v. *Outils*, p. 380, et *Abandon*, au Rép.).

DÉRANGEMENT D'APPAREILS.

Constatation et pénalités (v. *Actes de malveillance*, p. 8 et *Disques-signaux* au Rép.).

DESTRUCTION D'APPAREILS.

Constatation et pénalités (v. *Actes de malveillance*, p. 8, *Dégradations*, p. 141 et *Disques-signaux* au Rép.).

DÉTAXES.

Vérifications, p 152. — *Réparation des erreurs commises au préjudice du public*, 153. — *Réciprocité en faveur de la compagnie* — « Les tarifs de chemins de fer sont de véritables lois et les parties peuvent réciproquement réclamer contre les perceptions erronées commises à leur préjudice — En conséquence, une compagnie de chemin de fer est recevable à demander en justice le complément du droit qu'elle était autorisée à percevoir d'après son tarif et qui n'a point été perçu par erreur. — Vainement, dans ce cas, l'expéditeur prétendrait qu'il aurait renoncé au transport, si la totalité du droit lui eût été demandée au moment de l'expédition. » (C C., 17 août 1864.)

DÉTOURNEMENTS.

Valeurs enlevées des colis, p. 47. — Soustraction d'argent et de finances, 212. marchandises, 153.
Dénonciation et constatation des vols, p. 610. — Pénalité, 611. — Responsabilité civile, 611.

DÉTRESSE.

En termes de chemin de fer on entend par *détresse*, l'arrêt accidentel d'un train ou d'une machine, en pleine voie, par suite d'avarie de la locomotive, de manque de vapeur ou d'avarie quelconque au matériel roulant. — Un train peut aussi rester en détresse au milieu des neiges et cela se voit malheureusement quelquefois dans certaines régions. — Les épreuves d'admission que l'on fait subir aux agents comprennent, en première ligne, les devoirs qu'ils ont à remplir pour couvrir un

convoi tombé en détresse, et pour l'organisation du secours. — Ces devoirs sont résumés dans les articles rappelés ci-après : *Principales causes et conséquences des détresses*, 153. — *Signaux à faire*, soit à l'arrière, soit des deux côtés, 153. — **Distance des signaux**, 153. — **Signaux détonants**, 500. — *Avertissements spéciaux*, 154. — *Détresse sur la voie unique*, 602. — *Détresse des machines isolées*, 342. — *Demande et envoi du secours*, 490.

Ralentissement. — Outre les cas de détresse ou d'arrêt accidentel proprement dit, les règlements indiquent les mesures à prendre lorsque la vitesse d'un train se trouve momentanément ralentie au point de permettre à un homme marchant au pas de le suivre (v. les indications données à ce sujet, p 154). — Enfin, comme la vitesse d'un train, sans être réduite à celle d'un homme, marchant au pas, peut être accidentellement ralentie de façon à laisser gagner de l'avance au train suivant et à lui permettre, dans un parcours donné, d'atteindre et de tamponner le train en retard, surtout lorsque le garde-ligne a omis ou a été empêché de faire utilement les signaux nécessaires pour maintenir entre les trains l'intervalle réglementaire de 10 minutes, les instructions recommandent expressément aux conducteurs chefs de trains et aux mécaniciens, de se rendre toujours compte de la position de leur train et de prendre, d'ailleurs, les dispositions nécessaires pour éviter une collision (v *Ralentissement* au Rép.).

DÉVIATIONS.

Achat de terrains. — *Indemnités, etc.* (Prescriptions de l'art. 21 du cahier des charges :

« Art. 21. — Tous les terrains nécessaires pour l'établissement du chemin de fer et de ses dépendances, pour la déviation des voies de communication et des cours d'eau déplacés, et, en général, pour l'exécution des travaux, quels qu'ils soient, auxquels cet établissement pourra donner lieu, seront achetés et payés par la compagnie concessionnaire.

« Les indemnités pour occupation temporaire ou pour détérioration de terrains, pour chômage, modification ou destruction d'usines, et pour tous dommages quelconques résultant des travaux, seront supportés et payés par la compagnie. »

Conférences à ouvrir avec les services intéressés (v. *Conférences*, p. 116 et au Rép.).

Terrains provenant de chemins vicinaux déviés (v. l'art. 19 de la loi du 21 mai 1836 au mot *Chemins vicinaux* du Rép.).

Lits des rivières et cours d'eau déviés.
— Aucun texte n'indique, à notre connaissance, la destination à donner aux terrains formant le lit primitif des rivières et cours d'eau déviés pour l'établissement des chemins de fer, mais il semble que ces terrains peuvent être revendiqués par les premiers possesseurs, comme font retour, par exemple, à l'État ou aux départements, le sol et les dépendances des routes impériales ou départementales, déviées ou modifiées par les compagnies concessionnaires et dont certaines parties sont devenues sans emploi pour la circulation publique.

DEVIS ET CAHIER DES CHARGES.

Modèle à joindre aux projets définitifs de travaux (v. le programme général des projets à la p. 673).— Prescriptions générales imposées aux entrepreneurs (v. *Clauses* au Rép.).

Modèle du cahier des charges général des compagnies, p. 706. — Disposition additionnelle pour les travaux commencés par l'Etat (v. *Compagnies* au Rép.).

DILATATION DES VOIES.

Indications diverses (v. les articles cités p. 154).

DIRECTEURS DES COMPAGNIES.

Attributions et affaires générales (v. le mot *Compagnies*, p. 104 et au Rép.).

DISPONIBILITÉ.

Fonctionnaires mis en disponibilité (v. *Retraites*, p. 473).

DISQUES-SIGNAUX.

Prescriptions réglementaires, p. 154.

— *Installation des signaux fixes des gares*, 155 (1). — *Distance à laquelle les disques des voies principales doivent être placés*, 155. — *Disques répétiteurs et sonneries électriques*, 155. — *Signaux solidaires avec les aiguilles*, 156. — *Entretien et manœuvre des disques-signaux*, 156 et 649. — *Eclairage de nuit*, 157. — *Eclairage en temps de brouillard*, 169 (2).
— **Observation des signaux**, 157 et 649.
— Les mesures résumées, p. 157, font connaître que sur le chemin de fer de Lyon, par exemple, les signaux fixes des gares, lorsqu'ils sont tournés au *rouge*, ne commandent plus qu'un arrêt momentané ou même un simple ralentissement. — Les règlements des conducteurs des trains et des mécaniciens, en vigueur sur ce réseau, prescrivent, en effet, au mécanicien d'un train arrêté devant un signal fixe manœuvré à distance, d'avancer lentement et avec la plus grande prudence, de manière à dépasser le signal s'il n'aperçoit aucun obstacle devant lui. L'ordre de service spécial relatif à cet objet, contient les prescriptions suivantes (ch. de Lyon) :

« Afin d'être assuré qu'il n'y a réellement aucun obstacle sur la voie en dedans des signaux fixes tournés à l'arrêt, les trains devront être à l'avenir pilotés par les conducteurs-chefs pour franchir ces signaux.

» A cet effet, dès qu'un train sera arrêté devant un signal fixe, le conducteur-chef devra descendre de son fourgon, et se porter en avant muni de son drapeau ou de sa lanterne, en marchant sur la voie opposée à celle sur laquelle le train s'est arrêté. Le mécanicien ne devra se remettre en marche que lorsque cet agent sera au moins à vingt mètres devant lui ; il devra le suivre en maintenant toujours cet écartement, et être prêt à arrêter au premier signal ; enfin, il annoncera l'approche du train par des coups de sifflet prolongés.

---

(1) Les stations intermédiaires les moins importantes comportent l'établissement de deux disques-signaux à distance, l'un à l'amont, l'autre à l'aval. — Le nombre des disques dans les gares de têtes de lignes et dans les grandes gares à marchandises dépend naturellement du nombre de voies à couvrir et est subordonné, d'ailleurs, aux conditions spéciales du service de ces gares. — Le prix moyen approximatif des divers éléments qui entrent dans la composition d'un signal à distance peut être établi ainsi qu'il suit : 1° *Manœuvre.* — Ferrures, charpente, chaînes, 110 fr. — 2° *Signal.* — Ferrures, poteau, non compris la lanterne, 275 fr. — 3o *Levier de rappel.* — Ferrures, charpente, chaîne, 80 fr. — 4° *Fil de transmission* (100 mètres), 9 fr. — 5° *Piquets* (50) 15 fr. — Total, 489 fr. — Soit en chiffre rond, 500 fr.

(2) Voir, pour les précautions générales à prendre en temps de brouillards, l'art. *Brouillards* au Rép.
Sur le réseau de Lyon, les stationnaires du télégraphe Tyer devront, en cas de brouillard, ne permettant pas de voir les signaux à 300 mètres de distance, poser, soit le jour, soit la nuit, des pétards sur les rails, au droit de leur poste, pendant tout le temps que les disques dont ils disposent sont tournés à l'arrêt. (Inst. spéc. de décembre 1864, modifiant l'ordre de service de fév. 1864.)

» Si le conducteur-chef atteint une aiguille ou une traversée de voie avant d'être certain que le signal fixe ait été effacé, il doit, en arrivant sur ce point, faire le signal d'arrêt au mécanicien. Une fois assuré de l'arrêt de son train, il se rendra auprès du chef de gare pour lui faire connaître la position de son train, et lui demander des instructions pour le faire entrer en gare.

» A cette occasion, on rappelle aux conducteurs d'arrière que lorsque leur train est arrêté devant un signal tourné au rouge, ils doivent descendre immédiatement sur la voie, et, dans le cas où le train ne se remettra pas en marche presque aussitôt pour franchir le signal, se porter en arrière pour le couvrir, ainsi qu'il est prescrit à l'art. 19 de leur règlement (1). Ils ne devront rejoindre leur train que lorsque celui-ci aura dépassé le poteau-limite indiquant qu'il est couvert par le disque.

» En temps de brouillard, le conducteur d'arrière devra se conformer rigoureusement aux prescriptions de l'art. 19 du règlement. Dans ce cas, il devra mettre plusieurs pétards sur les rails avant de rejoindre son train, quand il y sera rappelé par le mécanicien..... » (Ext. d'une inst. spéc., ch. de Lyon, déc. 1861.)

Dispositions relatives aux poteaux-limites de protection. — Une autre instruction, du chemin de Lyon, citée comme la première, à titre de simple renseignement, a précisé ainsi qu'il suit les dispositions relatives aux poteaux (limites de protection) placés de part et d'autre des gares, en ce qui concerne notamment les précautions à prendre, lorsqu'on engage les voies principales, soit pour exécuter des manœuvres, soit pour le stationnement d'un train :

« 1° Par un temps clair. — La protection des disques est considérée comme suffisante pour un train qui stationne et pour les manœuvres que l'on exécute dans l'espace compris entre les poteaux-limites de protection.

» 2° En temps de brouillard. — On doit admettre que les disques ne sont visibles que de leur pied et ne plus tenir compte des poteaux.

» Tout train arrivant dans une gare devra donc être couvert aussitôt son arrêt, selon les prescriptions de l'art. 19, à moins que l'arrière de ce train n'ait dépassé le disque de la distance réglementaire (v. en note l'art. 19 précité).

» En ce qui concerne les manœuvres. — Lorsque les disques ne se trouveront pas

---

(1) Suit le texte de l'art. 19 du règlement des conducteurs de trains du ch. de Lyon :

« Lorsque, par un motif quelconque, un train vient à s'arrêter sur la voie, le conducteur d'arrière, sans s'informer de la cause de l'arrêt, doit se porter immédiatement en arrière au pas de course, pour faire, à *huit cents mètres* au moins, les signaux d'arrêt qui doivent protéger le train.

» Lorsque l'arrêt se produira sur une pente, dont la déclivité dépassera cinq millimètres par mètre, ou à moins de deux cents mètres au-delà de cette pente, le signal d'arrêt devra être porté à une distance d'au moins douze cents mètres ; si la déclivité de la pente dépasse huit millimètres par mètre, la distance ci-dessus devra être d'au moins quinze cents mètres.

• Ce devoir doit être accompli *sans la moindre hésitation*, et quelque assurance qu'on puisse avoir qu'aucun train, qu'aucune machine ne doit survenir.

» L'agent qui se portera ainsi à l'arrière d'un train pour le protéger, devra être porteur, le jour d'un drapeau rouge, la nuit d'une lanterne à verre rouge, avec les moyens de la rallumer si elle venait à s'éteindre ; et, le jour comme la nuit, de signaux-pétards.

• Le chef de train doit s'assurer que le présent ordre est bien exécuté. Au besoin, il se portera lui-même à l'arrière du train pour le protéger.

» Si l'agent envoyé à l'arrière d'un train rencontre un agent ou un ouvrier de la voie, il doit le charger d'assurer les signaux au point convenable et revenir à son train.

• S'il n'a rencontré personne et si sa présence au train est utile, ou s'il y est rappelé, il doit mettre, avant de revenir, des pétards sur les rails, afin de prévenir le mécanicien de tout train ou de toute machine qui surviendrait.

» On devra, pour plus de sûreté, poser à la fois sur les rails deux pétards, un à gauche, l'autre à droite, à une distance de vingt-cinq à trente mètres l'un de l'autre.

• Par un temps humide, le nombre des pétards employés devra être porté à trois, espacés de la même manière.

• Il est formellement interdit à l'employé qui aura été chargé d'assurer les signaux à l'arrière d'un train, de revenir à son train, même lorsqu'il y serait rappelé, s'il n'a pu :

» Soit charger un agent de faire les signaux d'arrêt ;

• Soit, à défaut d'agent, placer des pétards à la distance réglementaire.

• Il est encore interdit au chef de train de rappeler l'employé chargé d'assurer les signaux, et à ce dernier de revenir, lorsqu'il y a lieu de présumer que les machines sont pourvues de chasse-neige, ou lorsque l'on attend, soit un train, soit une machine, sur la voie où stationne le train arrêté. »

à des distances suffisantes des points où les voies doivent être engagées, l'agent chargé de la manœuvre devra, avant d'engager les voies principales, prendre ses mesures pour être couvert par des agents munis de signaux et placés aux distances prescrites par l'art 19 du règlement.

» 3° Lorsque des manœuvres devront avoir lieu au-delà des poteaux de protection, l'agent qui dirigera la manœuvre devra, au préalable, faire protéger aux distances prescrites par l'art. 19, les points les plus éloignés qu'il doit atteindre. » (Ext. d'une inst. spéc , ch. de Lyon, nov. 1862.)

Disques-signaux des bifurcations (v. *Bifurcations* au Rép.).

Dérangements ou dégradations de disques. — Les dérangements malveillants ou les dégradations volontaires des disques-signaux et autres appareils de la voie pouvant entraver la marche des convois, rentrent sous l'application de l'art. 16 de la loi du 15 juillet 1845 (v. *Actes de malveillance*, p. 8) et donnent lieu aux avis et constatations, mentionnés au même article, p. 10 et 11.

Subsidiairement, la dégradation d'un disque, pouvant être assimilée à celle des édifices, établissements et autres objets d'utilité publique, paraît rentrer sous l'application de l'art. 257 du Code pénal (voir *Dégradations*, p. 141).

Par conséquent, lorsque l'enquête, ouverte au sujet de ces actes de malveillance, parvient à faire découvrir les coupables, il y a lieu de les poursuivre, soit en vertu de l'art 16 de la loi du 15 juillet 1845, soit en vertu de l'art. 257 du Code pénal.

DISTANCES.

Limites de servitude pour les alignements, dépôts, p 158. — **Mesurage des distances kilométriques,** 158. — *Croquis des distances,* 158.

Distance des barrières des passages à niveau, p. 387. — Dans l'intérêt de la sécurité, il doit toujours être réservé une distance libre d'au moins 1^m,50 à partir du rail extérieur de la voie, jusqu'aux divers ouvrages d'art (parement des culées, pilastres, parapets, barrières, grues et tous ouvrages pouvant former obstacle pour le service des trains).

Tarifs : 1° bases kilométriques, p. 526 ; — 2° réduction conventionnelle des distances, 158 (1).

Distance des signaux (v. les articles cités, p. 159).

Distances moyennes entre les stations. — L'espacement moyen, entre deux stations consécutives, calculé pour l'ensemble de 1263 gares des grandes lignes et des principaux embranchements, ne s'éloigne guère de 7160 mètres. Aux environs des grands centres de population, cette distance moyenne est inférieure à 6000 mètres pour un assez grand nombre de stations ; mais nous rappellerons qu'au point de vue des tarifs, la plus petite distance parcourue est comptée pour 6 kilom. (art. 42 du cah. des ch.). — Les moyennes dont il s'agit ne présentent pas une variation de plus de 3 ou 400 mètres, en plus ou en moins, pour les divers réseaux, qui peuvent être classés dans l'ordre suivant, quant au rapprochement des stations (le premier réseau inscrit est celui dont les gares sont les moins espacées) savoir : 1° Midi ; 2° Est ; 3° Lyon ; 4° Nord ; 5° Orléans ; 6° Ouest.

Enfin, dans certaines contrées où la fréquentation des chemins de fer présente une importance *locale* très-restreinte, l'espacement entre deux stations consécutives atteint jusqu'à 15, 17 et même 20 kilom. ; mais ce sont là des exceptions que l'on ne rencontre guère dans les pays véritablement agricoles et industriels.

DIVIDENDE.

Fixation (v. à titre de simple renseignement, l'art. *Actions*, p. 13).

DOMAINES.

Renseignements à fournir aux ingénieurs (pour les expropriations de terrains), p. 159

Rétrocession de terrains aux riverains (v. *Terrains* au Rép.) — *Affaires diverses :* amendes de voirie, timbre et enregistrement de procès-verbaux (v. les articles cités, p. 159). — Timbre des récépissés et lettres de voitures, 159. — Circulation des agents chargés des vérifications, 159.

Remise aux domaines et vente d'ob-

---

(1) L'art. 5 de la convention passée le 1er mai 1863, entre l'État et la compagnie de la Méditerranée, contient l'exemple suivant d'une réduction du nombre de kilomètres soumis au tarif :

« En ce qui concerne la ligne de Cette à Marseille, la Compagnie réduira à 160 pour les points extrêmes de la ligne, le nombre de kilomètres soumis au tarif pour les voyageurs, ainsi que pour les marchandises à destination ou en provenance de Cette ou du réseau du Midi.

(Cette mesure a été appliquée à dater du 1er juillet 1864.)

jets abandonnés. (Décret du 13 août 1810, p. 159.)

DOMMAGES DE TRAVAUX.

Prescriptions du cahier des charges. — Ext. de l'art. 17 (dommages causés aux routes et chemins, p. 481). — Ext. de l'art. 21 : « Les indemnités pour occupation temporaire ou pour détérioration de terrains, pour chômage, modification ou destruction d'usines, et pour tous dommages quelconques résultant des travaux, seront supportés et payés par la compagnie (1).

» 22. — L'entreprise étant d'utilité publique, la compagnie est investie, pour l'exécution des travaux dépendant de sa concession, de tous les droits que les lois et règlements confèrent à l'administration, en matière de travaux publics, soit pour l'acquisition des terrains par voie d'expropriation, soit pour l'extraction, le transport et le dépôt des terres, matériaux, etc. ; et elle demeure en même temps soumise à toutes les obligations qui dérivent, pour l'administration, de ces lois et règlements.

» 24. — (Dommages causés aux mines déjà concédées, v. p. 360.)

» 25. — (Dommages causés aux carrières, v. p. 69 et 70.)

Dommages provenant du fait des entrepreneurs. — *Compétence.* — *Responsabilité.* — D'après l'art. 22 précité du cahier des charges, les compagnies concessionnaires sont investies des droits que les lois et règlements confèrent à l'administration, en matière de travaux publics. — En conséquence, les réclamations des particuliers ayant pour objet les dommages causés par les travaux de ces compagnies et dont elles sont responsables, doivent être déférées aux préfets compétents, soit pour être examinées par les ingénieurs du contrôle, la compagnie entendue, soit pour être soumises, s'il y a lieu, au conseil de préfecture. — On trouvera, p. 106, 162 et 573, les indications relatives à la compétence administrative (ou judiciaire dans certains cas), pour l'appréciation des dommages occasionnés par les travaux autorisés, ou *non autorisés*, exécutés par les compagnies concessionnaires et sur le règlement de ces dommages. — Nous devons ajouter que d'après la jurisprudence du conseil d'Etat, basée sur les clauses des cahiers de charges « les compagnies de chemins de fer sont directement responsables envers les particuliers des dommages causés *par les entrepreneurs qu'elles se sont substitués* dans l'exécution des travaux. » (C. d'Etat, 16 avril 1863, ch. de fer d'Orléans, voir *Entrepreneurs* au Rép.) (2).

Dommages survenus après l'achèvement des travaux. — « La compétence du conseil de préfecture, pour prononcer sur les réclamations des particuliers qui se plaignent des torts et dommages procédant du fait des entrepreneurs, n'est pas limitée au cas où les dommages se manifestent pendant l'exécution des travaux ; elle subsiste au cas où les dommages surviennent après leur achèvement. — Il appartient dès-lors au conseil de préfecture de connaître de la demande d'indemnité formée par un particulier contre une compagnie de chemin de fer, à raison du dommage qui avait été causé à sa propriété par l'écroulement du mur de soutènement d'une gare. La compagnie tenue par son cahier des charges d'entretenir et de réparer les ouvrages établis ne peut être actionnée pour ce fait devant l'autorité judiciaire. » (C. d'Etat, 20 décembre 1863, aff. *Chaunier*.) (3).

Distinction à faire entre les dommages directs et les dommages indirects, p. 160.

Principaux exemples de dommages

---

(1) Pour les travaux commencés par l'Etat, d'après le système de la loi du 11 juin 1842, il est expressément stipulé qu'en aucun cas, la responsabilité de l'Etat (telle qu'elle est réglée par l'art. B des dispositions complémentaires annexées au cahier des charges, v. au Rép., p. 812, note 2) ne pourra s'étendre au-delà de la garantie matérielle des travaux (ext. des conventions de 1859). Pour la ligne de *Lyon* dénommée dans la loi du 11 juin 1842 (voir page 813, fin de la note) et dont l'Etat avait commencé l'exploitation en son nom, l'art. 10 du cah. des ch. annexé à la loi de concession de 1852, contenait la clause suivante : — « La première section actuellement ouverte à la circulation, sera remise à la compagnie, au plus tard, le 1er mars prochain ; le matériel fixe et mobile, existant sur la ligne à cette époque, lui sera également remis. *La compagnie prendra livraison des ouvrages et du matériel dans l'état où ils se trouveront et sans pouvoir élever aucune réclamation au sujet des défectuosités qu'ils lui paraîtraient présenter.* »

(2) Voir, pour le recours des compagnies contre leurs entrepreneurs, la note de l'art. *Clauses et Conditions générales* du Rép.

(3) V. la première note du présent article, pour la responsabilité relative aux travaux commencés par l'Etat.

directs : Privation des facilités d'accès, p. 160. — Changement des conditions de salubrité des habitations, 160 et 649. — Chambres d'emprunt, 161 (v. aussi *Emprunts* au Rép.) — Suppression de sources, 161. — Prises d'eau (v. *Cours d'eau* et *Puits d'alimentation* au Rép.) — Mouvements et éboulements de terrains, 168. — Glissement du sol, 161. — Remblais occasionnant un tassement, 161. — Ecroulement de murs de soutènement (voir plus haut le paragraphe relatif aux dommages survenus après l'achèvement des travaux). — Ebranlement des maisons, 161 (1). — Modification et suppression de chemins, 161 (v. aussi au Rép. l'art. *Chemins déviés ou modifiés*). — Exhaussement d'une place communale, 162. — Indemnités diverses : pertes de récoltes, etc. (v. *Indemnités* au Rép.).

Accidents de travaux (v. *Accidents,* au Rép.).

Dommages indirects, p. 162. — Travaux devant les maisons, rampes, etc., 162. — Suppression de sources dont la possession n'est pas justifiée, 162. — Obstacles accidentels à la navigation, 162.

Dommages à venir, p. 162.

Règlement administratif des indemnités de dommages, p. 162. — Les expertises ordonnées, dans certains cas, par les conseils de préfecture, pour l'évaluation des indemnités de dommages, ont lieu dans la forme indiquée par la loi du 16 sept. 1807, dont les principales dispositions, applicables d'une manière générale aux voies publiques, sont reproduites savoir : 1° Art. 52 (alignements de petite voirie), p. 25 ; — 2° articles 49, 50, 51, 53, 54 et 55 (règlement des indemnités administratives), p. 262 et 263 ; — 3° articles 56 et 57 (formalités d'expertise), 193. — Une distinction a été faite, d'ailleurs, *lorsqu'il y a des concessionnaires,* en ce qui concerne la désignation de l'expert de l'administration, et, s'il en est besoin, du tiers expert, qui n'est plus de droit l'ingénieur en chef du département et qui est nommé par le préfet, sans qu'aucune disposition ait désigné pour remplir cet office les ingénieurs du contrôle. Les préfets se bor-

nent, dans beaucoup de cas, à consulter ces derniers ingénieurs, au point de vue de l'exécution du cahier des charges, et des règlements et décisions concernant le service du contrôle sur le principe même de l'allocation de l'indemnité qui peut être due par la compagnie. Il s'agit ici, en effet, d'intérêts distincts, pour la défense desquels il est procédé dans des formes différentes, devant les tribunaux administratifs, selon qu'il s'agit de travaux de l'Etat ou des travaux des compagnies. (V. au Rép. les mots *Conseils* et *Contentieux.*)

DOMMAGES D'EXPLOITATION.

Prescription de l'art. 22 de la loi du 15 juillet 1845 (*Responsabilité*), p. 163. — *Compétence de l'autorité judiciaire,* 163. — *Dommages causés :* 1° par la fumée des gares, 163 ; 2° par le passage des trains, 163 ; 3° par les incendies, 261 ; 4° avaries de marchandises, 137 (v. aussi *Avaries* au Rép.) ; 5° constatation des avaries (v. *Constatations* au Rép.) ; 6° retards (v. *Retards* au Rép.) ; 7° accidents d'exploitation (v. *Accidents* au Rép.) ; 8° dommages-intérêts, p. 163.

DOMMAGES-INTÉRÊTS.

Bases d'allocation et de fixation, p. 163.

DOUANE.

Objets soumis aux droits, p. 164. — *Formalités obligatoires :* 1° Acquits, déclaration, etc., 649, 650 et 651 ; 2° visite en gare, 165, saisies, 165 ; 3° marchandises prohibées, 652. — *Tarif moyen des formalités de douane,* 165. — *Agents accrédités pour ces formalités,* 650. — « Une compagnie de chemin de fer qui se charge de faire douaner les expéditions, agit comme mandataire et non pas comme voiturier. — En conséquence, elle est responsable du retard dans les opérations de douane, encore bien que le destinataire ait reçu l'expédition et payé le port. » (Trib. comm. Seine, 18 mai 1864.)

Conservation des plombs de douane (circ. minist. 18 janvier 1861), p. 166 (2).

---

(1) Un arrêt du conseil d'Etat du 23 janvier 1864 a également compris dans les dommages directs et matériels « le tassement des fondations d'une maison provenant du drainage opéré par le percement d'un tunnel de chemin de fer. — Le conseil a décidé « que le percement d'un tunnel destiné au passage d'un chemin de fer avait fait éprouver à une maison des dégradations qui en avaient compromis la solidité ; que par suite, le propriétaire avait droit à une indemnité, mais que dans l'appréciation de cette indemnité, il devait être tenu compte de l'état de vétusté dans lequel, selon la prétention du concessionnaire, se serait trouvée la maison. » (C. d'Etat, 23 janvier 1864.) — Affaire Léonard Pacalet, à Limoges.)

(2) Sur quelques grandes lignes, les chefs de service ont adressé à leurs agents les recommandations suivantes pour la conservation et la vérification des plombs de douane :

Prescriptions générales pour le transit international, p. 653.

DRAINAGE.

Assainissement des talus, p. 166. — *Percement de tunnels* (v. *Dommages* au Rép.). — *Servitudes* pour les fossés des chemins publics, p. 167.

Nota. — Lors du bornage de la ligne de Genève, on a maintenu dans les dépendances du chemin de fer, quelques terrains adjacents aux voies, où l'on avait établi, à une certaine profondeur, des drains destinés à l'assainissement du chemin de fer.

DRESSEMENT.

Définition et indications diverses, p. 167.

DROGUES ET PRODUITS CHIMIQUES.

Tarif général, p. 654. — Tarifs d'application, 654. — Tarifs spéciaux, 654.

DROITS ET DEVOIRS.

Mention pour mémoire, p. 167. — *Droit commun*, 167. — *Droits fiscaux* (v. les articles rappelés, 167, v. aussi *Patente* au Rép.). — Droits de transmission sur les valeurs étrangères (v. *Sociétés* au Rép.).

E

EAUX.

Obligations des compagnies, pour l'écoulement des eaux (art. 15 du cah. des ch.), p. 170. — Eaux souterraines, 671. — Chambres d'emprunts (v. *Emprunts* au Rép.). — Travaux en rivière, 171 (v. aussi *Navigation* au Rép.). — Dommages provenant de l'insuffisance des ouvrages livrés aux compagnies par l'État (v. *Dommages de travaux* au Rép.). — Prises d'eau pour l'alimentation des gares, 670 (v. aussi *Cours d'eau* au Rép.). — **Infractions** (v. au Rép. les art. *Contraventions* et *Navigation*).

Servitudes riveraines, p 170. — Autorisations de conduites d'eau (v. au Rép. les art. *Conduites* et *Grande voirie*) — Dégâts causés par les eaux riveraines, 171.

ÉBOULEMENTS.

Causes principales, p. 167. — *Travaux* urgents, 168. — *Réparation des dégâts* causés par les éboulements, 168. — *Dommages directs* provenant : 1° du glissement du sol, 161 ; — 2° des remblais occasionnant un tassement, 161.

ÉCHAFAUDAGES.

Réparation de souterrains, p. 508. — Travaux de *Grande voirie* (v. l'art. *Grande voirie* au Rép.).

ÉCHANTILLONS.

Réduction du prix de transport. — Une circulaire adressée par le ministre de l'agriculture, du commerce et des travaux publics, le 15 mars 1864, aux administrateurs des compagnies de chemins de fer et par ampliation aux ingénieurs en chef des services de contrôle, porte ce qui suit :

« Mon attention a été fréquemment ap-

« Les ruptures ou altérations de plombs, apposés sur les wagons de marchandises par le service de la douane, se produisent fréquemment depuis quelque temps. Il est impossible que ces ruptures soient l'effet de simples accidents de route, le plombage étant fait avec le plus grand soin par la douane ; on ne peut donc attribuer ces ruptures qu'à la malveillance. En effet, la ficelle employée est une ficelle métallique, et alors même que le chanvre qui l'enveloppe serait usé par le frottement, le fil de fer devrait suffire pour maintenir le plomb. Il est rappelé aux agents des gares et des trains qu'ils doivent exercer la plus grande surveillance pour que ces ruptures n'aient plus lieu, et on sévira quand on constatera des négligences dans cette partie du service. » (*Inst. spéc.*, janvier 1864.)

« Quand des wagons plombés seront attelés à un train, les chefs de train devront à chaque arrêt, *tant à l'arrivée qu'au départ*, constater l'état des plombs contradictoirement avec les agents de la gare, et, pendant tout le temps du stationnement, ces derniers devront exercer la plus grande surveillance sur les wagons plombés. Les constatations de mauvais état des plombs seront consignées au dos des feuilles de chargement et signées à la fois par les agents des gares et des trains. » (Ext. d'une inst. spéc. rappelant, d'ailleurs, l'exécution de la circ. min. du 18 janv. 1861.)

pelée sur l'élévation de la taxe applicable aux échantillons de marchandises : la poste les transporte à un prix notablement inférieur à ceux des chemins de fer ; mais elle a pour limite de poids 300 grammes et n'accepte pas, d'ailleurs, les échantillons de liquides.

« Il y aurait, selon moi, un intérêt commercial à ce que les compagnies réduisissent leur prix pour les échantillons dont la poste ne se charge pas, soit à raison de leur poids soit à raison de leur nature même.

» Je n'entends pas, sans doute, vous imposer à ce sujet des obligations qui ne résultent pas de votre cahier des charges ; mais je crois devoir vous prier d'examiner s'il ne vous paraîtrait pas possible d'établir pour le transport des échantillons, un tarif spécial à prix réduit, qui serait le même sur toutes les lignes.

» J'aime à penser que vous voudrez bien étudier cette question avec le soin qu'elle mérite, et je vous serai obligé de me faire connaître le plus tôt possible la détermination que vous aurez arrêtée, d'un commun accord avec les autres compagnies. » (Circ. minist., 15 mars 1864.)

Nota. — Il ne paraît pas encore avoir été pris de mesure d'ensemble à la suite de cette initiative ministérielle.

ÉCHARPES.

Insignes des commissaires de surveillance administrative, p. 168. — Frais d'acquisition, d'entretien et de renouvellement des écharpes, 168. — Transmission lors des remises de service, 168.

ÉCLAIRAGE.

Stations et passages à niveau (prescriptions de l'art. 6 de l'ordonn. du 15 novembre 1846), p. 168. — Avenues de gare, 484. — Eclairage des disques-signaux, 157. — Id. des fosses à piquer le feu, 215.

Eclairage des trains (prescriptions de l'art. 24 de l'ordonn. du 15 novembre 1846), p. 168. — Souterrains, 169. — Fanaux des machines, 499. — Extinction des fanaux, 205. — Entretien des appareils, 169.

Eclairage en temps de brouillard, p. 169.

ÉCLISSES.

Conditions d'emploi, p. 169. — Systèmes, 169. — Pose, 169.

ÉCONOMAT.

Attributions et affaires diverses, p. 170.

ÉCOULEMENT DES EAUX.

Obligation des compagnies, pour l'écoulement des eaux (art. 15 du cahier des charges), p. 170. — Eaux souterraines, 671. — Chambres d'emprunts (v. *Emprunts* au Rép.) — Travaux en rivière, 171 (v. aussi *Navigation* au Rép.). — Dommages provenant de l'insuffisance des ouvrages livrés aux compagnies par l'Etat (v. *Dommages de travaux* au Rép.). — Prises d'eau pour l'alimentation des gares, 670 (v. aussi *Cours d'eau* au Rép.). — **Infractions** (v. au Rép. les art. *Contraventions* et *Navigation*).

Servitudes riveraines, p. 170. — Autorisations de conduites d'eau (v. au Rép. les art. *Conduites* et *Grande voirie*). — Dégâts causés par les eaux riveraines, p. 171.

EMBALLAGE.

Conditionnement des marchandises, p. 326. — Responsabilité, 465. — Marchandises en vrac, 617. — Retour gratuit des emballages, 171 (v. aussi *Futailles* au Rép.).

Conditionnement des finances et valeurs, formalités d'envoi, p. 210. — Retour des emballages des fonds du trésor (v. *Finances* au Rép.).

EMBRANCHEMENTS.

Travaux ultérieurs ordonnés ou autorisés par l'Etat (prescriptions des articles 59 et 60 du cah. des ch.) :

« 59. — Dans le cas où le Gouvernement ordonnerait ou autoriserait la construction de routes impériales, départementales ou vicinales, de chemins de fer ou de canaux qui traverseraient la ligne, objet de la présente concession, la compagnie ne pourra s'opposer à ces travaux ; mais toutes les dispositions nécessaires seront prises pour qu'il n'en résulte aucun obstacle à la construction ou au service du chemin de fer, ni aucuns frais pour la compagnie.

» 60. — Toute exécution ou autorisation ultérieure de route, de canal, de chemin de fer, de travaux de navigation dans la contrée où est situé le chemin de fer, objet de la présente concession, ou dans toute autre contrée voisine ou éloignée, ne pourra donner ouverture à aucune demande d'indemnité de la part de la compagnie. »

Nouvelles concessions de chemins de fer se bifurquant aux lignes déjà concédées (prescriptions de l'art. 61 du cah. des ch.), p. 171. — Contestations, 172. — Matériel, 172. — Péage, 172. — *Chemins de fer vicinaux* (v. au Rép.).

Embranchements industriels, p. 172 (v. aussi *Embranchements industriels* au Rép.).

Embranchements de carrières (v. *Sablières*, p. 488, v. aussi au Rép. l'article *Occupation de terrains*).

Précautions à prendre aux points d'embranchement : « A cinq cents mètres au moins avant d'arriver au point où une ligne d'embranchement vient croiser la ligne principale, le mécanicien devra modérer la vitesse de telle manière que le train puisse être complétement arrêté avant d'atteindre ce croisement, si les circonstances l'exigent. Au point d'embranchement ci-dessus désigné, des signaux devront indiquer le sens dans lequel les aiguilles sont placées. » (Art. 37, ordonn. 15 nov. 1846, ext.)

Le ralentissement n'est pas toujours rendu obligatoire par les ordres de service, notamment aux abords des voies industrielles ou des raccordements spéciaux qui ne servent qu'éventuellement et dont les aiguilles sont spécialement couvertes pendant les manœuvres et toujours cadenassées dans l'intervalle compris entre ces manœuvres.

Signaux des croisements de voie (v. *Bifurcations* au Rép.).

EMBRANCHEMENTS INDUSTRIELS.

Conditions générales d'autorisation — Nous avons indiqué, p. 173 et 174, les principales conditions d'autorisation des voies particulières, destinées à relier les mines, usines, magasins, etc., aux voies proprement dites des lignes de chemins de fer. Aux termes de l'art. 62, § 1er du cah. des ch. (v. p. 173), le Gouvernement ne doit être appelé à statuer sur les demandes *qu'à défaut d'accord*, entre les compagnies et les intéressés. Aussi, dès que cet accord existe, la plupart des compagnies se croient-elles implicitement autorisées à établir, sans autre formalité préalable d'approbation de projets et de réception des travaux, les voies industrielles dont il s'agit, dans les conditions ordinairement adoptées pour certaines voies accessoires des gares à marchandises, c'est-à-dire, sans soumettre de projets spéciaux à l'administration, en se

conformant, d'ailleurs, aux indications de l'art. 62 du cah. des ch. — Il est généralement d'usage, toutefois, de demander l'approbation et la réception préalable des embranchements particuliers, lorsque ces voies doivent se rattacher au moyen d'aiguilles ou de plaques tournantes, aux voies principales de service ou d'évitement parcourues par les trains, et nous avons indiqué, p. 175, les dispositions prescrites en pareil cas, soit que les embranchements aboutissent à une station, soit que le point de jonction d'un embranchement avec la ligne principale se fasse à un garage spécial entre deux stations de la grande ligne (ce que l'on évite autant que possible).

Conditions spéciales de service, location de wagons, tarifs, etc. — Quelles que soient les formalités accomplies pour l'établissement et la mise en service des voies industrielles de raccordement, les frais de location du matériel envoyé sur les embranchements particuliers et le mode de taxation des marchandises de ces embranchements sont réglés d'une manière générale pour chaque réseau par des tarifs approuvés par l'administration et classés, pour ordre, dans la catégorie des tarifs spéciaux des diverses compagnies, conformément à l'invitation contenue dans une circ. minist. du 14 février 1861, résumée au premier alinéa du paragraphe VII de l'art. *Embranchements industriels*, p. 176. En général, les taxes établies sont celles de l'art. 62 du cah. des ch. ; mais les conditions d'application sont plus ou moins variables, et nous croyons utile d'en faire un résumé comparatif et explicatif, de manière à fixer, autant que possible, les idées sur cet objet si intéressant pour l'industrie (1).

Tarifs d'application des diverses compagnies. — (NOTA. Nous avons accompagné de *guillemets* les passages rappelant les dispositions du cahier des ch. général):

Lorsque les propriétaires d'embranchements particuliers demanderont des wagons à la compagnie, « celle-ci sera tenue de les leur fournir » suivant l'ordre des demandes, dans un délai égal à celui que lui réserve, pour l'expédition, le tarif appliqué aux marchandises à expédier. — Dans aucun cas, ce délai ne pourra être inférieur à deux jours, non compris celui

---

(1) D'après les instructions données par quelques compagnies à leurs agents, « on doit considérer les *magasins loués dans les gares* comme de véritables *embranchements particuliers* et appliquer, par conséquent, aux expéditions destinées à ces magasins ou qui en proviennent, les taxes calculées, tant pour le parcours sur le chemin de fer que pour les frais de location de wagon, d'après les prix applicables aux expéditions de même nature en provenance ou à destination d'*embranchements particuliers aboutissant dans les gares*. » (Inst. spéc., août 1864.)

de la demande et celui de la livraison au point de jonction de l'embranchement avec la ligne principale (ch. du Nord, Orléans, Midi). — Sur les ch. de l'Est, Lyon et Ouest, la livraison des wagons a lieu dans les 3 jours de la réception de la demande.

« La compagnie amènera ses wagons à » l'entrée des embranchements. Les ex- » péditeurs ou destinataires feront con- » duire les wagons dans leurs établisse- » ments pour les charger ou décharger, » et les ramèneront au point de jonction » avec la ligne principale, le tout à leurs » frais. (Application sur toutes les lignes.)

« Les wagons ne pourront, d'ailleurs, » être employés qu'au transport d'objets » et de marchandises destinés à la ligne » principale. (Ibid.)

» Le temps pendant lequel les wagons » séjourneront sur les embranchements » particuliers ne pourra excéder six heu- » res, lorsque l'embranchement n'aura pas » plus d'un kilomètre. Le temps sera aug- » menté d'une demi-heure par kilomètre, » en sus du premier, non compris les » heures de la nuit, depuis le coucher » jusqu'au lever du soleil. » (Ibid.) (1).

Dans les tarifs des chemins de l'Ouest, de Lyon et du Midi, les heures de nuit sont nommément désignées, ainsi qu'il suit : — Du 1er avril au 30 septembre, de 7 heures du soir à 5 heures du matin. — Du 1er octobre au 31 mars, de 6 heures du soir à 6 heures du matin.

La durée du séjour sur les embranche-ments est comptée à partir du moment où la compagnie a amené ses wagons, vides ou chargés, à l'entrée des embranche-ments, jusqu'au moment où les expédi-teurs les rendent dans les conditions vou-lues pour être expédiés, chargés ou vides, au point de jonction avec la ligne. (Ext. des divers tarifs.)

« Dans le cas où les limites de temps » seraient dépassées, nonobstant l'aver- » tissement spécial donné par la compa- » gnie, elle pourra exiger une indemnité » égale à la valeur du droit de loyer des » wagons, pour chaque période de retard » après l'avertissement (2).

» Pour indemniser la compagnie de la » fourniture et de l'envoi de son matériel » sur les embranchements, elle percevra » un prix fixe de 0 fr. 12 c. par 1000 » kilog. pour les embranchements dont » la longueur ne dépasse pas un kilomè- » tre et de 0 fr. 04 par tonne et par kilom. » en sus du premier, lorsque la longueur » de l'embranchement excédera un kilo- » mètre. — Tout kilomètre entamé sera » payé comme s'il avait été parcouru » en entier. » (Ouest, Lyon, Orléans, Midi.)

Les prix de 0 fr. 12, 0 fr. 16 et 0 fr. 20 par 1000 kilog., sont également appliqués sur les chemins du Nord et de l'Est, pour les embranchements de 0 à 1, de 1 à 2 et de 2 à 3 kilom. ; mais au-dessus de 3 kilom. le prix est formé de deux per-ceptions distinctes, savoir : — Une rede-vance fixe de 0 fr. 20 c. par 1000 kilog. ; — une redevance de 0 fr. 02 c. par wagon et par kilomètre réellement parcouru, tant à l'aller qu'au retour.

Le chargement des wagons ne devra pas excéder la limite de chargement inscrite sur les wagons (3).

---

(1) Les tarifs des chemins de fer du *Nord* et de l'*Est* contiennent les conditions suivantes, rela-tivement au délai de stationnement du matériel sur les embranchements de plus d'un kilomètre, et à la liquidation des indemnités, mais en laissant toutefois aux propriétaires de mines, d'usines, etc., la faculté d'opter, par déclaration préalable, pour les conditions ci-dessus reproduites du cahier des charges général :

Extrait des tarifs des compagnies du Nord et de l'Est. — Le délai de stationnement sera porté à un jour de 24 heures (nuit comprise), pour les embranchements dont la longueur excédera un kilomètre.

En cas de retard dans la rentrée du matériel, une indemnité de 0 fr. 25 c. par wagon et par heure de retard sera exigée avec un maximum de 5 francs par jour de 24 heures, nuit comprise.

Le délai d'absence courra depuis la mise à disposition des wagons à l'entrée de l'embranchement particulier jusqu'à l'heure du retour de ces wagons.

(2) Voir l'observation précédente, en ce qui concerne les chemins du *Nord* et de l'*Est.*

Sur le chemin de *Lyon*, la clause du cahier des charges est reproduite avec la modification sui-vante :

« Dans le cas où ces limites de temps sont dépassées, nonobstant l'avertissement spécial donné par la compagnie, il est perçu, pour chaque période ou fraction de période de 6 heures de retard, une taxe de 12 c. par tonne, calculée sur le chargement complet du wagon. »

Sur les chemins d'*Orléans* et du *Midi*, l'indemnité de retard, égale à la valeur du droit de loyer des wagons, est payée pour chaque période de retard de 6 heures indivisibles.

(3) Quelques tarifs, notamment celui du *Midi*, rappellent aussi que les chargements ne doivent pas dépasser les dimensions du gabarit. — La limite de chargement de 3,500 kilog. par wagon,

« Tout wagon envoyé sur un embranchement devra payer comme wagon complet, lors même qu'il ne serait pas complétement chargé (1). »

Les propriétaires d'embranchements seront responsables des avaries que le matériel pourra éprouver pendant son parcours ou son séjour sur ces lignes.

Les marchandises venant d'un embranchement paient, sur la ligne principale, les taxes homologuées pour la station à laquelle cet embranchement aboutit; elles paient les frais accessoires, tels que les frais d'enregistrement, les frais de gare. — Il en est de même pour les marchandises venant de divers points de la ligne principale à destination de l'embranchement; elles paient les taxes homologuées à destination de cette station (2).

Lorsque le point de jonction d'un embranchement avec la ligne principale se fera à un garage spécial entre deux stations de la grande ligne, les taxes à appliquer pour le parcours sur la ligne principale seront celles homologuées pour les relations avec la station voisine plus éloignée ; néanmoins, il sera loisible au propriétaire de l'embranchement de réclamer d'une manière générale le tarif de l'une des deux stations voisines ; mais, dans ce cas, il tiendra compte à la compagnie de 10 c. par tonne et par kilomètre pour le supplément de parcours non tarifé des transports venant d'au-delà de cette station ou y allant (3).

Fourniture des wagons par les expéditeurs. — L'attention de l'administration supérieure s'est portée sur les avantages qu'il y aurait pour le public et même pour les compagnies à autoriser la fourniture des wagons par les expéditeurs eux-mêmes qui seraient ainsi dégrevés de certains frais relativement élevés (v. à ce sujet à l'art. *Enquêtes d'exploitation* du Rép. les

---

prévue par le cahier des charges, est ordinairement de 5,000 kilog. (ch. de *Lyon*) et ne peut dépasser spécialement 10,100 kilog. pour les wagons de houille et coke (*Nord et Est*).

(1) Il n'en est pas tout à fait ainsi sur le chemin de *Lyon* (v. la dernière note du présent article).

(2) Les frais de chargement et de déchargement ne sont pas dus, lorsque ces opérations sont faites par les intéressés eux-mêmes, ce qui a généralement lieu ; mais le droit de gare de 0 fr. 20 c. par tonne de marchandises, en provenance ou à destination des embranchements, est toujours perçu. (Ext. des tarifs.)

(3) Sur le chemin de fer de *Lyon*, où les frais de location du matériel se combinent avec le tarif de transport sur la ligne principale, les expéditions en provenance ou à destination des embranchements particuliers sont taxées de la manière suivante :

« 1° Pour les expéditions formant des chargements complets de 5,000 kilog. au minimum par wagon, la taxe est établie d'après le poids réel arrondi par 10 kilog., tant pour les droits de location de wagons sur l'embranchement, que pour le transport sur le chemin de fer ;

» 2° Il en est de même pour les marchandises dont le volume ne permet pas de porter le chargement d'un wagon à 5,000 kilog., à la condition que chaque wagon se trouve chargé aussi complétement que le comporte la nature de la marchandise, à défaut de quoi, la taxe doit être établie comme dans le cas suivant ;

» 3° Pour les expéditions ne formant pas des chargements complets de 5,000 kilog. par wagon employé, la taxe est établie, pour le droit de location de matériel, à raison de 0 fr. 25 c. par fraction indivisible de 1,000 kilog. et pour le transport sur le chemin de fer d'après les tarifs en vigueur, appliqués au poids réel arrondi par 10 kilog., en ajoutant à cette taxe, indépendamment du droit d'embranchement de 0 fr. 20 c., tous les frais de chargement, de déchargement et de gare afférents aux expéditions en provenance ou à destination d'une gare. Dans le cas où un wagon contiendrait plusieurs expéditions, les taxes seront établies pour chaque expédition, conformément aux bases ci-dessus indiquées, sans toutefois que la taxe totale appliquée à chacune des expéditions puisse excéder celle qui serait applicable à une expédition de même nature formant un chargement complet de wagon de 5,000 kilog.

» Lorsqu'un embranchement particulier aboutit dans une gare, les marchandises qui proviennent de l'embranchement ou qui y sont destinées, sont taxées pour le transport sur le chemin de fer, comme celles en provenance ou à destination de la gare.

» Lorsqu'un embranchement particulier aboutit entre deux gares, la taxe sur la ligne principale est établie pour les marchandises en provenance de l'embranchement, comme si elles partaient de la gare précédente, eu égard à la direction que les marchandises doivent prendre sur le chemin de fer, et pour les marchandises à destination de l'embranchement, comme si elles étaient destinées à la gare suivante, sans toutefois que cette taxe puisse excéder celle qui résulterait du tarif du cahier des charges appliqué au transport de la marchandise entre l'aiguille de l'embranchement et la gare de destination, ou entre la gare de départ et l'aiguille de l'embranchement. »

indications contenues dans la circ. minist.
du 1er fév. 1864).

ÉMIGRANTS.

Conditions de transport, p. 176. — Bagages, 177.

EMPLOYÉS.

Personnel actif : 1° des compagnies
(v. *Agents* au Rép.); 2° du service du
contrôle, p. 177 (1); 3° emplois réservés
aux militaires (v. *Militaires* au Rép.).

EMPRUNTS.

Assainissement des chambres d'emprunt, p. 178. — Dommages causés par
la stagnation des eaux, 178. — *Obligation d'assurer l'écoulement des eaux.* —
Aux termes de l'art. 15 du cah. des ch.
général des concessions de chemins de
fer, « les compagnies sont tenues de rétablir et d'assurer à leurs frais l'écoulement de toutes les eaux dont le cours

serait arrêté, suspendu ou modifié par
leurs travaux. » — Cette disposition est
générale et ne fait aucune distinction entre
les travaux de diverses natures exécutés
pour l'établissement des chemins de fer.
— En conséquence, elle s'applique aux
chambres d'emprunt ouvertes pour en
extraire du sable ou des matériaux destinés à l'établissement de la voie. (C. préf.
Seine, 11 juin 1864, ch. de fer d'Orléans.)
Nota.—Les terrains acquis par les compagnies pour l'établissement de chambres
d'emprunt ne font pas partie des dépendances du chemin de fer (v. *Chambres
d'emprunt* au Rép.).

Emprunts financiers, p. 178. — Situation financière (formule S), voir la circ.
minist. du 11 juin 1863 à l'art. *Statistique*
du Rép. — *Contrôle financier* (v. au Rép.).

ENFANTS.

Conditions de transport. — Enfants au-dessous de 3 ans, et de 3 à 7 ans, p. 178.
— Constatation de l'âge, 178. — Enfants
indigents, 178.

---

(1) Les employés secondaires des ponts et chaussées fournissant une bonne partie des futurs
candidats aux fonctions de chefs de section et de conducteurs de travaux des ponts et chaussées et
des chemins de fer, il ne nous paraît pas sans intérêt de compléter les indications que nous avons
déjà données au sujet de ces agents, à la p. 177.

Les demandes d'examen adressées aux chefs de service doivent être accompagnées de l'acte de
naissance du candidat et des certificats qui peuvent lui avoir été délivrés pour ses travaux antérieurs. — (V. pour les *Examens,* p. 177.)

« Les chefs de service sont libres de procéder aux examens des candidats à l'emploi d'agent
secondaire de la manière qui leur paraît la plus convenable. Si le nombre des candidats dépasse
celui des places à donner, on peut procéder par la voie du concours.

» Les examens pourront être passés, soit devant l'ingénieur en chef, seul ou assisté d'un ou
plusieurs ingénieurs ordinaires, soit devant un ou plusieurs ingénieurs ordinaires délégués à cet
effet . . . .

» Les ingénieurs en chef seuls déclarent l'admissibilité du candidat, leurs conclusions doivent
être adressées, avec les procès-verbaux à l'appui, aux préfets qui sont appelés à faire les nominations. Il n'y a pas lieu de transmettre ces procès-verbaux à l'administration, puisqu'elle n'a pas à
intervenir. » (Ext. d'une circ. minist., 9 mai 1854.)

L'administration supérieure arrête chaque année le nombre des agents à employer et les avancements à accorder. Toute proposition d'avancement doit être justifiée par une observation sommaire résumant en quelques mots, placés dans la colonne d'observations des états nominatifs annuels, les notes méritées par l'agent, et rappelant la durée de ses services et spécialement la date
de sa dernière promotion.

Enfin, les conditions d'avancement sont réglées ainsi qu'il suit, par le décret du 17 août 1853 :

« 8. La promotion des employés secondaires à une classe supérieure est prononcée par le préfet,
sur la proposition de l'ingénieur en chef, dans les limites du cadre arrêté chaque année . . . . .

» 9. Les employés secondaires ne peuvent passer à une classe supérieure qu'après un an au
moins de service effectif dans celle qu'ils occupent, sauf le cas prévu ci-après dans le 2e paragraphe de l'article 10.

» 10 Les employés secondaires de 1re classe sont pris :

» 1° Parmi les employés de 2e classe âgés de vingt et un ans au moins, ayant au moins trois ans
de service depuis leur première nomination et porteurs d'un certificat d'aptitude délivré par l'ingénieur en chef; ce certificat doit, en outre, constater qu'ils ont acquis les connaissances suivantes :

» Pratique du lever des plans et du nivellement ; — conduite des travaux ; — dessin des ouvrages d'art ;

« 2° Parmi les candidats qui ont été déclarés, par décision ministérielle, admissibles au grade
de conducteur auxiliaire, et qui n'auraient pu encore être pourvus d'un emploi de ce grade. »

Enfants de troupe. — « Il est arrivé fréquemment que les autorités militaires ont demandé à faire voyager les enfants de troupe âgés de moins de 7 ans, à la moitié du tarif militaire, soit au huitième du tarif ; le ministre de l'agriculture du commerce et des travaux publics, vient de décider que cette demande ne pouvait être admise et que les enfants de troupe devaient toujours payer la taxe militaire ordinaire, soit le quart du tarif. » (Ext. d'une inst. spéc. ch. de Lyon, mai 1864.)

ENGRAIS.

Conditions de transport, p. 655. — Création d'une 4ᵉ classe, à tarif réduit, 655.

ENQUÊTES DE TRAVAUX.

Utilité publique, p. 179. — *Expropriation de terrains,* 180 et 198 (v. aussi plus loin) (1). — **Etablissement des stations,** 180. — Gares importantes, 181. — **Intervention des ingénieurs des compagnies,** 181. — *Prises d'eau pour le service des gares,* 181. — **Suppression des enquêtes pour les machines fixes** (v. *Etablissements* au Rép.).

Durée des enquêtes administratives, p. 183 (v. aussi *Décentralisation* au Rép.)

Comptes-rendus des enquêtes d'expropriation (circ. minist. adressée le 22 août 1854, aux ingénieurs en chef du contrôle des travaux de chemins de fer).

« D'après l'art. 11 de la loi du 3 mai 1841, sur l'expropriation pour cause d'utilité publique, les préfets doivent, lorsqu'il résulte des avis des commissions d'enquête, qu'il y aurait lieu de modifier les dispositions des travaux ordonnés, surseoir à prendre l'arrêté destiné à déterminer les propriétés à occuper jusqu'à ce qu'il ait été prononcé par l'administration supérieure.

» Les dossiers doivent, en conséquence lui être transmis, avec les observations des compagnies et un rapport des ingénieurs du contrôle.

» Le plus souvent, MM. les ingénieurs, surtout lorsqu'ils ne croient pas devoir proposer de modifications, se bornent à conclure à l'approbation des projets, conformément aux avis des commissions d'enquêtes, sans reproduire ces avis. C'est au siége de l'administration centrale qu'il faut alors, compulsant les volumineux dossiers des enquêtes, rapprocher toutes les délibérations auxquelles elles ont donné lieu, ainsi que leurs résultats, et recomposer en un mot, l'ensemble des dispositions sur lesquelles doivent porter les décisions. Ce travail important pourrait être fait beaucoup plus facilement par les ingénieurs du contrôle et, en outre, préparé par eux, il présenterait plus de garantie d'exactitude.

» Il est un autre point essentiel, c'est d'employer une forme qui soit la même pour tous les services de contrôle. J'ai cru devoir adopter un tableau dont vous trouverez ci-joint le modèle. Il se compose seulement de quatre colonnes : la première est destinée au résumé des réclamations présentées, la deuxième à l'avis de la commission d'enquête et aux observations de la compagnie, la troisième à l'avis motivé de l'ingénieur ordinaire, la quatrième aux conclusions de l'ingénieur en chef (2).

« Les avantages de cette disposition sont manifestes. Elle facilite l'examen des dossiers des enquêtes, permet de s'assurer qu'il n'y est rien omis d'essentiel, établit une uniformité désirable dans cette partie du service, abrège plutôt qu'elle n'augmente les écritures, et par ces diverses considérations, j'ai l'honneur de vous inviter à l'adopter. » (Circ. minist., 22 août 1854.)

ENQUÊTES D'EXPLOITATION.

Extrait du recueil administratif de 1858, p. 656. — *Recueil administratif de 1863,* p. 657.

Mesures prescrites ou recommandées par l'administration supérieure, à la suite de l'enquête résumée dans le recueil de 1863. (Circ. minist. générale du 1ᵉʳ février 1864, adressée aux administrateurs des compagnies de chemins de fer) (3) :

---

(1) Le remplacement ou la modification des voies vicinales et le maintien de l'écoulement des eaux doivent principalement attirer l'attention des commissions d'enquête qui, en s'aidant au besoin des lumières des ingénieurs, ne sauraient apporter trop de soin à l'examen des ouvrages proposés pour cet objet, examen qui présente un grand intérêt d'actualité, en raison de la difficulté des vérifications et des modifications qui pourraient être demandées après l'exécution des travaux.

(2) Ce tableau, dont le modèle nous parait suffisamment indiqué ci-dessus, doit être dressé distinctement par commune.

(3) La solution de quelques-unes des questions mentionnées dans la présente circulaire a été indiquée, lorsqu'il y avait lieu, aux divers articles de ce Répertoire ; d'autres questions se rattachant surtout aux mesures de sécurité, ont été soumises à la commission spécialement instituée pour l'examen des inventions et règlements.

« Une commission qui comptait dans son sein des membres des trois grands corps de l'Etat, des fonctionnaires de l'administration des travaux publics et des représentants des compagnies de chemins de fer, a été chargée d'examiner l'ensemble des questions que soulèvent la construction et l'exploitation des voies ferrées. »

L'arrêté minist. du 5 nov. 1861, qui a organisé la commission et tracé le programme de ses travaux, était ainsi motivé:

« Considérant qu'il serait impossible de
» faire droit aux demandes de nouveaux
» chemins de fer formées par un grand
» nombre de localités, si les conditions
» actuelles de tracé, de courbes, de ram-
» pes et d'exploitation n'étaient pas mo-
» difiées de manière à garder une juste
» mesure entre les dépenses de construc-
» tion et d'exploitation des nouvelles li-
» gnes et leur trafic probable ;
   » Considérant, d'autre part, que l'ex-
» ploitation des lignes actuellement con-
» cédées a donné lieu à de nombreuses ré-
» clamations, et qu'il y a lieu notamment
» de rechercher les moyens de donner
» aux trains plus de vitesse et aux voya-
» geurs le bien-être et la sécurité auxquels
» ils ont droit ;

. . . .

La commission a consacré, sous la présidence de mon prédécesseur, de nombreuses séances à l'étude qui lui était confiée ; elle a appelé dans son sein les directeurs et les chefs d'exploitation des compagnies et leur a posé une série de demandes auxquelles il a été fait de vive voix et par écrit des réponses développées, qui ont été très-utiles à ses discussions ; elle a convoqué également les représentants des chambres de commerce et des villes qui avaient fait entendre les plaintes les plus vives et les réclamations les plus nombreuses, et ce n'est qu'après avoir recueilli tous les renseignements, après s'être entourée de tous les documents émanés de sources si diverses, qu'elle a délibéré sur l'objet de sa mission.

Le résultat des travaux de la commission a été soumis au ministre des travaux publics dans un remarquable rapport qui a été livré à la publicité et dont vous avez reçu des exemplaires.

Je vais passer successivement en revue les conclusions de ce rapport.

Je ne m'occuperai pas ici des modifications que peuvent réclamer les conditions de construction des chemins de fer pour réaliser le type de ce qu'on a appelé les *chemins à bon marché*. Je suis parfaitement d'accord avec la commission et le sentiment public sur la convenance et l'utilité de chercher la solution de ce problème, dans la mesure où elle peut se concilier avec la sécurité et l'économie de l'exploitation, sans altérer, d'ailleurs, l'unité si désirable dans le service des divers réseaux de l'Empire.

Cette question trouvera naturellement sa place dans des cas spéciaux, alors que seront discutées les modifications que peuvent comporter les cahiers des charges actuels.

Je ne veux me placer, en ce moment, qu'au point de vue de l'exploitation.

Je ferai remarquer tout d'abord que les mesures indiquées par la commission peuvent se partager en deux séries distinctes, savoir :

1° Mesures obligatoires pour les compagnies, ou qui peuvent leur être prescrites, en vertu des dispositions, soit des cahiers des charges, soit de l'ordonnance réglementaire du 15 novembre 1846 ;

2° Mesures dont l'application ne pourrait avoir lieu qu'en vertu de modifications à introduire dans les cahiers des charges, dans l'ordonnance du 15 novembre 1846, soit même dans les dispositions générales de la loi du 15 juillet 1845, relative à la concession du chemin de fer du Nord.

Tel est l'ordre que je vais suivre moimême dans l'examen des conclusions de la commission.

1° **Mesures obligatoires pour les compagnies, ou qui peuvent leur être prescrites, en vertu des cahiers des charges ou du règlement.** — Je n'ai pas besoin de vous rappeler que l'administration n'a jamais renoncé à la rigoureuse application des mesures directement imposées aux compagnies par le règlement ou par le cahier des charges. Elle a pu sans doute, pour favoriser l'étude des meilleurs systèmes à appliquer, ne pas exiger la mise en pratique complète et immédiate des prescriptions réglementaires ; mais aucun motif ne justifierait aujourd'hui un plus long ajournement.

Communication des agents du train avec le mécanicien. — Ainsi, en ce qui concerne la communication des agents du train avec le mécanicien, les mesures prises jusqu'à présent pouvaient être considérées comme d'utiles essais ; mais des événements récents, qui ont vivement impressionné le public, sont venus démontrer itérativement la nécessité d'adopter des moyens plus efficaces. Je vous invite donc à me présenter, dans un délai de trois mois, des propositions définives de nature à assurer la stricte exécution de l'art. 23 de l'ordonnance de 1846, touchant la mise en communication des agents du train avec le mécanicien.

« *Signaux aux bifurcations.* — Vous savez quelles justes et douloureuses préoccupations a causées dans le public la fréquence des accidents survenus aux bifurcations. La commission avait pour mission de rechercher s'il y avait à ce sujet des mesures de précaution d'une nature spéciale à imposer aux compagnies.

Les différents systèmes de signaux en usage sur les chemins de fer, dans le but particulier de protéger les bifurcations, ont été examinés par elle, et elle a cru devoir indiquer sa préférence pour les appareils adoptés par la compagnie du Nord, en recommandant de continuer l'étude des moyens propres à appeler l'attention des agents sur l'extinction des feux des signaux de nuit.

L'administration supérieure, lorsqu'elle a cru devoir signaler aux compagnies tel ou tel appareil qui lui paraissait constituer une amélioration réelle au point de vue de la sécurité, a toujours agi avec la plus grande circonspection; elle ne se départira pas aujourd'hui de cette ligne de conduite. En s'en écartant, elle déplacerait la responsabilité, ce qui aurait pour conséquence d'affaiblir l'action de la surveillance et de diminuer les garanties d'un bon service. Elle est habituée, d'ailleurs, à compter sur le zèle éclairé avec lequel vous poursuivez les améliorations de toute nature. Aussi, sans vous adresser, au moins quant à présent, aucune injonction formelle en ce qui concerne le choix des signaux qui protègent les bifurcations, je me borne à vous recommander, d'accord avec la commission, le système actuellement en usage sur le réseau du Nord (1).

Appareils fumivores. — L'art. 32, § Ier, du cahier des charges stipule que les machines locomotives devront consumer leur fumée. Vous vous rappelez la marche qui a été suivie par mes prédécesseurs pour l'application de cette disposition. Ils ne se sont pas opposés à la substitution progressive de la houille au coke, bien que la combustion de la fumée ne fût pas complète ; ils ont encouragé même, par une tolérance très-bien justifiée, cette pratique, qui, au point de vue économique, présente d'incontestables avantages, et ils ont suivi avec intérêt les essais qui ont été faits par quelques inventeurs pour arriver à la combustion complète de la fumée de la houille.

Aujourd'hui que plusieurs des systèmes soumis à l'expérience ont amené de bons résultats, le moment semble arrivé où l'administration peut, sans craindre de nuire au progrès que doit amener l'emploi de la houille, tenir la main à la stricte exécution du Ier paragraphe de l'art. 32 du cahier des charges.

En conséquence, je vous invite à vouloir bien, dans un délai de six mois, vous mettre en mesure d'appliquer, sans exception, aux locomotives à voyageurs qui doivent brûler de la houille, l'un des appareils fumivores dont l'efficacité a été reconnue.

Compartiments réservés aux femmes voyageant seules. — Aux termes de mes instructions récentes, et conformément à l'art. 32, § 8, du cahier des charges, les compagnies disposent des compartiments spéciaux pour les femmes voyageant seules dans les voitures de 3e classe, cette mesure étant déjà appliquée dans les voitures de 1re et de 2e classe. Je n'ai aucune prescription nouvelle à vous faire à ce sujet ; mais je vous exprime mon désir formel *de voir* se généraliser dans le plus bref délai possible une mesure que recommandent également la convenance et l'humanité (2).

Vitesse des trains express et omnibus. — La question de la vitesse des trains de voyageurs, soit express, soit omnibus, après avoir été introduite devant le Corps législatif, a été vivement discutée dans le public : elle a dû forcément, et par le retentissement qu'elle a eu et par les bonnes raisons qu'on a fait valoir en sa faveur, attirer l'attention du Gouvernement. L'administration supérieure n'a pas dissimulé l'intérêt qu'elle y attache, puisque, dans les considérants de l'arrêté qui a organisé la Commission d'enquête, mon prédécesseur a spécifié en termes formels l'étude de l'augmentation de la vitesse des trains.

En ce qui concerne les trains express, la commission a émis l'avis suivant :

« Il est convenable que, sur les lignes » principales, la vitesse des express attei- » gne, autant que possible, 55 à 60 kilo- » mètres de marche effective par heure ; » mais cette accélération ne peut être » imposée aux compagnies qu'autant que » le degré des pentes et leur fréquence ne » prescriraient pas de s'en abstenir dans » l'intérêt même de la sécurité, et qu'au- » tant que l'administration des postes con- » tinuerait les efforts qu'elle a déjà faits, » et qu'elle simplifierait le service, soit » par la réduction du nombre des arrêts, » soit par l'adoption de dispositions mé-

---

(1) Voir le règlement du ch. du Nord à l'art. *Bifurcations* du Rép.

(2) Voir l'art. *Compartiments*, p. 648.

» caniques pour la délivrance et la récep-
» tion des colis.

» En ce qui touche les trains omnibus,
» la commission a pensé qu'en suppri-
» mant un petit nombre de stations, rien
» ne serait plus facile que d'atteindre ou
» même de dépasser la vitesse effective
» de 40 kilomètres à l'heure. »

Il résulte de l'avis même de la commission que la question de la vitesse des
trains de voyageurs est essentiellement
complexe ; c'est réellement une question
d'espèces, pour laquelle il n'existe pas de
commune mesure, puisque le profil du
chemin, le nombre des stations desservies
et d'autres circonstances encore peuvent
faire varier les exigences.

Du reste, l'attention des compagnies a
été appelée de tout temps sur la vitesse
à imprimer aux trains, et toutes les fois
que l'administration a eu à examiner des
ordres de marche, notamment aux changements de service d'été et d'hiver, la
vitesse a fait le plus souvent le principal
objet de ses observations.

Je vous prie donc de combiner votre
prochain service d'été de manière à vous
rapprocher le plus possible du programme
indiqué par la commission. Vous voudrez
bien, d'ailleurs, joindre à vos propositions des explications détaillées qui me
permettent de statuer en pleine connaissance de cause (1).

*Admission des voitures de seconde et de
troisième classe dans les trains express.*
— Une question qui se rattache à celle de
la vitesse des trains est celle de l'admission des voitures de 2e et de 3e classe
dans les express.

La commission n'en a point fait l'objet
d'un vote spécial, mais elle a cherché à
résoudre le problème de l'accélération du
transport pour les voyageurs de 2e et de
3e classe en indiquant la création de trains
directs marchant à 40 kilomètres de vitesse
effective par heure et contenant des voitures de toutes classes.

« Il y a lieu, dit la commission, d'établir
» sur les lignes principales, pour le trajet
» entier et dans chaque sens, un train
» journalier direct, contenant des voitures
» de toutes classes et marchant à la vitesse
» effective de 40 kilomètres à l'heure.
» Cette obligation ne serait pas imposée
» aux lignes qui offrent un système de
» fortes pentes ou à celles d'une fréquen-
» tation très-médiocre. »

L'amélioration demandée par la commission est déjà réalisée sur quelques
lignes, et je ne puis que vous inviter à
entrer dans cette voie. Ce n'est qu'en
donnant au public cette satisfaction qu'on
évitera de voir renaître la question de
l'admission des voitures de toutes classes
dans les express, admission qu'il me
paraît, d'ailleurs, dans l'état actuel des
choses, impossible de concilier avec la
plus grande vitesse réclamée pour les
trains de cette nature.

Comme il importe, cependant, que l'administration ait entre les mains tous les
documents propres à éclairer ses décisions, je vous prie, Messieurs, de faire
faire, pour les années 1862 et 1863, un
relevé exact du nombre des voyageurs
de toutes classes qui ont parcouru, soit la
totalité, soit une section importante de
vos lignes, et j'entends, par section importante, celle qui aurait une longueur
d'au moins cent cinquante kilomètres.

Trains de correspondance. — Il est
une autre amélioration qui me paraît pouvoir être obtenue, dès à présent, par une
étude plus approfondie des besoins à
satisfaire, c'est l'accélération du trajet
pour les voyageurs des trains de correspondance. Sans doute, on ne peut exiger
que, sur les embranchements, à chaque
train de grande ligne corresponde un train
d'embranchement, et réciproquement. Le
nombre de ces derniers trains ne peut
qu'être subordonné au trafic propre à la
ligne secondaire. Mais il est presque toujours possible de diminuer l'intervalle,
trop souvent considérable, qui sépare
l'arrivée du train de grande ligne et le
départ du service de correspondance. Il
est difficile d'admettre, en effet, sauf dans
le cas de force majeure, que l'arrêt à la
station de bifurcation ait besoin de dépasser dix à quinze minutes. J'appelle donc,
dès à présent, votre attention toute spéciale sur ce point, et je désire qu'au premier changement de service, vous me pré-
sentiez des solutions satisfaisantes (2).

Admission des voitures dans les gares.
— Sur cette question, la commission a
émis l'avis suivant :

« 1° En ce qui concerne le service de
» ville proprement dit, toutes les voitures
» indistinctement devraient être admises
» dans les gares.

» Toutefois, à l'égard des omnibus, il
» serait tenu compte, pour la place qui

---

(1) Voir l'art. *Vitesse*, au Rép.

(2) Les compagnies ont généralement pris des mesures pour réduire à la limite stricte des besoins du service, l'intervalle des trains de correspondance aux points d'embranchement. Des ordres
de service ont réglé, d'un autre côté, la durée de l'attente des convois en cas de retard d'un train
correspondant.

» sera assignée à chacun d'eux, du nombre des trains qu'ils desserviront.

» 2° L'entrée des gares doit être accordée à toutes les voitures dites de correspondance.

» Il serait utile, néanmoins, que les compagnies pussent avoir un correspondant attitré, subventionné même au besoin par elles, aussi bien pour le transport des voyageurs que pour celui des colis de messagerie. »

Je ne crois pas, Messieurs, qu'il y ait d'objection à faire contre le principe du libre accès de toutes les voitures, y compris les omnibus et les voitures de correspondance, dans les cours de départ, ainsi que de toutes les voitures de ville dans les cours tant de départ que d'arrivée.

Quant aux omnibus et aux voitures de correspondance proprement dites, je suis porté à penser que l'attribution des places les plus favorables dans les cours d'arrivée, et l'allocation de subventions, aujourd'hui entrées presque généralement dans la pratique, doivent suffire pour assurer le maintien des services organisés par les compagnies et dont la conservation est si importante pour l'intérêt public.

Je m'abstiendrai donc de prescrire la mesure proposée par la commission, avant d'avoir reçu les observations que vous pouvez avoir à me présenter sur ce point (1).

Délais de transport des marchandises à petite vitesse. — La commission s'est émue des plaintes qui ont été formulées devant elle relativement aux délais de transport des marchandises à petite vitesse, et, puisant ses exemples dans les faits constatés en Angleterre, elle a pensé qu'on pourrait, sans inconvénient réel pour les compagnies, diminuer ces délais.

Son avis est ainsi formulé :

« Il y a lieu de fixer des délais moindres que ceux établis aujourd'hui pour la plupart des produits manufacturés, et des matières premières d'un prix élevé.

« A cet effet, la vitesse de cent vingt-cinq kilomètres par vingt-quatre heures, spécifiée à l'article 50 des cahiers des charges, devrait être portée à deux cents kilomètres. »

Cette disposition rentre dans le droit de l'administration en vertu de l'article 50 des cahiers des charges, et me paraît devoir être admise dans les termes où la commission l'a formulée. Toutefois, comme une semblable modification ne pourrait être introduite immédiatement dans votre service, au moment surtout où la saison amène des retards presque inévitables ; comme, d'ailleurs, il faut dresser la nomenclature des objets auxquels s'appliquerait une vitesse plus grande, je vous invite à me présenter vos propositions avant le retour du service d'été, de telle sorte qu'à cette époque satisfaction puisse être donnée au public et au vœu de la commission.

2° **Mesures dont l'application ne pourrait avoir lieu qu'en vertu de modifications à introduire dans les cahiers des charges, dans le règlement ou dans la loi.** — Il me reste à parler des mesures dont l'application ne pourrait avoir lieu qu'en vertu de modifications à votre cah. des charges, à l'ordonnance de 1846, et même à la loi du 15 juillet 1845 (2).

Je me bornerai à les mentionner, en vous priant de les examiner et de m'adresser vos observations, et, s'il y a lieu, vos propositions à leur sujet.

Nombre de trains express. — Le nombre actuel des express a paru à la commission suffisant sur la plupart des grandes lignes ; néanmoins, elle a fait remarquer qu'il existe encore des lignes principales qui ne sont pas desservies par des trains ayant véritablement le caractère des express, et il lui a paru désirable que, sur ces lignes, il fût établi au moins un train express journalier dans chaque sens.

L'organisation des express n'est prévue ni par les cahiers des charges, ni par l'ordonnance de 1846 ; dans l'état de la législation actuelle, l'administration ne saurait donc vous imposer l'obligation de multiplier ces sortes de trains. J'appelle toutefois votre attention sur le vœu émis par la commission.

Admission des voyageurs dans les trains de marchandises. — La commission est d'avis d'encourager l'admission des voyageurs dans les trains de marchandises et de laisser, à cet effet, la plus grande latitude aux compagnies, sans les astreindre à un abaissement de tarif.

L'administration reconnaît que, dans un grand nombre de cas, cette admission donne au public des facilités précieuses ; mais je pense que, le tarif fixé par l'acte de concession étant le prix de la vitesse normale, ce prix devrait être moindre pour des voyageurs qui ne font, en

---

(1) Voir au Rép. les art. *Correspondances* et *Cours des gares.*

(2) Ces trois documents généraux sont reproduits p. 683 et suivantes, savoir : 1° loi du 15 juillet 1845, p. 683 ; — 2° ordonnance du 15 novembre 1846, p. 687 ; — 3° cah. des ch., p. 706.

moyenne, que 20 à 24 kilomètres à l'heure. Il y aurait à introduire dans le cahier des charges une stipulation à cet égard.

Traités de correspondance. — Pour les traités de correspondance, la commission propose de décider que *l'autorisation préalable* ne serait plus nécessaire, mais que tout traité serait exécutoire cinq jours après la communication officielle qui en aurait été faite à l'administration, et que le droit d'autorisation serait remplacé par un droit de suspension, applicable à toute époque.

Il y a lieu de remarquer que, pour que cette mesure fût exécutoire, il faudrait modifier, non-seulement le cahier des charges, mais encore la loi du 15 juillet 1845, qui, l'un et l'autre, stipulent l'autorisation préalable Quoi qu'il en soit, il m'importe de recevoir vos observations (1).

Chauffage des voitures. — Rideaux. — Disposition des banquettes. — Water-closets. — La commission a émis différents vœux relatifs au bien-être des voyageurs de 2e et de 3e classe. Toutefois, en ce qui concerne le chauffage des voitures autres que celles de 1re classe, elle s'est bornée à rappeler les essais faits sous les auspices de l'administration supérieure, sans donner d'avis.

Il y a là une question d'humanité que les compagnies ne doivent pas perdre de vue, et je vous invite à me faire connaître dans quelles conditions une clause relative au chauffage des voitures de toutes classes pourrait être introduite dans les cahiers des charges.

Quant aux rideaux ou à tout autre moyen d'abriter les voyageurs de 2e et de 3e classe, à une disposition plus commode des banquettes et des dossiers dans les voitures de cette dernière catégorie, et à l'établissement de *water-closets* dans les trains, je ne puis que vous engager à étudier les moyens de donner satisfaction au public et d'augmenter son bien-être en améliorant les conditions dans lesquelles il est transporté.

Tarification — Relativement aux tarifs, soit de voyageurs, soit de marchandises, la commission a plutôt émis des vœux qu'elle n'a formulé des avis.

Ainsi, elle s'est demandé si on ne pourrait pas :

1° Appliquer aux voyageurs, et surtout à ceux de la troisième classe, un tarif dé-

croissant à mesure que la distance augmente, conformément à ce qui a lieu déjà pour les marchandises ;

2° Réduire le tarif applicable au transport de certaines matières premières voyageant en grandes masses.

J'appelle vos observations sur ces deux points.

L'expérience enseigne que tout abaissement de tarifs, comme toute modification favorable aux voyageurs ou aux marchandises, sont très-promptement et très-largement compensés par l'augmentation du trafic. Cette vérité est trop bien établie par votre propre expérience elle-même pour que vous puissiez la méconnaître. Je ne doute donc pas que la question ne soit étudiée par vous à un point de vue élevé et libéral.

Système de coupures dans la tarification des colis. — La commission a pensé qu'il n'y avait pas lieu, quant à présent, de modifier le système des coupures dans la tarification des excédants de bagages et des expéditions à grande vitesse ; mais, en ce qui touche la petite vitesse, elle a émis l'avis suivant :

Il y a lieu :

« 1° D'abaisser le minimum du poids des » colis de petite vitesse ;

« 2° D'établir, en ce qui concerne les » colis pesant moins de 40 kilogrammes » transportés à petite vitesse, des cou- » pures semblables à celles qui existent » actuellement dans la tarification de ceux » transportés par la grande vitesse. »

La première partie de l'avis de la commission est évidemment le résultat d'une erreur. Le cahier des charges (art. 42) prévoit, pour les transports, soit en grande, soit en petite vitesse, un minimum de perception de 40 centimes par expédition ; mais, ni dans le cahier des charges, ni dans les tarifs homologués, il n'existe de minimum de poids, pas plus pour les colis de la petite vitesse que pour ceux de la grande vitesse. La commission paraît avoir partagé cette idée généralement répandue que les petits colis de 0 à 40 kilogrammes sont taxés en petite vitesse comme s'ils pesaient 40 kilogrammes. Vous savez qu'il n'en est rien. Les expéditions de petite vitesse, soit au-dessus, soit au-dessous de 40 kilogrammes, sont taxées de 10 en 10 kilogrammes ; ce sont les mêmes coupures qu'en grande vitesse, avec cette différence cependant que, dans ce dernier cas, il existe, entre 0 et 10 ki-

---

(1) V. la loi précitée du 15 juillet 1845 au mot *Compagnies* du Rép. (V. aussi au mot *Correspondances* du Rép., l'art. 53 du cahier des charges.)

logrammes, une coupure intermédiaire de 5 kilogrammes.

C'est probablement à cette dernière coupure, exclusivement applicable aux expéditions de 5 kilogrammes et au-dessous, que la commission a fait allusion en demandant, dans la seconde partie de son avis, qu'il fût établi, pour les colis de petite vitesse pesant moins de 40 kilogrammes, des coupures semblables à celles qui existent dans la tarification des expéditions à grande vitesse. Bien que la question n'ait peut-être pas une importance considérable, attendu qu'il est très-rare que la petite vitesse soit réclamée pour des colis dont le poids ne dépasse pas 5 kilogrammes, je vous prie de l'examiner et de me faire connaître les observations auxquelles elle vous paraîtrait donner lieu (1).

Accélération du transport des marchandises à grande vitesse. — Comme moyens d'activer le transport des marchandises à grande vitesse, la commission propose :

1° De réduire le délai d'expédition des colis à partir de leur présentation à l'enregistrement ;

2° D'autoriser les compagnies à expédier par les trains express certaines marchandises à certaines conditions (2) ;

3° De faire transporter, sur les petites distances, les marchandises à grande vitesse, avec un tarif intermédiaire entre celui de la grande et celui de la petite vitesse.

Vous aurez à examiner les combinaisons proposées par la commission sur les différents points que je viens d'indiquer.

Je ne crois pas devoir me prononcer avant de connaître le résultat de votre examen.

Récépissés. — *Lettres de voiture.* — *Indemnités en cas de retard.* — La dernière loi de finances a fixé ce qui est relatif aux récépissés. Je n'ai donc rien à prescrire, quant à présent, en ce qui les concerne ; je me réserve seulement, d'accord avec la commission, d'en fixer la forme, en arrêtant, d'ailleurs, un type identique pour toutes les compagnies, et d'adopter, au besoin, la même mesure pour les lettres de voiture. En attendant, je verrais avec satisfaction que vous fissiez l'essai de bulletins du genre de ceux qu'emploie l'octroi de Paris, et qu'il me

fût rendu compte des résultats de cet essai, spécialement recommandé par la commission.

Il est une autre question, depuis longtemps en suspens, qui appelle une solution. C'est celle des indemnités à fixer en cas de retard dans la livraison des marchandises.

La commission est d'avis que le récépissé devrait toujours mentionner une retenue pour le cas de retard et que cette retenue devrait varier, suivant la durée du retard, du dixième au tiers, indépendamment des dommages-intérêts dans le cas où le préjudice serait plus considérable.

L'administration est de cet avis. Elle pense, de plus, que les retenues, graduées suivant la durée du retard, peuvent être arrêtées par une décision ministérielle, sur la proposition des compagnies. Vous avez vous-mêmes partagé cette opinion, puisque vous aviez soumis, il y a deux ans, à l'administration supérieure, des propositions dans ce sens. Je vous invite à étudier de nouveau la question et à me faire connaître vos observations.

Simplification des instances dans le cas de transport commun à plusieurs compagnies. — Une des circonstances qui présentent pour le commerce le plus de difficultés dans ses rapports avec les chemins de fer, c'est celle où une contestation s'élève à l'occasion d'un transport effectué en commun par plusieurs compagnies. Si une instance s'engage, dans ce cas, devant les tribunaux, la compagnie mise en cause exerce son recours contre celle de qui elle a reçu la marchandise ; celle-ci appelle, à son tour, en garantie, si elle n'est pas la première compagnie expéditrice, celle qui lui a livré le colis, et ainsi de suite, jusqu'au transporteur originaire ; de là, des lenteurs et des dépenses dont le commerce se plaint, non sans raison.

La commission a signalé ces inconvénients et a indiqué le moyen d'y remédier. « Il serait nécessaire, dit-elle, dans le cas » d'un transport commun à plusieurs » compagnies que l'expéditeur ou le des- » tinataire n'eût à mettre en cause qu'une » seule compagnie, soit celle qui aurait » reçu le colis, soit celle qui l'aurait livré » ou dû livrer, sauf aux compagnies, en- » suite, à se tenir réciproquement compte

---

(1) V. au mot *Colis* du Rép., le système actuel des coupures de la grande vitesse.

(2) Les compagnies ont généralement donné satisfaction, avec l'autorisation ministérielle, à cette proposition de la commission d'enquête, ainsi qu'à la proposition précédente, relative au délai d'expédition (v. *Colis* au Rép.).

» des dommages qui auraient été de leur
» fait et à opérer entre elles le départ de
» la responsabilité encourue vis-à-vis du
» réclamant. »

J'appuie d'autant plus le vœu de la commission qu'il est notoire que ce système est appliqué déjà, avec autant de facilité que de succès, par plusieurs entreprises de transport. Je le recommande à votre attention particulière, et vous prie de me faire connaître s'il vous paraîtrait possible de le généraliser.

Quant à la partie de l'avis de la commission, qui a trait à la simplification des délais de distance pour les assignations, elle touche à une question de procédure qu'il ne dépend pas de vous de résoudre ; je me borne à vous la signaler et à en prendre note moi-même, pour qu'il en soit tenu compte au besoin.

Faculté de transiger à donner aux chefs de gare. — J'appelle, avec la commission, votre attention sur les moyens à prendre pour simplifier, dans le plus grand nombre de cas, la solution des contestations qui peuvent surgir entre les compagnies et les expéditeurs. Le moyen le plus efficace me paraît être de généraliser la disposition adoptée par quelques compagnies, et qui consiste à déléguer aux chefs de gare le pouvoir de transiger directement avec les particuliers, expéditeurs ou destinataires, jusqu'à concurrence d'une somme déterminée.

Je vous invite à adopter cette mesure sur votre réseau, si elle n'y est pas déjà en usage, et à élever, autant que faire se pourra, la limite de la somme pour laquelle vos chefs de gare seront autorisés à transiger.

Relèvement des tarifs de marchandises. — La commission pense qu'il serait utile, en principe, de réduire les délais fixés par les cahiers des charges pour le relèvement des tarifs de marchandises.

L'administration n'est pas complétement édifiée à cet égard, et elle inclinerait plutôt à penser que le délai d'un an, fixé par le cahier des charges, doit être maintenu. Elle ne peut, en effet, oublier les considérations d'intérêt général qui ont dicté cette mesure.

Placée, comme elle l'est, pour recueillir toutes les réclamations du public, elle ne saurait perdre de vue qu'une des causes les plus fréquentes de plaintes, est la mobilité des tarifs et les oscillations dont ils sont l'objet. Cette mobilité ne pourrait qu'être augmentée par la fixation d'un délai moindre pour les relèvements, et

constituerait une arme puissante entre les mains des compagnies, vis-à-vis de la concurrence des autres moyens de transport. Toutefois, avant de me prononcer d'une manière définitive, j'attendrai vos observations à cet égard.

Homologation préalable des tarifs. — La commission est d'avis : « Qu'à l'avenir,
» l'homologation des tarifs ne soit plus
» subordonnée à une instruction préalable
» de l'administration ; que les compagnies,
» en conséquence, ne soient plus tenues
» qu'à l'envoi d'un exemplaire de l'affiche
» à l'administration centrale et à l'ingé-
» nieur de l'Etat chargé du contrôle ;
» Que l'instruction administrative ne
» s'effectue que dans le cas où, soit les
» tarifs nouveaux, soit les modifications
» de tarifs anciens, auraient soulevé des
» réclamations que l'administration sup-
» poserait dignes d'être prises en considé-
» ration ;
» Que la perception des taxes ait lieu
» de plein droit à l'expiration du délai
» légal d'un mois, prescrit pour la publi-
» cation et l'affichage, sauf le cas qui vient
» d'être prévu ;
» Qu'il soit entendu que le ministre, en
» vertu du droit qui lui appartient, peut,
» à toute époque, suspendre l'application
» des tarifs. »

Cette modification, bien qu'elle me paraisse de nature à simplifier l'intervention administrative, sans porter atteinte aux intérêts publics, présente cependant trop de gravité pour que je croie devoir me prononcer dès à présent. Veuillez l'étudier de votre côté et me présenter vos observations.

Factage et camionnage. — La commission propose « d'autoriser les compagnies
» à laisser libre, à toute heure, à leurs
» propres camionneurs l'entrée et la sortie
» de leurs gares, sans qu'elles soient
» astreintes à faire profiter les autres voi-
» turiers de la même facilité, mais en
» maintenant, à l'égard de ces derniers,
» les dispositions réglementaires de l'ar-
» ticle 52 du cahier des charges (1). »

Déjà, dans une occasion antérieure, à propos des réclamations élevées par les camionneurs libres de Nîmes et de Cette, l'administration supérieure, dans ses let-tres aux préfets du Gard et de l'Hérault, a soutenu la même doctrine. Mais je reconnais que le cahier des charges présente une lacune, et que, pour satisfaire au vœu de la commission et aux besoins réels du public et des compagnies, l'article 52 devrait faire mention de la *prise* comme

---

(1) Voir cet article, p. 66.

de la *remise* à domicile des marchandises, à destination ou en provenance du chemin de fer Cette addition au cahier des charges, quelque légitime qu'elle paraisse, ne pourrait avoir lieu que dans la forme où le cahier des charges lui-même a été arrêté.

Il en est de même de la faculté que la commission réclame pour les compagnies, dans toutes les localités où le factage et le camionnage sont obligatoires pour elles, de camionner d'office à domicile, après un délai de quarante-huit heures, toutes les marchandises portant l'adresse d'un destinataire, sans la réserve expresse de livrer en gare, et de déposer dans un magasin public, celles qui auraient été refusées. Ces mesures, qui auraient pour résultat essentiel de désencombrer les gares, ne paraissent pas pouvoir être édictées par un simple arrêté ministériel.

Je n'ai pas besoin d'ajouter que les propositions de la commission et mes observations s'appliquent aussi bien au factage qu'au camionnage.

Magasinage. — En ce qui concerne l'échelle croissante du tarif de magasinage proposée par la commission, je rappellerai que l'administration n'a pas hésité à autoriser momentanément des prix élevés et presque prohibitifs, lorsque l'intérêt général lui a paru réclamer un remède énergique contre l'encombrement. Je ne pense pas qu'il y ait lieu d'en faire l'objet d'un arrêté permanent.

Groupage. — *Factorerie centrale.* — La commission, tout en reconnaissant qu'il n'y avait pas lieu de modifier les règles établies, par les cahiers des charges, en ce qui touche la faculté du groupage, a pensé qu'un des moyens de corriger ce que cette faculté, appliquée sans mesure, pourrait avoir de nuisible pour les intérêts du public, serait de créer, au centre de Paris, une factorerie centrale où seraient reçues toutes les marchandises sans distinction de destination, et qui aurait, dans les divers quartiers, des succursales communes à toutes les compagnies.

L'administration ne peut vous faire une obligation de la création d'un établissement de cette nature, dont la fondation a, d'ailleurs, été essayée ; mais elle est convaincue qu'une telle organisation serait accueillie comme un bienfait par le public, qui en apprécierait bien vite les services.

Fourniture des wagons par les expéditeurs. — Je recommande à votre attention l'avis de la commission relatif à la fourniture des wagons par les expéditeurs. Je suis convaincu qu'il y aurait avantage pour les compagnies et pour le public à entrer dans cette voie, et l'on trouverait peut-être ainsi la meilleure solution des questions que soulève, à certaines époques, presque périodiques, l'insuffisance momentanée des moyens de transport des compagnies (1).

Questions diverses. — Enfin, la commission a discuté les questions de savoir s'il y aurait lieu :

1° D'établir une communication entre les voyageurs et les agents du train ;

2° De prescrire des dispositions spéciales à l'égard des fumeurs ;

3° De supprimer la réglementation actuelle qui fixe l'ordre d'expédition des marchandises ;

4° De rétablir les traités particuliers pour le transport des marchandises à prix réduit ;

5° De maintenir la clause des cahiers des charges relative au tarif des céréales dans les temps de cherté.

En ce qui concerne les fumeurs, l'ordre d'expédition des marchandises et les traités particuliers, la commission a exprimé l'opinion qu'il n'y avait rien à changer à l'état de choses actuel, et, en ce qui touche la communication entre les voyageurs et les agents du train, elle a pensé qu'il n'y avait pas lieu de la rendre obligatoire pour les compagnies

Je partage l'avis de la commission sur ces différents points, tout en me réservant de demander à l'expérience les moyens qu'elle pourrait nous fournir pour mettre les voyageurs en communication, soit entre eux, soit avec les agents du chemin de fer.

Quant à la clause relative au tarif des céréales, la commission a émis le vœu qu'elle fût maintenue, avec certaines modifications qui ne peuvent affecter en rien les intérêts des compagnies : j'ai l'intention de les adopter dans le cas d'un remaniement des cahiers des charges.

Je vous prie de vouloir bien vous conformer scrupuleusement aux prescriptions contenues dans la présente dépêche. En vous assignant, pour y satisfaire, des délais assez éloignés, je suis résolu à tenir la main à ce qu'ils ne soient pas dépassés.

Quant aux questions sur lesquelles j'ai cru devoir réserver ma décision, ou dont la solution est subordonnée à une modification des cahiers des charges, du règlement ou de la loi, je vous prie d'en faire l'objet d'un examen attentif et de me faire

---

(1) L'adoption de cette mesure serait vivement appréciée, sans doute, par les propriétaires ou fermiers d'embranchements ou de magasins industriels (v. *Embranchements industriels* ou Rép.).

parvenir vos propositions dans le plus court délai possible, et, au plus tard, avant l'organisation du service d'été.

Je ne doute pas que ces propositions ne soient telles qu'elles répondent à l'intérêt général et à ceux des vœux de la commission que je me suis appropriés.

Le public attend beaucoup des compagnies de chemins de fer. Il sait qu'elles tiennent entre leurs mains l'instrument principal de la production économique et de la prospérité générale. Il est sans doute des esprits malveillants, disposés à prétendre que ces compagnies se préoccupent outre mesure de leur intérêt propre, dans l'usage qu'elles font de la grande puissance qui leur a été déléguée : le Gouvernement qui est témoin de vos efforts et qui les apprécie, ne partage pas ces préventions ; il ne manquera pas de vous défendre contre les exigences injustes et les impatiences exagérées. Mais il hésitera d'autant moins à vous pousser encore plus avant dans la voie où le sentiment public vous appelle, qu'il est profondément convaincu que les exploitations de la nature de la vôtre n'ont qu'à gagner à se montrer larges et libérales, et qu'il y a moins d'antagonisme qu'on ne le pense entre les intérêts de leurs actionnaires et ceux du public » (Circ. minist. du 1er février 1864.)

ENREGISTREMENT.

Droits fiscaux d'enregistrement : 1° en matière d'acquisition de terrains, p. 183 ; — 2° en matière de prestation de serment et de procès-verbaux, 184.

Enregistrement des colis et affaires générales (v. les art. cités, p. 184).

ENTREPRENEURS.

Affaires diverses, relatives aux travaux, p. 184. — **Clauses et conditions générales** des entreprises (v. *Clauses* au Rép.). — *Extraction de matériaux, occupation de terrains*, etc. (v. le sommaire de ces mots au Rép.). *Interprétation du devis* (compétence du conseil de préfecture pour les travaux de l'Etat, 185). — (Id. des tribunaux civils et de commerce pour les contestations entre les compagnies et leurs entrepreneurs, voir au Rép., la fin de la note de l'art. *Clauses*). — *Travaux à l'étranger*, 576. — Fonctionnaires de l'Etat devenus entrepreneurs, 669.

Responsabilité des entrepreneurs, p. 185. — *Accidents et dommages de travaux* (v. au Rép. les art. *Accidents et Dommages*).

Recours contre les compagnies. — « Les compagnies de chemins de fer, en vertu d'une clause de leurs cahiers des charges, sont directement responsables envers les particuliers des dommages causés par les entrepreneurs qu'elles se sont substitués dans l'exécution des travaux. — Un arrêté du conseil de préfecture, ordonnant une expertise entre les entrepreneurs des travaux d'un chemin de fer et un propriétaire, pour l'évaluation de dommages, n'a pas l'autorité de la chose jugée à l'égard de la compagnie concessionnaire et ne fait pas obstacle dès-lors à ce que le conseil de préfecture ordonne une autre expertise sur le même objet entre la compagnie et le réclamant. » (C. d'Etat, 16 avril 1863, ch. de fer d'Orléans.)

Sous-traitants, p. 185. — « L'entrepreneur général des travaux d'une compagnie de chemin de fer ne peut être condamné à payer les ouvriers employés par un sous-entrepreneur, alors qu'il ne doit rien à celui-ci, et qu'il ne s'est pas engagé pour lui, sous prétexte que son cahier des charges lui interdirait toute cession sans l'agrément des ingénieurs de la compagnie et que le sous-traité n'a pas été approuvé par eux. » (C. C. 18 août 1864.)

Interruption des travaux. — « L'entrepreneur actionné en dommages-intérêts par des sous-traitants à raison de l'interruption intempestive des travaux, peut actionner en garantie, devant le même tribunal, la compagnie pour laquelle les travaux sont exécutés, bien que celle-ci n'ait pas reconnu et ait même interdit les sous-traités et ait stipulé que les contestations, entre elle et l'entrepreneur, seraient portées devant le tribunal de commerce de la Seine, si le fait de l'interruption des travaux doit être imputé à ladite compagnie. » (C. C. 18 août 1864.)

Entrepreneurs de voitures publiques, p. 185 (v. aussi au Rép. les mots *Correspondances* et *Cours des gares*.)

ENTRETIEN.

Voie (articles 2 de l'ordonnance du 15 novembre 1846 et 30 du cah. des ch), p. 185 et 687 (1). — Projets pour travaux

---

(1) « Les compagnies devront faire connaître au ministre des travaux publics les mesures qu'elles auront prises pour l'entretien du chemin de fer et des ouvrages qui en dépendent. Dans le cas où ces mesures seraient insuffisantes, le ministre des travaux publics, après avoir entendu la compagnie, prescrira celles qu'il jugera nécessaires » (Ext. de l'art. 2 précité de l'ordonn. de 1846.)

d'entretien et de grosses réparations, 186. — Entretien des routes et chemins déviés ou modifiés (v. *Routes*, 485 et *Chemins* au Rép.) — *Entretien des ouvrages d'art*, 186. — L'entretien des ouvrages d'art, exécutés pour le maintien de la viabilité et de la navigation, n'incombe pas aux compagnies après remise des ouvrages de navigation et de routes aux services desquels ils dépendent (v. *Navigation* au Rép.) ; mais les ponts, par dessus ou par dessous la voie, font partie des dépendances du chemin de fer (v. p. 58), et doivent être entretenus par la compagnie au même titre que ce chemin.

Matériel roulant (art. 16, ordonnance 15 novembre 1846 et 32, cah. des ch.), p. 334.

Surveillance de l'entretien (art. 34 du cah. des ch., p. 187 et art. 55 et 56 de l'ordonn. du 15 nov. 1846), p. 695.

Remise en bon état d'entretien (à l'expiration de la concession) du chemin de fer et de tous les immeubles qui en dépendent (art. 36 du cah. des ch.), p. 187.

ÉPAVES.

Objets abandonnés dans l'enceinte du chemin de fer, p. 369. — *Magasinage* (arrêté minist. du 20 avril 1863), 312. — *Vente par les domaines* (décret du 13 août 1810), 159.

ÉPICERIES.

Conditions de transport. — Cafés, p. 636. — Sucres, 516. — Denrées, 649.

ÉPREUVES.

Réception et épreuves d'ouvrages de la voie : 1° rails, p. 442 ; — 2° traverses, 579 ; — 3° **ponts métalliques** (circ. minist. 26 février 1858), 187 ; — 4° travaux divers, 448 ; — 5° routes, chemins et ouvrages de navigation, déplacés ou modifiés, 449 (v. aussi *Navigation* au Rép.).

Procès-verbaux de réception (v. *Réceptions*, p. 449 et *Navigation* au Rép.).

Matériel ; chaudières, locomotives, essieux et ressorts, p. 450. — **Nouvelle ré-**

glementation des machines à vapeur (v. *Machines* au Rép.).

Réception et estampillage de voitures à voyageurs (art. 13, ordonn. 15 nov. 1846), p. 190. — *Matériel roulant étranger.* — Sur quelques points, les compagnies étrangères sont chargées de l'exploitation d'une partie des lignes situées sur le territoire français. — Dans ce cas, le matériel à voyageurs doit subir en France, la visite prescrite par l'art. 13 de l'ordonn. du 15 nov. 1846. — Nous avons cité à ce sujet, à l'art. *Réceptions* du Rép., un exemple qui nous a paru présenter un certain intérêt.

Comptes-rendus des expériences nouvelles, p. 188.

ESSAIS.

Épreuves et réceptions (v. le sommaire de ces mots au Rép.).

Nouvelle réglementation des machines à vapeur (v. *Machines* au Rép.).

ESSIEUX.

Qualité des essieux, p. 188. — *Épreuves et réceptions*, 450. — *Ruptures*, 188. — *Tenue de registres*, 189.

Dimensions des fusées des essieux de tender. — Une décision ministérielle (spéciale) du 21 mars 1859, rappelant « la « fréquence des ruptures d'essieux de « tender, survenues sur la ligne de Lyon « à Genève (actuellement annexée au « réseau de Lyon), ruptures attribuées « par les ingénieurs du contrôle à la fai- « blesse des dimensions des essieux, eu « égard à l'usage répété des freins que « nécessite le profil accidenté de la ligne, » a adopté, après avoir entendu les obser- vations de la compagnie, les conclusions du rapport d'une commission spéciale que S. Ex. avait chargée de l'examen de la question, conclusions tendant « à por- « ter à 0^m,102 au moins, le diamètre des « fusées de tender de 0^m,200, quelle que « soit leur provenance. » La compagnie a été invitée, par la même décision, à se conformer, dans le plus bref délai, aux dispositions dont il s'agit (1).

---

(1) « Nous ne pouvons reproduire, en raison de leur développement, les calculs, les formules et les diverses considérations techniques qui ont motivé les conclusions du rapport de la commission d'examen, mais nous croyons devoir en extraire les indications suivantes qui offrent un véritable intérêt au point de vue de la sécurité de la circulation des trains :

« Quand des ruptures répétées affectent des pièces dont la fabrication est tout à fait courante, dont les proportions sont consacrées par la pratique, il est tout naturel de mettre ces accidents sur le compte de l'insuffisance des dimensions absolues............................

« La compagnie pense qu'adopter les cotes indiquées par les ingénieurs du contrôle, ce serait tomber dans l'exagération et que l'accroissement de résistance ne serait qu'apparent, la fabrication

ESTACADES.

Emplacements pour le chargement et le déchargement des combustibles, p. 189.

ESTAMPILLAGE.

Réception de voitures à voyageurs. (Art. 13, ordonn. du 15 novembre 1846), p. 190. — Matériel roulant étranger (voir *Réceptions*, au Rép.).

ÉTABLISSEMENTS DANGEREUX.

Constructions riveraines présentant un danger pour le chemin de fer (v. *Bâtiments* au Rép.). — Indications et prescriptions diverses, p. 190.

Simplification des formalités relatives à l'établissement des machines à vapeur. — D'après la réglementation en vigueur depuis l'ordonnance du 22 mai 1843 (v. p.

306), « les machines à vapeur sont rangées parmi les établissements insalubres et incommodes ; elles ne peuvent dès-lors être autorisées qu'après une enquête dans laquelle sont entendus les intéressés ; à la suite de l'enquête, les ingénieurs se rendent sur les lieux, le plan à la main, pour constater si les conditions d'emplacement et de distance, soit aux habitations voisines, soit à la voie publique, sont observées ; sur leur rapport enfin, l'autorisation est accordée, s'il y a lieu, par un arrêté du préfet, qui détermine les mesures de détail auxquelles le permissionnaire est tenu de se conformer..............

» A l'avenir (dit le rapport ministériel relatif au nouveau décret du 25 janvier 1865, reproduit à l'art. *Machines à vapeur* du Rép., et concernant, soit l'établissement des appareils à vapeur, autres que ceux des bateaux, soit les épreuves à faire subir préalablement aux chaudières), « les

---

étant plus difficile et moins sûre de la qualité des produits, quand les équarrissages augmentent. Elle cite l'exemple de divers chemins de fer qui se contentent des mêmes dimensions qu'elle, pour des charges à peu près égales et s'en trouvent bien. (V. le nota placé à la fin de cet extrait.)

» Il y a certainement (abstraction faite de l'influence du diamètre de la fusée sur l'effort de traction), une limite supérieure qu'il ne faut pas dépasser. Il en est de même et à fortiori, pour la longueur, la fusée étant un solide encastré à un bout, et soumis à des efforts transversaux qu'on peut considérer comme concentrés au milieu de sa longueur.

» Il ne faut pas, la compagnie le dit avec raison, exagérer les surfaces frottantes ; l'uniformité de répartition des pressions est alors très-souvent troublée, et on s'écarte du but au lieu de s'en rapprocher. Mais l'inconvénient, dont il s'agit, ne s'est révélé que dans certaines parties du mécanisme des locomotives appartenant au type dit Grand-Central, et on ne saurait étendre le reproche aux essieux de leurs tenders.

» S'il y a une limite de diamètre et de longueur qu'il ne faut pas dépasser pour les fusées, il y en a aussi une qu'il faut atteindre......................................

» A cet égard, l'expérience de tous les jours à répondu, et de la façon la plus concluante. Les grosses fusées de 0^m,130 de diamètre (et 0^m,240 de longueur), condamnées par la compagnie de Genève, font un excellent service sur les lignes suivantes : *Est*, charge maximum par essieu, roues comprises, 9,150 kil. ; *Paris à Lyon*, ... ibid ... 9,000 kil. ; *Ouest*, ... ibid ... 9,000, ; *Nord*,... ibid ... 8,015 et 9,035 kil........................

» Les cotes ci-dessus sont précisément celles des fusées de tenders à marchandises de la ligne de Genève, et celles-ci ne cassent jamais !

» Il faut, sans doute, proportionner les dimensions aux charges, et les tenders de marchandises sont généralement plus lourds que ceux à voyageurs.

» Sur la ligne de Genève, par exemple, ceux des machines à voyageurs pèsent garnis (2^t,5 de coke) 17,680 kil., ceux des machines à marchandises 20,300 kil.

» Mais il faut tenir compte aussi de la différence des vitesses. Le graissage se fait d'autant moins bien que la vitesse est plus grande, et les surfaces frottantes doivent être augmentées en conséquence.

» En somme, les lignes de Genève, de la Méditerranée et d'Orléans sont les seules qui fassent porter à des fusées de 0^m,092 $\times$ 0^m,200, des charges de 8 à 9 tonnes par essieu. Les autres lignes ont toutes, pour des charges égales ou même moindres, des diamètres plus considérables avec des longueurs plus faibles. Au chemin de l'Ouest, par exemple, les fusées ont 0^m,100 $\times$ 0^m,180 (pour une charge par essieu de 7,750 kil.)..................... »

Nota. Il est très-vrai que les fusées de 0^m,092 $\times$ 0^m,200, portant des charges de 8 à 9 tonnes, sont suffisantes sur diverses lignes où l'on a constaté que les ruptures sont excessivement rares ; mais l'influence de l'action des freins y est moins évidente et l'on y a observé moins souvent de mauvaises veines ou d'autres côtés faibles dans la fabrication. C'est précisément parce qu'on ne réussit pas toujours à éviter ces défauts qu'il faut, tout en s'attachant à les prévenir, atténuer leurs conséquences en donnant aux essieux un grand excès de force apparente.

machines elles-mêmes, seront dispensées de l'autorisation préalable, en d'autres termes, elles seront déclassées comme établissements insalubres et incommodes ; il suffira d'une simple déclaration faite au préfet du département : le règlement lui-même détermine les conditions diverses auxquelles le propriétaire est tenu de se conformer, et chacun dès-lors, pourvu qu'il exécute ces conditions, est en droit d'établir chez lui une machine à vapeur sans avoir besoin de réclamer un arrêté. »

ÉTUDES.

Autorisation préalable, p. 191 (v. aussi *Personnel* au Rép.). — Signature des propositions des compagnies (v. au Rép., p. 811, note 1). Respect des propriétés privées, 191. — Etudes dans les forêts, 214. — Règlement d'indemnités d'occupation de terrains et de dommages, 192 (v. aussi *Indemnités* au Rép.).

EXAMENS.

Personnel des compagnies (v. au Rép. l'art. *Agents*, p. 755 . — **Personnel de l'Etat :** 1° Candidats ingénieurs (décret du 23 août 1851, arr. minist. du 24 août 1851 et circ. minist. du 20 mai 1864, *pour mémoire*, ; 2° conducteurs des ponts et chaussées (v. *Conducteurs* au Rép.) ; 3° employés secondaires (v. au Rép.) ; 4° commissaires de surveillance administrative (programme abrogé, v. au Rép. l'art. *Commissaires*, p. 805, note).

EXCAVATIONS.

Prescription de l'art. 6 de la loi du 15 juillet 1845 :

« 6. — Dans les localités où le chemin de fer se trouvera en remblai de plus de trois mètres au-dessus du terrain naturel, il est interdit aux riverains de pratiquer, sans autorisation préalable, des excavations dans une zone de largeur égale à la hauteur verticale du remblai, mesurée à partir du pied du talus.

» Cette autorisation ne pourra être accordée sans que les concessionnaires ou fermiers de l'exploitation du chemin de fer, aient été entendus ou dûment appelés. »

Fossés riverains. — Les fossés pratiqués aux abords des chemins de fer, par les riverains de ces voies de communication peuvent rigoureusement être considérés comme des excavations soumises aux conditions ci-dessus indiquées ; ils peuvent, en tout, cas être interdits jusqu'à la distance de 2 mètres du chemin de fer (v. *Fossés* au Rép.).

Suppression des excavations préexis-

tantes (Art. 10, loi du 15 juillet 1845) v. p. 684, v. aussi *Bâtiments* au Rép.).

EXCÉDANTS.

Supplément de bagages, p. 45. — *Supplément de prix des billets de place*, 55 et au Rép., 770, note 2.

EXERCICES.

Époques de clôture, p. 192.

EXPÉDITIONS.

Formalités. — Nous avons rappelé à la page 192, les diverses formalités et opérations qui se rattachent à l'expédition des marchandises en grande ou petite vitesse. — Au départ de toute expédition de messagerie (grande vitesse) ou de colis à petite vitesse, les compagnies se chargent, sur le simple avis qui leur est envoyé, de faire le factage ou le camionnage, à moins que les expéditeurs ne préfèrent eux-mêmes amener les marchandises aux gares ou aux bureaux de ville (v. p. 66). Les agents des bureaux établissent sur des imprimés spéciaux, les récépissés et lettres de voitures nécessaires, après que l'expéditeur a fourni, de son côté, une déclaration spéciale inscrite ordinairement sur un imprimé de la compagnie, mentionnant le mode de vitesse à employer, les noms et adresses de l'expéditeur et du destinataire, le nombre, poids et nature des colis, et leurs numéros, marques ou adresses, la mention en *port dû* ou en *port payé*, le choix du tarif (général ou spécial) lorsqu'il y en a un, et au besoin, toutes autres indications rappelées, p. 139, ou dans les articles de ce Recueil relatifs au transport de finances, matières dangereuses, animaux et autres marchandises ou colis exceptionnels.

Les expéditeurs prudents ont le soin d'inscrire sur les colis mêmes, les indications *grande* ou *petite vitesse*, *port payé* (en cas de paiement d'avance) le poids des colis et le nom et l'adresse du destinataire. Ils préviennent ainsi bon nombre d'erreurs, dont la vérification est toujours difficile et dont la réparation peut quelquefois se faire assez longtemps attendre.

Enfin, il est indispensable que les expéditeurs précisent bien, sur leurs déclarations, la localité pour laquelle ils remettent leurs marchandises, soit en indiquant le département dans lequel se trouve cette localité, soit en donnant, quand il y a lieu, la désignation complémentaire qui sert habituellement à distinguer, l'une de l'autre, deux localités du même nom.

Délais de transport. — Les marchandises sont transportées dans les délais indiqués, p. 142 et suivantes. Pour la petite vitesse, le jour de la remise et celui de la livraison des marchandises n'étant pas comptés dans le délai de transport proprement dit, il en résulte une assez longue attente, notamment pour les petits colis transportés à très-petite distance ; mais il s'agit ici d'un délai maximum que les compagnies ont intérêt à ne pas atteindre chaque fois que les combinaisons et les exigences du service leur permettent de dé-encombrer promptement leurs wagons et leurs gares.

Tarifs. — Nous avons donné, p 346, note, l'exemple d'une tarification de petit colis expédié à grande vitesse. Pour la petite vitesse la plus petite coupure de poids de colis est de 10 kilog La plus petite distance comptée est de 6 kilom. et le tarif par kilom. est fixé pour chaque catégorie de marchandises (v. *Marchandises* et *Tarifs*.

Toute expédition est grevée, d'ailleurs, du droit d'enregistrement, du droit de timbre (lettre de voiture ou récépissé) et des frais de factage et de camionnage, de manutention et, enfin, d'octroi et de douane, lorsque ces diverses opérations ne sont pas faites par les expéditeurs. Les tarifs exemptent seulement de tout droit de manutention : 1° les expéditions, à grande vitesse, pesant de 0 à 40 kilog. inclusivement ; — 2° les articles taxés à *la valeur* ; — 3° les chiens.

Arrivée et livraison des marchandises, p. 192.

EXPÉRIENCES.

Épreuves et réceptions (v. le sommaire de ces mots au Rép.).

EXPERTISE.

Formalités administratives (loi du 16 septembre 1807, v. *Indemnités* au Rép.). — *Expertises commerciales,* p. 193 (v. aussi *Vérifications,* 591).

EXPLOITATION.

Conditions principales, police, surveillance, etc. Voir : 1° le cahier des charges général des concessions, p 706 ; — 2° la loi du 15 juillet 1845, 683 ; — 3° l'ordonnance du 15 novembre 1846 , 687 ; — 4° l'arrêté ministériel et la circulaire du 15 avril 1850, 698 et 699 ; — 5° la circulaire ministérielle du 1er février 1864 (v. *Enquêtes d'exploitation* au Rép.).

Personnel actif de l'exploitation (v. *Agents des compagnies* au Rép.).

Chefs d'exploitation des compagnies. — Sur quelques grands réseaux de chemins de fer, le service général de l'exploitation, centralisé par un directeur ayant autorité sur les chefs d'exploitation et les ingénieurs du matériel et de la traction, comprend les affaires succinctement résumées aux mots *Exploitation,* p. 194 et 195. *Mouvement,* 362, *Matériel,* 333, et *Traction,* 551. Les chefs d'exploitation sont spécialement chargés, soit directement, soit de concert avec les chefs des autres services, des questions qui se rattachent à l'organisation, à la marche et au service des trains au point de vue technique et au point de vue commercial.

Pour les questions d'exploitation pouvant intéresser le transport des voyageurs et des marchandises, le programme officiel de la surveillance administrative résume distinctement les affaires ressortissant à chacune des branches du personnel et l'on trouve à ce sujet, p. 444 et 445, le détail des indications à consigner, par exemple, dans les rapports hebdomadaires des commissaires de surveillance, savoir : n° 1 (*Exploitation technique, et matériel*) et n° 3 (*Exploitation commerciale*) (1). — L'ordre alphabétique de ce Recueil permet, d'ailleurs, de se référer directement aux documents réglementaires se rapportant d'une part, aux matières si nombreuses et si variées de l'exploitation et d'autre part, aux indications qui concernent plus particulièrement le service de la voie. — Nous appellerons seulement l'attention sur les points suivants :

Surveillance administrative de l'exploitation technique et du matériel. V. *Ingénieurs,* p. 264 et les références qui s'y rapportent. — *Questions mixtes* (v. au Rép , art *Ordonnances,* la circ. minist. du 31 décembre 1846).

Accidents, contraventions et dommages, relatifs à l'exploitation (v. ces articles au Rép.).

Enquêtes d'exploitation (v. au Rép., la circ. minist. générale du 1er février 1864).

Service des voyageurs et marchandises : — 1° dispositions applicables aux trains de toute nature, p. 555 ; — 2° règles générales concernant les tarifs, 524 ; — 3° id. marchandises (v. *Colis* au Rép., *Marchandises,* 323 et 666, et *Messagerie,* 346) ; — 4° id. voyageurs (v. *Militaires,* 350 et au Rép., et *Voyageurs,* 612) ; — 5° transports divers 567 ; —6° trafic entre les

---

(1) Le rapport n° 2 concerne le service *de la Voie.*

différents réseaux, 554 ; — 7° affaires internationales (v. *Tarifs*, 533, et au Rép., et *Douane*, 164, 649, 650 et 853) ; — 8° frais accessoires des transports, 217 (v. aussi *Expéditions* au Rép.) ; — 9° délais de transport, 142 ; — 10° factage, 202 ; — 11° camionnage (v. au Rép.) ; — 12° correspondances et réexpédition par routes de terre, 452 (v. aussi au Rép. *Correspondances* et *Cours des gares*) ; — 13° traités divers, 564 et 735 ; — 14° réclamations, responsabilité, retards (v. ces mots au Dict. et au Rép.) ; — 15° affaires diverses et générales (v. l'art. *Exploitation*, 194, 195 et 196).

Inspecteurs de l'exploitation commerciale, p. 270.

Reprise de l'exploitation par l'État, p. 194. — *Déchéance des compagnies*, 137. — *Séquestre*, 493.

Exploitation des chemins à voie unique, p. 599.

EXPLOSIONS.

Mesures diverses, p. 196. — *Infractions, pénalités*, 197.

Nouvelles dispositions relatives aux machines à vapeur (v. à l'art. *Machines à vapeur* du Rép., l'art. 30 du décret du 25 janvier 1865).

EXPORTATION.

Formalités de douane, p. 164 et 649 (v. aussi *Douane* au Rép.). — Mode d'homologation des tarifs, 533 (v. aussi *Tarifs* au Rép.).

EXPOSITIONS.

Transports à prix réduits (v. *Concours agricoles* au Rép.).

EXPROPRIATION.

Compagnies mises aux lieu et place de l'État (art. 22 du cahier des charges), p. 711.

Prescriptions de la loi du 3 mai 1841 et indications diverses (v. p. 658 l'art. *Expropriation* et les références y indiquées). — Occupation du domaine de l'État (voir *Cours d'eau* au Rép.).

Expropriation d'une ligne de chemin de fer, p. 200.

EXTRACTION DE MATÉRIAUX.

Compagnies mises aux lieu et place

de l'État (art. 22 du cahier des charges), p. 711. — Dispositions insérées dans les clauses et conditions générales des entreprises (v. *Clauses et Conditions* au Rép.).

Application des anciens règlements, p. 201. — *Fixation des indemnités, expertise, etc.* (application de la loi du 16 septembre 1807), v. *Indemnités* au Rép.

Extraction dans une carrière dite en exploitation, p. 69. — « Antérieurement à l'occupation d'un terrain par un concessionnaire de travaux publics, le propriétaire vendait du sable extrait de ce terrain ; ce sable ne provenait pas de l'emplacement même où le concessionnaire a fait des fouilles, mais il le tirait d'une carrière presque contiguë ; les deux exploitations s'appliquent au prolongement du même banc et à la même nature de matériaux. — Dans ces circonstances, les matériaux doivent être considérés comme extraits d'une carrière en exploitation dans le sens de l'art. 55 de la loi du 16 septembre 1807 (v. cet art. p. 263). » — C. d'État, 18 février 1864, compagnie de l'Ouest. — « Un propriétaire de carrière ne peut réclamer en même temps la valeur de matériaux extraits par un entrepreneur de travaux publics, calculée sur le prix courant de ces matériaux extraits en carrière et une indemnité pour la destruction des récoltes, rendue nécessaire par la mise en exploitation de la carrière. » (*Même arrêt.*)

« L'intérêt de l'indemnité attribuée à un propriétaire de carrières, pour le prix de matériaux extraits par un entrepreneur de travaux publics, ne court qu'à partir du jour de la demande présentée devant le conseil de préfecture ou devant le conseil d'État. » (*Ibid.*)

Extractions non autorisées, v. p. 202. — Occupation **permanente** de terrains pour l'établissement d'un chemin conduisant à une carrière (v. *Occupations* au Rép.). *Excavations interdites* (v. *Excavations* au Rép.).

Limite de l'autorisation, p. 202. — *Compétence.* — « Un arrêté préfectoral autorisant l'occupation temporaire d'une propriété par un entrepreneur ou un concessionnaire de travaux publics pour y faire des emprunts, est un acte d'administration qui n'est pas de nature à être attaqué devant le conseil d'État par la voie contentieuse. Cet arrêté ne fait pas, d'ailleurs, obstacle à ce que le propriétaire soutienne, s'il s'y croit fondé, devant le conseil de préfecture, que l'entrepreneur ne pouvait être autorisé à occuper son terrain. » (*Lerembourg*, C. d'État, 7 juillet 1863.)

F

FACTAGE.

Conditions diverses : 1° zones à desservir, conformément à l'art. 52 du cahier des charges, voir *Camionnage*, p. 66 ; — 2° tarifs d'application, 202 ; — 3° entreprises intermédiaires, 203 ; — 4° questions de privilége pour l'entrée en gare (voir l'art. *Camionnage* au Rép.); — 5° délais de livraison et retards, 203 ; — 6° responsabilité et surveillance, 68 ; — 7° réexpédition de colis, 452 (v. au sujet des arrangements particuliers des compagnies avec les entreprises de transport, l'art. *Correspondances* du Rép.).

FACTEURS.

Attributions, p. 203. — Manutention des bagages, 203.
Facteurs de la poste (circulation sur la voie). V. *Circulation* au Rép.

FAÏENCES.

Conditions générales de transport, p. 203. — Tarifs spéciaux, 203. — *Terres employées pour l'industrie*, 547.

FAILLITTE.

Compagnies déclarées en faillitte, p. 204. — Remboursements, 204. — Marchandises entreposées par suite de faillitte, 204.

FANAUX.

Prescriptions diverses relatives à l'éclairage, p. 205. — *Extinction de fanaux*, 205. — *Éclairage en temps de brouillard épais* (v. *Brouillards* au Rép.).

FARINES.

Conditions de transport (v. *Céréales*, p. 72). — Tarifs spéciaux, 205.

FAUSSES DÉCLARATIONS.

Constatation et poursuite, p. 139 et 224.

FEMMES.

Emploi comme garde-barrières, p. 229. — *Compartiments réservés* pour les femmes voyageant seules, 643.

FERMETURE.

Indications diverses relatives à la fermeture des passages à niveau, des gares et guichets et des portières de wagons (v. les art. rappelés, p. 206).
Fermeture des voies de garage (voir *Calage des wagons*, p. 65).

FERS ET FONTES.

Classification générale et tarifs (article 42 du cah. des ch.), p. 717. — Longues pièces de fer et masses indivisibles (v. les articles rappelés, p. 206, v. aussi *Masses indivisibles*, 331).
Conditions de service des embranchements particuliers desservant les mines et usines (v. *Embranchements industriels* au Rép.).

FEUILLES D'EXPÉDITION ET DE CHARGEMENT.

Formalités diverses, p. 206. — Les instructions récentes de quelques compagnies portent qu'il ne sera dressé, pour la petite comme pour la grande vitesse, qu'un seul exemplaire des feuilles d'expédition, à faire suivre jusqu'à destination, à moins qu'il ne s'agisse d'expéditions en grande ou petite vitesse, en trafic direct avec d'autres lignes ou d'expéditions en grande vitesse à destination du chemin de Ceinture, dans lesquels cas il est procédé conformément à des ordres de service spéciaux qu'il nous paraît sans intérêt de reproduire ici.
Nous nous bornerons à signaler la recommandation suivante, faite aux gares d'un de nos grands réseaux, dans le but, sans doute, d'absorber le moins possible le temps que les conducteurs doivent consacrer à la surveillance réglementaire et aux manœuvres des trains :
« Afin de faciliter le travail des conducteurs de train, les gares auront toujours soin de mentionner au dos de chaque feuille d'expédition de grande vitesse pliée en quatre, d'une manière très-lisible et très-apparente : 1° le nom de la gare de départ; 2° celui de la gare d'arrivée; 3° le nombre des colis; 4° le numéro du wagon, lorsque les colis mentionnés sur la feuille feront l'importance de wagons complets. — Quand il s'agit d'expéditions faites en trafic direct avec une autre compagnie, elles devront indiquer, non-seule-

ment le nom de la gare destinataire, mais encore celui de la gare de transit. » (Inst. spéc., avril 1864.) (1).

FEUILLES DE ROUTE.

Réduction de tarif accordée aux militaires ou marins ou aux fonctionnaires et agents assimilés porteurs d'une feuille de route régulière, p. 207 et 350. — Indication obligatoire sur la feuille de route, du ou des points de passage, lorsqu'il y a plusieurs directions entre la gare de départ et la gare d'arrivée (v. *Militaires* au Rép). — *Abus et falsification des feuilles de route*, 207.

FEUILLES SIGNALÉTIQUES (2).

Personnel de l'État, p. 208 et 397. — *Ingénieurs et conducteurs des ponts et chaussées*, au service des compagnies (v. *Inspecteurs généraux* au Rép.).
Changements de service. — Certains ingénieurs en chef ne donnent pas de notes aux conducteurs ou employés secondaires qui ne se trouvent plus dans leur service au moment de la préparation des comptes du personnel. (Cette omission, signalée par une circ. minist. du 10 mai 1864, a également lieu assez fréquemment en ce qui concerne les commissaires de surveillance administrative des chemins de fer.)
» Il en résulte dit la circulaire précitée) qu'un agent qui a changé de service un peu avant la rédaction de ces comptes, n'obtient de notes ni de l'ingénieur en chef qu'il vient de quitter, ni de son nouveau chef, qui n'est pas encore à même de le juger.

« Au moment où vont commencer les inspections annuelles, je crois devoir vous rappeler qu'il est indispensable que l'administration reçoive de chaque chef de service une note signalétique pour tout agent qui est resté sous ses ordres, ne fût-ce que pendant quelques mois, depuis la remise des derniers comptes du personnel. Il conviendra de rappeler dans cette note la cause du départ ou de la cessation du service de l'agent. »

FILOUTERIES.

Fausses déclarations, fraudes, détournements et vols (v. ces mots).

FINANCES ET ARTICLES DE VALEURS.

Conditions de transport *ad valorem :* 1° grande vitesse, p. 209 ; — 2° petite vitesse, 209. — *Monnaies de billon*, 209. — *Transports à l'étranger*, 209. — *Frais accessoires*, 209. — *Billets de banque*, 209. — *Valeurs gardées par les voyageurs*, 210. — *Responsabilité des compagnies*, 210 et 212.
Prorogation des tarifs pour l'année 1865 (v. *Tarif exceptionnel* au Rép.).

---

(1) Les *feuilles d'expédition* qui mentionnent le détail et le prix de transport de chaque expédition, sont distinctes des *feuilles de chargement*, PAR WAGON, dressées généralement conformément aux indications ci-après :
« Dans la règle ordinaire, la gare de départ doit établir une feuille de chargement par chaque destination des colis chargés dans un même wagon. La feuille de chargement récapitulative ne donnera pas d'autre détail que le nombre de colis par chaque destination.
» Lorsque, dans une gare, on déchargera les colis qui y sont destinés, on laissera à cette gare la ou les feuilles de chargement établies pour ces colis, et on biffera l'indication de la destination et des colis sur la feuille récapitulative.
» Par contre, dans les gares où l'on chargera des colis, on épinglera la ou les feuilles de chargement avec celles du wagon de détail dans lequel ils auront été chargés, et l'on portera ces nouveaux colis et ces nouvelles destinations sur la feuille récapitulative.
» Dans les gares où l'on transbordera les colis de détail pour recomposer les chargements des wagons, on supprimera les feuilles récapitulatives des wagons transbordés pour en créer de nouvelles. » (Ext. d'une inst. spéc., juin 1864.)

(2) Nous rappellerons que les feuilles signalétiques des ingénieurs, conducteurs des ponts et chaussées, garde-mines et employés secondaires sont envoyées chaque année, en double exemplaire, par l'ingénieur en chef à l'inspecteur général de la division, qui en transmet une expédition au ministre avec ses propositions. Une expédition des mêmes feuilles est envoyée aux préfets par l'ingénieur en chef du contrôle.
Pour les commissaires de surveillance administrative et les inspecteurs de l'exploitation commerciale, les feuilles signalétiques sont dressées seulement en double expédition. L'ingénieur en chef du contrôle adresse l'une de ces expéditions aux préfets, comme pour les ingénieurs, conducteurs, etc., l'autre expédition est envoyée directement au ministre par le même chef de service.
Ces envois ont lieu, dans le premier cas, au moment des inspections, et pour les commissaires de surveillance et inspecteurs de l'exploitation commerciale, vers la fin de l'année.

Formalités d'envoi des finances, p. 210.
— *Retours d'argent*, 211. — Perte ou soustraction d'argent et d'objets précieux, 212 (1).

Transports de l'administration des finances (v. au Rép. le sommaire du mot *Administrations*. — D'après une instruction spéciale récente, les gares devront, sur la présentation du titre de transport primitif n'ayant pas plus de deux mois de date, renvoyer à *grande vitesse*, *franco*, au point d'expédition, les caisses vides *démontées* ou *non démontées*, qui auront servi à des transports de fonds effectués pour le compte du Trésor. (Inst. spéc., ch. de Lyon.)

Vérification des boîtes à finances des compagnies, p. 212.

FLAMMÈCHES.

Appareils de sûreté, p. 33. — *Incendies*, 260.

FONCTIONS.

Répartition et attributions (v. les articles cités p. 212). — Emplois réservés aux militaires (v. *Militaires* au Rép.).

FONDS.

Indications diverses, p. 213 (v. aussi *Comptabilité* au Rép.).

FONTES.

Conditions de transport, p. 663 (voir aussi *Fers* et *Fontes*.)

FORCE MAJEURE.

Définition, p. 213. — *Evénements de nature mixte*, 213. — *Constatations*, 214.

FORÊTS.

Etudes au travers des bois, p. 214. — *Formalités pour extraction de matériaux*, 214. — *Incendies*, 214.

Libre circulation des gardes forestiers sur la voie, p. 88.

FORMULES IMPRIMÉES.

Service de l'Etat, p 214. — *Service des compagnies*, 215. — *Conditions de transport* (v. les articles cités p. 215; v. aussi *Imprimés* au Rép.).

FOSSES A PIQUER LE FEU.

Etablissement, p. 215 (2). — *Dangers*, 215. — *Eclairage*, 215. — *Mesures spéciales*, 215.

FOSSÉS.

Etablissement (prescription de l'art. 7 du cah. des ch., ext.).

« La compagnie établira le long du chemin de fer les fossés ou rigoles qui seront jugés nécessaires pour l'asséchement de la voie et pour l'écoulement des eaux.

» Les dimensions de ces fossés et rigoles seront déterminées par l'administration, suivant les circonstances locales, sur les propositions de la compagnie. »

Le choix de l'emplacement des fossés latéraux aux voies ferrées est surtout une

---

(1) Quelques compagnies, et notamment celle de Paris à la Méditerranée, ont pris certaines mesures pour constater que les colis de finances et valeurs n'ont subi aucune altération entre leurs mains en cours de transport. Ces instructions, qui ont un intérêt évident pour les expéditeurs et les destinataires, peuvent être résumées ainsi qu'il suit :

« Au départ, tout group ou tout article de valeur doit être invariablement pesé avec le plus grand soin, sans pourtant qu'on ait à exiger de l'expéditeur qu'il donne ce renseignement sur sa déclaration. (Le poids constaté doit être porté sur les récépissés et autres écritures mentionnées dans l'ordre de service spécial.)

» A l'arrivée, la gare destinataire doit également peser tous les groups et articles de valeur, et rendre compte à son inspection principale des différences qu'elle constate.

» Lors de la livraison, soit en gare, soit à domicile, si le destinataire réclame la reconnaissance contradictoire du contenu des colis, alors même que ces colis seraient parfaitement conditionnés et que leur poids serait conforme à celui reconnu au départ, l'agent chargé de la reconnaissance devra déférer à cette demande et assister à la reconnaissance ; mais, au préalable, cet agent devra exiger que le destinataire signe une déclaration constatant que les colis sont en bon état extérieur et que le poids est conforme à celui porté sur le récépissé. . . . .

» Dans le cas où le destinataire d'une expédition adressée à domicile serait dépourvu des moyens de pesage, le facteur devrait l'inviter à se rendre à la gare pour prendre livraison de l'envoi, ou au bureau de ville le plus rapproché de son domicile, afin que le pesage préalable puisse avoir lieu contradictoirement.

» Si, par suite de la reconnaissance du contenu des colis, il était constaté quelque chose de particulier qui pût motiver des réserves de la part du destinataire, on accepterait ces réserves et on en informerait immédiatement l'inspection principale. » (Ext. d'une inst. spéc., octobre 1864.)

(2) On peut évaluer en moyenne la dépense d'établissement d'une fosse à piquer le feu, à 800 fr., savoir : terrassement, environ 40 fr.; maçonnerie, 555 fr.; charpente, 125 fr.; serrurerie, 80 fr.

affaire de pratique. Ainsi, par exemple, dans les plaines où le sol est très-perméable et où des drainages sont plus nuisibles qu'utiles aux propriétés, on s'abstient d'établir des fossés. — Pour les tranchées, les projets indiquent toujours des fossés présentant généralement les dimensions suivantes : largeur en gueule, 1^m,00. — Id. au plafond, 0^m,30 à 0^m,33. — Profondeur au-dessous du ballast, 0^m,33 à 0^m,35. — Les talus sont réglés à 45°. — Pour les remblais, on se contente d'établir, lorsqu'il y a lieu, de simples rigoles au pied des talus.

Entretien des fossés. « Les ingénieurs ne sauraient trop s'attacher à ce que les fossés, dans ce qui concerne leur ouverture, leur curage et leur entretien, soient rétablis et maintenus dans des dimensions régulières, que leurs talus soient bien dressés, que leurs arêtes intérieures soient parallèles à l'axe des chaussées. Ces mesures, en les rendant plus propres à leur destination, auront l'avantage de dessiner les formes de la route et offriront la preuve des soins que les ingénieurs apportent à toutes les parties de leur service. » (Ext. d'une circulaire du direct. gén. des ponts et chaussées, du 17 juillet 1827, relative à l'entretien des routes.)

Conservation (ordonnance du roi, du 4 août 1731, applicable en vertu de l'art. 2 de la loi du 15 juillet 1845), v. p. 215 (1).

Maintien de l'écoulement des eaux (v. au Rép. le sommaire du mot *Écoulement*). — Curage et entretien des fossés, p. 216.

Fossés pratiqués par les riverains. — Les fossés pratiqués par les riverains eux-mêmes, sur leurs propriétés, nous paraissent, au point de vue du voisinage des chemins de fer, devoir être considérés comme des excavations dans le sens indiqué à l'art. 6 de la loi du 15 juillet 1845 (v. *Excavations* au Rép.) et soumis aux conditions déterminées par l'article précité.

Ils ne peuvent, en aucun cas, être établis, sans autorisation, à une distance moindre de 2 mètres de la limite d'un chemin de fer (application de l'art. 5 de la loi du 15 juillet 1845, p. 25, et de l'article 674 du Code Napoléon, qui prescrit pour certaines constructions (pour le creusement de puits et fosses d'aisances, par exemple, à proximité d'une propriété voisine), de laisser la distance prescrite par les règlements et usages particuliers sur ces objets, ou à faire les ouvrages prescrits par les mêmes règlements et usages, pour éviter de nuire au voisin.

Pour compléter les dispositions qui précèdent, applicables à l'établissement, par les riverains, de fossés parallèles aux lignes de chemins de fer, nous citerons l'arrêt suivant du conseil d'État, relatif à une espèce où le fossé creusé sans autorisation, par un riverain, était séparé de la voie de fer par un chemin latéral affecté aux exploitations rurales.

« Lorsqu'un chemin latéral longeant un chemin de fer n'a été établi que pour servir à des exploitations rurales, un propriétaire riverain de ce chemin qui, pour se clore, a creusé un fossé en arrière du chemin latéral, ne peut être considéré comme ayant commis un délit de grande voirie, par contravention au titre 1er de la loi du 15 juillet 1845. — Il n'y a eu dans l'espèce, ni empiètement sur le terrain acheté par l'État, ni trouble à l'économie des travaux du chemin de fer, le chemin latéral dont il s'agit ne pouvant être considéré comme dépendant de la voie ferrée. » (C. d'État, 15 février 1864, affaire *Vauquelin*, chemin de fer de Caen à Flers.)

Fossés mitoyens, p. 216.

Suppression de fossés préexistants. — Aux termes de l'art. 10 de la loi du 15 juillet 1845 (v. p. 684), l'administration a le droit de faire supprimer, moyennant une juste indemnité, les *excavations*, etc., existant, au moment de l'établissement du chemin de fer, dans les zones réservées par la loi précitée. Cette disposition est évidemment applicable à la suppression d'office des fossés, cloaques, etc., qui pourraient présenter quelque inconvénient pour la sécurité de la voie.

FOUILLES.

Distances prohibées (v. *Excavations* au Rép.).

---

(1) Un arrêt plus ancien (du 17 juin 1721) également relatif aux fossés, portait ce qui suit : (ext.) « Il sera laissé des deux côtés des chemins la largeur nécessaire, tant pour les accotements que pour les fossés non faits, de manière qu'ils puissent être confectionnés aussitôt qu'il plaira à Sa Majesté de les ordonner. . . . .

» Fait Sa Majesté défense à tous particuliers, même à tous seigneurs, sous prétexte du droit de justice ou de voirie, de troubler les entrepreneurs dans leurs travaux, combler lesdits fossés et de labourer ou faire labourer en dedans de la largeur bornée par lesdits fossés, d'y mettre aucuns fumiers, décombres et autres immondices, soit en pleine campagne ou dans les villes, bourgs et villages où passent lesdites chaussées, d'y faire aucunes fouilles, ... le tout à peine d'amende contre les contrevenants. . . . . »

FOURGONS.

Indications diverses (v. les art. cités
p. 216). Fourgons à freins (v. *Freins* au
Rép.).

FOURRAGES.

Conditions de transport, p. 216. —
Tarifs spéciaux, 216.

FOURRIÈRE.

Dispositions de l'art. 68 de l'ordonnance
du 15 novembre 1846 et indications diverses, p. 217.

FOURS.

Conditions d'établissement, p. 217 (voir
aussi *Excavations* au Rép.).

FRAIS ACCESSOIRES.

Fixation annuelle (art. 51 du cah. des
ch. et 47, ordonn. du 15 novembre 1846,
p. 217 et 218. — *Tarif d'application* (arrêté ministériel du 30 avril 1862), 218.
Prorogation du tarif pour 1865 (arrêté
ministériel du 31 décembre 1864). « Article 1er. — Les dispositions de l'article 1er
de l'arrêté ministériel du 30 avril 1862,
portant fixation, pour la même année, des
frais accessoires d'enregistrement, de
manutention, de pesage et de magasinage,
continueront de recevoir leur application,
pendant l'année 1865, sur les divers chemins de fer.
» 2. — Sont maintenus dans les tarifs
homologués les frais accessoires qui
seraient, sous le rapport des prix ou des
conditions, plus avantageux pour le public
que ceux fixés par l'arrêté du 30 avril 1862.
» 3. — Le présent arrêté sera notifié
aux compagnies de chemins de fer.
» Il sera publié et affiché.
» Les préfets, les fonctionnaires et
agents du contrôle sont chargés d'en
surveiller l'exécution. » (Arr. minist. du
31 décembre 1864.)

FRAIS DIVERS.

Dépenses du service de surveillance
(v. les art. cités p. 221).
*Frais de changement de résidence des
fonctionnaires du contrôle :* — 1° formalités d'approbation, p. 221 ; — 2° bases
kilométriques (par les routes de terre,
ligne de poste). La loi de finances du 12
décembre 1848, qui a réglé le taux des
frais de voyage des ingénieurs, en cas de
changement de résidence, attribue, savoir :

aux ingénieurs en chef, par myriamètre,
5 fr. ; aux ingénieurs ordinaires, 3 fr. ;
aux élèves, 2 fr.
Par assimilation, l'administration alloue
aux conducteurs des ponts et chaussées,
garde-mines et *commissaires de surveillance administrative*, 2 fr. 50.
Frais de missions spéciales (dispositions textuelles de l'arr. minist. du 26 décembre 1854, cité p. 221, en ce qui concerne *le service de surveillance des chemins de fer*). — Frais et accessoires de
déplacements (par kilomètre) alloués :
1° aux *inspecteurs généraux* (missions
spéciales en dehors des chemins de fer
en exploitation) : sur les chemins de fer,
»,» ; sur les routes de terre, 1 fr. ; frais
de séjour (par jour), 20 fr. ; — 2° aux
inspecteurs principaux (missions spéciales en dehors des chemins de fer dont ils
ont la surveillance) : sur les chemins de
fer, 0^f,15 ; sur les routes de terre, 0^f,50 ;
frais de séjour (par jour), 15 fr. ; — 3° aux
inspecteurs particuliers (mêmes missions) : chiffres correspondants, 0^f,125,
0^f,30 et 12 fr. ; 4° aux *commissaires de
surveillance administrative* (mêmes missions) : chiffres correspondants, 0^f,125,
0^f,30 et 8 fr.
Réduction à faire pour les fonctionnaires qui, à raison de leurs fonctions, jouissent de la libre circulation sur tout ou
partie des lignes parcourues, p. 221.
*Indemnités pour missions spéciales à
l'étranger*, p. 221.

FRANCHISES ET CONTRE-
SEINGS.

Transport des dépêches par les trains
(v. les articles cités au mot *Dépêches* du
Rép.). — *Franchise postale*, p. 222.
*Remise de paquets urgents de service
aux bureaux ambulants.* (Circ. minist.
du 1er mars 1864, adressée aux ingénieurs
en chef du contrôle.) « Par une dépêche
circulaire du 17 mars 1860 (1), je vous ai
fait connaître les motifs qui avaient déterminé l'administration des postes à refuser
aux fonctionnaires et agents attachés au
service du contrôle des chemins de fer, la
faculté de déposer leur correspondance
officielle aux bureaux ambulants de la
poste, au moment de leur passage dans
les gares.
» Une décision récente de cette administration ayant prescrit aux agents des
bureaux ambulants de recevoir, à la main,
sur tous les points de stationnement de
leur parcours, les lettres ordinaires qui
peuvent leur être présentées par toute

(1) Voir l'ext. de cette dépêche, p. 223.

personne admise, à un titre quelconque, dans l'intérieur des gares, j'ai prié M. le ministre des finances de vouloir bien examiner de nouveau la question relative à la remise des paquets de service des fonctionnaires du contrôle, aux bureaux ambulants.

• En réponse à cette nouvelle communication, S. Exc. m'informe qu'une décision du 30 janvier 1864 a exceptionnellement autorisé les commissaires de surveillance-administrative à remettre directement, en cas d'urgence, leurs dépêches contresignées aux bureaux ambulants des postes, au moment du passage et du stationnement de ces bureaux dans les gares.

• Quant aux autres agents chargés du contrôle des chemins de fer, mais qui ne résident pas dans les gares, M. le ministre des finances pense qu'il y aurait inconvénient réel, au point de vue du service des postes, à étendre la même exception à leur correspondance administrative. » (Circ. du min. des trav. pub., 1er mars 1864.)

FRAUDES.

Classification et usage illicite de billets de places ou de bagages, p. 223. — Larcins et filouteries, fausses déclarations de marchandises, 224.

FREINS.

Système de freins, p. 225. — *Frein automoteur Guérin*, 225 et 663. — *Manœuvres et signaux.* 232. — *Manœuvre du frein Guérin.* 663.

Nombre de freins pour chaque convoi. — L'importance de la question des freins nous engage, à défaut d'une réglementation uniforme pour toutes les compagnies de chemins de fer, à résumer ci-après les dispositions appliquées sur les principales lignes relativement au nombre de freins à placer dans les trains.

Nota. — L'indication de l'emploi, de 1, 2 ou 3 freins, implique naturellement la présence d'autant de garde-freins pour manœuvrer les appareils.

Compagnie du Nord : — 1° *Trains de voyageurs.* — Trains composés de 1 à 7 voitures : 1 frein placé dans le dernier tiers du train ; — de 8 à 15, *id.* : 2 freins dont un placé dans le dernier quart du train ; — de 16 à 24, *id.* : 3 freins dont un placé dans le dernier cinquième du train.

2° *Trains de marchandises.* — Trains composés de 1 à 12 wagons : 1 frein placé dans le dernier tiers du train ; — de 13 à 24, *id.* : 2 freins dont un placé dans le dernier quart du train. ; — de 25 wagons et au-dessus, 3 freins dont un placé dans le dernier cinquième du train.

Compagnie de l'Est. — 1° *Trains de voyageurs.* — Trains composés de 1 à 7 voitures : 1 frein placé dans le dernier tiers du train ; de 8 à 15, *id.* : 2 freins dont un placé dans le dernier quart du train ; — de 16 à 24 *id.* : 3 freins dont deux placés dans le dernier cinquième du train.

2° *Trains de marchandises* (y compris les trains de marchandises transportant des voyageurs).

Sections où les pentes et rampes n'excèdent pas cinq millimètres par mètre, quelle que soit la composition du train : 2 freins au moins, dont l'un placé en tête et l'autre sur une des dernières voitures du train.

Sections où les pentes et rampes excèdent cinq millimètres par mètre : 3 freins au moins dont deux placés dans les quinze derniers wagons et un au dernier wagon.

Compagnie de l'Ouest. — 1° *Trains de voyageurs et trains mixtes.* — Trains composés de 1 à 7 véhicules : 1 frein placé dans le dernier tiers du train ; — de 8 à 15 *id.* : 2 freins, dont un placé dans le dernier quart du train ; — de 16 à 24 *id.*, et trains mixtes composés de 30 véhicules, dont 24 au plus contenant des voyageurs : 3 freins dont un placé dans le dernier cinquième du train.

Trains spéciaux de troupes composés de 25 à 30 véhicules et trains mixtes composés de plus de 24 voitures à voyageurs : 4 freins dont deux placés dans le dernier quart du train et l'un de ces deux freins placés en queue.

2° *Trains de marchandises.* — Trains composés de 1 à 12 wagons : 1 frein placé dans le dernier tiers du train ; — de 13 à 24 *id.* : 2 freins dont un placé dans le dernier quart du train ; — de 25 wagons et au-dessus : 3 freins dont un placé dans le dernier cinquième du train.

Compagnie d'Orléans. — 1° *Trains express* (marchant à 60 kilom. à l'heure et au-dessus : 1, 2 ou 3 freins pour les trains de 1 à 6 voitures, de 7 à 12 *id.*, de 13 à 18 *id.*

2° *Trains de voyageurs* (41 à 60 kilom. à l'heure) : 1, 2 ou 3 freins pour les trains de 1 à 9 voitures, de 10 à 18 voitures, de 19 à 24 *id.*

3° *Trains omnibus mixtes* (32 à 40 kilom. à l'heure) : 1 ou 2 freins pour les trains de 1 à 12 ou de 13 à 24 voitures.

4° *Trains mixtes et trains de marchandises* (31 kilom. à l'heure et au-dessous) : 1, 2 ou 3 freins pour les trains de 1 à 16, de 17 à 33, ou de 35 à 60 véhicules.

Même compagnie. (Rampes excédant 0^m,010 par mètre et ne dépassant pas 0^m,016 par mètre) : 1° *Trains de voyageurs* (vitesse de 41 à 50 kilom. à l'heure) : 1, 2, 3, 4 ou 5 freins pour les trains de 1 à 5, de 6 à 10, de 11 à 15, de 16 à 20 ou de 20 à 24 voitures ;

2° *Trains omnibus mixtes* (31 à 40 kilom. à l'heure) : 1, 2, 3 ou 4 freins pour les trains de 1 à 7, de 8 à 14, de 15 à 21, ou de 22 à 24 véhicules ;

3° *Trains mixtes et trains de marchandises* (30 kilom. à l'heure et au-dessous) : 1, 2, 3, 4, 5 ou 6 freins pour les trains de 1 à 9, de 10 à 18, de 19 à 26, de 27 à 35, de 36 à 43 ou de 44 à 50 véhicules.

Compagnie de Lyon. — Les dispositions qui règlent le nombre des freins à placer dans les trains du chemin de fer de Paris à la Méditerranée et de ses embranchements, ne présentant pas d'uniformité sur les diverses sections de ce réseau, la compagnie s'est mise en instance pour obtenir l'approbation d'un règlement général qui a été l'objet d'un examen approfondi de la part de la commission instituée par le ministre pour l'examen des inventions et des règlements d'exploitation.

— En attendant l'ordre de service définitif, il nous suffira de rappeler que les propositions de la compagnie de Lyon, à part quelques additions ou modifications propres à ce réseau, sont généralement conformes, quant à la fixation du nombre des freins dans les trains de toute nature, aux dispositions adoptées par la compagnie d'Orléans.

Freins à placer à la queue du train, p. 226. — Une longue pratique de l'exploitation a fait reconnaître qu'il y avait lieu pour les trains de voyageurs de placer toujours un frein et un garde-frein, à l'arrière de, ou sur la dernière voiture contenant des voyageurs, et pour les trains de toute nature, de placer toujours un frein dans la dernière voiture, sur les sections où les pentes dépassent 0,010.

Dispositions diverses. — Les mesures suivantes sont également considérées comme motivées par la sécurité : 1° les trains de toute nature comprendront toujours au moins 2 wagons ou fourgons à frein et 2 conducteurs garde-freins ; par exception, les trains de marchandises composés au plus de 20 wagons et ne parcourant pas plus de 10 kilomètres, pourront n'avoir qu'un seul frein ;

2° Les chiffres indiquant la composition des trains de marchandises s'appliquent à des wagons *chargés*. Pour les trains de cette catégorie, comprenant du matériel vide, le nombre des freins sera calculé en comptant 2 wagons vides comme un wagon chargé. — Mais tout wagon monté par un garde-frein devra toujours être chargé ou lesté ; on pourra, d'ailleurs, substituer deux wagons vides pourvus de freins, à un wagon à frein chargé ou lesté ;

3° Lorsqu'un train de marchandises est remorqué sur des sections en rampe, par deux machines attelées, l'une à l'avant, l'autre à l'arrière, le nombre des freins peut être réduit à deux, quelle que soit la composition du train.

Frein recommandé pour les locomotives (voir le mot *Locomotives* au Rép.).

FRONTIÈRE.

Surveillance du service de frontière, en dehors des questions de douane. — Les trains des compagnies de chemins de fer français et étrangers qui franchissent respectivement la frontière pour aboutir à une gare terminus, située sur le territoire étranger, sont soumises, *au point de vue de la surveillance de l'exploitation*, à quelques règles qu'il nous paraît utile de résumer par les exemples suivants :

1er *Exemple.* — **Service commun de deux compagnies** sur deux voies distinctes et parallèles, au moyen desquelles chacune des compagnies pénètre sur le territoire étranger jusqu'à la première gare située au-delà de la frontière.

Extrait de la convention internationale concernant le service de surveillance et de douane sur les chemins de fer du midi de la France et du nord de l'Espagne (convention approuvée par décret du 28 juin 1864).

« Art. 1..... (2e §)..... L'action administrative s'étendra, pour chaque pays, sur la voie qui lui est réservée, jusqu'à la station étrangère, en ce qui concerne la surveillance de la route internationale. Mais la compétence des tribunaux, si leur intervention est nécessitée par un accident ou tout autre événement, aura pour limite la frontière des deux Etats . . . . .

« . . . . . Art. 24. — A moins de stipulations contraires, concertées entre les deux compagnies et approuvées par les gouvernements respectifs, l'exploitation de la partie internationale comprise entre les aiguilles extrêmes des gares d'*Hendayo* et d'*Irun* se fera dans les conditions suivantes :

» Chacune des compagnies tiendra compte à l'autre de l'intérêt à six pour cent, de la moitié du capital d'établissement de la partie du chemin de fer comprise entre les aiguilles d'entrée de la gare et la culée du pont de la Bidassoa, la plus rapprochée de ces aiguilles (ce pont a été construit à frais communs).

» Sous toutes réserves de stipulations qui, dans le cahier des charges de chaque compagnie, règlent les conditions d'établissement des voies, le chemin sera, dans la partie internationale, considéré comme composé de deux lignes parallèles à simple voie, séparées par un espace de deux mètres : l'une à voie française, prolongeant jusqu'à Irun le chemin de fer du Midi, et l'autre à voie espagnole, prolongeant jusqu'à Hendaye le chemin du Nord de l'Espagne.

» Chaque compagnie appliquera ses tarifs propres sur la ligne qui lui sera affectée dans la section internationale, sans que ces tarifs puissent, en aucun cas, excéder, pour le parcours sur le territoire de l'autre pays, le tarif maximum accordé à la compagnie étrangère par son acte de concession ; elle percevra les recettes à son profit et fera, à ses frais, les dépenses de traction et d'exploitation afférentes à cette ligne.

» Par exception et pour simplifier l'entretien et la surveillance de la voie sur la partie internationale, la compagnie du Nord de l'Espagne sera chargée de ce service.

» La compagnie du Midi lui fournira les matériaux de sa voie, et la dépense de main-d'œuvre, d'entretien et de surveillance des deux lignes réunies sera partagée entre les deux compagnies, au prorata kilométrique.

» Art. 25. — Un règlement uniforme pour les signaux et les détails du service d'exploitation, comme pour les heures de départ et d'arrivée des convois entre les gares d'Irun et d'Hendaye, sera concerté entre les administrations des deux compagnies et soumis à l'approbation des gouvernements respectifs. »

2ᵉ *Exemple.* — **Compagnie française dépassant la frontière** (*sans réciprocité*). (Ext. d'une dép. minist. adressée le 29 mars 1858 à l'ingénieur en chef du contrôle de la ligne de Lyon à Genève) :

« Vous m'avez fait l'honneur de m'écrire pour me consulter sur la question de savoir si les renseignements statistiques que vous avez à fournir à l'administration, relativement au mouvement des trains, aux retards, aux accidents, au matériel, en un mot à tous les détails de l'exploitation technique du chemin de fer de Lyon à Genève, doivent comprendre la partie de cette ligne qui se trouve entre la frontière et la ville de Genève, aussi bien que la section située sur le territoire français.

» Je vous ferai observer que pour apprécier dans son ensemble l'exploitation du chemin de fer de Genève, il importe que l'administration connaisse tous les incidents qui peuvent se produire dans l'étendue du parcours ; je vous invite, en conséquence, à relever tous les détails de cette exploitation, jusqu'au terminus de la ligne, et à me signaler les retards ou les accidents de trains, le mouvement des ateliers et les avaries de machines qui surviendront au-delà comme en-deçà de la frontière (1). »

3ᵘ *Exemple.* — **Compagnies étrangères entrant en France** (*sans réciprocité*). — Les sections de chemins de fer situées sur le territoire français et exploitées par les compagnies étrangères, comme le sont notamment les sections : 1ᵘ de la ligne de l'Est, entre Forbach et la frontière ; 2ᵘ de la ligne de Dijon à Neuchatel (réseau de Lyon), entre Pontarlier et la frontière, sont soumises, quelles que soient les compagnies exploitantes, au même régime que les autres chemins concédés sur le territoire français. — La surveillance administrative et la constatation des accidents et contraventions doivent donc être exercées dans la forme ordinaire sur ces parties de lignes, dont les compagnies françaises sont toujours les fermières responsables et auxquelles sont appliqués, à moins de conventions internationales contraires, les règlements d'exploitation en vigueur pour ces dernières compagnies.

Visite du matériel à voyageurs. — Une décision ministérielle récente a rappelé, d'ailleurs, en ce qui concerne l'exploitation par la compagnie suisse de la partie de ligne française comprise entre Pontarlier et la frontière, que le matériel à voyageurs, employé pour ce service, devait subir en France la visite prescrite par l'art. 13 de l'ordonn. du 15 novembre 1846 (v. à ce sujet au Rép., l'art. *Réceptions*).

FUMÉE DES MACHINES.

Grilles fumivores (prescription de l'art. 32 du cah. des ch.), v. *Coke*, p. 93. — Mesures recommandées par la circulaire ministérielle générale du 1ᵉʳ février 1864 (v. *Enquêtes d'exploitation* au Rép).

Dommages causés par la fumée des locomotives : — 1ᵘ fumée des gares, p. 163 ; 2ᵘ le trouble apporté à l'exercice d'une industrie (d'une blanchisserie dans l'espèce) par le mode de chauffage des locomotives qui envoient une fumée épaisse salissant les toiles tendues, n'a pas le caractère d'une contradiction opposée à la possession, et ne légitime pas dès-lors une action possessoire. Il ne

---

(1) La gare de Genève qui se rattache aujourd'hui au réseau des chemins de fer suisses n'étant plus une gare *terminus* dans le sens véritable du mot, nous n'avons reproduit, qu'à titre de renseignement, la dépêche précitée du 29 mars 1858.

pourrait donner lieu qu'à une action en dommages-intérêts pour réparation au préjudice causé. (C. C. 1er février 1864. Affaire Clouard.)

Appareils fumivores des machines fixes (v. l'art. 19, du décret du 25 janvier 1865, cité au mot *Machines à vapeur* du Rép.).

FUMEURS.

Interdiction contenue à l'art. 63 de l'ordonn. du 15 novembre 1846, p. 227. — *Mesures recommandées* aux compagnies, par la circ. minist du 11 mars 1857, 227.

Nouvelles dispositions (circ. minist. adressée le 2 août 1864, aux ingénieurs en chef du contrôle) : « L'administration reçoit fréquemment des réclamations au sujet des inconvénients que présente, pour les voyageurs, l'habitude qui tend à se généraliser de plus en plus de fumer dans les voitures de chemins de fer, surtout dans les voitures de 3ᵉ classe. On se plaint de ce que cet état de choses rend en quelque sorte illusoire l'affectation des compartiments spéciaux que les compagnies réservent pour les fumeurs, conformément à l'invitation contenue dans la circ. minist. du 11 mars 1857.

» La question de savoir quelles mesures il conviendrait d'adopter, pour épargner aux voyageurs qui ne fument pas, les désagréments que leur fait éprouver le voisinage des fumeurs, a déjà préoccupé l'administration, et l'examen auquel elle s'est livrée a conduit à reconnaître que l'on soulèverait les réclamations les plus énergiques si l'on tentait de résister à l'usage de plus en plus répandu de fumer en voyageant.

» Il importe, cependant, de prendre des dispositions pour protéger les voyageurs que la fumée du tabac incommode, et si l'on ne peut prescrire l'observation littérale do l'art. 63 de l'ordonnance réglementaire du 15 novembre 1846, à l'égard des fumeurs, le moyen le plus pratique consisterait à faire considérer comme étant en contravention, les voyageurs qui persisteraient à fumer malgré les recommandations de leurs compagnons de voyage.

» Je vous prie, en conséquence, de donner aux commissaires de surveillance administrative de votre service l'ordre de dresser procès-verbal contre tout voyageur qui refuserait de se rendre à l'invitation de cesser de fumer, qui pourrait lui être adressée, soit par les autres voyageurs, soit par les agents de l'administration ou de la compagnie, dont l'intervention aurait été réclamée. » (Circ. minist. 2 août 1864.)

FUSÉES D'ESSIEUX.

Dimensions adoptées pour les essieux de tenders (v. *Essieux* au Rép.).

FUTAILLES.

Conditions de transport des liquides, p. 291. — *Coulage*, 131. — *Expédition ou retour de fûts vides.* (Ext. d'une inst. spéc. en vigueur sur l'un des grands réseaux.)

« Les expéditions de futailles vides donnant lieu à d'incessantes réclamations de la part des destinataires pour des avaries, telles que peignes cassés, cercles en bois ou en fer manquant ou cassés, etc., les agents devront apporter toute l'attention nécessaire dans la reconnaissance des fûts vides remis à la compagnie et ne jamais ometire, quand ils ne seront pas en parfait état, de se faire délivrer par les expéditeurs un bulletin de garantie indiquant exactement la nature des avaries existantes, et précisant le nombre de peignes, de cercles, etc., qui seraient cassés ou qui manqueraient. » (Inst. spéc., décembre 1864.)

G

GABARIS.

Emploi de gabaris pour les travaux, p. 227. — Gabaris de wagons, 227. (*Nota :* le massif en maçonnerie et le scellement d'un gabarit de gare, avec support en charpente, figurent sur quelques devis pour une dépense de 350 à 400 fr.)

GARAGES.

Indications diverses extraites de règlements particuliers : 1° disposition des voies de garage, p. 228 ; — 2° manœuvres (v. les art. cités, 228) ; — 3° garage anticipé, 228 ; — 4° devoirs des chefs de gare, 229 ; — 5° départ des trains provisoirement garés, 229 ; — 6° garage des machines isolées (v. les art cités, 229) ; — 7° fermeture des voies de garage (*ibid.*, 229) ; — 8° signaux couvrant les voies de service (*ibid.*, 229).

GARANTIE.

Responsabilité des entrepreneurs (v.

au Rép., les art. *Accidents de travaux, Clauses et conditions générales, Dommages de travaux* et *Entrepreneurs*).

Garantie des commissionnaires et voituriers (v. *Commissionnaires* au Rép.).

Garantie des compagnies (v. *Responsabilité* au Rép.).

Clause de non garantie pour avaries de route. — Deux arrêts de la Cour de cassation, déjà cités, p. 43, ont établi le principe suivant :

« La stipulation de transport sans garantie, exigée de l'expéditeur par une compagnie de chemin de fer, en dehors des cas où la loi et le cahier des charges permettent à la compagnie de s'exonérer de la garantie, est nulle et sans effet, et ne soustrait pas la compagnie à la responsabilité envers l'expéditeur, si les marchandises à elles confiées ont été avariées en cours de transport, notamment par la négligence ou le défaut de précaution des agents du chemin de fer. »

C'est, d'ailleurs, aux intéressés qu'il appartient, d'après la jurisprudence consacrée, de fournir la preuve que les avaries doivent être attribuées à la faute des agents du chemin de fer.

Bulletins de garantie exigés par les compagnies, pour certaines expéditions (v. un exemple à l'art. *Meubles,* p. 349).

Garantie financière de l'État (v. au Rép. la p. 749, note 1, et l'art. *Contrôle financier,* 831. — *Garantie matérielle de l'État* pour les travaux commencés à son compte (v. *Compagnies* au Rép., 812, note 2).

GARDE-CORPS.

Hauteur des parapets des ouvrages d'art voisins des stations, p. 386.

GARDE NATIONALE.

Exonération des agents assermentés, 236.

GARDES.

Garde-barrières. — Indications diverses extraites des règlements particuliers, p. 229. — *Affaires générales* (v. *Agents* au Rép.).

Gardes champêtres. — Agents assermentés des compagnies assimilés aux gardes champêtres (art. 64 du cah. des ch., p. 728). — *Attributions des gardes champêtres,* 231. — *Surveillance de la voie,* 231. — *Libre circulation sur la voie,* 88.

Garde-freins. — *Nombre de garde-freins pour chaque convoi* (v. *Freins* au Rép.). — *Principales attributions des garde-freins,* p. 232. — Communication des garde-freins avec le mécanicien, 501 (v. aussi à l'art. *Enquêtes d'exploitation* du Rép., la fin de la circ. minist. du 1er février 1864). — *Abandon du poste* (v. *Abandon* au Rép). — Affaires générales (v. *Agents* au Rép.).

Garde-lignes. — *Nombre obligatoire de garde-lignes* (art. 31 du cah. des ch. et art. 31 de l'ordonn. du 15 nov. 1846), p. 234. — *Recrutement,* 234. — *Attributions principales,* 234. — *Négligences, encouragements,* etc., 236. — *Affaires générales* (v. *Agents* au Rép.).

Garde-Mines. — *Principales attributions,* p. 236. — *Assermentation* (v. au Rép. l'art. *Assermentation,* 763, note 4). *Congés illimités* (v. l'art. *Congés* au Rép.). — *Affaires diverses* (v. *Personnel* au Rép.).

Surveillance des appareils à vapeur (v. la nouvelle réglementation établie par le décret du 25 janvier 1865, reproduit à l'art. *Machines à vapeur* du Rép.).

GARES.

Établissement (art. 9 du cah. des ch.), p. 237 (1). — *Enquêtes* relatives à l'emplacement des stations, 180. — *Classe-*

---

(1) Les dénominations gare et station sont fréquemment employées l'une pour l'autre ; elles ont, cependant, une signification différente. Gare se dit de l'ensemble de l'emplacement affecté au service des voyageurs et des marchandises, tandis que station désigne le bâtiment où se trouvent les bureaux et les salles d'attente des voyageurs.

L'ordre des matières de ce Recueil nous a obligé à résumer, dans des articles distincts, les indications réglementaires ou particulières qui se rattachent à l'installation des gares et notamment aux abris, annexes, fosses, gabaris, grues, halles, hangars, ponts à bascule, remises, réservoirs, etc. Nous avons indiqué aussi, à quelques-uns de ces articles, le prix approximatif des ouvrages, lorsqu'il nous a été possible de recueillir ce renseignement pour l'une ou plusieurs des grandes lignes. En ce qui concerne la construction du bâtiment proprement dit des voyageurs, non compris les abris, annexes, hangars, etc., etc., nous avons sous les yeux des documents qui font ressortir le prix de revient des bâtiments d'un certain nombre de stations, savoir : gares, hors classe (pour mémoire) ; 1re classe, de 80 à 90,000 fr. ; 2e classe, de 50 à 60,000 fr. ; 3e classe, de 30 à 40,000 fr. ; 4e classe, de 20 à 30,000 fr. Nous parlons ici, bien entendu, des bâtiments en *maçonnerie,* établis dans des conditions moyennes et n'ayant pas nécessité de fondations extraordinaires. — Pour les *travaux neufs* des gares, SUR LES LIGNES EN EXPLOITATION, v. *Travaux,* p. 574.

ment des gares, 237. — *Remise aux compagnies des travaux commencés par l'Etat* (système de la loi du 11 juin 1842) v. *Compagnies* au Rép. — *Distance moyenne entre les stations* (v. *Distances* au Rép.). — *Voies de garage*, 228.

Accessoires, disques et matériel fixe (v. les art. cités p. 237, v. aussi *Disques* au Rép.). — *Mobilier et entretien*, 238. — Vestibules, 238. — **Salles d'attente** (circ. minist. du 22 juin 1863), 238.—*Eclairage des gares*, 239.—*Affichage* (v. au Rép.).

Personnel. — **Service intérieur**, p. 239. — *Surveillance spéciale des gares*, 240. — *Service de nuit*, 241. — *Manœuvres de gare* (v. les art. cités p. 242, v. aussi *Manœuvres* au Rép.). — *Constatations officielles dans les gares de jonction* (v. *Constatations* au Rép.).

Heures d'ouverture et de fermeture ; circulation, police, etc. (v. les art. cités p. 242). — **Entrée des voitures dans les cours des gares** (v. *Cours des gares* au Rép.). — *Avenues de gares*, 633 (v. aussi *Cours des gares* au Rép.). — *Extension des limites de Paris.* (Nouveau régime des gares au point de vue de l'octroi). (Ext. du décret impérial du 19 décembre 1859, v. *Octroi* au Rép.)

Vente et colportage d'objets dans les stations. (Art. 70, ordonnance du 15 novembre 1846 et circ. minist. des 16 août 1861 et 29 juillet 1863), p. 242.

Encombrement des gares, p. 327. — **Contestations sur l'établissement des gares**, p. 239. — *Changement de noms*, 243. — **Agrandissement** pour cause d'utilité publique, 243 (v. aussi p. 589). — *Déplacement, translation, suppression des gares*, 242. — Les documents cités p. 242 ne nous paraissent laisser aucun doute sur le droit attribué à l'administration, moyennant l'accomplissement des formalités qu'elle juge convenables, d'autoriser le déplacement, la translation de service et même la suppression de certaines gares. Nous citerons deux arrêts récents, qui se rapportent à cet objet important et qui corroborent nos premières indications.

1º Une décision ministérielle du 18 juin 1863, a autorisé la compagnie de Paris à la Méditerranée à affecter exclusivement la gare de Lyon (Part-Dieu), qui forme une annexe de la gare de Lyon-Guillotière, à la réception des bois, houilles, cokes et matériaux de construction, sous la seule réserve que la gare de la Part-Dieu serait ouverte à la réexpédition des bois. — Plusieurs industriels, les sieurs Mesmers et consorts, se sont pourvus au Conseil d'Etat, contre cette décision, au sujet de laquelle est intervenu l'arrêt suivant (20 août 1864) :

« En ce qui touche les conclusions par lesquelles les sieurs *Mesmers* et consorts demandent l'annulation de la décision du 18 juin 1863 ;

» Considérant que les requérants soutiennent que le ministre de l'agriculture, du commerce et des travaux publics, en autorisant la compagnie des chemins de fer de Paris à Lyon et à la Méditerranée, à affecter la gare de la Part-Dieu à recevoir les bois, houilles, cokes et matériaux de construction qui étaient précédemment reçus dans la gare établie au quartier de la Guillotière, aurait supprimé indirectement une gare établie en vertu de la loi.

» Considérant qu'en admettant que l'indication dans les cahiers de charges....... d'une gare de marchandises à établir au quartier de la Guillotière, à Lyon, eût le caractère d'une prescription législative, il résulte des termes mêmes de la réclamation adressée à l'administration par les requérants, que la gare dont il s'agit n'a pas été supprimée, que le ministre s'est borné à modifier la destination de cette gare, de manière à éviter un encombrement qu'il jugeait devoir compromettre le service du chemin de fer et la sûreté publique.

» Que le ministre tenait des dispositions mêmes des cahiers de charges précités, le pouvoir d'autoriser cette modification et que l'autorisation n'a été accordée qu'après que la demande de la compagnie avait été rendue publique et que les parties avaient été entendues.

» En ce qui touche les conclusions tendant à ce que l'Etat ou la compagnie du chemin de fer soit condamné à payer aux requérants le dommage qu'aurait pu leur causer la décision attaquée.

» Considérant qu'en supposant que la modification dans le service de la gare de la Guillotière, autorisée par le ministre, puisse servir de fondement à une demande d'indemnité, cette demande ne pouvait être portée directement au conseil d'Etat par la voie contentieuse..... — En conséquence, la requête et les conclusions subsidiaires des sieurs Mesmers et consorts sont rejetées. » (C. d'Etat, 20 août 1864.)

2º *Demande de rétablissement d'une ancienne gare supprimée.* — Lorsqu'aux termes du cahier des charges annexé à la loi de concession d'un chemin de fer, il appartient à l'administration de déterminer, après enquête, le nombre et l'emplacement des gares qu'elle juge utile pour le service d'un chemin de fer ; la décision par laquelle le ministre des travaux publics refuse d'ordonner le rétablissement d'une gare supprimée (dans l'espèce depuis 15 ans), n'est pas susceptible de recours devant le conseil d'Etat, statuant au contentieux, de la part des particuliers habitant la commune où se trouvait cette gare et agissant, soit en leur nom personnel, soit au nom de la commune pour laquelle ils n'ont pas été autorisés à agir par le conseil de préfecture. » (Affaires Hachard et Quinard, C. d'Etat, 28 janvier 1864.)

GARNISSAGE.

Définition de cette opération, p. 243.

GAZ.

Conditions d'autorisation des conduites (v. *Grande voirie* au Rép.).

GENDARMES.

Circulation sur la voie, p. 88. — *Police d'ordre*, 243. — *Réduction de tarifs* pour les voyages de service (ext. de l'art. 636 du décret sur la gendarmerie), 244. — *Escorte de poudres et munitions de guerre* (art. 8 et suivants du règlement du 15 février 1861), 420. — *Places à occuper*, 244. — *Escorte des prisonniers*, 244. — *Armes chargées*, 244. — *Procès-verbaux*, 244.

GIBIER.

Colportage en temps prohibé et indications diverses, p. 245.

GLACES.

Conditions de transport, p. 592. — *Glaces de voiture*, 665.

GRAINS.

Conditions de transport (v. les art. cités p. 245).

GRAISSAGE, GRAISSEURS.

Indications extraites des règlements particuliers, p. 245. — *Graissage* : 1° d'essieux, 245 ; — 2°, de locomotives (v. *Mécaniciens*, § 3, 2°, 341) ; — 3° de grues, 250 ; — 4° de plaques tournantes, 405 ; — 5° d'appareils divers (v. *Disques-signaux*, § 2, 156).

GRANDE VITESSE.

Expéditions en grande vitesse (v. les art. cités p. 665, voir aussi *Expéditions* au Rép.).

GRANDE VOIRIE.

Application des anciens règlements, p. 246. — *Ouverture de carrières* (v. *Carrières* au Rép.). — *Excavations, fossés, etc.* (v. *Excavations* au Rép.). — *Extraction de matériaux*, 201. — *Occupation de terrains*, 371. — *Plantations, trottoirs, — conduites d'eau, alignements, etc.* (v. plus loin l'arrêté réglementaire des permissions de voirie). — *Constructions antérieures à l'établissement du chemin de fer*, p. 28 — *Constatation des infractions et poursuites de grande voirie*, 247 (v. aussi *Contraventions* au Rép.). — *Attributions des préfets en matière de grande voirie*, 248. — *Cours des gares* (v. au Rép.). — **Règlements postérieurs à la loi sur la police des chemins de fer**, 247 ; v. aussi le document ci-après : *Arrêté réglementaire concernant les permissions de grande voirie.* — Un projet de règlement, modèle, a été adressé aux préfets le 20 septembre 1858 , par le ministre de l'agriculture, du commerce et des travaux publics, pour l'instruction des affaires de grande voirie, avec invitation de l'appliquer dans leurs départements respectifs et de lui donner toute la publicité possible(1). Ce règlement, pas

---

(1) La circ. minist. du 20 septembre 1858, portant envoi du modèle d'arrêté (adopté par le ministre, sur l'avis du conseil général des ponts et chaussées) porte ce qui suit :

« Assurer avant tout l'exécution des mesures intéressant la sécurité et la liberté de la circulation; avertir clairement les intéressés des obligations qu'ils ont à remplir ; éviter d'imposer aux ingénieurs et à leurs agents des formalités trop minutieuses, incompatibles avec la prompte expédition d'affaires aussi multipliées ; adopter des règles assez larges pour qu'elles puissent, sans inconvénient, s'appliquer à toute la France, malgré les différences résultant de la nature du climat, de celle des matériaux de construction et des habitudes des populations ; et néanmoins donner des indications assez précises sur ce qu'il convient de permettre ou d'empêcher : réserver à l'autorité locale toute la part d'action qui lui appartient dans l'appréciation des cas si divers et si nombreux qui se présentent dans la pratique ; telles sont les idées qui ont constamment prévalu dans la discussion approfondie à laquelle le projet d'arrêté a donné lieu et dont il est réservé à MM. les préfets d'assurer l'application. Ce projet d'arrêté n'altère en rien la force des règlements particuliers en vigueur dans chaque localité et qui, intéressant plus spécialement la propreté et la salubrité, rentrent dans les attributions des autorités locales. » (Circ. minist., 20 septembre 1858. Ext.)

plus que la circulaire qui l'accompagnait, n'ayant spécifié qu'il dût servir de guide pour les affaires du service du chemin de fer, nous ne l'avons pas compris dans notre premier travail. — Toutefois, comme la plupart des indications contenues dans ce document ne sont que la confirmation d'anciennes prescriptions rendues applicables aux voies ferrées par la loi du 15 juillet 1845, nous croyons utile d'en reproduire ci-après la teneur, en rappelant, d'ailleurs, qu'il est d'usage de consulter les ingénieurs des compagnies pour toutes les affaires et réclamations relatives à la grande voirie, comme on le fait pour les questions de dommages causés par les travaux, etc., etc.

Extrait du règlement précité. — Nous préfet..............................;

Vu les lois et règlements qui ont pour objet la conservation des routes et la liberté de la circulation publique, notamment :

1° L'édit royal de décembre 1607 (1) ;

2° Les arrêts du conseil d'Etat du roi, en date des 3 mai 1720 et 17 juin 1721 ;

3° L'ordonnance du roi, en date du 4 août 1731 ;

4° Les arrêts du conseil d'Etat du roi, en date du 16 décembre 1759, 27 février 1765 et 5 avril 1772 ;

Vu l'article 1er de la loi des 7-14 octobre 1790, et l'article 3 de la loi du 28 pluviose an VIII, réglant la compétence des fonctionnaires administratifs en matière de grande voirie ;

Vu l'article 29 du titre 1er de la loi des 19-22 juillet 1791, qui a confirmé les règlements alors subsistants touchant la voirie ;

Vu l'article 43 du titre II de la loi des 28 septembre – 6 octobre 1791, la loi du 9 ventôse an XIII, le décret impérial du 16 décembre 1811, et la loi du 12 mai 1825, relative aux plantations et à l'entretien des fossés le long des routes ;

Vu les lois du 16 septembre 1807 et du 3 mai 1841, relatives aux droits et aux obligations des propriétaires riverains des routes et à l'expropriation forcée pour cause d'utilité publique ;

Vu les lois du 29 floréal an X et du 23 mars 1842, relatives à la constatation des délits de grande voirie et aux pénalités encourues ;

Vu l'article 671 du Code Napoléon ;

Vu la loi sur le timbre, en date du 13 brumaire an VII ;

Vu......... (*viser ici les règlements locaux en usage*).

Considérant qu'aux termes de ces lois, décrets et ordonnances, l'administration est chargée d'assurer la libre circulation sur les routes, ainsi que l'uniformité dans les règles relatives aux constructions et aux plantations, de prononcer sur les diverses demandes faites par les particuliers, d'empêcher ou de poursuivre les contraventions en matière de grande voirie ;

Considérant que, pour diminuer le nombre de ces contraventions et assurer la répression de celles qui seront commises, il importe de faire connaître ou rappeler au public et aux fonctionnaires administratifs les règlements adoptés pour l'exécution de ces lois, décrets et ordonnances.

Avons arrêté et arrêtons, etc.............

Chapitre 1er. — Forme des demandes (2). — Art. 1er. — Toute demande de permission de grande voirie, ayant pour objet d'établir des constructions le long des routes, de modifier les façades de celles qui existent, de faire ou de supprimer des plantations régulières ou de former une entreprise quelconque sur le sol des voies publiques et de leurs dépendances, doit être faite sur papier timbré et adressée au préfet ou au sous-préfet ; elle est présentée par le propriétaire ou en son nom, et contient l'indication exacte de ses nom, prénoms et domicile.

Elle désigne la commune où les travaux doivent être entrepris, en ajoutant dans les traverses, l'indication de la rue et du numéro de l'immeuble auquel ils se rapportent, et hors des traverses, celle des lieuxdits, tenants et aboutissants, et des bornes kilométriques entre lesquelles ils doivent être exécutés.

Chapitre II. — Constructions neuves. *– Alignements par avancement. –* Art. 2. – Lorsque la construction sur l'alignement doit avoir pour effet de réunir à la pro-

---

(1) V. à la *table chronologique* l'indication des pages où se trouvent reproduits les règlements, ou les extraits de lois et règlements, visés ci-dessus. Nous ferons remarquer, d'ailleurs, que parmi les documents visés ne figure pas la loi du 15 juillet 1845 sur la police des chemins de fer. Ce visa aurait présenté, selon nous, une certaine utilité pour rattacher l'arrêté aux chemins de fer auxquels il est indubitablement, ou au moins implicitement, applicable.

(2) Toutes les demandes et pétitions présentées par les particuliers, en matière de grande voirie, doivent être timbrées (art. 12, loi du 13 brumaire an VII, v. *Timbre*, p. 547). Pour les chemins concédés, les demandes sont ordinairement communiquées à la compagnie par l'ingénieur du contrôle, avec invitation de fournir ses observations.

priété riveraine une portion de la voie publique, les ingénieurs procèdent contradictoirement avec le pétitionnaire au métré et à l'estimation du terrain à abandonner. Le montant de l'estimation, contrôlé par les agents des domaines et arrêté par le préfet est acquitté par le pétitionnaire ou, en cas de contestation, déposé à la caisse des dépôts et consignations (1).

Il est formellement interdit au pétitionnaire d'occuper le terrain avant d'en avoir acquitté ou consigné le prix.

Le permissionnaire ne peut réclamer le tracé de son alignement s'il n'est pas en mesure de justifier de ce paiement.

Alignements par reculement. — Art. 3. — Lorsque la construction sur l'alignement aura eu pour effet de réunir à la voie publique une partie du terrain riverain, il est procédé comme ci-dessus au métré et à l'estimation qui servent de base au règlement de l'indemnité.

Cette indemnité n'est exigible qu'à partir du jour où sur la demande du permissionnaire, il aura été constaté que son terrain est définitivement réuni à la voie publique.

Règlement par le jury du prix des terrains acquis ou cédés par les riverains. — Art. 4. — A défaut d'arrangement amiable entre l'administration et le pétitionnaire, le prix du terrain à céder ou à acquérir est réglé conformément à la loi du 3 mai 1841 et à l'art. 50 de la loi du 16 septembre 1807.

Dispositions relatives au cas de reculement. — Art. 5..... (2).

Aqueducs sur les fossés de la route (3). —Art. 6.—L'écoulement des eaux ne peut être intercepté dans le fossé de la route.

Les dispositions et dimensions des aqueducs destinés à rétablir la communication entre la route et les propriétés riveraines, sont fixées par l'arrêté qui autorise ces ouvrages ; ils doivent toujours être établis de manière à ne pas déformer le profil normal de la route.

Haies et clôtures (4). — Art. 7 — Les haies sèches, barrières, palissades, clôtures à claire-voie ou levées en terre formant clôtures sont placées, savoir :

Dans les traverses, sur l'alignement fixé pour les constructions, et hors des traverses, de manière à ne pas empiéter sur les talus de déblai et de remblai de la route.

Les haies vives sont placées à 0ᵐ,50 en arrière de ces alignements.

Avis à donner par le propriétaire et vérification des travaux. — Art. 8. — Tout propriétaire autorisé à faire une construction ou une clôture, ou à exécuter des ouvrages, doit indiquer à l'avance, à l'ingénieur..... (5), l'époque où les travaux seront entrepris, pour qu'il puisse être procédé par le conducteur à une première vérification, ou, si le propriétaire le demande, au tracé de l'alignement.

S'il s'agit d'une construction en maçonnerie, le permissionnaire prévient une seconde fois l'ingénieur dès que les premières assises au-dessus du sol sont posées.

Procès-verbal de récolement dressé après l'achèvement des travaux (v. plus loin, art. 36).

Chapitre III. — **Constructions en saillie sur l'alignement.** — *Travaux confortatifs*, etc., art. 9 à 18 (6).

Chapitre IV (7). — **Saillies, Soubassement, Colonnes, Pilastres, etc.** — Art. 19. — La nature et la dimension maximum

---

(1) Pour les chemins de fer concédés, le versement a lieu dans la caisse de la compagnie, dans les conditions indiquées à l'art. *Terrains* du Rép., §§ 5 à 7.

(2) Cet article qui a eu principalement en vue les dispositions à prescrire pour empêcher toutes liaisons confortatives entre les nouvelles maçonneries et les anciennes constructions *en saillie*, est d'une application très-rare pour ne pas dire nulle sur les chemins de fer, où les alignements par reculement ne peuvent s'appliquer qu'à des constructions *isolées*, l'expropriation primitive ayant généralement réuni à la voie ferrée le terrain compris dans la distance réglementaire. (V. art. 10, loi du 15 juillet 1845, p. 684.)

(3) Applicable, dans quelques circonstances, sur les chemins de fer, notamment pour faciliter l'établissement des passages à niveau pour piétons, concédés aux particuliers.

(4) V. aux art. *Alignements*, p. 27, et *Haies vives*, p. 253, pour les conditions propres au service des chemins de fer.

(5) (Chargé de la surveillance.)

(6) Pour le motif déjà indiqué à la note 2 ci-dessus, nous n'avons pas reproduit les art. 9 à 18 ayant pour objet l'interdiction, sauf diverses exceptions énoncées, de tous ouvrages confortatifs dans les constructions en saillie sur l'alignement, tant aux étages supérieurs qu'au rez-de-chaussée.

(7) Ce chapitre a été reproduit uniquement pour faciliter l'étude de certaines questions qui se produisent pour les bâtiments et constructions bordant les avenues de gare.

des saillies permises sont fixées ci-après, la mesure des saillies étant toujours prise sur l'alignement de la façade, c'est-à-dire, à partir du nu du mur au-dessus de la retraite du soubassement :

1° Soubassement. . . . . $0^m,05$

2° Colonnes en pierres, pilastres, ferrures de portes et fenêtres, jalousies, persiennes, contrevents, appuis de croisées, barres de supports . . . . $0^m,10$

3° Tuyaux et cuvettes, ornements en bois des devantures, grilles de boutiques et de fenêtres des rez-de-chaussée, enseignes, y compris toutes pièces accessoires. . . . . $0^m,16$

4° Socles de devantures de boutiques . . . . $0^m,20$

5° Petits balcons de croisée au-dessus du rez-de-chaussée . . . . $0^m,22$

6° Grands balcons, lanternes, transparents, attributs. . . . . $0^m,80$

Ces ouvrages ne pourront être établis qu'à $4^m,30$ au moins au-dessus du sol et seulement dans les rues, dont la largeur ne sera pas inférieure à 8 mètres. Toutefois, s'il y a devant la façade un trottoir de $1^m,30$ de largeur au moins, la hauteur de $4^m,30$ pourra être réduite jusqu'au minimum de $3^m,50$ pour les grands balcons, dans les rues ayant au moins 8 mètres de largeur et au minimum de 3 mètres pour les lanternes, transparents et attributs, quelle que soit la largeur de la rue.

Ces ouvrages devront, d'ailleurs, être supprimés sans indemnité si l'administration, dans un intérêt public, est conduite à exhausser ultérieurement le sol de la route.

7° Auvents et marquises. . . . . $0^m,80$

Ces ouvrages seront en bois ou en métal ; on ne les autorisera que sur des façades devant lesquelles il existe un trottoir de $1^m,30$ de largeur au moins, et à 3 mètres au moins au-dessus de ce trottoir.

8° Bannes . . . . $1^m,50$

Elles ne pourront être posées que devant les façades où il existe un trottoir. La dimension maximum fixée ci-dessus sera réduite, quand ce trottoir aura moins de 2 mètres, de manière que sa largeur excède toujours de $0^m,50$ au moins la saillie des bannes.

Aucune partie des supports ne sera, à moins de $2^m,50$, au-dessus du trottoir.

9° Corniches d'entablement.

Leur saillie n'excédera pas $0^m,16$, quand elles seront en plâtre, ou l'épaisseur du mur à son sommet, quand elles seront en pierre ou en bois.

Les dimensions fixées ci-dessus sont applicables seulement dans les portions de routes ayant plus de 6 mètres de largeur effective. Lorsque cette largeur n'est pas atteinte, l'arrêté du préfet statue dans chaque cas particulier sur les dimensions des saillies qu'il y a lieu d'autoriser.

Échafaudages. — Dépôts de matériaux, etc. — Art. 20. — Les échafaudages ou les dépôts de matériaux qu'il pourra être nécessaire de faire sur le sol de la route pour l'exécution des travaux, seront éclairés pendant la nuit ; leur saillie sur la voie publique sera de 2 mètres au plus, et ce maximum pourra être réduit dans les traverses étroites.

Ils seront disposés de manière à ne jamais entraver l'écoulement des eaux sur la route ou ses dépendances. Dans les villes, le permissionnaire pourra être tenu de les entourer d'une clôture (1).

21. — *Interdiction de marches, bornes, entrées de caves, etc., en saillie sur les alignements.... Exceptions tolérées .. (2)*

Chapitre V. — Dispositions concernant les baies du rez-de-chaussée et l'accès des portes charretières. — *Conditions pour l'ouverture des portes et fenêtres du rez-de-chaussée (3).* — Art. 22. — Aucune porte ne pourra s'ouvrir en dehors de manière à faire saillie sur la voie publique.

Les fenêtres et volets du rez-de-chaussée, qui s'ouvriraient en dehors, devront se rabattre sur le mur de face, le long duquel ils seront fixés.

Emplacement et accès des portes cochères. — Art. 23. — Sur les routes plantées, les portes charretières seront, autant que possible, placées au milieu de l'intervalle de deux arbres consécutifs.

Il sera posé devant les arbres de chaque côté du passage, des bornes en pierre dure ou en bois ou des butte-roues en fonte.

---

(1) Ces dispositions de l'art. 20 ne sont indiquées que pour mémoire, les échafaudages et les dépôts de matériaux aux abords des voies ferrées, devant toujours être faits sur le terrain du petitionnaire et l'éclairage du chantier n'étant pas obligatoire, par la raison surtout qu'il pourrait y avoir confusion avec les signaux de nuit du chemin de fer.

(2) Les exceptions (soumises de droit à l'administration supérieure) sont extrêmement rares en matière de chemins de fer.

(3) Ces renseignements peuvent servir pour l'instruction des affaires relatives aux avenues de gares.

Lorsqu'il existera vis-à-vis des portes charretières, un trottoir ou une contre-allée réservée à la circulation des piétons, il y sera établi, suivant leur profil en travers normal, une chaussée de 3 mètres de largeur, qui sera en pavé ou en empierrement formé de menus matériaux.

La bordure du trottoir, lorsqu'il en existera, sera baissée dans l'emplacement du passage, sur une longueur de 3 mètres, de manière à conserver 0^m,05 de hauteur au-dessus du caniveau. Le raccordement de la partie baissée avec le reste du trottoir aura 1 mètre de longueur de chaque côté.

Ces divers ouvrages sont à la charge du propriétaire riverain.

Chapitre VI. — Trottoirs. — *Conditions d'établissement des trottoirs.* — Art. 24. — La nature et les dimensions des matériaux à employer dans la construction des trottoirs seront fixées par l'arrêté spécial qui autorisera ces ouvrages. Les bordures, ainsi que le dessus du trottoir, seront établis suivant les points de hauteur et les alignements fixés sur le plan au pétitionnaire (1).

Les extrémités du trottoir devront se raccorder avec les trottoirs voisins ou avec les revers, de manière à ne former aucune saillie.

Suppression des bornes. — Art. 25. — Partout où un trottoir sera construit, le riverain est tenu d'enlever les bornes qui se trouvent en saillie sur les façades des constructions.

Chapitre VII. — Ecoulement des eaux. — Etablissement d'aqueducs et de tuyaux (2). — Art. 26. — Nul ne peut, sans autorisation, rejeter sur la voie publique les eaux insalubres provenant des propriétés riveraines.

Les eaux pluviales, lorsqu'elles auront été recueillies dans une gouttière, ainsi que celles provenant de l'intérieur des maisons, seront conduites jusqu'au sol par des tuyaux de descente, puis jusqu'au caniveau de la route, soit par une gargouille, s'il existe un trottoir, ou dès qu'il en existera un, soit par un ruisseau pavé, s'il n'existe qu'un revers.

Ecoulement sous la voie publique. — Art. 27. — Les particuliers peuvent être autorisés à établir sous le sol des routes, des aqueducs ou conduites pour l'écoulement ou la distribution des eaux ou du gaz, conformément aux dispositions spéciales qui seront réglées par l'arrêté d'autorisation et sous les conditions ci-après :

Conditions générales des autorisations pour l'établissement de tuyaux ou aqueducs sous la voie publique. — Art. 28. — Les tranchées longitudinales ne seront ouvertes qu'au fur et à mesure de la construction de l'aqueduc ou de la pose des tuyaux, et les tranchées transversales que sur la moitié de la largeur de la voie publique, de manière que l'autre moitié reste libre pour la circulation. Les parties de tranchées qui ne pourraient pas être comblées avant la fin de la journée seront défendues pendant la nuit par des barrières solidement établies et suffisamment éclairées.

Le remblai des tranchées, après la pose des conduites, sera fait par couches de 0^m,20 d'épaisseur, et chaque couche sera pilonnée avec soin. On rétablira sur le remblai les pavages, chaussées d'empierrement, trottoirs et autres ouvrages qui auraient été démolis en suppléant au déchet des vieux matériaux par des matériaux neufs de bonne qualité, et en se conformant, pour l'exécution, à toutes les règles de l'art.

Ces travaux seront faits par le permissionnaire, qui devra, pendant un an, les entretenir d'une manière continue. Toute négligence apportée à l'entretien sera constatée par un procès-verbal, et déférée, par ce moyen, au conseil de préfecture.

Aussitôt après la rédaction de ce procès-verbal, l'ingénieur ordinaire fera exécuter d'office les réparations jugées nécessaires. Les dépenses seront, dans un délai de trois jours, remboursées à l'entrepreneur qui aura exécuté les travaux, et au domicile de ce dernier, par le permissionnaire, sur le vu d'un état dressé par l'ingénieur ordinaire, visé par l'ingénieur en chef, et rendu au besoin exécutoire par le préfet.

Le permissionnaire fera enlever, immédiatement, après l'exécution de chaque partie du travail, les terres, gravois et immondices qui en proviendront, de manière à rendre la voie publique parfaitement libre.

Il se conformera à toutes les mesures de précaution qui lui seront indiquées, soit par l'ingénieur, soit par l'autorité locale.

---

(1) Voir, pour plus amples indications, l'art. *Trottoirs*, p. 583.

(2) La plupart des prescriptions de ce chapitre trouvent surtout leur application pour les avenues de gares. Lorsqu'il s'agit, d'ailleurs, de traverser la voie ferrée elle-même, la compagnie est chargée ordinairement d'exécuter les travaux compris dans l'enceinte du chemin de fer, moyennant diverses conditions résumées à notre art. *Conduites d'eau et de gaz* (Rép.).

Il devra faire les dispositions convenables pour ne porter aucun dommage aux voies d'écoulement, telles que aqueducs ou tuyaux déjà établis, soit par l'administration, soit par les particuliers.

Il ne pourra entreprendre ses travaux ni les reprendre, s'il les a suspendus, sans en avoir prévenu à l'avance l'ingénieur de l'arrondissement ou le conducteur délégué.

Dans le mois qui suivra l'exécution des travaux, il déposera, au bureau de l'ingénieur ordinaire, un plan coté indiquant exactement le tracé des conduites et leurs divers embranchements à l'échelle de $0^m,005$ millimètres pour un mètre.

Le permissionnaire ou son ayant cause devra, à toute époque, se conformer aux règlements d'administration ou de police en vigueur. Il sera tenu, sur une simple réquisition, de laisser visiter les ouvrages qui se rattachent à l'écoulement ou d'interrompre cet écoulement.

Il sera tenu, en outre, si l'administration le juge nécessaire, dans un intérêt de police ou de salubrité, d'ouvrir des tranchées sur les parties de conduites qui lui seraient désignées et de rétablir ensuite la voie sans pouvoir, à raison de ces faits, réclamer aucune indemnité.

L'administration conserve, d'ailleurs, le droit de faire changer l'emplacement des conduites ou même de les supprimer, conformément aux art. 38 et 39 ci-après.

Tuyaux de conduite pour les eaux ou le gaz. — Art. 29. — Les tuyaux pour la distribution des eaux ou du gaz seront toujours posés à $0^m,60$ au moins de profondeur.

Dispositions relatives aux conduites débouchant dans un aqueduc situé sous la voie publique. — Art. 30. — Lorsqu'il s'agira de jeter les eaux d'une propriété riveraine dans un égoût existant sous la voie publique, elles y seront amenées directement par un conduit, dont les matériaux et les dispositions seront indiqués par l'arrêté d'autorisation.

Le percement dans la maçonnerie du pied-droit sera réduit aux dimensions strictement indispensables Le raccordement sera exécuté avec soin en ciment ou en bon mortier hydraulique.

Le conduit sera muni, à son origine, dans l'intérieur de la propriété, d'une cuvette avec grille, qui devra faire obstacle au passage des immondices.

Il est interdit d'introduire dans l'égoût aucun liquide qui pourrait nuire à la salubrité ou à l'égoût lui-même (1).

Chapitre VIII. — Plantations. — Art. 32. (Ext.)...... — Les arbres des plantations riveraines seront abattus sur le terrain des propriétaires, sans emprunter en aucune façon, pour le dépôt des bois, le sol de la route.

33. — Les conditions de l'élagage des haies et des plantations sont déterminées par des arrêtés spéciaux, en raison de l'essence des arbres et des circonstances locales.

Les haies seront toujours conduites de manière que leur développement du côté de la voie publique ne fasse aucune saillie sur le sol appartenant à la route. On n'y tolérera l'existence d'aucun arbre de haute tige, à moins que la haie ne se trouve à deux mètres au moins des terrains de la voie publique.

34. — Les plantations nouvelles ne peuvent être exécutées que d'après un arrêté par lequel le préfet fixe les alignements, l'espacement des arbres entre eux dans chaque rangée, leur essence, les conditions auxquelles ils doivent satisfaire et toutes les précautions à prendre pour assurer leur bonne venue (2).

Chapitre IX. — Conditions générales des autorisations. — *Durée des autorisations.* — Art. 35. — Les autorisations ne sont valables que pour un an, à partir de la date des arrêtés et sont périmées de plein droit, si l'on n'en a pas fait usage avant l'expiration de ce délai.

Procès-verbaux de récolement. — Art. 36. — Toute permission de grande voirie donne lieu à une vérification de la part des agents de l'administration. Si les conditions imposées au permissionnaire ont été remplies, le résultat de cette opération est constaté par un procès-verbal de récolement en double expédition, dont l'une, après avoir été visée par les ingénieurs, est remise par le préfet au propriétaire.

Dans le cas contraire, il est dressé un procès-verbal de contravention, lequel est déféré au conseil de préfecture.

Réparation des dommages causés à la route. — Art. 37. — Aussitôt après l'achè-

---

(1) Comme nous l'avons déjà expliqué plus haut, les renseignements qui précèdent sont seulement reproduits pour mémoire, en vue surtout des affaires relatives aux chemins d'accès et avenues de gares, compris dans les dépendances du chemin de fer.

(2) Voir, pour des renseignements plus détaillés applicables au service des voies ferrées, l'art. *Plantations* au Rép.

vement de leurs travaux, les permissionnaires sont tenus d'enlever tous les décombres, terres, dépôts de matériaux,
gravois et immondices, de réparer immédiatement tous les dommages qui auraient
pu être causés à la route ou à ses dépendances, et de rétablir dans leur premier
état les fossés, talus, accotements, chaussées ou trottoirs qui auraient été endom-
magés.

*Entretien en bon état des ouvrages
situés sur le sol de la route et de ses
dépendances.* — Art. 38. — Les ouvrages
établis sur le sol de la voie publique et
qui intéressent la viabilité, notamment
ceux mentionnés dans les articles 6, 24,
26, 27, 28, 29 et 30 du présent règlement,
seront toujours entretenus en bon état et
maintenus conformes aux conditions de
l'autorisation, faute de quoi, cette autorisation serait révoquée, indépendamment
des mesures qui pourraient être prises
contre le permissionnaire, pour répression
de délit de grande voirie et pour la suppression de ces ouvrages.

*Suppression des ouvrages sans indem-
nité.* — Art. 39. — Les permissions de
pure tolérance, concernant les ouvrages
mentionnés à l'article précédent, peuvent
toujours être modifiées ou révoquées, en
tout ou en partie, lorsque l'administration
le juge utile à l'intérêt public, et le permissionnaire est tenu de se conformer à
ce qui lui est prescrit à ce sujet, sans
qu'il puisse s'en prévaloir pour réclamer
aucune indemnité (1).

Réserves des droits des tiers. — Art. 40.
— Les autorisations de grande voirie ne
sont données que sous toutes réserves
des droits des tiers, des règlements faits
par l'autorité municipale, dans les limites
de ses attributions, des servitudes militaires et de celles résultant du Code forestier.

*Réserve concernant la police de petite
voirie.* — Art. 41. — Une permission de
grande voirie accordée pour une propriété
qui fait l'angle d'une voie communale, ne
préjuge rien sur les obligations qui peuvent être imposées par l'autorité locale en
ce qui concerne la façade sur la voie communale.

Chapitre X. — Mode de constatation

des délits. — Art 42. — Les contraventions sont constatées par les maires ou
adjoints, les ingénieurs, conducteurs ou
agents secondaires, les commissaires et
agents de police, les gendarmes, les gardes champêtres, et, en général, par tous
les agents dûment assermentés.

Publication et exécution du règlement.
— Art. 43. — Le présent arrêté sera publié et affiché dans l'étendue du département.

Le préfet, l'ingénieur en chef des ponts
et chaussées et le commandant de la gendarmerie sont chargés, chacun en ce qui
le concerne, d'en surveiller et d'en assurer
l'exécution (2).

GRANIT.

Emploi. (Pour mémoire. — V. *Trottoirs*,
p. 583.) — *Tarifs de transport* (v. *Pierres*,
p. 402).

GRAPHIQUES.

*Tableaux figuratifs de la marche des
trains*, p. 249. — Indications diverses, 249.

GROUPAGE.

Exécution de l'art. 47 du cah. des ch,
p. 249. — *Vœux de la commission d'enquête et suites données* (v. au Rép., la circulaire minist. du 1er février 1864, reproduite au mot *Enquêtes d'exploitation*).

Nous avons résumé, p. 249, les dispositions légales et réglementaires autorisant,
dans certains cas, le groupage des colis
remis aux chemins de fer.

• La faculté de grouper les colis n'entraîne pas le droit de réunir sous une
même enveloppe des colis payant le transport au poids et des colis payant le transport *ad valorem*. — Le mélange clandestin
d'articles de finances ou métaux précieux
dans des colis de mercerie ou de lingerie,
expose l'expéditeur à des dommages et
intérêts. » (T. comm. Seine, 23 juillet
1864.)

Droit d'enregistrement. — « Les commissionnaires de transport qui expédient
à un même destinataire des colis séparés
doivent payer, non-seulement la taxe ordinaire, mais encore l'enregistrement de

---

(1) Cette disposition de l'art. 39 présente une importance spéciale pour le service des chemins
de fer. Les travaux sous la voie et sous les avenues de gare et chemins d'accès, non *classés* comme
voies publiques, constituent, en effet, des *tolérances* dans la complète acception du mot.

(2) Il nous a paru intéressant de reproduire presqu'en entier ce long document qui forme comme
une espèce de manuel de la grande voirie. Nous regrettons seulement que la loi du 15 juillet 1845,
sur la police des chemins de fer, n'ait pas été visée dans ce règlement et ne lui ait ainsi donné une
consécration légale pour l'application des dispositions ne présentant rien de contraire aux règlements
spéciaux des voies ferrées.

0f,10 par chaque colis non groupé. •
(T. comm. Seine, 22 juin 1864.)

GRUES.

Appareils de chargement. — *Installation*, p. 250 (1). — *Entretien*, 250. — *Manœuvre*, 250. — *Vérification des chaines*, 251.
Grues roulantes. — *Transport*, p. 251. — *Manœuvre*, 251. — Entretien, 251.
Grues hydrauliques. — Installation, p. 252 (2), Entretien, etc., 252 (v. aussi

Réservoirs, 462).—Eclairage, 252.— *Surveillance de l'Etat*, 252.

GUÉRITES DE GARDE.

Installation et prix moyen de revient, p. 252.

GUERRE.

Transport des troupes, du matériel et du personnel de l'administration de la guerre (v. les articles cités au mot *Administrations* du Rép.).

H

HAIES VIVES.

Etablissement et indications diverses, p. 253. — Conditions générales d'autorisation des haies et clôtures riveraines (v. *Grande voirie* au Rép.).

HALLES ET HANGARS.

Conditions d'établissement (indications particulières), p. 253. — A titre de simple renseignement, nous rappellerons que le prix d'établissement approximatif des quais couverts ou hangars en charpente (avec couverture en zinc), établis dans certaines gares, pour le service des marchandises, peut être évalué, en moyenne, à 25 ou 30 fr. par mètre superficiel de surface couverte, non compris les quais dont la dépense distincte ne varie guère, d'ailleurs, au-dessus ou au-dessous de 10 à 12 fr. par mètre superficiel. — Mais le prix de revient des véritables halles ou magasins à marchandises, établis avec fondations et murs en maçonnerie, s'est élevé sur quelques grandes lignes à 90 fr. et même 100 fr. par mètre superficiel, y compris les quais intérieurs, mais non compris les bâtiments des bureaux de la petite vitesse, dont la disposition et la dépense varient naturellement suivant l'importance du service. — *Surveillance des hangars et magasins*, 254.
Service des halles communales et

marchés (v. les articles rappelés p. 254. — *Facteurs*, 254).

HERBES.

Enlèvement des herbes des talus, p. 522. — **Incendies** (v. *Dépôts* (inflammables), 149. — *Réparation des avaries*, 261).

HEURES DE SERVICE.

Voyageurs, p. 255. — *Marchandises* (ext. de l'arr. minist. du 15 avril 1859), 255. — *Service général des trains*, 255. — *Heures de présence des agents* (v. *Agents* au Rép.). — Indications diverses, 255.

HEURTOIRS.

Indications particulières, p. 256 (3).

HOMMES D'ÉQUIPE.

Attributions, p. 256.— Conditions d'admission, 256.—Précautions à prendre dans les manœuvres (v. *Manœuvres* au Rép.).

HOMOLOGATIONS.

Principe de l'homologation des tarifs (art. 44, § 1er, ordonn. du 15 nov. 1846), p. 257. — *Examen des projets* de tarifs, 257. — *Homologation provisoire*, 257.— Homologation définitive et publication des

---

(1) Les fondations et le massif pour une grue de 6 tonnes, occasionnent une dépense qui ne varie guère au-dessus ou au-dessous de 3,000 francs. *Idem* 10 tonnes, 4 à 5,000 francs.

(2) La dépense du massif et de la fondation d'une grue hydraulique figure sur quelques devis pour une somme de 450 à 500 francs.

(3) Pour déterminer graphiquement la longueur réelle d'une ligne de chemin de fer, il faut compter les distances à partir de l'origine ou de l'extrémité même du chemin, c'est-à-dire, du *heurtoir* des locomotives (v. p. 158, note).

tarifs (v. *Publications* au Rép.). — *Sim-plification des formalités*, pour les tarifs de transit et d'exportation (v. *Tarifs* au Rép.).

HORLOGES.

Installation, entretien, etc., p. 257. — Arrêts et dérangements, 257.— Indication des heures de service (v. *Heures*, 255).

HOTELS.

Entrée des omnibus d'hôtels dans les cours des gares (v. *Cours des gares* au Rép.).

HOUILLE.

Conditions de transport, p. 258 et 643.— *Consommation*, 258 — **Appareils fumi-vores** (v. les articles rappelés au mot *Fumée* du Rép.). — Vente de houille par les compagnies (v. le mot *Vente* au Rép.).

HUILES.

Tarif général (1re classe), p. 258. — Tarifs spéciaux, 258. — **Luciline et huile de pétrole.** — Sur diverses lignes de chemins de fer où le transport des huiles d'é-clairage a pris un certain développement (notamment sur la ligne de Paris à Lyon et à la Méditerranée), la luciline en bombonnes, en caisses, en touries ou en fûts, transportée avec responsabilité de la part de la compagnie, est taxée suivant les prix de la deuxième série du tarif général, par assimilation à l'huile de pétrole trans-portée dans les mêmes conditions — Les mêmes produits, en bombonnes, en cais-ses, en touries ou en fûts, transportés, *sans responsabilité* de la part des compagnies, jouissent de prix réduits pour l'applica-tion desquels il faut se référer nécessai-rement aux tarifs spéciaux des diverses lignes.

I

IMPOTS.

Contribution foncière, p. 125. — *Im-pôt :* — 1° sur les actions et obligations, 259 ; — 2° sur les valeurs étrangères (v. *Sociétés* au Rép.) ; — 3° sur les transports à grande vitesse (loi du 14 juillet 1855), 259 ; — 4° double décime, 260 ; — 5° paten-tes (v. ce mot, 391 et au Rép.).

IMPRESSIONS. — IMPRIMÉS. — IMPRIMEURS.

Dépenses d'impressions, p. 260. — *Transport* (v. les art. cités, 260).
Privilége de la poste (arrêté du 27 prairial an IX, p. 417 et loi du 25 juin 1856, 568). — *Transports licites :* 1° Il n'y a pas infraction au privilège de la poste dans l'envoi par chemin de fer d'un ballot de circulaires expédiées par un imprimeur à son client. Dans l'espèce, ces circulai-res ont été considérées comme un ballot de marchandises. — (T. corr. de Douai, juillet 1864) ;
2° Les imprimés annonçant les heures de départ et d'arrivée des trains de che-mins de fer ne peuvent être assimilés aux lettres, journaux, feuilles à la main et ouvrages périodiques, dont le transport est réservé à l'administration des postes, et leur expédition par voie de chemin de fer n'est pas interdite par l'arrêté du 27 prairial an IX, lorsque le poids de l'expé-dition dépasse un kil. (C. C., 24 nov. 1864).

INCENDIES.

Malveillance. — L'art. 434 du Code pé-nal (revisé par la loi du 13 mai 1863) con-tient la disposition suivante, motivée par la nécessité de protéger contre le crime *d'incendie*, soit l'existence des nombreu-ses personnes transportées par la voie rapide des chemins de fer, soit la pro-priété des wagons et voitures qui y sont employés.

Ext. de l'art. 434. « Sera puni de la peine » de mort quiconque aura volontairement » mis le feu, soit à des voitures ou wagons » contenant des personnes, soit à des voi-» tures ou wagons ne contenant pas des » personnes, mais faisant partie d'un con-» voi qui en contient. »

Nous renvoyons, d'ailleurs, aux dispo-sitions du Code pénal et à celles du Code Napoléon pour tous les autres faits d'in-cendies volontaires ou involontaires res-sortissant au droit commun.

Prescriptions diverses : — 1° Déclara-tions à faire pour les matières explosibles (art. 21 et 66 de l'ordonn. du 15 nov. 1846). V. *Poudres*, p. 419 ; — 2° projec-tion du feu des machines, 261 ; — 3° dan-gers pour les constructions riveraines couvertes en chaume, 134 ; — 4° moyens préventifs, 261 ; — 5° secours en cas d'incendie, 261 ; — 6° pompes à incendie, 408 ; — 7° réparation des avaries et res-ponsabilité, 261 et 262.

INDEMNITÉS.

Expropriation de terrains, p. 262. —
Indemnités de secours aux ouvriers blessés (v. au Rép. les articles *Accidents de
travaux* et *Ouvriers*). — *Indemnités de
dommages causés par les travaux* (v. au
Rép. les articles *Clauses et Conditions
générales*, *Conseils* (administratifs) et
Dommages de travaux. — Les dispositions de la loi du 16 septembre
1807, analysée plus loin au présent article, sont ordinairement appliquées aux
expertises administratives relatives à
l'appréciation et à la fixation, par les
conseils de préfecture, des indemnités
de dommages causés aux particuliers par
les travaux des compagnies concessionnaires, avec cette distinction, prévue par
la loi de 1807 elle-même, que « l'ingénieur en chef du département » n'est pas
alors tiers expert de droit, c'est-à-dire que
l'administration n'a pas cru devoir rendre
obligatoire l'intervention de ses ingénieurs
dans des contestations où elle est en quelque sorte matériellement désintéressée. —
Indemnités pour pertes de récoltes. — « En
principe, il ne saurait être alloué d'intérêts pour une indemnité de dommages
s'appliquant à une perte de récoltes ; en
décidant le contraire, ce serait admettre
les intérêts des intérêts, ce qui est inad-
missible. » (C. de préf. Ain, 11 fév. 1864.)
**Indemnités diverses se rattachant aux
travaux et à la grande voirie.** — Les indemnités ou allocations afférentes aux
dommages causés par les études et les travaux, sont ordinairement réglées conformément à la loi du 16 sept. 1807, dont les
dispositions applicables aux chemins de
fer, en ce qui concerne les cessions et
occupations temporaires de terrains, extractions de matériaux, etc., sont reproduites, savoir :
1° Art. 52 (alignements de petite voirie),
p. 25 ;
2° Art. 49, 50, 51, 53, 54 et 55 (règlement des indemnités administratives),
p. 262 et 263 ;
3° Art. 56 et 57 (formalités d'expertise),
p. 193. V. aussi plus haut, au présent article, l'observation relative à la désignation (non obligatoire) comme tiers expert

de l'ingénieur en chef de l'administration.
**Indemnités afférentes au service de
l'exploitation** (v. les articles rappelés au
mot *Dommages d'exploitation* du Rép.).
— *Indemnités de droit commun*, p. 263
(v. aussi *Retards* au Rép.). — **Indemnités
de secours aux ouvriers et agents des
compagnies.** — Nous avons reproduit ou
résumé, p. 6, outre l'art. 22 de la loi du
15 juillet 1845, réglant la responsabilité
des compagnies au sujet des dommages
et accidents attribués à l'exploitation, divers renseignements sur les questions
d'indemnités et de secours à allouer aux
particuliers et aux agents, en cas d'accidents de chemins de fer ; mais nous devons rappeler que ces questions, lorsqu'elles ne peuvent être réglées amiable-
ment par les compagnies elles-mêmes,
ressortissent en principe aux tribunaux
judiciaires, et que les fonctionnaires attachés au service de la surveillance administrative n'ont pas à s'en occuper. L'administration supérieure, sauf le cas de
réclamation adressée au ministre, étant
dans l'usage de laisser, à cet égard, toute
initiative aux compagnies.

INDICATEURS.

Poteaux indicateurs et affaires diverses,
p. 264.

INDIGENTS.

Conditions de transport, p. 264. — Réduction de prix, 264.

INFRACTIONS.

Constatations et répression (v. *Contraventions* au Rép.).

INGÉNIEURS.

Personnel des travaux de l'État, p. 264.
— *Contrôle des travaux des compagnies*,
264. — Ingénieurs délégués pour la réception des lignes, 264.
Contrôle de l'exploitation (arrêté ministériel du 15 avril 1850, ext), p. 265. —
Attributions des ingénieurs en chef, 265.
— *Ingénieurs, conducteurs et garde-
mines*, 265 (1). — *Rapports administra-*

---

(1) Voir aussi, p. 695, les art. 55 et 56 de l'ordonn. du 15 nov. 1846, relatifs à la répartition
du service des ingénieurs des ponts et chaussées et des mines attachés au contrôle de l'exploitation.
Nous avons rappelé, p. 99, que les commissaires de surveillance administrative sont placés sous les
ordres des ingénieurs ordinaires et des inspecteurs de l'exploitation commerciale (du service du
contrôle) et correspondent avec eux pour ce qui concerne leurs attributions respectives. Les principaux détails du service ressortissant aux divers chefs sont indiqués : 1° dans les rapports hebdomadaires que les commissaires de surveillance administrative doivent adresser aux ingénieurs et
inspecteurs (v. p. 444) ; 2° aux art. *Locomotives* et *Machines à vapeur*, en ce qui concerne les

tifs et judiciaires, 266. — *Convocation aux expériences faites par les compagnies*, 267. — *Affaires générales*, 267 et 666 (v. aussi *Personnel* au Rép.). — Inspection annuelle (v. au Rép. l'art. *Inspecteurs généraux* des ponts et chaussées et des mines).

Ingénieurs des compagnies : 1° Travaux exécutés sous le contrôle de l'administration, p. 266 ; — 2° production des projets, 266 ; — 3° conférences, enquêtes, 266 ; — 4° expropriation de terrains, 267 ; — 5° questions d'indemnités de dommages (v. au Rép. les art. *Dommages de travaux* et *Contentieux administratif*) ; 6° affaires d'alignements et de voirie, etc., 267 (v. aussi *Grande voirie* au Rép.). — *Ingénieurs chefs d'exploitation* (v. *Exploitation* au Rép.). — *Ingénieurs du matériel*, 333. — *Ingénieurs de la traction*, 551.

INJONCTIONS.

Réquisition aux agents des compagnies (v. *Réquisitions* au Rép.). — Injonctions faites aux voyageurs, etc., par les agents (v. p. 614 ; v. aussi l'art. *Personnes étrangères*, 400).

INJURES.

Outrages et injures aux agents, p. 267. — Injures entre voyageurs (v. *Lieu public* au Rép.).

INONDATIONS.

Mesures diverses, p. 268. — *Dommages*, 268. — *Constatation des crues*, 268.

INSPECTEURS.

Les services d'*inspection* de l'Etat, relatifs à l'établissement et à l'exploitation des chemins de fer, comprennent les grandes subdivisions résumées ci-après :

Inspecteurs généraux des chemins de fer (1), établis auprès du ministre de l'agriculture, du commerce et des travaux publics pour la surveillance de l'exploitation commerciale et le contrôle de la gestion financière des compagnies de chemins de fer (décret impérial du 17 juin 1854), p. 269. — *Comité consultatif*, 269.

Augmentation du nombre des inspecteurs généraux, et dispositions relatives à la limite d'âge pour leur admission à la retraite (décrets des 22 juin 1863 et 23 janvier 1864), v. *Retraites* au Rép.

---

attributions des ingénieurs des mines du contrôle, pour l'établissement et la surveillance des appareils à vapeur, dans les conditions nouvelles établies par le décret du 25 janvier 1865, reproduit au mot *Machines* du Rép.

Pour les affaires mixtes et complexes de l'exploitation technique qui peuvent intéresser à la fois deux services, nous devons renvoyer au passage suivant de la circ. minist. du 31 décembre 1846 portant envoi de l'ordonn. royale du 15 novembre 1846. D'après cette circulaire, « il ne paraît pas y avoir de raison décisive de consulter exclusivement, soit les ingénieurs des ponts et chaussées, soit les ingénieurs des mines, sur les questions relatives aux articles ci-après de l'ordonnance précitée, savoir :

» Nombre des gardiens à placer près des aiguilles des croisements et changements de voie (art. 3) ;

» Mode, garde et conditions de service des barrières des passages à niveau (art. 4) ;

» Pose de contre-rails dont l'établissement pourrait être ultérieurement jugé nécessaire dans l'intérêt de la sûreté publique (art. 5).

» Il est indispensable, d'ailleurs, de consulter à la fois les ingénieurs des ponts et chaussées et les ingénieurs des mines sur les affaires ci-après :

» Art. 25. Sens du mouvement des trains sur chaque voie, quand il y en a plusieurs, ou les points de croisement quand il n'y en a qu'une. (*Pour mémoire :* les points de croisement sur la voie unique sont ordinairement vérifiés par l'ingénieur des mines, à chaque changement de service, en même temps que les autres détails de la marche des trains.)

» §§ 3 et 4 de l'art. 27. Placement des signaux, soit à l'entrée des stations, soit à divers intervalles le long de la voie, pour indiquer si la route est ouverte ou fermée.

» Art. 29. Détermination des mesures de précaution pour le parcours des plans inclinés et des souterrains, et de la vitesse maximum des convois de voyageurs sur les divers points du parcours, ainsi que de la durée du trajet. (*Pour mémoire :* v. l'observation ci-dessus relative à l'art. 25.)

» Art. 31. Fixation du nombre d'agents à placer le long de la ligne pour la surveillance ou l'entretien de la voie, et des signaux dont ces agents doivent être munis.

» Art. 33. Signaux à placer sur la voie, pour indiquer l'approche des ateliers de réparation. (Ext. de la circ. minist. du 31 décembre 1846.) »

(1) Le nombre des inspecteurs généraux de chemins de fer, fixé à cinq par le décret du 17 juin 1854, a été porté à six par le décret du 22 juin 1863, cité à l'art. *Retraites* du Rép.

Inspecteurs généraux des ponts et chaussées et des mines. — *Indications diverses*. p. 269 et 270.

Congés illimités. (Décret du 13 janvier 1864.)

« Vu la disposition du décret d'organisation des corps impériaux des ponts et chaussées et des mines, ainsi conçue :

« Le congé illimité est accordé par le ministre, sur la demande des ingénieurs qui se retirent temporairement du service de l'Etat pour s'attacher au service des compagnies, prendre du service à l'étranger ou pour toute autre cause :

« Art. 1er. Sauf les cas exceptionnels, sur lesquels nous nous réservons de statuer, les inspecteurs généraux des ponts et chaussées et des mines mis, sur leur demande, en congé illimité pour s'attacher au service des compagnies, ne pourront, à l'avenir, être remis en activité au service de l'Etat.

» Art. 2. Le ministre..... est chargé, etc., etc. »

Tournée annuelle d'inspection (ponts et chaussées). — Circulaire ministérielle du 1er juillet 1864, adressée aux inspecteurs généraux des ponts et chaussées :

« Au moment où j'ai à recueillir pour la première fois le tribut d'informations et de lumières que je suis en droit d'attendre de l'inspection générale des ponts et chaussées, je crois utile de résumer, dans une instruction de quelque étendue, les points qui me semblent devoir plus particulièrement préoccuper l'administration des travaux publics, et de vous faire connaître d'une manière générale l'aspect sous lequel vous aurez à les envisager

. . . .

» En ce qui concerne le détail des services sur lesquels doit porter votre inspection. je me bornerai à quelques observations générales que votre propre expérience vous permettra de compléter.

. . . .

» — *Chemins de fer*. — En ce qui concerne les chemins de fer, je n'ai pas à vous entretenir des questions relatives à l'exploitation, et je me bornerai à quelques courtes observations sur la construction et sur l'exécution de la voie, seuls points qui soient soumis à votre inspection.

» Les travaux de construction étant exécutés, sauf quelques rares exceptions, par les soins et aux frais des compagnies concessionnaires, MM. les ingénieurs n'ont à intervenir que pour la vérification des projets, et pour la surveillance de leur exécution.

» Ce double contrôle, confié à l'administration dans l'intérêt public, doit s'exercer avec fermeté en tout ce qui touche les prescriptions du cahier des charges, mais avec réserve et ménagement dans toutes les questions qui n'ont pas un caractère prononcé d'utilité générale. L'économie dans la construction des chemins de fer est devenue une nécessité impérieuse dans l'intérêt, non pas seulement des compagnies, mais aussi du Trésor public et du pays lui-même ; car ce n'est qu'à cette condition que l'on pourra voir le réseau des chemins de fer se développer progressivement sur toutes les parties du territoire sans imposer à l'Etat de trop grands sacrifices On ne saurait donc assez recommander à MM. les ingénieurs du contrôle de se placer à ce point de vue, dans l'examen des projets présentés par les compagnies comme dans la surveillance de leurs travaux, et de s'abstenir de toute exigence qui pourrait tendre, sans nécessité réelle, à en aggraver les dépenses.

Quant à l'entretien de la voie des chemins de fer, bien que sur ce point, l'administration trouve une puissante garantie dans l'intérêt même des compagnies et dans les nécessités de leur service, il n'est pas moins opportun d'en faire l'objet d'un contrôle attentif et continu. Je vous prie donc de vouloir bien inviter MM. les ingénieurs du contrôle à donner à cette partie de leur service, qui intéresse si directement la sécurité publique, une attention toute spéciale, et à vérifier, dans des tournées fréquentes, soit par eux-mêmes, soit avec le concours des agents placés sous leurs ordres, le bon état des voies sur les lignes dont la surveillance leur est confiée.

» *Personnel*. — L'une des attributions de l'inspection générale à laquelle j'attache le plus d'importance est son intervention dans les questions du personnel, tant au point de vue de l'organisation qu'à celui de l'appréciation du mérite et des droits des fonctionnaires et employés de tout grade. Ce n'est guère que par l'inspection générale que le ministre peut avoir une connaissance pertinente du personnel placé sous ses ordres. De l'appréciation plus ou moins exacte que les inspecteurs généraux font de la valeur respective des fonctionnaires et employés avec lesquels ils se trouvent en rapport, peut ainsi dépendre tout le mérite de décisions délicates auxquelles est attaché l'avenir d'un grand nombre de personnes : décisions qui ne sont pas sans influence sur la bonne conduite des affaires. Je ne saurais donc vous recommander d'apporter, dans cette partie de votre mission, trop de soin, de scrupule, d'indépendance et de fermeté.

. . . .

» Indépendamment des feuilles individuelles, comprenant les notes et propositions relatives aux ingénieurs, aux conducteurs, aux agents secondaires et aux officiers et maîtres de port, vous avez à m'adresser trois tableaux, résumant, pour votre inspection toute entière, les deux premiers, vos propositions d'avancement en faveur des ingénieurs et en faveur des conducteurs et autres agents, et le troisième, les mesures à prendre au sujet des agents que l'âge, les infirmités, le manque d'exactitude ou de capacité ne permettraient pas de maintenir dans leur position actuelle.

» Ces tableaux, ainsi que les feuilles signalétiques, doivent me parvenir avant le 1er décembre.

» Vous ne perdrez pas de vue, qu'indépendamment du personnel attaché directement au service de l'État, vous devez aussi regarder comme compris dans votre inspection, les ingénieurs et conducteurs en service détaché et ceux qui ont obtenu des congés illimités pour s'attacher au service des compagnies. Vous avez donc à fournir, pour ces ingénieurs et agents, des notes rédigées dans la même forme que celles des ingénieurs et conducteurs restés au service de l'État. Quant aux renseignements qui vous sont nécessaires pour la rédaction de ces notes, ils peuvent vous être fournis, soit par les chefs de service, lorsqu'ils appartiennent eux-mêmes au corps des ponts et chaussées ou au corps des mines, soit par les ingénieurs en chef du contrôle, soit par les préfets ou par telles autres personnes que vous croiriez devoir consulter. Je vous adresse un état des ingénieurs et des conducteurs en service détaché ou en congé illimité qui résident dans votre arrondissement d'inspection. Cet état dressé, en grande partie, au moyen des renseignements fournis à l'administration pour la perception des retenues, est aussi complet qu'il a été possible de le faire ; il peut toutefois présenter quelques erreurs et quelques lacunes, les ingénieurs et les conducteurs ne faisant pas toujours connaître aussi exactement et surtout aussi promptement que possible les change-

ments qui arrivent dans leur situation ; et ce n'est pas un des résultats les moins utiles de l'inspection, que de relever les positions irrégulières et d'obliger ceux qui s'y trouvent à rentrer dans la règle, en sollicitant l'autorisation dont ils ont besoin pour passer d'un service dans un autre, en justifiant qu'ils sont toujours dans les conditions exigées pour le congé illimité. Je vous adresse également des feuilles à remplir, en nombre double des notes que vous avez à fournir ; si d'autres feuilles vous étaient nécessaires, je m'empresserais de vous les envoyer..............
....

» *Recommandations générales.* — Tels sont les divers points sur lesquels je crois devoir appeler particulièrement votre attention. Si, en dehors de ces recommandations, votre expérience du service vous signalait quelques abus à détruire ou quelques améliorations à réaliser, vous ne devriez pas hésiter à m'en entretenir, et vous pouvez compter d'avance que vos observations seront de ma part l'objet du plus sérieux examen..............

» Je crois devoir reproduire, en terminant, une observation souvent rappelée, mais trop souvent perdue de vue : c'est qu'en dehors de leurs comptes de tournées, qui parviennent toujours un peu tard à l'administration, MM. les inspecteurs généraux doivent, sans attendre la fin de leurs tournées, m'adresser un rapport spécial et séparé pour chaque affaire sur laquelle ils peuvent avoir à proposer une prompte décision. » (Circ. minist. 1er juillet 1864).

Inspecteurs principaux et particuliers de l'exploitation commerciale (institués par décrets des 20 mars 1848 et 26 juillet 1852) : attributions pour exercer, sous la direction des ingénieurs en chef du contrôle (v. *Ingénieurs*), la surveillance de l'exploitation commerciale et des opérations financières des compagnies concessionnaires, p. 270. — *Traitements et frais fixes*, 271 (1). — *Circonscriptions*, 271. — *Rapports mensuels*, 271. — *Envoi des rapports*, 272 (v. aussi *Rapports hebdomadaires* des commissaires, 444). — Vé-

---

(1) D'après un arrêté ministériel du 27 août 1852, l'indemnité « de frais de tournées, frais d'écritures, loyers et fournitures de bureau » des inspecteurs de l'exploitation commerciale, a été réglée, savoir : « pour les inspecteurs principaux, sur le pied de 2,500 fr. par an ;—pour les inspecteurs particuliers, sur le pied de 1,500 fr. par an. » (Art. 1er.)— « Cette indemnité sera payée » par douzièmes, d'après des mandats individuels dressés par l'ingénieur en chef du service, et « imputée sur les fonds affectés au contrôle et à la surveillance des chemins de fer. » (Art. 2.)
Augmentation des frais fixes des inspecteurs principaux. — (Ext. d'une déc. minist. du 12 juin 1857.) « J'ai décidé que les indemnités annuelles allouées à titre de frais de bureau et de » tournées aux inspecteurs principaux de l'exploitation commerciale des chemins de fer, en résidence à Paris, seront réglées uniformément à 4,000 francs. » Cette mesure a eu son effet à dater du 1er juin 1857.

rification d'écritures, 272. — *Interprétation de la jurisprudence*, 272. — *Uniforme*, 586. — Limite d'âge pour l'admission à la retraite (v. *Retraites* au Rép.).

Inspecteurs des finances. — Vérifications des comptes de recettes et dépenses des compagnies pour les lignes établies avec la garantie financière de l'Etat (décret du 2 mai 1863, art. 26) v. p. 834 du Rép.

Inspecteurs des appareils médicaux et boîtes de secours (v. *Médecins* au Rép.).

Inspecteurs de la police spéciale (v. *Commissaires spéciaux*, p. 101).

Inspecteurs d'exploitation, du service des compagnies (v. art. *Exploitation*, fin de la page 195).

INSTANCES JUDICIAIRES.

Formalités diverses (v. au Dict. et au Rép. les mots *Assignation*, *Action civile* et *Justice*). — Simplification des instances (v. au mot *Enquêtes d'exploitation* du Rép., la circ. min. du 1ᵉʳ février 1864).

INSTRUCTIONS GÉNÉRALES.

Circulaires, règlements, etc. (v. les articles rappelés p. 272).
Instruction rapide des affaires (circ. minist. du 2 juillet 1863), p. 273.

INSTRUMENTS.

Conditions de transport, p. 273 (v. aussi au Rép. l'art. *Concours agricoles*, p. 818,

note 1). — *Appareils divers*, 273. — *Bruit d'instruments* (v. *Lieu public* au Rép.).

INTERCEPTION DES VOIES.

Indications diverses, p. 273.

INTERNATIONAL (SERVICE).

Tarifs (v. au Rép.). — *Douane* (*id.*). — Surveillance (v. *Frontière* au Rép.).

INTERVALLE ENTRE LES TRAINS.

Règles ordinaires, p. 274. — Surveillance (v. les articles rappelés, 274. — V. aussi *Ralentissement* au Rép.).

INVENTAIRES.

Service des compagnies, p. 274. — Ingénieurs de l'Etat et commissaires de surveillance administrative, 275.

INVENTIONS.

Comptes-rendus (v. les art. rappelés p. 275).
Commission ministérielle instituée pour l'examen des inventions et règlements (v. *Commissions* au Rép.).

ITINÉRAIRES.

Plans et cartes, p. 275. — Itinéraire des trains, 275.

J

JETS DE PIERRES.

Prescription générale (art. 61 de l'ordonn. du 15 nov. 1846), p. 276. — *Jets de pierres sur les trains en marche* (v. au dict. fin de la page 9).

JOURNAUX.

Publicité relative aux travaux : 1° Adjudications (v. ce mot au Rép.) ; — 2° publications et notifications concernant les expropriations de terrains, p 367.

Vente de journaux dans les gares, p. 276. — *Conditions de transport* (loi du 25 juin 1856, 368). V. aussi l'art. *Impressions* au Rép. — *Fraudes*, 276 — **Tarifs spéciaux.** — La compagnie de Paris à la Méditerranée applique sur son réseau, avec l'autorisation ministérielle, mais seulement sur la demande expresse qui en est faite par l'expéditeur, un tarif spécial pour le transport à grande vitesse des **journaux** quotidiens non politiques (1) expédiés de Paris à une gare quelconque distante de plus de 800 kilomètres. Le

---

(1) La loi interdit le transport, par toute voie étrangère au service des postes, des lettres cachetées ou non cachetées, circulant à découvert ou renfermées dans des sacs, paquets, boîtes ou colis ; elle interdit également le transport, par toute autre voie que celle de ce même service , des journaux, ouvrages périodiques, circulaires, prospectus , catalogues et avis divers, imprimés, gravés, lithographiés ou autographiés. Elle interdit, en outre, de renfermer dans les imprimés,

tarif, jusqu'à 40 kilog. inclusivement est de 400 fr. (par tonne, sans frais de manutention), et au-dessus de 40 kilog. 320 fr. (par tonne, plus 1f,60 par tonne pour frais de manutention). — La compagnie ne répond pas des déchets et avaries de route. — Les conditions du tarif général qui ne se trouvent pas modifiées par le tarif spécial, restent applicables aux journaux quotidiens non politiques expédiés aux conditions de ce dernier tarif.

JOURS.

Affaires de voirie, et prescriptions de droit commun, p. 277. — *Jours d'expédition et de livraison des marchandises* (v. *Délais*, 142).

Jours fériés : interdiction de travailler les dimanches et jours fériés (art. 26 du cah. des ch.), p. 712. — Plusieurs décisions ministérielles et notamment celle du 20 mars 1849, ont rappelé et maintenu l'interdiction du travail les dimanches et jours fériés (au moins pour les ouvriers employés au compte de l'administration); mais, par suite de l'urgence de certains travaux de chemins de fer, quelques compagnies ont obtenu, dans certains cas, l'autorisation de faire travailler le dimanche, en dehors du temps consacré à l'office divin, à divers ouvrages parmi lesquels nous citerons les suivants : 1° percement d'un tunnel et tranchées aux abords ; — 2° déplacement des voies d'évitement, et prolongement des voies provisoires sur les remblais ou dans les tranchées en cours d'exécution, etc., etc. Ces autorisations ont été données sous la réserve formelle que la faculté de travailler exceptionnellement le dimanche pourrait être retirée dès que l'administration le jugerait convenable.

JUGEMENTS.

Indications générales (v. les art. cités

p. 277). — Débats relatifs aux affaires d'accidents (v. *Accidents d'exploitation* au Rép.).

Comptes-rendus des décisions judiciaires : — 1° tableaux mensuels prescrits par la circ. minist. du 17 juillet 1860, p. 277 ; — 2° communication des dispositifs de jugements, aux fonctionnaires du service du contrôle (circ. minist. des 10-27 février 1862, 583) ; — 3° comptes-rendus spéciaux relatifs aux accidents ayant occasionné mort ou blessures (v. à l'art. *Accidents d'exploitation* du Rép., p. 742, la circ. minist. du 18 juillet 1864). « Pour que l'instruction précitée du 18 juillet 1864, reçoive une exécution complète et uniforme, le ministre a fait préparer un tableau, dont il a fait adresser un certain nombre d'exemplaires aux ingénieurs en chef du contrôle, avec les recommandations suivantes :

« Tout accident qui, dans le courant de l'année ....., aura occasionné la mort ou des blessures, ou aura donné lieu à un procès-verbal, devra faire l'objet d'un état distinct, lequel devra être immédiatement envoyé à l'administration. Je désire que, pour ce qui concerne l'année 1864, ces documents me parviennent le 15 février au plus tard. Je tiens, d'ailleurs, à ce que chacun des tableaux relatifs à un accident de train, suivi ou non de mort ou de blessures, soit accompagné, autant que possible, du jugement ou de l'arrêt, reproduit in extenso. » (Circ. minist. du 27 janvier 1865.)

Disposition du tableau (format 0m,21 sur 0m,31). — Titre : ministère, etc........ 1864. — Chemin de fer de.....; 1re col., date de l'accident ; 2e col., nature de l'accident ; 3e col., suite judiciaire ou ordonnance de non lieu (1).

Nota inséré au bas de l'état modèle. « Dans le cas où le procès-verbal adressé au parquet n'aurait reçu aucune suite de la part du ministère public, en faire men-

---

échantillons, papiers de commerce ou d'affaires, affranchis à prix réduits, aucune lettre ou note pouvant tenir lieu de correspondance. Toute contravention est punie d'une amende de 150 à 300 fr., et, en cas de récidive, d'une amende de 300 à 3000 fr. (Arrêté du 27 prairial an IX, et lois des 22 juin 1854 et 25 juin 1856.)

Par exception aux dispositions qui précèdent, les *ouvrages périodiques non politiques* formant un paquet dont le poids dépasse 1 kilogramme, ou faisant partie d'un paquet de librairie qui dépasse le même poids, peuvent être expédiés par une autre voie que celle de la poste, mais à la condition expresse que, dans l'un et l'autre cas, les exemplaires ne porteront aucune mention ou suscription de nature à en faciliter la remise à d'autres personnes que le destinataire du paquet.

(1) Ces tableaux *distincts* sont indépendants des *états mensuels* prescrits par la circ. minist. du 17 juillet 1860, citée p. 277 et qui portent le titre suivant : « Tableau indicatif des infractions aux » règlements de l'exploitation des chemins de fer sur lesquelles les ingénieurs du contrôle adminis- » tratif ont dû être consultés en vertu de l'art. 4 de la loi du 27 février 1850, et des décisions judi- » ciaires auxquelles ces infractions ont donné lieu. » Nous croyons devoir ajouter que ces derniers tableaux ne concernent pas seulement les accidents,

tion dans la colonne n° 3. — Il conviendra de faire connaître aussi, dans cette même colonne, la situation de l'instruction, dans le cas où le jugement ne serait pas encore intervenu à la date de la production des tableaux. »

Délais d'appel des jugements. — En matière civile ordinaire, le délai pour interjeter appel est, d'après la loi du 3 mai 1862, de deux mois, à partir du jour de la signification du jugement à personne ou à domicile. Cette indication (recueillie dans le compte-rendu d'une affaire judiciaire récente) est mentionnée uniquement pour mémoire, et comme paraissant avoir modifié les dispositions des art. 16 et 443 du Code de procédure civile, et 645 du Code de comm., qui fixaient généralement à trois mois le délai de l'appel pour les jugements des justices de paix, des tribunaux de première instance et des tribunaux de commerce.

En *matière criminelle*, le délai de *dix jours*, fixé par les art. 174, 203 et 422 du code d'instruction criminelle, pour se pourvoir contre les jugements ou arrêts de simple police, des tribunaux correctionnels et des cours impériales, ne paraît pas avoir été modifié.

Exécution de jugements (réquisition d'ouvriers), p. 278.

JUGES DE PAIX.

Compétence en matière de chemins de fer, p. 279, v. aussi *Compétence* au Rép. (p. 815, note 2).

JURY.

Formation (ext. de la loi du 3 mai 1841), p. 279. — Opérations, 280. — *Règlement et allocation d'indemnité*, 281. — *Cassation et reconstitution du jury*, 281.

JUSTICE.

Organisation des pouvoirs administratif et judiciaire (v. *Organisation* au Rép.).

Avis à donner aux autorités judiciaires (v. au Dict. et au Rép. les art. rappelés p. 281). — *Compétence judiciaire* (*ibid.*). — *Constatation et poursuite des infractions* (*ibid.*).

Agents des compagnies cités comme témoins (circ. minist. du 23 juillet 1863), p. 281. — *Dépêches échangées dans ces*

circonstances (Extrait d'une circ. minist. notifiée le 3 septembre 1863, aux compagnies et aux ingénieurs en chef du contrôle) : « à l'occasion de ma circulaire du 23 juillet 1863, relative au déplacement des employés de chemins de fer cités comme témoins devant les tribunaux, j'ai été saisi de la question de savoir si les dépêches échangées dans ces circonstances ne doivent pas être considérées comme dépêches de service, et à ce titre affranchies de toute taxe à la charge des compagnies ou de leurs employés appelés en témoignage.

» J'ai l'honneur de vous annoncer qu'il vient d'être décidé, de concert avec M. le ministre de l'intérieur, que les dépêches échangées dans les conditions ci-dessus rappelées, seront à l'avenir considérées comme rentrant dans la catégorie des transmissions gratuites relatives au service du personnel, lesquelles ont fait l'objet d'arrêtés spéciaux pour chaque réseau de chemins de fer »

Simplification des instances (v. au Rép., p. 866, art. *Enquêtes d'exploitation*, la circ. minist. générale du 1er février 1864.)

Compte-rendu des décisions judiciaires (v. *Jugements* au Rép.).

Assistance judiciaire aux indigents (extrait de la loi du 22 janvier 1851).

Matière civile. — Art. 2. — L'admission à l'assistance judiciaire devant les tribunaux civils, les tribunaux de commerce et les juges de paix, est prononcée par un bureau spécial établi au chef-lieu judiciaire de chaque arrondissement, et composé :

1° Du directeur de l'enregistrement et des domaines, ou d'un agent de cette administration délégué par lui ;

2° D'un délégué du préfet ;

3° De trois membres pris parmi les anciens magistrats, les avocats ou anciens avocats, les avoués ou anciens avoués, les notaires ou anciens notaires. Ces trois membres seront nommés par le tribunal civil.

Néanmoins, dans les arrondissements où il y aura au moins quinze avocats inscrits au tableau, un des trois membres mentionnés dans le paragraphe précédent sera nommé par le conseil de discipline de l'ordre des avocats, et un autre par la chambre des avoués près le tribunal civil ;

---

mais qu'ils ont aussi pour objet les infractions diverses commises en matière d'exploitation, soit par les agents, soit par les particuliers.

Enfin quelques chefs de service ne se bornent pas à y mentionner les procès-verbaux dressés par les fonctionnaires du contrôle. Ils y ajoutent aussi les procès-verbaux des agents assermentés des compagnies, sur lesquels ils ont été appelés à formuler un avis. (V. le modèle de tableau, p. 277.)

le troisième sera choisi par le tribunal, conformément au paragraphe précédent,

3. — Le bureau d'assistance établi près d'une cour d'appel se compose de sept membres, savoir :

De deux délégués, nommés comme il est dit dans les numéros 1 et 2 de l'article précédent ;

Et de cinq autres membres choisis de la manière suivante :

Deux par la cour, en assemblée générale, parmi les citoyens des qualités énoncées dans le quatrième paragraphe de l'article précédent ;

Deux par le conseil de discipline de l'ordre des avocats ;

Et un par la chambre de discipline des avoués à la cour.

. . . .

5. — Près de la cour de Cassation et près du conseil d'Etat, le bureau est composé de sept membres, parmi lesquels deux délégués du ministre des finances.

Trois autres membres sont choisis, savoir :

Pour le bureau établi près de la cour de Cassation, par cette cour, en assemblée générale, parmi les anciens membres de la cour, les avocats et les anciens avocats au conseil d'Etat et à la cour de Cassation, les professeurs et les anciens professeurs en droit ;

Et, pour le bureau établi près du conseil d'Etat, par ce conseil en assemblée générale, parmi les anciens conseillers d'Etat, les anciens maitres des requètes, les anciens préfets, les avocats et les anciens avocats au conseil d'Etat et à la cour de Cassation.

Près de l'une et de l'autre de ces juridictions, les deux derniers membres sont nommés par le conseil de discipline de l'ordre des avocats au conseil d'Etat et à la cour de Cassation.

6. — Chaque bureau d'assistance ou chaque section nomme son président.

Les fonctions de secrétaire sont remplies par le greffier de la cour ou du tribunal près duquel le bureau est établi, ou par un de ses commis assermentés ; et, pour le bureau établi près du conseil d'Etat, par le secrétaire général de ce conseil, ou par un secrétaire de comité ou de section délégué par lui.

Le bureau ne peut délibérer qu'autant que la moitié plus un de ses membres sont présents, non compris le secrétaire, qui n'a pas voix délibérative.

Les décisions sont prises à la majorité ; en cas de partage, la voix du président est prépondérante.

7. — Les membres du bureau, autres que les délégués de l'administration, sont soumis au renouvellement, au commencement de chaque année judiciaire et dans le mois qui suit la rentrée ; les membres sortants peuvent être réélus.

8. — Toute personne qui réclame l'assistance judiciaire adresse sa demande sur papier libre au procureur de la République du tribunal de son domicile. Ce magistrat en fait la remise au bureau établi près de ce tribunal. Si le tribunal n'est pas compétent pour statuer sur le litige, le bureau se borne à recueillir des renseignements, tant sur l'indigence que sur le fond de l'affaire. Il peut entendre les parties. Si elles ne sont pas accordées, il transmet, par l'intermédiaire du procureur de la République, la demande, le résultat de ses informations et les pièces, au bureau établi près de la juridiction compétente.

. . . .

10. — Quiconque demande à être admis à l'assistance judiciaire doit fournir :

1° Un extrait du rôle de ses contributions, ou un certificat du percepteur de son domicile, constatant qu'il n'est pas imposé ;

2° Une déclaration attestant qu'il est, à raison de son indigence, dans l'impossibilité d'exercer ses droits en justice, et contenant l'énumération détaillée de ses moyens d'existence, quels qu'ils soient.

Le réclamant affirme la sincérité de sa déclaration devant le maire de la commune de son domicile ; le maire lui en donne acte au bas de la déclaration.

11. — Le bureau prend toutes les informations nécessaires pour s'éclairer sur l'indigence du demandeur, si l'instruction déjà faite par le bureau du domicile du demandeur, dans le cas prévu par l'article 8, ne lui fournit pas, à cet égard, des documents suffisants.

Il donne avis à la partie adverse qu'elle peut se présenter devant lui, soit pour contester l'indigence, soit pour fournir des explications sur le fond.

Si elle comparait, le bureau emploie ses bons offices pour opérer un arrangement amiable. . . . .

15. — Le ministère public est entendu dans toutes les affaires dans lesquelles l'une des parties a été admise au bénéfice de l'assistance . . . .

21. — Devant toutes les juridictions, le bénéfice de l'assistance peut être retiré en tout état de cause, soit avant, soit même après le jugement :

1° S'il survient à l'assisté des ressources reconnues suffisantes ;

2° S'il a surpris la décision du bureau par une déclaration frauduleuse.

22. — Le retrait de l'assistance peut être demandé, soit par le ministère public, soit par la partie adverse.

Il peut aussi être prononcé d'office par le bureau.

Dans tous les cas, il est motivé.

23. — L'assistance judiciaire ne peut être retirée qu'après que l'assisté a été entendu ou mis en demeure de s'expliquer.

24. — Le retrait de l'assistance judiciaire a pour effet de rendre immédiatement exigibles les droits, honoraires, émoluments et avances de toute nature, dont l'assisté avait été dispensé. . . . .

26. — Si le retrait de l'assistance a pour cause une déclaration frauduleuse de l'assisté, relativement à son indigence, celui-ci peut, sur l'avis du bureau, être traduit devant le tribunal de police correctionnelle et condamné, indépendamment du paiement des droits et frais de toute nature, dont il avait été dispensé, à une amende égale au montant total de ces droits et frais, sans que cette amende puisse être au-dessous de cent francs, et à un emprisonnement de huit jours au moins et de six mois au plus.

L'art. 463 du Code pénal est applicable.
. . . .
Matière criminelle et correctionnelle.
— **28.** — Il sera pourvu à la défense des accusés devant les cours d'assises, conformément aux dispositions de l'art. 294 du Code d'instruction criminelle.

29. — Les présidents des tribunaux correctionnels désigneront un défenseur d'office aux prévenus poursuivis à la requête du ministère public, ou détenus préventivement, lorsqu'ils en feront la demande et que leur indigence sera constatée, soit par les pièces désignées dans l'article 10, soit par tous autres documents . . . . . . (Loi du 22 janvier 1851. *Ext.*)

JUSTIFICATIONS.

Vérification des recettes et dépenses des compagnies (décret impérial du 2 mai 1863). V. *Contrôle financier* au Rép., p. 831.

K

KAOLIN.

Conditions de transport, p. 281.

KILOGRAMME.

Indications relatives au tonnage (la tonne est comptée sur les chemins de fer pour 1,000 kilogrammes), v. p. 549.

KILOMÈTRE.

Tarification kilométrique. — Longueurs, p. 304. — Comptage des distances (v. les art. rappelés p. 282). — Poteaux kilométriques, 418.

L

LAINES.

Conditions de transport, p. 282. — Tarifs spéciaux, 282.

LAIT.

Transport à grande vitesse (application des tarifs généraux), p. 282. — Frais accessoires, 218. — Délais de livraison, 282. — Retards, 283. — *Tarifs spéciaux,* 283.

LAMPISTERIE.

Indications diverses relatives à l'éclairage, p. 283. — Nettoyage des appareils, 283. — Entretien, 283. — Fournitures, 284.

LATRINES.

Établissement de pavillons, p. 284 (1). — Entretien, 284.

LESTAGE.

Chargement fixe des wagons à frein (étude prescrite par la circ. minist. du 26 février 1856), p. 285. — Distinction à faire, dans la composition des convois, entre les wagons lestés et les wagons non chargés (v. au Rép., l'un des derniers paragraphes de l'art. *Freins*).

LETTRES.

Conditions de transport (v. les art. rappelés p. 286). — *Lettres d'avis aux des-*

____

(1) La dépense d'un pavillon isolé, construit avec murs en maçonnerie de pierre ou de briques, dans de bonnes conditions d'installation et de salubrité, s'est élevée, sur quelqueslignes, de 7,500 à 8,000 fr.

linataires, 286. — Constatation de l'envoi, 286. — Affaires diverses, 287.

LETTRES DE VOITURE.

Prescription générale relative au timbre des lettres de voitures et récépissés (loi du 13 mai 1863), p. 447. — Dispositions relatives à la *petite vitesse*, 287. — *Grande vitesse*, 288. — *Forme des lettres de voiture*, 288. — *Clause pénale*, 289, v. aussi au Rép., p. 866.

LIBRAIRIE.

Conditions de transport, par les chemins de fer, p. 289. — **Bibliothèques scolaires.** — Par suite d'une mesure appliquée sur divers chemins de fer, mesure commune sans doute à toutes les compagnies, les envois de livres faits en *petite vitesse* par le ministre de l'instruction publique, pour les bibliothèques scolaires, seront transportés à demi-tarif.

« Pour être admises à bénéficier de cette réduction, qui, d'ailleurs, ne s'appliquera pas aux frais accessoires d'enregistrement, de manutention et de camionnage, les expéditions devront être accompagnées d'un avis émanant du ministère de l'instruction publique (avis dont la teneur a été donnée dans l'ordre de service relatif à cet objet). (Ext. d'une inst. spéc., février 1865.)

Imprimés, journaux, feuilles périodiques, etc. (V. au Rép. les art. *Impressions* et *Journaux*.)

Transports réservés à l'administration des postes : — 1° exécution de l'arrêté du 27 prairial, an IX, p. 417 ; — 2° exécution de la loi du 25 juin 1856 et de l'arrêté du ministre des finances du 9 juillet suivant, concernant le transport des imprimés, échantillons, papiers d'affaires ou de commerce, circulant en France par la poste, v. p. 568.

Nous ajouterons que, d'après la loi et l'arrêté précités, l'administration des pos-

tes n'accepte pas de paquets de librairie de plus de 3 kilogrammes Elle n'est pas responsable des détériorations survenues aux articles qu'elle transporte.

Vente de livres dans les gares (autorisations, monopole, etc.), p. 590.

LIBRE CIRCULATION.

Fonctionnaires et agents de l'État, p. 290. — *Fonctionnaires en congé*, 290. — *Fonctionnaires nouvellement institués*, 290. — *Personnel des compagnies*, 290. — *Bagages des permissionnaires*, 291 (v. aussi *Bagages* au Rép.).

Libre circulation sur la voie et dans les gares (application de l'art. 21 de la loi du 15 juillet 1845 et des articles 61, 62 et 68 de l'ordonn. du 15 novembre 1846), v. p. 88, v. aussi *Circulation* au Rép. (1).

LIEU PUBLIC.

La loi du 15 juillet 1845, sur la police des chemins de fer et l'ordonnance du 15 novembre 1846, ont prévu les attaques, voies de fait, résistance et rébellion envers les agents dans l'exercice de leurs fonctions, mais il n'y est pas fait mention des injures, violences et rixes entre voyageurs, soit dans l'intérieur des gares, soit dans les wagons, ni des autres délits de droit commun, qui ont fait l'objet de la disposition suivante, extraite de la circulaire du 15 avril 1850, relative à l'organisation du service du contrôle.

« Les commissaires de surveillance administrative sont chargés de concourir à la répression des crimes et des délits de droit commun, particulièrement en cas de flagrant délit ; mais il ne leur appartient pas de concourir à la police ordinaire, qui ne peut être confiée qu'aux fonctionnaires et agents relevant du ministère de l'intérieur, spécialement aux commissaires de police des villes ou des quartiers dont les gares ou les stations dépendent, et aux agents placés sous

---

(1) La circ. minist. du 31 décembre 1846, portant envoi de l'ordon. réglem. du 15 novembre 1846, contient la disposition suivante au sujet de l'application de l'art. 62 de ladite ordonnance. « L'art. 62, en permettant aux maires et adjoints, aux commissaires de police, aux officiers de gendarmerie, gendarmes, etc. de pénétrer, dans certains cas, dans l'enceinte du chemin de fer, d'y circuler ou stationner, les oblige à se conformer aux mesures spéciales de précaution qui seront déterminées par le ministre, les compagnies entendues. Ces mesures doivent être évidemment concertées entre les ingénieurs des ponts et chaussées et les ingénieurs des mines, et leurs propositions, après avoir été communiquées aux compagnies pour avoir leurs observations, seront transmises à l'administration supérieure qui statuera. »

Les mesures dont il s'agit ont été généralement comprises dans les règlements des compagnies ayant pour objet la surveillance de la voie et contenant la prescription ci-après :

« Les personnes autorisées à circuler dans l'enceinte de la voie, devront se soumettre aux mesures de précaution, dont l'exécution est confiée aux agents de la surveillance » (Ext. des règl. appr. pour toutes les compagnies.) V. aussi au Rép. la note 1 de la page 790.

leurs ordres, aux officiers de gendarmerie et aux gendarmes, ainsi que cela s'est,
du reste, pratiqué de tout temps. »

Cette disposition a été maintenue et
plus longuement développée dans la circulaire ministérielle du 1er juin 1855, réglant
les attributions respectives des commissaires administratifs et des commissaires
spéciaux de police (v. cette circ. au Rép.,
p. 807).

Nous ajouterons que les documents résumés p. 291, ont eu pour objet d'attribuer aux délits de droit commun, commis
dans certaines dépendances des chemins
de fer, l'aggravation attachée à ces actes
coupables lorsqu'ils se produisent dans
un *lieu public*.

Les lois et règlements spéciaux des chemins de fer ne sont donc pas applicables en
pareil cas, à moins que les cris, désordres
ou rixes de voyageurs, n'aient occasionné
un accident ou engendré une contravention ressortissant à la police propre du
chemin de fer. — Il convient, en conséquence, de recourir, pour la répression
de ces délits, aux peines portées par le
Code pénal, savoir : pour les coups et
blessures, aux art. 309, 310 et 311 du Code
pénal, résumés p. 771, et pour les injures, diffamations, cris, tapage nocturne,
bruit d'instruments, etc., aux articles 376,
471 et 475 du même Code pénal. — Nous
ne parlerons pas ici de certains crimes de
personnes, pour lesquels il serait sans
objet de relater une pénalité déterminée,
les dispositions les plus rigoureuses des
lois en vigueur étant naturellement applicables à ces attentats heureusement exceptionnels.

LIGNES INTERNATIONALES.

Tarifs (v. au Rép.). — *Douane* (*id.*). —
Surveillance (v. *Frontière* au Rép).

LINGERIE.

Tarif général de transport, p. 291. —
Conditions diverses, 291.

LIQUIDES.

Conditions générales de transport, p.
291. — Tarifs spéciaux, 291. — Coulage,
293. — Déchet de route, 293 et 327. —
Livraison, 293. — Droits fiscaux, 293.

*Altération et falsification en cours de
transport.* — L'importance toujours croissante du transport des liquides par les
trains des chemins de fer, donne un certain intérêt à la disposition suivante de
l'art. 387 du Code pénal (texte révisé par
la loi du 13 mai 1863).

« Les voituriers, bateliers ou leurs pré-

posés, qui auront altéré ou tenté d'altérer
des vins ou toute autre espèce de liquides ou de marchandises, dont le transport leur avait été confié, et qui auront
commis ou tenté de commettre cette altération par le mélange de substances malfaisantes, seront punis d'un emprisonnement de 2 à 5 ans et d'une amende de
25 fr. à 500 fr. Ils pourront, en outre, être
privés des droits mentionnés à l'art. 42
du Code pénal, pendant cinq ans au moins
et 10 ans au plus. Ils pourront aussi être
mis, par l'arrêt ou le jugement, sous la
surveillance de la haute police pendant le
même nombre d'années.

» S'il n'y a pas eu mélange de substances malfaisantes, la peine sera un emprisonnement d'un mois à un an et une
amende de 16 fr. à 500 francs. »

Dans la disposition pénale qui vient
d'être reproduite, il ne s'agit que de l'*altération* des marchandises ; le vol proprement dit est incriminé dans le dernier
paragraphe de l'art. 386 ainsi conçu :
« Sera puni de la réclusion le vol commis.....; 4°..... par un voiturier, un bate-
lier, ou un de leurs préposés, lorsqu'ils
auront volé tout ou partie des choses qui
leur étaient confiées à ce titre. »

LITERIE.

Tarif maximum de transport, p. 293. —
Conditions diverses, 293.

LIVRAISON.

Bagages et marchandises (v. les articles rappelés, p. 293). — *Liquides*, 293.

LIVRES.

Indications diverses (v. *Librairie* au
Rép.).

LOCATIONS.

Amodiation des terrains en excédant,
p. 294. — *Id.* pour dépôts de marchandises, 295. — Location de magasins, matériel, etc., 295 (v. aussi *Embranchements*, au Rép.).

LOCOMOBILES.

Épreuves, etc. (v. p. 295, v. aussi à l'article *Machines* du Rép., la nouvelle réglementation établie par le décret du
25 janvier 1865). — *Usage sur les chemins de fer*, 276.

LOCOMOTIVES.

Le décret du 25 janvier 1865, qui a pro
fondément modifié le régime administratif

des autorisations d'appareils à vapeur, se réfère purement, quant aux locomotives, aux règlements d'administration publique, qui déterminent les conditions de la circulation de ces machines sur les chemins de fer (v. au mot *Machines* du Rép., les art. 25, 26 et 27 du décret précité du 25 janvier 1865).

Comme les formalités, dont il s'agit, se rattachaient précédemment, sur quelques points, aux dispositions de l'ordonnance réglementaire, abrogée, du 22 mai 1843, en ce qui concerne nota·ment les épreuves des chaudières, la disposition des appareils de sûreté dont ces générateurs devaient être pourvus, et enfin pour la forme des demandes, sauf, toutefois, les enquêtes de *commodo* et *d'incommodo* qui n'étaient pas obligatoires, nous croyons devoir grouper et résumer distinctement les principales dispositions que les lois et règlements sur les chemins de fer, et le cahier des charges général des compagnies concessionnaires, contiennent spécialement, en ce qui concerne la réception, l'usage et l'entretien des machines locomotives.

Extrait de l'ordonnance réglementaire du 15 novembre 1846 :

« Art. 7. — Les machines locomotives ne pourront être mises en service qu'en vertu de l'autorisation de l'administration, et après avoir été soumises à toutes les épreuves prescrites par les règlements en vigueur (1)

» Lorsque, par suite de détérioration ou pour tout autre cause, l'interdiction d'une machine aura été prononcée, cette machine ne pourra être remise en service qu'en vertu d'une nouvelle autorisation.

» 8. — Les essieux des locomotives, des tenders et des voitures de toute espèce, entrant dans la composition des convois de voyageurs ou dans celle des trains mixtes de voyageurs et de marchandises allant à grande vitesse, devront être en fer martelé de premier choix (v. p. 188).

» 9. — Il sera tenu des états de service pour toutes les locomotives. Ces états seront inscrits sur des registres qui devront être constamment à jour, et indiquer, à l'article de chaque machine, la date de sa mise en service, le travail qu'elle a accompli, les réparations ou modifications qu'elle a reçues, et le renouvellement de ses diverses pièces.

» Il sera tenu, en outre, pour les essieux de locomotives, tenders et voitures de toute espèce, des registres spéciaux sur lesquels, à côté du numéro d'ordre de chaque essieu, seront inscrits sa provenance, la date de sa mise en service, l'épreuve qu'il peut avoir subie, son travail, ses accidents et ses réparations ; à cet effet, le numéro d'ordre sera poinçonné sur chaque essieu.

» Les registres mentionnés aux deux paragraphes ci-dessus seront représentés, à toute réquisition, aux ingénieurs et agents chargés de la surveillance du matériel et de l'exploitation

» 10. — Il est interdit de placer dans un convoi comprenant des voitures de voyageurs aucune locomotive, tender ou autre voiture d'une nature quelconque, montés sur des roues en fonte.

» Toutefois, le ministre des travaux publics, pourra, par exception, autoriser l'emploi des roues en fonte, cerclées en fer, dans les trains mixtes de voyageurs et de marchandises, et marchant à la vitesse d'au plus 25 kilomètres à l'heure

» 11. — Les locomotives devront être pourvues d'appareils ayant pour objet d'arrêter les fragments de coke tombant de la grille et d'empêcher la sortie des flammèches par la cheminée (2)......

» 15. — Les locomotives, tenders et voitures de toute espèce devront porter : 1° le nom ou les initiales du nom du chemin de fer auquel ils appartiennent ; 2° un numéro d'ordre......

» 16. — Les machines locomotives, tenders et voitures de toute espèce, et tout le matériel d'exploitation, seront constamment maintenus dans un bon état d'entretien (3).

» La compagnie devra faire connaître au ministre des travaux publics les mesures adoptées par elle à cet égard, et,

---

(1) L'art. 32 du cah. des ch., reproduit au présent article sous le titre : *Appareils fumivores*, dispose de son côté que les locomotives devront satisfaire à toutes les conditions prescrites ou à prescrire par l'administration pour la mise en service de ce genre de machines. On ne peut donc, en ce qui concerne les épreuves préalables des chaudières, que se référer à la nouvelle réglementation établie par le décret du 25 janvier 1865. Les *épreuves de parcours* à faire subir aux locomotives sont résumées, d'ailleurs, au mot *Réceptions* du Rép.

(2) V. au Dict., p. 33, l'arrêté ministériel du 1er août 1857, ayant pour objet l'application de l'art. 11 ci-dessus de l'ordon. du 15 novembre 1846.

(3) Cette disposition est à peu près textuellement reproduite par le dernier paragraphe de l'art. 32 du cah. des ch. général des concessions, v. p. 714.

en cas d'insuffisance, le ministre, après avoir entendu les observations de la compagnie, prescrira les dispositions qu'il jugera nécessaires à la sûreté de la circulation.

Disposition et attelage des machines dans la composition des trains (ext. de l'ordonn. réglem. du 15 novembre 1846) :

« 19. — Les locomotives devront être en tête des trains.

» Il ne pourra être dérogé à cette disposition que pour les manœuvres à exécuter dans le voisinage des stations ou pour le cas de secours. Dans ces cas spéciaux, la vitesse ne devra pas dépasser 25 kilomètres par heure.

» 20. — Les convois de voyageurs ne devront être remorqués que par une seule locomotive (sauf les cas mentionnés audit article 20, textuellement reproduit, avec les annotations nécessaires, au mot *Composition des convois*, p. 109). V. aussi *Attelages*, p. 42.

Stationnements (ext de la même ordonn.). — » 28. — Sauf le cas de force majeure ou de réparation de la voie, les trains ne pourront s'arrêter qu'aux gares ou lieux de stationnement autorisés pour le service des voyageurs ou des marchandises.

» Les locomotives ou les voitures ne pourront stationner sur les voies du chemin de fer affectées à la circulation des trains.

Vérifications (ibid.). — » 36. — Le mécanicien devra porter constamment son attention sur l'état de la voie, arrêter ou ralentir la marche en cas d'obstacles, suivant les circonstances, et se conformer aux signaux qui lui seront transmis ; il surveillera toutes les parties de la machine, la tension de la vapeur et le niveau d'eau de la chaudière. Il veillera à ce que rien n'embarrasse la manœuvre du frein du tender.

Droit de monter sur les machines (ibid.) — » 39. — Aucune personne, autre que le mécanicien et le chauffeur, ne pourra monter sur la locomotive ou sur le tender, à moins d'une permission spéciale et écrite du directeur de l'exploitation du chemin de fer.

(Sont exceptés de cette interdiction, les fonctionnaires et agents mentionnés audit art. 39, reproduit textuellement, avec les annotations nécessaires, au mot *Locomotives*, p. 298 du Dict.).

Machines de secours. — » 40. — Des machines dites de secours ou de réserve devront être entretenues constamment en feu et prêtes à partir, sur les points de chaque ligne qui seront désignés par le ministre des travaux publics, sur la proposition de la compagnie.

» Les règles relatives au service de ces machines seront également déterminées par le ministre, sur la proposition de la compagnie. »

(Des décisions ministérielles spéciales ont déterminé, pour les diverses lignes, les principales gares qui doivent être munies de machines de secours. Nous avons indiqué, d'ailleurs, au mot *Secours* du Dict, p. 491, les prescriptions administratives ayant pour objet *l'expédition et la vitesse des machines de secours*.)

Surveillance administrative des locomotives : — 1" Attributions des préfets et notamment du préfet de police, pour autoriser le service des machines employées sur les lignes ayant leur point de départ à Paris. V. au Dict. l'art. *Matériel*, p. 335 ; — 2° surveillance à exercer par les ingénieurs des mines et les garde-mines, v. au dict., fin de la p. 265 et p. 266.

Prescriptions diverses, relatives au service des machines (v. *Mécaniciens* au Dict., p. 340).

Infractions, pénalités : 1° art. 21 de la loi du 15 juillet 1845 et 79 de l'ordonn. du 15 novembre 1846, relatifs aux infractions commises aux règlements des chemins de fer, p. 394 ; — 2 loi du 21 juillet 1856, sur la police des appareils à vapeur, p. 308 ; — 3° *explosions*, pénalité édictée par l'art. 437, récemment révisé du Code pénal, v. la fin de l'art. *Explosions*, p. 197 du Dict.

Appareils fumivores (extrait du cahier des charges général des concessions) :

« 32. — Les machines locomotives seront construites sur les meilleurs modèles ; elles devront consumer leur fumée et satisfaire, d'ailleurs, à toutes les conditions prescrites ou à prescrire par l'administration, pour la mise en service de ce genre de machines. » (V. au sujet des appareils fumivores des locomotives, l'un des paragraphes de la circ. minist. générale du 1er février 1864, reproduite à l'art. *Enquêtes d'exploitation* du Rép.)

Frein à installer sur les locomotives et *Boîtes à sable.* (Circ. minist. adressée le 4 février 1865 aux administrateurs des compagnies de chemins de fer et communiquée aux ingénieurs en chef du contrôle) : « Par une circulaire du 15 avril 1864, j'ai invité les compagnies de chemins de fer à me faire connaître leurs observations sur l'utilité qu'il pourrait y avoir, d'une part, à installer un frein sur les locomotives et, d'autre part, à faire usage de boîtes à sable pour produire rapidement l'arrêt des trains en marche (1).

» J'ai soumis les réponses des compagnies à l'examen de la commission spéciale instituée par arrêté ministériel du 28 juin 1864, et, dans le rapport qu'elle vient de m'adresser, la commission exprime l'avis :

» 1° Qu'il n'y a pas lieu de prescrire l'emploi des boîtes à sable, attendu que les compagnies de chemins de fer ont spontanément placé des appareils de cette nature sur presque toutes leurs machines ;

» 2° Qu'il serait à désirer que toutes les locomotives fussent munies de freins, mais que, à raison des difficultés que l'on rencontrerait pour en adapter à certains types, il est impossible de faire de cette mesure l'objet d'une prescription absolue et que l'administration peut, en conséquence, se borner à recommander aux compagnies de persévérer dans la voie d'essais où elles sont, pour la plupart, entrées, notamment en ce qui concerne les locomotives à grande vitesse qui n'ont qu'un seul essieu moteur.

» J'ai l'honneur de vous transmettre ces conclusions, en insistant, autant qu'il est en moi, sur la recommandation qui fait l'objet de la dernière partie de l'avis de la commission. » (Circ. min. du 4 fév. 1865.)

Nombre de freins dans les trains de marchandises remorqués par deux locomotives placées l'une à l'avant, l'autre à l'arrrière (v. *Freins* au Rép.).

Machines à ballast. — On emploie indistinctement pour le service des trains de matériel destinés à l'entretien ou à la réparation des lignes en exploitation, des machines à 2 ou 3 roues accouplées, qui font partie du roulement des machines en service journalier. — Ces locomotives sont autorisées et surveillées comme les autres machines.

Machines à travaux. — Les entrepreneurs des travaux de construction de lignes nouvelles font ordinairement usage, pour les grands travaux de terrassement, de ballastage et de transport des matériaux de la voie, de machines qui proviennent généralement des lignes de che-

mins de fer, où elles ont déjà été l'objet d'un permis de circulation qui les suit, lorsque la compagnie les cède à l'entrepreneur. A la rigueur, elles devraient être autorisées pour leur nouveau service ; mais il ne paraît point exister pour cet objet d'indication réglementaire.

Les machines *neuves* employées sur les lignes en construction, doivent avoir été préalablement essayées sur un chemin de fer exploité, et autorisées par le préfet du département où ce chemin de fer a son point de départ.

Quelle que soit leur origine, les diverses machines locomotives affectées au service des travaux des lignes nouvelles, sont placées au point de vue de leur usage, sous la surveillance des ingénieurs du contrôle de la construction ; mais les accidents proprement dits de machine à vapeur, qu'elles peuvent occasionner (explosions, etc. etc.), ressortissent pour la constatation et l'étude au point de vue technique, aux ingénieurs des mines ou des ponts et chaussées chargés, dans le département où a eu lieu l'accident, de la surveillance des appareils à vapeur ; c'est du moins ce qui a lieu dans la pratique, aucune règle générale ne paraissant non plus avoir été établie pour cet objet.

LOGEMENTS.

Agents des compagnies, p. 302. — Militaires logés dans les gares, 302.

LOIS.

Principales lois applicables au service des chemins de fer :

16 septembre 1807 (règlement des indemnités administratives (v. *Indemnités* au Rép.).

3 mai 1841. — Expropriation pour cause d'utilité publique, p. 658.

11 juin 1842. — Etablissement de grandes lignes de chemins de fer, travaux commencés par l'Etat, p. 811.

15 juillet 1845. — Dispositions générales applicables à l'établissement des grandes lignes de chemins de fer, p. 813.

---

(1) En ce qui concerne le frein à installer sur les locomotives, la circ. minist. du 15 avril 1864, contenait la disposition suivante : « la commission des freins instituée près mon administration et dans laquelle les compagnies sont représentées par un directeur et un chef de service, tout en réservant son opinion sur les divers systèmes qu'elle a eu à examiner, a pensé qu'un des moyens d'arrêt les plus efficaces serait l'application d'un frein énergique aux locomotives et a émis l'avis qu'il conviendrait d'inviter les compagnies concessionnaires à faire cette application.

» L'installation d'un semblable appareil n'entraînerait pas de modifications essentielles dans le matériel et on ne peut, d'ailleurs, en contester l'utilité pratique, car il résulte des renseignements fournis par la commission, que des freins fonctionnent avec avantage sur 150 locomotives du chemin de fer du Nord. » (Circ. minist., 15 avril 1864, ext.)

Nota. — Pour les autres lois non indiquées ci-dessus, nous renvoyons à la table générale placée à la fin de ce volume.

LONGUEURS.

Bases kilométriques, p. 304. — *Comptages exceptionnels* (v. *Distances* au Dict. et au Rép.).

LOQUETEAUX.

Mesures de précaution. (Ext. de la déc. minist. du 11 mai 1855), p. 305.

LORRYS.

Indications particulières, relatives aux petits wagonnets du service de la voie, p. 305.

M

MACHINES A VAPEUR.

Nouvelle réglementation. — Un décret du 25 janvier 1865, ayant modifié et simplifié dans un sens très-favorable à la liberté de l'industrie, les formalités à remplir pour l'établissement et l'usage des machines à vapeur, nous croyons devoir reproduire en entier cet important document qui est conçu dans les termes suivants :

« Art. 1er. — Sont soumises aux formalités et aux mesures prescrites par le présent décret, les chaudières fermées destinées à produire la vapeur, autres que celles qui sont placées à bord des bateaux.

TITRE 1er. — *Dispositions relatives à la fabrication, à la vente et à l'usage des chaudières fermées destinées à produire la vapeur* — 2. — Aucune chaudière neuve ou ayant déjà servi ne peut être livrée par celui qui l'a construite, réparée ou vendue, qu'après avoir subi l'épreuve prescrite ci-après.

Cette épreuve est faite chez le constructeur ou chez le vendeur, sur sa demande, sous la direction des ingénieurs des mines ou, à leur défaut, des ingénieurs des ponts et chaussées ou les agents sous leurs ordres.

Les épreuves des chaudières venant de l'étranger sont faites, avant la mise en service, au lieu désigné par le destinataire dans sa demande.

3. — L'épreuve consiste à soumettre la chaudière à une pression effective double de celle qui ne doit pas être dépassée dans le service, toutes les fois que celle-ci est comprise entre un demi-kilogramme et 6 kilogrammes par centimètre carré inclusivement.

La surcharge d'épreuve est constante et égale à un demi-kilogramme par centimètre carré pour les pressions inférieures et à 6 kilogrammes par centimètre carré pour les pressions supérieures aux limites ci-dessus.

L'épreuve est faite par pression hydraulique.

La pression est maintenue pendant le

---

(1) L'art. 2 de cette loi rend applicables aux chemins de fer les lois et règlements de grande voirie dont l'énumération a été donnée à la table placée à la fin de ce volume. Elle mentionne. d'ailleurs, les dispositions pénales, applicables en matière de chemins de fer, en vertu des articles ci-après, savoir : art. 11, contraventions de voirie commises par les particuliers ; — art. 12 à 15 , *idem* par les concessionnaires ; — art. 16, sûreté de la circulation, répression judiciaire des crimes, tentatives de malveillance, etc. ; — art. 19, accidents causés par imprudence, négligence, etc. ; — art. 20, agents abandonnant leur poste pendant la marche du convoi ; — art. 21, infractions diverses aux règlements d'exploitation.

temps nécessaire à l'examen de toutes les parties de la chaudière.

4. — Après qu'une chaudière ou partie de chaudière a été éprouvée avec succès, il y est apposé un timbre indiquant, en kilogrammes par centimètre carré, la pression effective que la vapeur ne doit pas dépasser. Les timbres sont placés de manière à être toujours apparents après la mise en place de la chaudière.

Ils sont poinçonnés par l'agent chargé d'assister à l'épreuve.

Soupapes. — 5. — Chaque chaudière est munie de deux soupapes de sûreté chargées de manière à laisser la vapeur s'écouler avant que sa pression effective atteigne ou tout au moins dès qu'elle atteint la limite maximum indiquée par le timbre dont il est fait mention à l'article précédent.

Chacune des soupapes offre une section suffisante pour maintenir à elle seule, quelle que soit l'activité du feu, la vapeur dans la chaudière à un degré de pression qui n'excède, dans aucun cas, la limite ci-dessus.

Le constructeur est libre de répartir, s'il le préfère, la section totale d'écoulement nécessaire des deux soupapes réglementaires entre un plus grand nombre de soupapes.

Manomètre. — 6. — Toute chaudière est munie d'un manomètre en bon état, placé en vue du chauffeur, disposé et gradué de manière à indiquer la pression effective de la vapeur dans la chaudière Une ligne très-apparente marque sur l'échelle le point que l'index ne doit pas dépasser.

Un seul manomètre peut servir pour plusieurs chaudières ayant un réservoir de vapeur commun.

Appareil d'alimentation. — 7. — Toute chaudière est munie d'un appareil d'alimentation d'une puissance suffisante et d'un effet certain.

Niveau de l'eau. — 8. — Le niveau que l'eau doit avoir habituellement dans chaque chaudière doit dépasser d'un décimètre au moins la partie la plus élevée des carneaux, tubes ou conduits de la flamme et de la fumée dans le fourneau.

Ce niveau est indiqué par une ligne tracée d'une manière très-apparente sur les parties extérieures de la chaudière et sur le parement du fourneau.

La prescription énoncée au paragraphe 1er du présent article ne s'applique point :

1° Aux surchauffeurs de vapeur, distincts de la chaudière ;

2° A des surfaces relativement peu étendues et placées de manière à ne jamais rougir, même lorsque le feu est poussé à son maximum d'activité, telles que la partie supérieure des plaques tubulaires des boîtes à fumée, dans les chaudières de locomotives, ou encore telles que les tubes ou parties de cheminées qui traversent le réservoir de vapeur, en envoyant directement à la cheminée principale les produits de la combustion ;

3° Aux générateurs dits à production de vapeur instantanée, et à tous autres qui contiennent une trop petite quantité d'eau pour qu'une rupture puisse être dangereuse.

Le ministre de l'agriculture, du commerce et des travaux publics, peut, en outre, sur le rapport des ingénieurs et l'avis du préfet, accorder dispense de ladite prescription dans tous les cas où, à raison, soit de la forme ou de la faible dimension des générateurs, soit de la position spéciale des pièces contenant de la vapeur, il serait reconnu que la dispense ne peut pas avoir d'inconvénients.

9. — Chaque chaudière est munie de deux appareils indicateurs du niveau de l'eau, indépendants l'un de l'autre et placés en vue du chauffeur.

L'un de ces deux indicateurs est un tube en verre, disposé de manière à pouvoir être facilement nettoyé et remplacé au besoin.

TITRE II. — *Dispositions relatives à l'établissement des chaudières à vapeur placées à demeure.* — 10. — Les chaudières à vapeur destinées à être employées à demeure ne peuvent être établies qu'après une déclaration au préfet du département. Cette déclaration est enregistrée à sa date. Il en est donné acte.

11. — La déclaration fait connaître :

1° Le nom et le domicile du vendeur des chaudières ou leur origine ;

2° La commune et le lieu précis où elles sont établies ;

3° Leur forme, leur capacité et leur surface de chauffe ;

4° Le numéro du timbre exprimant en kilogrammes par centimètre carré la pression effective maximum sous laquelle elles doivent fonctionner ;

5° Enfin le genre d'industrie et l'usage auxquelles elles sont destinées.

12. — Les chaudières sont distinguées en trois catégories.

Cette classification est basée sur la capacité de la chaudière et sur la tension de la vapeur.

On exprime en mètres cubes la capacité de la chaudière avec ses tubes bouilleurs ou réchauffeurs, mais sans y comprendre les surchauffeurs de vapeur ; on multiplie ce nombre par le numéro du timbre, augmenté d'une unité. Les chaudières sont de la première catégorie, quand le produit est plus grand que quinze ; dans la deuxième, si ce même produit surpasse cinq et n'excède pas quinze ; dans la troisième, s'il n'excède pas cinq.

Si plusieurs chaudières doivent fonctionner ensemble dans un même emplacement, et si elles ont entre elles une communication quelconque, directe ou indirecte, on prend, pour former le produit comme il vient d'être dit, la somme des capacités de ces chaudières.

13. — Les chaudières comprises dans la première catégorie doivent être établies en dehors de toute maison et de tout atelier surmonté d'étages.

N'est point considéré comme un étage au-dessus de l'emplacement d'une chaudière, une construction légère, dans laquelle les matières ne sont l'objet d'aucune élaboration nécessitant la présence d'employés ou ouvriers travaillant à poste fixe.

Dans ce cas, le local ainsi utilisé est séparé des ateliers contigus par un mur ne présentant que les passages nécessaires pour le service.

14. — Il est interdit de placer une chaudière de première catégorie à moins de 3 mètres de distance du mur d'une maison d'habitation appartenant à des tiers.

Si la distance de la chaudière à la maison est plus grande que 3 mètres et moindre que 10 mètres, la chaudière doit être généralement installée de façon que son axe longitudinal prolongé ne rencontre pas le mur de ladite maison, ou que, s'il le rencontre, l'angle compris entre cet axe et le plan du mur soit inférieur au sixième d'un angle droit.

Dans le cas où la chaudière n'est pas installée dans les conditions ci-dessus, la maison doit être garantie par un mur de défense.

Ce mur, en bonne et solide maçonnerie, a 1 mètre au moins d'épaisseur en couronne. Il est distinct du parement du fourneau de la chaudière et du mur de la maison voisine, et est séparé de chacun d'eux par un intervalle libre de 0^m,30 de largeur au moins.

Sa hauteur dépasse de 1 mètre la partie la plus élevée du corps de la chaudière, quand il est à une distance de celle-ci comprise entre 0^m,30 et 3 mètres. Si la distance est plus grande que 3 mètres, l'excédant de hauteur est augmenté en proportion de la distance, sans toutefois excéder 2 mètres.

Enfin, la situation et la longueur du mur sont combinées de manière à couvrir la maison voisine dans toutes les parties qui se trouvent à la fois au-dessous de la crête dudit mur, d'après la hauteur fixée ci-dessus, et à une distance moindre que 10 mètres d'un point quelconque de la chaudière.

L'établissement d'une chaudière de première catégorie à la distance de 10 mètres ou plus des maisons d'habitation, n'est assujéti à aucune condition particulière.

Les distances de 3 mètres et de 10 mètres fixées ci-dessus sont réduites respectivement à 1^m,50 et 5 mètres, lorsque la chaudière est enterrée de façon que la partie supérieure de ladite chaudière se trouve à 1 mètre au moins en contre-bas du sol, du côté de la maison voisine.

15. — Les chaudières comprises dans la deuxième catégorie peuvent être placées dans l'intérieur de tout atelier, pourvu que l'atelier ne fasse pas partie d'une maison habitée par des personnes autres que le manufacturier, sa famille et ses employés, ouvriers et serviteurs.

16. — Les chaudières de troisième catégorie peuvent être établies dans un atelier quelconque, même lorsqu'il fait partie d'une maison habitée par des tiers.

17. — Les fourneaux des chaudières comprises dans la deuxième et la troisième catégorie sont entièrement séparés des maisons d'habitation appartenant à des tiers ; l'espace vide est de 1 mètre pour les chaudières de la deuxième catégorie, et de 0^m,50 pour les chaudières de la troisième.

18. — Les conditions d'emplacement établies par les art. 14 et 17 ci-dessus cessent d'être obligatoires, lorsque les tiers intéressés renoncent à s'en prévaloir.

Fumée. — 19. — Le foyer des chaudières de toute catégorie doit brûler sa fumée.

Un délai de six mois est accordé pour l'exécution de la disposition qui précède aux propriétaires de chaudières auxquels l'obligation de brûler leur fumée n'a point été imposée par l'acte d'autorisation.

20 — Si, postérieurement à l'établissement d'une chaudière, un terrain contigu vient à être affecté à la construction d'une maison d'habitation, le propriétaire de ladite maison a le droit d'exiger l'exécution des mesures prescrites par les articles 14 et 17 ci-dessus, comme si la maison eût été construite avant l'établissement de la chaudière.

21. — Indépendamment des mesures générales de sûreté prescrites au titre Ier de la déclaration prévue par les art. 10 et 11 du titre II, les chaudières à vapeur fonctionnant dans l'intérieur des mines, sont soumises aux conditions spéciales fixées par les lois et règlements concernant l'exploitation des mines.

TITRE III. — *Dispositions relatives aux chaudières des machines locomobiles et locomotives.* — 22. — Sont considérées comme locomobiles les machines à vapeur qui peuvent être transportées facilement d'un lieu dans un autre, n'exigent aucune construction pour fonctionner sur un point donné, et ne sont effectivement employées que d'une manière temporaire à chaque station

23. — Les chaudières des machines locomobiles sont soumises aux mêmes épreuves et munies des mêmes appareils de sûreté que les générateurs établis à demeure ; toutefois, elles peuvent n'avoir qu'un seul tube indicateur du niveau de l'eau en verre. Elles portent, en outre, une plaque sur laquelle sont gravés, en lettres très-apparentes, le nom du propriétaire, son domicile et un numéro d'ordre, si le propriétaire en possède plusieurs.

Elles sont l'objet d'une déclaration adressée au préfet du département où est le domicile du propriétaire de la machine.

24. — Aucune locomobile ne peut être employée sur une propriété particulière à moins de 5 mètres de tout bâtiment d'habitation et de tout amas découvert de matières inflammables appartenant à des tiers, sans le consentement formel de ceux-ci.

Le fonctionnement des locomobiles sur la voie publique est régi par les règlements de police locaux.

25. Les machines à vapeur locomotives sont celles qui, sur terre, travaillent en même temps qu'elles se déplacent par leur propre force.

26. — Les dispositions de l'article 23 sont applicables aux chaudières des machines locomotives.

27. — La circulation des locomotives sur les chemins de fer a lieu dans les conditions déterminées par des règlements d'administration publique (1).

Un règlement spécial fixera, s'il y a lieu, les conditions relatives à la circulation des locomotives sur les routes autres que les chemins de fer.

Titre IV. — *Dispositions générales.* —

28. — Les ingénieurs des mines, ou à leur défaut, les ingénieurs des ponts et chaussées, ainsi que les agents sous leurs ordres commissionnés à cet effet, sont chargés, sous la direction des préfets et avec le concours des autorités locales, de la surveillance relative à l'exécution des mesures prescrites par le présent décret (2).

29. — Les contraventions au présent règlement sont constatées, poursuivies et réprimées conformément à la loi du 21 juillet 1856, sans préjudice de la responsabilité civile que les contrevenants peuvent encourir aux termes des articles 1382 et suivants du Code Napoléon (3).

30. — En cas d'accident ayant occasionné la mort ou des blessures graves, le propriétaire ou le chef de l'établissement doit prévenir immédiatement l'autorité chargée de la police locale et l'ingénieur chargé de la surveillance.

L'autorité chargée de la police locale se transporte sur les lieux et dresse un procès-verbal qui est transmis au préfet et au procureur impérial.

L'ingénieur chargé de la surveillance se rend également sur les lieux dans le plus bref délai, pour visiter les chaudières, en constater l'état et rechercher les causes de l'accident. Il adresse sur le tout un rapport au préfet et un procès-verbal au procureur impérial.

En cas d'explosion, les constructions ne doivent point être réparées et les fragments de la chaudière rompue ne doivent point être déplacés ou dénaturés avant la clôture du procès-verbal de l'ingénieur.

31. — Les chaudières qui dépendent des services spéciaux de l'État sont surveillées par les fonctionnaires et agents de ces services.

Leur établissement reste assujéti à la déclaration prévue par l'art. 10 et à toutes les conditions d'emplacement et autres qui peuvent intéresser les tiers.

32. — Les conditions d'emplacement prescrites pour les chaudières à demeure par le présent décret, ne sont point applicables aux chaudières pour l'établissement desquelles il aura été satisfait à l'ordonnance royale du 22 mai 1843.

33. — Les attributions conférées aux préfets des départements par le présent décret, sont exercées par le préfet de police dans toute l'étendue de son ressort.

34. — L'ordonnance royale du 22 mai 1843, relative aux machines et chaudières à vapeur, autres que celles qui sont placées sur des bateaux, est rapportée.

35. — Le ministre de l'agriculture, du commerce et des travaux publics est chargé de l'exécution du présent décret,

---

(1) Voir le résumé de ces règlements à l'art. *Locomotives* du Rép.

(2) Cette surveillance rentre dans les attributions des ingénieurs du contrôle pour toutes les machines à vapeur employées sur les chemins de fer en exploitation. (Ext. de la circ. minist. du 15 avril 1850, v. p. 425.)

(3) Voir p. 308, l'extrait de la loi du 21 juillet 1856 et p. 747 du Rép., les articles 1382 et suivants du Code Napoléon.

qui sera inséré au *Bulletin des lois.* »
(Décret du 25 janvier 1865.) (1)

MAGASINAGE.

Extrait des règlements et des tarifs généraux : 1° avertissement aux destinataires, p. 309 ; — 2° colis adressés à domicile, 310 ; — 3° magasinage au départ, 310 ; — 4° stationnement des wagons complets, 310 ; 5° réexpédition au-delà du chemin de fer, 310. — 6° enlèvement des cercueils. 310 ; — 7° livraison des animaux, 310 ; — 8° tarifs d'application du magasinage, 310 ; — 9° dispositions communes aux expéditions de petite vitesse, 311 ; 9bis tarifs spéciaux, 312 ; — 10° magasinage d'objets remis aux domaines (arr. minist. du 20 avril 1863), 312 ; — 10bis objets sujets à une prompte détérioration, 312 ; — 11° magasinage anticipé, 312 ; — 12° nouvelle tarification projetée (vœux de la commission d'enquête), 313 ; v. aussi à l'art. *Enquêtes d'exploitation* du Rép, p. 868, la circ. minist. du 1er février 1864.

MAGASINS.

Indications diverses (v. au Dict. et au Rép. les art. rappelés p. 313). — *Magasins considérés comme établissements industriels* (v. au Rép., p. 856, note).

MAIRES.

Attributions, p. 313. — **Enquêtes :** — 1° pour l'expropriation des terrains, 313 ; — 2° pour l'établissement des stations, 313 ; — 3° pour l'établissement des machines à vapeur (ces dernières enquêtes ont été supprimées par le décret du 25 janvier 1865, v. au Rép. l'art. *Machines à vapeur*) ; 4° pour le déplacement de chemins communaux et des gares, 313 (voir aussi *Gares* au Rép.). — *Exécution do travaux communaux*, 314. — **Réception de chemins déviés ou modifiés,** 787, Rép. — *Opérations de bornage*, dispositions pratiques, 60. — *Alignements*, 314. — *Contraventions de grande voirie*, 314. — *Droit de circulation sur la voie*, 314. — *Délits d'exploitation*, 314. — *Affaires*

diverses d'exploitation, 315. — Itinéraires des voitures de correspondances (v. *cours des gares* au Rép.). — Affichage de tarifs (v. *Publications* au Rép.). — Visa des registres de réclamations, 450. — Visa des déclarations de douane, 666. — Logements de troupes, 315.

Exécution des arrêtés administratifs, p. 315 (v. aussi *Conseils* (de préfecture) au Rép.).

MAISONS DE GARDE.

Établissement, p. 315. — *Prix approximatif de revient*, 430, note. — *Entretien*, 316. — *Numérotage.* — Les maisons de garde sont ordinairement numérotées à partir de l'origine de la ligne ; les inscriptions sont faites au moyen de numéros peints à l'huile ou à la colle, ou de plaques de tôle ou fonte émaillée (n^{rs} blancs sur fond bleu) dont le prix peut varier de 2 fr. à 1 fr. 50 et même 1 fr. 25 la pièce (non compris pose et transport) suivant les quantités demandées aux fournisseurs (2).

MALADIES.

Congés pour cause de maladie, p. 316 (v. aussi p. 822, note 2 du Rép., le texte de la circ. minist. du 30 mars 1857). — *Agents des compagnies*, 316.

MALLE DES INDES.

Itinéraire. — La malle des dépêches anglaises, expédiée de Londres à destination de l'Inde et de l'Australie, est amenée, par le chemin de fer du Nord, de Calais à Paris, d'où elle part ordinairement quatre fois par mois, les 4, 11, 19 et 27. — Elle est embarquée à Marseille sur les paquebots d'Alexandrie. — Arrivée à ce dernier point, elle emprunte le chemin de fer égyptien, d'Alexandrie au Caire et du Caire à Suez. De là, elle est enfin dirigée vers sa destination définitive par la voie de la mer Rouge, ou golfe arabique, et les passages maritimes aboutissant à la mer des Indes.

Les voyages de retour, dont les époques sont beaucoup plus incertaines, ont naturellement lieu suivant l'itinéraire inverse (3).

---

(1) Ce décret, inséré au *Moniteur universel*, du dimanche 29 janvier 1865, sera prochainement suivi, sans doute, d'une instruction ministérielle spéciale, adressée aux divers ingénieurs que les nouvelles dispositions intéressent. Nous donnerons plus loin, à l'article *Vapeur*, les documents complémentaires que nous pourrons recueillir à ce sujet.

(2) Sur plusieurs lignes, il est fait usage de plaques semblables pour le numérotage des poteaux kilométriques.

(3) Il y a mensuellement quatre retours comme il y a quatre départs ; mais on compte quelquefois *trois* arrivées seulement pour un mois et *cinq* pour le mois suivant.

La longueur du parcours total de la malle, sur le territoire français, de Calais à Marseille, est de 1,190 kil. (non compris la traversée de Paris), savoir : ligne du Nord, 327 kil. ; ligne de Paris à Marseille, 863 kil. ; la durée ordinaire du trajet peut être évaluée à 6 heures pour la première ligne et à 19 heures pour la seconde (marche des trains express auxquels la malle est adjointe) ; les vitesses effectives correspondantes s'élèvent donc à 54^k,5 et 45^k,4, et pour l'ensemble des deux lignes, en moyenne, à 47^k,6 à l'heure (1).

La vitesse réelle de *pleine marche* est un peu plus élevée, elle ressortira des indications ci-après, relatives aux conditions *spéciales* du parcours de la malle sur nos deux grandes lignes de chemins de fer.

Adjonction aux trains express. — Au départ de Calais jusqu'à son arrivée à Marseille, la malle de l'Inde, comprenant (sauf l'exception dont il sera parlé plus loin) un wagon poste (ou allége), est successivement adjointe aux trains express n°° 12 de la ligne du Nord, partant de Calais à 1^h 30 du matin et arrivant à Paris à 7^h 20, et n° 1 de la ligne de la Méditerranée, partant de Paris à 11 heures du matin et arrivant à Marseille à 6^h 15 du lendemain matin. En retranchant les arrêts ou ralentissements prévus pour ces deux trains dans les ordres de service, on trouve que la vitesse de pleine marche, sur le chemin de fer du Nord, atteint normalement 70 kil. à l'heure, et sur le chemin de fer de Lyon, environ 60 kil. ; soit, pour l'ensemble, 55 kil. à l'heure, en moyenne.

Train spécial. — En cas d'urgence, de retard, ou lorsque les dépêches comportent plus de deux alléges (ou fourgons spéciaux adjoints au wagon poste titulaire), on fait suppléer exceptionnellement le train express par un train extraordinaire dont la vitesse de pleine marche est à peu près exactement la même que celle des express 12 (Nord) et 1 (Lyon) dont il vient d'être parlé.

Les vitesses effectives des trains spéciaux, affectés, lorsqu'il y a lieu, au transport de la malle des Indes, sont exactement les suivantes : ligne du *Nord*, 59^k,4 à l'heure ; ligne de *Paris à Lyon*, 46^k,3 ; ligne de *Lyon à Marseille*, 45^k,5 ; moyenne générale, 48^k,8.

Ces chiffres relevés sur les tableaux officiels montrent suffisamment que la vitesse moyenne du train spécial destiné à suppléer dans de rares occasions les trains express, auxquels il est d'usage d'adjoindre la malle des Indes, n'excède pas sensiblement la vitesse de ces derniers trains, et qu'elle est bien éloignée des chiffres exagérés accrédités dans le public.

Dans les parcours où l'on n'a pas à lutter contre les obstacles du tracé (sur le chemin du Nord, par exemple), la vitesse du train spécial peut être favorisée dans une certaine proportion, par le petit nombre de véhicules du convoi, dont la composition est généralement réglée de la manière suivante :

1 machine Crampton *à frein* ;
1 fourgon à frein avec *conducteur-chef* ;
1, 2 ou au plus 3 voitures de la poste ;
1 voiture de 2e classe à frein (1 graisseur).

Voyage de retour des malles. — La correspondance des trains express n° 2 (ligne de Lyon) et n° 5 (ligne du Nord) est également combinée de façon à assurer le service du retour de la malle de l'Inde dans des conditions analogues à celles des départs ; mais comme l'arrivée à Marseille des paquebots d'Alexandrie ne saurait avoir lieu avec la régularité d'une ligne de chemin de fer, on est obligé fréquemment, au retour de Marseille sur Paris, d'adjoindre la malle au premier train partant après son arrivée. Lorsque le départ doit être trop retardé ou que des circonstances particulières l'exigent, on organise un train spécial qui marche à la vitesse de 60 kil. à l'heure, et qui doit nécessairement rejoindre le dernier train régulier expédié de Marseille. On supprime alors le train spécial et on adjoint le ou les wagons postes qui transportent la malle de l'Inde au train régulier dont la marche et la vitesse sont maintenues conformément à l'itinéraire qui lui a été tracé par les tableaux du service.

En résumé, pour le trajet de la malle des Indes sur les lignes françaises de chemins de fer, cette malle est adjointe, à l'aller et au retour, à un train régulier, chaque fois que cela est possible ; outre la simplification qui en résulte, on évite ainsi une dépense assez considérable. — Le train spécial est tarifé, en effet, pour le seul voyage simple de Paris à Lyon, à plus de 2,000 fr., au lieu de 128 fr., montant du prix de transport, lorsqu'il ne s'agit que d'ajouter une allége des postes au train régulier.

---

(1) En général, la vitesse des *trains rapides* sur le chemin du Nord est un peu supérieure à celle des autres lignes, par suite des conditions plus favorables de la ligne, où l'on ne rencontre que de faibles déclivités et des courbes à petits rayons, et peu ou point de tunnels.

MALVEILLANCE.

Mesures diverses (v. les art. rappelés p. 317).

MANDATS.

Mandatement sur les fonds du Trésor, p. 317. — Perte de mandats, 317. — *Mandats délivrés par les compagnies,* 318.

**MANOEUVRES ET MANU-
TENTION.**

Mesures diverses de sécurité, p. 318 (1). — Agents atteints au croisement des convois, 319. — **Service des équipes** (circ. minist. des 11 nov. 1857 et 25 janv. 1862), 319. — *Rappel des recommandations ministérielles* (circ. minist. du 7 juin 1864 adressée aux administrateurs des chemins de fer et communiquée aux ingénieurs en chef du contrôle) : « Par deux circulaires, en date du 11 novembre 1857 et du 25 janvier 1862, l'administration a appelé l'attention des compagnies sur la fréquence des accidents qui atteignent particulièrement les agents de l'exploitation employés dans les gares, par suite de l'habitude dangereuse qu'ont ces agents de s'introduire entre les véhicules en mouvement pour les atteler ou les décrocher.

» Les compagnies ont été invitées à prescrire les mesures nécessaires pour prévenir le retour de ces accidents d'autant plus déplorables qu'il serait plus facile d'y mettre un terme.

» Cette invitation ne paraît pas avoir obtenu le résultat qu'il était permis d'espérer, car les rapports du service du contrôle me signalent de nouveaux accidents dus à l'imprudence avec laquelle des garde-freins auraient procédé à des manœuvres de wagons pendant que les trains étaient encore en mouvement.

» En conséquence, et, me référant aux circulaires de mon prédécesseur, je vous prie de faire afficher, dans toutes les gares et stations de votre réseau, un ordre de service interdisant d'une manière absolue, l'introduction des agents entre les véhicules avant l'arrêt des trains et imposant une amende ou tout autre punition disciplinaire aux contrevenants. » (Circ. minist. du 7 juin 1864.)

Manœuvres aux tampons, p. 319. — *Manœuvres à la prolonge,* 320. — *Manœuvres par chevaux,* 320. — **Ouvriers des expéditeurs** (circ. minist. du 29 sept. 1855), 319.

Manœuvres d'aiguilles, de freins et d'appareils divers (v. les renseignements et les articles mentionnés p. 320 et 321).

Responsabilité des agents, p. 321 (v. aussi *Responsabilité* au Rép.).

MANOMÈTRES.

Indications diverses, p. 321 (v. aussi au mot *Machines à vapeur* du Rép. l'article 6 du décret du 25 janvier 1865).

MARCHANDISES.

Extrait des règlements et tarifs : — 1° définition des marchandises, p. 323 ; — 2° formalités préliminaires de transport (v. les art. rappelés, 323) ; — 3° **ordre d'expédition des colis** (art. 49 du cah. des ch. et 50 de l'ordonn. du 15 nov. 1846), 323 ; v. aussi *Expéditions* au Rép. — **Classification générale** (art 42 du cah des ch.), 716 ; — 4° délais de transport, 142 ; — 5° conditions de transport, pour la grande vitesse, 324 ; — 6° *idem,* pour la petite vitesse, 324 ; - 6° *bis, transport des matières dangereuses,* 337 ; —**Transport des marchandises exceptionnelles** (art. 47 du cah. des ch.), 325 (v. aussi au Rép. les art. *Colis* et *Tarifs exception-*

---

(1) Les dispositions suivantes destinées à prendre place dans les règlements du réseau de Paris à la Méditerranée viennent d'être approuvées par le ministre sur l'avis du service du contrôle et celui de la commission spéciale, instituée par arrêté minist. du 28 juin 1864 :

« Dans les gares de formation des trains, les manœuvres de toute nature, y compris les garages des trains de passage, sont exécutées, d'après les instructions des chefs et sous-chefs de gare, par des agents spéciaux.

» Dans les autres gares, les manœuvres sont commandées par les chefs de gare ou par les agents désignés par eux.

» Les chefs de gare se font assister par les conducteurs-chefs pour les manœuvres des trains de passage et peuvent leur déléguer, au besoin, la direction de ces manœuvres. Toutefois cette délégation ne peut être donnée par les chefs de gare qu'aux conducteurs connus d'eux, comme habitués aux manœuvres et bien au fait des dispositions et des aiguilles de leurs gares.

» Dans les gares où il n'existe pas de service de nuit et dans celles où ce service est confié à des agents inférieurs, les conducteurs-chefs ont l'initiative et la responsabilité des manœuvres de leurs trains.

» Il en est de même pour le garage des trains sur les voies de service situées en dehors des gares. » (Ext. d'une déc. minist. spéc. du 22 février 1865.)

nels (1). — *Transport d'échantillons* (v. *Echantillons* au Rép.) ; 8° frais accessoires, 217 ; — 9° masses indivisibles, 326 ; — 10° **conditionnement de marchandises,** 326. — Déchets de route, 327, voir aussi p. 293 ; — 11° **perte et avaries de marchandises,** 327. — *Parcours sur plusieurs lignes ; responsabilité.* — D'après les indications données au mot *Avaries,* fin de la p. 43, l'action civile, lorsqu'il y a lieu d'en intenter une, peut être légalement dirigée contre la compagnie chargée de livrer les colis (v. aussi, pour la simplification des instances, p. 866 du Rép.). — *Altération de marchandises* (v. *Liquides* au Rép.) ; — 12° encombrement et translation des gares, 327 (v. aussi *Gares* au Rép., p. 885) ; — 13° application des taxes, 328 (v aussi **Détaxes** au Rép.) ; 14° livraison et remise des marchandises, 328.

MARCHE DES TRAINS ET MACHINES.

Prescriptions réglementaires (art. 25 à 43 de l'ordonnance du 15 nov. 1846), p. 690 — *Mesures diverses :* 1° devoirs des agents, v. les art. rappelés p. 328, v. aussi *Trains* au Rép. — *Défense de monter sur les Trains en marche* (v. *Manœuvres,* 319, v. aussi *Police des voitures* au Rép.) ; — 2° précautions au départ et à l'arrivée des convois, 128 ; — 3° sens du mouvement, 328 ; — 4° passage aux bifurcations, 328 (v. aussi *Bifurcations* au Rép.) ; — 5° arrêts et garages, 329 ; — 6° intervalle entre les trains, 274 ; — 7° **incidents de route, accidents, détresse,** etc. (v. les articles rappelés, p. 329). — *Ralentissements accidentels* (v. *Ralentissements* au Rép.) ; — 8° marche des trains sur la voie unique, 599 ; — 9° circulation des machines isolées, 329.
Tableaux de la marche des trains, publicité, p. 330 (prescriptions de l'art. 43, ordonn. du 15 nov. 1846, 330 et 379, v. aussi *Ordres de service* au Rép.). —

Vérification des tableaux (circ. minist. du 23 août 1850), 379. — Entente avec l'administration des postes (art. 56 du cahier des charges), p. 414. — Approbation définitive du ministre des travaux publics, 35.

MARCHEPIEDS.

Forme et disposition, p. 330. — Prescriptions diverses, 330.

MARINS.

Conditions de transport, p. 331 (v. aussi *Militaires* au Rép.). — Détachements inférieurs à 500 hommes, 82.

MASSES INDIVISIBLES.

Conditions générales de transport (art. 46 du cah. des ch.), p. 331. — Tarifs d'application, 331.

MATÉRIAUX.

Extraction de matériaux (v. au Rép. les art. *Carrières, Clauses et Conditions générales,* et *Extraction*). — **Conditions d'emploi** (art. 18 du cah. des ch.), p. 332. — *Conditions de transport,* 332 — **Création d'une 4e classe** pour le transport de divers matériaux, 643. — *Trains de matériaux* (v. *Trains* au Rép.). — *Perte de matériaux,* 333. — Abandon de matériaux sur les voies (v. *Abandon* au Rép.).

MATÉRIEL.

Organisation du service des compagnies, p. 333. — *Epreuves et réceptions* du matériel (v. les articles rappelés, 334. — Voir aussi au Rép. les art. *Machines à vapeur et Réceptions*). — Réception des voitures à voyageurs (extrait de l'art. 13 de l'ordonn. du 15 novembre 1846, v. *Estampillage,* 190). — *Entretien du matériel,* 334 (v. aussi *Locomotives* au Rép.).

---

(1) La circ. minist. ci-après, déjà résumée p. 326, a été adressée aux compagnies, le 12 février 1862, au sujet de l'indication des marchandises soumises à la majoration de 50 p. 0/0, autorisée par l'arrêté ministériel qui règle annuellement les tarifs exceptionnels réservés par l'art. 47 du cahier des charges :

« La perception de la taxe de *moitié en sus,* pour les marchandises qui ne pèsent pas 200 kil. sous le volume d'un mètre cube, devrait faire l'objet d'une mention expresse dans le recueil de vos tarifs spéciaux.

» Une observation placée en tête de ce Recueil suffirait si votre intention est *d'appliquer* ou de *ne pas appliquer,* d'une manière générale, la majoration de 50 p. 0/0 à *toutes les marchandises de faible densité,* qui voyagent aux prix et conditions des tarifs spéciaux.

» Dans le cas contraire, il serait indispensable que, pour chaque *tarif spécial,* un astérisque correspondant à un renvoi explicatif, désignât les marchandises de faible densité que vous voulez soumettre à la taxe de moitié en sus, étant entendu, dès lors, que toutes les autres seraient affranchies de cette taxe. . . . . . » (Circ. minist., 12 février 1862.)

— Surveillance de l'Etat, 335 (v. aussi au Rép. art. *Machines,* la nouvelle réglementation établie par le décret du 25 janvier 1865, pour l'établissement et l'usage des appareils à vapeur).

Emploi et répartition du matériel (indications particulières), p. 335. — Conservation, 336. — *Dispositions diverses :* v. au Dict. et au Rép. les art. *Attelages, Essieux, Ressorts, Roues, Tampons, Voitures, etc.*

Tarifs de transport du matériel, p. 337.

Matériel affecté au transport des chevaux (circ. minist. du 1er mars 1864 adressée aux ingénieurs en chef du contrôle). « Son Excellence le ministre de la maison de l'Empereur et des beaux arts, vient d'appeler mon attention sur l'installation défectueuse des wagons-écuries que les compagnies de chemins de fer mettent à la disposition des directeurs des établissements de haras pour le transport des étalons impériaux.

» D'après les renseignements fournis par les agents des haras, le matériel de transport dont il s'agit serait si imparfait, les planches des wagons notamment seraient si peu solides qu'il en résulterait des accidents fréquents et que quelques étalons de grand prix auraient même été blessés d'une manière grave.

» Au moment où les jeunes chevaux récemment achetés par l'administration des haras pour la remonte de ses établissements, vont être dirigés sur leurs destinations respectives et où les étalons impériaux vont prochainement être mis en mouvement vers les stations de monte, il importe de prendre des mesures pour que les wagons-écuries soient aménagés dans des conditions convenables de solidité et de commodité.

» Je vous prie, en conséquence, de procéder immédiatement à la vérification de tous les wagons affectés au transport des étalons, ainsi que des chevaux de toute nature sur le réseau dont le contrôle vous est confié. A la suite de cette vérification, vous voudrez bien me faire connaître, par un rapport spécial, les améliorations ou modifications qu'il vous paraîtrait nécessaire ou utile d'apporter à l'installation de ces wagons. » (Circ. minist., 1er mars 1864, à laquelle il a été donné les suites convenables.)

Matériel fixe (v. les art. rappelés p. 337). — *Machines à vapeur fixes* (v. au mot *Machines* du Rép., la nouvelle réglementation établie par le décret du 25 janvier 1865).

Service chargé de l'installation et de l'entretien des appareils fixes. — Sur la plupart des réseaux exploités, il existe un service du matériel fixe de la voie qui est chargé principalement de l'installation des machines fixes, grues, réservoirs, ponts à bascule, gabarits, disques-signaux, etc. ; sauf toutefois certains massifs de fondation et autres constructions nécessitées par ces appareils et qui sont comprises dans les attributions, soit des *architectes* (v. ce mot au Rép).. soit des ingénieurs et agents du service de la voie.

Entretien (ext. d'une instruction spéciale de la ligne de Paris à la Méditerranée) :

« Le service de la voie est chargé de l'entretien de tous les appareils fixes, sauf les grues de chargement et les grues d'alimentation, dont l'entretien est confié au service du matériel et de la traction, et les ponts à bascule qui sont entretenus par un entrepreneur spécial.

» Lors même que le service de la voie chargerait habituellement les ateliers de la compagnie de la réparation de certains appareils, les demandes de réparation ne doivent jamais être adressées directement par les agents des gares à ces ateliers, elles doivent toujours être adressées aux chefs de section ou aux piqueurs, à qui il appartient de juger comment les réparations doivent être faites. » (*Inst. spéc., 9 juillet* 1864.)

Matériel militaire. — *Conditions générales de transport* (art. 12 à 17 de l'arrêté ministériel du 31 déc. 1859, p. 355. — *Constatations* (circ. minist. du 15 fév. 1864, adressée aux ingénieurs en chef du contrôle) : « A la date du 30 décembre 1863, je vous ai chargé d'inviter les commissaires de surveillance administrative placés sous vos ordres à faire les constatations et à délivrer les certificats que le département de la guerre exige à l'appui des décomptes de l'agence générale des compagnies de chemins de fer, toutes les fois qu'il s'agira du transport d'un matériel roulant démonté (1).

» Depuis lors, j'ai cru devoir faire observer à M. le ministre de la guerre que, pour donner à ces constatations une forme régulière, il serait utile de fournir aux commissaires de surveillance administrative, qui pourraient être appelés à y procéder, des formules imprimées qu'ils n'auraient plus qu'à remplir.

» Tout en reconnaissant les avantages de cette mesure, Son Excellence a pensé qu'il serait plus simple que les certificats

---

(1) Voir la circ. minist. précitée du 30 décembre 1863, à la p. 735 du Dict.

fussent inscrits sur les lettres de voiture administratives et en marge de ces actes. La formule adoptée serait la suivante :

« *Le commissaire de surveillance ad-*
» *ministrative soussigné, certifie que le*
» *matériel roulant démonté, dont le détail*
» *est indiqué sur la présente lettre de*
» *voiture, a exigé* tant de wagons *pour*
» *son chargement complet.* »

» Cette formule sera prochainement imprimée ; mais, afin d'épargner aux commissaires de surveillance la peine de la libeller eux-mêmes, mon collègue ajoute qu'il invite l'agent général des transports à la faire ajouter, à la main, par ses préposés, en attendant l'épuisement des lettres de voiture actuelles, de manière qu'il n'y ait plus qu'à la remplir et à la signer. » (Circ. minist. 15 février 1864.)

MATIÈRES.

Transport de matières explosibles (dispositions des art. 61 et 66 de l'ordonn. du 15 nov. 1846), p. 419 : — 1° *poudres de guerre, de mine ou de chasse*, exclues des trains de voyageurs (règlement du 15 février 1861, et circ. minist. du 10 avril 1861), 419 ; — 2° *fulminates, fulmi-coton*, également exclus des trains de voyageurs (arrêté ministériel du 15 juillet 1863), 338 ; — 3° *artifices, capsules, allumettes chimiques, phosphore, éther, collodion* et autres substances analogues non dénommées, ne pouvant être transportés par les trains de voyageurs sur les sections où circulent des trains réguliers de marchandises (arrêté minist. précité du 15 juillet 1863), 338.

Matières inflammables, *pailles, foin, déchets*, acides et essences, charbons de bois, et autres substances plus ou moins inflammables, pouvant être transportés par tous les trains, moyennant diverses mesures de précaution (arrêté minist. du 15 juillet 1863), p. 338. — *Tarif de transport des matières dangereuses*, p. 340 et 667.

Matières infectes (circ. minist. du 18 août 1858), p 340. — *Animaux exhalant une odeur insupportable* (circ. minist. 23 juillet 1863) : v. l'art. *Trains*, fin de la p. 559.

Matières résineuses. — *Bitumes, goudrons, etc.*, p. 635.

Matières tinctoriales. — *Drogues et produits chimiques*, p. 654.

MÉCANICIENS.

Conditions d'admission, p. 340 (v. aussi *Agents* au Rép.). *Détails généraux*,

341. — Exécution des règlements (titres 3 et 4 de l'ordonn. du 15 nov. 1846), 689 et suivantes. — *Extrait des règlements d'application*, 341 et suivantes (v. aussi *Bifurcations, Disques-signaux* et *Ralentissements* au Rép.). — *Trains de matériaux :* 1° sur la double voie (v. *Trains* au Rép.) ; — 2° sur la voie unique, 603. — Mesures d'ordre, 344. — **Communication avec les conducteurs des trains,** 501 (v. aussi à l'art. *Enquêtes d'exploitation* du Rép., 861, la circ. minist. du 1er février 1864). — *Primes de régularité et d'économie*, 345. — *Abandon du poste*, 345. *Infractions diverses*, 345. (v. aussi *Locomotives* au Rép.).

Mécaniciens des machines fixes (v. à l'art. *Machines à vapeur* du Rép., le décret du 25 janvier 1865).

MÉDECINS.

Premiers secours en cas d'accidents. — Appareils, etc. (exécution de l'art. 75 de l'ordonn. du 15 novembre 1846), p. 34.

Service médical des compagnies, p. 345.

Inspection des appareils de secours (surveillance de l'État), p. 346. — Nomination d'un médecin inspecteur (circ. minist. du 7 janvier 1864, adressée aux ingénieurs en chef du contrôle) : « J'ai » l'honneur de vous informer que par » arrêté du 4 janvier 1865, M. le docteur » *Voisin* a été nommé inspecteur des » boîtes de secours sur les chemins de » fer en remplacement de M. le docteur » *Marc*, décédé. — Cette disposition aura » son effet à dater du 1er janvier 1865. »

Certificats médicaux à joindre aux demandes de congé et d'admission à la retraite (circ. minist. du 30 mars 1857, v. l'art. *Congés* au Rép., p. 822, note 2).

MESSAGERIE.

Transports compris sous la rubrique Messagerie, p. 346. — Marchandises diverses transportées à grande vitesse, 346 (v. aussi *Colis* au Rép.). — *Application des tarifs*, 346. — Exemple d'une tarification non compris les frais d'enregistrement, factage, etc., 346, note 1. — **Coupure des colis**, 347 (v. aussi *Colis* au Rép., 804, note 1) — *Minimum de perception*, 347. — Tarifs des denrées, du lait, des finances, valeurs, objets d'art, etc. (v. les art. rappelés, 347). — *Idem des chiens et animaux* expédiés en cages ou paniers, 348. — *Conditions et formalités générales*, 348. — **Transport de colis par les trains express** (vœux de la commission d'enquête et suites données) voir *Colis* au Rép., 804.

MÉTAUX.

Tarif maximum de transport (2ᵉ classe, art. 42 cah. des ch.), p. 667.

MEUBLES.

Conditions de transport, p. 349. — Meubles non emballés, 349. — Bulletin de garantie, 349. — Egalité de traitement, 349. — *Conditions de poids*, 349.

MILITAIRES ET MARINS.

Tarifs réduits (art. 54 du cah. des ch.), p. 350. — Tarif d'application, 350. — Bagages, matériel militaire, etc., 350 (v. aussi *Matériel* au Rép.) — *Enfants de troupe* (transportés au 1/4 du tarif général et non au 1/8 (v. *Troupes* au Rép.). — *Cantinières*, p. 355.

Conditions spéciales de transport (*arrêté ministériel du* 31 *décembre* 1859) :

1° militaires ou marins voyageant isolément, p 351 (voir aussi la circulaire ministérielle ci-après, du 31 décembre 1859, en ce qui concerne l'indication obligatoire de l'itinéraire sur les *feuilles de route*) (1) ; — 2° militaires ou marins voyageant en corps, 355 ; — 3° dispositions communes aux militaires voyageant isolément ou en corps, 355.—Places de luxe, 355. — Voitures, 355. — Chevaux, 355 (2).

Circulaire ministérielle du 31 déc. 1859 (portant envoi et interprétant certains articles de l'arrêté ministériel de même date) :

« (*Rédaction des tableaux indiquant les fonctionnaires assimilés*). — La commission chargée de préparer ces tableaux *a persisté à penser que l'on devait considérer comme militaires ou marins, et admettre, par suite, au bénéfice du tarif réduit, tous les fonctionnaires et agents que la loi range sous la juridiction des conseils de guerre......*

---

(1) Les additions suivantes ont été faites aux états annexés à l'arrêté ministériel du 31 décembre 1859 (décisions diverses).

Etat A. — *Cavaliers de manége*, créés par déc. impér. du 25 juin 1860 (assimilation aux officiers jusqu'au grade de capitaine).

Etat B. — (Marine.) Mécaniciens en chef et mécanicien principal de 1ʳᵉ ou 2ᵉ classe (assimilation aux officiers, jusqu'au grade de capitaine). — *Elèves mécaniciens*, institués par décret du 21 juillet 1862 (id. aux sous-officiciers).

Etats A et B. — « *Médecins et pharmaciens auxiliaires* de la guerre et *médecins et pharmaciens auxiliaires* de la marine (assimilation aux pharmaciens et médecins aides-majors de la guerre et aux chirurgiens et pharmaciens de la marine). »

Enfin, quelques compagnies ont adressé l'instruction suivante aux chefs de gare et aux contrôleurs de route :

« Les *vétérans* étant militaires en activité de service, ils doivent être compris dans le personnel ressortissant au département de la guerre, qui doit être admis au bénéfice de la réduction de prix stipulée par les cahiers des charges. » (*Inst. spéc.*)

(2) Un nouvel état indiquant le nombre de chevaux attribués aux officiers et employés de tout grade, soit sur le pied de paix, soit sur le pied de guerre, a été notifié par le ministre, le 10 février 1864, aux compagnies et au service du contrôle, pour être substitué au tableau D qui figure à la suite de l'arr. minist du 31 décembre 1859. Ce nouvel état a complété, ainsi qu'il suit, les indications déjà données p. 356 et qui sont, d'ailleurs, maintenues, sauf les changements ci-après :

1° Les *lieutenants et sous-lieutenants* (corps d'état-major, état-major particulier de l'artillerie et du génie, infanterie, artillerie et génie) appelés à un service d'aide de camp ou d'officier d'ordonnance, ont, sur le pied de paix, 1 cheval ; aux divisions actives, 2 chevaux ; sur le pied de guerre, 3 chevaux ;

2° Les *capitaines d'infanterie*, appelés aux mêmes services, ont, sur le pied de paix, 1 cheval ; aux divisions actives de l'intérieur, 2 chevaux ; sur le pied de guerre, 3 chevaux ;

3° Les neuf plus anciens capitaines des régiments de zouaves ont droit à 1 cheval sur le pied de paix comme sur le pied de guerre ;

4° *Officiers de santé.* — Major de 1ʳᵉ classe des régiments d'infanterie, sur le pied de paix, 1 cheval, sur le pied de guerre, 1 cheval. Major de 2ᵉ classe (troupes à pied, hôpitaux et ambulances), chiffres correspondants, 0 et 3 ; major de 2ᵉ classe (troupes à cheval), *ibid.*, 2, 3.

GARDE IMPÉRIALE. 1° *Etat-major* : colonel et lieutenant-colonel, 3 (pied de paix), 11 (pied de guerre) ; chef d'escadron et capitaine, 3, 3 ; lieutenant, 2, 3. — 2° *Etat-major particulier de l'artillerie* : colonel et lieutenant-colonel, 3, 9 ; chef d'escadron, 3, 3. — 3° *Génie* : chef de bataillon, 1, 3. — 4° *Infanterie* : capitaine adjudant-major et médecins, 1, 1.—*Nota* : les neuf plus anciens capitaines du régiment de zouaves de la garde ont droit à 1 cheval sur le pied de paix comme sur le pied de guerre.

• (*Titre donnant droit au tarif réduit.*) — L'art. 2 concerne la production du titre que tout militaire ou marin doit exhiber pour réclamer le transport à prix réduit. Dans la plupart des cas, ce titre sera une feuille de route ; mais il est bien entendu qu'il ne suffira pas de présenter une feuille de route pour avoir droit au tarif militaire : il faudra encore que le titulaire figure parmi les catégories désignées dans les états A B et C, des mesures devront donc être prises par l'autorité compétente pour que la qualité du militaire ou marin porteur d'une feuille de route ou du titre qui la supplée soit toujours clairement énoncée.

» (*Visa d'une même feuille de route pour plusieurs voyages.*) — La question, si longtemps controversée, de savoir si les militaires ou marins munis d'une feuille de route peuvent revenir sur leurs pas et se faire transporter plusieurs fois dans chaque sens, est aujourd'hui affirmativement résolue par l'administration. L'arrêté porte (2ᵉ paragraphe de l'art 2) que, *lorsque la feuille de route a déjà servi pour un premier voyage (aller et retour), chaque visa délivré ultérieurement par l'autorité compétente constitue une feuille de route nouvelle donnant droit à un nouveau voyage également aller et retour*). Il suit de cette disposition que le visa peut être délivré, non-seulement pour permettre au titulaire de revenir sur ses pas, mais encore pour lui faciliter le moyen de se diriger sur un point quelconque du territoire autre que celui qui avait été primitivement indiqué. Ainsi, un militaire ou marin porteur d'une feuille de route de Paris à Lyon pourra, après avoir effectué ce double trajet, retourner à Lyon et revenir à Paris au moyen d'un simple visa ; il pourra aussi aller de Lyon à Saint-Etienne, après avoir fait viser sa feuille de route dans cette première ville, et revenir ensuite de Saint-Etienne à Lyon, pour, de là, se diriger sur Paris, son premier point de départ.

» Quant au militaire ou marin qui s'arrêterait une ou plusieurs fois en route, il lui sera loisible de reprendre le chemin de fer, sans nouveau visa, tant que le parcours indiqué sur sa feuille de route n'aura pas été complétement effectué, et pourvu qu'il se trouve dans la direction qui lui est assignée.

» (*Réglements spéciaux, obligatoires pour les compagnies.*) — Je fais, d'ailleurs, ici toutes réserves pour les règlements spéciaux de la guerre et de la marine, qui régissent la matière ; mais je dois en même temps constater que les compagnies de chemins de fer n'ont pas à s'immiscer dans l'application de ces règlements, et qu'elles sont tenues de se conformer purement et simplement à mon arrêté et à la présente instruction.

» **(Indication obligatoire sur la feuille de route de la direction à suivre.)** — Le dernier paragraphe de l'art. 2 stipule que la feuille de route, ainsi que les visas successifs indiquent la direction que le titulaire doit prendre. Il ne faut pas entendre par cette disposition, qu'un itinéraire soit tracé aux porteurs de feuilles de routes : elle signifie seulement que, deux directions étant données, le titulaire peut prendre, sans encourir des difficultés dans son voyage, celle qui lui conviendrait le mieux, fût-ce même la plus longue. Il suffira donc qu'une feuille de route, délivrée, par exemple, pour le trajet de Paris à Toulouse, porte : par Bordeaux ou par Nimes, et le militaire pourra prendre, suivant le cas, le chemin de fer d'Orléans ou celui de la Méditerranée pour se rendre à sa destination et en revenir (1) ....

» (*Précautions spéciales pour les prisonniers*)......v. p. 429 .....

» (*Disposition finale* de la circ. minist. du 31 déc. 1859, v. p. 357, note.) »

Réclamations des compagnies contre

---

(1) De fréquentes réclamations ayant été présentées par des militaires qui entendaient suivre la direction la plus longue pour se rendre d'un point a un autre, alors qu'on avait omis (à tort) d'indiquer sur la feuille de route l'indication du point de passage, il nous paraît utile de citer les deux décisions suivantes (1864) :

« En l'absence de l'indication sur la feuille de route de la *direction à suivre*, la compagnie est en droit d'exiger le passage par la voie la plus courte. » (Dép. minist. du 7 septembre 1864. Réclamation d'un lieutenant-colonel de dragons. Ch. de Lyon)

» Tout militaire ou marin est libre de choisir, au moment où sa feuille de route lui est délivrée, la direction qui lui convient le mieux, *mais à la condition expresse de faire mentionner ce choix sur le titre qui donne droit à la réduction du prix de transport.*

» A défaut de cette mention de rigueur, les compagnies pourraient, jusqu'à un certain point, refuser la feuille de route comme irrégulière ; à plus forte raison, sont-elles admises à ne pas concéder au porteur du titre incomplet le passage par la voie la plus longue. La tolérance, dont quelques-unes d'entre elles usent en pareil cas, ne saurait engager l'action des autres, et le droit demeure entier pour chacune d'elles. » (Dép. minist. 23 septembre 1864. Réclamation *Guis.*)

l'arrêté minist. du 31 déc. 1859 (v. p. 357).

Composition des trains militaires, affaires générales. : 1° nombre de voitures à admettre dâns les trains; ordres de service, p. 358; 2° logements militaires, 302; — 3° militaires employés aux travaux urgents, v. *Troupes*, 584; — 4° transport de poudres et matières dangereuses, 419 et 337.

Fonctions et emplois réservés aux anciens militaires : 1° service des compagnies (art. 65 du cah. des ch.) :

« 65. — Un règlement d'administration » publique désignera, la compagnie en- » tendue, les emplois dont la moitié de- » vra être réservée aux anciens militaires » de l'armée de terre et de mer, libérés » du service. »

Ce règlement ne paraît pas encore avoir été rendu, mais l'enquête sur l'exploitation (Recueil administratif 1858) a constaté que toutes les compagnies de chemin de fer avaient spontanément fait une très-large part aux anciens militaires, surtout dans le choix des employés en contact habituel avec le public (v. le Code annoté de *L. Fleury*, p. 157) ;

2° *Service de la surveillance administrative.* — Comme application, en ce qui concerne le personnel des commissaires de surveillance administrative, du principe rappelé à l'art. 65 précité du cahier des charges, nous citerons l'extrait suivant d'une circulaire du ministre de la guerre adressée le 9 novembre 1855 aux généraux commandant les divisions militaires :

« Le ministre de l'agriculture, du commerce et des travaux publics a bien voulu me faire connaître que son département peut disposer, dans les chemins de fer, d'emplois de commissaires de surveillance en faveur d'officiers en retraite, que leurs blessures et leur âge n'empêcheraient pas de rendre encore d'utiles services dans l'administration. — Les lieutenants et les capitaines seraient appelés aux emplois de commissaires de surveillance administrative, dont le traitement varie de 1,500 à 3,000 francs....... — Je vous invite donc à donner connaissance de ces dispositions aux officiers intéressés qui se trouvent dans votre division et particuliè rement à ceux qui, retraités par suite de blessures ou d'infirmités contractées en Orient, ont des droits plus marqués à la bienveillance du Gouvernement. »

La même circulaire rappelait que certains emplois (ceux d'inspecteurs de l'exploitation commerciale, par exemple), pourraient être attribués aux anciens officiers supérieurs, mais en faisant remarquer avec raison que ces emplois étaient très-peu nombreux et les vacances bien rares.

MINERAIS.

Formalités d'extraction et conditions de transport (v. les articles rappelés p. 359). — *Création d'une 4ᵉ classe*, pour le transport des minerais de fer, p. 643

MINES, MINIÈRES.

Personnel (v. au Dict. et au Rép. les articles *Inspecteurs, Ingénieurs, Garde-mines* et *Personnel*. — *Congés illimités et temporaires* (application du décret du 24 décembre 1851), v. *Congés* au Rép. — *Vérification des appareils à vapeur* (décret du 25 janvier 1865), v. au Rép. les articles *Locomotives* et *Machines à vapeur*. — **Trouble apporté par les travaux à l'exploitation des mines** (art. 24 du cah. des ch.), p. 360. — *Indications et décisions diverses*, 360. — *Définition des mines*, 359 (ext. de la loi du 21 avril 1810), 359. — *Exploitation aux abords des chemins de fer, voirie, etc.* (anciens règlements rendus applicables par l'art. 3 de la loi du 15 juillet 1845), 359. — **Distances à observer**, 359. — *Mesures de sûreté publique*, 359 (v. aussi *Carrières* au Rép.). — *Interdiction d'exploiter des couches voisines des chemins de fer.* « La demande en indemnité formée contre un concessionnaire de chemin de fer, soit par un concessionnaire de mines, soit par un propriétaire de surface ayant droit à des redevances de la part de ce concessionnaire de mines, demande fondée sur le préjudice causé à l'un ou à l'autre par une interdiction administrative d'exploiter (dans l'espèce pendant un certain nombre d'années) des couches voisines du chemin de fer, ne peut être écartée par le motif que l'arrêté préfectoral portant cette interdiction aurait été pris en vertu du droit de police et de surveillance qui appartient à l'administration sur l'exploitation des mines. — L'arrêté préfectoral rendu en vue de la conservation et de la sûreté du chemin de fer sur la demande et dans l'intérêt de la compagnie concessionnaire, ne fait point obstacle à ce que le demandeur (dans l'espèce, un propriétaire de surface) réclame de cette compagnie, s'il s'y croit fondé, une indemnité à raison du dommage pouvant résulter de la privation de ses droits de redevance. » (C. d'Etat, 14 avril 1864. — Affaire Cottin. — Chemin de Lyon.)

Déblais à la mine, p. 360. — Terrains géologiques, 361.

Embranchements de mines et d'usines (v. *Embranchements industriels* au Dict. et au Rép.).

MINISTRES.

Affaires ressortissant aux divers ministères, p. 361 (v. aussi *Administrations*
au Rép.). — *Ministère de l'instruction
publique* (v. *Librairie* au Rép.).

MISSIONS.

Indications diverses, p. 361 (v. aussi
Frais au Rép.).

MODIFICATIONS.

Prescription générale (loi du 9 août
1839), p. 361. — **Dispositions des cahiers
des charges.** — « Art 3 — Aucun travail
ne pourra être entrepris, pour l'établissement des chemins de fer et de leurs dépendances, qu'avec l'autorisation de l'administration supérieure ; à cet effet, les
projets de tous les travaux à exécuter
seront dressés en double expédition et
soumis à l'approbation du ministre, qui
prescrira, s'il y a lieu, d'y introduire telles
modifications que de droit : l'une de ces
expéditions sera remise à la compagnie
avec le visa du ministre, l'autre demeurera entre les mains de l'administration.
 « Avant, comme pendant l'exécution,
la compagnie aura la faculté de proposer,
aux projets approuvés, les modifications
qu'elle jugerait utile ; mais ces modifications ne pourront être exécutées que
moyennant l'approbation de l'administration supérieure. »
 *Voie, fossés, alignements droits et
courbes, déclivités, etc.* (Aucune modification aux dispositions des articles 7 et 8
du cah. des ch. ne peut être exécutée que
moyennant l'approbation de l'administra-

tion supérieure), v. p. 708. — *Modification d'ouvrages divers*, 361.
 **Modification des règlements d'exploi-
tation.** — Il est de règle générale que les
compagnies doivent être entendues, sauf
le cas d'urgence, pour toutes les modifications apportées à leurs projets et propositions. Cette obligation est inscrite en
termes formels, au moins en ce qui concerne l'exploitation, à l'art. 69 de l'ordonn. du 15 novembre 1846, p. 35. Elles
sont de même entendues pour les affaires
relatives à l'entrée des voitures dans les
cours des gares, pour les diverses questions concernant la création et la révision
des règlements, et enfin, par analogie,
pour toutes les affaires de grande voirie.
 Service des trains, p. 361. — *Transport de marchandises, tarifs, etc.*, 362
(v. aussi *Publications* au Rép.).

MONOPOLE.

Privilége des compagnies (v. les art.
rappelés p. 362, v. aussi *Compagnies* au
Rép.). — *Privilége conféré à l'administration des postes :* — 1° par l'arrêté du
27 prairial an ix, p. 417 ; — 2° par la loi
du 25 juin 1856, 568.

MOUVEMENT.

Affaires générales du service du mouvement, p. 362.

MURS.

Clôture des propriétés riveraines, des
chemins de fer, p. 363. — *Murs de soutènement*, 363 (v. aussi *Dommages de travaux* au Rép.). — *Murs mitoyens*, 363.

N

NAVIGATION.

Les travaux motivés par la rencontre
ou le contact des lignes limitrophes de
navigation et de chemins de fer, sont
soumis à diverses règles et formalités
qu'il nous paraît utile de grouper ainsi
qu'il suit :
 Maintien de la navigation. — Lorsqu'il s'agit de travaux publics intéressant
à la fois les chemins de fer et la navigation fluviale ou maritime, et lorsque ces
ouvrages sont exécutés par l'Etat lui-
même, les projets de travaux, après avoir
subi les épreuves préalables d'enquête,
sont examinés par les ingénieurs compétents, réunis en conférence, conformé-

ment aux dispositions de la circ. minist.
du 12 juin 1850 (ou du décret du 16 août
1853, relatif aux travaux mixtes à exécuter dans la zone des servitudes militaires).
Après la clôture des conférences, les ingénieurs soumettent à l'administration les
dispositions qui leur paraissent de nature
à assurer à la fois le maintien de la navigation et la sécurité de la circulation sur
le chemin de fer, et à concilier, d'ailleurs,
tous les intérêts en présence.
 Nous ferons remarquer incidemment
que l'usage de ces conférences n'est pas
établi pour les ouvrages à construire à la
rencontre des cours d'eau non navigables
ni flottables ; mais il n'en convient pas
moins que les ingénieurs chargés des tra-

vaux du chemin de fer s'éclairent des connaissances de leurs collègues du service hydraulique·pour l'étude définitive des dispositions à adopter.

Dans les divers cas, les travaux approuvés doivent être reconnus et vérifiés, après leur achèvement, par les ingénieurs des services intéressés, et leur réception est constatée, sur l'initiative des ingénieurs auteurs des projets, par des procès-verbaux de récolement régulièrement transmis à l'administration supérieure.

Travaux concédés. — Les mêmes conférences et formalités ont lieu, en vertu des textes précités, lorsqu'il s'agit de travaux exécutés par les compagnies concessionnaires. Dans ce dernier cas, les instructions et règlements rendent obligatoire l'intervention des ingénieurs du contrôle chargés de surveiller l'exécution des dispositions du cahier des charges général, applicable à toutes les concessions de chemins de fer. De leur côté, les ingénieurs des compagnies concessionnaires sont entendus dans les enquêtes et les conférences, sinon comme membres participants, du moins pour fournir leurs observations et avis.

Mesures à prendre pendant l'exécution des travaux. — L'une des·clauses essentielles qui figurent dans le cahier des charges général au sujet de l'exécution des travaux de chemins de fer concédés est la suivante :

« Art. 17. — A la rencontre des cours
» d'eau flottab'es ou navigables, la com-
» pagnie sera tenue de prendre toutes les
» mesures et de payer tous les frais né-
» cessaires pour que le service de la na-
» vigation ou du flottage n'éprouve ni in-
» terruption ni entrave pendant l'exécu-
» des travaux. »

On verra plus loin que l'inexécution de cette clause peut donner lieu, contre les concessionnaires, sur la constatation des ingénieurs chargés de la surveillance, à des poursuites de grande voirie.

Travaux définitifs. — Les ouvrages à construire sur les chemins de fer pour la traversée des voies de navigation doivent réunir les conditions ci-après énumérées :

Viaducs. — Dans la pratique, la qualification de *pont* est donnée aux ouvrages servant exclusivement à franchir des cours d'eau, rivières ou fleuves, et qui ont le plus souvent des dimensions en longueur fort peu différentes de la largeur occupée par le lit même du cours d'eau traversé, tandis que les *viaducs* franchissent les vallées par une succession d'arches donnant à l'ensemble de l'ouvrage des dimensions hors de proportion avec celles qu'eût exigées l'exécution d'un simple pont sur le cours d'eau, fort, faible ou

même nul, qui occupe le thalweg de la vallée.

L'art. 15 du cahier des charges général n'établit pourtant pas cette distinction dans sa disposition suivante, qui s'applique uniformément aux ouvrages d'art destinés à franchir les cours d'eau, quelle que soit leur importance :

« Art. 15 (ext.). Les viaducs à construire
» à la rencontre des rivières, des canaux
» et des cours d'eau quelconques auront
» au moins huit mètres (8ᵐ,00) de largeur
» entre les parapets, sur les chemins à
» deux voies, et 4 mètres cinquante cen-
» timètres (4ᵐ,50) sur les chemins à une
» voie. La hauteur de ces parapets sera
» fixée par l'administration et ne pourra
» être inférieure à quatre-vingts centimè-
» tres (0ᵐ,80).
» La hauteur et le débouché du viaduc
» seront déterminés, dans chaque cas par-
» ticulier, par l'administration, suivant les
» circonstances locales. »

Ce dernier paragraphe paraît avoir eu en vue les dispositions exceptionnelles que peuvent justement motiver les viaducs de grande dimension dont la définition a été résumée ci-dessus.

Système de construction. — « Tous
» les aqueducs, ponceaux, ponts et via-
» ducs à construire à la rencontre des di-
» vers cours d'eau seront en maçonnerie
» ou en fer, sauf les cas d'exception qui
» pourront être admis par l'administra-
» tion. » (Art. 18, cah. des ch., ext.)

Le paragraphe 1ᵉʳ du même article porte l'obligation de n'employer, dans l'exécution des ouvrages, que des matériaux de bonne qualité, et de se conformer à toutes les règles de l'art, de manière à obtenir une construction parfaitement solide.

Ponts mobiles sur les canaux. — La faculté que l'administration s'est réservée de déterminer la hauteur et le débouché des viaducs dans chaque cas particulier, suivant les circonstances locales, lui a permis de n'admettre pour les *ponts fixes* établis sur les canaux que des dimensions parfaitement en rapport avec les intérêts de la navigation et le service de la batellerie. Mais, sur quelques points, et à défaut sans doute d'une différence de niveau suffisante, au point d'intersection des deux lignes, on a toléré en principe l'établissement de *ponts tournants* ou mobiles auxquels on aurait pu donner par analogie le nom de passages à niveau de navigation.

Les conditions de service de ces passages, qui présentent une sujétion exceptionnelle, bien plus encore pour le chemin de fer que pour la navigation, ont été réglées avec un soin particulier par l'administration (v. *Canaux*, p. 637).

Ponts métalliques. — L'art. 11 du cahier des charges a autorisé en principe l'établissement de ponts avec poutres métalliques pour les *viaducs au-dessus des routes* (v. p. 483) Les progrès accomplis au point de vue de la solidité et de la rapidité d'exécution de ces ouvrages qui offrent, d'ailleurs, le grand avantage de réduire dans une assez forte proportion la hauteur libre *sur rails* qu'exigent les viaducs de forme cintrée, les ont fait également adopter sur un assez grand nombre de points pour la traversée des voies navigables. Leur sécurité est garantie, d'ailleurs, par les épreuves spéciales dont il est question ci-après.

Épreuves des ponts métalliques. — Une instruction ministérielle du 26 février 1858 a prescrit de procéder à diverses épreuves, avant la réception définitive des ponts métalliques supportant les voies de fer, et préalablement à l'autorisation d'y laisser circuler les machines locomotives des trains réguliers.

Ces épreuves qui sont de deux espèces et qui ont lieu, d'abord, par un chargement de poids mort, ensuite au moyen de poids roulant, sont réglées conformément aux dispositions textuellement reproduites au Dict., p. 187.

Il est bien entendu que les épreuves dont il s'agit ont lieu sur l'initiative des ingénieurs auteurs des projets, et par les voies et moyens fournis par les compagnies, lorsqu'il s'agit de travaux de concession. Dans ce dernier cas, le procès-verbal est dressé et transmis au ministre par les soins des ingénieurs du contrôle.

Insuffisance des ouvrages. — L'obligation portée par l'art. 15 du cahier des charges général, de maintenir l'écoulement des eaux dont le cours serait arrêté, suspendu ou modifié par les travaux du chemin de fer est permanente, et la compagnie n'en est affranchie pour quelque époque que ce soit de sa concession. — Ainsi, lorsque le débouché d'un pont est reconnu insuffisant par les ingénieurs chargés d'en vérifier l'état, la compagnie est tenue d'augmenter le débouché de cet ouvrage, et pour cela de soumettre à l'administration dans un bref délai les projets nécessaires. (Ext. d'un avis du conseil général des ponts et ch , p. 171, notifié par le ministre, le 11 mars 1856.)

Cette obligation rétrospective, dont l'accomplissement offre toujours d'assez grandes difficultés, démontre l'importance considérable qui s'attache à la vérification préalable des projets de ponts et de viaducs, et à la nécessité de bien préciser dans les rapports d'enquêtes, de conférences ou de projets définitifs, la position, l'emplacement et les dimensions qu'il convient de donner aux ouvrages reconnus nécessaires pour assurer le maintien de l'écoulement des eaux et la liberté matérielle de la navigation.

Responsabilité. — Les compagnies de chemins de fer sont naturellement responsables envers l'État de la solidité et de la sécurité des ouvrages compris dans les concessions qui leur ont été accordées, et envers les tiers des dommages et accidents qui peuvent résulter des travaux exécutés par elle ou par ses entrepreneurs. L'appréciation de ces accidents et dommages est incontestablement du ressort des tribunaux administratifs, *lorsque les travaux ont été régulièrement autorisés;* toutefois, plusieurs décisions judiciaires ont nettement établi la compétence des tribunaux ordinaires, pour les questions de responsabilité de droit commun engendrée par des accidents de travaux publics ayant occasionné mort ou blessures, et pour l'appréciation de certains faits d'imprudence imputables aux compagnies, même lorsqu'elles ont rempli les prescriptions administratives.

Travaux de l'État. — Les dispositions qui précèdent ne peuvent s'appliquer directement aux ouvrages construits par l'État lui-même, ses entrepreneurs étant généralement responsables des dommages provenant, soit du vice d'exécution des travaux, soit de l'imprudence des agents. — Mais, d'après la jurisprudence administrative, « l'État doit être déclaré responsable de la chute d'un viaduc emporté par une rivière, avant l'expiration du délai de deux années fixé pour la garantie des ouvrages d'art livrés à une compagnie, alors que, cette rivière, par suite de son régime, étant exposée à des crues extraordinaires, les ouvrages projetés devaient, en prévision de ces crues, être établis dans des conditions spéciales de solidité, et qu'il a été reconnu, d'ailleurs, que la crue, cause de la chute, n'a pas dépassé les proportions des crues observées antérieurement, et que cette chute a été déterminée par les dispositions défectueuses du plan des ingénieurs. » (C. d'État, 8 mai 1861.) (1)

Obstacles à la navigation. V. plus loin, p. 925.

Entretien des ouvrages. — D'après la jurisprudence consacrée pour les travaux

---

(1) Voir, pour la responsabilité relative aux travaux exécutés dans le système de la loi du 11 juin 1842, la note 2 de la page 812 du Rép.

construits par les compagnies, à la traversée des voies de communication en général, l'entretien des ouvrages qui ne sont pas destinés à former partie intégrante de la voie ferrée, n'est point à la charge des compagnies; mais, après réception des travaux et remise aux administrations dont dépendent les voies qu'ils desservent, à la charge de ces administrations. Ce principe est directement applicable aux ouvrages qui peuvent avoir été prescrits en dehors, ou, par extension, des conditions du cahier des charges, pour assurer le maintien de la navigation ou l'écoulement des eaux.

Contestations sur l'entretien. — « La décision par laquelle un ministre a rejeté la réclamation d'une compagnie de chemin de fer qui prétendait n'être pas chargée d'entretenir, de garder et manœuvrer les viaducs, ponts ou aqueducs éclusés…, construits sur la voie, et les arrêtés pris en exécution de cette décision, ne font pas obstacle à ce qu'il soit statué par le conseil de préfecture sur l'étendue des obligations de la compagnie à cet égard, lorsqu'il est, d'ailleurs, établi, en fait, que la contestation dont il s'agit est au nombre de celles dont le cahier des charges attribue la connaissance au conseil de préfecture. » (C. d'Etat, 20 juillet 1854.)

Infractions au cahier des charges. — La loi du 15 juillet 1845, sur la police des voies ferrées, porte que les chemins de fer construits ou concédés par l'Etat font partie de la grande voirie. — La même loi prescrit, d'ailleurs, de constater, comme en matière de grande voirie, les infractions commises par le concessionnaire ou le fermier de l'exploitation, aux clauses du cahier des charges ou aux décisions rendues en exécution de ces clauses, en ce qui concerne le service de *la navigation ou le libre écoulement des eaux.* (Ext. de l'art. 12.)

D'après l'art. 14, ces contraventions (constatées par les fonctionnaires des ponts et chaussées ou des mines chargés de la surveillance) sont punies d'une amende de trois cents francs à trois mille francs.

« Art. 15. — L'administration pourra, » d'ailleurs, prendre immédiatement toutes » mesures provisoires pour faire cesser » le dommage, ainsi qu'il est procédé en » matière de grande voirie. — Les frais » qu'entraînera l'exécution de ces mesures » seront recouvrés, contre le concession- » naire ou fermier, par voie de contrainte, » comme en matière de contributions pu- » bliques. »

Ouvrages d'art construits sans autorisation. — Un concessionnaire qui a construit un certain nombre d'ouvrages d'art, dans un certain nombre de communes, à la rencontre de cours d'eau *distincts*, sans leur donner les dimensions prescrites par les arrêtés préfectoraux, a commis autant de contraventions et est passible d'autant d'amendes qu'il y a d'ouvrages d'art. (C. d'Etat, 4 mars 1858.)

Obstacles à la navigation. — Une compagnie ne peut être condamnée à des dommages et intérêts envers les tiers à raison des obstacles accidentels qui résulteraient, pour le service de la navigation, de la présence d'un pont par elle construit sur une rivière navigable, conformément aux projets approuvés, et même avec des modifications à ces projets, si l'administration a néanmoins reçu les travaux. (*Ibid.* 2, août 1851.) On ne peut, d'ailleurs, considérer comme un dommage direct et matériel l'interruption de service qui serait résultée pour une compagnie de bateaux à vapeur de ce qu'elle n'aurait pas pu, en temps de crue d'eau, faire passer ses bateaux sous l'arche marinière du pont ainsi construit par la compagnie du chemin de fer. (*Ibid.*)

Prises d'eau. — Certains travaux accessoires des gares de chemins de fer, tels que les prises d'eau nécessaires pour l'approvisionnement des réservoirs d'alimentation des machines locomotives, peuvent, sans apporter des entraves à la navigation, contribuer à modifier le régime des cours d'eau. Les compagnies, qui se trouvent à cet égard dans le droit commun, doivent comme tous particuliers se pourvoir de l'autorisation prescrite par les règlements sur la matière et notamment par le décret de décentralisation du 25 mars 1852, même lorsqu'il s'agit de simples cours d'eau non navigables ni flottables, par ce motif surtout que les eaux détournées sont *consommées* pour les besoins de l'exploitation, et qu'elles ne sont pas rendues à leur cours naturel.

Nous rappellerons à ce sujet que l'application des dispositions du décret précité du 25 mars 1852, est soumise aux règles suivantes :

Canaux navigables. — Les autorisations de prises d'eau dans les *canaux navigables ou flottables de l'Etat* ne rentrent point dans le cercle de celles qui ont été attribuées aux préfets par le décret du 25 mars 1852, sur la décentralisation administrative (avis du C. d'Etat du 6 octobre 1859). En conséquence de cet avis, dont le ministre a adopté les conclusions, les préfets n'autoriseront directement aucune prise d'eau dans les canaux de l'Etat, et les demandes de cette nature doivent être soumises à l'administration supérieure (ext. d'une circ. minist du 26 janvier 1860). — Il suit de là que tout en maintenant les attributions des préfets en ce qui concerne les prises d'eau en général, et notamment celles qui ne présentent pas d'inconvénients ou ne soulèvent pas de plaintes, l'administration supérieure s'est réservé de statuer sur les demandes de prises d'eau qui doivent avoir pour effet de modifier d'une manière sensible le niveau ou le régime des canaux (ou des rivières canalisées). — Dans ce dernier cas, les demandes de prises d'eau, indépendamment des conférences à ouvrir avec le service de la navigation, comportent diverses formalités que nous avons énumérées avec détail aux articles *Alimentation*, p. 29, et *Prises d'eau*, p. 670.

Eaux souterraines. — En ce qui concerne l'usage fait, dans certains cas, par les compagnies, des nappes souterraines, dont le cours est interrompu, soit par les travaux de terrassements du chemin de fer, soit par l'ouverture de puits spéciaux, on rentre dans le droit commun consacré par l'art. 641 du Code Napoléon. L'art. 15 du cahier des charges général, qui prescrit aux compagnies « de rétablir et d'assurer, à leurs frais, l'écoulement de toutes les eaux dont le cours serait arrêté, suspendu ou modifié par leurs travaux, » n'est réellement applicable qu'aux eaux de la surface, y compris, bien entendu, celles dont le lit, quoique souterrain, aurait été établi par la main des hommes. Le conseil d'Etat semble l'entendre ainsi, au moins pour les eaux de sources dont la possession n'est pas justifiée par titre ou par prescription.

Demandes en autorisation. — Quelle que soit la suite à donner aux demandes de prises d'eau, il est convenable que ces demandes soient adressées directement aux préfets qui consultent les ingénieurs des services intéressés et procèdent aux enquêtes et à toutes les opérations nécessaires pour réunir les éléments de l'autorisation, et pour établir, lorsqu'il y a lieu, le règlement d'eau.

Litiges sur les prises d'eau. — En principe, l'appréciation des dommages causés par les prises d'eau régulièrement autorisées (même celles pratiquées dans un canal *privé* dérivant ses eaux d'une rivière navigable) rentre dans la compétence des tribunaux administratifs. (Trib. Seine, 13 déc. 1859, et Cour de cassation, 3 déc. 1862.) Toutefois, lorsqu'il s'agit d'eaux souterraines absorbées ou détournées de leur cours naturel par les travaux d'une compagnie de chemins de fer,

les tribunaux civils sont compétents (après que la juridiction administrative a statué sur la réparation matérielle du dommage) pour interpréter, *au point de vue de la privation des eaux*, un contrat intervenu entre le demandeur et le défendeur. (Trib. Seine, 1er mars 1862.) De même, l'autorité judiciaire peut être appelée à statuer *sur le droit d'usage* des eaux courantes ou pluviales servant aux travaux d'une usine, qui auraient été interceptées par l'établissement ou pour le service du chemin de fer. (C d'Etat, 19 mai 1858.) — Enfin, lorsqu'une compagnie a, pour l'alimentation des trains, obtenu du préfet l'autorisation d'établir une prise d'eau sur une rivière non navigable ni flottable, la demande en indemnité formée par l'usinier inférieur, dont la prise d'eau diminue la force motrice, doit être portée devant l'autorité judiciaire et non devant les tribunaux administratifs (v. à cet égard l'arrêt de la Cour de cassation du 10 août 1864, cité au Rép., fin de la page 838).

Travaux ultérieurs de navigation. — (Prescriptions du cah. des ch.) « Art. 59. » —Dans le cas où le Gouvernement ordonnerait ou autoriserait la construction de » canaux qui traverseraient la ligne concédée, la compagnie ne pourra s'opposer » à ces travaux ; mais toutes les dispositions nécessaires seront prises pour qu'il » n'en résulte aucun obstacle à la construction ou au service du chemin de fer, ni » aucuns frais pour la compagnie. (Ext.) » 60. — Toute exécution ou autorisation » ultérieure de canal, de travaux de navigation dans la contrée où est situé le » chemin de fer concédé, ou dans toute » autre contrée voisine ou éloignée, ne » pourra donner ouverture à aucune demande d'indemnité de la part de la compagnie. » (Ext.)

Arrangements et traités avec les compagnies de navigation (art. 53 du cah. des ch.), v. *Arrangements* au Rép. (1)

NEIGES.

Amoncellements (Etude prescrite par l'administration, programme du 12 mars 1855), p. 364. — *Mesures adoptées*, 365.

NOTIFICATIONS.

Formalités diverses : 1° notifications relatives aux expropriations de terrains (ext. de la loi du 3 mai 1841), p. 367 ; — 2° notifications des arrêtés des conseils de préfecture et des décisions administra-

---

(1) Nous rappellerons, pour mémoire, qu'un décret du 25 juillet 1860 a autorisé l'établissement d'un service de touage en Seine, avec interdiction de tout traité ou cession à une compagnie de chemin de fer. 2e semestre 1860, série 11, bull. 848, p. 771.

tives, 823, *Rép.* ; — 3º notifications aux
compagnies concessionnaires, 368 ; —
4º *id.* aux fonctionnaires de la surveillance,
p. 368.

NUMÉROTAGE.

Indications diverses (v. *Maisons de
garde* au Rép.).

0

OBJETS.

Objets d'art (conditions de transport
analogues à celles du transport des finances et valeurs), p. 208.

Objets divers. — *Indications diverses*,
p. 368. — *Objets tombés des trains*, 368.
— *Colis enregistrés délaissés dans les
gares*, 369. — *Magasinage* (arr. minist.
du 20 avril 1863), 312. — *Objets non enregistrés, égarés ou perdus par les voyageurs*, 369. — **Objets susceptibles d'une
prompte altération** et vente d'objets divers dans les gares, 370 (v. aussi *Vente*
au Rép.).

Objets fragiles. — Transport de verrerie, etc., p. 591.

Objets manufacturés. — Conditions
de transport, p. 370.—Tarifs spéciaux, 529.

OBLIGATIONS.

Emprunts financiers, p. 178. — *Autorisations.* — « La forme des obligations
» à émettre par les compagnies, la quo-
» tité, le mode de négociation et les condi-
» tions de chaque émission partielle doi-
» vent être préalablement approuvés par
» le ministre de l'agriculture, du com-
» merce et des travaux publics. » (Principe rappelé par l'art. 27 du décret du
2 mai 1863, relatif au contrôle financier
de l'Etat, v. p. 834 du Rép.).

Amortissement (v. ce mot au Rép).

OBSTACLES.

Obstruction et interception des voies, etc.
(V. les art. rappelés p. 371.)

CUPATION DE TERRAINS.

*Règlements applicables aux chemins
de fer*, p. 371. — *Compagnies mises aux
lieu et place de l'Etat* (art. 21 du cah.
des ch), 711. — Dispositions contenues
dans les clauses et conditions générales
des entreprises (v. *Clauses* et *Conditions*
au Rép.). — **Présentation des demandes
des compagnies** (circ. minist. du 20 mai
1856), 811, note 1 du Rép.

*Occupations pour extraction de maté-
riaux* (v. les art. rappelés au mot *Extraction* du Rép.).—*Idem*, pour *Etudes, dépôts*

de terre, établissement de chantiers, voies
de service, etc., p. 371.

Occupation permanente. — « Le dommage résultant de dépôts *permanents* de
terre sur un terrain qu'une compagnie de
chemin de fer a restitué au propriétaire,
après l'avoir occupé temporairement, ne
saurait être assimilé à une expropriation ;
il appartient, dès lors, au conseil de préfecture d'en apprécier les conséquences,
à l'exclusion de l'autorité judiciaire. Allocation d'une indemnité basée sur la dé-
préciation causée par le dépôt de terre à
la propriété. Rejet de conclusions ayant
pour objet l'enlèvement du dépôt. » (C.
d'Etat, 30 juillet 1863, aff. *Giboulot*.)

Par un arrêt plus récent, que nous résumons ci-après, le Conseil d'Etat a tranché
une question importante, relativement à
l'appréciation des faits qui doivent caractériser l'occupation proprement dite ou
la dépossession des terrains :

*Etablissement d'un chemin de fer pour
l'exploitation d'une carrière.* — « Dans
le cas où, soit le préfet, soit le ministre,
auraient autorisé, à titre d'occupation
temporaire, l'équivalent d'une véritable
expropriation, appartiendrait-il au conseil d'Etat, statuant au contentieux, de
caractériser l'occupation indéfinie et de
décider qu'elle constitue une *dépossession*; que, par suite, le règlement de
l'indemnité appartient, non pas au conseil
de préfecture, mais aux autorités instituées
par les lois des 7 juillet 1833 et 3 mai
1841 ? Résolu affirm. — Dans l'espèce,
recours pour excès de pouvoirs, formé
par des propriétaires contre un arrêté
préfectoral et une décision ministérielle
qui avaient autorisé un concessionnaire
de travaux publics à établir sur leur terrain
un chemin de fer pour l'exploitation d'une
carrière. Rejet par les motifs suivants :
« L'occupation n'a été autorisée que jusqu'à une certaine époque. Les propriétaires prétendent, il est vrai, que cette
autorisation est susceptible d'être renouvelée et que par des renouvellements successifs, l'administration et la compagnie
pourraient arriver à paralyser entre leurs
mains, l'exercice de leur droit de propriété ; mais le renouvellement de l'autorisation n'a été qu'une prévision et les
conséquences de cette éventualité ne peu-

vent être appréciées à l'avance ; il suit de
là que les propriétaires ne sont pas fon-
dés, quant à présent du moins, à soutenir
que les terrains dont il s'agit seraient
soumis à une occupation indéfinie, qui
équivaudrait à une dépossession. » (C.
d'État, 7 janvier 1864.)

Procès-verbal de constatation des lieux.
— Il est d'usage, préalablement à l'occupation des terrains et après la notification
faite aux intéressés de l'arrêté d'autorisation, de faire procéder contradictoirement
à la constatation de l'état des lieux et à
l'estimation des indemnités de cultures,
arbres, etc. — Les tableaux joints à ces
procès-verbaux doivent contenir tous les
éléments nécessaires à établir, soit pour
le moment actuel, soit pour l'avenir, la
valeur des propriétés à occuper. Enfin,
l'expert de l'administration indique dans
son rapport, le chiffre des indemnités qu'il
croit convenable d'allouer, dès le jour de
l'occupation, à chacune des parties intéressées, pour les dédommager de la privation de la jouissance (ext. d'une note
de M. l'ingénieur en chef *Lefort*).

Règlement d'indemnités. — A défaut
d'accord entre les parties, les indemnités
sont réglées conformément aux dispositions de la loi du 16 septembre 1807 (v.
Indemnités au Rép.).

Occupations non autorisées, p. 372.

OCTROI.

Circulation des agents. — Les agents
du service de l'octroi peuvent circuler
sur la voie dans l'exercice de leurs fonctions, v. p. 88. — *Police de la grande
voirie.* — Ils ont qualité, dans certains
cas, pour constater les contraventions de
grande voirie (décret du 18 août 1810), p.
828 du Rép

Dépense du service de l'octroi, p. 372.
— **Visite des colis**, 372. — *Droits sur les
marchandises transportées*. (T. comm.,
Seine, 31 août 1859 et Cour imp., *Nîmes*,
20 août 1863), 373. — *Droits à acquitter
par les compagnies* (pour mémoire), 373.

Extension des limites de Paris. — Nouveau régime des gares au point de vue de
l'octroi. (Ext. du décret du 19 décembre
1859.)

Chemins de fer. — « Art. 34. — A partir du 1er janvier 1860, le régime de l'octroi de Paris, suivi dans les gares de chemins de fer situées à l'intérieur, s'étendra
jusqu'au point où la voie franchit les fortifications.

« Les employés de l'octroi auront accès
sur toute la ligne, ainsi que dans les gares
ou établissements existant sur ce parcours
où ils auront à assurer la perception des
droits du Trésor public et des droits d'oc-

troi sur tous les objets soumis à ces taxes.

« 35. — Les droits dus seront exigibles
au moment de l'arrivée, comme aux autres
entrées de Paris, sur les objets destinés à
la consommation locale.

« Toutefois, en raison de la nature des
transports exécutés par les chemins de
fer, ainsi que des destinations diverses que
reçoivent les chargements, les gares seront considérées comme lieu de transit,
sous la condition d'un classement distinct
des marchandises assujéties qui les tienne
entièrement séparées des ateliers, magasins et approvisionnements de toute sorte
affectés aux travaux de l'exploitation,
étrangers au mouvement des marchandises

« Bien que soumis, dès leur arrivée, à
la surveillance générale du service de
l'octroi, les objets imposables n'acquitte-
ront les droits que lors de la sortie des
gares

« Il en sera de même pour toutes les
formalités relatives aux expéditions vers
les entrepôts de l'intérieur ou en passe-
debout.

« Aucune déclaration ne sera exigée
pour les marchandises imposables, réex-
pédiées des gares, soit directement par
la voie d'arrivée, soit d'une gare à l'autre
par le chemin de ceinture, à moins que,
par suite d'opérations particulières, il n'y
ait prise en charge et compte tenu par
les employés de l'octroi, nécessitant la
reconnaissance à la sortie des marchandises

« 36. — Les compagnies des chemins
de fer fourniront, tant dans les gares que
sur la voie, à partir des fortifications et
jusqu'au point extrême à l'intérieur, les
bureaux, locaux et emplacements qui seront réclamés par le service des perceptions et de surveillance de l'octroi.

« Les ouvertures donnant entrée dans
Paris seront réparties sur l'enceinte des
gares, et le nombre en sera limité, de
façon à concentrer l'action des employés
et à prévenir les introductions abusives,
tout en donnant au mouvement des chemins de fer les facilités indispensables à
leur exploitation.

« L'article 3 du présent règlement met-
tant les ouvertures des gares sur Paris, au
rang des portes pratiquées dans les fortifications pour les besoins généraux de
la circulation, et l'article 4 attribuant au
préfet de la Seine les décisions à prendre
pour le placement des postes et bureaux
sur tous les points donnant accès dans
Paris, les questions qui pourraient s'élever en ce qui touche les portes de gares
seront soumises à la décision de l'autorité
préfectorale.

En cas de réclamations des compagnies

de chemins de fer, contre l'exécution du présent article, il sera statué, par le ministre des travaux publics, de concert avec le ministre de l'intérieur. » (Ext. du décret du 19 décembre 1859.)

OFFICIERS DE POLICE JUDICIAIRE.

Attributions en matière de chemins de fer (v. les art rappelés, p. 374 ; v. aussi *Commissaires* au Rép.). — *Arrestations,* 374. — *Réquisition de la force publique,* 374. — **Réquisitions adressées aux agents des compagnies** (v. *Réquisitions* au Rép.). — *Agents des compagnies assimilés aux gardes champêtres,* 374 (v. aussi *Agents* au Rép.) (1)

Délits commis par les fonctionnaires, p. 374. — *Responsabilité civile,* 374.

OMNIBUS.

Organisation du service des voitures publiques (v. *Correspondances* au Rép.).

Entrée dans les cours des gares (v. *Cours des gares* au Rép.). — *Omnibus d'hôtel* (*ibid.*).

OPPOSITIONS.

Indications diverses : 1° Retenues d'appointements par suite d'opposition, p. 376 ; 2° opposition au transport d'un colis, 376 ; 3° opposition aux arrêtés administratifs (v. *Pourvois* au Rép.).

OR, PLAQUÉ D'OR.

Conditions de transport (analogues à celles du transport des finances et valeurs), p. 208.

ORDONNANCES.

Grande voirie. — La table générale, placée à la fin de ce volume, donne l'énumération des anciennes ordonnances de grande voirie, rendues applicables au service des chemins de fer et nous ne pouvons que nous référer à cette nomenclature (v., d'ailleurs, l'art. *Grande voirie* du Rép.).

Enquêtes et travaux (ordonnance du 18 février 1834), v. *Enquêtes*, p. 179.

Exploitation (ordonnance réglementaire du 15 novembre 1846), v. le texte complet, p. 687). — *Analyse par articles et indications diverses*, p. 377. (2)

ORDRES DE SERVICE.

Communications à faire à l'administration supérieure : 1° Règlements des compagnies (art. 60, ordonn. du 15 novembre 1846), v. *Règlements* au Rép. ; — 2° ordres de service de la marche des trains à communiquer au service du contrôle, au préfet du département et au ministre des travaux publics (art. 43, ordonn. du 15 novembre 1846), p. 379 (3) ; — 3° ordres de service pour l application des tarifs (art. 49, ordonn. du 15 novembre 1846), p. 694 (4).

---

(1) Les pouvoirs dévolus aux gardes champêtres, considérés comme officiers de police judiciaire, sont définis par les art. 16 et 17 du Code d'instruction criminelle (v. ces articles, p. 231).

(2) Une circ. minist. très-développée, du 31 décembre 1846, accompagnait l'envoi de l'ordon. organique du 15 novembre 1846 ; mais plusieurs dispositions explicatives de cette circulaire ayant été renouvelées par des documents plus récents, nous nous sommes borné à reproduire, pour mémoire, les passages concernant les articles suivants, savoir :

Art. 3, 4, 5, 25, 27, 29, 31 et 33. — Attributions mixtes des ingénieurs des ponts et chaussées et des mines attachés au service du contrôle (v. l'une des notes de l'art. *Ingénieurs* du Rép.).

58. — Bureaux des commissaires de surveillance administrative, p. 62.

60. — Examen des règlements v. *Règlements* au Rép.).

62. — Circulation autorisée sur la voie (v. la note de l'art. *Libre circulation* du Rép.).

63. — Prescription relative aux fumeurs, p. 227.

73. — Uniforme obligatoire des agents, p. 588.

75. — Appareils médicaux, p. 34, note. (Ext. de la circ. précitée du 31 décembre 1846, combiné avec diverses décisions.).

(3) Le droit d'approbation des ordres de service de la marche des trains appartient au ministre. Il n'est même pas d'usage que les préfets rendent exécutoires, dans leurs départements respectifs, les décisions relatives à ces ordres de service, les affiches des compagnies ne faisant que rappeler des tarifs déjà publiés et homologués et ne devant, à moins d'autorisation (v. *Affichage*, p. 628), contenir, soit des dérogations aux obligations générales imposées aux compagnies par les cahiers des charges, soit des interprétations des arrêtés ministériels sur les tarifs.

(4) L'exécution des dispositions des art. 43 et 49 de l'ordon. du 15 novembre 1846, a été rappelée par plusieurs circulaires ministérielles, dont les principales portent les dates des 31 août 1849

Ordres de service relatifs au transport des troupes (v. les art. rappelés p. 379).

Vérification des tarifs et ordres de service (circ. minist. du 23 août 1850), p. 379, v. aussi au mot *Tarifs* du Rép. la circ. minist. du 13 juin 1864.

Légalité des ordres de service, p. 379. — *Affichage* (v. ce mot au Rép.).

ORDRES RELIGIEUX.

Délivrance de billets à prix réduits, p. 56, note. — *Formalités*, 379.

ORGANISATION DE SERVICE.

Personnel et indications diverses, p. 379.

Organisation administrative et judiciaire. — Pour compléter les documents résumés aux articles distincts, *Compétence, Conseils, Tribunaux*, etc., nous avons groupé ci-après les extraits des lois et règlements qui ont primitivement établi la constitution des divers pouvoirs de l'Etat.

Organisation administrative. — Extrait de la loi de janvier 1790. — « SECTION III. » Art. 2. — Les administrations de départ- » tement seront encore chargées, sous » l'autorité et l'inspection du roi, comme

» chef suprême de la nation et de l'admi- » nistration générale du royaume, de tou- • tes les parties de cette administration, » notamment de celles qui sont relati- » ves.......... 5° à la conservation des pro- » priétés publiques ; 6° à celle des forêts, » rivières, chemins et autres choses com- » munes ; 7° à la direction et confection » des travaux pour la confection des rou- » tes, canaux et autres ouvrages publics » autorisés dans le département ; » .... • 9° au maintien de la salubrité.

» Art. 7. —Les administrations de dépar- » tement ne pourront être troublées dans » l'exercice de leurs fonctions administra- » tives par aucun acte du pouvoir judi- » ciaire. »

Grande voirie. — Extrait de la loi du 7-14 octobre 1790 : « Art. 1er. — L'admi- » nistration, en matière de grande voirie, » attribuée aux corps administratifs par » l'art. 6 du titre XIV du décret des 6-7 • septembre 1790, sur l'organisation ju- » diciaire, comprend, dans toute l'étendue » du royaume, l'alignement des rues des » villes, bourgs et villages qui servent de » grandes routes (1). »

Préfets et conseils de préfecture. — • Extrait de la loi du 28 pluviose an VIII • (17 fév. 1800), TITRE II. Administration » de département. Art. 3. — Le préfet

---

et 25 novembre 1859 ; ces circulaires ne contiennent, d'ailleurs, aucune nouvelle prescription ; elles recommandent seulement de constater par procès-verbal les infractions qui pourraient être commises dans la présentation des ordres de service, v. p. 379.

(1) La loi du 29 floréal an x (19 mai 1802) (v. cette loi, p. 247) porte ce qui suit :

• Art. 1er. Les contraventions en matière de grande voirie, telles qu'anticipations, dépôts de » fumiers ou d'autres objets, et toutes espèces de détériorations commises sur les grandes routes, » sur les arbres qui les bordent, sur les fossés, ouvrages d'art et matériaux destinés à leur entre- » tien, sur les canaux, fleuves et rivières navigables, leurs chemins de halage, francs-bords, fossés » et ouvrages d'art, seront constatées, réprimées et poursuivies par voie administrative. »

Cette disposition s'applique évidemment aux infractions prévues par les règlements antérieurs et notamment par les articles suivants de la loi du 6 octobre 1791 (ext.) :

• 40. Les cultivateurs ou tous autres qui auront dégradé ou détérioré, de quelque manière que ce soit, des chemins publics, ou usurpé sur leur largeur, seront condamnés à la réparation ou à la restitution, et à une amende qui ne pourra être moindre de trois livres, ni excéder vingt-quatre livres.

» 43. Quiconque aura coupé ou détérioré des arbres plantés sur les routes, sera condamné à une amende du triple de la valeur des arbres, et à une détention qui ne pourra excéder six mois. » (V. l'art. 445 du Code pénal), au mot *Plantations* du Rép., p. 940, note 3.)

» 44. Les gazons, les terres ou les pierres des chemins publics, ne pourront être enlevés en aucun cas, sans l'autorisation du directoire du département. . . . .

• Celui qui commettra l'un de ces délits sera, en outre de la réparation du dommage, condamné, suivant la gravité des circonstances, à une amende qui ne pourra excéder vingt-quatre livres, ni être moindre de trois livres ; il pourra de plus être condamné à la détention de police municipale. •

Nous ajouterons qu'une circulaire du conseiller d'Etat, chargé spécialement des ponts et chaus- sées, envoyée aux préfets le 13 frimaire an XI (4 décembre 1802) pour l'exécution de la loi du 29 floréal an x, rappelle que « le conseil de préfecture doit appliquer les peines *pécuniaires*, en • prononçant sur les amendes encourues par les contrevenants, comme sur les indemnités, restitu- • tions et réparations auxquelles les contraventions peuvent donner lieu » et détermine les formalités à remplir, lorsqu'il y a lieu d'appliquer une peine *corporelle* (v. la circ. précitée à l'art. *Pénalités* du Dict., p. 394).

» sera seul chargé de l'administration.

» Art. 4. — Attributions des conseils de » préfecture (v p. 119).

» Art. 5. — Lorsque le préfet assistera » au conseil de préfecture, il présidera ; » en cas de partage, il aura voix prépon- » dérante (1). »

Organisation judiciaire. — Extrait de la loi du 24 août 1790 : « Titre II. — Art. » 13. — Les fonctions judiciaires sont » distinctes et demeureront toujours sé- » parées des fonctions administratives. — » Les juges ne pourront, à peine de for- » faiture, troubler, de quelque manière que » ce soit, les opérations des corps admi- » nistratifs, ni citer devant eux les admi- » nistrateurs pour raison de leurs fonc- » tions.

» Titre XI. — Art. 3. — Les objets de » police confiés à la vigilance et à l'auto- » rité des corps municipaux sont :

» 1° Tout ce qui intéresse la sûreté et » la commodité du passage dans les rues, » quais, places et voies publiques ; ce qui » comprend le nettoiement, l'illumination, » l'enlèvement des encombrements, la » démolition ou la réparation des bâti- » ments menaçant ruine (2), l'interdiction » de rien exposer aux fenêtres ou autres » parties des bâtiments qui puisse nuire » par sa chute, et celle de rien jeter qui » puisse blesser ou endommager les pas- » sants, ou causer des exhalaisons nui- » sibles. »

Police municipale, — correctionnelle et de grande voirie (ext. de la loi des 19-22 juillet 1791).

Titre 1er. — *Police municipale.* — Art. 18. — Le refus ou la négligence d'exé- cuter les règlements de voirie, ou d'obéir à la sommation de réparer ou démolir les édifices menaçant ruine sur la voie publi- que, seront, outre les frais de la démolition ou de la réparation de ces édifices, punis d'une amende de la moitié de la contri- bution mobilière, laquelle amende ne pourra être au-dessous de six livres.

29. § 2. — Sont également confirmés pro- visoirement les règlements qui subsistent touchant la voirie, ainsi que ceux actuel- lement existants à l'égard de la construc- tion des bâtiments, et relatifs à leur so- lidité et sûreté, sans que, de la présente disposition, il puisse résulter la conser-

vation des attributions ci-devant faites sur cet objet à des tribunaux particu- liers (3).

ORPHÉONS.

Délivrance de billets à prix réduits, p. 56, note.

OUTILS.

Conditions de transport (classifica- tion, etc.), v. p. 717.

Outils délaissés sur les voies. — Nous avons reproduit, p. 668, l'ordre de service appliqué sur l'un de nos grands réseaux, pour prescrire aux agents de la voie les dispositions à prendre, conformément à la circulaire ministérielle du 17 octobre 1863 (v. cette circ., p. 380), dans le but de prévenir les tentatives de déraillement.

« D'après l'avis exprimé par le service du contrôle, le ministre a fait connaître à la compagnie qu'afin de mieux assurer l'effet des mesures dont il s'agit, il con- viendrait : 1° de réunir les rails destinés à l'entretien dans un nombre déterminé de dépôts, où ils seraient placés entre des poteaux à coulisses et maintenus par des boulons cadenassés ; 2° d'enchaîner les traverses qui ne pourraient être enter- rées. » (Ext. d'une dép. minist. spéc. du 30 mars 1864.)

OUTRAGES.

Injures et voies de fait aux agents (art. 224 du Code pénal et 25 de la loi du 15 juillet 1845), p. 267. — **Outrages aux voyageurs** (v. *Lieu public,* au Rép.).

OUVERTURES.

Mise en exploitation des sections nou- velles : — 1° Réceptions, p. 448 ; 2° ren- **seignements à fournir à l'administra- tion.** — Les ingénieurs en chef du con- trôle ont à fournir régulièrement à l'ad- ministration supérieure, en vertu des circulaires ministérielles des 21 novembre 1857, 10 août 1859 et 10 juin 1861, pour le bureau de la statistique des chemins de fer, la date de l'ouverture *au public,* le relevé des distances de station à sta- tion, et le croquis figuratif des sections successivement livrées à l'exploitation (4).

---

(1) V. p. 646, *Dict.,* le décret du 30 décembre 1862, sur la nouvelle organisation des conseils de préfecture.

(2) V. l'art. *Bâtiments* au Rép.

(3) V. p. 930, note 1, l'art. 1er de la loi du 29 floréal, an x (19 mai 1802), et ses annotations.

(4) La circ. minist. préc. du 21 nov. 1857, est reproduite p. 380. La dépêche du 10 août 1859, qui accompagnait l'envoi des premiers croquis indicateurs des distances, approuvés par l'adminis-

OUVRAGES D'ART.

---

tration et qui faisait ressortir le chiffre de la longueur totale, déterminée pour chaque réseau (d'après les bases indiquées à l'art. *Distances*, p. 158) contenait la recommandation suivante, adressée aux ingénieurs en chef du contrôle :

« Il serait bien à désirer que ce chiffre, établi de concert avec la compagnie, pût être adopté par elle comme base de tous ses calculs sur l'ensemble du réseau livré à l'exploitation. Vous devrez, en ce qui vous concerne, le prendre comme point de départ dans tous les tableaux que vous pourrez avoir à me fournir, sauf les modifications successives que le temps doit nécessairement y introduire, telles que : l'ouverture de sections nouvelles, l'adjonction de nouveaux raccordements, le déplacement de gares, d'aiguilles des points de bifurcation, etc. A cet effet, vous voudrez bien conserver, dans votre bureau, un exemplaire de ce croquis, qui devra être tenu constamment à jour, et avoir soin de me donner immédiatement connaissance de tous les changements qui pourraient y être apportés par l'une des causes ci-dessus mentionnées ; ces indications devront comprendre la date réelle des ouvertures, conformément a ma précédente circulaire du 21 novembre 1857. — « Veuillez, je vous prie, vous entendre à ce sujet avec la compagnie. . . . . qui comprendra, sans doute, l'avantage d'entrer dans cette voie régulière. »

Enfin, la *circ. minist. du 10 juin* 1861, qui n'était qu'un rappel des instructions antérieures, portait ce qui suit : « Par une circulaire en date du 21 novembre 1857, j'ai eu l'honneur d'informer MM. les ingénieurs en chef du contrôle que je désirais connaître, à l'avenir, la date précise de la mise en exploitation des sections nouvelles. En outre, j'ai invité ces chefs de service à m'adresser, en même temps que la date d'ouverture, la longueur exprimée en mètres des sections ajoutées au réseau exploité — Postérie, rement à cette circulaire, dans ma dépêche du 10 août 1859, accompagnant l'envoi des croquis indicateurs des distances, j'ai eu l'occasion de rappeler de nouveau les instructions contenues dans ladite circulaire, et d'insister pour que tous les faits, pouvant nécessiter des modifications dans ces croquis, soient portés immédiatement à ma connaissance. — Ces différentes prescriptions n'étant pas observées exactement par quelques-uns de MM. les ingénieurs du contrôle, je me vois obligé de rappeler les termes des deux circulaires précitées à l'exécution desquelles j'attache beaucoup d'importance. »

(1) Il n'est pas rare de trouver dans les projets de chemins de fer, des dénominations différentes pour désigner le même ouvrage. Nous avons déjà fait une remarque de ce genre à l'art. *Aqueducs* du Rép. ; nous ajouterons qu'on appelle indistinctement: 1° passage inférieur (ou supérieur); 2° pont sous rails (ou sur rails) ; 3° et enfin viaduc en dessus (ou en dessous), l'ouvrage construit pour faire passer le chemin de fer au-dessus ou au-dessous d'une route ou d'un cours d'eau. — A notre avis, l'expression qui prête le moins à l'équivoque est celle de *pont sous rails* ou *pont sur rails*, la qualification de *viaduc* devant être réservée, d'ailleurs, pour les grands ouvrages qui franchissent les vallées, suivant la définition déja donnée à la p. 592.

est pas de même des ouvrages situés *hors du périmètre* de la voie, lorsque ces ouvrages ont été l'objet d'une remise régulière aux services qu'ils intéressent. V. p. 485 et 486.

OUVRIERS.

Choix des ouvriers par l'entrepreneur (v. au Rép. l'art. *Clauses et Conditions générales*). — *Privilège accordé aux ouvriers*, pour le payement des salaires, p. 383. — *Établissement de cantines*, 383.— Vente d'aliments aux ouvriers (v. *Vente* au Rép.) — *Questions de responsabilité*, 384 (v. aussi *Accidents de travaux* au Rép.).

Secours aux ouvriers blessés sur les chantiers de l'État (arr. minist. du 15 déc. 1848), p. 384, — interprétation de l'arrêté précité (ext. d'une circ. minist. du 23 juillet 1849) : « La réserve (qui se constitue naturellement, non en prenant pour base les sommes dépensées pour secours, mais bien par la retenue proportionnelle, faite à chaque paiement d'à-compte à l'entrepreneur) ne doit point être réalisée dans une caisse quelconque chargée d'en faire recette ; elle demeure comprise intégralement dans le montant du crédit de l'opération, jusqu'au moment où il devient nécessaire d'y puiser pour faire face à l'un des besoins auxquels elle est destinée à pourvoir. Ce cas se présentant, les dépenses de secours ou autres prévues, par l'arrêté du 15 décembre 1848 sont certifiées, mandatées et payées dans les formes voulues par les règles de la comptabilité publique, avec imputation sur le fonds général de l'entreprise.

. . . .

» C'est généralement après l'exécution complète des travaux qu'il y a lieu de régler avec l'entrepreneur le compte relatif à la retenue. . . . . Si la somme

obtenue (en comparant le chiffre total des dépenses faites pour secours, avec la somme qui résulte de l'application du taux de la retenue) est inférieure aux dépenses, il en résulte, dans le montant du crédit de l'entreprise, un déficit auquel le ministre pourvoit par une allocation supplémentaire, ... si elle est supérieure aux frais, il est satisfait à la prescription (de l'arrêté). . . . par l'abandon de la différence à l'entrepreneur. . . . . Un point, toutefois, exigera, de la part des ingénieurs, une attention constante, c'est la défalcation, lors des payements d'à-compte, des retenues successives à faire subir aux entrepreneurs. Dans quelques services, l'usage s'est établi de faire figurer ces retenues dans les comptes mensuels de MM. les ingénieurs ordinaires. Il convient que cet usage se généralise. Il en résultera, sans nouveau travail, une constatation en quelque sorte permanente, éminemment propre à prévenir les erreurs. » (Résumé de la circ. minist. du 23 juillet 1849.)

Compte-rendu des accidents (survenus sur les chantiers de l'État), v. au Rép., p. 748, note 1, le modèle du tableau à fournir, en vertu d'une circulaire ministérielle du 17 janvier 1853, à l'occasion des accidents survenus sur les chantiers de l'État. Ce tableau, préparé par les soins de l'ingénieur en chef, est transmis le plus tôt possible au ministre par le préfet du département, avec les observations de ce magistrat (1).

Chantiers des compagnies (secours aux ouvriers, etc.), p. 384 (v. aussi le nota placé à la fin de l'art. *Accidents de travaux* du Rép., 748). — Ouvriers d'ateliers divers (circulation, mesures d'ordre, etc , 41 (v. aussi *Circulation* au Rép.).

Ouvriers employés à l'exploitation (v. les art. rappelés, p. 384). — *Ouvriers des expéditeurs*. V. *Manœuvres*, 319.

P

PAIEMENTS.

Fonds du Trésor (circ. minist. du 5 novembre 1857), p. 385 (v. aussi *Mandats*, p. 317). — (Ext. des règlements de comptabilité), 385. — **Fonds des compagnies :** 1° Actions, 13 ; — 2° obligations, 370 ; — 3° mandats divers, 318. — *Paiement de*

prix de transport, 385. — *Paiements de terrains expropriés*, 199. — *Paiement d'indemnités diverses* (v. *Indemnités*, au Rép.).

PAPIERS.

Transport : 1° En grande vitesse (messagerie), p. 346 ; — 2° tarif général de la

---

(1) C'est dans ce sens que doit être entendue la circ. minist. du 17 janvier 1853, dont les dispositions reproduites au Rép., p. 748, présentent une certaine ambiguïté, par suite d'une légère erreur d'impression.

petite vitesse (1re classe, objets manufacturés), 717.—Tarifs spéciaux, 385.—*Journaux et écrits périodiques* (v. *Journaux* et *Librairie* au Rép.). — Papiers d'affaires, 386.

Valeurs, titres, billets de banque, etc. (le tarif des finances, v. p. 209 est applicable pour les valeurs *déclarées ;* mais les compagnies n'ont pas le droit d'exiger une taxe *ad valorem*, alors que les expéditeurs les déclarent exempts de toute responsabilité à cet égard). (*Inst. spéc.*)

PARAPETS.

Dimensions à donner aux parapets d'ouvrages d'art (art. 11 et 15 du cah. des ch.), p. 386. — Hauteur des garde-corps aux abords des stations (circ. minist. du 31 août 1855), 386.

PASSAGES.

Traversée des routes, chemins et cours d'eau. — Comme nous l'avons fait connaître à l'art. *Ouvrages d'art* du Rép., on désigne dans les projets de chemins de fer, par le nom de passage supérieur ou pont sur rails, l'ouvrage qui fait passer une route ou un chemin ordinaire par-dessus la voie de fer ; le nom de passage inférieur ou pont sous rails, désigne inversement le même ouvrage, lorsqu'il s'agit de faire passer la route ou le chemin sous la ligne du chemin de fer. Le nom de pont ou viaduc est réservé surtout pour les ouvrages destinés à franchir les cours d'eau et les vallées. — Les dimensions minima des ponts ou passages sur rails ou sous rails ont été fixées, savoir : aux articles 11 et 12 du cahier des charges, pour les routes et chemins vicinaux et communaux (v. p. 482 et 483) et à l'art. 15 du cah. des charges, pour la traversée des rivières, canaux et cours d'eau (v. *Navigation* au Rép.).— Tous ces ouvrages, lorsqu'ils sont compris dans le périmètre du chemin de fer (v. *Bornage*, p. 58), font partie des dépendances de ce chemin, et doivent être entretenus par les compagnies (v. à cet égard l'art. *Ouvrages d'art* au Rép.).

Le maintien des communications des routes de terre comporte enfin des ouvrages auxquels on donne le nom de *passages à niveau* (v. plus loin).

L'emplacement et la disposition à adopter pour l'établissement des divers *passages* de routes, chemins et cours d'eau, d'une rive à l'autre des chemins de fer sont surtout déterminés (indépendamment des prescriptions obligatoires du cah. des ch.) par les conditions locales, par la disposition du terrain et par l'importance de la circulation riveraine. Ce sont là des questions techniques à étudier spécialement par les ingénieurs chargés de la rédaction des projets de détail, dont nous avons parlé à l'art. *Projets* du Rép. (1).

Passages à niveau. — *Conditions d'établissement :* 1° Prescriptions générales (articles 10 et 13 du cah. des ch.), p. 386 ; — 2° disposition des voies, 387 ; — 3° contre-rails (v. ce mot au Rép.) ;—4° distance des barrières, 387.

Établissement et service des barrières (art. 4, loi du 15 juillet 1845, et art. 4 de l'ordonn. du 15 nov. 1846), p. 388. — *Eclairage* (art. 6 de l'ordonn du 15 nov. 1846), 168. — Application de l'art. 6 précité, 388.

Ancien mode de classification, p. 388. — *Nouvelle organisation en vigueur* (notamment sur la ligne de Lyon, arr. minist. spéc. du 28 janv. 1861), 389. — *Passages pour piétons*, 390. (v. aussi au Rép., p. 767, note 1)

Contraventions, p. 391, — *Responsabilité civile pour les accidents*, 391.

Passages à niveau particuliers, p. 391 (v. aussi au Rép., p. 767, note 2).

Entretien des passages à niveau. — Toute la partie de la route de terre comprise dans la traversée du passage à niveau, entre les barrières du chemin de fer, fait partie intégrante de la voie (v. *Bornage*, p. 58) et doit être entretenue par le service du ch. de fer au même titre que les barrières, les maisons de garde, etc. (exécution de l'art. 30 du cah. des ch., v. p. 185). — *Passages en dessous accolés aux passages à niveau*, v. au Rép., p 787.

Croisements entre chemins de fer. — Le cahier des charges n'a pas déterminé spécialement les dispositions et dimensions des ouvrages permettant à un chemin de fer de franchir, par-dessus, par-dessous ou à niveau, une autre ligne dis-

---

(1) La proportion kilométrique du nombre des ponts et passages à prévoir dans les projets est généralement assez variable ; mais les indications recueillies pour un grand nombre de lignes, permettent d'évaluer approximativement de 800m à 900m l'espacement moyen des passages de voies de communication et à un chiffre à peu près égal, la distance qui sépare les ponts, aqueducs et autres ouvrages motivés par la rencontre des rivières, canaux et cours d'eau, ce qui donne, en général, pour l'espacement moyen de deux ouvrages d'art ou passages successifs, une longueur de 400 ou 450 mètres.

tincte de chemin de fer ; mais cette lacune n'existe pas en réalité, si l'on considère, par analogie, qu'un viaduc établi à la rencontre de deux voies ferrées quelconques A et B, participe à la fois du pont sur rails et du pont sous rails des routes. En effet : 1° l'ouverture du pont entre les culées sera au moins de 8 mètres (largeur de la voie ferrée A) et la distance verticale ménagée au-dessus des rails extérieurs de chaque voie, pour le passage des trains, ne sera pas inférieure à 4ᵐ,80 au moins (application de l'art. 12 du cahier des ch., relatif aux viaducs *sur rails*, des routes) ; 2° la largeur entre les parapets (largeur de la voie ferrée B) sera au moins de 8 mètres, et la hauteur des parapets (à fixer par l'administration) ne pourra, dans aucun cas, être inférieure à 0ᵐ,80 (application de l'art 11 du cah. des ch. relatif aux viaducs *sous rails*, des routes), v. p. 709.

Il n'y aurait d'exception à ces règles élémentaires qu'autant que l'une des lignes serait à double voie, et l'autre à simple voie.

Croisement à niveau de deux chemins de fer. — L'art. 13 du cah. des ch. qui a seulement prévu la traversée à niveau des routes et chemins vicinaux et ruraux, ne saurait fournir aucune indication directement applicable au croisement à niveau de deux chemins de fer A et B (considérés en dehors de tout raccordement donnant accès aux trains, d'une ligne sur l'autre).— Il n'existe à notre connaissance aucun règlement général pour l'établissement de cette variété de passages à niveau dont il existe déjà des exemples (notamment au croisement du chemin de Chagny à Montceau-les-Mines et de la ligne industrielle du Creusot au canal du Centre), et qu'on sera sans doute amené à tolérer, au moins sur quelques embranchements secondaires, lorsque les lignes de chemins de fer sillonneront le pays dans tous les sens.

Ce système de traversée qui présente en quelque sorte, pour le service, les inconvénients d'une bifurcation double, exige, outre l'observation des règlements prescrivant de faire jouer le sifflet et de ralentir la marche des trains aux abords du croisement, de manière à pouvoir obtenir l'arrêt sur un simple signal fait à la main, la présence d'un agent, à poste fixe, qui peut communiquer avec la gare la plus voisine, au moyen d'un appareil télégraphique, et qui est chargé de maintenir constamment à l'arrêt, pour les effacer successivement au moment du passage des trains, sinon les disques de protection établis dans les quatre directions, au moins ceux des trois directions opposées à celle par laquelle doit arriver le premier train attendu ou annoncé. — Nous ajouterons que des ordres de service spéciaux et détaillés indiquent aux agents les devoirs qu'ils ont à remplir pour assurer la sécurité de la circulation dans ces passages relativement dangereux.

PATENTE.

Indications diverses : 1° Droit de patente des concessionnaires, p. 391 ; — 2° entrepreneurs et sous-traitants, 391. — 3° architecte, 391 ; — 4° camionneurs, p. 391.

Droit proportionnel foncier et impôt, p. 392 (v. aussi *Impôts*, p. 259) — *Maisons de garde-barrière*, 392. — *Bâtiments et dépendances des gares.* — A titre de simple renseignement, nous croyons devoir reproduire l'art. 45 de l'instruction générale sur les patentes, du 31 juillet 1858, ainsi conçu : « Les bâtiments servant à l'exploitation des chemins de fer, n'étant point généralement affermés et ne pouvant guère être comparés à d'autres bâtiments affermés, on estimera partout, afin d'arriver, autant que possible, à des résultats uniformes, la valeur locative pour laquelle ils doivent entrer dans les éléments du droit proportionnel, à raison de 5 0/0 de leur valeur de construction, augmentée de la valeur du sol. » — *Chaussée donnant accès au quai des marchandises d'une gare.* — La valeur d'une chaussée pavée, donnant accès au quai des marchandises d'une gare de chemin de fer, ne doit pas être comprise dans l'estimation de la valeur locative devant servir de base au droit proportionnel de patente de la compagnie concessionnaire. — Cette chaussée doit être considérée, en effet, comme une dépendance de la voie publique. (C. d'Etat, 7 août 1863.)

PATINAGE DES MACHINES.

Inconvénients signalés, p. 392. — Boîtes à sable (v. au Rép. les articles *Locomotives et Sable*).

PAVAGE. — PAVÉ.

Indications diverses (v. les articles rappelées p. 392).

PAYEURS.

Affaires générales concernant notamment les payeurs de l'Etat, p. 393. — *Réquisitions pour le paiement des mandats*, 385. — *Accréditement de la signature des nouveaux chefs de service*, 393. — *Perte de mandats*, 317.

PEINTURE.

Conservation des principales pièces du matériel fixe de la voie, p. 393. — *Emploi de l'oxyde (ou blanc) de zinc.* — « Conformément à l'avis du conseil général des ponts et chaussées, le ministre a décidé que le blanc de zinc sera admis, en concurrence avec le blanc de céruse, dans les travaux du service des ponts et chaussées....... Les ingénieurs devront tenir compte de cette disposition dans la rédaction de leurs devis. » Ext. d'une circ. minist. du 10 avril 1850.)

PÉNALITÉS.

Infractions au cahier des charges, p. 393. — **Règlements de grande voirie :** 1° art. 11 de la loi du 15 juillet 1845, relatif aux contraventions commises par les *particuliers,* 394 ; — 2° *idem,* art. 14, *idem,* contraventions commises par les *concessionnaires,* 685. — *Réparation des dommages* (exécution de la loi du 29 floréal an x), 394. — **Règlements d'exploitation, ordonnances, etc.** (art. 21 de la loi du 15 juillet 1845), 394. — *Règlement des signaux* (v. *Règlements* au Rép.).— *Décisions ministérielles, arrêtés préfectoraux, etc.* (art. 79 de l'ordonn. du 15 nov. 1846), 394.—*Infractions et pénalités diverses :* 1° police des cours des gares, 395 ; — 2° police des passages à niveau, 391 ; — 3° actes de malveillance, 8 et suivantes ; — 4° destruction de *disques,* d'appareils, etc. (v. *Disques* au Rép.) ; 5° police des machines à vapeur (loi du 21 juillet 1856), 308 ; — 6° affaires diverses, (amendes, etc.), v. les articles rappelés, 395.

Accidents d'exploitation (art. 19 de la loi du 15 juillet 1845). — « 19. — Quiconque, par maladresse, imprudence, inattention, négligence ou inobservation des lois ou règlements, aura involontairement causé, sur un chemin de fer, ou dans les gares ou stations, un accident qui aura occasionné des blessures, sera puni de huit jours à six mois d'emprisonnement et d'une amende de cinquante à mille fr.

« Si l'accident a occasionné la mort d'une ou plusieurs personnes, l'emprisonnement sera de six mois à cinq ans et l'amende de trois cents à trois mille fr. »

Accidents de travaux (*pénalité de droit commun*), art. 319 et 320 du Code pénal, v. au Rép. l'art. *Accidents de travaux*).

Agents abandonnant leur poste (article 20 de la loi du 15 juillet 1845, p. 395, v. aussi *Abandon* au Rép.). — *Infractions aux règlements intérieurs des compagnies,* 395 (v. aussi *Responsabilité* au

Rép.). — *Punitions disciplinaires,* 395 (v. aussi *Punitions* au Rép.).

Peines de simple police. p. 395.

Affaires générales : 1° **Questions mixtes** (v. *Compétence,* p. 107 et *Tribunaux,* p. 580 ; — 2° cumul des peines (art. 27 de la loi du 15 juillet 1845), 396 ; — 3° circonstances atténuantes v *Circonstances,* au Rép.). — *Récidive,* p. 396.

PENSIONS.

Liquidation et règlement (v. *Retraites* au Rép.).

PENTES.

Maximum des déclivités (art. 8 du cah. des ch.), p. 708. — *Modifications* (v. ce mot au Rép.). — Maximum des déclivités des routes et chemins déviés ou modifiés (art. 14 du cah. des ch.), 482.

Freins à placer dans les trains sur les fortes pentes (v. *Freins* au Rép.). — *Manœuvres sur les parties de voies en pente,* p. 321 (v. aussi *Abandon* au Rép.).

Embarrage de wagons isolés, dans les stations placées au sommet de rampes de forte inclinaison (v. *Rampes* au Rép.).

PERMIS. — PERMISSIONS.

Permissions de voirie (v. l'art. *Grande voirie* au Rép.).

Libre circulation : — 1° Fonctionnaires de la surveillance, p. 86 (v. aussi les indications rappelées aux pages 789 et 904 du Rép.) ; — 2° agents des compagnies, 88 et 290 (v. aussi *Bagages* au Rép.) ; — 3° permis accordés aux expéditeurs (toucheurs de bestiaux, etc.), 550 ; — 4° autorisations diverses (circulation sur la voie, etc.), 88 (v. aussi au Rép., p. 790, note 1).

PERSONNEL.

Affaires générales : — 1° Service des travaux de l'État, p. 396 ; — 2° travaux des compagnies, 396 ; — 3° présentation des projets et propositions des compagnies (circ. minist. du 20 mai 1856), p. 811, note 1 (v. aussi *Propositions* et *Règlements* au Rép.) ; — 4° contrôle de la construction des chemins de fer concédés (v. l'art. *Ingénieurs,* p. 264, v. aussi *Inspecteurs* des ponts et chaussées, au Rép.) ; — 5° **Contrôle de l'exploitation** (v. au Dict. et au Rép. les mots *Administrations, Commissaires, Contrôle, Ingénieurs, Inspecteurs, Préfets* et *Procureurs impériaux*).

Ponts et chaussées et mines (ext. des décrets d'organisation des 13 oct. et 24 déc. 1851) : — 1° Congés illimités et temporaires, v. *Congés* au Rép. ; — 2° ingénieurs de l'Etat devenus concessionnaires ou entrepreneurs, p. 669 ; — 3° travaux particuliers (*études de chemins de fer, projets, etc., etc.*). — Une circ. minist. du 15 oct. 1864, adressée aux ingénieurs en chef, porte ce qui suit : « D'après les dispositions des décrets d'organisation des corps des ponts et chaussées et des mines, les ingénieurs peuvent se charger de travaux pour le compte des départements, des communes, ou des particuliers, et les décrets du 10 mai 1854 ont réglé les honoraires et frais de déplacement qui leur sont dus dans ce cas (1). Toutefois, il a toujours été entendu que les ingénieurs ne pourront user de cette faculté sans avoir préalablement demandé et obtenu l'agrément de l'administration supérieure, seule en mesure de décider si ces travaux sont compatibles avec leur position et ne sont pas de nature à nuire à leur service obligatoire. — Cette prescription n'a pas toujours été exactement observée, et il en est résulté quelquefois de sérieux embarras, soit pour l'administration, soit pour les ingénieurs eux-mêmes. Je crois devoir vous la rappeler et insister d'une manière toute spéciale pour que les ingénieurs ne se chargent jamais, sans l'autorisation de l'administration supérieure, de travaux privés, bien que rentrant dans la spécialité de leurs services. — Je n'ai pas besoin d'ajouter que cette prescription s'applique également aux conducteurs des ponts et chaussées et aux garde-mines. » (Circ. minist. 15 oct. 1864.)

Personnel supérieur des compagnies (v. l'art. *Compagnies* au Dict. et au Rép.).

Personnel actif de l'exploitation, p. 396 (v. aussi au Rép , p. 754, le sommaire de l'art. *Agents des compagnies*). - *Indications diverses* (*ibid.*, p. 754).— *Nombre obligatoire d'agents* : 1° pour le service des trains de voyageurs, 108 ; — 2° *idem* des gares, 239 ; — 3° *idem* des signaux, 498 (2).

Déplacement et réquisition d'agents, 398 (v. aussi *Réquisitions* au Rép.).— Assignation en témoignage (v. *Justice* au Rép.),

Infractions aux règlements (v. *Pénalités*, p. 393). — **Responsabilité des agents**, 399 (v. aussi *Responsabilité* au Rép.). — *Punitions* (v. ce mot au Rép.).

Surveillance de l'administration publique décret du 27 mars 1852), p. 730 (3).

Formalités et affaires communes et diverses :—1° assermentation (v. au Rép.) ;

---

(1) « Ces honoraires, ainsi que le porte le décret, sont calculés d'après le chiffre de la dépense effectuée sous leur direction, déduction faite de la part contributive du Trésor public, et à raison de 4 p. 0/0 sur les premiers 40,000 francs et de 1 p. 0/0 pour le surplus. . . . .

» Quand les ingénieurs seulement étaient en cause, on a partagé les honoraires applicables, soit à la rédaction des projets, soit à l'exécution des travaux, en deux parties égales entre l'ingénieur en chef et l'ingénieur ordinaire.

» Lorsque des conducteurs ou employés secondaires des ponts et chaussées avaient pris part au travail, l'on a stipulé à leur profit le prélèvement, sur le montant des honoraires de 20 p. 0/0 à leur distribuer par décision du préfet, sur la proposition de l'ingénieur en chef. » (Ext. d'une circ. min. du 1er déc. 1856, invitant les préfets à réunir et à adresser au ministre, avec leurs observations et leurs avis, les renseignements de nature à éclairer la question et à motiver une décision de principe.)

Les frais de déplacement, à l'aller et au retour, par kilomètre, sont fixés à $0^f,50$ (ingénieurs en chef), $0^f,30$ (ingénieurs ordinaires) et $0^f,20$ (conducteurs, garde-mines et agents secondaires). — Ce tarif est réduit de moitié pour tous les trajets effectués en chemin de fer.—Les frais de séjour, correspondants, sont de 12 fr., 10 fr. et 5 fr. par jour.—Il n'est pas alloué de frais pour les déplacements qui n'excèdent pas les limites de la commune où résident les ingénieurs. (Ext. de l'art. 3 du décret du 10 mai 1854.)

(2) Nous avons sous les yeux un document d'après lequel le nombre total des directeurs, ingénieurs, employés, agents, ouvriers et gens de service, en 1862, sur l'un de nos grands réseaux, s'élevait à 30,301, pour une longueur totale exploitée de 2,577 kilomètres. Ce chiffre de 30,301 se décomposait, savoir : 1° personnel de l'administration centrale (siège de la compagnie), 233 ; — 2° mouvement et trafic 14,574 (service central, 987 ; service des gares et stations, 12,155 ; service des trains, 1,432) ; — 3° traction, matériel et ateliers, 10,127 (ingénieurs, employés, agents, ouvriers et gens de service à l'année ou à la journée) ; — 4° voie et bâtiments, 5,367 (dont 4,875 agents de la surveillance, de l'entretien, équipes et gens de service). En outre de ces derniers 4,875 agents, on a employé 2,750 ouvriers à la journée pour l'éclissage des voies et les travaux de construction sur les lignes en exploitation. Le nombre des femmes garde-barrières était de 1,530 et la *proportion des militaires*, dans le personnel de la voie, s'élevait à 30 p. 0/0.

(3) La disposition du décret du 27 mars 1852 qui attribue à l'administration publique le droit de requérir, lorsqu'il y a lieu, la révocation d'un agent, a déjà été appliquée, notamment à l'égard d'un chef de gare qui avait expulsé violemment un magistrat (officier de police judiciaire) d'une gare où il avait le droit de rester, comme l'a rappelé la circ. minist. du 18 août 1853 citée en

— 2° bureaux (*id.*) ; — 3° congés (*id.*) ;— 4° demandes d'emploi aux compagnies, p. 399 ; — 4*bis* sollicitations contraires à la hiérarchie, 669 ;—5° feuilles signalétiques, 397 (v. aussi *Inspecteurs* des ponts et chaussées au Rép.) ; 6° frais divers (v. *Frais* au Rép.) ; — 7° logements, 302 ; — 8° pensions (v. *Retraites* au Rép.) ; — 9° uniforme, 586 ; — 10° renseignements divers, 398 et 399.

Service de secours : — 1° Maladies, p. 316 ;—2° médecins (v. au Rép.) ; — 3° ouvriers (v. au Rép.) ; —4° secours, p. 490.

Personnel étranger au service (voir les indications rappelées p. 399 et 400).

PERSONNES ÉTRANGÈRES.

Prescriptions des art. 61 et 68 de l'ordonnance du 15 novembre 1846, p. 400. — *Personnes autorisées à circuler sur la voie*, 400. — *Indications diverses*, 400.

PERTE D'OBJETS.

Colis et objets non enregistrés perdus *dans l'enceinte du chemin de fer*, p. 369. — *Colis* **enregistrés** *délaissés dans les gares*, 369. — Magasinage, 312.

Perte de matériaux et de marchandises (v. les art. rappelés p. 400).

PESAGE.

Reconnaissance et pesage des colis, p. 400. — **Minimum obligatoire d'instruments de pesage** à fixer spécialement, pour chaque département, par arrêté préfectoral (circ. minist. du 22 juin 1853), p. 401 (1).

Droit de rétribution à établir suivant le tarif annexé à l'ordonnance royale du 18 décembre 1825, modifiée par celle du 21 décembre 1832 (même circulaire), p. 401 (2). — *Vérification annuelle des appareils* (loi du 4 juillet 1837, pour mémoire), 401.

Indications diverses, poids spécifiques, etc., p. 401.

Ponts à bascule. — Les ponts à bascule installés dans certaines gares à marchandises pour le pesage des wagons et des

---

extrait au mot *Procureurs impériaux*, p. 433. Cette dernière circ., adressée aux administrateurs des compagnies, contenait, en outre, le passage suivant :

« . . . . . Il ne suffit pas qu'une répression énergique atteigne les agents qui portent à ce point l'oubli du respect de l'autorité. Il faut rendre impossible le renouvellement d'aussi déplorables conflits, et je viens vous inviter à adresser aux agents de votre entreprise les recommandations les plus expresses, pour qu'ils apportent constamment dans leurs rapports avec les fonctionnaires de l'ordre judiciaire ou administratif, préposés, à un degré quelconque, à la surveillance des chemins de fer, les égards et la déférence dus au caractère dont ils sont revêtus. (Ext. de la circ. minist du 18 août 1853, notifiée le 27 du même mois aux ingénieurs en chef du contrôle.)

(1) L'ordonnance en vigueur dans le ressort de la préfecture de police de Paris, pour le service des poids et mesures, a divisé en 7 classes les entreprises de transport soumises à la vérification et à la rétribution annuelle. Cette répartition est placée sous la rubrique : « *Catég. 76, Entrepreneurs de transports par terre et par eau, chemins de fer, messagerie.* »

Le minimum obligatoire d'appareils, pour la 1re classe, comporte : 1° 400 poids de 20 kilog. en fer ; — 2° 65 séries de poids de 5 kilog. à 50 grammes ; — 3° 6 séries de poids en cuivre de 1 kilog. à 1 gramme ; — 4° 6 balances de magasin ; — 5° 65 balances de comptoir, le tout soumis à une rétribution annuelle de 275^f,42. Le nombre de ces appareils descend graduellement de façon à ne donner lieu, pour la 7e classe, qu'à une rétribution annuelle de 17^f,92 (v. à la note suivante la tarification spéciale de chacun des appareils).

En outre, la même ordonnance divise également en 7 classes, les établissements compris sous la rubrique : « *Catég. 77, Chemins de fer (station faisant messagerie).* » Mais les assortiments de poids, ou appareils afférents à cette catégorie, sont réduits à une limite telle que la rétribution annuelle de l'ensemble des appareils de la 1re classe n'est que de 9^f,67, et descend graduellement jusqu'à 2^f,56 (tarif de la 7e classe).

Nota. — L'usage de la balance-bascule étant facultatif, cet instrument pourra être substitué à la balance à bras égaux et aux poids qui y sont afférents. (Ext. de l'ordonn. précitée.)

(2) Sous-détails du tarif pour chaque catégorie d'instruments (uniforme pour toute la France).

Les poids de 20, 10 et 5 kilog. en fer paient chacun 0^f,225 (en cuivre 0^f,3375).

Les poids de 2, 1 et 1/2 kilog. en fer, paient chacun 0^f,09 (en cuivre 0^f,135).

Les poids de 200, 100 et 50 grammes en fer, paient chacun 0^f 045 (en cuivre, série complète, chacun 0^f,0675).

Balance de magasin, 0^f,225. Balance de comptoir, 0^f,1125.

Balance-bascule : au-dessus de 100 kilog., 1^f,80 ; au-dessous de 100 kilog., 0^f,90. (Par extension, on applique aux ponts à bascule le tarif des balances-bascules de la plus forte portée, soit 1^f,80.)

colis exceptionnels, ne sont pas compris dans les appareils obligatoires prescrits par les règlements, mais nous avons rappelé, p. 669, qu'en exécution d'une décision ministérielle du 20 juillet 1863, les ponts à bascule affectés au pesage des colis, seront désormais reçus à la vérification et au poinçonnage, et que les détenteurs de ces instruments devront fournir aux vérificateurs les poids nécessaires à cette opération.

L'ordre de service en vigueur, dans le ressort de la préfecture de police de la Seine, pour l'exécution de la décision ministérielle précitée, porte ce qui suit :

« Une décision ministérielle du 20 juillet 1863, admet au poinçonnage et soumet à la vérification périodique les ponts à bascule.

» Cette décision dispose, en outre, que les détenteurs de ces appareils « devront » fournir aux agents du service des poids » et mesures, les moyens matériels de les » vérifier régulièrement, en leur procurant, à cet effet, les poids et autres » objets lourds ou embarrassants, qu'ils ne » peuvent emporter dans leurs tournées. »

» D'autre part, l'art. 6 de l'ordonnance de police du 25 octobre 1861, approuvée par S. Exc. le ministre de l'agriculture, du commerce et des travaux publics, porte que « pour faciliter et accélérer, » dans leur propre intérêt, les opérations » de vérification, les assujétis fourniront » un aide pour le maniement du matériel » à vérifier à domicile. »

» Avis de ces dispositions réglementaires est donné aux assujétis qu'elles concernent, avec invitation de s'y conformer.

» Une lettre du vérificateur en chef des poids et mesures, fera connaître à l'avance le jour et l'heure où le vérificateur se présentera à domicile pour opérer la vérification et le poinçonnage des ponts à bascule. » (Ext. d'un avis du préfet de police). (1)

Installation, conservation et manœuvres des appareils, p. 402. (Sur la plupart des lignes, la fosse destinée à recevoir l'installation du pont à bascule est construite par les soins du service du matériel fixe de la voie. — Le prix de revient de cette fosse s'est élevé, sur quelques

chemins de fer, à 1,200 fr., en chiffres ronds.)

PÉTARDS.

Signaux détonants obligatoires (règlement minist du 15 mars 1856), p. 500. — Usage pour les manœuvres aux abords des disques-signaux (v. au Rép., p. 850).

PÉTROLE.

Conditions de transport (v. *Huiles* au Rép.). — *Mesures de précaution* (v., à titre de renseignement, p. 337, l'arrêté minist. du 15 juillet 1863, relatif au transport des matières dangereuses).

PETITE VITESSE.

Indications diverses, p. 669 (v. aussi *Expéditions* au Rép.).

PETITE VOIRIE.

Alignements et travaux divers aux abords des chemins latéraux et des voies vicinales (v. l'art. *Maires*, p. 313 et 314).
Concours des autorités locales pour les autorisations de voirie (v. l'art. *Grande voirie* du Rép., p. 892).

PIERRES.

Conditions de transport, p. 402. — **Création d'une 4ᵉ classe**, pour le transport des pierres à chaux et à plâtre, et des pavés et matériaux des routes, p. 643.
Pierres précieuses (conditions de transport analogues à celles des expéditions de finances), p. 208.
Dépôts et jets de pierres (v. les art. rappelés p. 402).

PILOTAGE.

Définition, p. 402. — *Conduite des trains*, 403. — *Arrêts*, 403. — *Expédition des trains*, 403. — *Précautions spéciales*, 403. — *Marche à contre-voie*, 403.

PIQUEURS.

Nous avons résumé au Rép., p. 859, les conditions d'admission de certains agents

---

(1) Le poids (comparatif) des colis partiels et objets encombrants, dont l'emploi a été autorisé par l'administration pour la vérification des ponts à bascule, peut être apprécié facilement par les vérificateurs, au moyen de pesées successives faites préalablement sur les balances-bascules.

On emploie, en général, pour vérifier la précision des ponts à bascule, une charge équivalente à la force du pont. Si l'on ne peut atteindre exactement la limite de la portée totale, il est d'usage du moins de s'en rapprocher le plus possible. La vérification ordinaire de la portée totale ne doit pas dispenser, d'ailleurs, de faire des vérifications partielles, afin de s'assurer du jeu de l'instrument avec toutes charges. (*Inst. spéc.*)

inférieurs de l'administration des ponts et chaussées qui étaient désignés autrefois sous le nom de *piqueurs* et qui portent actuellement le titre d'employés secondaires des ponts et chaussées.

Sur quelques lignes de chemins de fer, on a conservé la n.ème dénomination de *piqueurs* (de jour ou de nuit) aux agents chargés, sous les ordres des chefs de section, de surveiller les équipes de poseurs et les gardiens de la voie et des passages à niveau, et de concourir, enfin, aux divers travaux ressortissant au service de la voie. — Les mêmes agents sont désignés sur d'autres chemins de fer sous le nom de *chefs de district*.

Aucune instruction générale, autre que les règlements spéciaux du service de la *voie*, des *poseurs* et de la *surveillance*, ne règle les attributions des piqueurs (ou chefs de district), auxquels la formalité de l'assermentation confère, d'ailleurs, le droit de constater les infractions de grande voirie, commises sur les chemins de fer et sur leurs dépendances.

Les tournées de ces agents sont généralement réglées par des instructions spéciales. Dans leur rôle modeste, ils peuvent rendre d'excellents services en signalant immédiatement à leurs chefs tous les faits qui peuvent intéresser la sécurité des voies, et en prenant, dans la limite de leurs attributions, les mesures ayant pour objet d'assurer les signaux, de débarrasser les voies obstruées par les neiges, les glaçons ou par d'autres obstacles fortuits ou malveillants, et enfin de prévenir, par une surveillance vigilante, les accidents qui pourraient résulter de la négligence des garde-barrières et des garde-lignes.

Ils visent, à cet effet, dans leurs tournées, les livrets des gardiens de la voie, et ils ont, en outre, le soin de noter sur leurs propres carnets les heures et les points kilométriques où ils rencontrent les trains.

Pour faciliter le service des piqueurs, il a été admis, sur quelques lignes, que

ces agents, ainsi que les chefs poseurs, sont autorisés à « monter dans les fourgons de tête des trains de marchandises, » que leurs cartes de circulation fassent » ou non mention de cette autorisation. » (Ext. d'une inst. spéciale, sept. 1864.)

PLACES.

Indications diverses relatives aux compartiments de wagons et de voitures, p. 403. — *Places de luxe* (v. *Coupés* au Rép.).

Places publiques établies au devant des gares (comprises dans les dépendances des chemins de fer) v. *Bornage*, 58.

PLAINTES.

Réclamations relatives au service de la voie (v. *Dommages de travaux*, au Rép.). — Réclamations relatives au service de l'exploitation (exécution de l'art. 76 de l'ordonn. du 15 nov. 1846), p. 450. — **Transmission des plaintes** (v. *Réclamations* au Rép.).

PLANS.

Cartes et plans à joindre aux projets (v. p. 673, le programme officiel des projets de travaux publics).

Plans du bornage (v. *Bornage* au Dict. et au Rép.) (1).

PLANTATIONS.

Application des anciens règlements (loi 15 juillet 1845, art. 3), p. 404, v. aussi *Grande voirie* au Rép. — **Distance à observer pour les plantations riveraines** (applic. de la loi de ventose, an XIII), p. 28 (2). — *Essence des arbres à planter*, 404. — *Suppression d'office*, 404 et 684, note.

Plantations des chemins de fer, p. 404. — *Dégradations*, 141 (3).

Plantations mitoyennes, p. 404. —

---

(1) Outre l'expédition des plans et des procès-verbaux de bornage, destinés aux archives ministérielles, les arrêtés préfectoraux, pris pour l'exécution du bornage (v. p. 60), prescrivent ordinairement le dépôt à la préfecture d'un exemplaire des plans et procès-verbaux dressés pour chacune des communes traversées.

(2) Le texte de l'art. 5 de la loi du 9 ventose an XIII, résumé p. 28, est ainsi conçu :

« 5. Dans les grandes routes, dont la largeur ne permettra pas de planter sur le terrain appartenant à l'Etat, lorsque le particulier riverain voudra planter des arbres sur son propre terrain, à moins de six mètres de distance de la route, il sera tenu de demander et d'obtenir l'alignement à suivre de la préfecture du département ; dans ce cas, le propriétaire n'aura besoin d'aucune autorisation particulière pour disposer entièrement des arbres qu'il aura plantés. »

(3) Voir aussi (p. 930, note 1) l'art. 43 de la loi du 6 octobre 1791, corroboré, quant à la peine corporelle, par les art. 445 et suivants du Code pénal.

« 445. Quiconque aura abattu un ou plusieurs arbres qu'il savait appartenir à autrui, sera puni

Abattage, essartement et questions diverses, 404. — *Prescriptions des anciens règlements au sujet de l'élagage.* — En ce qui concerne l'essartement et l'élagage des plantations riveraines des chemins de fer, il n'y a pas eu d'application à notre connaissance de l'ancien arrêt de 1720, qui prescrit de faire des essartements aux abords des voies publiques, *suivant la largeur attribuée aux routes.* Toutefois, à défaut d'une autre législation spéciale plus récente, nous reproduisons l'arrêt précité et divers documents qui peuvent s'y rapporter :

« Art. 1er (de l'arrêt du C. d'Etat, 3 mai 1720). L'art. 3 du titre des *Chemins royaux* de l'ordonnance des eaux et forêts du mois d'août 1669, sera exécuté selon sa forme et teneur ; en conséquence, tous les bois, épines ou broussailles qui se trouveront dans l'espace de soixante pieds des grands chemins servant au passage des coches, carrosses publics, messagers, voituriers de ville à autre, tant des forêts de Sa Majesté que de celles des ecclésiastiques, communautés, seigneurs et particuliers, seront essartés et coupés aux frais de Sa Majesté, tant dans les forêts de son domaine que des ecclésiastiques, communautés, seigneurs et particuliers, si mieux n'aiment lesdits ecclésiastiques, communautés, seigneurs et particuliers, faire eux-mêmes lesdits essartements à leurs frais.

» 2. — Veut Sa Majesté que la même disposition ait lieu pour les grands chemins royaux hors les forêts, lorsqu'ils seront élargis jusques à soixante pieds, et bordés hors ledit espace, de fossés dont la largeur sera au moins de six pieds dans le haut, de trois pieds dans le bas, et la profondeur de trois pieds, en observant les pentes nécessaires pour l'écoulement des eaux desdits fossés. »...... (1)

Une décision ministérielle du 31 janvier 1850, basée sur une délibération du C. d'Etat du 31 déc. 1849, a établi, d'ailleurs, les trois points suivants :

1º L'art. 3 du titre XXVIII de l'ordonnance de 1669 n'a prescrit l'essartement que sur les 60 pieds qui devaient, aux termes de l'art. 1er, *former l'ouverture des routes elles-mêmes ;* — 2º l'administration conserve le droit d'obliger les propriétaires des forêts et bois traversés par les grandes routes, à essarter sur une ouverture de 60 pieds, quelle que soit, d'ailleurs, la largeur de la route ; — 3º une loi seule pourrait établir une servitude d'essartement en dehors des 60 pieds dont parle l'art. 3 de l'ordonnance de 1166, et déterminer les conditions et les limites de cette servitude nouvelle. »

Nous rappellerons, à cet égard, que l'art. 10 de la loi du 15 juillet 1845 (v. p. 684), a donné le pouvoir à l'administration de faire supprimer, moyennant juste indemnité, les plantations riveraines qui pourraient compromettre la sécurité publique ou la conservation des chemins de fer, et, par extension, celles qui pourraient gêner la vue des signaux ou présenter, en un mot, un obstacle quelconque à la facilité et à la sûreté de la circulation.

---

d'un emprisonnement qui ne sera pas au-dessous de six jours, ni au-dessus de six mois, à raison de chaque arbre, sans que la totalité puisse excéder cinq ans.

» 446. Les peines seront les mêmes à raison de chaque arbre mutilé, coupé ou écorcé de manière à le faire périr. »

(1) L'élagage des plantations établies *sur le sol même* des voies publiques est soumis aux dispositions suivantes du décret du 16 décembre 1811 :

« 102. L'élagage de tous les arbres plantés sur les routes, conformément aux dispositions du présent titre, sera exécuté toutes les fois qu'il en sera besoin, sous la direction des ingénieurs des ponts et chaussées, en vertu d'un arrêté du préfet, qui sera pris sur le rapport des ingénieurs en chef, et qui contiendra les instructions nécessaires sur la manière dont l'élagage devra être fait.

» Les ingénieurs et conducteurs des ponts et chaussées sont chargés de surveiller et d'assurer l'exécution desdites instructions.

103. Les travaux de l'élagage des arbres appartenant à l'Etat ou aux communes seront exécutés au rabais et par adjudication publique.

« 104. La vente des branches élaguées, des arbres chablis et de ceux qui seraient en partie déracinés, sera faite par voie d'adjudication publique : le prix des bois appartenant à l'Etat sera versé comme fonds spécial à notre trésor..... ; le prix des bois appartenant aux communes sera versé dans leurs caisses respectives.

« 105. (Plantations faites par les riverains sur le sol des routes.) Pour mémoire.

« 106. La conservation des plantations des routes est confiée à la surveillance et à la garde spéciale des cantonniers, gardes champêtres, gendarmes, agents et commissaires de police, et des maires, chargés par les lois de veiller à l'exécution des règlements de grande voirie.........

» 112 à 116. Répression des délits de grande voirie. (V. *Contraventions* au Rép., p. 828.) »

PLAQUES TOURNANTES.

Installation, p. 405. — *Entretien*, 405.
— *Manœuvre*, 406.

POIDS ET MESURES.

Instruments obligatoires de pesage
(circ. minist. du 22 juin 1853), v. *Pesage*,
p. 401 et au Rép.

POLICE.

Grande voirie (v. au Dict. et au Rép.
les art. rappelés p. 406).
Police des cours des gares (v. *Cours
des gares* au Rép.).
Service des passages à niveau, p. 388.
Police des voyageurs (v.*Commissaires*,
p. 99 et 100, *Salles d'attente,* 489 et *Voyageurs,* 614.
*Défense de monter dans les trains en
marche.* — Un arrêt de la Cour de cassation (bulletin du 31 mars 1864), contient
l'interprétation suivante de l'art. 63 de
l'ordonnance du 15 novembre 1846 :
« I. La loi organique sur les chemins de
fer considère comme contravention le fait
du voyageur qui descend d'un train non
encore arrêté ; mais on ne peut assimiler
à cette contravention le fait par un voyageur de monter dans un train déjà en
marche ; ce dernier fait, d'ailleurs, non
prévu par la loi, ne constitue donc pas
une contravention punissable
» II. Le voyageur muni d'un billet ne
peut être considéré comme ayant contrevenu à l'art. 63 de l'ordonnance du 15 novembre 1846, qui défend à toute personne
étrangère au service du chemin de fer de
s'introduire, circuler ou stationner dans
les gares, alors même qu'il ne s'y serait
introduit qu'au moment où le train se mettrait en mouvement ; le billet dont est
muni ce voyageur justifie son droit d'introduction dans la gare, sauf les règlements intérieurs de la gare, dont l'exécution appartient aux agents de l'administration seuls. »
Cette décision, basée sur la lettre beaucoup plus que sur l'esprit de la loi, est
sans doute très-légale ; mais la tolérance
qui en découle, en engageant la propre
responsabilité du voyageur, en cas d'accident, n'exclut pas les poursuites à exercer contre ce dernier, sinon par le fait
lui-même de monter dans un train en
marche, du moins par les incidents accessoires qui peuvent s'y rattacher, tels que
résistance aux avertissements des agents,
circulation irrégulière (lorsque le voyageur n'est pas muni d'un billet), passage
d'un marchepied à l'autre des wagons,
entrée dans les voitures par l'entrevoie,

et autres faits dont l'interprétation soumise aux tribunaux, motive naturellement
la rédaction d'un procès-verbal qui est
déjà, par lui-même, un avertissement salutaire.
Police d'ordre sur la voie, dans les
gares et dans les trains, p. 406.
Rixes, conflits, etc., entre voyageurs
(v. *Lieu public* au Rép.).
Crimes et délits de droit commun (v.
au Rép. la circ minist. du 1er juin 1855,
p. 807).
Police de sûreté générale, v. *Commissaires* (spéciaux) au Rép.
Simple police, p. 407.

POMPES A INCENDIE.

Installation, p. 408. — *Dépôts*, 408. —
Transport des sapeurs-pompiers, 408.

POMPES FUNÈBRES.

Transport des cercueils (tarifs, etc.),
p. 409. — *Formalités.* — Une instruction
spéciale, notifiée le 3 déc. 1864, par la
compagnie de Lyon-Méditerranée à ses
agents, porte ce qui suit :
« Aux termes des tarifs actuels, les
transports de cercueils n'étant reçus
qu'accompagnés, les chefs de gare ne devront accepter un cercueil que tout autant que la personne devant l'accompagner, produira l'une des pièces ci-après
désignées :
« 1° Une autorisation du maire, si le
transport est fait d'un lieu à un autre de
la même commune ;
« 2° Une autorisation du sous-préfet, si
le transport est fait d'une commune à une
autre du même arrondissement, ou d'un
arrondissement dans un autre arrondissement limitrophe, quand même ce dernier ferait partie d'un autre département ;
« 3° Une autorisation du préfet dans
tous les autres cas.
« Comme justification, on devra frapper
du timbre de la gare de départ la pièce
qui aura été produite.
« Il est expressément recommandé aux
chefs de gare de surveiller avec soin l'exécution des instructions qui précèdent,
attendu que leur responsabilité personnelle serait engagée en cas d'infraction à
ces instructions. » (Inst. spéc., déc. 1864.)

PONTS.

*Traversée des routes, chemins et cours
d'eau :* — 1° Ponts provisoires (art. 17 du
cahier des ch.), v. *Routes*, p. 481 ; —
2° ponts sur rails ou sous rails (art 11 et
12 du cah. des ch.), *ibid.*, 483 ; — 2bis ponts
au croisement de deux chemins de fer

(v. *Passages* au Rép.) ;— 3° passerelles de piétons (v. *Projets* au Rép.) ; — 4° viaducs sur les cours d'eau (art. 15 du cah. des ch.), 409, v. aussi *Navigation* au Rép.) ; — 5° parapets, 386 ; — 6° ponts mobiles sur les canaux, 637 ; — 7° système de construction des ouvrages définitifs (art. 18 du cah. des ch.), 409 ; — 8° épreuves des ponts métalliques, 187, v. aussi *Navigation* au Rép.) ; — 9° indications diverses, v. au Rép. les art. *Ouvrages d'art, Projets* et *Passages* (1).

Distance libre à partir du rail extérieur. — Nous avons déjà rappelé au Rép., p. 851, que dans l'intérêt de la sécurité, il doit toujours être réservé une distance libre d'au moins 1^m,50 à partir du rail extérieur de la voie jusqu'aux divers ouvrages d'art (parement des culées, pilastres, parapets, barrières, grues et tous ouvrages pouvant former obstacle pour le passage des trains).

Approbation et modifications d'ouvrages (v. *Modifications* et *Projets* au Rép.).

Ponts supprimés, p. 410. — *Ouvrages neufs sur les lignes en exploitation*, 574.

Entretien des ponts, p. 409 (v. aussi l'art. *Ouvrages d'art* au Rép.).

Entretien des ponts établis sur les chemins latéraux (v. au Rép. l'art. *Chemins*, p. 787, note 1).

Ponts à bascule : — 1° Installation, p. 401 ; — 2° manœuvre, 321 ; — 3° vérification (v. *Pesage* au Rép.).

Ponts volants pour la cavalerie, p. 410.

PONTS ET CHAUSSÉES.

Extrait du décret d'organisation du

13 *octobre* 1851 (v. *Personnel* au Rép.). — Attributions des inspecteurs, ingénieurs, conducteurs et employés secondaires (v. ces derniers mots au Dict. et au Rép.). — *Travaux à la rencontre des routes et des voies de navigation* (v. *Routes* au Dict. et *Navigation* au Rép.).

PORTIÈRES DE VOITURES.

Système adopté, p. 410. — Mode de fermeture, 410. — Loquetaux, 305. — *Poignées fixes sur les caisses*, 411. — *Police d'ordre et indications diverses*, 411.

POSEURS.

Composition des brigades, p. 411. — Entretien de la voie (extrait des règlements spéciaux, 411). — Surveillance de la ligne (*ibid.*), 413.

POSTES.

Prescriptions de l'art. 56 du cahier des charges : — 1° Compartiments réservés dans les trains, p. 414 ; — 2° convois réguliers, 414 ; — 3° convois extraordinaires, 414 (2) ; 4° transport gratuit des agents, 415 (3) ; 5° bureaux des stations, 415.

Agents entreposeurs, p. 416. — *Boîtes mobiles des gares*, 416. — *Boîtes des bureaux ambulants*, 416.

Service spécial des bureaux ambulants, p. 416. — *Surveillance*, 417. — *Lettres remises aux bureaux ambulants*, 417. — *Plis de service.* — Par décision du 30 janvier 1864, le ministre des finances a exceptionnellement autorisé les commissai-

---

(1) Par aperçu, la dépense des ponts en maçonnerie et plein cintre établis pour la traversée des routes et chemins, et construits dans des conditions normales, ne s'éloigne guère, en plus ou en moins, des chiffres suivants, savoir : 1° de 20 à 25,000 fr. (route impériale) ; — 2° de 18 à 20,000 fr. (route départementale) ; — 3° de 15 à 17,000 fr. (chemins vicinaux de grande communication) ; — 4° de 13 à 15,000 fr. (chemin vicinal ou rural).

La dépense d'une passerelle de piétons, servant à traverser le chemin de fer, pour la desserte des propriétés, peut être évaluée en moyenne de 3,500 à 4,000 fr. (construction en fonte) ; *idem* pour passerelle à voitures, de 8 à 9,000 fr. (construction en fonte).

Enfin la dépense du mètre superficiel (en élévation) des grands viaducs, vides et pleins compris, s'est élevée, sur quatre lignes distinctes, à 150, 165, 175 et 198 fr , soit en moyenne à 172 fr. par mètre superficiel.

(2) (V. au Rép. l'art. *Malle de l'Inde*).

Un train spécial, mis en circulation pour le service de la poste, en dehors du train régulier et des compartiments prévus par l'art. 56 du cah. des ch., est tarifé à 5 fr. par kilom., quel que soit le nombre de voitures. Le tarif des voitures *supplémentaires* (non prévues par le cah. des ch.) ajoutées aux trains ordinaires autres que le train-poste régulier, est de 0^f,50 par kilom, pour la 1re voiture et de 0^f,25 pour chaque voiture en sus de la première. Les transports de la poste ne donnent lieu ni à des taxes accessoires, ni à la perception d'un droit d'enregistrement. Les ordres de service *spéciaux* prescrivent, d'ailleurs, de ne pas admettre dans les trains express autres que les trains-postes, plus de deux voitures supplémentaires de la poste.

(3) Pour la circulation des facteurs de la poste dans l'enceinte du chemin de fer, v. l'art *Circulation* au Rép., p. 790, note 1.

res de surveillance administrative à remettre directement, en cas d'urgence, leurs dépêches contresignées aux bureaux ambulants des postes, au moment du passage et du stationnement de ces bureaux dans les gares. — Quant aux autres agents, chargés du contrôle des chemins de fer, mais qui ne résident pas dans les gares, le ministre des finances pense qu'il y aurait un inconvénient réel, au point de vue du service des postes, à étendre la même exception à leur correspondance administrative (ext. d'une circ. minist. du 1er mars 1864 (v. *Franchises* au Rép.).

Transports illicites (exécution de l'arrêté du 27 prairial an ix et des lois spéciales, p. 417 et 568 (v. aussi *Journaux* au Rép.).

Transport d'imprimés (v. *Imprimés* au Rép.).

POTEAUX INDICATEURS.

Repères kilométriques, p. 418. — Poteaux indicateurs des déclivités, 418. — Poteaux limites de protection et de direction des trains, 418, v. aussi *Disques-signaux* au Rép. — Indications diverses, p. 419.

POUDRES.

Conditions de transport (art. 21 et 66 de l'ordonn. du 15 nov. 1846), p. 419. — **Règlement général du transport des poudres** (15 février 1861), 419 et suivantes. — *Escorte des poudres* (art. 8 du règlement précité), 420.

Traités spéciaux pour le transport des poudres, p. 422. — *Poudres d'échantillon*, p. 422.

Transport de capsules, fulminates, etc. (v. *Matières*, p. 337).

POURVOIS.

1° *Affaires civiles et commerciales.* — Le délai d'appel des décisions et jugements rendus en matière civile et commerciale, a été fixé à trois mois par les art. 114, 443 et suivants du Code de procédure civile, et 645 du Code de commerce, sauf diverses exceptions prévues dans les mêmes Codes, et par une loi spéciale que nous avons citée à l'article *Jugements* du Rép.

2° *Jugements de police et affaires correctionnelles et criminelles.* — Le délai de pourvoi est généralement de dix jours, art. 174, 203 et 422 du Code d'instruction criminelle.

3° **Pourvois administratifs**, p. 422.

Aux termes du décret du 22 juillet 1806 (art. 11), le délai du recours au conseil d'Etat contre une décision d'une autorité

qui y ressortit est de *trois mois* et, d'après la jurisprudence du conseil d'Etat, ce délai court, notamment pour les affaires de grande voirie, du jour où l'arrêté du conseil de préfecture parvient à la connaissance de l'administration, représentée par ses agents à tous les degrés.

Nota. — Le décret du 2 nov. 1864, relatif aux formalités de procédure des affaires administratives (v. C. d'Etat au Rép.), n'a modifié en rien le *délai de trois mois* accordé en principe pour les recours au conseil d'Etat; il s'agit uniquement dans ce décret des formalités intéressant ce dernier conseil pour les affaires en cours *d'instruction.*

Rapports des ingénieurs sur les affaires de pourvois. — « L'examen des ingénieurs... est toujours *urgent* en ces sortes d'affaires, car il importe qu'un temps moral d'examen soit réservé à l'administration préfectorale pour discuter les propositions de l'ingénieur en chef du contrôle et à l'administration supérieure, pour apprécier l'opportunité des pourvois et les présenter en temps utile. » (Ext. d'une circ. min. du 8 juillet 1862, adressée aux ingénieurs en chef du contrôle).

Conflits d'attributions (formalités prescrites par l'ordonnance du 15 juin 1828), v. p. 581.

PRÉEMPTION.

Priorité attribuée aux propriétaires primitifs, pour la reprise de terrains non employés (art. 60 de la loi du 3 mai 1841 sur l'expropriation), p. 200. — Indications diverses, 422. — *Formalités relatives aux rétrocessions* (v. *Terrains* au Rép.).

PRÉFETS.

Attributions générales (v. au Dict. et au Rép. les mots *Conseils*, *Décentralisation* et *Préfets*).

Questions de travaux et de grande voirie : — 1° Autorisation d'occuper les propriétés pour les études, p. 371 (v. aussi *Etudes*, 1911; — 2° enquêtes, 179; — 3° expropriation de terrains, 658; — 4° autorisation de travaux (v. *Projets* au Rép.). *Nota.* — Les rapports des ingénieurs du contrôle sur les projets de travaux (voie, gares et ouvrages d'art) présentés par les compagnies doivent, à moins d'instruction contraire, parvenir au ministre par l'intermédiaire des préfets; — 5° grande voirie (v. au Dict. et au Rép.); 6° bornage, 58. (*Nota :* les arrêtés préfectoraux relatifs au bornage des chemins de fer (v. p. 60), prescrivent ordinairement le dépôt aux archives des pré fectures d'une expédition des plans et procès-verbaux de bornage) ; — 7° dommages de travaux et contraventions de voirie (v. *Contraventions* et *Dommages* au Rép.).

Conservation de la voie, mesures locales, etc. (ext. de l'arr. minist. et de la circ. du 15 avril 1850), p. 424. — *Service des passages à niveau*, 386.

Police et surveillance des gares : — 1° objets vendus dans les gares, p. 590 ; — 2° police des cours (entrée, stationnement des voitures, etc.), v. au Rép. l'art. *Cours des gares*, v. aussi p. 133, la circ. minist. du 18 mai 1861.

Surveillance du matériel (voitures, locomotives et appareils fixes), p. 425, v. aussi au mot *Machines* du Rép. le nouveau décret du 25 janvier 1865. — *Matériel* à voyageurs des compagnies étrangères (v. *Réceptions* au Rép.).

Affaires relatives au personnel : — 1° surveillance des agents du service actif des compagnies (décret du 27 mars 1852), p. 730 ; — 2° agents des compagnies proposés et agréés pour l'assermentation, 425 ; — 3° feuilles signalétiques des fonctionnaires et agents du personnel du contrôle (v. au Rép. p. 876, note 2) ; 4° congés temporaires aux mêmes fonctionnaires et agents (v. *Congés temporaires* au Rép.). *Nota.* — Toutes les demandes relatives au personnel, sur lesquelles il doit être statué par le ministre (congés de plus de 10 jours, indemnités de secours et de fin d'année, frais de voyage, affaires de comptabilité, etc.), doivent toujours, à moins d'urgence absolue, être transmises à l'administration supérieure, par l'intermédiaire des préfets.

Affaires diverses du personnel, p. 425 (v. aussi *Personnel* au Rép.).

Commissaires spéciaux et inspecteurs de police (v. au Rép., p. 807).

Droit de libre circulation des préfets, p. 86.

Affaires d'exploitation : — 1° communication des ordres de service de la marche des trains, v. l'article *Ordres de service* au Rép.) ; — 2° *Communication et publication de tarifs*, 425 (v. aussi *Publications* au Rép.) ; 3° réclamations du public, 426 (v. aussi *Réclamations* au Rép.) ; — 4° **accidents, retards, etc.** (v. plus loin la circ. minist. du 8 janvier 1855).

Attributions du préfet de police, p. 427 : — 1° police des passages à niveau ; — 2° police des gares ; — 3° permis de circulation des locomotives et des voitures à voyageurs, pour l'ensemble des lignes ayant leur point de départ à Paris (v. *Réceptions* au Rép.) ; — 4° surveillance des appareils fixes, art. 33 du décret du 25 janvier 1865 (v. *Machines* au Rép.) ; — 5° affaires du personnel et de l'exploitation (v. plus haut) (1).

Nota. — La circonscription du préfet de police comprend toute l'étendue du département de la Seine et les communes de Saint-Cloud, Meudon et Sèvres, département de Seine-et-Oise. (Ext. de l'arr. des consuls du 3 brumaire an IX, 25 octobre 1800.)

Rappel général des attributions préfectorales : — 1° ext. de la *circ. minist. du 13 novembre 1852*, p 426 ; — 2° *circ. minist. du 8 janvier* 1855 (intervenue à la suite de plusieurs **accidents graves** et invitant de nouveau les ingénieurs du contrôle à redoubler de surveillance et à tenir strictement la main à l'exécution de tous les règlements d'exploitation). — Cette circulaire du 8 janvier 1855, dont l'extrait suit, a eu surtout pour objet de rappeler aux ingénieurs en chef du contrôle, les points principaux sur lesquels doivent porter les communications à faire aux préfets.

(Ext. de la circ. minist. du 8 janvier 1855) : « Il faut que les administrateurs placés à la tête des départements traversés, soient mis à même d'exercer dans la plénitude de leurs pouvoirs, la part d'action qui leur a été attribuée par le règlement du 15 novembre 1846, l'arrêté ministériel et la circulaire du 15 avril 1850.

» Aux termes de cette dernière circulaire, l'exécution des mesures d'intérêt local reste confiée au préfet de chaque département, dans l'étendue de sa circonscription. Au nombre de ces mesures sont expressément rangées celles qui concernent la police extérieure des chemins de fer et de leurs abords, l'entrée et le stationnement des voitures dans les gares et stations, la vente des journaux et des comestibles et l'établissement des buffets dans l'intérieur des gares.

» Conformément à la même circulaire, indépendamment des arrêtés que les préfets ont à prendre, chacun dans sa circonscription, pour rendre exécutoires les décisions ministérielles qui concernent le public et notamment celles qui ont pour

---

(1) Les attributions du préfet de la Seine restent néanmoins intactes en ce qui concerne les questions de travaux, la police de la grande voirie et les formalités d'assermentation des agents chargés, soit de la surveillance de la voie, soit de la perception des droits et de l'exécution des lois et règlements des chemins de fer. (V. art. 23, loi du 15 juillet 1845, p. 686, et 64 du cah. des ch., p. 728.)

objet la perception des taxes, ils sont appelés à donner leur avis à l'administration supérieure sur les questions qui se rattachent aux intérêts placés sous leur sauvegarde, sur la fixation des heures de départ et du nombre des convois, sur les applications et modifications des tarifs, pour lesquels les compagnies sont tenues de leur communiquer leurs propositions. Elle porte, en outre, que l'ingénieur en chef du contrôle, déjà placé sous les ordres des préfets pour toutes les parties du service qui sont de leur ressort immédiat, devra leur fournir tous les renseignements qui leur paraîtraient utiles et qu'ils lui demanderaient sur l'ensemble et sur les détails de l'exploitation. Enfin, elle vous charge de notifier à la compagnie les arrêtés pris par les préfets.

» D'un autre côté, la réglementation spéciale aux chemins de fer n'a pas enlevé ces voies de communication à la surveillance et à l'action que les préfets doivent exercer sur tous les points de leurs départements respectifs, dans l'intérêt de l'ordre, de la police et de la sûreté générale.

» Tels sont les principes généraux dont il est indispensable que les ingénieurs en chef du contrôle fassent la base de leurs rapports avec les préfets et qui m'amènent naturellement à vous parler des communications que vous devez faire à ces magistrats, soit à Paris, soit dans les départements.

» Il importe que les préfets sachent si les règlements publiés par eux pour la police des cours, gares et stations sont exactement observés, si les vendeurs de journaux et de comestibles, admis dans les dépendances des stations, sont pourvus de permissions régulières et s'ils se conforment aux conditions qui leur ont été imposées, et si les buffets sont légalement autorisés, s'ils sont tenus d'une manière convenable, et si les objets de consommation ne s'y vendent pas à des prix exagérés.

» Vous devez aussi avertir les autorités préfectorales de toutes les irrégularités qui auraient lieu dans le mouvement des convois, des départs de trains extraordinaires, des changements survenus dans les ordres de service (1), et enfin le préfet de police doit être informé spécialement des prévisions d'affluence extraordinaire de voyageurs, assez à temps pour pouvoir ordonner, de concert avec vous et avec les compagnies, toutes les mesures de précaution nécessaires au maintien du bon ordre.

» Toutes les fois que vous aurez eu à constater des retards de quelque impor-

---

(1) Une circ. minist. plus récente, du 11 juin 1863, a laissé une certaine latitude aux compagnies pour l'expédition des trains extraordinaires. Le service du contrôle lui-même, lorsqu'il est saisi des ordres de service relatifs à ces trains, ne doit en référer à l'administration supérieure que lorsqu'il y a lieu de prescrire des mesures spéciales (v. p. 562).

Les irrégularités dans le mouvement des convois comprennent, en première ligne, les *accidents* et ensuite les *retards*. Les instructions spéciales qui y sont relatives, en ce qui concerne les avis à adresser aux préfets, sont les suivantes, savoir :

1° ACCIDENTS. — *Avis écrits* (circ. minist., 5 novembre 1852). « L'art. 59 du règlement du 15 novembre 1846 dispose que toutes les fois qu'un accident arrivera sur un chemin de fer, il en sera fait immédiatement déclaration à l'autorité locale à la diligence du chef du convoi, et le préfet en sera également informé par les soins de la compagnie. Cette prescription n'est pas toujours rigoureusement observée. Il est néanmoins du plus haut intérêt que l'autorité départementale, à laquelle est plus particulièrement confié le soin de la sûreté générale, soit instruite exactement et promptement des accidents présentant quelque gravité, qui se produisent sur les chemins de fer, dans l'étendue de sa circonscription. Il ne faut pas que la négligence de la compagnie, bien qu'elle tombe sous le coup de la loi pénale, laisse le préfet dans l'ignorance des faits qui intéressent la sécurité publique. Il y a lieu de compléter, sous ce rapport, les instructions données aux commissaires de surveillance administrative, dans la circ. du 15 avril 1850, en leur prescrivant de veiller à ce que les agents des compagnies préviennent immédiatement l'autorité locale des accidents qui surviennent sur les chemins de fer, et d'en aviser eux-mêmes directement le préfet du département. » (Circ. minist., 5 novembre 1852.) Voir, pour la forme des avis, au Rép., p. 743, note 1.

Avis télégraphiques. Les commissaires de surveillance administrative (ou les ingénieurs du contrôle, lorsque ces derniers se trouvent sur les lieux) sont tenus, aux termes d'une circ. minist. du 15 octobre 1864, de porter, par voie télégraphique, les accidents de toute nature, à la connaissance des autorités administratives et judiciaires, par application de l'art. 59 de l'ordonn. du 15 novembre 1846 (v. au Rép., p. 743, note 2). Il n'y a pas d'avis télégraphiques à envoyer aux préfets pour les simples détresses de trains de marchandises (v. au Rép., p. 744, note 4).

2° RETARDS. — Dans les cas déterminés par les circ. minist. des 8 et 29 décembre 1855 et 30 janvier 1856 (v. *Retards*, p. 469), les préfets doivent être informés, soit par les commissaires de surveillance administrative, soit par les chefs de gare, des retards d'une heure et au-dessus, signalés ou survenus dans la marche des trains de voyageurs (v. les circ. précitées).

tance, soit au départ, soit à l'arrivée, il conviendra que vous indiquiez les causes aux préfets (1) ; je n'ai pas besoin d'ajouter que vos communications doivent porter, non-seulement sur les objets que la circulaire de 1850 a expressément rangés dans les attributions des préfets, mais encore sur tous les faits et circonstances de nature à intéresser le bon ordre et la sûreté publique.

» En ce qui concerne particulièrement vos rapports avec le préfet de police, il est à désirer que vos communications aient lieu régulièrement, et je vous invite à adresser tous les mois à ce fonctionnaire un rapport sur les objets mentionnés dans la présente circulaire, sans préjudice des cas exceptionnels qui motiveraient une correspondance spéciale. » (Circ. minist., 8 janvier 1855.)

PRESCRIPTIONS.

L'action civile en matière d'affaires de chemins de fer est prescrite, savoir :

1° Après six mois (en France) et un an (expéditions à l'étranger), pour perte ou avaries de marchandises, p. 427 ;

2° Après six mois et un an (*id.*, *id.*), pour retards dans la livraison des colis, p. 427 ;

3° Après trois ans, pour **accidents**, p. 427.

Prescription de l'action publique et civile en matière de contravention, p. 427.

Servitudes, p. 495.

Arrérages d'actions, etc., p. 428.

PRESTATION.

Contribution pour les travaux de chemins vicinaux, p. 428 (v. aussi *Chemins de fer vicinaux* au Rép.).

PRISES D'EAU.

Formalités obligatoires, p. 670. — **Litiges sur les cours d'eau** (v. *Navigation* au Rép.). — *Dommages causés aux usines* (v. au Rép. *Cours d'eau* et *Puits*). — *Établissement des réservoirs*, 462. — *Occupation des terrains pour la pose des conduites*, 371. — *Machines fixes d'alimentation* (v. *Machines* au Rép.).

PRISONNIERS.

Conditions de transport (art. 57 du cah. des ch.), p. 428. — Escorte (v. *Gendarmes*, p. 244). — *Prisonniers mili-*

laires, 429. — *Jeunes délinquants*, 429. — *Avis à donner aux gares*, 429.

PRIX DIVERS.

Tarifs divers de transport (v. les art. rappelés p. 429. — *Prix d'établissement de divers ouvrages*, 430 (v. aussi, au Rép., les mots *Aqueducs*, *Disques-signaux*, *Gabarits*, *Gares*, *Grues*, *Halles*, *Fosses à piquer le feu*, *Ponts*, *Quais*, *Remises*, *Réservoirs*, *Souterrains*, etc.).

Analyse de prix (v. *Analyse* au Rép.).

PROCÈS-VERBAUX.

Constatations de grande voirie, p. 430 (v. aussi *Contraventions* au Rép.). — *Formalités diverses :* — 1° déclaration de procès-verbal, 431 ; 2° principaux faits à signaler, 829, *Rép.*; — 3° date et clôture des procès-verbaux, 431 ; — 4° affirmation, 18 ; — 5° visa pour timbre et enregistrement, 431 ; — 6° envoi aux chefs de service, 828, note 2, *Rép.*; — 7° notification administrative, 430 (v. aussi, p. 823, du Rép., les formalités relatives à la notification des décisions des conseils de préfecture, etc.) ; — 8° pénalités de grande voirie (art. 11 et 14 de la loi du 15 juillet 1845), p. 685 ; — 9° réparation des dommages et affaires mixtes, 394 ; — 10° relevés mensuels et trimestriels des décisions des conseils de préfecture (v. *Contraventions* au Rép., p. 829).

Police de l'exploitation — Outre les accidents ayant occasionné mort ou blessures et les autres faits graves motivant des constatations immédiates (v. p. 4 et 5, *Dict.*, et l'article *Accidents* au Rép.), les fonctionnaires et agents désignés en l'art. 23 de la loi du 15 juillet 1845, v. p. 686, *Dict.*, sont appelés à verbaliser pour constater les diverses infractions commises aux dispositions de l'ordonnance réglementaire du 15 novembre 1846 (reproduite p. 687) et aux arrêtés et décisions pris pour l'exécution de cette ordonnance. (V. p. 123, *Dict.*, et 830, *Rép.*, le rappel des points principaux pouvant motiver des constatations.)

Principaux faits à consigner dans les procès-verbaux (v. *Accidents* au Rép., p. 745, note 2). — *Formalités* légales, 431. — *Envoi des procès-verbaux.* — L'art 4 de la loi du 27 février 1850 porte que les commissaires de surveillance administrative, en leur qualité d'officiers de police judiciaire, sont sous la surveillance du procureur de la République (aujourd'hui

---

(1) Voir à la note précédente, le résumé de la circ. plus récente du 30 janvier 1856, relative aux avis de retards à adresser aux préfets.

procureur impérial) et qu'ils lui adressent *directement* leurs procès-verbaux.

D'après diverses instructions ministérielles « l'initiative des commissaires à cet égard demeure entière, puisque ainsi l'a voulu la loi. Cette initiative ne peut, d'ailleurs, présenter aucun inconvénient sous le rapport de l'appréciation des faits ; car, en même temps que le procès-verbal est adressé au parquet, il est également envoyé à l'ingénieur en chef du contrôle, qui apprécie alors, au point de vue technique, l'infraction constatée et fait connaître son avis au procureur impérial dans le délai de huitaine prescrit par la loi (art. 4, § 3), » v. p. 434. Dans le cas seulement où il s'agirait d'une contravention douteuse (comme il s'en présente quelquefois dans un service aussi complexe, et où le commissaire, en présence d'un fait qui le laisserait indécis sur la nécessité de verbaliser, demanderait des instructions à l'ingénieur en chef du contrôle, il est admis que ce dernier chef de service peut intervenir pour indiquer au commissaire qui le consulterait la détermination qu'il doit prendre (v. *Contraventions* au Rép., p. 830).

Constatations demandées par le public (v. *Constatations* au Rép.).

Contraventions mixtes, délits communs, simple police, etc., p. 102, *Dict.*, et 830 *Rép.* — *Indications diverses*, 432.

Procès-verbaux dressés par les agents des compagnies (art. 23 de la loi du 15 juillet 1845), p. 432.

Communication aux ingénieurs en chef du contrôle (circ. minist., 29 nov., 4 décembre 1852), p. 432.

Poursuite des contraventions, v. les articles rappelés p. 432.

Comptes-rendus des décisions judiciaires et ordonnances de non lieu (voir l'art. *Jugements* au Rép.).

PROCUREURS GÉNÉRAUX ET IMPÉRIAUX.

Attributions et affaires diverses, p. 433

(v. aussi *Justice* au Rép.). — **Avis d'accidents** (v. *Accidents d'exploitation* et *Accidents de travaux* au Rép.). — *Crimes et délits* (v. le sommaire de ces mots au Rép.). — *Procès-verbaux et rapports à envoyer aux procureurs impériaux* (exécution de la loi du 27 février 1850 et de la circ. minist. du 15 avril 1850), 434, voir aussi *Procès-verbaux* au Rép.). — *Renseignements complémentaires à fournir aux procureurs impériaux* (circ. du ministre de la justice du 29 sept. 1857, notifiée par le ministre des travaux publics, le 11 novembre suivant, 434 (1).

Citation des ingénieurs en justice (circ. minist. du 16 juin 1857), p. 434. — **Suites données aux procès-verbaux**, 435 (voir aussi *Jugements* au Rép.).

Transport de pièces de conviction, 435. — Mise d'objets sous séquestre (v. *Séquestre* au Rép.).

PRODUITS.

Produits chimiques. — Conditions de transport des drogues, p. 654.

Produits manufacturés. — Conditions de transport des objets manufacturés, p. 370.

Produits métallurgiques. — Fers, fontes, minerais :—1° classification, p. 643 ; — 2° tarifs spéciaux, 206 ; — 3° tarifs communs. — Des stipulations spéciales figurent généralement dans les conditions placées à la suite des tarifs communs entre les diverses compagnies, pour les *fontes brutes, etc.*

Ainsi, par exemple, sur la ligne de Lyon, les gares ont été invitées à ne pas perdre de vue que pour les fontes brutes en saumons, massiaux ou sapots, les masses indivisibles d'un poids supérieur à 5,000 kilog. et les objets d'une longueur excédant 6^m,50 sans dépasser 22 mètres, des stipulations spéciales figurent dans les conditions placées à la suite du tarif commun relatif à ces transports (ext. d'une inst. spéc., avril 1864).

---

(1) Voici le sommaire de la circ. minist. du 29 septembre 1857 (indiquée à tort, p. 434, comme portant la date du 9 septembre 1857) :

« Lorsque des poursuites sont exercées pour contravention à la police des chemins de fer, les procureurs impériaux doivent s'adresser, non pas au ministre des travaux publics, mais à l'ingénieur en chef du contrôle de chaque chemin de fer, pour en obtenir la communication des ordres de service des compagnies ou des décisions réglementaires concernant l'exploitation des voies ferrées. Les procureurs impériaux ne peuvent s'adresser à l'administration supérieure qu'en cas de refus ou de difficultés et par l'intermédiaire du garde des sceaux. » (Ext. de la circ. minist. du 29 septembre 1857, ministère de la justice.)

Nous ajouterons que les ingénieurs en chef du contrôle n'ayant généralement à leur disposition qu'un nombre très-restreint de règlements imprimés des compagnies, préviennent, autant que possible, les demandes des parquets en faisant reproduire dans les renseignements et avis qui leur sont adressés, les extraits textuels des règlements se rapportant aux affaires en instance.

Embranchements de mines et d'usines
(v. *Embranchements* au Dict. et au Rép.).

PROFILS.

Prescriptions de l'art. 5 *du cah. des
ch.* (pièces à joindre aux projets des compagnies), p. 436. — *Indications diverses,*
p. 435.
Profils à joindre aux projets de travaux publics (v. p. 675 les indications du
programme officiel des travaux des ponts
et chaussées).

PROJETS.

Études, p. 191 (v. aussi *Personnel* au
Rép.).
Avant-projets (v. cet art. au Rép.). —
Programme général des projets de travaux publics, p. 673.
Projets définitifs des compagnies (prescriptions des art. 3, 4 et 5 du cah. des
ch., p. 436. — *Présentation et signature
des projets,* 437. — *Vérifications,* 438.
Projets intéressant plusieurs services,
(v. *Conférences,* p. 116).
Projets de travaux mixtes, zone militaire (formalités prescrites par le décret
du 16 août 1853), voir *Zones,* 620.
Approbation ministérielle des projets.
—En vertu de l'art. 3 du cah. des ch., cité
p. 436, aucun travail ne pourra être entrepris, pour l'établissement des chemins
de fer et de leurs dépendances, qu'avec
l'autorisation de l'administration supérieure (c'est-à-dire du ministre des travaux publics). En conséquence, après la
présentation des avant-projets sur lesquels sont ouvertes les enquêtes d'utilité
publique, les concessionnaires doivent
soumettre successivement (en double expédition) au ministre :—1° les projets d'ensemble indiquant le tracé définitif, ainsi
que les autres dispositions mentionnées à
l'art. 5 du cah. des ch., v. p. 436 ;—2° les
projets types d'ouvrages d'art ; — 3° les
projets de détails pour la traversée des
voies de communications et des cours
d'eau, et pour l'établissement des gares
et autres ouvrages dépendant des chemins de fer ; — 4° enfin, les plans parcellaires pour l'expropriation des terrains.—
A moins de cas d'urgence ou d'instructions contraires, c'est toujours par l'intermédiaire des préfets que les ingénieurs en
chef du contrôle des travaux doivent
adresser leurs rapports à l'administration
supérieure sur tous les projets de **travaux**
intéressant les chemins de fer.
Ponts à la rencontre des routes, chemins et cours d'eau. — Ces ouvrages sont
compris, comme on vient de le voir, dans
les projets à soumettre à l'approbation

ministérielle. Toutefois, sur quelques lignes de chemins de fer, les préfets ont
été autorisés à statuer directement, après
avoir pris l'avis des ingénieurs du contrôle et des agents voyers, sur les projets
de détail présentés par les compagnies
pour la traversée des chemins vicinaux et
communaux, travaux comprenant, soit la
déviation ou le redressement de ces chemins, soit leur raccordement en plan et en
profil avec le pont ou le passage à niveau
de la voie de fer. — Dans certains cas,
le droit d'approbation attribué aux préfets comprenait aussi la construction des
ponts eux-mêmes (v. un exemple au Rép,
p. 786). — Mais sur la généralité des chemins de fer, on paraît s'être borné jusqu'ici à faire figurer sur les projets dont
il s'agit les parties d'ouvrages ayant un
caractère exclusivement vicinal, c'est-à-dire, les remaniements de chaussées, fossés, banquettes, murs de soutènement, etc.
aux abords de la voie ferrée. Le plan et
le profil du pont incorporé au chemin de
fer n'ont été indiqués dans les projets que
pour mémoire et uniquement pour permettre de constater l'exécution des prescriptions du cahier des charges, réglant
les dimensions générales du passage, en
largeur, et en hauteur pour les viaducs
sous rails. L'administration supérieure est
seule compétente, en effet, pour autoriser
en principe l'établissement des passages
de routes, chemins et cours d'eau, et pour
approuver en dernier ressort, les modèles
particuliers ou les types généraux de tous
les travaux d'art faisant partie intégrante
de la voie ferrée.
*Ponts au croisement de deux chemins
de fer* (v. *Passages* au Rép.).
Passerelles établies aux frais des particuliers. — Le ministre seul a le droit,
avant comme après l'ouverture de l'exploitation des lignes de chemins de fer,
d'autoriser, sur la demande et aux frais
des communes ou des particuliers, l'établissement, à la traversée de la voie de fer,
de passerelles à piétons ou à voitures,
ayant pour objet d'ouvrir un nouveau passage communal ou de desservir des propriétés particulières.
Les préfets, lorsqu'ils sont saisis des
projets définitifs relatifs à ces ouvrages
(qui ne ressortissent qu'indirectement à
leurs attributions), ne sont appelés, d'après
les règles admises, qu'à statuer sur les
questions des abords et sur les dispositions
du raccordement avec le chemin de fer ; ils
ne sont pas dans l'usage d'approuver directement le système d'établissement et les
dispositions et dimensions du pont ou de la
passerelle.— Les dessins de ces ouvrages,
avec pièces à l'appui, doivent être soumis
à l'approbation de l'administration supé-

rieure préalablement à l'exécution des travaux. — Certains préfets ont pris le moyen terme suivant : ils approuvent, lorsqu'il y a lieu, l'ensemble du projet (ouvrage d'art et abords) de la passerelle autorisée en principe par l'administration supérieure ; mais ils ont le soin de soumettre leurs arrêtés approbatifs à la sanction du ministre de l'agriculture, du commerce et des travaux publics.

Modifications de projets (v. *Modifications* au Rép.).

Projets de travaux neufs sur les lignes en exploitation, p. 574.

Projets de travaux d'entretien et de réparation, 574.

PROPOSITIONS.

Notes personnelles de fin d'année (v. *Feuilles signalétiques* au Rép.).

Propositions des compagnies : — 1° signature et présentation (circ. minist. du 20 mai 1856), v. au Rép., p. 811, note 1. — Examen, etc., 438 (v. aussi *Commissions* et *Règlements* au Rép.). — *Modifications*. — Une décision ministérielle récente, prescrivant, sur l'avis de l'ingénieur en chef du contrôle, des modifications à un ordre de service soumis par la compagnie à l'approbation de l'administration supérieure, a soulevé diverses objections de la part de cette compagnie, qui a fait remarquer, en outre, que lorsque des changements sont apportés à ses propositions, il serait à désirer que ces changements lui fussent préalablement communiqués. Le ministre a adressé à ce sujet la recommandation suivante à l'ingénieur en chef du contrôle :

« La demande de la compagnie étant conforme aux dispositions de l'art. 69, § 2 de l'ordonnance du 15 novembre 1846, je vous prie de vouloir bien y avoir égard toutes les fois qu'il vous paraîtra utile de modifier une proposition soumise à votre examen. Votre rapport devra constater l'accomplissement de cette formalité. » (Dép. minist. spéc. du 29 juillet 1864.)

Nota. — Dans ces affaires, les compagnies ont évidemment tout intérêt, de leur

côté, à ne pas faire attendre trop longtemps l'envoi de leurs observations.

PROPRIÉTÉS RIVERAINES.

Dommages, servitudes, etc. (v. les art. rappelés p. 438), v. aussi au Rép. les mots *Bâtiments, Grande voirie, Dommages, Excavations, Fossés, Plantations,* etc.

PUBLICATIONS. — PUBLICITÉ.

Affaires de travaux (v. *Adjudications* au Rép.). — Enquêtes, p. 179. — Expropriation de terrains, 198.

Affaires d'exploitation. — *Ordres de service de la marche des trains* (art. 43, ordonn. du 15 novembre 1846), p. 17. — *Affaires diverses* (v. au Rép. le sommaire du mot *Affichage*).

Publication de tarifs : — 1° *Affichage des propositions des compagnies* (art. 49 de l'ordonn. du 15 novembre 1846 et 48 du cah. des ch. général). V ci-après, p. 951, note 1. — V. aussi *Tarifs* au Dict., p. 526 et 527, v. enfin, à la p. 533 pour les tarifs de transit et d'exportation ; — 2° *Publicité préfectorale*. — Nous avons indiqué au Dict., p. 438, les dispositions à prendre par les préfets, en vertu de l'arrêté ministériel du 15 avril 1850 et de la circ minist. de même date, citée p. 702, pour rendre exécutoires dans leurs départements respectifs, au moyen d'arrêtés-affiches (préparés par le préfet de police, lorsque les tarifs s'appliquent à une ligne ayant son point de départ à Paris), les décisions ministérielles ayant pour objet l'application des tarifs des compagnies de chemins de fer (une exception a été faite pour les tarifs de transit et d'exportation).

Tarifs communs, p. 531 (1).

Mode d'affichage, frais, etc. — (Ext. d'une dép. minist. adressée le 25 avril 1864 au préfet de l'Ain) : « L'affichage des arrêtés que vous avez à prendre en matière de tarifs de chemins de fer doit être fait directement par vos soins, même à l'intérieur des gares et non par ceux de la compagnie, qui ne doit intervenir dans

---

(1) La publicité à donner aux TARIFS COMMUNS entre deux ou plusieurs compagnies, a été l'objet, *pour quelques lignes*, de décisions spéciales, dont nous résumons ci-après les principales dispositions :

Les livrets (homologués, visés et régularisés conformément aux décisions, et envoyés par la compagnie, en nombre suffisant à l'administration supérieure et aux divers services) seront disposés dans les préfectures et sous-préfectures (intéressées), dans le bureau des commissaires de surveillance administrative et dans le vestibule des gares et stations, pour y être tenus à la disposition du public. Un AVIS SOMMAIRE, publié par les préfets et placardé une seule fois sur les murs des localités desservies par les chemins de fer, mais affiché d'une manière permanente et à la diligence des compagnies, dans les gares et stations, fera connaître au public les lieux de dépôt où il sera admis à consulter le livret. Chaque addition ou modification qui pourrait être apportée par la suite aux

l'opération que pour en rembourser les frais. »

Points où les affiches doivent être apposées.—D'après l'article 699 du Code de procédure civile, relatif à l'affichage des documents administratifs et judiciaires et en tenant compte des circonstances spéciales aux chemins de fer, l'affichage des propositions de tarifs (fait par les soins des compagnies) et celui des arrêtés pris par les préfets pour la publication de ces tarifs, après leur homologation, devrait avoir lieu savoir : 1° dans les endroits les plus apparents des gares des localités où le tarif est applicable ; 2° à la porte extérieure des mairies et, au besoin, des préfectures et sous-préfectures ; 3° aux principales places des localités intéressées ; 4° et enfin, aux portes extérieures des tribunaux de commerce et des chambres de commerce, toutes les fois que les tarifs intéresseront les industriels ou négociants des localités situées dans le ressort desdites chambres.

Date de l'affichage, vérification, etc. (propositions des compagnies). V. *Affichage* au Rép., p. 754, note 1.

Indications diverses (communication des arrêtés préfectoraux, etc.), p. 439 (v. aussi *Chambres de commerce* au Rép.).

Légalité des tarifs non publiés par les préfets. — La cour de Cassation a rendu l'arrêt suivant à la date du 1er août 1864, sur une contestation relative à la légalité d'une modification de taxes, homologuée par le ministre, mais qui n'avait pas fait l'objet d'un arrêté préfectoral rendant la décision ministérielle exécutoire dans chaque département traversé par la voie ferrée (affaire *Forestier*, ch. de fer de Lyon) :

« Vu les art. 49 de l'ordonn. du 15 nov. 1846 et 48 du cah. des ch. annexé au décret du 19 juin 1857 (1) ;

» Attendu qu'il résulte de ces dispositions que le tarif des compagnies a des limites de maximum qui ne peuvent être dépassées ; mais que, dans ces limites, il est, sous le contrôle et avec l'adhésion de l'administration supérieure, susceptible d'être modifié ; que les compagnies peuvent ainsi abaisser ou relever les taxes à la seule condition de faire approuver par le ministre des travaux publics, les modifications qu'elles proposent, après avoir annoncé par des affiches leur intention et avoir mis ainsi le public en demeure de réclamer contre les changements proposés ;

» Que, dès-lors, la perception des taxes modifiées devient légitime par le seul effet de l'homologation de l'administration supérieure, conformément aux dispositions de l'ordonn. du 15 novembre 1846 ;

» Attendu, à la vérité, que des cahiers de charges antérieurs, énoncent la nécessité d'un arrêté préfectoral rendant exécutoires, dans chaque département que traverse la voie ferrée, les taxes homologuées par le ministre (2) ;

» Mais que cette condition n'a pas été

---

tarifs communs composant le livret approuvé, sera rendue exécutoire, après homologation de l'administration supérieure, par des arrêtés préfectoraux publiés en affiches, et transcrite ensuite, par les soins des compagnies, sur une feuille ou sur des feuilles de même format que le livret, lesdites feuilles (également visées, régularisées, envoyées en même nombre que le livret et reproduisant, non-seulement la modification approuvée, mais le tarif complet, tel qu'il résulte de cette modification) devant successivement être ajoutées à ce même livret, de manière que le public ait constamment sous les yeux un tout complet. (Ext. d'une déc. minist. spéc. de juin 1864.)

(1) *Ext. de l'ordonn. du 15 novembre 1846.* « Art. 49. — Lorsque la compagnie voudra apporter quelques changements aux prix autorisés, elle en donnera avis au ministre des travaux publics, aux préfets des départements traversés et aux commissaires royaux.

» Le public sera en même temps informé par des affiches des changements soumis à l'approbation du ministre.

» A l'expiration du mois, à partir de la date de l'affiche, lesdites taxes pourront être perçues, si, dans cet intervalle, le ministre des travaux publics les a homologuées.

» Si des modifications à quelques-uns des prix affichés étaient prescrites par le ministre, les prix modifiés devront être affichés de nouveau, et ne pourront être mis en perception qu'un mois après la date de ces affiches. »

Ext. de l'art. 48 du cah. des ch. — (*Lyon*, 1857, et nouveau modèle général, v. p. 706) :

« Toute modification de tarif, proposée par la compagnie, sera annoncée un mois d'avance par des affiches.

» La perception des tarifs modifiés ne pourra avoir lieu qu'avec l'homologation de l'administration supérieure, conformément aux dispositions de l'ordonn. du 15 novembre 1846. »

(2) *Ext. de l'art. 50 de l'ancien cah. des ch.* (1852, Paris à Lyon.) — « Tous changements apportés dans les tarifs seront annoncés un mois d'avance par des affiches. Ils devront, d'ailleurs, être homologués par des décisions de l'administration supérieure, prises sur la proposition de la compagnie et rendues exécutoires dans chaque département par des arrêtés du préfet. »

reproduite dans le cah. des charges qui, annexé au décret du 19 juin 1857, régit seul aujourd'hui la compagnie demanderesse ;

» D'où il suit que, en décidant que la taxe dont il s'agit dans l'espèce, quoique homologuée par le ministre des travaux publics, n'était pas obligatoire pour n'avoir pas été rendue exécutoire par un arrêté préfectoral, l'arrêt attaqué (C. Dijon, 17 mars 1863) a formellement violé les dispositions ci-dessus visées. — *Casse, etc.* » (C. C., 1er août 1864.)

PUNITIONS.

Pénalité attachée aux délits et contraventions, p. 393. — *Responsabilité des agents* (v. *Responsabilité* au Rép.). — **Punitions disciplinaires**, 395. — *Action administrative* (exécution du décret du 27 mars 1852, p. 730), à la suite d'un déraillement (sans accident de personnes), causé par une fausse manœuvre d'aiguille, l'administration supérieure a demandé à l'ingénieur en chef du contrôle si une punition disciplinaire avait été infligée à l'auteur de cet accident. La compagnie invitée à répondre à cette question, s'étant bornée à faire connaître que l'agent coupable avait été puni d'une amende, sans en indiquer, d'ailleurs, la quotité, le ministre lui a rappelé, dans les termes suivants, les principes qui régissent la matière : « ....., d'après le décret du 27 mars 1852, le personnel actif des compagnies de chemins de fer est soumis à la surveillance de l'administration publique, qui a le droit de requérir la révocation des agents de cette catégorie, et à plus forte raison celui d'exiger leur punition par voie d'amende ou de suspension de service. Déjà, dans diverses circonstances, ce droit a été exercé par le ministre ; mais il faut bien admettre qu'avant d'en user, l'administration tienne à se renseigner sur la punition infligée par la compagnie, afin de reconnaître si cette puni-

tion est suffisante. Je ne m'explique donc pas quel est le motif qui a pu déterminer votre compagnie à ne pas fournir au contrôle le complément de renseignement qui lui était demandé. J'espère, d'ailleurs, qu'il m'aura suffi de vous rappeler des principes qui ne sauraient être perdus de vue, pour que vous vous empressiez de répondre à la question qui vous a été adressée d'après mes instructions mêmes. » (Ext. d'une dép. minist. spéc. du 5 nov. 1864.)

PUITS.

Puits riverains du chemin de fer : — 1º grande voirie, p. 439 (v. aussi *Fossés* au Rép.) ; — 2º droit commun (art. 674 du Code Napoléon), 878, *Rép.*

Puits d'alimentation. — « En faisant creuser dans un terrain à elle appartenant (dans l'espèce, sur le terrain d'une gare) un puits destiné à l'approvisionnement du réservoir d'alimentation des locomotives, la compagnie de X... n'a pas agi en qualité d'entrepreneur de travaux publics (bien qu'elle fût pourvue d'une autorisation préfectorale). Elle a fait acte de propriétaire usant de son droit, dans les conditions et selon les règles du droit commun ; d'où la conséquence que l'appréciation du préjudice résultant de ce travail par les demandeurs (préjudice résultant de la diminution de force motrice causée à des usines) n'appartient pas au conseil de préfecture, par application de la loi du 28 pluviose an VIII. En accordant l'autorisation de faire la prise d'eau, le préfet a usé de son droit de réglementer les entreprises des cours d'eau, mais sous la réserve des droits des tiers, toujours admissibles à se faire valoir devant les tribunaux ordinaires. » (C. d'Etat, 28 janv. 1864). Cette jurisprudence est entièrement conforme à celle de la cour de Cassation (v. à l'art. *Cours d'eau* du Rép., p. 838, le résumé de l'arrêt du 10 août 1864).

Q

QUAIS.

Indications diverses : — 1º trottoirs à voyageurs, p. 440 (1) ; — 2º quais à coke, 441 ; — 3º quais à marchandises (v. *Halles* au Dict. et au Rép.) ; — 4º quais à bestiaux, chevaux et voitures, 440 ; — 5º quais de la douane, 653.

---

(1) Sur quelques lignes, le prix de revient du mètre linéaire de trottoirs ou quais à voyageurs, avec bordures en granit, s'est élevé à 40 fr. (non compris les remblais). Nous entendons par mètre linéaire de trottoir, un mètre de longueur du mur seulement avec la bordure en granit, abstraction faite de la largeur du quai, qui est simplement formée par un remblai pilonné et sablé,

Entretien et surveillance, p. 441. — Objets vendus sur les quais (v. les art. rappelés p. 441).

QUITTANCES.

Formalité du timbre : — 1° quittances de sommes n'excédant pas dix francs, p. 441 ; — 2° paiement des frais de transport, effectués pour le compte des administrations publiques (circ. minist. du 18 novembre 1857), v. p. 753 du Rép.

R

RACHAT.

Prescriptions de l'article 37 du cahier des charges (rachat des concessions par le Gouvernement), p. 441.

RAILS.

Dimensions (obligatoires), art. 19 du cahier des charges, p. 442.

Indications diverses : — 1° Fabrication des rails, p. 442 ; — 2° prix courant des rails, 430, note ; — 3° réception, 442 ; — 4° pose des rails et éclissage, 442 ; — 5° retournements et ruptures, 442.

Relèvement du rail extérieur dans les courbes, p. 443.

Entretien des rails, p. 443.

Transport des rails (circ. minist. du 22 juin 1863), p. 443. — *Mesures spéciales*, 443 (v. aussi *trains* au Rép.).

RALENTISSEMENT.

Prescriptions de l'art. 37 de l'ordonn. du 15 novembre 1846 (passage aux bifurcations, etc.) v. *Vitesse*, p. 594 ; v. aussi **Bifurcations** au Rép. — *Ralentissement sur les pentes rapides*, p. 595.

Ralentissement accidentel. — Nous avons déjà résumé, aux p. 153 et 154, les mesures de précaution à prendre en cas de détresse ou *d'arrêt* accidentel des trains sur la voie ; nous avons rappelé aussi, p. 154, sous la rubrique *Ralentissement*, les dispositions de l'art. 2 du règlement ministériel du 15 mars 1856, prescrivant la pose de signaux-pétards à l'arrière d'un train, dont la vitesse se trouverait momentanément ralentie *au point de permettre à un homme marchant au pas de suivre ce train.*

Enfin, les garde-lignes ont pour principal devoir de faire les signaux prescrits (signaux à la main, pose de pétards, etc.) pour que les convois se suivent à l'intervalle réglementaire (qui est de 10 minutes en principe) ou dans l'ordre indiqué par les tableaux approuvés de la marche des trains.

Comme garantie complémentaire (les signaux des garde-lignes pouvant faire défaut dans quelques cas exceptionnels ou par suite de force majeure), les agents d'un train, dont la vitesse, *sans être précisément ralentie* jusqu'à la limite indiquée plus haut, est réduite au point de laisser gagner une avance dangereuse au train suivant, doivent se conformer à diverses prescriptions qui se trouvent résumées et rappelées dans le dispositif ci-après d'un jugement rendu le 19 octobre 1864, par le tribunal correctionnel de Tonnerre, à l'occasion d'un choc survenu entre deux trains express, par suite de la déperdition de force motrice de la machine du premier train n° 5 et de l'impossibilité où s'est trouvé ce train en retard, de gagner le premier garage (comme l'espéraient le mécanicien et le conducteur chef) avant d'être atteint par le train n° 11, qui le suivait :

« Attendu que ce choc a été le résultat d'un ralentissement considérable, qui s'était produit d'une manière toujours croissante dans la marche du train n° 5, et que les sieurs ......, mécanicien, et ...., conducteur chef dudit train, avaient pu constater en temps utile, pour prendre des précautions qui auraient prévenu la rencontre de ce train par celui n° 11, qu'ils savaient devoir être près d'arriver sur eux ; et qu'ils n'ont averti par aucuns signaux ; que, d'un autre côté, le train n° 11 n'est point arrivé en avance ;

» Attendu qu'aux termes de l'art. 26 du règlement pour les conducteurs (ch. de Lyon) et de l'art. 32 du règlement pour

---

dont la valeur n'est pas comprise dans le prix moyen ci-dessus indiqué, pas plus que celle du pavage ou du dallage en asphalte ou tout autre recouvrement de la surface qui doit être compté à part.

Les quais de la plupart des lignes ont, au minimum, 4^m,00 de largeur. Dans certaines stations, cette largeur est de 6^m,00, plus rarement de 8^m,00, et dans quelques cas exceptionnels de 10^m,00.

les mécaniciens (*ibid.*), chacun de ces agents doit avoir sous les yeux, pendant le trajet, le tableau de la marche des trains, et se rendre compte de leur position ;

» Qu'aux termes de l'art. 11 du règlement pour les conducteurs, les conducteurs doivent veiller constamment sur le train qui leur est confié ;

» S'ils s'apercevaient d'un fait de retard à rendre nécessaire l'arrêt du train, ils doivent serrer le frein, afin d'appeler l'attention du mécanicien, et agiter leur drapeau rouge ou leur lanterne rouge, pour que ce signal puisse être transmis au mécanicien, soit par un autre conducteur, soit par tout autre employé des gares ou de la voie ;

» Que, d'un autre côté, aux termes de l'art. 29 du règlement des mécaniciens, lorsqu'un mécanicien est obligé de s'arrêter sur la voie, il doit informer le chef de train des causes de l'arrêt et lui indiquer s'il peut demander la machine de secours ;

» Que l'arrivée immédiate du train n° 11, qui devait être prévue par les inculpés, était donc un fait de nature à rendre nécessaire, à un moment donné, l'arrêt de leur train et que ce fait, d'une part, autorisait et obligeait même le mécanicien à opérer cet arrêt et, d'une autre part, obligeait le conducteur chef à donner au mécanicien et à tous autres, les signaux indiqués en l'art. 11 ;

» Qu'en n'accomplissant ni l'un ni l'autre ces obligations et ne prenant pas de mesures qu'en l'absence même de tous règlements, la prudence la plus ordinaire leur commandait, ils ont, chacun en ce qui le concerne, par inattention, imprudence et inobservation des règlements, involontairement causé sur le chemin de fer de Paris à Lyon, dans la nuit du 14 au 15 septembre dernier, un accident qui a occasionné des blessures aux personnes désignées ;

» Délit prévu et puni par l'art. 19 de la loi du 15 juillet 1845, combiné avec les articles 11 et 26 du règlement du 13 mars, 16 mai et 9 juin 1860 pour les conducteurs, 29 et 32 du règlement du 24 octobre 1859 pour les mécaniciens............ ;

» Attendu, toutefois, qu'il existe dans la cause des circonstances atténuantes....., condamne lesdits X... (mécanicien), et Y... (conducteur chef de train), chacun à cent francs d'amende et chacun en la moitié des frais. » (Trib. correct. de *Tonnerre*, 19 octobre 1864.)

RAMPES.

Limite fixée par l'art. 8 du cah. des ch., p. 708. — *Modifications* (v. ce mot au Rép.). — *Indications diverses*, 444.

Embarrage des wagons isolés de la machine dans les stations placées au sommet de rampes de forte inclinaison. (Ext. d'une circ. minist. du 21 décembre 1864, adressée aux compagnies, à la suite d'un accident survenu sur un chemin de fer où, pendant des manœuvres de gare, des wagons abandonnés sur une rampe de 10 millimètres, se mirent spontanément en mouvement et vinrent heurter un train de voyageurs.)

D'après l'avis de la commission instituée par arr. minist. du 28 juin 1864, « l'embarrage des wagons isolés de la machine (et au repos) dans les stations placées au sommet de rampes de forte inclinaison, peut donner lieu à de très-graves accidents, lorsqu'on ne prend pas la précaution de retirer les barres au moment du départ des wagons. La torsion et la flexion des essieux résultent souvent, en effet, de cette négligence ; mais l'embarrage n'en est pas moins le seul moyen pratique aujourd'hui appliqué pour empêcher, dans les stations en pente, le départ spontané des wagons non attelés.

» Aussi la commission, tout en reconnaissant qu'il ne convient pas de faire de l'embarrage des wagons l'objet d'une prescription absolue, exprime néanmoins l'avis que l'administration doit en recommander l'emploi aux compagnies dans les stations qui présentent des conditions analogues à celles qui ont amené l'accident (précité), tant qu'on n'aura pas suppléé à ce moyen de précaution par l'adoption de procédés complétement satisfaisants.

» Conformément à l'avis de la commission, le ministre a appelé l'attention des compagnies sur la mesure qui fait l'objet des observations qui précèdent, en les priant de lui faire connaître la suite qu'elles y auront donnée. » (Ext. de la circ. minist. du 21 décembre 1864.)

RAPPORTS.

Comptes-rendus des travaux (v. *Comptes* au Rép.). **Rapports d'inspection** (service des ponts et chaussées), v. *Inspecteurs* au Rép.

Rapports hebdomadaires *des commissaires de surveillance administrative :* n° 1, exploitation technique et matériel, p. 444 ; — n° 2, travaux et voies de fer, 445 ; — n° 3, exploitation commerciale, p. 445.

Rapports mensuels, p. 445. — Indications diverses, 446.

Rapports spéciaux (accidents, affaires urgentes, etc.), p. 447 ; v. aussi *Accidents* au Rép.

RÉBELLION.

Résistance envers l'autorité publique (art. 209 du Code pénal), p. 462. — *Outrages et injures* (art. 224 du Code pénal), 267.

Résistance aux agents des compagnies, **avec violence et voies de fait** (art. 25, loi du 15 juillet 1845), v. p. 20.

Pénalité. — V. les art. 210 à 221 du Code pénal, et notamment les articles suivants :

« 212. — Si la rébellion n'a été commise que par une ou deux personnes, avec armes, elle sera punie d'un emprisonnement de six mois à deux ans ; et si elle a eu lieu sans armes, d'un emprisonnement de six jours à six mois

» 218. — Dans tous les cas où il sera prononcé, pour fait de rébellion, une simple peine d'emprisonnement, les coupables pourront être condamnés, en outre, à une amende de seize francs à deux cents francs. »

Réquisition de la force publique (v. *Réquisitions* au Rép.).

RÉCÉPISSÉS.

Formalités obligatoires : 1° — art. 50 de l'ordonn. du 15 nov. 1846 et 50 du cah. des ch., v. *Lettres de voiture*, p. 287 ; — 2° loi du 13 mai 1863, p. 447 ; — 3° rappel des instructions et règlements (circ. min. du 14 juin 1864, adressée aux ingénieurs en chef du contrôle) : « Malgré les instructions réitérées de l'administration, les compagnies de chemins de fer, si j'en crois les renseignements qui me parviennent, mettent toujours une certaine résistance à la délivrance des récépissés.

» Les récépissés sont, sans doute, remplis pour chaque expédition et détachés du registre à souche avec le timbre exigé par la loi du 13 mai 1863 ; mais l'exemplaire destiné à l'expéditeur est, le plus souvent, mis de côté et n'est pas délivré à qui de droit.

» Le Trésor ne perd rien à cet état de choses ; mais le public est lésé, car il paie le prix d'un titre qu'on ne lui remet pas.

» Il importe donc que les fonctionnaires du contrôle administratif surveillent la délivrance des récépissés au point de vue de l'intérêt des expéditeurs, comme les agents des finances surveillent l'apposi-

tion du timbre au point de vue des intérêts du Trésor. Je vous prie, en conséquence, de vouloir bien donner des instructions dans ce sens aux inspecteurs de l'exploitation commerciale et aux commissaires de surveillance administrative, en leur rappelant que le récépissé doit être délivré *d'office*, alors même que le public ignorant, le plus souvent ses droits, ne le demande pas.

» Toute négligence à cet égard de la part de la compagnie, dont le contrôle vous est confié, devra être constatée par procès-verbal et déférée aux tribunaux. » (Circ. minist. du 14 juin 1864.) (1)

Vœux de la commission d'enquête, sur la forme et la délivrance des récépissés (v. p. 866, du Rép., la circ. minist. du 1er février 1864).

RÉCEPTIONS.

1° **Travaux de l'État** (extrait des règlements de comptabilité) : « L'ingénieur ordinaire constate la réception provisoire des travaux d'une entreprise par un procès-verbal (modèle réglementaire n° 15), dressé en triple expédition. L'une des expéditions est envoyée à l'ingénieur en chef, une autre remise à l'entrepreneur, et la troisième conservée dans le bureau de l'ingénieur ordinaire.

» A l'expiration du délai de garantie, l'ingénieur ordinaire se transporte de nouveau sur les lieux pour examiner les travaux, et, s'il reconnaît qu'ils satisfont aux conditions du devis et sont en bon état d'entretien, il déclare qu'il y a lieu d'en accorder la réception définitive.

» Il dresse procès-verbal de cette opération dans la forme du modèle n° 15 bis (annexé au règlement).

» Ce procès-verbal est suivi d'un décompte des ouvrages exécutés, certifié par l'ingénieur ordinaire, et présenté à l'acceptation de l'entrepreneur.

» Le procès-verbal de réception définitive est adressé à l'ingénieur en chef, pour être vérifié et approuvé par lui, s'il y a lieu. »

Indications diverses (v. p. 803 du *Rép.* l'art. 38 des clauses et conditions générales des entreprises).

2° **Travaux des compagnies** (art. 28 du cah. des ch.), p. 448. — *Réception de la deuxième voie*, 448. — *Réception d'ap-*

---

(1) Par exception, la présentation des carnets spéciaux, dont certains expéditeurs habituels ont persisté à faire usage, sur quelques lignes, pour l'inscription et l'émargement de leurs expéditions, a paru aux compagnies équivaloir à un refus d'accepter les récépissés avec lesquels, d'après elles, ces carnets feraient double emploi. On n'en conserve pas moins les récépissés dans un dossier spécial, de manière à pouvoir les vérifier au besoin. Les carnets constituent, d'ailleurs, un titre légal. (V. au Dict., p. 447, le résumé du jugement du trib. de comm. de Strasbourg, 18 mars 1859.)

pareils et de matériaux divers, 448 (v. aussi, au Rép. l'art. *Clauses et conditions générales*). — *Travaux intéressant plusieurs services* (circ. minist. 12 juin 1850), 449. — *Travaux mixtes dans la zone militaire* (décret du 16 août 1853), 449.— *Réception de ponts métalliques* (circ. minist. du 26 fév. 1858), 187. — *Embranchements industriels*, 175.

Réceptions d'ouvrages divers : —1° chemins vicinaux déviés ou modifiés, p. 449 (v. aussi au Rép., p. 786, l'art. *Chemins*) ; — 2° *id.*, routes impériales et départementales, 449 ; — 3° ouvrages exécutés à la rencontre des canaux et des cours d'eau, 449 ; — 4° travaux de grande voirie et ouvrages neufs sur les lignes en exploitation, 574 v. aussi *Grande voirie* au Rép.'.

Initiative des réceptions, p. 448 et 449.

Approbation des procès-verbaux de réception. — Les procès-verbaux de reconnaissance des lignes à livrer à l'exploitation sont adressés directement au ministre par le président de la commission spéciale chargée de la réception. — Les procès-verbaux distincts relatifs à la réception successive et à la remise aux services intéressés des ouvrages ayant pour objet la viabilité des routes et le maintien de la navigation et de l'écoulement des eaux, sur les chemins en construction, *ou en exploitation*, sont ordinairement envoyés au préfet, qui transmet à l'administration supérieure les dossiers nécessaires et qui statue lui-même directement, lorsqu'il y a lieu, sur la réception et la remise des travaux dont il a approuvé les projets de détail, en ce qui concerne notamment les chemins vicinaux (v. *Projets* au Rép.).

Réceptions du matériel. — Il nous paraît intéressant de grouper ci-après les principales dispositions relatives à la réception du matériel roulant :

1° *Locomotives* (ext. de l'ordonn. du 15 novembre 1846).

« Art. 7. — Les machines locomotives ne pourront être mises en service qu'en vertu de l'autorisation de l'administration, et après avoir été soumises à toutes les épreuves prescrites par les règlements en vigueur.

» Lorsque, par suite de détérioration ou pour toute autre cause, l'interdiction d'une machine aura été prononcée, cette machine ne pourra être remise en service

qu'en vertu d'une nouvelle autorisation. »

2° *Voitures à voyageurs* (ext. de l'ordonnance précitée du 15 nov. 1846).

« 13. — Aucune voiture pour les voyageurs ne sera mise en service sans une autorisation du préfet, donnée sur le rapport d'une commission, constatant que la voiture satisfait aux conditions de l'article précédent (c'est-à-dire, de l'art. 12) (1).

» L'autorisation de mise en service n'aura d'effet qu'après que l'estampille, prescrite pour les voitures publiques par l'art. 117 de la loi du 25 mars 1817, aura été délivrée par le directeur des contributions indirectes. » (2)

Permis de circulation. — « Jusqu'à nouvel ordre, les préfets seront appelés à statuer sur tout ce qui concerne la mise en circulation ou l'interdiction des machines locomotives ou des voitures affectées au transport des voyageurs sur les chemins de fer qui prendront leur point de départ dans leur département. Ils donneront régulièrement avis au ministre des arrêtés qu'ils auront pris à ce sujet. Les permis de circulation, délivrés dans un département, sont valables pour toute l'étendue de la ligne à laquelle appartiennent les machines locomotives ou les voitures que ces permis concernent, et même, pour les voitures, aux lignes d'embranchement ou de prolongement sur lesquelles les nécessités du parcours commun les appellent à circuler. » (Circ. minist. 15 avril 1850, ext.)

Intervention du préfet de police. — Aux termes de l'art. 72 de l'ordonn. du 15 nov. 1846, les attributions conférées aux préfets par cette dernière ordonnance devant être exercées par le préfet de police dans toute l'étendue du département de la Seine et dans les communes de St-Cloud, Meudon et Sèvres, département de Seine-et-Oise, et les diverses lignes de chemins de fer ayant presque toutes leur point de départ à Paris, c'est par le fait le préfet de police qui est appelé à délivrer les permis de circulation des locomotives et des voitures à voyageurs, employées à peu près sur la généralité des chemins de fer français.

Nous avons rappelé, d'ailleurs, p. 450, que le permis de circulation n'est donné aux machines locomotives, par le préfet, qu'après un voyage d'essai, fait par l'ingénieur des mines du contrôle.

---

(1) V. à l'art. *Voitures*, p. 606, le résumé des conditions auxquelles les wagons à voyageurs doivent satisfaire, en vertu de l'art. 32 du cah. des ch., et des art. 12 et 14 de l'ordonn. du 15 novembre 1846.

(2) V. au mot *Estampillage*, p. 190, le résumé des formalités à remplir pour la réception des voitures à voyageurs, en vertu de l'art. 13 reproduit ci-dessus, de l'ordonn. du 15 novembre 1846.

Epreuve préalable des chaudières (v. p. 909 du Rép. le décret du 25 janv. 1865, sur les appareils à vapeur). — *Surveillance exercée par les compagnies*, p. 450.

Machines employées pour les travaux (v. *Locomotives* au Rép., p. 908).

Matériel étranger circulant en France. — Nous avons fait connaître, à l'art. *Frontière* du Rép., p. 881, que la partie de la ligne française du réseau de Paris à la Méditerranée, comprise entre Pontarlier et la frontière, était exploitée aujourd'hui par la compagnie étrangère des chemins de fer de la Suisse occidentale, dont les voitures à voyageurs, par suite d'une convention entre les deux compagnies, font le trajet de Dijon à Neufchâtel et réciproquement, afin d'éviter aux voyageurs un transbordement à Pontarlier. — D'après cette combinaison, les voitures suisses circuleront en France, où elles devront, par suite (aux termes d'une déc. minist. spéc. du 16 janvier 1865), subir la visite prescrite par l'art. 13, déjà cité plus haut, de l'ordonnance du 15 novembre 1846, visite qui a paru pouvoir être faite à Dijon, où les voitures suisses auront nécessairement un stationnement.

Par cette décision, prise sur la proposition de la compagnie de Lyon et notifiée à cette compagnie ainsi qu'à l'ingénieur en chef du contrôle, le préfet de la Côte-d'Or a été invité « à former une commission composée d'ingénieurs et d'experts praticiens, pour examiner l'installation technique et les dispositions usuelles du matériel suisse. Le préfet pourra désigner, pour faire partie de cette commission, un ou plusieurs des ingénieurs de l'arrondissement minéralogique de ......, un architecte et un carrossier. L'ingénieur en chef du contrôle, par la nature de ses fonctions, est naturellement appelé à en faire partie ; le préfet aura donc à la compléter par la nomination de ce chef de service ou par un des fonctionnaires de son service, délégué par lui.

« La commission vérifiera si les véhicules satisfont, sous le rapport de la construction, de la solidité, de la commodité et des dimensions, aux prescriptions de l'art. 12 de l'ordonnance de 1846 ; elle pourra, s'il y a lieu, proposer les changements à apporter et le délai dans lequel ces changements devront être effectués ; mais, dans ce cas, il y aurait lieu d'entendre la compagnie de la Méditerranée avant de prescrire aucune modification.

« Le préfet voudra bien, d'ailleurs, donner les instructions nécessaires pour que les visites aient lieu, autant que possible, dès l'arrivée des voitures à Dijon.

« En ce qui touche la rémunération des vacations des commissaires, il est bien entendu que les membres étrangers à l'administration peuvent seuls y avoir droit, et le préfet devra régler leurs honoraires conformément au tarif adopté dans le département de la Côte-d'Or, pour les expertises administratives. La dépense qui en résultera sera imputée sur les crédits du contrôle et de la surveillance des chemins de fer. » (Ext. de la déc. minist. spéc. du 16 janvier 1865.)

Réception de marchandises (v. les articles rappelés p. 450).

RECETTES.

Indications diverses (v. les articles rappelés, p. 450).

Contrôle financier des recettes et dépenses des compagnies (décret du 2 mai 1863, v. *Contrôle financier* au Rép., p. 831).

RÉCLAMATIONS.

Les principales plaintes auxquelles peuvent donner lieu l'établissement, la police et l'exploitation des chemins de fer, concernent · —1° les affaires de la voie (maintien des communications et de l'écoulement des eaux, etc...) ; — 2° le service de l'exploitation (transport des voyageurs et des marchandises) ; — 3° certaines affaires se rattachant à l'ensemble ou à certains détails du service. — Notre recueil contient, au sujet de ces plaintes, diverses indications auxquelles nous ne pouvons que nous référer, savoir :

Service de la voie. — 1° Dommages provenant du fait des entrepreneurs, p. 852, *Rép.* ; —2° dommages survenus après l'achèvement des travaux. 852, *ibid.* ; — 3° secours aux ouvriers blessés (v. *Accidents de travaux* au Rép., p. 747) ; — 4° réclamations relatives à la réception des chemins vicinaux déviés ou modifiés (v. *Chemins* au Rép, p 785) ; — 5° plaintes ayant pour objet le défaut d'écoulement des eaux (v. *Cours d'eau* au Rép.) ; 6° service des barrières des passages à niveau, p. 391.

Service de l'exploitation (voyageurs et marchandises), p 450. — *Billets d'aller et retour, etc.* (v. *Billets* au Rép.). — *Retards* (v. au Rép). —*Accidents* (v. *Responsabilité* au Rép.). — *Plaintes de voyageurs retenus dans les gares* (v. *Arrestations* au Rép.).—*Réclamations diverses* (v. les articles rappelés p. 451). — *Force majeure.* 213.

Registre des plaintes (art. 76, ordonn., 15 nov. 1846), p. 450. — *Visa des registres*, 454 — *Suites données aux réclamations*, 451 (v. aussi plus loin). — *Demandes adressées à la compagnie*, 451. — *Faculté de transiger à donner aux* *chefs de gare*, 451 (v. aussi au Rép. l'article *Enquêtes d'exploitation*, p. 867).

Réception et transmission des plaintes. — L'ordonnance du 15 nov. 1846, l'arrêté et la circulaire du 15 avril 1850, attribuent au ministre de l'agriculture, du commerce et des travaux publics, le droit d'approbation des ordres de service de la marche des trains, des tarifs et des règlements d'exploitation, et celui d'apprécier, en conséquence, les plaintes auxquelles peuvent donner lieu le transport des voyageurs et des marchandises. — Les préfets ne statuent donc pas directement sur les réclamations qui peuvent leur parvenir à cet égard. — Ces magistrats soumettent, d'ailleurs, aux conseils de préfecture les affaires litigieuses de travaux et de grande voirie qui rentrent dans les attributions de ces conseils, en vertu de la loi du 28 pluviose an VIII, et donnent ordinairement les suites nécessaires aux plaintes locales qui leur sont adressées relativement à la police des passages à niveau, à celle des cours des gares, au service des buffets et des vendeurs et distributeurs d'objets, dans la limite tracée à cet égard par la circ. minist. du 15 avril 1850 (v. p. 700).

Commissaires de surveillance administrative. — D'après la circ. minist. du 15 avril 1850, citée p. 699 et suivantes, les commissaires de surveillance administrative stationnent, d'une manière à peu près permanente, dans les gares pour recueillir les plaintes et les réclamations du public. Les mêmes fonctionnaires sont ordinairement chargés de prendre copie, dans leurs tournées, des réclamations inscrites sur les registres tenus dans les gares de leur circonscription Ils sont enfin dans l'usage de transmettre hiérarchiquement ces diverses plaintes, avec leurs observations, au chef de service compétent.

La circulaire précitée ne parle pas des plaintes que les agents des compagnies déposeraient spontanément entre les mains des commissaires de surveillance administrative, notamment pour des griefs qui leur seraient purement personnels ou pour des incidents étrangers à la surveillance administrative ; mais, sur la plupart des lignes, l'abstention en pareille matière est généralement passée en règle de conduite (v. pour l'interdiction de délivrer des certificats aux agents, la circ. minist. du 15 nov. 1850, art. *Timbres-cachets*, p. 549).

RÉCOLEMENTS.

Vérification des alignements, p. 28 (v. aussi *Grande voirie* au Rép., p. 891).

Réception de travaux (v. *Réceptions* au Dict. et au Rép.).

RECONNAISSANCE.

Réception de travaux (v. *Réceptions* au Dict. et au Rép.).

Reconnaissance de marchandises, p. 452.

RECOURS ET APPELS.

1° *Affaires judiciaires.* — Sauf les exceptions rappelées dans les codes et dans les lois spéciales, le délai d'appel est de trois mois en matière civile et commerciale et de dix jours en matière criminelle, correctionnelle et de police (v. au Rép. les art. *Jugements* et *Pourvois*).

2° **Affaires administratives.** — On ne fait ordinairement aucune distinction entre les mots *Recours* et *Pourvois*, qu'il s'agisse de décisions ministérielles, d'arrêtés préfectoraux ou d'arrêtés des conseils de préfecture, attaqués, soit par les particuliers, soit par l'administration elle-même (1).

Ces expressions synonymes sont indifféremment employées dans les instructions et règlements qui se rapportent aux pourvois déférés aux conseils de préfecture, ou au conseil d'Etat, pourvois qui doivent être présentés dans le délai de trois mois au plus (décret de 1806, v. *Pourvois* au Rép.).

Rapports des ingénieurs sur les affaires de pourvois (v. *Pourvois* au Rép.).

Nouvelles formalités relatives aux affaires **en instruction** *devant le conseil d'Etat* (décret du 2 novembre 1864). V. *Conseil d'Etat* au Rép.

RÉEXPÉDITION.

Organisation des services, p. 452 (v. aussi **Correspondances** au Rép.). — *Indications diverses*, 453.

Entrée des voitures de correspondances dans les cours des gares (v. **Cours des gares** au Rép.).

REFOULEMENTS.

Mesures de sécurité, p. 453. — *Refoulements sur les changements de voie*, 453. — *Conservation des appareils d'é-*

---

(1) Les mots *Recours en grâce* ne désignent spécialement que les demandes adressées au chef de l'Etat ou au ministre de la justice, garde des sceaux, par les personnes déjà frappées de condamnations *définitives* (v. p. 452).

clairage, 453. — *Marche à contre-voie* (v. les art. rappelés p. 453) (1).

REGISTRES.

Indications diverses : — 1° registres de commerce, p. 454 ; — 2° registres du matériel et du mouvement, 454 (2) ; — 3° visa des registres, 454. — *Registre spécial d'accidents* (modèle prescrit par la circ. minist. du 6 février 1857), 455 (3).

RÈGLEMENTS.

Application des règlements de grande voirie, p. 456 (v. aussi *Contraventions* et *Grande voirie* au Rép.).

Règlements généraux d'exploitation : — 1° Extrait de la loi du 11 juin 1842 et du cahier des charges général, p. 456 ; — 2° texte de l'ordonnance réglementaire du 15 nov. 1846, 687 ; — 3° résumé de la circ. minist. du 31 décembre 1846 portant envoi de ce dernier règlement (voir *Ordonnances* au Rép., p. 929, note 2).

Règlements d'application (à soumettre à l'approbation ministérielle), v. à l'article *Ordres de service*, p. 378, le texte de l'article 60 de l'ordonn. du 15 nov. 1846.

« D'après l'art. 60 (précité), les compagnies doivent soumettre à l'approbation du ministre des travaux publics leurs règlements de service et d'exploitation. Les dispositions de ces règlements pouvant se rapporter à des objets placés dans les attributions des divers ordres d'agents préposés à la surveillance de l'exploitation, doivent être préalablement examinés par ceux de ces agents qu'ils concerneront spécialement. » (Ext. de la circ. minist. du 31 déc. 1846.) (4)

Commission instituée pour l'examen

---

(1) Les expressions *Refoulement* et *Marche à contre-voie* n'ont pas absolument la même signification. Ainsi, un train peut refouler en suivant le *sens normal du mouvement*, et la marche à contre-voie peut avoir lieu *avec* ou *sans* refoulement. Dans les divers cas, ces manœuvres exigent la plus sérieuse attention des agents.

(2) Nous rappellerons, pour mémoire, qu'une circ. minist. du 21 juin 1847 a prescrit aux diverses compagnies d'adopter, pour le type de registre à tenir, en vertu de l'art. 20, § 5, de l'ordonn. du 15 novembre 1846 (service des machines de renfort) le modèle de la compagnie d'Orléans, qui se compose des colonnes ci-après désignées :

1re colonne, dates ; — 2e numéro des trains ; — 3e nature des trains ; — 4e et 5e (itinéraire) point de départ, point d'arrivée ; — 6e nombre de wagons ; — 7e heure de départ ; — 8e à 11e titre général : service des machines, sous-titres ; — 8e et 9e (section de . . .) numéros des machines, noms des mécaniciens ; — 10e et 11e (section de . . .) numéros des machines, noms des mécaniciens ; — 12e à 17e (adjonction de la deuxième machine) sous-titres ; — 12e numéro de la machine ; — 13e point de départ ; — 14e heure de départ ; — 15e point d'arrivée ; — 16e heure d'arrivée ; — 17e motif de l'adjonction ; — col. 18e observations.

Nota. Ce registre n'est tenu qu'à une seule gare, celle de Paris, par exemple, pour tous les chemins de fer qui y ont leur point de départ. (Code annoté, *L. Fleury*, p. 209.)

(3) Ext. de la circ. minist. du 6 février 1857, accompagnant le modèle explicatif du registre d'accidents et des états mensuels à fournir à l'administration supérieure par l'ingénieur en chef du contrôle, en remplacement des anciens états trimestriels prescrits par une circ. minist. du 8 novembre 1854 :

« . . . . Je vous prie donc de vouloir bien faire tenir dans vos bureaux un registre conforme à la formule ci-jointe, et dans lequel seront consignés, au fur et à mesure qu'ils se produiront, les accidents qui pourront survenir dans l'exploitation du chemin de fer dont le contrôle vous est confié.

» Le relevé que vous voudrez bien également m'adresser désormais, à la fin de chaque mois, se trouvera donc n'être plus guère qu'une copie du registre journalier, circonstance qui, en simplifiant le travail, diminue d'autant les chances d'erreur.

» Comme, d'ailleurs, dans les bureaux de l'administration centrale, le même système d'analyse et d'enregistrement sera scrupuleusement suivi, il est permis d'espérer qu'avec le concours des ingénieurs du contrôle, la statistique des accidents de chemins de fer, désormais complète et suffisamment développée, permettra d'introduire dans l'exploitation toutes les réformes et toutes les améliorations tendant à accroître la sécurité de la circulation.

» Par dépêche de ce jour, je communique aux compagnies le spécimen d'état, dont je vous adresse le modèle, en les invitant à l'adopter en ce qui les concerne. » (Ext. de la circ. minist. du 6 février 1857. V. p. 455 le résumé des principales indications du tableau dont il s'agit.)

Même registre à tenir par l'ingénieur des mines du service du contrôle (circ. minist. du 23 février 1857).

(4) Les règlements de service et d'exploitation déjà approuvés pour les diverses compagnies, en vertu de l'ordonnance organique du 15 novembre 1846, n'étant pas établis sur un modèle uniforme,

et la révision des règlements (arrêté minist. du 28 juin 1864), v. *Commissions* au Rép.

Exécution définitive de divers articles de l'ordonnance de 1846. — Circ. minist. du 10 août 1864 adressée aux compagnies et notifiée aux ingénieurs en chef du contrôle : — « Les dispositions prescrites par l'ordonnance royale du 15 nov. 1846, portant règlement d'administration publique sur la police, la sûreté et l'exploitation des chemins de fer, se divisent en deux catégories distinctes ; celles qui sont directement réglées par ladite ordonnance et celles qui doivent être réglées par le ministre sur la proposition des compagnies.

» Parmi ces dernières, les unes ont fait l'objet de décisions ministérielles anciennes ou récentes, qui reçoivent aujourd'hui leur application sur les divers réseaux ; d'autres n'ont donné lieu jusqu'à présent, sur certaines lignes du moins, à aucune décision. Enfin, dans la plupart des cas et pour le plus grand nombre des lignes, les dispositions approuvées par l'administration supérieure, à l'époque de l'ouverture du chemin de fer, n'ont pas été étendues aux sections nouvelles livrées postérieurement à l'exploitation.

» Cette situation anormale ne saurait se prolonger davantage ; il importe, dans l'intérêt du service et des compagnies elles-mêmes, de la régulariser dans le plus bref délai. Il est également essentiel, sans prétendre à une uniformité absolue, de coordonner, autant que possible, les mesures adoptées par les différentes compagnies pour assurer l'exécution de l'ordonnance de 1846.

» Je vous prie, en conséquence, de me communiquer, dans le délai d'un mois, les règlements d'exploitation intéressant la sécurité publique qui sont actuellement en vigueur ou que vous auriez l'intention de mettre en application sur votre réseau, en vertu des articles 2, 3, 4, 18, §§ 2 et 7, 23, 25, 27, 29, 30, 31, 35, 40, 41 et 42 de l'ordonnance précitée. Vous voudrez bien, d'ailleurs, en m'adressant cette communication, spécifier les règlements qui ont été approuvés déjà par l'administration pour l'ensemble ou pour une partie des lignes qui vous sont concédées, et ceux qui n'ont reçu jusqu'à ce jour aucune approbation.

» Je me propose de soumettre tous ces règlements, en vue de préparer l'approbation des uns et la révision des autres, à l'examen de la commission, instituée par arrêté ministériel du 28 juin dernier et dans laquelle les compagnies sont représentées par deux de leurs membres.

» Il est bien entendu que vous aurez soin de faire à l'ingénieur en chef du contrôle la même communication qu'à l'administration supérieure. » (Circ. minist., 10 août 1864) (1).

Modifications. — Il est de règle générale que les compagnies doivent être entendues, sauf le cas d'urgence, pour toutes les modifications apportées à leurs projets et propositions. Cette obligation est inscrite en termes formels, au moins en ce qui concerne l'exploitation, à l'article 69 de l'ordonn. du 15 novembre 1846, p. 35. Elles sont de même entendues pour les affaires relatives à l'entrée des voitures dans les cours des gares, pour les diverses questions concernant la création et la révision des règlements, et enfin, par analogie, pour toutes les affaires de grande voirie (v. *Propositions* au Rép.).

Exemplaires des règlements à remettre aux agents (art. 78, ordonn. du 15 nov. 1846), p. 457. — *Affichage,* 457 et 754.

Sanction pénale des règlements d'exploitation (application des art. 21 de la loi du 15 juillet 1845 et 79 de l'ordonn. du 15 nov. 1846), p. 394 (2). *Règlements in-*

---

nous avons dû nous borner à reproduire aux mots *Aiguilleurs, Conducteurs de trains, Gardes, Mécaniciens, Signaux, Surveillance,* etc., quelques-unes des dispositions essentielles de ces règlements.

(1) La lettre d'envoi aux ingénieurs en chef du contrôle contenait la recommandation suivante : « Dès que ces règlements vous auront été communiqués par la compagnie dont le contrôle vous est confié, vous voudrez bien les examiner, en comprenant dans votre examen ceux qui ont été approuvés déjà par l'administration et ceux qui n'ont reçu jusqu'à ce jour aucune approbation, et vous aurez soin, d'ailleurs, de faire de chacun d'eux l'objet d'un rapport spécial et distinct. »

(2) « La décision par laquelle le ministre des travaux publics approuve le règlement des signaux proposé par une compagnie de chemin de fer, est un règlement d'administration publique. En conséquence, les infractions à ce règlement sont punissables des peines portées par l'art. 21 de la loi du 15 juillet 1845. » (C. imp. Rennes, 25 août 1864.)

Cette décision consacre l'extension qu'a subie implicitement le sens de l'art. 21 de la loi du 15 juillet 1845, par suite des dispositions de l'ordonnance de 1846 (v. art. 60 et 79) et des documents ministériels du 15 avril 1850 (v. p. 700) qui ont attribué à l'administration supérieure la centralisation de la surveillance des chemins de fer et le droit d'approbation des règlements de service et d'exploitation.

térieurs des compagnies, 395. — *Indications diverses*, 457 (v. aussi *Punitions et Responsabilité* au Rép.).

REMBLAIS.

Profils en long et en travers, p. 435 (v. aussi *Programme des projets*, p. 673). — Confection des terrassements, 546.

REMBOURSEMENTS.

Retours d'argent, p. 457. — Indications diverses, 458.

REMISES.

Installation des remises à machines, p. 458 (1). — *Couvertures*, 458.

Disposition des remises à wagons, p. 458. — *Wagons à marchandises*, 459. — Portes, 459.

RÉPARATIONS.

Dispositions générales (v. les articles rappelés, p. 459).

Réparation de la voie, p. 459. — *Organisation des ateliers*, 459. — **Signaux** (art. 33 et 34, ordonn., 15 nov. 1846), p. 459. — *Remplacement des voies*, 460. — *Voie unique*, 460. — **Travaux neufs sur les lignes en exploitation**, 574. — *Indications diverses*, 461.

Réparations du matériel, p. 461.

Réparations diverses, p. 461. — *Signaux fixes*, 461.

RÉQUISITIONS.

Affaires diverses (v. les articles rappelés, p. 461)

Réquisition de la force publique : — 1° par les officiers de police judiciaire (art. 25, Code d'inst. crim.), p. 374 ; 2° par les agents des compagnies (art. 68, ordonn. 15 nov. 1846), 697, v. aussi les indications résumées, p. 20, en ce qui concerne l'assimilation aux gardes champètres des agents assermentés des compagnies.

Refus d'un service dû légalement. — « Tout commandant, tout officier ou sous-officier de la force publique qui, après en avoir été légalement requis par l'autorité civile, aura refusé de faire agir la force à ses ordres, sera puni d'un emprisonnement d'un mois à trois mois, sans préjudice des réparations civiles...... » (Article 234 du Code pénal, Ext.).

Déplacement et réquisition d'agents. — D'après les indications rappelées, p. 398, les commissaires de surveillance administrative ont le droit, en leur qualité d'officiers de police judiciaire, de réquérir devant eux les agents des compagnies impliqués dans les affaires (d'accidents ou de contraventions) comme parties ou comme témoins ; mais cette faculté doit se concilier, autant que possible, avec les exigences du service de ces agents.

Lorsqu'il s'agit d'enfreindre exceptionnellement une consigne générale de la compagnie pour un motif d'ordre ou de sûreté, les commissaires de surveillance administrative doivent se conformer expressément aux ordres de service spéciaux qui peuvent leur avoir été adressés pour cet objet (v. p. 806, note 4 du Rép., le résumé des mesures adoptées sur quelques lignes).

Agents requis par les commissaires spéciaux de police (ext. d'une dépêche minist. spéc., adressée le 4 sept. 1856, par le ministre de l'intérieur (M. *Billault*) à l'une des grandes compagnies, au sujet d'un agent requis pour remettre et porter au bureau du commissaire (en échange du bulletin), le bagage d'un voyageur accusé de vol et signalé par une commission rogatoire) :

« Si l'intérêt de la discipline, dans un nombreux personnel, demande qu'aucun agent ne soit détourné de son service sans que ses chefs aient donné l'autorisation, cette règle générale ne s'applique point aux circonstances dans lesquelles un officier de police judiciaire, agissant dans l'intérêt de la loi et comme auxiliaire du procureur impérial, réclame un concours qui lui paraît nécessaire.

« Autant que possible, dans les cas de l'espèce, le commissaire spécial s'adressera au chef des agents dont il aurait à requérir le concours, mais son droit de réquisition directe ne saurait être mis en doute, et le commissaire spécial aurait à dresser procès-verbal pour contravention au § 12 de l'art. 475 du Code pénal, contre ceux des agents qui se refuseraient d'optempérer à cette réquisition (2).

« J'espère que le commissaire spécial

---

(1) La dépense d'établissement des remises pour dépôt de machines, s'est élevée, sur quelques lignes, à environ 80 francs le mètre superficiel de surface couverte, non compris les fosses à piquer. — *Ib.* remises à wagons, en bois et briques, *ib.* 36 fr.

(2) Suit copie du § 12 de l'art. 475 du Code pénal : « Seront punis d'amende, depuis 6 fr. jusqu'a 10 fr. inclusivement, ceux qui, le pouvant, auront refusé ou négligé de faire les travaux, le

n'aura point lieu de recourir à cette extrémité. Il vous suffira de rappeler à vos
agents les termes de la loi pour leur épargner les conséquences fâcheuses d'un
refus de concours.

» Les réquisitions de l'espèce doivent
se produire peu fréquemment, et elles ne
sauraient être de nature à troubler sérieusement l'ordre de votre service ; si, d'ailleurs, vous aviez quelques observations
à me soumettre sur l'abus qui, dans certaines circonstances, vous paraîtrait en
être fait, je les examinerais avec attention. »

RÉSERVOIRS HYDRAULIQUES.

Installation, p. 462 (v. aussi *Puits* au
Rép.). — *Prises d'eau*, 670 (v. aussi *Navigation* au Rép.). — *Surveillance*, 462.

RÉSILIATION.

Indications diverses (v. les art. rappelés p. 462).

RÉSISTANCE AUX AGENTS.

Exécution des règlements (art. 25, loi
du 15 juillet 1845), p. 20. — *Texte de
l'art.* 209 *du Code pénal*, 462.
Peines appliquées à la rébellion (v.
Rébellion au Rép.).
Réquisition de la force publique, art. 68
de l'ordonn. du 15 novembre 1846 et applications diverses, p. 20. — Art. 25 du
Code d'instruction criminelle, 374.

RESPONSABILITÉ.

*Indications générales relatives aux
travaux* (v. au Rép. l'article *Clauses et
conditions*).
*Garantie de l'État pour les travaux re-
mis aux compagnies*, p. 463 (v. aussi au
Rép., p 812, note 2, le modèle des dispositions complémentaires des cahiers de
charges de diverses lignes commencées
par l'État).
Garantie des compagnies et indications
diverses, p. 463 (v. aussi au Rép. les articles *Accidents de travaux*, p. 747 et *Dommages de travaux*, p. 852).
Responsabilité des entrepreneurs (elle
n'exclut pas celle des compagnies). voir
p. 869, Rép. — *Sous-traitants*, 185, Dict.,
et 869, Rép.
Garantie de droit commun, p. 185 et
463.
**Responsabilité pour les faits d'exploi-
tation** (art. 22, loi du 15 juillet 1845), p.
463. — Applications diverses : — 1° *accidents* (v. p. 6 et suivantes du Dict.). —
Action civile (jurisprudence de la cour
de Cassation). — L'arrêt correctionnel
qui acquitte un employé d'une compagnie
de chemin de fer du délit de blessures
par imprudence, a autorité de la chose
jugée au civil et forme obstacle à l'exercice d'une action en responsabilité contre
la compagnie, à raison de l'imprudence
qu'aurait commise son employé (C C.,
5 janvier 1864. — Admission du pourvoi
formé par la compagnie des chemins de
fer de Paris à Lyon et à la Méditerranée,
contre un arrêt de la Cour impériale de
Nîmes, du 17 novembre 1862) (1) ; — 2° *retards* éprouvés par les voyageurs (v. *Retards* au Rép.) ; — 2° bis trains de plaisir à
l'étranger, 465 ; — 3° retards et pertes de
marchandises (v. les indications et les
articles rappelés au Dict., p. 463 et suivantes, et au mot *Retards*, p. 470) ; —
4° avaries de marchandises (v. *Avaries* au
Dict. et au Rép.) ; — 5° clause de non garantie, v. au Rép., p. 884 ; — 6° bulletins de
garantie exigés par les compagnies (v. un
exemple à l'art. *Meubles* p. 349) ; —
7° devoirs généraux des commissionnaires
et voituriers (v. *Commissionnaires* au
Rép.) ; — 8° commissionnaires intermédiaires, 465 ; — 9° service intermédiaire
de navigation, 465 ; — 10° entreprises de
route, 465 ; — 11° dommages divers (voir
Dommages d'exploitation au Rép.).
**Responsabilité des agents des compa-
gnies.** — Nous avons déjà résumé, p. 465,
diverses indications relatives à la responsabilité civile des compagnies et à la
responsabilité *personnelle* des agents du

• service ou de prêter le secours dont ils auront été requis, dans les circonstances d'accidents,
• tumultes, naufrage, inondation, incendie ou autres calamités, ainsi que dans les cas de brigan-
• dages, pillages, flagrant délit, clameur publique ou d'exécution judiciaire. »

(1) Dans l'affaire jugée par la Cour de cassation, le 5 janvier 1864, il s'agissait d'une action
civile intentée par un ouvrier du chemin de fer, qui avait eu le bras gauche comprimé entre deux
tampons, par suite du mouvement de recul de plusieurs wagons auxquels on venait d'atteler une
machine, sur le signal du chef d'équipe (ce dernier agent, préalablement mis en cause, au point de
vue de l'action publique, ayant, d'ailleurs, été reconnu non coupable et renvoyé des fins de la poursuite correctionnelle exercée contre lui). Dans la discussion, il avait été reproché, au contraire, à
l'ouvrier blessé (partie civile) d'avoir, « sans nécessité, placé son bras entre les tampons de deux
wagons qui n'étaient pas séparés par l'espace d'un pas. »

service actif de l'exploitation, au sujet de l'exécution des règlements.

Ainsi, par exemple, les règlements des **aiguilleurs** (approuvés par décisions ministérielles) contiennent généralement les dispositions ci-après :

« Art..... Les aiguilleurs sont responsables de tous les faits de leur service......»

« Art..... En cas d'absence de l'aiguilleur, l'agent qui dirige la manœuvre doit, sous sa propre responsabilité, maintenir ou faire maintenir l'aiguille. »

Cette responsabilité des aiguilleurs est disciplinaire ou judiciaire suivant la gravité de l'infraction et suivant que le fait incriminé ait ou n'ait pas donné lieu à un procès-verbal transmis à l'autorité judiciaire. — Il n'est même pas sans exemple qu'un agent coupable d'une infraction aux règlements ait été l'objet, à la fois, d'une punition disciplinaire infligée par la compagnie et d'une condamnation judiciaire.

De son côté « un chef de gare *est responsable envers la compagnie du chemin de fer*, non seulement de sa négligence, mais encore de celle de tous les employés dont il est le chef » (Trib. de la Seine, 30 déc. 1860). — La responsabilité ainsi définie est purement *disciplinaire*, et ne saurait motiver une action judiciaire contre le chef de gare, à moins qu'il ne s'agisse d'une manœuvre effectuée ou dirigée par cet agent lui-même, ou d'une affaire motivant l'application de l'art. 19 de la loi du 15 juillet 1845 (v. *Pénalités* au Rép.).

Responsabilité civile. — Aux termes du droit commun, les irrégularités et les accidents occasionnés par la faute des agents des compagnies, engagent la responsabilité civile de ces dernières (voir les art 1382 et suivants du Code Napoléon, cités p 747 du Rép.). — Plusieurs décisions judiciaires, rappelées à la page 463, ont admis que, même après avoir pris toutes les mesures de précaution prescrites par l'administration, pour le service du chemin de fer, et après s'être conformées exactement aux règlements, les compagnies pouvaient être appelées à répondre civilement de certains faits ou accidents de nature à engendrer une responsabilité de droit commun.

Lorsqu'il n'y a absolument ni faute ni imprudence des agents, ni infraction aux règlements, l'action en responsabilité civile contre la compagnie ne paraît plus avoir de motif v. plus haut, le résumé de l'arrêt de la cour de Cassation, du 5 janvier 1864).

 — Nous avons rappelé entre autres indications, p. 469, que les retards de trains attribués à une cause de *force majeure* n'engageaient pas la responsabilité des compagnies. — A défaut de la jurisprudence de la cour de Cassation, nous citerons, à titre de simple renseignement, les deux affaires suivantes, dans lesquelles l'autorité judiciaire a été appelée à apprécier la responsabilité des compagnies, en matière de retards éprouvés par des voyageurs de chemins de fer.

Préjudice éventuel. — « Un receveur de l'enregistrement qui devait se rendre à une expertise ordonnée par son administration, ayant été empêché de partir, quoique muni de son billet, par suite d'une négligence attribuée aux agents de la compagnie, a assigné cette dernière en alléguant que ce retard aurait pu lui occasionner un préjudice pour l'avoir empêché d'assister comme témoin à une expertise intéressant son administration.

« Par le fait, cette expertise s'est terminée au gré de l'administration ; mais si elle eût été défectueuse, le retard qui avait empêché le receveur d'y assister lui aurait causé un préjudice ou au moins une défaveur auprès de l'administration ; — il a réclamé 1,500 francs de dommages-intérêts. — Le tribunal de commerce de Charleville reconnaissant, que le plaignant avait manqué le train parce que l'appel des voyageurs n'avait pas été fait, et attendu que ce retard eût pu lui devenir

---

(1) Les ordres de service *spéciaux*, en vigueur sur quelques lignes, recommandent de ne jamais admettre dans les trains de voyageurs ou de marchandises, certains wagons du service de la voie qui ne sont pas montés sur ressorts de suspension.

nuisible, a condamné la compagnie à lui payer 50 francs de dommages-intérêts avec dépens. » (T. comm., Charleville, 23 mars 1864.)

Avarie de machine. — « Les compagnies de chemins de fer ne devant employer que des machines d'un service sûr et régulier, sont responsables des retards occasionnés aux voyageurs par les avaries survenues en cours de route à la machine. — Trib. comm. Seine, 9 août 1864 (Lombard contre ch. d'Orléans). — Dans cette affaire, la compagnie repoussait la demande d'indemnité, par le motif que les accidents de vapeur entravant la marche des trains, doivent être rangés dans la catégorie des cas de force majeure et qu'elle ne pouvait en être responsable. Mais le tribunal n'a pas admis ce système contraire, suivant lui, autant à l'intérêt de la sécurité publique qu'à celui de la régularité du service, les compagnies ne devant faire usage que de machines pouvant fournir un service sûr et régulier. » (*Nota.* — Le résumé du jugement ne faisait pas ressortir, d'ailleurs, le dommage éprouvé par le plaignant.)

2° **Retards dans le transport des marchandises**, p. 469. — *Insuffisance de matériel*, 470. — *Retard prolongé*, 470.

Faculté de transiger à donner aux chefs de gare, p. 470 (v. aussi au Rép., p. 867).

Indemnités en cas de retard (mention dans les récépissés et les lettres de voitures), v. p. 866 du Rép., les dispositions de la circ. minist. du 1er février 1864.

RETOURS D'ARGENT.

Indications diverses relatives aux expéditions faites contre remboursement (v. *Finances*, p. 211 ; v. aussi *Remboursements*, p. 457).

RETRAITES.

Personnel de l'État. — Dispositions applicables au service administratif sédentaire en France et en Algérie (loi du 9 juin 1853, et applications diverses), p. 471 (1) :

Décret du 23 janvier 1864. — « Art. » 1er. — Les dispositions de notre décret » du 22 juin 1863, qui établissent une » limite d'âge pour l'admission à la retraite » des inspecteurs généraux, inspecteurs » principaux, inspecteurs particuliers et » commissaires de surveillance administrative des chemins de fer, ne seront » appliquées d'une manière générale qu'à » partir du 1er janvier 1867 (2).

» Art. 2.—Le ministre est chargé, etc. »

Liquidation par suite de blessures, d'accident ou d'infirmités (art. 11, loi du 9 juin 1853), p. 473. — Disponibilité, 473. —Fonctionnaires et agents en congé illimité, 474 (v. aussi *Congés illimités* au Rép.).

Pensions mixtes (services militaires et civils). — Le personnel des commissaires de surveillance administrative étant recruté, en grande partie, parmi les anciens officiers de l'armée, nous croyons devoir réunir ci-après les dispositions spéciales qui intéressent la liquidation des pensions, basées à la fois sur la durée des services militaires et des services civils.

« Art. 8 (loi du 9 juin 1853). — Les services dans les armées de terre et de mer concourent, avec les services civils, pour établir le droit à pension et seront comptés pour leur durée effective, pourvu, toutefois, que la durée des services civils soit au moins de douze ans dans la partie sédentaire, ou de dix ans dans la partie active.

» Si les services militaires de terre ou de mer ont été déjà rémunérés par une pension, ils n'entrent pas dans le calcul de la liquidation. S'ils n'ont pas été rémunérés par une pension, la liquidation est opérée d'après le minimum attribué au grade par les tarifs annexés aux lois des 11 et 18 avril 1831.

» Art. 36 (décret du 9 novembre 1853). —Dans les cas exceptionnels prévus par les premier et deuxième paragraphes de l'art. 11 de la loi du 9 juin 1853 (v. cet art., p. 473), il est tenu compte à l'employé de ses services militaires de terre et de mer, suivant le mode spécial de rémunération réglé par l'art. 8 de la loi, indépendam-

---

(1) Les services ressortissant au ministère des travaux publics sont rangés dans la partie sédentaire.

(2) Les art. 1 et 2 du décret du 22 juin 1863 sus-visé, sont ainsi conçus :

« Art. 1er. Le nombre des inspecteurs généraux de chemins de fer, fixé à cinq par le décret du 17 juin 1854, est porté à six.

» 2 Les inspecteurs généraux des chemins de fer sont nécessairement admis à faire valoir leurs droits à la retraite à l'âge de soixante-cinq ans. Pourront être maintenus jusqu'à soixante et dix ans les inspecteurs généraux actuellement en service.

» (*L'art.* 3 relatif aux inspecteurs de l'exploitation commerciale et aux commissaires de surveillance administrative est textuellement reproduit au Dict., p. 472, note.) »

ment de la liquidation déterminée pour les services civils par les deux premiers paragraphes de l'art. 12 (1).

» La liquidation s'établit, dans les mêmes cas, sur le traitement moyen, lorsqu'il est plus favorable à l'employé que le dernier traitement d'activité. »

Agents des compagnies : — 1° indications particulières, p. 474 ; — 2° versements à la caisse de la vieillesse (ext. des lois des 18 juin 1850, et 12 juin 1861 et du décret du 27 juillet 1861), 476.

Modifications du maximum des rentes viagères et des versements annuels (loi du 4 mai 1864 : « *article unique.* — Le maximum de la rente viagère que la caisse des retraites est autorisée à faire inscrire sur la même tête, est fixée à quinze cents francs (1,500^f). — Les sommes versées dans une année au compte de la même personne, ne peuvent excéder quatre mille francs (4,000^f). »

RIVIÈRES.

Maintien de la navigation, dommages, prises d'eau, etc. (v **Navigation** au Rép.).

Terrains restés libres par suite de déviations de rivières (v. **Déviations** au Rép.).

ROUES.

Interdiction des roues en fonte (art. 10, ordonn. du 15 nov. 1846), p. 480.

Dispositions adoptées : — 1° roues de locomotives, p. 480 ; — 2° roues de wagons, v. *Déraillements*, 152. — *Décalage et rupture*, 480.

ROULAGE.

Indications diverses, p. 481 (v. aussi au Rép. les art. **Correspondances** et **Cours des gares**).

Extrait du décret du 10 *août* 1852, sur la police du roulage et des messageries publiques :

« TITRE I. — Dispositions applicables à toutes les voitures...............................

» Art. 10. — Il est interdit de laisser stationner sans nécessité sur la voie publique aucune voiture attelée ou non attelée ....

» TITRE II. — Voitures ne servant pas au transport des personnes...................

» 14. — Tout voiturier ou conducteur doit se tenir constamment à portée de ses chevaux ou bêtes de trait et en position de les guider ....

» TITRE III. — Messageries, voitures publiques ....

» 18. — (Le préfet ou le sous-préfet ordonne la visite des voitures, afin de constater : 1° — ....; — 2° si elles ne présentent aucun vice de construction qui puisse occasionner des accidents. Cette visite, qui pourra être renouvelée toutes les fois que l'autorité le jugera nécessaire, sera faite en présence du commissaire de police, par un expert nommé par le préfet ou le sous-préfet....)

» 28. — Pendant la nuit, les voitures publiques seront éclairées par une lanterne à réflecteur placée à droite et à l'avant de la voiture.

» 29 et 30. — (Estampille et indication du nombre et du prix des places, etc., etc.) V. Dict., p. 134.

» 39. — A chaque bureau de départ et d'arrivée, et à chaque relais, il y a un registre coté et paraphé par le maire, pour l'inscription des plaintes que les voyageurs peuvent avoir à former contre les conducteurs, postillons ou cochers. Ce registre est présenté aux voyageurs à toute réquisition par le chef du bureau ou par le relayeur.

» 44. — (Constatation et poursuite des contraventions). (2)

---

(1) Ext. de l'art. 12, sus-visé, de la loi du 9 juin 1853 (1er et 2e §).

« Dans les cas prévus par le § 1er de l'art. 11, la pension est de la moitié du dernier traitement.

» Dans le cas prévu par le § 2e, la pension est liquidée, suivant que l'ayant-droit appartient à la partie sédentaire ou à la partie active, à raison d'un soixantième on d'un cinquantième du dernier traitement pour chaque année de service civil ; elle ne peut être inférieure au sixième dudit traitement. » (Ext.)

(2) D'après l'art. 17 de la loi du 30 mai 1851, les contraventions ci-dessus prévues sont de la compétence des tribunaux. — *Nota.* — Elles peuvent être constatées par les fonctionnaires attachés à la surveillance des chemins de fer, lorsqu'elles ont été commises dans les cours des gares ou dans leurs dépendances, ou sur les passages à niveau, etc.

L'art. 9 de la même loi du 30 mai 1851, porte ce qui suit :

« 9. Lorsque, par la faute, la négligence ou l'imprudence du conducteur, une voiture aura causé un dommage quelconque à une route ou à ses dépendances, le conducteur sera condamné à une amende de 3 à 50 francs. »

Les infractions à cette disposition applicable aux chemins de fer sont constatées comme en matière de grande voirie (v. *Contraventions* au Rép.).

ROUTES.

Prescriptions des cahiers des charges et applications diverses : — 1° maintien provisoire des communications. p 481 ; — 2° travaux définitifs, 482 ; — 3° ouvrages d'art, 483 ; — 4° passages à niveau, 483 ; — 5° insuffisance des ouvrages proposés, 484 ; — 6° avenues des gares, 484 ; — 7° chemins latéraux et chemins déviés ou modifiés, 485 (v. aussi *Chemins* au Rép.) ; — 8° réception de routes et chemins modifiés (v. **Réceptions** au Dict. et au Rép.) ; — 9° infractions commises par les concessionnaires, 486 ; — 10° questions d'alignements, 486 ; — 11° routes et chemins vicinaux ultérieurs, 487.

Entreprises de routes de terre (v. au

Rép., *Correspondances, Cours des gares* et *Roulage*).

RUES COMMUNALES.

Modifications, déviations, etc. (v. les art. rappelés p. 487, v. aussi *Chemins* au Rép.). — *Indications diverses*, 487.

RUPTURES.

Attelages rompus, p. 487. — *Rupture de pièces diverses*, 488. — *Ruptures de fusées d'essieux de tender* (v. *Essieux* au Rép.). — *Situation des avaries* (v. les articles rappelés au mot *Avaries* du Rép.), p. 765.

S

SABLE. — SABLIÈRES.

Indications diverses, p. 488. — *Trains de matériaux* (v. *Trains* au Rép.).

Occupation de terrains, pour l'établissement d'une voie d'embranchement de sablière (v. au Rép. l'art. *Occupation de terrains*).

Transport du sable (compris dans la 4ᵉ classe du tarif du cah. des ch.), p. 717.

Emploi de boîtes à sable sur les locomotives. « L'emploi des boîtes à sable, adopté déjà sur quelques lignes, serait un excellent auxiliaire du frein de la locomotive. Cette mesure est appelée à rendre de véritables services, lorsque le sable est dans les conditions voulues de sécheresse et de chaleur et que la boîte est en bon état d'entretien. » (Ext. d'une circ. minist. du 15 avril 1864, citée au mot *Locomotives* du Rép.)

« Il n'y a pas lieu, d'ailleurs, de prescrire l'emploi des boîtes à sable, attendu que les compagnies ont spontanément placé des appareils de cette nature sur presque toutes leurs machines. « (Ext. d'une circ. minist. du 4 fév. 1865, v. p. 907.)

SABOTAGE DES TRAVERSES.

Indications diverses (inst. spéc.), p. 578.

SALLES D'ATTENTE.

Installation, p. 489. — *Chauffage des salles d'attente*, 489. — **Voyageurs oubliés dans les salles**, 489. — *Libre accès des quais d'embarquement* (circ. minist. du 22 juin 1863), v. *Gares*, 238.

SECOURS.

Machines de secours (prescriptions de l'ordonn. du 15 nov. 1846).

« Art. 40. — Des machines dites de secours ou de réserve devront être entretenues constamment en feu et prêtes à partir, sur les points de chaque ligne qui seront désignés par le ministre des travaux publics, sur la proposition de la compagnie.

« Les règles relatives au service de ces machines seront également déterminées par le ministre, sur la proposition de la compagnie. »

(Des décisions ministérielles spéciales ont déterminé, pour les diverses lignes, les principales gares qui doivent être munies de machines de secours).

Wagons de secours (v. *Wagons* au Rép.)

Retards motivant l'envoi du secours, p. 490. — *Forme de la demande*, 490. — **Expédition et vitesse de la machine de secours**, 491. — *Marche à contre-voie*, 492. — **Avis à donner aux commissaires de surveillance**, 492.

Secours en cas d'incendie, p. 261 et 408.

Secours aux voyageurs et aux agents (v. les art. rappelés p. 492).

Secours aux ouvriers blessés sur les chantiers (v. au Rép. les art. *Accidents de travaux* et *Ouvriers*).

SELS.

Conditions de transport : 1° — tarifs généraux, p. 492 ; — 2° tarifs spéciaux, p. 492.

SÉQUESTRE.

Mise d'un chemin de fer sous séquestre, p. 493. — *Droit des tiers*, 493 (1). — *Position des administrateurs*, 493. — *Position des agents*, 493. — *Cessation du séquestre*. 493.

Séquestre du matériel en cas d'accidents. — Le Code d'instruction criminelle (et notamment l'art. 16) attribue aux officiers de police judiciaire le droit de suivre les corps de délits et de les mettre, dans certains cas, sous séquestre.

Comme conséquence, sans doute, de cette disposition, certains parquets ont cru pouvoir ordonner, dans quelques circonstances, la mise sous séquestre du matériel des chemins de fer, en cas d'accident ayant occasionné la mort ou des blessures.

Aucune instruction générale n'est intervenue à notre connaissance au sujet de cette mesure, qui paraît être élémentaire en matière criminelle, mais dont l'application est sans doute assez rare en ce qui concerne du moins les véhicules de chemins de fer (v. *Commissaires* au Rép., p. 806, note 3).

SERMENT.

Formalités diverses, p. 494 (v. aussi *Assermentation* au Dict. et au Rép.).

SERRE-FREINS.

Attributions (v. *Garde-freins*, p. 232).

SERVICES DIVERS.

Indications générales et particulières (administration, compagnie, contrôle, etc.)

v. au Dict. et au Rép. les art. rappelés p. 494.

Service international, p. 678 (v. aussi *Douane* et *Tarifs* au Rép.). — *Surveillance des lignes internationales*, à la frontière (v. *Frontière* au Rép.).

Service médical (v. *Congés* et *Médecins* au Rép.).

SERVITUDES.

Définition. p. 494. — *Servitudes légales*, 494 (v. aussi *Occupation de terrains* au Rép.). — *Prescription*, 495. — **Servitudes militaires** (extrait du décret du 10 août 1853), p. 495.

SIFFLET A VAPEUR.

Prescription réglementaire (art. 38, ordonn., 15 nov. 1846 et suites données, p. 497) (2). — *Approche des bifurcations*, 498. — **Signaux d'arrêt**, 498. — *Usage du sifflet en temps de brouillard* (voir *Brouillards* au Rép.).

SIGNAUX.

Disques à distance (v. *Disques-signaux* au Rép.). — *Disques des bifurcations* (v. **Bifurcations** au Rép.). — *Signaux mobiles :* — 1° art. 31 et 35 de l'ordonn. du 15 novembre 1846, p 498 ; — 2° extrait des principales dispositions des règlements approuvés pour les diverses compagnies, 498. — **Signaux détonants** (*pétards*): — 1° règlement ministériel du 15 mars 1856, 500 ; — 2° usage en temps de brouillard (v. *Brouillards* au Rép.) ; — 3° dispositions spéciales pour les trains arrêtés aux abords des gares (v. *Disques-signaux* au Rép.. p. 850).

Signaux électriques : 1° sonneries, p. 505 ; — 2° appareil Tyer, etc, 502 (3).

---

(1) Nous reproduisons ci-après, à titre de renseignement, l'extrait du décret du 26 octobre 1864, relatif à la mise sous séquestre du chemin de la *Croix-Rousse* au *Camp de Sathonay* :

« Art. 3. Il sera procédé immédiatement, d'une part, à la vérification de la situation financière de la compagnie, au jour de l'établissement du séquestre, par un inspecteur général des finances, et, d'autre part, à la constatation des travaux, par un inspecteur général des ponts et chaussées.

» Art. 4. A partir de ce jour, tous les produits directs ou indirects du chemin de fer seront perçus par l'administration du séquestre, nonobstant toutes oppositions ou saisies-arrêts, et seront spécialement appliqués, tant au service de l'exploitation qu'à l'exécution des travaux complémentaires, s'il y a lieu.

» Les droits et les intérêts des actionnaires et des tiers sont et demeurent formellement réservés. »

(2) D'après la circ. minist. du 6 mai 1856, citée p. 497, le mécanicien doit faire jouer le sifflet à vapeur comme moyen d'avertissement à l'approche de certains passages à niveau, etc. Le coup de sifflet est naturellement donné avant que le train ne traverse le passage, de manière à ce qu'un garde ou toute autre personne engagée sur la voie ait au moins le temps de se garer.

(3) Les stationnaires de l'appareil télégraphique *spécial* du système Tyer (v. p. 502) devront, en cas de brouillard ne permettant pas de voir les signaux à 300 mètres de distance, poser, soit le jour, soit la nuit, des pétards sur les rails, au droit de leur poste, pendant tout le temps que les disques dont ils disposent sont tournés à l'arrêt. . . . (pour mémoire, inst. spéc., décembre 1864).

Signaux entre le conducteur et le mé-
canicien, p. 501 (v. aussi au mot *Enquêtes*,
au Rép., la circ. minist. du 1er fév. 1864,
861. — *Signaux entre les voyageurs et
les agents du train* (ibid., p. 868).

SIGNAUX-PÉTARDS.

Règlement obligatoire. — Les avantages incontestables de l'emploi des signaux détonants, par les temps de brouillard ou par suite de l'extinction des lanternes à main, et dans les cas de détresse
ou d'autres accidents des trains, ont engagé, dès le 14 décembre 1855, l'administration supérieure à rendre obligatoire sur
les chemins de fer l'usage de ces signaux,
en attendant la mise en vigueur du règlement annoncé par la décision ministérielle
portant la date précitée. — Ce règlement,
intervenu à la date du 15 mars 1856, est
reproduit p. 500.

*Pose de pétards aux abords des dis-
ques-signaux,* p. 850, *Rép.*

SITUATIONS PÉRIODIQUES

Comptes-rendus des travaux : — 1° chemins construits par l'État (v. *Comptes
moraux* au Rép.); — 2° contrôle des travaux des compagnies, p. 504, v. aussi
Comptes au Rép.; — 3° situations diverses
(v. les articles rappelés p. 504), v. aussi
Statistique, 510.

Situations financières : — 1° vérifications
des recettes et dépenses des compagnies
(v. *Contrôle financier* au Rép.); — 2° production d'une formule statistique S (circ.
minist. du 11 juin 1863), v. *Statistique* au
Rép.

Situations périodiques du trafic, p. 552.

SOCIÉTÉS ANONYMES.

Compagnies françaises. — *Organisation*

(v. *Compagnies* au Rép.). — *Principaux
extraits des statuts* p. 514.

Sociétés étrangères : — 1° formalités diverses, p. 504; — 2° droit de transmission
sur les valeurs émises par les sociétés
étrangères (décret du 11 décembre 1864) :

« Art. 1er. — A partir du 1er janv. 1865,
le droit de transmission établi par l'art. 9
de la loi du 23 juin 1857 et par l'art. 10 du
décret du 17 juillet suivant, sur les sociétés, compagnies et entreprises étrangères, sera perçu sur la moitié du capital,
représenté par les actions et sur la totalité
des obligations (1).

« 2 — Sont maintenues les dispositions
du décret du 11 janvier 1862 qui ne sont
pas contraires à l'article qui précède (2). »

SONNERIES ÉLECTRIQUES.

Indications particulières : — 1° installation, p. 505; — 2° entretien, 505; —
3° interruption, 506.

SOUPAPES DE SURETÉ.

Prescriptions diverses, p. 506. — *Nouveau décret du 25 janvier 1865,* relatif
aux machines à vapeur (v à la p. 910 du
Rép., l'art. 5 du décret précité).

SOUTERRAINS.

Dimensions principales (art. 16 du cah.
des charges), p. 507. — *Puits d'aérage*
(ibid.). — *Niches de refuge,* 508 — *Réparations,* 508. — *Mesures spéciales de
précaution,* 508. — *Dommages causés
par le percement d'un tunnel* (v. au Rép.,
p. 853, note 1).

*Renseignements statistiques sur les
tunnels,* p. 509, note, et 513 (3).

STATIONNEMENT.

Arrêts des trains et machines : —

---

(1) V. au Dict., art. *Impôts,* l'extrait de la loi de 1857.

(2) Ext. du décret du 11 janvier 1862 :

« Art. 1er. Le droit de transmission, établi par l'art. 9 de la loi du 23 juin 1857 et par l'art. 10
du décret du 17 juillet suivant, sur les actions et obligations des sociétés, compagnies et entreprises étrangères, est perçu de la manière suivante :

» Pour les sociétés, compagnies et entreprises, dont les titres sont cotés et circulent simultanément
dans les places de commerce de l'étranger et à la bourse de Paris ou dans les bourses départementales, la moitié du capital représenté par leurs actions et obligations est soumise à l'impôt ;

» Pour les sociétés, compagnies et entreprises, dont il est notoire que les titres circulent particulièrement en France, l'impôt est perçu sur le montant total de leurs actions et obligations.

« Art. 2. Les représentants des sociétés devront fournir au ministre des finances une déclaration
émanée des conseils d'administration desdites sociétés, faisant connaître l'importance du capital
émis, tant en actions qu'en obligations. Cette déclaration doit être certifiée par le consul de France
du lieu où est établi le siège de ladite société. »

(3) Une note empruntée au recueil officiel de statistique, publié en 1856, par le ministère de
l'agric., du commerce et des travaux publics, fait ressortir le prix d'établissement de 13 tunnels

1° stationnement dans les gares, p. 509 ; — 2° ralentissements accidentels sur la voie (v. *Ralentissement* au Rép.) ; — 3° stationnement de véhicules étrangers au service, 510 ; — 4° stationnement de personnes étrangères, 400 ; — 5° frais de stationnement de wagons à marchandises, p. 311.

STATIONS.

Installation et service général (v. **Gares** au Dict. et au Rép.). — *Distance moyenne entre les stations.* p. 851, Rép. — *Stations des lignes secondaires,* 510.

Remise aux compagnies de travaux commencés par l'État (système de la loi du 11 juin 1842), p. 812, Rép. — *Projets de travaux d'achèvement ou d'agrandissement des stations sur les lignes exploitées,* 574.

STATISTIQUE.

Renseignements à fournir au ministre : — 1° sur l'établissement et l'exploitation des chemins de fer (formules A, B, C, D, E, F, G, H), p. 511 ; — 2° documents financiers (formule S et annexe). — Les situations relatives à ces documents sont (comme tous les autres tableaux de statistique) établies sur les modèles très-détaillés, fournis annuellement par l'administration supérieure elle-même (1) ; — 3° dates d'ouvertures des sections et stations nouvelles, croquis figuratifs, etc. (v. *Ouvertures* au Rép.) ; — 4° renseignements relatifs aux ouvrages d'art, 512 et 592 ; — 5° renseignements sur les tunnels, 513 ; — 6° situations périodiques du trafic, 552.

Statistique de l'industrie minérale, p. 513.

Statistique des accidents (v. *Registres* au Dict. et au Rép.).

STATUTS.

Bases constitutives de la formation des compagnies, p. 514 (v. aussi *Compagnies* au Rép.). — *Principaux extraits des statuts,* 515.

SUBVENTIONS.

Contributions des départements, pour les travaux exécutés par les compagnies

---

d'une longueur totale de 15,043ᵐ,74 à 17,254ᶠ,66, soit environ 1,140 francs par mètre courant (non compris la dépense du ballast, des traverses et des rails). — Le minimum de dépense pour certains tunnels a été de 707ᶠ,18 (par mètre courant) et le maximum 2,421 francs. L'élévation du prix de la main-d'œuvre et le système actuel consistant, même lorsqu'on rencontre le calcaire plus ou moins résistant, à maçonner sinon les piédroits du moins les voûtes de tous les tunnels, ont dû augmenter, dans une certaine proportion, le prix moyen de revient de ces importants ouvrages d'art.

(1) Pour la production de la formule S et de son annexe au 31 décembre 1863, l'ingénieur en chef du contrôle a été invité à se référer à la circ. minist. du 11 juin 1863, relative à la situation financière de 1862 et contenant ce qui suit :

« Ce travail devra être présenté sur deux feuilles distinctes, l'une destinée à recevoir les renseignements relatifs à l'ancien réseau et l'autre à ceux qui se rapportent au nouveau. Le tableau annexe est destiné à recevoir les développements relatifs aux emprunts, dont la formule S précitée ne peut présenter que les chiffres totaux.

» Je dois appeler de nouveau votre attention sur les instructions qui accompagnent, soit la formule S, soit son annexe, en ce qui touche les dépenses faites et dont on ne tient pas suffisamment compte. Ainsi, au lieu des dépenses réellement effectuées en terrains, travaux, matériel roulant, frais généraux, etc., on fait figurer les dépenses des compagnies à leur point de vue financier. Sans méconnaître l'intérêt que présente la constatation de cette dernière indication, qui est, du reste, réclamée pour la colonne d'observations, le renseignement demandé dans la formule S, on ne peut trop le répéter, étant spécialement destiné à faire ressortir le coût d'établissement par kilomètre, doit indiquer, tout d'abord, le chiffre des dépenses nécessitées pour l'exécution du chemin. Si donc, par suite de rachat ou de fusion, la dépense mise à la charge de la compagnie actuelle diffère en plus ou en moins de la dépense réelle, cette différence doit faire l'objet d'une note spéciale.

» En outre, le chiffre des dépenses restant à faire au 31 décembre 1862 ne doit s'appliquer qu'aux concessions définitives, sauf à donner en note les dépenses probables de la compagnie applicables aux concessions éventuelles.

» L'annexe à la formule S ne me parait donner lieu qu'à une observation sur laquelle je ne saurais trop insister. Ainsi, quelques compagnies ont négligé de fournir les indications réclamées par les colonnes 28, 29 et 30, et relatives aux charges de l'exercice. Je vous prie de veiller à ce que ces renseignements soient établis avec tout le soin qu'ils comportent.

» Veuillez, je vous prie, réclamer sans délai, auprès de qui de droit, le travail qui fait l'objet de la présente circulaire, et me le faire parvenir, au plus tard, dans les premiers jours du mois prochain. » (Circ. minist., 11 juin 1863.)

(mode de paiement). — A l'occasion d'une subvention départementale (attribuée à la compagnie concessionnaire de la ligne de Saint-Cyr à Surdon), le ministre, consulté sur la question de savoir si le montant de cette subvention devait être versé dans la caisse de l'État ou dans celle de la compagnie, a notifié la décision suivante à l'ingénieur en chef chargé du contrôle des travaux :

« La subvention allouée pour le chemin de fer de.......... n'ayant pas été déclarée par la loi acquise au Trésor, devra être payée directement à a compagnie, après que cette dernière aura fait constater, par l'administration supérieure, que l'état d'avancement de ses travaux lui donne droit à un à-compte. » (Déc. minist. spéc., 19 avril 1861.)

Subventions pour les chemins de fer dits vicinaux, v. au Rép., p. 782.

Subventions diverses (pour les entreprises de correspondances, etc.), v. *Correspondances* au Rép.

SUCRES.

Conditions de transport, p. 516. — Tarifs spéciaux, 516.

SUIFS.

Conditions générales de transport, p. 517. — Mesures de précaution (v. *Matières infectes*, p. 340).

SURVEILLANCE.

Voie, matériel, exploitation technique et commerciale, personnel, etc. (v. au Dict. et au Rép. les indications et les articles résumés ou rappelés p. 518).

Surveillance spéciale de la voie en temps de brouillards (v. *Brouillards* et *Disques-signaux* au Rép.).

Surveillance des lignes internationales (v. *Frontière* au Rép.).

SURVEILLANTS SPÉCIAUX.

Surveillance intérieure des gares (v. *Gares*, p 240. — *Service de nuit*, 241. — *Surveillance des salles d'attente*, 489.

Surveillance spéciale de la voie (v. *Garde-lignes*, p. 234, *Piqueurs* au Rép., *Poseurs*, 411, et *Surveillance*, 518.

T

TABACS.

Conditions de transport (expéditions de l'administration des finances), p. 678. — *Formalités générales*, 678. — *Frais divers*, 679. — *Tarifs de transport*, 679.

TABLEAUX ET OBJETS D'ART.

Conditions de transport (analogues à celles du tarif des finances et valeurs), p. 209.

TALUS DE LA VOIE.

Conservation (application des anciens règlements), p. 522. — *Enlèvement des herbes*, 522.

TAMPONS.

Exclusion de tampons secs dans les trains mixtes (circ. minist. du 5 sept. 1855), p. 523. — *Hauteur uniforme des tampons* (mesures prescrites), 523. — *Manœuvres aux tampons*, 523 (v. aussi *Manœuvres* au Dict. et au Rép.).

TARAGE.

Indications diverses, p. 524. — *Contestations à signaler*, 524.

TARIFS.

Variations nombreuses et indications diverses, p. 524.

Tarifs généraux (ext. de l'art. 42 du cah. des ch.) : — 1° grande vitesse, p. 524; — 2° petite vitesse, 525 ; — 3° classification générale du cah. des ch., 716 ; — 4° affaires diverses (bases kilométriques, etc.), v. p. 526 et suivantes.

Formalités relatives à l'homologation des tarifs : — 1° propositions des compagnies (art. 45 et 46, ordonn., 15 nov. 1846), p. 526 ; — 2° affichage préalable, 526 et 527 (v. aussi *Affichage* au Rép.) ; — 3° communication aux chambres de commerce (v. *Chambres* au Rép.) ; — 4° examen, 526 (v. aussi plus loin) ; — 5° homologation provisoire et définitive, 526 ; — 6° publicité préfectorale (v. *Publications* au Rép.) ; — 7° abaissement et relèvement des taxes, 527 (v aussi au Rép., p. 867).

Tarifs divers (tarif exceptionnel, tarifs communs, spéciaux, d'embranchement, différentiels, tarifs internationaux de transit et d'exportation, etc), v. plus loin.

Notifications aux compagnies en matière de tarifs (v. *Notifications*, p. 368. — *Délai des notifications :* « Les décisions ministérielles en matière de tarifs doivent être notifiées *dans les 24 heures*, aux compagnies, et l'ingénieur en chef du contrôle a été chargé de veiller, en ce qui le concerne, à ce que ce délai ne soit jamais dépassé. » (Circ. minist., 23 janvier 1863, ext)

Rappel des instructions concernant l'examen des tarifs (circ. minist. adressée le 13 juin 1864 aux ingénieurs en chef du contrôle). — « Sans remonter aux instructions ministérielles des 23 août 1850 et 10 mars 1858, je me bornerai à vous rappeler la circulaire que mon prédécesseur a adressée, le 23 janvier 1863, aux ingénieurs en chef du contrôle, pour leur faire observer que le délai de quinze jours, dans lequel leurs rapports doivent parvenir à l'administration, est un *délai maximum* qui ne doit pas être dépassé, mais qu'il est possible d'abréger dans la plupart des cas (1).

» En confirmant les termes de cette circulaire, je vous prie de veiller à ce que les inspecteurs de l'exploitation commerciale s'y conforment avec une rigoureuse exactitude et de faire, de votre côté, tout ce qui dépendra de vous pour rendre rapides et régulières les communications que vous avez à adresser à l'administration en matière de tarifs.

» Je ne saurais, d'ailleurs, trop vous recommander d'apporter la plus grande célérité dans l'expédition des diverses affaires concernant le service de l'exploitation. » (Circ. minist., 13 juin 1864, ext.)

Vœux de la commission d'enquête, sur diverses questions relatives à l'approbation et à l'application des tarifs (v. au Rép., p. 865, 866 et 867, les dispositions de la circ. minist. du 1er février 1864).

Modèle de tarifs généraux (2). — Par une circulaire du 9 février 1861, le ministre, en rappelant aux diverses compagnies que leurs tarifs généraux de grande et de petite vitesse n'avaient été, jusqu'à cette époque, approuvés qu'à titre provisoire, leur a communiqué un modèle général applicable à toutes les compagnies de chemins de fer, en les invitant à s'y conformer très-exactement pour tout ce qui concerne la classification légale, les conditions d'application et les frais accessoires, et en insistant pour que l'ordre et la disposition des titres des chapitres et des paragraphes soient fidèlement adoptés.

Cette circulaire, qui contenait de nombreuses explications sur les dispositions contenues dans le modèle général des tarifs, notamment en ce qui concerne la classification des marchandises et le maintien dans les classes de la petite vitesse des huîtres, des poissons frais et des denrées fraîches, se terminait par la recommandation suivante adressée aux compagnies :

« Lorsque vous aurez établi vos tarifs d'après le modèle ci-annexé, il vous restera à y ajouter les barèmes des taxes, tant pour la grande que pour la petite vitesse (voyageurs, militaires, excédants de bagages, articles de messagerie, finances, chiens, marchandises, voitures, animaux, etc...). Les frais accessoires de chargement et de déchargement pourront, au besoin, être compris dans les taxes de la grande vitesse, pourvu qu'il en soit fait mention spéciale en tête du barème et à la condition qu'un nota fera connaître que, pour les marchandises et

---

(1) Nous reproduisons, pour mémoire, l'ext. suivant de la circ. minist. du 10 mars 1858 :

« A raison de l'importance toujours croissante des questions de tarifs, l'instruction (du 23 août 1850, résumée p. 526) ne peut recevoir utilement son exécution dans tous les cas, surtout lorsqu'il s'agit de tarifs généraux ou de tarifs communs dont le développement exige une instruction approfondie ; mais j'estime que dans les cas ordinaires, notamment pour les tarifs spéciaux, le délai de quinze jours est suffisant pour l'examen des propositions des compagnies, et je crois devoir insister, à cet égard, sur le maintien et l'observation des prescriptions de la circulaire du 23 août 1850. » — La même dépêche, du 10 mars 1858, se réfère, d'ailleurs, à l'instruction ministérielle du 31 oct. 1855 (citée à la fin de la p. 526 du Dict.), en ce qui concerne l'*examen sommaire* à faire, en attendant une solution définitive, des propositions dont l'étude nécessite un délai qui dépasse les limites réglementaires.

Enfin, la circ. minist. du 23 janv. 1863, portant rappel des instructions précédentes, contient spécialement le paragraphe suivant : « Le délai de quinze jours (dans lequel les fonctionnaires du contrôle doivent faire parvenir à l'administration supérieure leurs rapports sur les propositions de tarifs, communiquées par les compagnies) est un délai *maximum*, et lorsqu'il s'agit de l'addition d'une marchandise ou d'une station à un tarif spécial déjà homologué, sans changement de conditions, un délai de 48 heures semblerait bien suffisant. » (Ext. de la circ. minist. du 23 janv. 1863.)

(2) Les principaux extraits de ce modèle ont été reproduits avec les modifications successives dont il a été l'objet, aux articles *Animaux*, p. 32 et 631 du Dict., *Bagages, Billets, Colis, Déclarations, Denrées*, p. 146 et 649, *Finances, Marchandises, Matériel, Matières, Voitures, Voyageurs, Taxes*, etc.

les animaux tarifés moitié en sus (arrêté du..........), cette augmentation de moitié n'est pas applicable aux frais accessoires. Quant aux taxes de la petite vitesse, je tiens essentiellement, depuis surtout que j'ai autorisé la décomposition des frais de manutention en droits de chargement, de déchargement et de gare, à ce qu'elles ne contiennent pas ces sortes de frais et le barème devra dès lors porter en tête l'indication suivante : *frais accessoires non compris.* » (Ext. de la circ. minist. du 9 février 1861.)

Observations des compagnies. — Par décision du 11 septembre 1861, le ministre a statué sur les observations présentées par les compagnies au sujet du modèle des tarifs généraux, communiqué le 9 février 1861. — Le ministre a admis la plus grande partie de ces observations ; quelques-unes seulement lui ont paru devoir être repoussées comme contraires au texte ou à l'esprit du cahier des charges. — Un nouveau modèle, corrigé en rouge, était joint à la circulaire précitée du 11 sept. 1861, circ. qui contenait, d'ailleurs, diverses observations au sujet de la classification des marchandises et notamment du *mercure*, et qui recommandait d'adopter (en la plaçant au bas de la page) *l'annotation* suivante (se rapportant à l'usage de marquer d'un astérisque celles des marchandises de faible densité qui tombent sous l'application de la taxe exceptionnelle, mentionnée au Dict., p. 325 et au Rép., p. 916, note 1, et pour lesquelles les compagnies entendent percevoir cette taxe) : « con-» formément à l'art........, la marchandise » désignée par l'astérisque est taxée » *moitié en sus* du prix fixé par le tarif, » lorsqu'elle ne pèse pas 200 kilogrammes » sous le volume d'un mètre cube. » — Toutes les marchandises, celles même de la plus faible densité qui ne sont pas accompagnées de l'astérisque, restent ainsi soumises au tarif ordinaire. (Ext. de la circ. minist. du 11 septembre 1861,

qui se référait pour le surplus à la dépêche du 9 février 1861.)

Nouvelles modifications au modèle de tarifs généraux (circ. minist. du 12 déc. 1861). — Sur la demande de diverses compagnies, le ministre a consenti, par une circulaire du 12 décembre 1861, à faire de nouvelles modifications à la nomenclature des marchandises annexée au modèle de tarifs généraux (nomenclature que nous n'avons pas reproduite à cause de son étendue et des variations dont elle est susceptible). — Cette circulaire prescrivait, en outre, d'ajouter à la suite des dispositions relatives au transport des marchandises de faible densité, le correctif inséré ultérieurement dans l'arrêté minist. du 30 mai 1862 (v. au Dict., p. 325). — Elle se terminait, enfin (en ce qui concerne le transport des toucheurs de bestiaux), par une disposition que nous avons déjà reproduite au Dict., p. 550.

Tarif des frais accessoires (v. *Frais* au Rép.).

Force obligatoire des tarifs, p. 528. — *Erreurs dans l'application des taxes* (v. *Taxes* au Rép.). — *Réclamations*, 528. — *Litiges*, 528. — *Simplification des instances* (dans le cas de transport commun à plusieurs compagnies), v. au Rép., 866. — *Egalité de traitement* (v. plus loin, *Tarifs spéciaux*).

Tarif exceptionnel (art. 47 du cah. des ch.), p. 525.

Fixation du tarif exceptionnel pour l'année 1865 (arrêté minist., 31 décembre 1864) :

« Art. 1er. — Les dispositions des articles 1er et 2 de l'arrêté ministériel du 30 mai 1862, portant fixation, pour la même année, du tarif exceptionnel prévu par l'article 47 du cahier des charges, continueront de recevoir leur application, pendant l'année 1864, sur les chemins de fer du Nord, d'Orléans, de l'Est, de l'Ouest, du Midi, de Paris à Lyon et à la Méditerranée et Victor-Emmanuel (1).

» 2. — Les dispositions dont il s'agit

---

(1) Les principaux extraits de l'arrêté ministériel du 30 mai 1862, ou du tarif général modèle, relatifs au transport des marchandises exceptionnelles, sont déjà reproduits, savoir :

Art. 1er, § 1, *denrées et marchandises de faible densité*, grande vitesse, p. 348 ; petite vitesse, p. 325. — § 2 (grande et petite vitesse), *matières dangereuses*, p. 340 ; *animaux dangereux*, p. 33. — § 3 (*ibid.*), *animaux de prix*, p. 33. — § 4 (*ibid.*), *finances et valeurs*, p. 209 et suivantes. — § 5 (*ibid.*), *paquets et colis de 40 kilog. et au-dessous*, p. 94.

« Art. 2 (ainsi conçu) : Les frais accessoires d'enregistrement, de manutention, de magasinage, etc., seront perçus pour les transports dénommés à l'art. 47 du cah. des charges, conformément aux tarifs généraux de la grande et de la petite vitesse.

» Le chargement et le déchargement des animaux dangereux, pour lesquels des règlements de police prescriraient des précautions spéciales, seront effectués par les soins et aux frais des expéditeurs et des destinataires, et il ne sera rien perçu pour cette double opération. » (Arr. minist., 30 mai 1862, ext.)

sont applicables, dans leur ensemble, au chemin de fer de Ceinture.

» Elles sont également applicables aux chemins autres que ceux désignés ci-dessus, mais seulement pour les transports exceptionnels qui sont dénommés dans leurs cahiers des charges.

» 3. — Les artifices, les capsules, les allumettes chimiques, le phosphore, l'éther et autres substances analogues, qui, conformément à l'article 2 de l'arrêté ministériel du 15 juillet 1863, peuvent être transportés par trains mixtes sur les sections de chemins de fer où ne circulent pas des trains réguliers de marchandises, seront taxés, sur lesdites sections, aux prix fixés par l'arrêté du 30 mai 1862, pour le transport des mêmes substances à petite vitesse.

» 4. — Sont maintenus dans les tarifs homologués les conditions et les prix qui seraient plus avantageux pour le public que ceux fixés par l'arrêté du 30 mai 1862.

» 5. — Le présent arrêté sera notifié aux compagnies de chemins de fer.

» Il sera publié et affiché.

» Les préfets, les fonctionnaires et agents du contrôle sont chargés d'en surveiller l'exécution. » (Arrêté minist. du 31 décembre 1864.)

Indications diverses (v. *Marchandises* au Rép.).

Tarifs différentiels, p. 529. — *Stations non dénommées*, 529.

Tarifs spéciaux à prix réduits (grande et petite vitesse), p. 529. — *Marchandises de faible densité* (v. au Rép., 916, note 1). — *Echantillons* (v. au Rép.).

Propositions de tarifs spéciaux (rapports explicatifs, affiches, modifications, etc.), p. 531. — *Indication des distances* (circ. minist. adressée aux compagnies le 16 janvier 1858) : «Dans les tarifs spéciaux que les compagnies de chemins de fer soumettent à mon homologation, les *distances* des points de départ aux points de destination ne sont pas toujours indiquées. Cette indication étant, pour l'administration comme pour le public, un élément indispensable d'appréciation, je désire que dans toutes les propositions de tarifs spéciaux que vous aurez à publier et à me soumettre, les distances figurent constamment en regard des taxes à percevoir, soit pour les transports de voyageurs, soit pour les transports de marchandises. » (Circ. minist., 16 janvier 1858.)

Examen des tarifs spéciaux (instructions rappelées et confirmées par la circ. minist du 13 juin 1864), v. plus haut, au paragraphe des tarifs généraux).

Homologation, publications et formalités diverses, p. 529 (v. aussi *Publications* au Rép.). — *Légalité des réductions partielles de tarifs*. — • L'art. 48 du cah. des ch. des compagnies de chemins de fer, qui porte que les taxes doivent être perçues indistinctement et sans faveur, doit être entendu, en ce sens, que les compagnies ne peuvent déroger par des conventions non autorisées à des tarifs approuvés par l'administration supérieure. Mais cet article ne fait pas obstacle à ce que le gouvernement autorise des réductions de tarifs, dont ne peuvent profiter que des expéditeurs de telle ou telle catégorie, ou des marchandises de telle ou telle provenance. » (C. C., 11 août 1864.)

Conditions diverses des tarifs spéciaux (option à faire par l'expéditeur, avaries, etc.), p. 530 et 531 (v. aussi *Garantie* au Rép.).

Cumul de tarifs spéciaux, p. 531. — *Assimilation de marchandises.* — « Les réductions spontanées offertes au commerce par les compagnies de chemins de fer ne peuvent être appliquées qu'aux articles expressément dénommés par elles, et ne peuvent être invoquées par analogie en faveur des articles similaires.» (T. comm. Seine, 23 déc. 1863.)

Tarifs des embranchements particuliers (à comprendre dans le recueil des tarifs spéciaux), v. *Embranchements* au Rép.

Extension des tarifs aux sections nouvelles. — • Lorsque les compagnies ouvrent une section nouvelle, elles sont dans l'usage de compléter leurs tarifs généraux et spéciaux de grande et de petite vitesse, en soumettant à l'approbation de l'administration supérieure, pour la nouvelle ligne, des tableaux annexes des distances avec des barèmes contenant les taxes faites des diverses gares de la section nouvelle aux autres gares du réseau. » (Ext. d'une dép. minist. spéc. du 22 août 1864, ch. de Lyon.)

Tarifs communs et combinés, p. 531. — *Examen*, 532 (v. aussi plus haut, au paragraphe *Tarifs généraux*). — *Publicité spéciale* (v. *Publications* au Rép.).— *Force obligatoire*, 532. — *Indications diverses*, 532. — *Déclaration préalable de l'expéditeur* (pour le choix des tarifs), 533 (1).

---

(1) Les compagnies reliées à Paris se sont généralement mises d'accord pour appliquer, autant que possible, un mode de taxation uniforme aux expéditions empruntant plusieurs lignes et transitant par le chemin de Ceinture, soit lorsque les tarifs réduits ont été demandés au départ, par

Tarifs internationaux (décret du 26 avril 1862, p. 533) : — 1° transit, p. 533 ; — 2° tarifs d'exportation, 534.

Nouvelles dispositions relatives aux ports de mer (décret du 1er août 1864) :

Art. 1er. — Le dernier paragraphe de l'article 3 du décret (du 26 avril 1862), ledit paragraphe ainsi conçu :

« Ce prix total devra être le même pour » tous les ports de mer appartenant au » même réseau et situés sur le même lit- » toral. »

Est supprimé et remplacé par la disposition suivante :

« Ce prix total devra être le même pour » tous les ports de mer desservis directe- » ment par les voies ferrées d'un même » réseau et compris dans le même groupe, » conformément au tableau ci-après :

Réseau du nord. — *Groupe unique.* — Tous les ports de la frontière belge à Saint-Valery-sur-Somme inclusivement.

Réseau de l'ouest (trois groupes). — 1er *groupe*. — Tous les ports, de Dieppe inclusivement à Caen inclusivement. — 2e *groupe*. — Tous les ports de Caen exclusivement à St-Brieuc inclusivement. — 3e *groupe*. — Tous les ports de St-Brieuc exclusivement à Brest inclusivement.

Réseau d'orléans (trois groupes). — 1er *groupe*. — Tous les ports, de Châteaulin inclusivement à Lorient inclusivement. — 2e *groupe*. — Tous les ports, de Lorient exclusivement à Nantes inclusivement. — 3e *groupe*. — Tous les ports, de la Rochelle inclusivement à Bordeaux inclusivement.

Réseau des charentes. — *Groupe unique.* — Des Sables-d'Olonne inclusivement à La Rochelle inclusivement.

Réseau du midi (trois groupes). — 1er *groupe*. — Tous les ports, de Bordeaux inclusivement à Arcachon inclusivement. — 2e *groupe*. — Tous les ports, d'Arcachon exclusivement à la frontière d'Espagne. — 3e *groupe*. — Tous les ports, de la frontière d'Espagne sur la Méditerranée à Cette inclusivement.

Réseau de la méditerranée (deux groupes). — 1er *groupe*. — Tous les ports, de Cette inclusivement à Toulon inclusivement. — 2e *groupe*. — Tous les ports, de Toulon exclusivement à la frontière d'Italie.

« Art. 2. — Le ministre (de l'agr., du comm. et des trav. publ.) est chargé, etc. » (Décret du 1er août 1864.)

TASSEMENTS.

Indications diverses (v. les articles rappelés p. 535).

TAXES.

Etablissement des taxes et formalités diverses, p. 535 (v. aussi *Tarifs* au Rép.). — *Erreurs d'application* : — 1° au préjudice du public (v. *Détaxes*, p. 153) ; — 2° au préjudice des compagnies, p. 535 (1).

TÉLÉGRAPHIE

Installation du service télégraphique (art. 58 du cah. des ch.), p. 535. — *Dispositions diverses* : 1° terrains occupés, 535 ; — 2° surveillance, 535 ; — 3° transport gratuit des agents. 535. (*Nota.* Les surveillants des lignes télégraphiques, *revêtus de leurs insignes* et porteurs d'une carte de circulation, ont été autorisés (sur la plupart des chemins de fer) à déposer dans le fourgon, le échelles et sacs d'outils dont ils sont munis, sans les faire enregistrer ; *inst. spéc.*) ; — 4° accidents, 535 ; — 5° fils et appareils des compagnies, 535.

Installation en dehors des voies (occupation de terrains, etc.), p. 536.

Prix de revient de l'installation télégraphique, p. 536. — *Frais de surveillance* (v. *Contrôle*, p. 127).

Distribution des postes télégraphiques, p. 536. — *Position des fils affectés au service des compagnies* : — 1° fil direct, 536 ; — 2° fil omnibus, 537 ; — 3° fil spécial, 537. — *Indications diverses* (voie unique, etc.), 537.

Entretien et manœuvre des appareils, p. 537. — Service de l'Etat (ext. du décret réglementaire du 20 juin 1857), 537. — Dérangements et perturbations, 538.

---

l'expéditeur, soit lorsqu'il y a lieu d'appliquer les tarifs généraux, soit enfin pour la perception du droit de transit afférent aux gares rattachées au chemin de Ceinture. (Ces mesures, détaillées dans des ordres de service spéciaux, sont uniquement rappelées pour mémoire.)

(1) D'après un arrêt déjà cité, p. 848, « les tarifs de chemins de fer sont de véritables lois et les parties peuvent réciproquement réclamer contre les perceptions erronées commises à leur préjudice. — En conséquence, une compagnie de chemin de fer est recevable à demander en justice le complément du droit qu'elle était autorisée à percevoir d'après son tarif et qui n'a point été perçu par erreur. — Vainement, dans ce cas, l'expéditeur prétendrait qu'il aurait renoncé au transport, si la totalité du droit lui eût été demandée au moment de l'expédition. » (C. C., 17 août 1864.)

Transmission des dépêches : — 1° *service des compagnies*, p. 538 (1); voie unique, 539; double voie, 539; — 2° *service de l'État* (ext. du décret du 20 juin 1857), 539; départ des dépêches, 539; arrivée des dépêches, 539; dépêches de passage, 540; enregistrement, 540; dispositions générales, 540; — 3° *bureaux ambulants des postes*, 541; — 4° *dépêches expédiées par le service de contrôle et de surveillance*, 542 (2).

Correspondance télégraphique privée. (Ext. de la loi du 3 juillet, 18 et 29 nov. 1850.)

« Art. 1er.......... La transmission de la
» correspondance télégraphique privée
» est toujours subordonnée aux besoins
» du service télégraphique de l'État.......
　» 10..... — Les dépêches sont trans-
» mises selon l'ordre d'inscription, etc.
　» Les dépêches relatives au service des
» chemins de fer, qui intéresseraient la
» sécurité des voyageurs, pourront, dans
» tous les cas, obtenir la priorité sur les
» autres dépêches. »

Dépêches privées expédiées par les compagnies au profit de l'État (ext. de l'arr. du ministre de l'intérieur du 2 fév. 1857), p. 541.

Gares reliées aux directions de l'État (interprétation de l'arrêté minist. du 20 juin 1857, cité en extrait, p. 539).

« Le règlement du 20 juin 1857, sur le service de la télégraphie privée des chemins de fer, ne dit pas d'une manière explicite que les gares, qui sont reliées dans les villes aux directions de l'État, doivent transmettre à ces directions les dépêches qu'elles reçoivent. Pour mettre fin aux indécisions qui se sont manifestées,

les gares doivent expédier aux bureaux de l'État en communication avec elles les dépêches de ou pour la localité, excepté toutefois celles qui doivent être remises en gare, ou qui sont adressées à une des stations du chemin de fer comprises entre la gare et le poste de l'État le plus rapproché.

» En règle générale, tout poste de chemin de fer qui reçoit une dépêche à expédier doit la diriger sur le bureau de l'État le plus voisin.

» En effet, le service de la télégraphie privée étant subordonné, sur les lignes des compagnies, au service de leur exploitation, il y a lieu d'éviter tout encombrement sur ces lignes et d'assurer aux dépêches une prompte transmission, en les admettant au plus tôt sur les fils de l'État. » (Circ. du ministre de l'intérieur, 18 septembre 1857.)

Dépêches privées réservées aux bureaux de l'État (circ. du directeur des lignes télégraphiques, du 20 novembre 1860), p. 541.

Gratuité des dépêches de service, p. 541. — *Échange de dépêches pour la citation des agents en témoignage* (v. *Justice* au Rép.). — *Dépêches de police* (v. *Commissaires (spéciaux)* au Rép., p. 807). — *Dépêches des voyageurs, etc.* : — 1° colis enregistrés, 541; — 2° colis non enregistrés, 541.

Dépêches des fonctionnaires du contrôle. p. 542 (v. aussi au présent article la note 2, p. 975).—*Forme des avis d'accident* (inst. minist. du 27 février 1855), 542.

Sonneries électriques et appareils divers, p. 505. — *Appareil télégraphique Tyer*, 502.

---

(1) Les ordres de service spéciaux de certaines compagnies désignent les fonctionnaires et agents ci-après, comme seuls autorisés à correspondre par le télégraphe :

Directeur du chemin de fer. — Ingénieur en chef : 1° de la voie ; 2° du matériel et de la traction. — Ingénieurs : 1° chef d'exploitation ; 2° inspecteur du matériel et de la traction ; 3° de la voie ; 4° de la traction

Chef du service commercial. — Chef du contentieux. — Agent général du mouvement. — Chef du contrôle. — Sous-chef : 1° de traction ; 2° du service commercial.

Inspecteur principal : 1° du mouvement ; 2° du service commercial. — Inspecteur : 1° du mouvement ; 2° du service commercial ; 3° du contrôle. — Agent principal : 1° du mouvement ; 2° du service commercial.

Chef : 1° du bureau du mouvement ; 2° de dépôt ; 3° de section. — Sous-chef de dépôt.

Chef de gare. — Conducteur chef. — Piqueur de la voie.

(2) D'après un arrêté du minist. de l'intérieur, du 19 avril 1859 (art. 3), « les fonctionnaires
» ci-après dénommés sont autorisés à requérir directement de l'administration des lignes télégra-
» phiques la transmission gratuite de leurs dépêches administratives........
　» Les ingénieurs, commissaires, sous-commissaires et autres agents préposés à la surveillance
» administrative des compagnies de chemin de fer (avec le ministre des travaux publics pour les
» dépêches relatives aux accidents sur les voies ferrées)....... » (Ext.)

Nota. Voir au mot *Accidents d'exploitation*, du Rép., l'extension donnée à la franchise télégraphique des fonctionnaires du contrôle et aux avis à adresser aux autorités administratives et judiciaires, pour les accidents de toute nature survenus en matière de chemins de fer.

Dégradation des lignes télégraphiques
(décret du 27 décembre 1851), p. 542. —
Constatations et poursuites, 543. — *Surveillance spéciale*, 543. — *Mesures diverses*, 543.

TÉMOINS.

*Agents des compagnies appelés en
témoignage* (circ. minist., 23 juillet 1863)
(v. *Justice* au Dict., p. 281).
*Dépêches télégraphiques échangées dans
ces circonstances* (circ. minist., 3 septembre 1863 (v. *Justice* au Rép.).

TENDERS.

Indications diverses, p. 543. — Dimensions normales des fusées d'essieux des
tenders (v. *Essieux* au Rép.).

TENDEURS.

Emploi dans l'attelage des véhicules, p.
544. — Tendeurs Lassalle, 544.

TENTATIVES DE MALVEILLANCE

Constatation et répression, p. 8 et
suivantes. — Abandon sur la voie d'outils et de matériaux pouvant faciliter des
tentatives de malveillance (v. *Outils*, 380,
et *Abandon* au Rép.).

TERRAINS.

**1° Zone occupée par les chemins de
fer.** — La zone *moyenne* de terrain affectée à l'établissement de chemins ouverts
à deux voies (1), ne peut pas être évaluée
à moins de 30 mètres, savoir :
1° Pour chacune des deux voies, d'axe
en axe des rails, 1m,50, soit 3 mètres ; —
2° entrevoie (unique), 2 mètres ; — 3° accotements extérieurs, chacun 1 mètre, soit
2 mètres ; — 4° banquette ménagée au
pied de chaque talus du ballast, 0m,50,
soit 1 mètre ; — 5° fossés, rigoles, talus
du ballast et du terrain, perrés, etc. (par
aperçu), 14 mètres ; — 6° stations, remises, ateliers, cours, voies d'évitement (en
moyenne), 3 mètres ; — 7° chemins laté-

raux, chemins d'accès, déviations, etc.
(par aperçu), 4 mètres ; — 8° terrains pouvant être revendus, 1 mètre. Ensemble,
30 mètres (2) ;
2° Acquisitions faites par l'Etat. — La
loi du 11 juin 1842, relative à l'établissement des grandes lignes de chemins de
fer commencés par l'Etat, portait la disposition suivante :
« Art. 3. — Les indemnités dues pour
les terrains et bâtiments, dont l'occupation sera nécessaire à l'établissement des
chemins de fer et de leurs dépendances,
seront avancées par l'Etat et remboursées
à l'Etat jusqu'à concurrence des deux
tiers par les départements et les communes.
« Il n'y aura pas lieu à indemnité pour
l'occupation des terrains ou bâtiments
appartenant à l'Etat.
« Le Gouvernement pourra accepter
les subventions qui lui seraient offertes
par les localités ou les particuliers, soit
en terrain, soit en argent. »
Modifications. — Une loi complémentaire, du 19 juillet 1845, « a abrogé la dis-
» position de la loi du 11 juin 1842, aux
» termes de laquelle les départements et
» les communes supporteraient les deux
» tiers des indemnités de terrains pour la
» construction des chemins de fer. »
*Contingents pour les lignes d'intérêt
secondaire* (v. p. 782 au Rép.).
Remise de terrains aux compagnies.
— Une disposition additionnelle du cahier
des charges de concession des lignes
commencées par l'Etat, porte que ce dernier livrera, à la compagnie, les terrains
achetés dans les conditions de la loi précitée du 11 juin 1842.
Les formalités de livraison sont réglées
par des décisions spéciales, en ce qui
concerne notamment la liquidation des
indemnités restant à payer et la remise
des parcelles non employées qui devraient
être remises régulièrement à l'administration des domaines, mais dont la compagnie est ordinairement mise en possession, en prévision des besoins éventuels
de la ligne, sauf à rendre compte à l'Etat,

---

(1) Quel que soit le mode de concession ou d'adjudication des lignes affectées au service des
voyageurs, tous les cahiers de charges prescrivent (art. 6) « d'acquérir immédiatement les terrains
» pour deux voies........
    « Les terrains acquis par la compagnie pour l'établissement (éventuel) de la seconde voie, ne
» pourront recevoir une autre destination. »

(2) Cette largeur moyenne, qui était de 34 mètres à la fin de l'année 1853, a dû subir une assez
forte réduction, par suite des progrès accomplis dans l'étude des tracés et dans l'établissement des
lignes économiques.
    De toute la superficie occupée par les chemins de fer exploités au 31 décembre 1853, les 85 cen-
tièmes étaient compris entre clôtures, dont 35 centièmes seulement occupés utilement par la voie et
les gares.

à la fin de la concession, des excédants ou du produit de leur aliénation.

Rétrocession aux riverains. — Les parcelles de terrain, inutiles au service du chemin de fer, sont ordinairement rétrocédées aux riverains (propriétaires primitifs ou autres), sous les conditions indiquées plus loin, au § 5, avec la distinction établie pour les cas où la dépense d'acquisition des terrains a été faite par l'Etat ou par les compagnies substituées à son lieu et place.

3º **Acquisitions faites par les compagnies** (art. 63, loi du 3 mai 1841), p. 200. — *Droits et obligations des compagnies* (art. 6, 21 et 22 du cah. des ch.), 544. — *Chemins d'intérêt secondaire,* 544.

Terrains pris sur le domaine de l'Etat, p. 545 (v. aussi plus haut l'art. 3 de la loi du 11 juin 1842). — *Cours d'eau non navigables ni flottables* (v. *Cours d'eau* au Rép.). — **Terrains acquis ou restés libres par suite de déviations** (v. *Déviations* au Rép.). — *Terrains communaux expropriés* (v. *Dommages,* p. 161, 5º). — *Terrains expropriés et non employés,* 545 (v. aussi plus loin au présent article, § 5).

Acquisitions amiables. — En général, les travaux de premier établissement des chemins de fer motivent toujours, à la diligence de l'Etat ou des compagnies, l'application de la loi du 3 mai 1841, sur l'expropriation pour cause d'utilité publique ; mais cette loi n'exclut pas les nombreuses acquisitions qu'il est possible de faire à l'amiable, soit par la voie administrative (travaux de l'Etat), soit par l'intermédiaire des notaires (travaux des compagnies), et autorise même (art. 58, v. p. 661) la restitution des droits fiscaux perçus sur les acquisitions déjà faites à l'amiable, et comprises ultérieurement, dans les arrêtés de cessibilité.

Prix moyen des terrains, p. 545.

4º **Agrandissement ultérieur des chemins de fer** (déclaration d'utilité publique), p. 589. — *Ouverture de nouvelles gares,* 589.

Echange de terrains. — Lorsque le périmètre d'une gare doit être modifié par voie d'échange de terrain avec un propriétaire riverain, c'est à la compagnie du chemin de fer et non à l'administration des domaines qu'appartient la faculté de suivre l'échange proposé ; mais cet échange est subordonné à l'approbation préalable du projet par le ministre des travaux publics. (C. d'Etat, 28 mars 1854. Espèce applicable à la gare de Marseille, dont la modification du périmètre a été autorisée par le ministre, sous la réserve que les parcelles remises aux propriétaires riverains du chemin de fer, ne sont pas affranchies des servitudes qui, aux

termes de la loi du 15 juillet 1845, grèvent les propriétés riveraines du chemin de fer.)

Délimitation de terrains, servitudes, etc. — Les terrains employés pour l'établissement des chemins de fer et de leurs dépendances, font partie de la grande voirie, et les compagnies ne sont qu'usufruitières du sol, soit qu'elles aient elles-mêmes acquis les terrains dont il s'agit, soient qu'elles aient repris les travaux commencés par l'Etat.

Il appartient donc à l'administration et notamment à l'autorité préfectorale d'intervenir pour toutes les questions contentieuses qui se rattachent au service de la voie. (V. les indications et les articles rappelés p. 545, v aussi l'art. *Grande voirie* au Dict. et au Rép.)

5º **Rétrocession de parcelles expropriées et non employées** (art. 50, 60 et 61 de la loi du 3 mai 1841), p. 199 et 200. — *Exercice du droit de préemption,* 422. — *Parcelles à conserver* (droit de l'administration), v. p. 545, l'arrêt du C. d'Etat du 27 mars 1862.

Formalités de rétrocession. — En général, et sauf de rares exceptions, il est d'usage de rétrocéder aux propriétaires riverains, *lorsqu'ils en font la demande,* les parcelles inutiles au service du chemin de fer, en ayant égard, lorsqu'il y a lieu, au droit de préemption réservé aux anciens possesseurs ou à leurs représentants, par l'art. 60 de la loi précitée. Cette vente est faite au profit de la compagnie, sauf, toutefois, le retour à l'Etat du prix de la vente (à l'expiration de la concession), lorsque les terrains ont été payés *sur les fonds du Trésor.* Dans ce dernier cas, la rétrocession doit être autorisée et régularisée par le préfet, sur l'avis et l'estimation des ingénieurs du contrôle et après avoir entendu le directeur des domaines. (Dispositions adoptées sur plusieurs lignes.)

6" **Justifications d'achat et de rétrocession de terrains.** (Lignes comprises dans les lois de concession du 11 juin 1859), v. p 832 du Rép., l'art. 6 du décret du 2 mai 1863.

7º **Amodiation ou location des terrains en excédant.** (Renseignements applicables aux terrains ne dépendant pas du *domaine privé* des compagnies), p. 294. — *Location de terrains pour dépôts de marchandises,* 294.

8º **Terrains géologiques,** p. 546. — *Relevé des coupes mises à nu,* 546. — *Collections destinées à l'Ecole des mines,* 361.

TERRASSEMENTS.

Travaux livrés par l'Etat aux com-

pagnies (système de la loi du 11 juin 1842).
V. *Compagnies* au Rép.

Travaux des compagnies (art. 6 du cah. des ch.), p. 546. V. aussi à la p. 707, l'art. 6 précité et ses annotations. — *Moyens d'exécution* (indications particulières), 546.

TIMBRE.

Pétitions, quittances, etc. (loi du 13 brumaire an VII), p. 547 et 680. — Acies d'acquisition de terrains (v. *Enregistrement*, p. 183. — **Lettres de voitures et récépissés** (loi du 13 mai 1863), v. *Récépissés* au Dict. et au Rép. — *Feuilles d'expédition et indications diverses*, 548.

Visa pour timbre des procès-verbaux (p. 184, art. *Enregistrement*).

TIMBRES-CACHETS.

Bureaux des ingénieurs des ponts et chaussées (inst. minist. du 28 juillet 1852, citée pour mémoire, p. 63).

Bureaux des commissaires de surveillance administrative, p. 549. — Visa des certificats délivrés aux agents des compagnies, 549. — *Conservation des timbres-cachets*, 549.

TONNAGE.

Définition, p. 549. — *Extrait du tarif général modèle*, 549. — *Clause relative au minimum de tonnage*, 550.

Tonnage des divers chemins de fer (v. les recueils spéciaux de statistique publiés par les soins du ministère de l'agriculture, du commerce et des travaux publics).

TOUCHEURS DE BESTIAUX.

Permis de circulation, p. 550. — Transport des chiens, 550. — Places à occuper par les toucheurs et indications diverses, 550.

TOURBIÈRES.

Anciens règlements, rendus applicables aux chemins de fer, par l'art. 3 de la loi du 15 juillet 1845 (v. *Mines*, *Minières*, p. 359). — *Distance des fouilles et entailles*, 550.

TOURNIQUETS.

Passages de piétons accolés aux passages à niveau, p. 551. — Barrières et passages particuliers (v. 767 du Rép., notes 1 et 2).

TRACTION.

Organisation de service, p. 551. —

Hiérarchie, 551. — *Attributions principales*, 551.—Ecritures, comptabilité, etc., 552.

TRAFIC.

Définition, p. 552. — *Situations spéciales à fournir au ministre : — 1º recettes hebdomadaires*, 552 ; — *2º trafic mensuel* (form. B), 552 ; — *3º états trimestriels*, 553 ; — *4º situations annuelles* (récapitulation des trafics mensuels, formule B', 553.

Variations du trafic, p. 553. — *Evaluation du trafic pour l'établissement des lignes secondaires* (v. *Chemins vicinaux* au Rép., p. 784). — **Minimum du trafic normal des chemins à double voie**, 554. — *Nota.* — Pour les lignes concédées par les lois et décrets des 11 juin et 25 août 1863, l'administration s'est généralement réservé le droit de prescrire l'établissement de la 2e voie, lorsque le produit brut de ces lignes atteindra trente-cinq mille francs par kilomètre.

Trafic entre les différents réseaux (indications spéciales), p 554 — *Voyageurs*, 554. — *Bagages et chiens*, 554. — *Messagerie, finances, etc.*, 554. — *Transports à petite vitesse*, 554. — *Feuilles d'expédition*, 555 (v. aussi au Rép., 875). — *Indications diverses* instructions particulières, 555.

Application de tarifs communs (v. **Tarifs** au Dict. et au Rép.). — *Tarifs de transit et d'exportation* (ibid.).

TRAINS.

Indications générales (v. au Dict. et au Rép. les art. rappelés p. 555).

Vérification et conduite des trains, p. 556 — *Nombre de freins à placer dans les convois* (v. *Freins* au Rép.). — *Manœuvres* (v. les articles rappelés, p. 556, v. aussi *Manœuvres* au Rép.). — *Eclairage*, 556.

Passage des trains aux bifurcations (v. **Bifurcations** au Rép.).

Circulation des trains sur les sections à simple voie, p. 599.

Dispositions particulières aux trains de voyageurs, p. 556.— Nature de trains : 1º omnibus, directs, express et poste, 556 et 557 (v. aussi au Rép, p. 864, articles *Enquêtes d'exploitation*, les dispositions de la circ. minist. du 1er fév. 1864, en ce qui concerne le nombre et la vitesse des trains ; — 2º trains de plaisir, 557 ; — 3º trains de troupes, 558 et 562; — 4º trains extraordinaires, 562 ; 5º trains mixtes de voyageurs et de marchandises, 559. — *Correspondances de trains aux points d'embranchement* (v. *Correspondances* au Rép.). — *Chauffage de voi-*

tures et dispositions diverses (v. au Rép., p. 865).

Transport de petits colis par les trains express (v. *Colis* au Rép.).

Trains de marchandises : — 1° organisation (circ. minist. du 13 janv. 1853), p. 558 ; — 2° trains facultatifs, 558 ; — 3° admission de voyageurs dans les trains de marchandises, 558 (v. aussi au Rép., 864).

Trains mixtes de voyageurs et de marchandises (ext. de l'ordonn. réglem. du 15 nov. 1846), p. 559. — *Dispositions diverses* : — 1° exclusion des wagons à tampons secs, 559 ; — 2° transport de matières dangereuses ou infectes, 559 ; — 3° *id.* de rails, 559 ; — 4° *id.* de longues pièces de bois, 559 ; — 5° *id.* de bestiaux, 559 ; — 6° trains mixtes de troupes et indications diverses. 560.

Trains extraordinaires de voyageurs et de marchandises : — 1° exécution de l'art. 30 de l'ordonn. du 15 nov. 1846, p. 562 ; — 2° précautions spéciales, 562 ; — 3° avis aux commissaires de surveillance, 562 ; — 4° tarif d'un train spécial, 563 ; — 4° trains spéciaux de la poste (v. *Postes* au Rép.).

Trains dédoublés et suppression de trains (v. les articles rappelés p. 563).

Trains de ballast, de matériaux et de service. — *Indications empruntées aux règlements spéciaux des compagnies,* p. 560

Nouveaux règlements approuvés pour quelques réseaux : — 1° circulation des trains de service sur les sections à **simple voie**, p. 599 ; — 2° *id.* sur les sections à **double voie** : — Le ministre a approuvé le 5 sept. 1864, sur l'avis de la commission des inventions et règlements, un ordre de service très-détaillé, relatif à la circulation sur les lignes à double voie du chemin de fer de Paris à Lyon et à la Méditerranée, des trains de matériaux de la voie, de ballastage, et du matériel télégraphique ; bien que ce document n'ait pas un caractère général, il nous paraît utile de faire connaître qu'en ce qui concerne notamment **un service de ballast organisé isolément avec une seule machine.** *ce qui est le cas le plus ordinaire,* le règlement précité stipule que l'ordre de service spécial (à dresser dans chaque cas, par les ingénieurs de la voie, de concert avec les inspecteurs et ingénieurs de l'exploitation, du matériel et de la traction, et à porter à la connaissance de tous les agents dont il intéresse le service, dans la forme et suivant les distinctions faites par le règlement), devra indiquer : — 1° les stations ou poteaux kilométriques entre lesquels les trains ont à circuler sur les voies principales ; — 2° les points de garage pour les wagons et les machines ; — 3° les heures-limites du travail journalier ; — 4° les heures et la durée des repos à donner aux mécaniciens et conducteurs. — En outre, l'ordre de service spécial doit reproduire textuellement les dispositions des art 9, 10, 15, 16, 17, 19, 20 et 21 du règlement modèle, en les complétant, au besoin, par les mesures spéciales qu'il peut y avoir lieu de prescrire dans l'intérêt de la sécurité et de la régularité du service (1).

---

(1) Ext. du règlement approuvé pour la circulation des trains de service sur les sections à double voie (ch. de Lyon) :

« ART. 9. — Un conducteur-chef de l'exploitation est attaché à chaque service de ballastage.

» Aucun train de ballast ne peut circuler s'il n'est accompagné de cet agent.

» Le conducteur-chef est chargé de diriger, en dehors des gares et des sablières, le mouvement de son train sur les voies principales, conformément aux prescriptions des règlements généraux et de l'ordre de service spécial réglant le service du ballastage auquel il est attaché.

» Dans les gares, le conducteur-chef est sous les ordres des chefs de gare, avec lesquels il doit se mettre immédiatement en rapport à son arrivée. Ils lui prescrivent les mouvements que son train peut avoir à exécuter, et donnent le signal du départ.

» En dehors des gares, le conducteur-chef a l'initiative et la responsabilité de la conduite du train sur les voies principales ; il a, par suite, autorité sur le mécanicien, le chauffeur et tous les agents de la voie attachés au service de son train, ou chargés de l'exécution des signaux et de la manœuvre des aiguilles, en ce qui touche les mouvements du train sur les voies principales.

» Les conducteurs-chefs des trains de ballast sont, d'ailleurs, placés sous les ordres des chefs de section de la voie, pour ce qui concerne la désignation des matériaux à transporter et des points de chargement et de déchargement, ainsi que pour les manœuvres à exécuter sur les voies des carrières ou sablières.

» 10. — Le conducteur-chef doit toujours être pourvu d'une montre bien réglée, du tableau et du tracé graphique de la marche des trains et des appareils (drapeau, lanterne et pétards) nécessaires pour faire les signaux.

» Il se place sur la machine.

» 15. — La vitesse des trains de ballast ne doit pas dépasser 36 kilomètres à l'heure, lorsque la machine est attelée en tête, et 24 kilomètres, lorsqu'elle pousse son train devant elle.

Feuilles de route, écritures et mesures diverses (relatives à la circulation des trains), p. 563, *Dict.* et 875 *Rép.*

TRAITEMENTS.

Extrait des règlements de comptabilité (*service de l'État*), p. 563. — Formalités diverses, 564. — Retenues en matière de congés illimités (v. *Congés* au Rép., p. 821). — Disponibilité, 473. — Portion saisissable des traitements (v. *Oppositions*, p. 376).

TRAITÉS.

Traités passés pour les travaux, p. 564. — Transport de matériaux d'entrepreneur, 564. — *Suppression des traités de faveur* (pour le transport des marchandises à prix réduit sur les chemins de fer), v. p. 564, l'art. 48 du cah des ch. supprimant les traités particuliers, et la circ. minist. du 26 sept. 1857, qui rappelait que les traités conclus par les compagnies des chemins de fer avec le ministre de la guerre et avec le ministre des finances étaient exceptés des nouvelles dispositions (1).

Traités exceptionnels (administrations de la guerre et des finances), p. 565. — *Transport de tabacs*, p. 678. — *Matériel militaire* (constatations, etc.), v. *Matériel* au Rép.

Traités de correspondance et de réexpédition (art. 53 du cah. des ch.), v. *Correspondances* au Rép. et *Réexpéditions*, p. 452. — *Subventions*, 565. — *Traité avec une compagnie de canal*, 565.

Conditions principales insérées dans les traités (omnibus, correspondances, factage et camionnage), p 565. — **Présentation, vérification et approbation de traités** (exécution de l'art. 53 du cah. des charges), 566. — *Nota.* En ce qui concerne les traités de camionnage, les rapports des inspecteurs de l'exploitation commerciale (attachés au service du contrôle), doivent faire connaître notamment si les prix consentis sont conformes au tarif général de camionnage (ordinairement en application sur chaque réseau) (ext. d'une dép. minist. spéc., 3 mai 1860, ch. de Lyon).

Vœux de la commission d'enquête (autorisation des traités de correspondance), p. 863, Rép.

Légalité des traités, compétence judi-

» 16. — Les mécaniciens des trains de ballast doivent, en approchant des gares, fermer le régulateur de leur machine et ralentir la marche, de manière à pouvoir s'arrêter au besoin.

» 17. — Pendant toute la durée du stationnement des trains de ballast sur les voies principales dans les gares, les signaux destinés à protéger ces trains sont faits par les soins et sous la responsabilité des chefs de gare.

» 19. — En dehors des gares, le conducteur-chef pourvoit, sous sa responsabilité, aux signaux à faire pour protéger son train dans les conditions réglementaires, pendant les stationnements prévus ou imprévus et pendant les manœuvres. Le service de la voie met, à cet effet, à sa disposition, le nombre d'agents nécessaire. A défaut d'agents spéciaux, il fait faire les signaux par les agents chargés du service des freins.

» 20. — Lorsqu'un train de ballast change de voie, les deux voies principales doivent être couvertes, et, dans tous les cas, le mouvement ne doit pas commencer avant que la voie sur laquelle va passer le train ne soit couverte à la distance réglementaire.

» 21. — Lorsque l'ordre de service spécial n'indique pas d'itinéraires fixes, le conducteur-chef règle lui-même la marche de son train en se conformant rigoureusement aux prescriptions suivantes :

» Les trains de ballast ne doivent pas suivre les trains de voyageurs à moins de dix minutes d'intervalle, et les trains de marchandises à moins de quinze minutes.

» Ils doivent atteindre les points de garage, quinze minutes au moins et être garés dix minutes au moins avant le passage des trains de toute nature qui les suivent.

» En conséquence, un train de ballast, dont la marche n'a pas été tracée d'avance par l'ordre de service spécial, ne doit quitter un point de garage qu'après qu'il s'est écoulé, depuis le passage du train précédent, un intervalle de dix ou quinze minutes, suivant la nature de ce train, et, qu'en outre, le conducteur-chef s'est assuré que, dans les conditions de vitesse que comportent la charge de ces trains et les limites fixées par l'art. 15 ci-dessus, il atteindra un autre point de garage, *quinze minutes* au moins avant le passage du train suivant. » . . . . (Ext. du règlem. approuvé par déc. minist. du 5 septembre 1864, *ch. de Lyon.*)

(1) Par la même circ. du 26 septembre 1857, le ministre (en annonçant aux compagnies qu'il n'admettrait plus pour les transports à prix réduits sur la voie ferrée, des traités particuliers, dont la durée excéderait l'époque du 1er janvier 1858) a décidé que les traités en vigueur à cette époque cesseraient également, quelque fût le terme de leur échéance, de recevoir leur exécution à partir du 1er janvier 1858, faute de quoi, il déclarerait les réductions de prix consenties par ces traités, applicables à tous les expéditeurs sans conditions, usant en cela du droit conféré à l'administration par les anciens cahiers des charges. . . . . . . (Ext. de la circ. minist. du 26 sept. 1857.)

ciaire, p. 566. — *Infractions*. — En dehors de l'action civile réservée aux tiers, la reproduction (dans les arrêtés préfectoraux relatifs à l'introduction des voitures publiques dans les cours des gares) des prix de transport mentionnés dans les traités, attribue, dans certains cas, aux infractions commises dans la perception de ces prix, la pénalité spéciale prévue par l'art. 21 de la loi du 15 juillet 1845 (v. p. 566, v aussi, *pour la fixation des prix de transport*, au Rép., p 840).

Résiliation de traités, p. 567

TRANSACTIONS.

Faculté de transiger à donner aux chefs de gare. V. *Enquêtes* au Rép., p. 867 (circ. 1ᵉʳ février 1864).

TRANSBORDEMENTS.

Voyageurs (v. les articles rappelés p. 567). — *Marchandises et matières diverses*, 567. — *Délais de transbordement*, 680. — *Frais divers* (petite vitesse), 219.

TRANSIT.

Formalités de douane, p. 164 et 649 (v. aussi *Douane* au Rép.). — *Mode d'homologation des tarifs*, 533 (v. aussi *Tarifs* au Rép.).

TRANSPORTS.

Ordre et régularité des transports, p. 567. — *Modifications de service*, 567. — *Insuffisance de matériel*, 335.

Conditions diverses, p. 567 : — 1° service des voyageurs (v. au Dict. et au Rép. les articles rappelés p. 567) ; 2° militaires, p. 350 (v. aussi au Rép.) ; 3° transports à prix réduits, 86, note 1, v. aussi *Billets* et *Troupes* au Rép. ; — 4° **messagerie**, 346 ; — 5° transport de colis par les trains express (v. *Colis* au Rép.) ; — 6° **marchandises** (v. au Dict. et au Rép. les articles rappelés, p. 568 ; — 7° animaux, 631 (voir aussi les articles rappelés p. 568) ; — 8° chevaux et chiens (v. ces mots au Rép.) ; — 9° matériaux, 332 et 568 (voir aussi *Trains* au Rép.) ; — 10° **poudres et munitions de guerre**, 419 ; — 11° matériel de la guerre (v. *Matériel* au Rép.) ;— 12° matières dangereuses et infectes, 337 ; — 13° transport de matériel roulant, 337 ; — 14° transports divers, 568.

Transport des dépêches (service des postes), p. 414 et 568. — *Trains spéciaux* (v. au Rép. *Malle des Indes et Postes*). — *Imprimés, journaux, librairie*, 568 (voir aussi ces mots au Rép.).

Application de tarifs (v. *Tarifs* au Dict.

et au Rép.). — *Égalité de traitement* (voir à la fin de la p. 568, v. aussi *Tarifs spéciaux* au Rép.). — *Transports exceptionnels* (art. 47 du cahier des ch.), v. *Tarifs* au Rép., p. 972.

Entreprises de correspondances (par terre et par eau), p. 569, v. aussi au Rép. les articles *Correspondances* et *Cours des gares*.

Transports pour les administrations publiques (circ. minist. du 18 nov. 1857), p. 569, v. aussi *Administrations* au Rép. — *Services divers*, 570.

Formalités et affaires générales (voir au Dict. et au Rép., les articles rappelés p. 569 et 570.).

TRAVAUX.

Autorisation générale (loi du 3 mai 1841 et sénatus-consulte du 25 déc. 1852), p. 570. — *Embranchements divers* (voir *Embranchements* au Rép.).

Travaux commencés par l'État (système de la loi du 11 juin 1842, v. *Compagnies* au Rép. — *Indications diverses*, p. 571. — *Clauses et conditions générales des entreprises*, v. *Clauses* au Rép.

Travaux remis aux compagnies, p. 572, v. aussi *Compagnies* au Rép., p. 811, note 3.

Concessions accordées aux compagnies, voir les art. rappelés p. 571. — *Présentation, vérification et approbation des projets* (art. 3 du cah. des ch. et applications diverses), v. *Projets* au Dict. et au Rép. — *Exécution des travaux* (article 27 du cah. des ch.), 571. — *Ouvrages d'art et traversée de routes, chemins, cours d'eau, etc.*), v. au Rép. *Ouvrages d'art et Passages*). — *Travaux divers et indications spéciales*, 571. — *Interdiction du travail le dimanche* (article 26 du cah. des ch. et applications diverses), v. *Jours fériés* au Rép.).

Contrôle et surveillance de l'État, p. 571. — *Organisation de la surveillance*, v. *Ingénieurs*, 264, et *Inspecteurs* (des ponts et chaussées) au Rép. — *Comptes-rendus et situations périodiques des travaux* (v. *Comptes moraux* au Rép.).

Accidents, dommages, responsabilité, p. 572 et 573 (v. aussi les mêmes mots au Rép.). — *Compétence, quasi-délit*, 572.

Travaux mixtes dans la zone militaire (ext. du décret du 16 août 1853), p. 572. *Exécution des travaux mixtes*, 573. — *Surveillance*, 573.

Réception et reconnaissance des travaux (v. *Réceptions* au Dict. et au Rép.). — *Réception d'ouvrages divers* (à la rencontre des routes, chemins et cours d'eau), p. 449, v. aussi au Rép. l'art. *Chemins* *déviés.— Epreuves des ponts métalliques*, 187.

Travaux non autorisés, p. 574.

Travaux neufs et d'entretien sur les lignes exploitées : — 1° indications diverses, p. 574 ; — 2° présentation des projets, autorisations, etc. (circ. minist. du 11 mai 1855), 574 ; — 3° exécution et surveillance des travaux, 574 ; — 4° mesures spéciales de précautions, 575 ; — 5° transport de matériaux (v. *Trains* au Rép.).

Travaux divers, p. 576. — *Travaux de voirie* (v. l'art. *Grande voirie* au Rép.). — *Travaux faits à l'étranger*, 576.

TRAVERSES.

Indications particulières : — 1° dimensions des traverses, p. 576 ; — 2° préparation et conservation, 577 ; — 3° prix moyen de revient, 578 ; — 4° sabotage, 578 ; — 5° réception, 579 ; — 6° Durée moyenne, 580.

TRIBUNAUX.

Répartition des pouvoirs administratif et judiciaire (v. *Organisation* au Rép.). — *Affaires ressortissant aux diverses juridictions*, p. 580.

Tribunaux administratifs, p 580 (voir aussi *Conseils, Contentieux* et *Pourvois* au Rép.).

Compétence judiciaire — 1° affaires diverses relatives aux travaux, p. 580 ; — 2° application de tarifs et traités, 580 ; — 3° retards de voyageurs, perte de bagages, etc., 581 (v. aussi *Compétence* au Rép., p. 815, note 2) ; — 4° accidents d'exploitation, 581 ; — 5° accidents de travaux (v. au Rép., p. 745) ; — 6° délits, contraventions, etc., 581 ; — 7° conflits d'attributions (ordonn. du 1er juin 1828), 581 ; — 8° assistance judiciaire aux indigents (v. *Justice* au Rép.) ; 9° indications diverses, 581.

Juridiction commerciale (ext. du Code de commerce), p. 582. — *Application aux chemins de fer*, 582. — *Affaires diverses*, 583.

Assignations, citations, instances, etc., v. les articles rappelés p. 583. — *Simplification des instances civiles*, 583 (voir aussi au Rép. l'art. *Enquêtes d'exploitation*, 866).

Agents des compagnies cités comme témoins (circ. minist. du 23 juillet 1863), p. 281. — *Dépêches échangées dans ces circonstances* (circ. minist., 3 sept. 1863), v. *Justice* au Rép, p. 901. — *Citation des ingénieurs en justice* (circulaire minist., 16 juin 1857), 434.

Comptes-rendus des décisions judi-ciaires : — 1° tableaux mensuels (circ. minist., 17 juillet 1860), p. 277 ; v. aussi *Jugements* au Rép., p. 900, note 1 ; — 2° communication des dispositifs de jugement (circ. minist., 10-27 fév. 1862), 583 ; — 3° comptes-rendus spéciaux (accidents ayant occasionné mort ou blessures), voir *Jugements* au Rép., p. 900.

Décisions des tribunaux administratifs (v. *Contraventions* au Rép., p 829).

Appels et recours contre les jugements et décisions (v. au Rép. les articles *Pourvois* et *Recours*).

TROTTOIRS.

Quais à voyageurs, p. 583 (voir aussi *Quais* au Rép.). — *Trottoirs des avenues de gare*, 583 — *Conditions générales d'autorisation* (v. l'art. *Grande voirie* au Rép., p. 890).

TROUPES.

Militaires employés aux travaux urgents, p. 584. — Rémunération, 585.

Conditions de transport des troupes (v. *Militaires*, p 350).

Tarifs ext. de l'arrêté ministériel du 31 déc. 1859, p. 584.

Transport des enfants de troupe. — En présence des mesures prises par le ministre de la guerre (août 1863, pour régler conformément à l'avis de la Cour des comptes le prix de transport des enfants de troupes sur les voies ferrées, quelques compagnies ont prié son Excellence de renvoyer la question à son collègue des travaux publics. — Le ministre de la guerre a consenti à ce renvoi et a soumis la difficulté au ministre des travaux publics, qui a rendu la décision ci-après, notifiée le 20 avril 1864, à la compagnie de Lyon :

« A la suite d'une contestation qui s'était élevée sur le réseau du Midi, relativement au tarif perçu pour le transport d'un enfant de troupe, j'avais déjà fait examiner la question de principe par la section permanente, et la section :

« Considérant que toutes les fois qu'un individu réunit en lui deux qualités dont chacune donne droit à une réduction, il n'y a pas lieu de cumuler en sa faveur le bénéfice de l'une et l'autre réduction, mais que l'on doit seulement lui appliquer la moins élevée des deux taxes.

« A émis l'avis :

« Que la réclamation de la compagnie du Midi contre la décision de S. Exc. M. le ministre de la guerre, en date du 17 août 1863, est bien fondée, et que, par suite, les enfants de troupe doivent

» être assimilés aux *soldats* et payer
» comme eux le quart du tarif.

» J'ai approuvé l'avis de la section par
une décision du 18 décembre 1863.

» J'ai l'honneur de vous communiquer
cette décision, qui comporte une application générale sur les chemins de fer, et
que je fais connaître à M. le ministre de la
guerre, en le priant de vouloir bien la notifier aux fonctionnaires de l'intendance. »
(Dép. min., 20 avril 1864, ch. de Lyon.)

Logements de militaires dans les gares,
p. 302.

TRUCKS.

Indications diverses, p. 585. — *Voitures transportées sur trucks,* p. 608.

TUBES CALORIFÈRES.

Ruptures, p. 585. — *Situations à fournir* (circ. minist. des 21 juin 1856 et 27 février 1857), p. 585.

Nouvelle réglementation des appareils

à vapeur (v. au Rép. *Locomotives, Machines* et *Réceptions*).

TUILES, BRIQUES, ETC.

Emploi, p. 585. — Conditions de transport (v. *Matériaux,* p. 332).

TUNNELS.

Dimensions principales (art. 16 du
cah. des ch.), p. 507. — *Prix de revient
de quelques tunnels* (v. *Souterrains* au
Rép.). — *Niches de refuge,* 508. — *Réparations et mesures diverses,* 508. — *Statistique des tunnels,* 513. (v. aussi p. 509,
note).

TUYAUX.

Opérations de drainage, p. 166.— *Conduites d'alimentation des gares* (indications particulières), 586. — *Conduites
d'eau des riverains* (formalités diverses),
v. *Conduites* au Rép.

*Formalités diverses relatives aux pri-
ses d'eau* (v. les articles rappelés p. 586).

<h1 style="text-align:center">U</h1>

UNIFORME.

Personnel de l'État, p. 587. — *Tenue
obligatoire,* 587. — *Commissaires de surveillance administrative,* 587. — *Indemnité d'uniforme,* 588.

Personnel des compagnies (art. 73, ordonn. 15 nov. 1846, p. 588. — *Agents en
contact avec le public* (circulaire minist.,
31 déc. 1846), 588. — *Agents en régie,*
588.

Port illégal d'uniforme, p. 588.

URINOIRS.

Installation et entretien, p. 284.

USINES.

Dommages causés par les travaux

(art. 21 du cah. des ch.), v. *Terrains* p.
544. — *Prises d'eau pour le service des
gares* (diminution de force motrice des
usines), v. l'article *Puits* au Rép., p.
952.

Produits d'usines (v. *Embranchements
particuliers* au Rép.). — *Minerais* (formalités d'extraction et de transport), v. les
articles rappelés p. 259.—*Création d'une
quatrième classe,* pour le transport des
minerais de fer, 643.

UTILITÉ PUBLIQUE.

Établissement des voies, p. 589. —
Agrandissement, 589. — **Ouverture de
nouvelles gares,** 589. — *Conservation du*
chemin de fer, 589.

<h1 style="text-align:center">V</h1>

VAGABONDS.

Les voyageurs trouvés dans les trains
sans billet ni argent et ne pouvant justifier de leur identité, sont soumis aux me-

sures indiquées à l'art. *Voyageurs,* p. 617
(v. aussi au Code pénal, art. 269 et suivants, les prescriptions de droit commun
relatives aux individus en état de vaga-
bondage).

VAGONS.

Indications diverses, v. au mot *Wagons*, p. 617 (1).

VALEURS.

Conditions de transport des valeurs déclarées (v. *Finances*, p. 208). — Valeurs non déclarées, billets de banque, etc. (*ibid.*, 209). — *Indications diverses* (voir *Titres* au Dict. et *Papiers* au Rép.).

VAPEUR.

Prescriptions générales. — Nous avons résumé dans les articles distincts du Rép., *Etablissements, Locomotives, Machines* et *Réceptions*, les dispositions modifiées ou maintenues pour le service des appareils à vapeur, en vertu du décret du 25 janvier 1865. — Nous compléterons ces documents par la reproduction de la circ. minist. du 1er mars 1865, ayant pour objet l'exécution de ce dernier décret :

Ext. de la circ. minist. du 1er mars 1865 (adressée aux préfets et par ampliation aux ingénieurs) : « .... En premier lieu, de toutes les mesures préventives auxquelles était soumis l'emploi d'une machine à vapeur, une seule est conservée, c'est l'épreuve des chaudières destinées à produire la vapeur. Les récipients dans lesquels la vapeur fonctionne ou peut se répandre ne sont plus soumis à l'épreuve, et, pour les chaudières elles-mêmes, l'épreuve est réduite au double de la pression effective et, au-delà de six atmosphères, elle devient constante.

« En second lieu, quant à la construction des chaudières, toute liberté est laissée au fabricant sur le choix et l'épaisseur des matériaux qu'il emploie.

« Enfin, les machines à vapeur elles-mêmes, considérées comme moteurs au service de l'industrie, cessent d'être comprises au nombre des établissements insalubres et incommodes; elles ne seront plus subordonnées à des décisions administratives, et tout le monde, à la condition de se conformer aux règles fixées dans le nouveau règlement, pourra, moyennant une simple déclaration faite au préfet du département, établir et faire fonctionner chez soi une machine à vapeur.

« Une très-grande liberté est donc laissée, désormais, au fabricant et à l'industriel pour l'emploi des appareils mus par la vapeur, et il suffit de l'énoncé qui précède pour faire ressortir les avantages qui en résulteront pour l'industrie ; mais je dois ajouter de suite que cette liberté ne veut pas dire que toute règle, toute mesure de précaution soient effacées; elle veut dire que le fabricant, l'industriel doivent s'imposer à eux-mêmes ces règles, ces mesures de précaution; que, s'ils y manquent et en cas d'accidents surtout, la justice leur demandera un compte plus sévère des négligences et des abus dont ils se seront rendus coupables.

« En ce qui concerne les dispositions de détail du règlement, j'aurai peu de chose à ajouter à ce qui est dit dans le rapport qui l'accompagne, et il me suffira, dès-lors, de parcourir les divers titres dont il se compose.

« Le titre Ier est relatif aux épreuves que les chaudières doivent subir et aux appareils de sûreté dont elles doivent être munies.

« A l'égard des épreuves, les chaudières, comme je l'ai dit déjà, y sont seules soumises; ces épreuves devront, d'ailleurs, se faire dans l'avenir comme dans le passé, par les mêmes moyens et par les mêmes agents; il est stipulé, toutefois, pour éviter les retards auxquels pourrait donner lieu, dans quelques circonstances, l'intervention obligatoire des ingénieurs, qu'ils pourront se faire suppléer par les agents sous leurs ordres; mais je n'ai pas besoin d'ajouter que les ingénieurs ne devront user de cette faculté que le moins souvent possible. Ils comprendront que l'épreuve étant la principale, je pourrais dire la seule garantie donnée au public de la solidité des appareils, ils ne devront se dispenser de procéder eux-mêmes à cette épreuve que dans le cas de nécessité.

« En ce qui touche les appareils de sûreté, dont les chaudières doivent être munies d'après le nouveau règlement, ces appareils sont exactement les mêmes que ceux du règlement de 1843; seulement, au lieu de rendre obligatoires, pour les soupapes, certaines dimensions en rapport avec la pression de la vapeur dans l'intérieur de la chaudière, on se borne à définir, d'une manière précise, le but que ces appareils doivent réaliser, en laissant aux constructeurs le soin d'y parvenir par les divers moyens que l'art indique.

« Les ingénieurs devront, dans leur visite, porter sur ce point leur attention spéciale et dresser procès-verbal de toutes les irrégularités qu'ils auront été à même de constater.

« Il est dit à l'art. 8, comme le disait le

---

(1) L'orthographe du mot *vagon* ou *wagon* paraît être facultative. Nous avons adopté toutefois la forme originaire (wagon) comme étant la plus usitée.

règlement de 1843, que le niveau de l'eau dans la chaudière doit dépasser d'un décimètre au moins la partie la plus élevée des carneaux, tubes ou conduits de la flamme et de la fumée dans le fourneau, et que ce niveau doit être indiqué par une ligne tracée d'une manière très-apparente sur les parties extérieures de la chaudière et sur le parement du fourneau.

» L'on a reconnu, toutefois, que l'on pouvait, sans inconvenient, dispenser de cette mesure les surchauffeurs de vapeur distincts de la chaudière, les surfaces placées de manière à ne jamais rougir et les générateurs dits à production de vapeur instantanée, ou qui contiennent une trop petite quantité d'eau pour qu'une rupture puisse y être dangereuse, et le règlement leur accorde cette dispense; mais en même temps, et pour être à même de pourvoir aux cas imprévus, il ajoute que le ministre pourra étendre la dispense dans tous les cas où, à raison, soit de la forme, soit de la faible dimension des générateurs, soit de la position spéciale des pièces contenant de la vapeur, il serait reconnu qu'elle ne peut avoir d'inconvénient. Vous voudrez bien, lorsque des exceptions seront réclamées à cet égard par quelque industriel, prendre de suite l'avis des ingénieurs et me le transmettre avec vos observations, pour y être statué

» Le titre II qui indique les dispositions auxquelles doivent satisfaire, dans leur installation, les chaudières placées à demeure, a une importance exceptionnelle que vous apprécierez aisément, c'est celui qui organise en réalité le nouveau régime auquel sera désormais soumis l'établissement des machines à vapeur, qui substitue la simple déclaration à l'autorisation exigée jusqu'à ce jour, et qui définit les conditions à remplir dans chaque cas, eu égard à la catégorie à laquelle les machines appartiennent.

» Les diverses dispositions dont ce titre se compose sont claires et précises, et je n'ai évidemment, pour en expliquer le sens et la portée, rien à ajouter à ce que contient le rapport annexé au décret; mais il est un point sur lequel je dois insister auprès de vous, c'est la nécessité d'en assurer l'exécution.

» La déclaration que doivent faire les industriels sera désormais la base de la surveillance que doit exercer l'administration publique; il importe donc au plus haut degré que cette déclaration soit toujours faite exactement, et que toute infraction sous ce rapport soit rigoureusement poursuivie. Je ne puis que vous prier d'appeler sur ce point l'attention la plus sérieuse des maires, en les invitant à vous faire connaître sans aucun retard toutes

les machines à vapeur qui viendraient à être établies dans leur commune : aussitôt, d'ailleurs, qu'une déclaration vous parviendra, vous aurez à en adresser une copie à l'ingénieur des mines, qui s'assurera, dans sa plus prochaine tournée, si les conditions d'installation, de local, et toutes autres arrêtées par le décret sont exactement observées, et, en cas de contravention, en dressera procès-verbal, conformément à la loi du 21 juillet 1856.

» Vous voudrez bien remarquer, d'ailleurs, que toute personne intéressée a qualité pour dénoncer, soit à l'administration, soit à la justice, les infractions qui lui porteraient préjudice, et si des réclamations de cette nature vous étaient déférées, vous voudriez bien les faire examiner d'urgence par les ingénieurs.

» Le titre III, qui concerne les chaudières des machines locomobiles et locomotives, ne contient, en réalité, aucune disposition nouvelle spéciale, et je crois dès-lors inutile de m'y arrêter.

Enfin, le titre IV, intitulé *dispositions diverses*, renferme celles qui ne pouvaient trouver place dans aucun des titres précédents; il indique spécialement par qui et dans quelle forme doivent être constatées, poursuivies et réprimées les contraventions aux règlements, spécialement en cas d'accidents, et surtout d'accidents graves. A ce point de vue, je ne puis trop vous prier de faire remarquer aux ingénieurs qu'ils doivent être, eux et leurs agents, les auxiliaires les plus utiles de la justice, et qu'ils doivent, dans le cours de leurs tournées habituelles, et plus souvent si les circonstances l'exigent, visiter avec le plus grand soin les conditions dans lesquelles sont installées et fonctionnent les machines à vapeur établies dans leur circonscription. Plus la liberté laissée aux industriels est grande, plus leur responsabilité doit être sérieusement engagée, et il importe essentiellement à la sécurité publique que toutes les fautes, que tous les abus soient sévèrement réprimés.

» En vertu de l'art. 32, les conditions d'emplacement prescrites pour les chaudières à vapeur, par le nouveau décret, ne devront point s'appliquer aux chaudières qui auraient été autorisées conformément au règlement de 1843. Cette disposition allait de soi ; mais il a paru néanmoins utile de la stipuler pour éviter toute difficulté ; toutefois, dans le cas où les propriétaires de machines à vapeur voudraient, pour se soustraire aux conditions spéciales de l'autorisation qui leur aurait été accordée, se placer sous l'empire du nouveau décret, ils en auraient le droit, mais, bien entendu, à la condition d'exécuter toutes les dispositions de ce décret,

y compris la déclaration au préfet du de-
partement.

• Quant aux demandes d'autorisation
qui vous auraient été adressées, et sur
lesquelles il n'aurait pas encore été statué,
vous devez les renvoyer à leurs auteurs,
en les invitant à se conformer au nouveau règlement

• Enfin, dans le passage du régime ancien au nouveau régime créé par le décret du 25 janvier 1865, il pourra se présenter à résoudre quelques cas particuliers que ce décret n'aura pas prévus
explicitement ; vous voudrez bien, s'ils
vous paraissent douteux, me les soumettre, et je ferai en sorte de les résoudre
au mieux des divers intérêts en présence. »
(Circ. minist., 1er mars 1865, ext.)

VENTE.

Rétrocession de terrains (p. 977, Rép.).
Objets vendus dans les gares : —
1° autorisation préfectorale (art. 70, ordonn. du 15 nov. 1846), p. 500 ; — 2° avis
du service du contrôle sur les propositions des compagnies, relatives aux buffets, aux vendeurs d'objets, etc. (circ. minist. du 16 août 1861), 61 et 62 ; — 3° questions de monopole (circ. minist. du 29
juillet 1863), 590 ; — 4° vente d'objets par
les compagnies elles-mêmes (v. à la fin
du présent article).
**Vente de marchandises en cas de refus
ou contestation** — *Droit commun* (art.
106 du Code de commerce, v. au Rép., p.
809.—*Formalités d'expertise*, etc. (v. *Vérifications*. p. 591 ; et *Marchandises*, 328).
**Vente d'objets sujets à une prompte
détérioration.** — *Application du droit
commun* (v. p. 312, l'ext. d'une dép. minist. spéc. du 12 juin 1862). — *Intervention du commissaire de surveillance administrative.* — Un jugement du tribunal
de commerce de la Seine, du 1er août 1860,
a considéré comme légal l'usage suivi sur
quelques lignes de procéder d'urgence,
sur l'autorisation du commissaire de sur-
veill. administ., et sans autre formalité de
justice, à la vente d'une marchandise refusée (ou non réclamée en temps utile), qui
ne peut se conserver dans la gare ; mais,
d'après diverses instructions administratives spéciales, nous pensons que les commissaires de surv. doivent s'abstenir d'*ordonner* la vente des objets dont il s'agit,
et se borner à procéder aux constatations
matérielles qui leur seraient demandées,
relativement à l'état des objets.
*Ventes faites pour le compte des com-
pagnies :* — 1° vente d'aliments aux ouvriers. • Une compagnie de chemins de
fer (la compagnie d'Orléans, dans l'espèce)
a le droit de vendre des denrées alimen-

taires, effets de ménage et d'habillement
nécessaires à ses employés et ouvriers. •
(Trib. comm. Seine, 30 décembre 1863) ;
—2° *vente de déchets de houille.*—Un arrêt
de la cour de Cassation du 6 avril 1864 a
admis le pourvoi de la compagnie contre
l'arrêt de la cour de Paris du 17 janvier
1863 (cité p. 590), qui lui interdit la vente
des déchets provenant des approvisionnements de houille nécessaires pour l'alimentation de ses locomotives.

VÉRIFICATIONS.

Surveillance des travaux de la voie, etc.
(v. les art. rappelés p. 591). — *Matériel
(ibid., p 591). — Service des voyageurs
(ibid, p. 591). — Service des marchandises (ibid., p. 591). — Vérification des
colis au départ*, p. 591. — **Vérification à
l'arrivée** (interprétation de l'art. 106 du
Code de commerce), 591 (v. aussi *Avaries*
au Rép.). — *Vérification de tarifs*, 591.

VERRERIE. — VERRES A VITRE.

Emploi, p. 591. — *Conditions de transport*, 591. — Tarifs spéciaux, 591. —
Glaces, 592. — *Manutention*, 592.

VIADUCS.

Définition, p 592. — Conditions d'établissement et d'entretien des viaducs sur
rails ou sous-rails (v. au Rép. les mots
*Ouvrages d'art, Passages, Ponts, Pro-
jets et Réceptions*). — Reconstruction
d'ouvrages, 592. — Statistique des viaducs, 592.

VIANDES. — VINS. — VINAIGRES.

Conditions de transport (v. au Dict. et
au Rép. les mots *Denrées* et *Liquides*).

VISITEURS.

Agents chargés de la vérification du
matériel, p. 593. — *Indications diverses*,
593.

VITESSE.

Définition, p. 593. — *Fixation de la
vitesse*, 593. — *Vitesse moyenne des
divers trains*, 593. — *Vitesse moyenne
des trains-postes* art. 56, 11° du cah. des
ch.), 724. — **Vœux de la commission
d'enquête** (ext. de la circ. minist. du
1er février 1864) : — 1° vitesse des trains
express et omnibus, p. 862, du Rép. ; —
2° admission des voitures de seconde et
de troisième classe dans les trains express,
863, au Rép — *Suites données*. — L'ensemble de l'organisation de la marche des
trains sur les diverses lignes du réseau

français comporte un nombre trop considérable de détails pour qu'il soit possible de donner, dans ce recueil, un résumé des dispositions adoptées dans les ordres de service les plus récents, en ce qui concerne les conditions de vitesse et de parcours des trains express, omnibus et directs. Nous emprunterons seulement, à titre de renseignement, aux tableaux approuvés pour le service d'été de 1864 (ligne de Paris à la Méditerranée) quelques indications relatives au nombre et à la vitesse des principaux trains de voyageurs circulant sur cette ligne : — 1° *train express* n° 1 (Paris à Marseille), vitesse officielle de pleine marche, 60 kil. à l'heure. de Paris à Dijon et de Dijon à Marseille ; 55 kil. de Darcey à Dijon (section comprenant des rampes de 0^m,008 (1); — 2° *train-poste* n° 3, chiffres correspondants : 70 kil. de Paris à Tonnerre ; 60 kil. de Tonnerre à Dijon ; 70 kil. de Dijon à Lyon ; 65 kil. de Lyon à Marseille (2) ; — 3° *train poste* n° 5, conditions de parcours analogues à celles du train n° 1 ; — 4° *train omnibus* n°° 27 et 29 : vitesses de pleine marche, 45 kil de Paris à Darcey ; 40 kil. de Darcey à Dijon ; 45 kil. de Dijon à Marseille ; — 5° *train direct* n° 25, vitesses correspondantes, de Paris à Lyon, 50 kil. en moyenne ; de Lyon à Marseille, 45 kil. — En résumé, sans compter les trains à parcours intermédiaires, 6 trains de voyageurs font journellement le trajet total de Paris à Marseille, avec des facilités analogues pour le retour, et les vitesses adoptées pour ces trains ne sauraient sans doute être dépassées sans inconvénient

Embranchements et sous-embranchements. — Les conditions de tracé et le trafic restreint de certaines lignes secondaires obligent à maintenir sur ces lignes l'application du système de trains mixtes de voyageurs et de marchandises, système incompatible avec une grande vitesse ; mais, en général, les compagnies s'empressent, chaque fois que des motifs plausibles le leur permettent, d'augmenter, sur leurs embranchements et sous-embranchements, le nombre de convois réguliers de voyageurs et d'y accroître la rapidité de la circulation.

Modifications. — Nous rappellerons, d'ailleurs, qu'à chaque changement de service, les propositions des compagnies ayant pour objet l'organisation de la marche des trains sur l'ensemble de leur réseau, sont soumises (en vertu de l'art. 43 de l'ordonn. du 15 novembre 1846) à l'administration supérieure qui, après une étude approfondie prescrit, lorsqu'il y a lieu, les modifications nécessaires pour la sûreté de la circulation ou pour les besoins du public.

Ralentissements obligatoires de vitesse, p. 594. — *Temps accordé pour ralentissement* (v. la première note du présent article).

Ralentissement accidentel d'un train (v *Détresse*, p 153). — Devoirs du mécanicien et du conducteur chef (v. *Ralentissement* au Rép., p. 953).

Grande et petite vitesse (transports divers). (V au Dict. et au Rép. les mots *Colis, Expéditions, Marchandises, Messagerie, Tarifs* et *Voyageurs*.)

VOIE.

Organisation du personnel, p. 595. — *Dimensions des voies* (art. 6, 7 et 8 du cah. des ch.), 596. — Dispositions principales et détails de construction, 596 et 597. — *Réception des voies* (v. *Réceptions* au Rép.). — *Entretien et reparation des voies*, 599. — **Travaux neufs sur les lignes exploitées**, 574. — *Ouvrages d'art* (v. au Rép. les mots *Ouvrages d'art, Passages, Ponts, Projets* et *Réceptions*). — **Surveillance et police,** 599. — *Responsabilité des agents* (indications particulières), 599. — *Délimitation de la voie* (v. les art. rappelés p. 599).

---

(1) Les arrêts et ralentissements obligatoires réduisent, dans une certaine proportion, la vitesse moyenne. En général, outre l'importance propre de chaque arrêt, il est accordé : 1° aux trains express et de marchandises 2 minutes pour ralentissement au départ et 1 minute à l'arrivée ; 2° aux trains omnibus 1 minute à l'arrivée et 1 minute au départ. Un simple ralentissement, sans arrêt, à une gare de la double voie ou aux bifurcations, est compté pour 1 minute (2 minutes sur la voie unique, trains de voyageurs). Enfin, pour la traversée d'une gare exceptionnelle (telle que celle de Bercy, par exemple), on accorde 3 minutes pour ralentissement.

(2) Ce dernier convoi, dont les arrêts sont réduits à leur plus simple expression, c'est-à-dire à peu près au temps strictement nécessaire pour ravitailler les machines, est plus rapide, comme on vient de le voir, que le train n° 1, auquel on adjoint ordinairement la malle des Indes (v. au Rép., p. 913), mais qui ne saurait sans doute recevoir, sans inconvénient, des voitures de seconde et de troisième classe, sous peine de ne plus être un express et de faire simplement double emploi avec le train direct.

VOIE UNIQUE.

Service accidentel sur une voie (articles 25 et 34, ordonn. 15 nov. 1846), p. 600.
— **Service normal à voie unique** (extrait des règlements spéciaux), 600 — *Croisements*, 600 et 601. — *Mesures diverses*, 602 et 603. — *Précautions spéciales pour les trains de ballast et de matériaux* (ext. du règlement appliqué sur l'un de nos grands réseaux), 603.

VOIES DE FAIT.

Résistance et violence : — 1° envers les agents, p. 20 (v. aussi au Rép. le sommaire des mots *Rébellion* et *Résistance ;* 2° envers les voyageurs, 11 (v. aussi *Lieu public* au Rép.).

VOIRIE.

Affaires de grande et de petite voirie (v. au Dict. et au Rép. les articles rappelés p. 605). — **Rues communales**, 487. — *Contributions des compagnies* (pour l'entretien des rues), 606. — *Police ; circulation des voitures*, 606.

VOITURES.

Prescriptions générales relatives aux voitures à voyageurs (dispositions combinées de l'art. 12 de l'ordonn. du 15 novembre 1846 et de l'art. 32 du cah. des ch.), p. 606. — *Estampillage et réception des voitures* (art. 13, ordonn. 15 novem-1846, ext.), v. p. 190.— Matériel des chemins de fer étrangers (v. *Réceptions* au Rép.). — Indications diverses, 607. — **Police des voitures**, 607 et 614. — *Défense de monter dans les voitures d'un train en marche*, 614, note (v. aussi *Police* au Rép.). — *Incendie des voitures* (art. 434 du Code pénal), p. 894 du Rép.
Wagons à marchandises, p. 617.
Voitures des routes de terre (v. au Rép. les articles *Correspondances, Cours des gares* et *Roulage*). — Accidents des voitures de correspondance, p. 608. — *Voitures transportées sur trucks* (chaises de poste, voitures de messageries), 608.
Tarifs de transport des voitures, p. 609. — *Prescriptions diverses*, 610.

VOITURIERS.

Définition de l'entreprise, p. 470. — *Application aux chemins de fer*, 610 — Indications et prescriptions diverses (voir à l'article *Commissionnaires* du Rép., p. 808, les dispositions des art. 96 à 108 du Code de commerce).

VOLS.

Altération ou vol de marchandises (article 387 du Code pénal), v. l'art. *Liquides* au Rép., p. 905.
Dénonciation et avis des vols (circ. minist. des 5 mars 1858 et 31 mai 1862), p. 610.
Agents chargés de donner les avis, p. 611. — *Constatations et poursuites*, 611. — *Pénalité*, 611. — *Responsabilité civile*, 611.

VOYAGEURS.

Prescriptions générales : — 1° organisation des services concernant le transport des voyageurs (v. au Dict. et au Rép. les articles rappelés p. 612) ; — 2° bagages et billets (v. ces mots) ; — 3° tarif général des places, 612 ; — 4° militaires et marins (v. *Militaires* au Rép.) ; — 5° enfants de troupes (v. *Troupes* au Rép.) ; — 6° ordres religieux et corporations diverses, 56, note 1 ; — 7° aliénés, prisonniers, toucheurs de bestiaux, etc. (v. ces mots).
Service des salles d'attente, p. 613.
Nombre, dimensions et choix des places, p. 613 — **Compartiments réservés** : — 1° pour les dames, v. au Rép., p. 862 (v. aussi les art. rappelés au Rép., p. 815) ; — 2° pour les fumeurs, 883 du Rép. — *Places de luxe* (v. *Coupés* au Rép.). — *Services de correspondances* (v. *Correspondances* au Rép.).
Police des voitures (art. 63 et 65, ordonn. 15 novembre 1846), p. 607 et 614. — *Défense de monter dans un train en marche* (v. *Police* au Rép.). — *Incendie des voitures* (art 434 du Code pénal), 894 du Rép. — *Contrôle de route*, 614. — *Pénalité en cas d'infractions* (commises par les voyageurs), 615.
Questions de bien-être, de commodité et de sécurité (résumé des documents relatifs à l'enquête sur l'exploitation) : — 1° nombre et vitesse des trains, p. 862 et 864 du Rép. ; — 2° trains de correspondance (*ibid.*, 863) ; — 3° admission de voyageurs dans les trains de marchandises (*ibid.*, 864) ; — 4° chauffage des voitures ; rideaux ; disposition des banquettes ; water-closets (*ibid.*, p. 865) ; — 5° communication entre les voyageurs et les agents du train, *ibid.*, 868 (1).

---

(1) Une circ. minist. du 12 décembre 1860 a prescrit, dans l'intérêt de la sécurité des voyageurs, l'étude de diverses mesures ayant pour objet notamment : « 1° d'organiser d'une manière permanente le contrôle de route, au moyen de la circulation des agents sur les marchepieds des voitures

Outrages et voies de fait envers les voya-geurs. — En ce qui concerne les injures proférées dans les wagons par un voyageur envers d'autres voyageurs, la loi sur les chemins de fer ne mentionne pas de pénalité spéciale pour des faits de cette nature et les circonstances seules peuvent permettre d'apprécier, dans chaque cas, s'il convient d'exercer des poursuites correctionnelles contre les délinquants, qui peuvent toujours, d'ailleurs, être traduits devant le tribunal de simple police en vertu des art. 376 et 471 du Code pénal. — En cas de coups ou blessures, la poursuite judiciaire est exercée en vertu des art. 309, 310 et 311 du Code pénal, résumés au Rép , p. 771. — Pour les cas de violences, attentats ou autres crimes exceptionnels, nous ne pouvons que renvoyer aux indications de la p. 615 du Dict. et à l'art. *Lieu public* du Rép.

Réclamations des voyageurs, p. 616 (v. aussi *Réclamations* au Rép.). — *Retards de force majeure,* 616 (v. aussi *Retards* au Rép.). — Indications diverses, 617.

Voyageurs sans billet ni argent (circ. minist. du 3 juillet 1854), p. 617 (v. aussi *Vagabonds* au Rép.) — *Arrestations licites,* 617 (v. aussi au Rép., p. 762)

WAGONS.

Distinction à faire entre les wagons et les voitures, p. 617. — *Indications diverses :* — 1° tarif de transport des wagons, 618 ; — 2° dimensions du matériel et dispositions diverses, 618 ; — 3° poids des véhicules, 301 ; — 4° wagons à marchandises, 618 ; — 5° wagons non munis de ressorts (v. *Ressorts* au Rép.) ; — 6° bâchage des wagons (v. les art. rappelés au mot *Bâchage* du Rép.) ; — 7° surveillance et visite du matériel, 619 ; — 8° manœuvres, manutention, etc., 619 ; — 9° fourniture des wagons par les expéditeurs, 868 du Rép.

Wagons de secours (art. 41, ordonn. du 15 novembre 1846) :

« 41. — Il y aura constamment, aux « lieux de dépôt des machines, un wagon « chargé de tous les agrès et outils nécessaires en cas d'accident.

« Chaque train devra, d'ailleurs, être « muni des outils les plus indispensables. » *Composition des wagons de secours,* p. 491.

ZINC.

Emploi sur les chemins de fer, p. 620. — Emploi de l'oxyde de zinc dans les travaux des ponts et chaussées (v. *Peinture* au Rép.).

Conditions de transport du zinc, p. 620.

ZONES MILITAIRES.

Formalités à remplir (art. 23 du cah. des ch.), p. 620. — *Rayon des servitudes* (décret du 10 août 1853), 495 — *Instruction des affaires* (conférences, projets, travaux, etc.), v. p. 620, le rappel des dispositions du décret du 16 août 1853.

Surveillance des lignes internationales (à la zone frontière), p. 881 du Rép.

---

convenablement disposés ; 2° d'installer un signal, ou moyen de communication, entre les voyageurs et le conducteur placé dans la vigie de l'avant du train ; 3° d'établir dans les voitures, des panneaux à glaces dormantes, formant une communication entre les divers compartiments. » (ext.)

Nous avons résumé, p. 615 Dict, et 868 Rép., les suites données aux indications qui précèdent en ce qui concerne les 1er et 2e points, ainsi que pour assurer toute la surveillance nécessaire. Nous ajouterons (d'après une indication reproduite au *Moniteur,* août 1864) qu'on a fait l'essai sur l'une de nos grandes lignes « d'une balustrade qui, placée au flanc de quelques wagons, permettrait, si cet essai aboutit, aux gardiens et aux voyageurs de pouvoir, en cas de besoin, circuler à l'extérieur du train en marche, dans le cas où quelqu'accident aurait lieu. » Nous ne saurions dire si cette expérience a été poursuivie.

Quant à la modification des panneaux des compartiments, nous ne pensons pas qu'il ait encore été prescrit de mesure générale à ce sujet. L'un des journaux anglais, le *Morning post* a rapporté récemment que diverses compagnies de Londres avaient fait poser (à titre d'essai) dans les compartiments en bois, formant la séparation de plusieurs wagons, des glaces circulaires permettant aux voyageurs d'un compartiment de voir ce qui se passe dans un autre.

FIN DU RÉPERTOIRE.

TABLE CHRONOLOGIQUE

DES

PRINCIPAUX DOCUMENTS CONTENUS DANS CE RECUEIL

(Dictionnaire et Répertoire)

Nota. — Les numéros des pages, marqués d'un R, correspondent aux folios du Répertoire (ces folios, qui font suite à ceux du Dict., commencent au n° 737). — Les chiffres, non accompagnés du même signe, se rapportent aux pages du Dictionnaire.

Abréviations. — Les indications *arrêté ministériel, circulaire ministérielle, dépêche* ou *décision ministérielle*, employées seules, s'appliquent aux documents émanant du ministère de l'agriculture, du commerce et des travaux publics, et notamment à ceux qui ont été notifiés, soit aux compagnies, soit aux fonctionnaires du contrôle (soit enfin aux préfets, pour les affaires intéressant ces magistrats).

L'abréviation *n* signifie *note*.

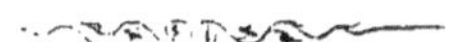

FIN DE LA TABLE.

PRINCIPAUX ARTICLES DES CODES

REPRODUITS DANS CE RECUEIL (DICTIONNAIRE ET RÉPERTOIRE)

Nota. — Les folios marqués d'un R correspondent aux pages du Répertoire.

Code Napoléon. — Art. 538 (définition du domaine public), *pour mémoire.* — Art. 637, 649 et 650 (p. 494). — Art. 671 et 672 (ext., p. 404). — Art. 1150 et 1153 (p. 163). — Art. 1382, 1383 et 1384 (R, p. 747). — Art. 1782 (ext., p. 464). — Art. 1785 (p. 454). — Art. 1792 (ext., p. 463). — Art. 2102 (ext., p. 590). — Art. 2270 (ext., p. 463).

Code de procédure civile. — Art. 59 et 69 (assignations), *pour mémoire.* — Art. 114 (R, 944, au mot *Pourvois*). — Art 130 et 131 (R, p. 824, n 3). — Art. 283 (déposition en justice, ext., p. 20). — Art. 405 (R, p. 789, n 1). — Art. 420 (assignations), *pour mémoire.* — Art. 443 (R, p. 944, au mot *Pourvois*).

Code de commerce. — Art. 37 (R, p. 814, n 2). — Art 96 à 108 (R, p. 808). — Art. 631, 632 et 640 (p. 582). — Art. 645 (R, p. 944, au mot *Pourvois*).

Code d'instruction criminelle. — Art. 16 et 17 (p. 231). — Art. 25 (p. 374). — Art. 29 et 30 (p. 10).

Code pénal. — Art. 59 et 60 (complicité), *pour mémoire.* — Art. 156, 157 et 158 (p. 207). — Art. 209 (p. 462). — Art. 212 et 218 (R, p. 955). — Art. 224 (p. 267). — Art. 257 (p. 141). — Art. 309, 310 et 311 (R, p 771, n 2). — Art. 319 et 320 (R, p. 746). — Art. 379 (p. 611). — Art. 387 (R, 905, au mot *Liquides*). — Art. 401 et 405 (p. 224). — Art. 408 (détournements), *pour mémoire.* — Art. 419 (R, p. 814, n 3). — Art. 434 (R, p. 894, au mot *Incendies*). — Art. 437 (p. 142). — Art. 445 et 446 (R, p. 940, n 3). — Art. 456 (p. 141). — Art. 463 (R, p. 789, n 3). — Art. 471 (ext., p. 396). — Art. 475 (R, p. 961, n 2) — Art. 479, 483 et 484 (ext., p. 396).

SAINT-NICOLAS, PRÈS NANCY. — IMPRIMERIE DE P. TRENEL.